재무의 이해 ^{제2판}

제목의 이해

재무의 이해 ^{제2판}

Robert C. Merton, Zvi Bodie, David L. Cleeton 지음   박영석 옮김

PEARSON   Σ 시그마프레스

재무의 이해 제2판

발행일 | 2009년 9월 1일 1쇄 발행
2010년 2월 5일 2쇄 발행
2011년 2월 5일 3쇄 발행
2014년 1월 5일 4쇄 발행

편저자 | Zvi Bodie, Robert C. Merton, David L. Cleeton
역자 | 박영석
발행인 | 강학경
발행처 | (주)시그마프레스
편집 | 홍선희
교정·교열 | 김성남

등록번호 | 제10-2642호
주소 | 서울특별시 영등포구 양평로 22길 21 선유도코오롱디지털타워 A401~403호
전자우편 | sigma@spress.co.kr
홈페이지 | http://www.sigmapress.co.kr
전화 | (02)323-4845, (02)2062-5184~8
팩스 | (02)323-4197

ISBN | 978-89-5832-647-2

이 책은 하버드대학 경영대학원의 MBA 프로그램의 필수과목인 '재무학'에서 사용되는 교재의 번역서이다. 공저자 중의 한 명인 Merton 교수는 현재 하버드대학 경영대학원의 교수이며 블랙-숄즈 옵션평가모형의 기초를 확립한 공으로 1997년에 노벨 경제학상을 수상하였다. Bodie 교수는 보스턴대학 경영대학원의 교수이며 투자론 분야 교과서의 베스트셀러인 『Investments』와 『Essentials of Investments』의 저자이기도 하다.

역자가 미국과 일본 대학에서 재무를 가르친 기간을 포함해서 현재까지 학부와 대학원 및 기업체 연수과정에서 재무의 기초에 해당하는 과목을 가르치면서 많은 교과서들을 사용해 보았다. 특히 국내에서는 내가 100% 만족할 수 있는 교과서를 찾을 수가 없었기 때문에 거의 매 학기 교재를 바꿔서 사용했었다. 또한 원서보다 좋은 우리말 교재를 저술할 자신이 없었기 때문에 재무의 기초과목 교과서를 저술하는 것도 엄두를 내지 못하고 있었다. 그러던 중 서강대학교 경제학과의 김경환 교수님이 이 책의 원서 1판을 소개해 주셔서 이를 2001년 1학기에 번역하여 재무관리 수업의 교재로 사용하였고, 이번에 2판을 번역하게 된 것이다.

이 책은 국내외의 다른 교과서와는 달리 전혀 새로운 접근방법을 사용하고 있다. 이해하기 쉽게 서술되어 있을 뿐만 아니라 실천적 재무지식을 얻을 수 있게 구성되어 있다. 이 책은 재무의 기본원리인 화폐의 시간적 가치(Time Value of Money), 위험과 수익률(Risk and Return), 파생상품과 위험관리(Derivatives and Risk Management) 등의 쉽지 않은 개념들을 금융인이나 애널리스트뿐만 아니라 일반인들도 이해할 수 있는 수준으로 쉽게 설명하고 있다.

재무의 기본원리는 시대와 국경을 넘어서 성립되는 보편적 지식이다. 특히 환란 이후에 글로벌 스탠더드가 강조되는 우리나라에서는 재무의 기본원리에 대한 이해가 금융시장의 참가자뿐만 아니라 기업의 경영자들에게도 필수적인 요소로 인식되고 있다. 역자는 이 책이 학부와 대학원의 학생들뿐만 아니라 현재 기업에서 일하고 있는 실무자들에게도 현대 재무관리의 지식습득에 일조하기를 바란다.

끝으로 이 책의 출판을 허락해 주신 (주)시그마프레스의 강학경 사장님께 감사드린다. 그리고 이 책 출판과정에서 보여 준 서강대학교 대학원 경영학과의 심도현, 이주원, 임준규 조교, 고혁진 박사, 백영찬, 송영철, 반주희 석사의 헌신적인 노력에 대해 이 지면을 빌어서 뜨거운 고마움을 표시한다.

2009년 8월
박영석

매년 수십 권의 교과서가 출판된다. 이는 의심할 여지도 없다. Willie Sutton은 자신이 은행을 턴 이유를 이렇게 설명했다. "그곳에 바로 돈이 있기 때문입니다." 십 년마다 훌륭한 새로운 형태의 혁신적인 성과가 생겨난다. 우리는 'Bodie-Merton Finance'를 오랫동안 고대해 왔다. 그리고 기다릴 만한 충분한 가치가 있음이 증명되었다. 좋은 와인을 만드는 것처럼 좋은 교육용 교재를 만들기 위해서는 오랜 인고의 시간이 필요한 법이다.

Robert Merton 교수는 1997년에 경제학 노벨상을 수상하였다. 그는 그 당시 이미 현대 재무이론의 뉴턴과도 같다고 정평이 나 있었기 때문에 그의 수상은 이미 정해져 있었을 뿐만 아니라 그 시기도 문제될 것이 없었다. 그리고 Bodie와 Merton은 MIT 대학원 시절부터 계속 훌륭한 팀을 이뤄 왔다. 그들의 스승 가운데 한 분은 이렇게 말씀하셨다. "실로 물이 수원(水原)을 뚫고 위로 올라올 수 있다는 것을 그들이 증명해 보였다고 나는 말하고 싶다." 현대의 전문가에게 중요한 '재무학(finance)'이라는 것은 월스트리트에 혁명을 일으켰던 도구들(옵션과 다른 부수적인 파생상품들의 가격결정) 이상을 의미한다. 그렇다. 모든 것이 다 실제적으로나 이론적으로나 중요하다. 그러나 이 책의 범위가 보여주듯이, 재무학은 생산, 자본예산, 개인의 파이낸스 그리고 합리적인 회계의 교육에 있어서의 충분한 타개책이 될 수 있음을 보여 줌으로써 더욱 빛을 발하는 주류 경제학이다.

나는 내 스스로 "내가 학생이었을 때 이러한 저자들은 어디에 있었던가?" 하고 한탄한다. 그렇지만 미래가 과거보다 더 길고 그 미래의 학생들은 이러한 혁신적인 교수들이 뿌린 씨앗의 열매를 거둘 것이다.

매사추세츠 공과대학 교수

Paul A. Samuelson

이 책의 1판이 출판된 지 10년이 되어 간다. 이는 재무학 교과서들의 일반적인 개정 주기의 세 배이다. 이번 개정을 위해서 David Cleeton 교수가 공동저자로 참여해 주었다.

우리는 1판을 재무학의 세부 주제들(기업재무, 투자론, 금융시장 및 금융기관)에 공통적으로 적용되는 일반 원칙에 기반하는 개론서가 필요하다는 믿음으로 저술하였다. 또한 우리는 그런 책에 대한 수요가 분명히 존재할 것이라 믿었으며, 그 믿음은 틀리지 않았다.

우리는 책을 출간하면서 큰 문제에 직면하게 되었다. 대부분의 미국 경영대학들의 기초 과정에서는 기업의 재무관리에 대해서 배타적인 관점을 가지고 있었다. 실로 우리들의 방법을 전폭적으로 지지하는 일부 교수들도 전반적인 재무학 교과과정의 제약 때문에 우리가 쓴 책을 채택할 수 없었다. 그러나 우리는 교과과정이 비교적 유연한 전통을 가지고 있는 국가들에서는 우리의 접근방법이 받아들여질 것이라 기대하였다.

우리의 예측은 옳았다. 1판의 경우 미국에서는 그다지 성공적이지 못했지만, 다른 국가에서는 매우 성공적이었다. 우리의 책은 9개의 언어로 번역되었다: 중국어, 프랑스어, 일본어, 한국어, 폴란드어, 포르투갈어, 러시아어, 그리고 스페인어. 특히 중국에서 큰 성공을 하였는데, 현재 최고 수준의 대학에서 교과서로 사용되고 있다.

오벌린대학의 경제학 교수인 David Cleeton은 1판을 채택한 사람 중에서 가장 열정적인 사람이었다. 우리의 접근방식이 그가 오벌린대학에서 경제학도들에게 재무를 가르치는 방법과 딱 맞아떨어졌기 때문이다. 실제로 David는 그동안 학생들을 가르치는 데 필요한 1판에 대한 상호보완적인 지침서를 작성하면서 우리와 10년이 넘게 관계를 유지해왔고, 이번 2판에 공동저자로 참여하게 되었다.

이 책의 범위

이 책은 재무관리를 처음 공부하는 과정에서 사용하도록 만들어진 개론서이다. 이 책에서는 오로지 기업 재무에만 초점을 둔 전형적인 다른 재무관리의 개론책들보다 더 넓은 범위를 다루고 있으며 일반적인 원리들에 그 초점을 두고 있다. 1999년에 출판되었던 이 책의 초판은 재무의 전 범위에 있어서 충실한 이해와 검토를 하는 데 있어서 경제학, 법학, 수학과 학생뿐 아니라 경영 관리자들에게 아주 적합하다는 것이 증명되었다.

화학과 같이 개발이 잘된 연구 분야에서 교육의 기본은 일반적인 원리들을 다루고 학생들에게 전반적인 학문분야의 주요 주제들에 대한 이해를 돕는 개론수업이다. 그래서 개론수업들은 유기화학이나 무기화학과 같이 더 축소된 범위를 다루는 전문적인 수업들의 초석이 된다. 이러한 접근의 일환에서 우리의 교재는 재무의 모든 하위분야 — 기업 재무, 투자론, 금융기관론 — 를 하나의 통합적인 개념의 틀 안에 포함시키고 있다.

내용과 구성

과학 분야와 같은 재무학은 불확실한 상황하에서 시간에 따라 희소한 자원을 어떻게 배분하는가에 관한 연구이다. 재무학에 있어서는 세 가지 기둥이 있다: 시간의 최적화(시간들 간의 교환관계 분석), 자산평가, 위험관리(포트폴리오 이론을 포함함). 이러한 각 기둥들의 중심에는 모든 주요한 하위분야에 걸쳐 적용되는 몇 개의 기본적인 법칙과 원리들이 있다.

이 책은 여섯 개의 부로 나뉜다. 제1부는 재무학이란 무엇인가를 설명하고 재무시스템에 대한 개관을 살펴보며, 기업의 재무제표들의 구조와 유용성에 대해 살펴본다. 제2, 3, 4부는 재무학에 있어서의 세 가지 개념적 기둥에 대해 각각 설명하고 가계(라이프사이클에 있어서의 재무적 계획과 투자)와 기업(자본예산)이 직면하는 의사결정 문제들에 대한 재무학 원칙들의 적용을 강조한다. 제5부는 자산 가격결정의 이론과 실제를 포함한다. 즉, 자본가격결정모형과 선물, 옵션, 그리고 위험한 기업 부채, 대출보증과 같은 다른 부수적인 파생상품의 가격결정에 대해 설명하고 있다. 제6부는 자본구조, 합병과 인수, 투자 기회에 대한 실물옵션 분석 등 기업 재무에 관한 문제를 다룬다.

교육적인 특징

- 재무적 의사결정을 하는 데에 있어서 필요한 이론을 많은 예를 통해서 설명하고 있다.

- 학생들이 책에 나온 개념들을 이해하고 있는지를 확인하도록 도와주기 위해 중요한 부분에 있어서는 개념들에 대해 묻는 예제가 있다.
- 각 장에는 이론의 응용이나 신문기사들이 박스 형태의 글로 포함되어 있다. 이는 학생들이 금융 기사를 해석하고 이론을 실제에 응용하는 데 도움을 줄 것이다.
- 각 장의 끝에는 주제와 난이도별로 많은 문제들이 있다. 모든 문제들에 대해 단계별 풀이를 해 놓은 풀이집이 Instructor' s Manual에 제공되고 있다.

제2판에서 달라진 부분

2판의 주요한 변화는 다음과 같다.

- 새로운 박스 형태의 글들이 추가되었다. 박스글은 각 장의 주제와 관련된 정책적 이슈와 이론의 응용을 다루고 있다.
- 표와 그림들이 갱신되었다.
- 인터넷에서 자료를 찾아볼 수 있도록 각 장의 말미에 URL 주소를 명시하였다.
- 많은 연습문제가 추가되었다. 그리고 도전적인 학생들이 각 장의 개념을 새롭고 창의적인 방식으로 응용할 수 있도록 많은 문제들이 개정되었다. 이러한 연습문제들은 핵심 재무 이론에 대한 학생들의 이해의 깊이를 더할 것으로 기대된다.

유연성

이 책은 강의하는 사람이 기업에서나 이 책을 선택하는 경영학의 재무관리 전공자들에게 전통적인 개론을 쉽게 가르칠 수 있는 방식으로 구성되어 있다. 그리고 재무의 이론과 실제에 있어서의 발전한 부분을 반영하기 위해 재무학 커리큘럼을 업데이트하고 있는 학교에서 이 책이 전통적인 개론 교재의 유연한 대안이 될 수 있을 것이다. 오로지 기업 재무에만 중점을 두지 않고 대신에 이 책은 개념적으로 큰 돌을 쌓고 재무학의 모든 분야—기업 재무뿐만 아니라 투자론과 금융기관론—에 있어서 요구되는 기술을 적용시킬 수 있도록 가르친다. 결론적으로 연결되는 선택 과목들을 가르치는 강의자들은 흔히 그러하듯이 출발점에서부터 이러한 기초를 개발할 필요는 없다. 그러므로 이 책의 바탕이 되고 있는 접근방식은 선택적으로 요구되는 것들에 대한 노력의 많은 중복을 제거하고 있다.

이 책은 강의하는 사람에게 이 책의 내용을 선택하고 수업 중에 전달하고자 하는 세부적인 것에 대한 수준에 있어서 상당한 자유 재량을 주고 있다.

　이러한 유연한 구조의 한 결과라고 할 수 있는 것은 만약 강의자가 개론수업에서 기업재무를 강조하고 싶다면 제3, 6, 13, 16, 17장에 중점을 두면 되고, 또한 일반적인 가치평가와 위험관리 분야를 강의하고 싶다면 제3부와 제4부에서 관련한 몇 장들을 선택함으로써 효과적으로 강의할 수 있을 것이다. 또한 개론수업에서 포트폴리오 선택이론과 옵션가격결정이론과 같은 투자론적인 주제를 강조하고 싶다면 제4부와 제5부에서 더 선택하여 쉽게 강의할 수 있다.

요약 차례

Brief Contents

차례
Contents

제3장 | 재무건전성과 성과관리 97

제2부 자원의 시간적 배분

제4장 | 화폐의 시간가치와 현금흐름 할인 분석 147

제5장 | 가계의 저축 및 투자의사결정 201

제6장 | 투자안 분석 229

제3부 가치평가 모형

제7장 | 시장 가치평가의 원칙 267

제8장 | 채권의 가치평가 301

제9장 | 보통주의 가치평가 329

제4부 위험관리와 포트폴리오 이론

제10장 | 위험관리의 기초 359

제11장 | 헤징, 보험, 분산투자 399

제17장 │ 실물옵션 623

재무와 재무시스템

01

재무경제학

● 당신은 미래를 위해 저축을 하고 있는데 모든 자금을 은행계좌에만 저축하고 있다. 당신은 뮤추얼 펀드에도 투자해야 하는가? 투자한다면 어떤 종류의 뮤추얼 펀드에 투자할 것인가?

● 당신은 차를 살까 고려 중에 있다. 구입을 할 것인가 아니면 리스를 이용할 것인가?

● 당신은 대학 재학 중에 아르바이트로 식당에서 일하고 있으며 졸업 후에는 직접 식당을 경영하려고 한다. 직접 식당을 경영하는 것이 가치가 있을까? 사업을 시작하기 위해서는 얼마의 자금이 필요할 것이며 또 이 자금은 어떻게 조달할 것인가?

● 당신은 거대 컴퓨터 회사의 재무담당임원(CFO)에게 텔레커뮤니케이션 사업에 새로이 진출할 것인지에 대해 자문을 하고 있다. 사업에 진입하기 위해서는 향후 몇 년에 걸쳐서 $30억이 소요될 것으로 예상된다. 그리고 3년 후부터 매년 $10억의 이익이 발생할 것으로 기대된다. 당신은 이 사업에 대하여 어떻게 조언할 것인가?

위의 모든 것들은 재무의사결정에 관한 예들이다. 이 책은 재무의 기본 원칙을 이용하여 위와 같은 경우 혹은 이와 비슷한 경우에 있어서의 의사결정문제에 관한 해결책을 제공할 것이다. 제1장에서는 재무가 무엇인지를 정의하고 왜 이를 연구할 가치가 있으며, 가계 또는 기업 등에서 재무의사결정이 어떻게 이루어지는지에 대해 살펴볼 것이다.

1.1 재무의 정의

재무(finance)는 부족한 자원을 사람들이 어떻게 여러 기간에 걸쳐서 배분하는가에 관한 것을 다루는 학문이다. 재무의사결정이 여타의 자원배분 의사결정과 구분되는 두 가지 특징은 다음과 같다. 첫째, 재무의사결정에 수반되는 비용과 이익은 다기간에 걸쳐서 발생되고, 둘째, 의사결정자 또는 그 누구도 재무의사결정에 수반되어서 미래에 발생하는 비용과 이익을 확실하게 예측하지 못한다는 것이다. 예를 들어, 음식점을 시작할 것인가를 결정할 때, 몇 년에 걸쳐서 얻을 것으로 기대되는 불확실한 이익(미래의 이익)과 비교해서 **비용**(예를 들어, 레스토랑을 수리하고 요리용 레인지, 테이블, 의자, 이국적인 음료수를 위한 작은 종이 우산, 기타 필요한 설비를 구입하기 위한 비용)이 너무 많이 드는지 아니면 적게 드는지를 검토해야 한다.

의사결정을 실행하는 과정에서, 사람들은 **재무시스템**(financial system)을 이용한다. 재무시스템은 재무적 계약 그리고 자산과 위험의 교환에 이용되는 시장과 기관들의 조합으로 정의된다. 재무시스템은 주식, 채권, 그 밖의 증권들이 거래되는 시장, 금융기관(은행, 보험회사), 재무 서비스 회사(재무 자문 회사), 이러한 기관들을 감독하는 감독기관 등을 포함한다. 시간이 경과함에 따라서 재무시스템이 어떻게 발전했는가 하는 것은 재무의 연구 과제 중의 중요한 부분이다.

재무이론은 다기간에 걸쳐서 자원을 배분하는 방법에 관한 답을 제공해 주는 개념과 대안을 평가하고, 의사결정을 하고, 그것을 수행하도록 도와주는 계량모형으로 구성되어 있다. 이와 같은 기본적인 개념과 계량적인 모형들은 차를 구입할 것인가 아니면 리스를 이용할 것인가, 사업을 시작할 것인가 등의 의사결정에서부터 대기업 CFO가 통신사업에 진출할 것인가 하는 의사결정이나 세계은행이 어떤 개발 계획에 자금을 제공할 것인가 하는 의사결정에 이르는 것과 같이 다양한 수준의 의사결정에 적용될 수 있다.

재무의 기본적인 목표는 재무시스템의 궁극적인 기능인 음식, 의복, 주거지와 같은 기본 생활 필수품을 포함하는 사람들의 소비선호체계를 만족시키도록 하는 것이다. 기업과 정부 같은 경제조직들도 이러한 궁극적인 기능이 성취될 수 있도록 하기 위해서 존재한다.

1.2 재무 연구의 동기

재무를 연구하는 목적으로 다음과 같이 적어도 다섯 가지 이유를 들 수 있다.

첫째, 재무에 관한 지식은 자기 자신의 자원을 관리하는 것을 도와준다. 당신은 재무에 관해서 아무것도 알지 못하면서 살아갈 수 있을까? 아마 그럴 수 있을지도 모른다. 그러나 재무에 관해서 철저하게 무지하다면, 다른 사람들에게 자신의 운명을 맡기는 것과 같다. 이러한 상황에 맞는 속담이 있다. "어리석은 자는 금방 돈을 잃는다."

자신의 자원을 관리하는 경우에 어떤 때에는 전문가에게 도움을 청할 것이다. 이러한 경우에는 재무에 대해 조언을 해 주는 많은 재무전문가와 은행, 주식 중개인, 보험 중개인, 그리고 뮤추얼 펀드와 그 밖의 다양한 금융상품과 서비스를 파는 재무 서비스 회사들을 이용할 수 있다. 당신은 당신에게 잠재 고객이라면 상담에 대한 대가는 '무료'이다. 그러나 당신은 당신에게 제공된 제안들을 어떻게 평가할 것인가? 재무는 이러한 평가에 있어서 필요한 핵심적 개념구조를 제공해 준다.

둘째, 재무의 기본적인 이해는 사업에 가장 중요한 부분이다. 재무를 전공하려고 의도하지 않았다 하더라도, 재무전문가들과 서로 의사소통하거나, 재무전문가가 당신에게 무엇을 제공할 수 있는가를 이해하기 위해서는 재무에 관련된 개념, 기술 그리고 재무전문가들이 사용하는 전문용어에 대한 충분한 이해가 필요하다.

글상자 1.1　금융공학에서의 취업 기회

파리 에콜폴리테크니크의 수학과 교수 Nicole El Karoui는 '선물의 계량적 분석을 통한 파생상품 모형'을 가르치는 데 앞장서 왔다. El Karoui 교수는 금융수학을 학생들에게 가르치며 파생상품에 대한 지식 전달에 힘써 왔다. 금융상품의 중요성이 커지면서, El Karoui 교수의 금융수학을 수강했던 많은 학생들이 세계 유수의 투자은행에 몸담게 되었다.

파생상품(상품의 가치가 기초 자산 가치에 연동되어 결정되는 금융 계약)은 주로 은행에서 헤지(hedge) 수단으로 사용되어 왔다. 과거에 투자은행은 투자 자문 서비스를 제공했을 뿐만 아니라, 인수, 주식 및 채권 거래로부터 그들 이익의 대부분을 창출하였다.

지금까지 투자은행은 30% 이상의 주식 관련 수익을 파생상품 거래를 통해 얻고 있다. El Karoui 교수는 강의에서 이러한 투자 구조의 변화로부터 생겨난 수요에 의해 주도된 서비스 분야에서 경쟁력 있는 인재가 되고자 하는 학생들에게 필수적인 기술을 가르친다.

El Karoui는 먼저 안식년 동안 일반 은행에서 일했으며, 파생상품 모델링에 흥미를 가지게 되었다. 그녀는 파생상품 부서에서 일하는 사람들의 대부분이 확률 미적분 이론(시간 흐름에 따른 무작위적 분산의 영향에 대한 학문) 수강생들이 직면하는 어려움과 유사한 어려움을 겪는 것을 알게 되었다. 그녀는 다시 학교에 돌아와 대학원에서 금융수학 프로그램을 실시하였고, 이는 은행들 간 파생상품 지식에 대한 수요가 증가하는 시기와 일치하였다. 리크루터들은 파생상품의 기본 움직임을 이해할 수 있는 기술적 분석능력을 가진 El Karoui 교수의 학생들을 찾기 위해 안간힘을 쓰고 있다. 이러한 핵심 계량 기술은 투자은행의 필수적 업무로 자리 잡아 가고 있다.

출처 : "Why Students of Prof. El Karoui Are in Demand," *Wall Street Journal*, March 9, 2006.

셋째, 재무분야에 경력을 쌓는 것에 흥미를 느낄 수 있다. 재무분야에는 잠재적 가치가 있는 다양한 직업들이 있다. 또한 재무전문가가 될 수 있는 수없이 다양한 길이 있다. 대부분의 재무전문가들은 경제 내 재무 서비스 부문인 은행, 보험회사, 투자전문회사에 고용되어 있다. 이 외에도 많은 사람들은 제조업체 혹은 정부에서 재무 관리자로서 일하며, 어떤 사람들은 학계에서 일하기도 한다.

가계, 기업, 정부는 재무 컨설턴트의 자문을 종종 활용한다. 더욱이, 재무분야에서의 경력이나 경험은 일반 관리자로서의 업무에 유익한 기초를 제공한다. 전 세계적으로 대기업 최고 경영자 중의 많은 사람들은 그들의 첫 직장에서 재무분야의 일을 담당했었다.

넷째, 사회구성원으로서 합리적인 선택을 하기 위해서는 재무시스템의 작동 방식에 관한 기본적인 이해가 필요하다. 재무시스템은 시장 중심 사회 인프라의 중요한 부분이다. 실제로 많은 사람들이 금융기관의 안정성이 경제 성장과 발전에 필수적인 요소라고 믿고 있다. 개인들은 간혹 재무시스템에 영향을 미치는 정치적인 결정도 내려야 할 때가 있다. 예를 들어서 예금보험제도의 폐지를 지지하는 후보자에게 투표할 것인지 아니면 주식시장 거래에 대하여 엄격하게 관리할 것을 지지하는 후보에게 투표할 것인지를 결정

글상자 1.2 고등 교육기관들의 부채조달, 대학 채권

전국의 대학들은 운영과 투자를 위한 자금을 조달하기 위해 채권 발행 가능 여부를 파악하고 있다. 수년 동안 대학들은 기부금 펀드 운용(endowment funds)을 재무 설계사에게 위임해 왔으며, 재정적으로 부유한 여러 학교들은 채권 발행을 통한 자금 조달에 대한 바람이 커져 가는 것을 보여 주고 있다. 2006년 고등 교육 채권의 초기 발행 시장에서 약 $330억이 조달되었으며, 미래에는 그 규모가 급속도로 증가할 것으로 예상되고 있다.

공공기관 또는 비영리 민영기관들은 그들의 비영리 목적에 근거하여 비과세 채권을 발행할 수 있으며, 이 자금으로 고수익 시장에 투자할 수 있다. 게다가 공립 및 비영리 사립대학들이 투자로 벌어들이는 수익 또한 면세가 되기 때문에 이들 전략의 수익성은 매우 높은 것으로 보인다. 대학들은 늘어난 자원을 활용하여 앞으로 입학할 학생들이 원하는 체육관, 운동 시설, 영화관 등의 새로운 시설을 확충할 수 있다. 이것은 학생들이 지속적으로 그들의 대학에 최고의 시설을 기대하기 때문으로 생각되며, 학교는 앞으로도 더 많은 채권을 발행함으로써 운영 자금의 상당 부분을 조달할 것으로 보인다.

출처 : "An Education in Finance," *The Economist*, May 18, 2006.

해야 하는 경우가 있을 것이다.

다섯째, 재무는 순수하게 아주 재미있는 학문 분야일 수 있으며 이를 통해 실제 세계가 어떻게 움직이는지에 대한 이해를 넓힐 수 있다. 재무를 과학적으로 연구하는 것은 오랜 역사를 가지고 있다. 1776년 출판된 Adam Smith의 『국부론(The Wealth of Nations)』이 근대 경제학의 시초라고 한다. 오늘날의 재무이론가들은 대개 재무경제학을 전공한 경제학자들이다. 실제로 1990년과 1997년의 노벨경제학상은 재무분야에 과학적인 공헌을 한 학자들에게로 돌아갔다.

1.3 가계의 재무의사결정

대부분의 가계는 가족으로 구성되어 있으며 다양한 형태와 크기로 구성되어 있다. 어떤 가계는 다세대 구성원들로 이루어져 있고 어떤 가계는 홀로 사는 사람 한 명만으로 구성되어 있다. 그러나 재무에서는 그 형태나 크기에 대해서는 별로 중요하게 생각하지 않으며 모두 동일한 가계로 간주한다. 가계는 네 가지 기본적인 재무의사결정에 직면하게 된다.

- 소비와 저축의사결정 : 가계의 현재 부에서 얼마를 소비하고, 미래를 위해 현재의 소득 중에서 얼마를 저축해야 하는가?
- 투자의사결정 : 저축하고자 하는 재산을 어떤 형태로 투자해야 하는가?

1990년 경제학 분야의 노벨상은 금융 분야에 이론적·실제적으로 막강한 영향력을 준 3명의 학자, Harry Markowitz, Merton Miller, William Sharpe에게 수여되었다. 그들의 공로에 대해 간략히 설명하겠다.

Harry Markowitz는 현대 포트폴리오 이론(위험 자산 투자의 선택에 있어서 위험과 보상 간의 상충관계에 대한 과학적 연구)의 아버지라 불려 왔다. 1952년 *Journal of Finance*에 실린 그의 독창적 기사 "Portfolio Selection"을 보면, 그는 투자자들이 주어진 목표 수익률에 대해 가장 낮은 위험을 취할 수 있는 방법을 보여 주는 수학적 모형을 개발했다. 마코비츠 모형은 기초 금융 이론과 합쳐져 실제 자산운용사들에 의해 널리 이용되고 있다.

William Sharpe는 Markowitz의 결론을 시작점으로 삼아, 자산가격에 대한 연구를 하였다. '항상 자산의 가격은 각 위험 자산에 대한 수요와 공급이 같아지도록 조정된다'는 가정을 더해, 그는 '위험 자산에 대한 기대 수익률 간에 특정 구조가 존재해야만 한다'는 것을 보였다("Capital Asset Prices: A Theory of Market Equilibrium under Conditions of Risk," *Journal of Finance*, 1964). Sharpe가 제시한 모형은 현재 재무 이론과 실무의 많은 분야에서 위험 조정의 기초로서 널리 사용되고 있다.

Merton Miller는 주로 기업 재무 분야에 공헌해 왔다. 그와 Franco Modigliani(이전 노벨 경제학상 수상자)는 1958년 "The Cost of Capital, Corporation Finance, and the Theory of Investment"라는 기사를 시작으로 *American Economic Review*에 논문을 게재함으로써 기업의 배당과 차입 정책에 대해 연구를 발표했다. 그들의 이론은 기업의 배당과 자금 조달 정책이 총기업가치에 미치는 영향에 대해 학자들과 업계 전문가들의 이목을 집중시키는 데에 기여했다. 그들의 공동 논문에서 정립된 M&M(Modigliani-Miller) 정리는 근대 기업 재무의 초석이 되었다.

1997년의 노벨 경제학상은 다시 한번 재무 경제학자에게 수여되었다. 그 수상자는 Robert C. Merton(이 책의 공동 저자 중 한 명)과 Myron Scholes이다. 또한 노벨 위원회에서는 1995년 57세의 이른 나이에 세상을 떠나 공동 수상 자격을 상실한 Fischer Black을 세 번째 수상자로 언급하였다. 이 세 명의 학자는 금융 이론과 실무에 막대한 영향을 미친 옵션, 파생상품 가격 결정의 수학적 모형을 개발했다. 이 공식이 현재 널리 알려진 블랙-숄즈 옵션 가격 결정 모형이다.

- **자금조달 의사결정** : 소비와 투자 계획을 이행하기 위해서 어떤 방법으로 다른 사람들의 돈을 차입할 것인가?
- **위험관리 의사결정** : 가계가 직면한 재무적 불확실성을 제거할 방법을 어떻게 찾을 것인가? 혹은 언제 위험을 증가시키는 것이 자신에게 이익이 될 것인가?

미래의 소비를 위해서 소득의 일정 부분을 저축한다면 우리는 다양한 형태로 자산을 보유하고 있을 것이다. 그중의 한 가지 형태는 은행 예금이고, 또 다른 형태는 부동산 혹은 주식일 수도 있다. 이러한 모든 것들을 **자산**(assets)이라고 한다. 자산은 경제적 가치를 가지는 모든 것을 지칭한다.

축적된 자산을 보유할 방법을 선택하는 것을 개인 투자(personal investing) 혹은 **자산배분**(asset allocation)이라고 한다. 흔히 자신이 살고 있는 집에 투자하는 것 이외에도 주

글상자 1.4　　대학 학자금 대출 시장의 새로운 경향

미국에서 학생 사금융은 소비자 금융 부문에서 점차 성장하고 있으며, 수익성이 있는 분야가 되어 가고 있다. 학생 사금융은 비교적 높은 이자율과, 대학 등록금을 마련해야 하는 학생들이 늘어남으로써 생겨나는 지속적 수요 증가에 의해 수익을 얻는다. 정부 대출과는 다르게 사금융은 시장 이자율보다 높은 비용을 부과함으로써 이윤을 남긴다. 투자자들이 사금융을 투자할 만하다고 느끼는 이유는 비용이 총융자금의 6~7%로 구성되기 때문이다. 게다가 등록금의 전국적 상승, 베이비 붐 세대 자녀들의 대학 재학 비율의 증가는 사금융에 대한 높은 수요의 주요 원인이다. 대학 비용은 계속해서 상승하고 있으며, 장학금 및 학자금 대출 조성에 대한 정부 대책은 계속 진전이 없을 뿐만 아니라 실제 많은 경우 감소해 왔다. 높은 교육 비용과 이러한 비용을 지불할 가계의 능력 사이의 차이는 계속 커지고 있다. 학생 사금융은 이러한 차이를 메우기 위해 출현한 것이다.

Sallie Mae와 같은 대금업자들에 의해 제공된 학생 사금융은 최근 대중들 사이에서 그 수요가 급증했으며, 1994~1995년 사이 최고 5% 이상 증가하여 현재 정부 학자금 대출 규모의 22%까지 따라잡은 상태이다. 2004~2005년에 $138억였고, 추후 3년 동안 2배 이상 증가할 것이라는 기대와 함께 학생 사금융은 소비자 금융 부문에서 가장 빠르게 성장하며 가장 수익성 있는 부분으로 급부상하였다. 대학 등록금과 함께 대학생들의 수도 계속해서 증가함에 따라, 학생 사금융 산업은 고성장 기록을 유지할 것으로 기대된다.

출처 : "Thanks to the Banks," *The Economist*, February 16, 2006.

식이나 채권과 같은 금융 자산에 투자하기도 한다.

사람들이 돈을 빌리게 되면 우리는 이것을 **부채**(liability)라고 한다. 가계의 부, 즉 **순자산**(net worth)은 가계의 자산에서 부채를 제외한 금액으로 측정된다. 예를 들어, 당신이 $100,000의 주택과 $20,000의 은행 예금을 가지고 있는데 은행에 $80,000의 주택저당 대출금이 있고, $5,000의 신용 카드 부채가 있다면, 순자산은 총자산($120,000)에서 총부채($85,000)를 뺀 $35,000가 된다. 궁극적으로 사회의 모든 자원과 자산은 가계가 소유하고 있다고 할 수 있다. 왜냐하면 가계가 직접적으로 혹은 주식, 연금, 생명보험의 소유권을 통해서 회사를 소유하고 있으며, 정부에 의해 지출되는 세금도 가계가 지불하기 때문이다.

재무이론은 사람들의 소비선호체계가 변하지 않는다고 가정하고 있다. 선호체계는 시간의 흐름에 따라 변할 수 있지만, 재무이론은 선호가 어떻게 변하는지 그리고 왜 변하는지를 다루지는 않는다.[1] 사람들의 행동은 그들의 선호를 만족시키기 위한 노력의 과정이라고 설명할 수 있다. 기업과 정부의 행동도 사람들의 행복을 만족시키기 위한 것이라

---

[1] 이론의 요소가 이론 내에서 설명되지 않는 경우를 **외생변수**라 한다. 반대로 이론 내에서 설명되는 것은 **내생변수**라 한다. 사람들의 선호는 이론에 대해서 외생변수이지만 기업의 목적은 내생변수이다.

는 관점에서 볼 수 있다.

| **예제 1.1** |
가계에서 이루어지는 네 가지 대표적인 형태의 재무의사결정에는 어떠한 것이 있는가? 각각의 예를 들어서 설명해 보라.

1.4 기업의 재무의사결정

기업의 주된 기능은 재화와 서비스를 생산하는 것이라고 정의되어 있다. 그리고 가계와 마찬가지로 기업은 다양한 형태와 크기로 존재한다. 작은 작업장, 소매점, 개인이나 가족이 운영하는 음식점과 같은 소규모 형태도 있을 수 있으며, 수많은 종업원과 주주들이 있는 미츠비시나 GM과 같은 거대한 기업도 있다. 기업의 재무의사결정 측면을 다루는 재무 분야를 기업 재무(business finance, corporate finance)라고 한다.

재화와 서비스를 생산하기 위해 크고 작은 모든 회사들은 자본(capital)을 필요로 한다. 건물, 기계, 그 밖의 생산 과정에서 사용되는 모든 중간 투입물을 물적 자본(physical capital)이라고 하며 물적 자본을 보유하기 위해 자금을 조달하는 데에 사용된 주식, 채권, 대출을 금융 자본(financial capital)이라 한다.

기업이 가장 먼저 해야 하는 의사결정은 기업이 어떠한 사업을 할 것인가를 결정하는 것인데 이를 전략 계획(strategic planning)이라 한다. 전략 계획은 여러 기간에 걸쳐 발생하는 비용과 수익의 평가와 관련되어 있기 때문에 이를 재무의사결정의 과정이라고 보아도 무방할 것이다.

흔히 기업은 주 제품 라인이라고 정의되는 핵심 사업을 가지게 된다. 그리고 핵심 사업과 관련된 다른 사업들로도 뻗어 나가고자 한다. 예를 들어 컴퓨터 하드웨어를 생산하는 기업은 컴퓨터 소프트웨어의 생산도 고려할 수 있으며 또한 컴퓨터 수리사업을 선택할 수도 있다.

기업의 전략적 목표는 시간에 따라 변할 수 있다. 때로는 아주 극적으로 변하는 경우도 있는데 어떤 기업은 표면상 관계가 없는 사업을 시작하기도 하고 핵심 사업을 포기하기도 한다. 그리하여 기업의 명칭이 더 이상 현재의 사업과 관련이 없는 경우도 있다.

예를 들어, ITT사는 1920년 International Telephone and Telegraph라는 전화 회사로 시작했고, 1970년대에는 원격 통신 사업과 함께 보험, 군수품, 호텔, 제과점, 자동차 렌트, 광산, 삼림, 원예 등의 다양한 사업을 운영하는 거대한 다국적 기업으로 변화하였다.

1980년대에 ITT는 많은 사업을 분리시켰고 호텔과 카지노 운영에 주력했으며, 1996년에는 원격 통신 서비스와 전화 용품을 생산하는 초기의 핵심 사업을 포기하였다.

기업의 경영자가 어떠한 사업을 운영할 것인가를 결정하면, 공장, 기계, 연구실험실, 전시실, 창고, 그 밖의 자산 구입과 자산을 사용할 직원들을 교육하기 위한 계획을 준비해야 하는데 이를 자본예산 의사결정과정(capital budgeting process)이라고 한다.

자본예산 의사결정에 있어 가장 기본적인 분석 단위가 되는 것은 투자 프로젝트(investment project)이다. 자본예산 의사결정의 과정은 새로운 프로젝트들에 대한 아이디어를 구상하고, 평가하고, 어떠한 프로젝트를 선택하여 착수할 것인지를 결정하고, 그것을 실행에 옮기는 것으로 구성되어 있다.

기업이 어떠한 프로젝트에 착수할 것인가가 결정되면, 어떻게 자금을 조달할 것인가를 결정해야 한다. 자본예산 의사결정과 달리 자본구조(capital structure) 의사결정의 분석 단위는 단일 투자 프로젝트가 아니라 기업 전체이다. 자본구조 의사결정의 출발점은 기업의 가능한 자본조달 계획의 결정이다. 가능한 자본조달 계획이 수립된 후, 최적 자본조달에 관한 탐색 과정이 이루어질 수 있다.

기업은 다양한 형태의 증권과 청구권을 발행할 수 있다. 기업이 발행할 수 있는 증권에는 보통주, 우선주, 채권, 전환증권과 같이 시장에서 거래될 수 있는 규격화된 증권이 있다. 그 밖에도 은행 대출, 종업원 스톡 옵션, 리스, 연금 부담의무와 같이 시장에서 거래될 수 없는 청구권들이 있다.

기업의 재무구조는 기업의 미래 현금흐름 중에서 누가 얼마만큼을 가질 수 있는가를 결정한다. 예를 들어, 채권에게는 일정한 현금 지불을 약속하는 데 비해, 주식에게는 다른 모든 청구권자들에게 지불되고 남은 잔여 가치를 지불한다. 또한 자본구조는 부분적으로 누가 회사를 지배하는가도 결정한다. 일반적으로 주주는 이사회의 이사를 선출하는 권리를 통해서 기업의 지배권을 갖는다. 그러나 흔히 채권과 대출에는 경영자의 활동을 제한하는, 계약 조항(covenants)으로 불리는 계약상의 규정이 적용된다. 이러한 계약 조항은 회사의 업무에 관해서 어느 정도의 통제권을 부여한다.

기업의 성공에 있어 운전자본 관리(working capital management)는 매우 중요하다. 기업이 매일 매일의 재무 상황에 유의하지 않는다면, 아무리 좋은 장기 계획도 실패하게 된다. 성공적으로 빠르게 성장하고 있는 기업일지라도 현금흐름유입과 현금흐름유출이 정확하게 일치하지 않는다. 경영자는 고객으로부터의 수금과 만기가 된 어음에 대한 지불이 제때 이루어지도록 주의를 기울여야 한다. 그리고 재무관리자는 부족한 영업현금흐름을 보충하기 위해 자금을 조달하고 초과된 현금흐름으로 높은 수익률을 얻을 수 있는 효율적인 투자를 하는 등의 현금흐름 관리를 해야 한다.

재무의사결정의 모든 분야―투자의사결정, 자금조달 의사결정, 운전자본 관리 의사결정―에서 기업의 선택은 기업의 기술과 규제, 세금, 기업이 속해 있는 경쟁적인 환경에 의해서 결정된다. 또한 기업이 선택하는 정책들 역시 매우 상호 의존적이다.

> **| 예제 1.2 |**
> 기업에서 이루어지는 대표적인 재무의사결정에는 어떠한 것들이 있는가? 예를 들어서 설명하라.

1.5 사업 조직의 형태

기업 조직 구조의 형태는 기본적으로 단독 사업, 합명 회사, 주식회사로 나눌 수 있다. **단독 사업**(sole proprietorship)은 한 개인 혹은 한 가족에 의해 소유되고 회사의 자산과 부채가 바로 소유주 개인의 자산과 부채가 되는 형태를 말한다. 단독 사업자는 회사의 부채와 그 밖의 채무에 대해 **무한변제의무**(unlimited liability)를 갖는다. 이는 만약 회사가 그 채무변제의무를 이행하지 못한다면, 회사 채권자의 요구를 만족시키기 위해 단독 사업자의 개인 자산을 압류할 수 있음을 의미한다.

많은 회사들이 단독 사업의 형태로 시작해서 회사가 안정되고 확장됨에 따라 조직 형태를 변화시킨다. 그러나 음식점, 부동산 중개소, 소규모 작업장과 같은 사업은 처음부터 끝까지 단독 사업의 형태를 유지한다.

합명 회사(partnership)는 조합원 혹은 공동경영자라 불리며 사업의 주주권을 소유하는, 둘 혹은 그 이상의 소유자가 있는 회사이다. 합명 회사의 계약은 의사결정방법, 이익과 손실의 분배방법 등을 규정한다. 다른 특별한 규정이 없다면 단독 사업과 마찬가지로 모든 조합원이 무한변제의무를 갖는다.

그러나 유한책임 조합원(limited partners)이라 불리는 특정 조합원에게는 변제의무를 제한할 수 있다. 하지만 일반 조합원이라고 불리는 전체 조합원 중의 적어도 한 명은 회사의 부채에 대해서 무한변제의무를 갖는다. 일반적으로 유한책임 조합원은 합명 회사의 일상적인 의사결정에는 참여하지 않고 단지 일반 조합원만이 의사결정에 참여한다.

단독 사업이나 합명 회사와는 달리, **주식회사**(corporation)는 그 소유주와 분리되어 독립적인 실체를 가지는 회사이다. 주식회사는 자체적으로 소유 재산과 부채를 가지고 있으며 또한 계약에 참여할 수도 있으며 소송을 제기하거나 피고소인이 될 수도 있다. 주

미국에서는 기업명 뒤의 Inc. 표기 여부로 해당 기업이 주식회사인지 아닌지 확인할 수 있다. 이는 영어 단어 *incorporated*의 약자이다. 프랑스는 SA(Societé Anonime, 이탈리아는 SpA(Societa per Azioni, 네덜란드에서는 NV(Naamloze Vennootschap), 그리고 스웨덴은 AB(Aktiebolag)로 주식회사임을 표시한다.

독일에서 공공기업은 Aktiengesellschaften라 불리며, 기업명 뒤에 AG를 붙인다. 반면에 개인 주식회사는 Gesellschaften mit beschränkter Haftung으로 불리며, GmbH로 표기된다. 같은 의미로 영국에서는 각각 PLC(public limited company), LTD(private corporation)로 표기한다.

최초로 알려진 주식회사는 1600년대 암스테르담과 런던에서 구성되었으며, 영어로 *joint stock companies*라 불렸었다. 현재 이 표현은 쓰이지 않는다.

식회사는 다른 형태의 사업조직에 적용되는 규정과는 상이한 규정에 따라 과세 의무를 지게 된다.

주식회사의 정관에는 회사를 운용하는 규정이 기술되어 있다. 주주는 그들이 소유하고 있는 주식 수에 비례해서 회사 분배금(예를 들어, 현금 배당) 중의 일정 부분에 대한 청구권을 가지게 된다. 주주는 사업을 운영할 관리자를 선출하는 이사회(board of directors)의 이사 선임권을 갖는다. 대개 한 주당 한 표의 투표권이 주어지지만 때로는 서로 다른 투표권을 가진 다양한 등급과 종류의 주식이 함께 발행되기도 한다.

주식회사 형태의 장점은 일반적으로 회사의 사업을 중단시키지 않으면서도 소유권의 이전이 가능하다는 점이다. 주식회사 형태의 또 다른 장점은 유한 책임이다. 유한 책임은 만약 회사가 부채를 변제하지 못할 경우 채무자는 회사의 자산을 압류할 수 있지만 주주의 개인 자산에 대해서는 어떠한 상환 청구권도 행사할 수 없다는 것을 의미한다. 이러한 관점에서 주식회사는 합명 회사의 일반 조합원과 동일한 기능을 제공하고 주식회사의 주주는 유한책임 조합원과 유사하다고 볼 수 있다.

회사의 소유권이 한 개인이나 가족에게 제한되어 있는 경우도 있지만 세계적으로 큰 규모의 회사들은 거의 모두 주식회사 형태로 구성되어 있다. 소유권이 광범위하게 분산되어 있는 주식회사를 공개 주식회사(public corporations)라 하고, 소유권이 집중된 회사를 비공개 주식회사(private corporations)라고 한다.

주식회사의 구성 형태를 규정하는 법률의 세부사항은 국가마다 차이가 있다. 한 국가 안에서도 관할 구역에 따라 법률이 다르다. 예를 들어, 미국의 경우 주식회사를 규정하는 법률은 각 주에 따라 다르게 만들어지고 집행되고 있다(글상자 1.5).

| 예제 1.3 |
한 사람에 의해 소유된 주식회사는 단독 사업이라고 할 수 없다. 그 이유는 무엇인가?

1.6 소유와 경영의 분리

단독 사업과 대부분의 합명 회사의 경우 소유주와 사업의 실제적인 경영자는 동일한 사람이다. 그러나 대부분의 기업, 특히 큰 규모의 기업의 경우 소유주는 그 자신이 사업을 관리하지 않는다. 대신 해당 기업의 주식을 전혀 소유하고 있지 않을 수도 있는 전문 경영자에게 기업 경영을 위임한다. 회사의 소유주가 사업의 경영을 다른 사람에게 위임하는 이유에는 다음과 같은 것들이 있다.

첫째, 일반적으로 전문 경영자가 사업을 운영하는 데 보다 우수한 능력을 가졌다고 볼 수 있다. 왜냐하면 전문 경영자가 주주보다 사업을 운영하는 데 더 나은 지식과 경험, 적합한 성격을 가지고 있을 수 있기 때문이다. 소유 경영자의 경우 소유주는 경영자로서의 능력과 생산을 실행하는 데 필요한 자금을 제공할 수 있는 능력을 동시에 갖추어야 한다. 그러나 소유와 경영이 분리된 경우에는 한 사람이 두 가지 능력을 동시에 갖출 필요가 없다.

예를 들어, 연예 사업을 생각해 보자. 영화 스튜디오나 텔레비전 네트워크를 운영하는 데 가장 적합한 사람은 대개 그 사업을 수행하기에 필요한 자금을 보유하지 못하고 있을 것이다. 그리고 이러한 사업을 수행할 수 있는 재산을 가진 사람은 대부분의 경우 사업을 경영할 능력이 없을 것이다. 따라서 경영에 경쟁력이 있는 사람은 영화를 생산하고 배급하고, 자금이 있는 사람은 자본을 제공하면 이와 같은 문제가 해결될 것이다.

둘째, 사업의 효과적인 규모를 달성하기 위해서는 다수의 가계로부터 자원을 모아야 한다. 예를 들어서 영화 한 편을 제작하는 데 수백만 달러의 비용이 소요된다고 하자. 효율적인 생산 규모를 달성하기 위해서 자원을 모아야 하는 필요성 때문에, 이런 경우에는 사업 경영에는 적극적으로 참여하지 않으면서 자금을 제공할 수 있는 소유주가 존재하는 구조가 더 효율적일 것이다.

셋째, 불확실한 경제 상황하에서 소유주는 위험을 많은 회사에 나누어 분산시키고자 한다. 그러므로 여러 증권에 분산해서 투자하는 것이 최적의 포트폴리오를 구성하는 것이다. 이러한 효율적인 분산 투자는 소유와 경영이 분리되지 않으면 달성하기 힘들다.

예를 들어, 투자자들이 연예 산업에 속해 있는 회사가 향후 몇 년 동안 전망이 좋을 것이라고 생각하고 연예 산업에 일정 부분 투자하길 원한다고 가정해 보자. 만약 투자자가 자신이 투자한 회사를 경영도 해야 한다면, 다수의 회사에 분산 투자할 수가 없다. 주식회사의 형태는 투자자들이 각 회사에 비교적 적은 지분을 소유하는 것을 가능하게 하기 때문에 주식회사 형태가 분산 투자를 용이하게 한다.

넷째, 소유와 경영의 분리구조는 정보를 수집하는 데 있어서 비용을 절감할 수 있게 해 준다. 경영자는 회사의 생산 기술, 제품 생산 투입 비용, 제품 수요에 관한 유용하고도 가장 정확한 정보를 수집할 수 있다. 회사의 소유주는 회사의 기술, 회사 운영의 집중도, 회사 제품의 수요 등에 대해서 정보를 수집할 필요가 없다.

다시 연예 산업을 생각해 보자. 영화의 제작과 배급을 성공적으로 관리하기 위해서 알아야 할 정보는 상당히 많다. 영화에 출연하는 최고의 배우와 감독에 대한 정보는 낮은 비용으로 쉽게 구할 수 있을지 모르지만, 영화 제작과 배급에 필요한 여타 자원에 대한 정보를 수집하는 데는 비용이 많이 들 것이다. 에이전트와 중개인의 정보 네트워크를 만드는 일은 비용이 많이 들기 때문에, 이와 같은 일은 전문적인 제작자에게 맡기는 것이 더욱 효율적이다.

다섯째, '학습 곡선' 또는 '영구 조직' 효과가 있다. 이러한 효과는 소유와 경영이 분리된 상황에서 더 효과적이다. 가령 소유자가 기술의 일부 혹은 전부를 지금 혹은 나중에 팔고 싶어 할 때 만약 소유주가 경영자여야 한다면, 새로운 소유주는 사업을 효율적으로 관리하기 위해 전임 소유주로부터 사업을 배워야 한다. 그러나 만약 소유주가 경영자일 필요가 없다면, 사업이 매각될 때 경영자는 자기 자리를 지키고 새로운 소유주를 위해 일하면 된다. 회사가 처음으로 주식을 일반에게 공개 발행할 때 최초의 소유-경영자가 회사에 대한 지분을 가지고 있지 않다 하더라도 계속해서 경영을 하는 것도 가능하다.

주식회사 형태는 회사의 영업에는 영향을 미치지 않으면서도 주식의 이전으로 인해 소유주가 빈번하게 교체되는 것도 가능하게 하기 때문에 주식회사의 형태는 특히 소유와 경영이 분리된 상황에 적합하다. 매일 전 세계 주식회사의 수없이 많은 주식의 소유권이 이전되지만 기업의 경영에는 거의 영향을 미치지 않는다.

| 예제 1.4 |
기업의 소유와 경영을 분리하는 가장 큰 이유는 무엇인가? 그리고 어떠한 방법을 통해서 이를 실현할 수 있는가?

소유와 경영이 분리된 구조는 소유주와 경영자 간의 잠재적인 이해의 **충돌**(conflict of

interest) 가능성을 불러올 수 있다. 이러한 가능성은 소유와 경영 분리의 이점을 상쇄하는 큰 문제를 제기하기도 한다. 회사의 소유주는 경영자가 소유주의 이익을 효과적으로 만족시키고 있는지에 대해서 불완전한 정보를 가지고 있기 때문에, 경영자는 주주에 대한 의무를 게을리할 수도 있다. 극단적으로 경영자는 주주의 이익에 반하는 행동을 하기도 한다. 고전 경제학의 아버지인 아담 스미스는 다음과 같이 말하였다.

> 주식회사의 이사들은 자신의 돈이 아닌 다른 사람들의 돈을 관리하는 관리자이기 때문에, 합명회사의 공동 경영자가 자기의 돈을 감독하는 만큼의 주의력으로 남의 돈을 감독하기를 도저히 기대할 수 없다. 부자의 집사와 마찬가지로 그들은 작은 일에 신경 쓰는 것은 주인의 명예에 불리하다고 생각하여 작은 일에는 신경을 쓰지 않는다. 따라서 주식회사의 업무처리에서는 다소 태만과 낭비가 있게 마련이다.[2]

경영자와 소유자 간의 잠재적인 이해의 충돌이 합리적인 비용으로 해결될 수 있는 경영 환경에서는 기업의 소유자는 경영자가 되려고 하지 않을 것이라 기대할 수 있다. 그리고 소유권이 다수의 개인들에게 분산되는 것을 기대할 수 있다. 더욱이 주주 구성의 변화는 경영진 구성의 변화보다 빈번하게 일어날 것이라 기대할 수 있다.

1.7 경영의 목표

기업의 경영자는 주주에 의해(이사회를 통해) 고용되기 때문에 경영자의 주요한 책임은 주주의 이익을 최우선으로 하는 의사결정을 내리는 것이다. 그러나 이것이 기업 경영의 유일한 목적은 아니다. 사회에 속해 있는 다른 모든 사람들과 마찬가지로 기업의 경영자는 법규를 따라야 한다. 또한 경영자가 윤리적인 규범을 존중하고 바람직한 사회의 목표를 따르는 것 때문에 주주에게 약간의 비용이 부가된다면, 경영자는 그렇게 하도록 사회적인 압력을 받을 것이다.[3]

그러나 기업 경영의 목표를 단지 주주의 이익을 배타적으로 최우선시하는 것으로 제한해도 경영자가 이 목표를 어떻게 달성하는가 하는 것은 명확하지 않다. 원칙적으로 경영자는 생산방법의 선택, 자본 조달 비용 등과 같은 모든 의사결정을 주주와 함께 검토할 수 있고 주주가 선호하는 결정들에 관해서 물어볼 수도 있다. 그러나 이와 같은 경우에 주주는 자신이 직접 회사를 운영할 경우와 동일한 지식을 갖고 있어야 하며 동일한

---

[2] Adam Smith, *The Wealth of Nations*(Chicago: University of Chicago Press, 1977).

[3] 우리는 여기서 주주의 부를 극대화하는 것이 다른 바람직한 사회 목표와 필수적으로 상충되지 않을 것이라 가정한다.

시간을 투자해야 한다. 그러므로 회사를 운영하기 위한 경영자를 고용하는 것이 의미가 없어질 것이다.

더구나 회사에 적은 수의 소유주가 있을 경우에는 이러한 과정이 실행 가능할 수도 있지만 주주의 수가 많아지면 주주와 의논한다는 것은 비현실적이다. 실제로 거대한 다국적 기업의 경우에는 주주의 수가 무수히 많고 각기 다른 곳에 살고 있다. 그러므로 대부분의 의사결정에 대하여 주주들에게 묻지 않고도 경영자들이 결정하는 것을 가능하게 하도록 목표나 원칙을 설정할 필요가 있다.

그리고 경영자들은 주주의 위험 선호도나 견해를 알고 있지 않은 상태에서도 의사결정을 할 수 있어야 한다. 왜냐하면 이러한 정보는 실질적으로 획득하기가 불가능하기 때문이다. 그리고 그 정보가 적당한 시점에 획득 가능하다고 하더라도 그 정보는 시간에 따라 변한다. 사실상 주식의 소유권은 매일 변하기 때문에 회사의 소유주도 매일 변한다. 그러므로 실행에 옮기는 측면에서 볼 때, 정해진 원칙은 누가 소유주인지와 관계없이 일관되게 적용되어야 한다.

만약 투자나 재무결정에 있어서, 경영자가 적용한 원칙에 의해 선택한 의사결정이 주주들이 스스로 의사결정을 했을 때의 결과와 동일하다면, 이러한 원칙은 확실히 제대로 적용된 원칙이라고 하겠다. 주주의 부를 극대화하는 것이 바로 이러한 원칙에 해당되는데,[4] 그 이유는 다음과 같다.

예를 들어, 당신이 매우 위험한 투자안과 안전한 투자안의 두 가지 투자 의사결정 대안 중에서 하나를 선택해야 하는 어느 회사의 경영자라고 가정해 보자. 어떤 주주들은 위험을 감수하는 것을 피하고 싶어 할 것이고 또 어떤 주주들은 이 투자안의 미래에 대해서 비관적일 수도 있다. 그럼에도 불구하고, 일부 주주들은 위험을 선호하거나 투자안의 결과에 대해서 낙관적일 수도 있다. 그렇다면 경영진이 어떤 의사결정을 할 때 모든 주주의 이익이 극대화될 것인가?

위험한 투자안이 안전한 투자안보다 기업의 시장 가치를 더욱 높여 준다고 가정해 보자. 어떤 주주들은 안전한 자산에 자신들의 돈을 투자하고 싶어 할지라도, 이처럼 안전한 투자안에 투자하는 것이 반드시 이 주주들의 부의 증대에 대한 최선의 선택이 되는 것은 아니다.

---

[4] 이 원칙은 세상의 어떤 격언들과 마찬가지로 항상 옳지는 않다. 몇 가지 조건이 충족되어야만 하는데, 무엇보다도 효율적이고 경쟁적인 자본시장이 존재해야 한다. 또한 경영자가 불법적이거나 비윤리적인 의사결정을 하지 않아야 한다.

자본시장이 잘 발달되어 있다면 회사의 주식을 팔고 그 돈으로 안전한 자산에 투자함으로써 주주들은 자신들의 개인 포트폴리오 차원에서 위험을 조절할 수 있기 때문이다. 더 위험한 프로젝트를 채택한 경우에 위험을 회피하고자 하는 주주들이 오히려 더 좋은 결과를 얻을 수도 있다. 결과적으로 그들은 보다 많은 이익을 얻을 수도 있으며, 이를 재투자하거나 혹은 소비할 수 있을 것이다.

그러므로 일반 주주들은 경영자가 주주들이 보유하고 있는 주식의 시장 가치를 극대화하는 투자안을 선택하길 바랄 것이다. 따라서 경영자는 회사 주식의 시장 가치를 극대화하는 프로젝트를 선택하면 되는 것이다.

주주 부의 극대화 원칙을 적용한 결과는 회사의 생산 기술, 시장이자율, 시장위험 프리미엄, 증권 가격에 따라 달라지며, 이 원칙은 경영자로 하여금 투자자 자신이 그 투자안에 대해 내렸을 의사결정과 동일한 결정을 하게끔 한다. 동시에 이는 소유주의 위험선호도나 부에 의해서는 영향을 받지 않으므로 소유주 개인에 대한 완전한 정보 없이도 이러한 결정은 행해질 수 있다. 따라서 주주 부의 극대화 원칙은 경영자가 회사를 경영하는 데 있어 '합리적인' 원칙이다. 매번 의사결정을 할 때마다 주주의 의견을 묻지 않고도 이 원칙을 따르면 되기 때문이다.

어떤 사람들은 경영자의 목표가 회사의 이익을 극대화하는 것이라고 주장한다. 어떤 특별한 상황에서는 이익의 극대화와 주주 부의 극대화가 동일한 결론을 도출할 것이다. 그러나 대체적으로 이익 극대화 원칙에는 두 가지의 애매모호한 점이 있다.

- 생산 과정이 오랜 기간에 걸쳐서 일어난다면 어떤 기간의 이익을 극대화해야 하는가?
- 미래의 수익과 비용이 불확실하다면, 이익이 확률 분포에 의해서 설명될 것이다. 그렇다면 '이익의 극대화'는 어떤 의미를 갖는가?

이러한 문제들을 이익 극대화 원칙하에서 살펴보기로 하자.

첫째, 다기간 문제에 대해 살펴보면, 가령 회사가 두 가지 프로젝트 중 하나를 선택해야 한다고 하자. 두 프로젝트 모두 초기 비용으로 $1,000,000가 필요하지만 두 프로젝트의 수명이 다르다. 프로젝트 A는 1년 후에 $1,050,000의 현금유입이 있으며 그 상태에서 프로젝트는 끝난다. 그러므로 이 프로젝트로부터의 이익은 $50,000이다($1,050,000 − $1,000,000). 프로젝트 B는 2년 동안 지속되고 첫해에는 현금유입이 없고 두 번째 해에 $1,100,000의 현금유입이 생긴다. 이러한 경우에 어느 프로젝트가 이익 극대화 원칙에 맞는 것인가?

불확실한 상황에서의 이익 극대화 원칙 이용의 어려움에 대해 설명해 보자. 예를 들어, 당신이 초기 비용으로 $1,000,000가 필요하고 1년 후에 모든 현금유입이 생기는 두 종류의 프로젝트 중에서 하나를 선택해야 하는 경영자라고 하자. 앞의 예와 같이 프로젝트 A는 $1,050,000의 확실한 현금유입이 있다. 그러므로 프로젝트 A의 이익은 $50,000라고 말할 수 있다($1,050,000 − $1,000,000).

프로젝트 C를 통해서 불확실한 현금유입이 기대된다. 즉 각각 50%의 확률로 $1,200,000 혹은 $900,000의 현금유입이 발생할 것으로 보인다. 따라서 프로젝트 C에서는 $200,000의 이익 혹은 $100,000의 손실이 발생한다. "회사의 이익을 극대화하는 프로젝트를 선택한다"라고 말하는 것은 이 상황에서 무엇을 의미하는가?

이익과는 달리 회사 주식의 현재 시장 가치는 불확실성을 수반하고 있지 않다(예를 들면, IBM의 미래 현금흐름은 불확실하지만 회사 주식의 현재 가격은 확실한 값을 가진다). 그러므로 이익 극대화 원칙과는 달리 주주 부의 극대화 원칙은 회사의 미래 현금흐름이 불확실한 경우에도 합리적으로 적용될 수 있다.

| 예제 1.5 |
기업의 경영자가 이익 극대화의 원칙보다는 주주 부의 극대화 원칙을 따르는 것이 왜 더 좋은가?

물론 경영자는 의사결정이 회사 주식 가치에 대하여 어떤 영향을 미치는가를 평가해야 하는 어려운 과제를 안고 있다. 따라서 앞의 예에서 프로젝트 A와 B 중에서 또는 A와 C 중에서 하나를 선택하기 위해 경영자는 어떤 프로젝트가 회사의 가치를 극대화시킬 것인가를 판단해야 한다. 이러한 의사결정은 쉽지는 않지만 의사결정의 판단기준은 아주 명확하다.

따라서 경영의 목표는 주주의 입장에 서서 기업의 가치를 극대화하는 의사결정을 하는 것이다. 이를 수행하는 데 있어 가장 힘든 일은 의사결정이 기업 가치에 어떤 영향을 미치는가에 관한 정보를 수집하는 일이다. 경영자가 자신의 회사나 다른 기업 주식의 시장가격을 사전에 정확하게 계산할 수 있다면 경영자의 업무는 훨씬 쉬워질 것이다.

실제로 시장가격에 대한 정보가 없다면 경영자가 원칙을 제대로 적용했는지 알아보는 것이 어려울 것이다. 훌륭한 경영자는 경영에 관한 정보를 어느 누구보다도 많이 갖고 있다. 그러나 이러한 내부 정보는 효과적인 의사결정을 내리는 데에 있어서 충분하지 않다. 주식시장이 존재하지 않는다면 경영자는 소유주의 부, 선호도 그리고 또 다른 투자기회 등의 외부 정보를 필요로 하게 될 것이고 따라서 추가적으로 막대한 비용을 지불해야할 것이다.

그러므로 주식시장이 존재하기 때문에 경영자는 실질적으로 획득하기 힘든 정보(주주의 부, 선호도, 다른 투자 기회) 대신 상대적으로 획득하기 쉬운 외부 정보, 즉 주가를 사용할 수 있게 되었다. 따라서 효율적으로 운영되는 주식시장 때문에 기업의 소유와 경영이 효과적으로 분리되는 것이 가능해진 것이다.

어떤 점에서는 회사의 고위 경영자와 그 기업을 평가하는 외부 주식 애널리스트는 공통의 과제를 안고 있다고 본다. 양자 모두는 경영자가 취한 정책이 기업의 주가에 어떻게 영향을 미치는지에 관심을 가지고 있다. 단지 가장 큰 차이점은 경영자는 실제로 의사결정을 하고 또한 의사결정의 실행에 책임을 지고 있다는 점이다.

기업의 최고 경영자가 지향하는 목표는 주주들에게 배부되는 연차 보고서(annual report)를 살펴보면 잘 파악할 수 있다. 연차 보고서의 서문에는 경영진의 재무성과 목표와 이를 달성하기 위한 전략적 방향이 기술되어 있다(글상자 1.6 참조).

| 예제 1.6 |
잘 조직화된 주식시장은 기업의 소유-경영의 분리에 어떠한 방식으로 영향을 미치는가?

글상자 1.6   기업의 재무 목표와 연차 보고서

아래의 글은 허니웰사의 1994년 주주 연차 보고서에서 발췌한 것으로서, 허니웰의 회장이며 최고 경영자인 Michael R. Bonsignore가 주주들에게 보내는 글이다.

수익을 동반한 성장. 고객 만족. 세계적인 리더십. 이는 나와 전 세계 허니웰 사람들이 우리 자신을 위해 준비해 온 비전이며, 우리가 되고자 하는 바를 구체적으로 나타낸다. 또한 우리의 목표를 어떻게 정해야 할지에 대한 근거를 제시해 주며, 회사의 주주 이익 창출이라는 목표 달성에 대한 방법을 제시해 준다.

회사는 현재 우리의 주된 재정적 목표(1사분기 총주주수익률)를 달성하기 위한 준비가 되어 있다. 총주주수익은 주식 가격 상승과 주식에 재투자된 배당의 합으로 정의한다. 허니웰 경영진은 이러한 목표 달성에 대해 확고한 신념을 가지고 있으며, 이는 우리 회사의 장기 인센티브 제도의 주요 목적이다. 단기 경영자 보상 제도는 경제적 부가가치를 보상한다. 우리는 매출 증대, 영업 수익, 운전 자본, 자본 지출 등 주주 가치의 각 원동력의 공격적 목표 수립을 위한 통합 재무 계획을 준비해 왔다.

1.8 시장규율 : 기업 인수

무엇이 경영자로 하여금 주주의 이익을 최우선으로 하는 행동을 취하게 하는 것일까? 주주는 주총에서의 투표를 통해서 경영자를 해고할 수도 있다. 그러나 소유와 경영이 분리된 구조하에서 소유주는 기업의 경영에 관하여 모든 정보를 완전하게 알지 못할 수도 있기 때문에, 소유주가 기업의 경영이 잘못된 것을 알아내는 것은 쉬운 일이 아니다.

만약 기업의 소유권이 광범위하게 분산되어 있다면 의견 실행의 수단으로서 투표권의 가치는 별 의미가 없게 된다. 이러한 상황에서 주주 개개인은 그 영향력이 너무나 작기 때문에 정보를 제공받기 위해서 비용을 지불하거나 또는 다른 주주들에게 이 정보를 알리는 일은 불가능해진다.[5] 따라서 투표권 그 자체로는 이러한 딜레마를 해결할 수가 없다.

경쟁적인 주식시장은 주주의 인센티브와 경영자의 인센티브를 연결시키는 또 다른 중요한 메커니즘을 제공한다. 이를 가리켜 기업 인수(takeover)라고 한다.

기업 인수의 위협이 어떻게 경영자로 하여금 주주를 위해서 기업을 경영하도록 하는지 알아보자. 공개 매수자가 상당히 매력적인 투자대상기업(즉 경영자의 올바르지 못한 투자계획으로 인해 그 기업이 가질 수 있는 최대의 가치보다 훨씬 낮은 수준의 시장가치를 가지게 된 기업)을 발견했다고 가정하자. 만약 매수자가 경영권을 얻기 위해 과소평가된 기업의 충분한 수의 주식을 성공적으로 매입한다면 매수자는 기업을 최적으로 운영할 수 있는 다른 사람으로 경영자를 교체할 수 있다.

기업의 변경된 투자계획을 발표함으로써 공개매수자는 높은 시장가격으로 자신이 보유한 기업의 주식을 매도하여 이익을 얻을 수 있을 것이다. 이처럼 공개매수자가 이익을 얻는 과정에서 추가적인 자원의 투입이 요구되지 않는다는 것에 주의할 필요가 있다. 따라서 필요한 유일한 비용은 비효율적으로 경영되고 있는 기업을 찾아내고 그 기업의 주식을 매수하는 데 드는 비용뿐이다.

비효율적인 기업을 찾아내는 비용이 경우에 따라 상당한 차이가 날 수 있지만 공개매수자가 그 기업의 납품업체, 고객 또는 경쟁업체라면 이미 필요한 정보를 다른 목적으로 수집해 놓았을 것이기 때문에 추가적인 비용이 매우 낮을 수도 있다. 이러한 이유로 비효율적인 기업을 찾아내기 위해서 비용이 추가적으로 발생하지 않는 경우에도 기업 인수

---

[5] 이는 투표의 '역설'로 불린다. 이는 많은 피선거권자가 존재하여 개인의 한 표가 결과에 미치는 영향력이 상당히 낮으면 투표권자들이 권리를 행사하거나 정보를 알아내려 비용을 지불하지 않는 현상을 말한다.

의 메커니즘은 작용할 수 있게 된다.

그러나 만약 비효율적인 기업이 우리 주위에 상당히 많이 존재한다면 이러한 기업을 찾아내는 데 자원을 사용하는 것은 기업이 새로운 투자안을 찾아내기 위해 자원을 사용하는 경우와 같이 이해해도 될 것이다. 실제로 적대적인 인수 합병을 전문적으로 하는 회사들이 존재한다. 그러므로 기업 인수의 위협은 확실하게 언제든지 존재하고 있으며 그 후에 이루어질 수도 있는 경영진 교체는 (자신의 이익을 위해 행동하는)현재 경영자가 회사의 시장 가치를 극대화함으로써 현재 주주들의 이익을 최우선으로 하여 회사를 경영하게 하는 강력한 동기를 제공한다.

주주로부터의 특별한 요구가 없거나 효율적 경영에 대한 이론적 지식이 없는 경우라 할지라도 경영자는 그 자신을 보호하기 위해서라도 가치 극대화 방향으로 움직일 것이다. 더욱이 경영이 잘못된 이유가 무능력에서 비롯된 것인지 아니면 경영자가 또 다른 목적을 추구하는 데서 비롯된 것인지는 중요하지 않다는 것에 주목할 필요가 있다. 기업 인수 메커니즘은 어느 경우에라도 적절하게 작용할 것이다.

기업 인수 메커니즘의 유효성은 정부 정책에 의해서 감소될 수도 있다. 예를 들어, 많은 상품 시장에서 독점 형태를 예방하려는 시도로, 공정거래위원회는 기업 간의 경쟁을 저해할 가능성이 있는 인수 합병을 방지하기 위해 반독점 금지법에 의해 법적인 조치를 취할 수 있다. 공급업체, 고객, 경쟁업체들이 잘못 관리되고 있는 기업을 찾아내서 공개 매수를 하는 주체가 되기 쉽기 때문에 이러한 공공 정책은 시장에서 기업 인수의 위협을 감소시키는 쪽으로 작용할 것이다.

| 예제 1.7 |
기업 인수의 위협은 기업 내 경영자와 주주 간 이해관계의 갈등을 조정하는 역할을 할 수 있다. 이는 어떠한 방식으로 이루어지겠는가?

1.9 기업에서 재무전문가의 역할

모든 의사결정은 여러 기간에 걸쳐서 발생하는 비용과 수익 사이의 교환관계를 다루고 있기 때문에 실질적으로 기업에서 이루어지는 모든 의사결정은 적어도 부분적으로는 재무의사결정의 성격을 띠고 있다. 그러므로 기업의 최고 경영자부터 생산 부서, 마케팅 부서, 연구소, 여타 부서 등의 하위관리자 모두는 재무전문가의 서비스를 이용할 수 있다.

재무분야에 경영자 단체인 Financial Executives Institute는 표 1.1에 열거된 기능 중 적

표 1.1 기업에서 재무의 기능

1. 계획

경영의 통제를 목적으로 하는 적절한 계획의 수립, 조정, 관리. 이와 같은 계획에는 다음과 같은 내용이 포함된다.

 a. 장·단기 자금 계획

 b. 자본 지출과 운영 활동을 위한 자본 예산 편성

 c. 매출 예측

 d. 성과 평가

 e. 가격 책정 전략

 f. 경제성 평가

 g. 구매와 투자철회에 대한 분석

2. 자본의 공급

기업에 필요한 자본을 제공하기 위한 계획의 수립과 집행

3. 자금의 관리

 a. 현금 관리

 b. 은행과의 관계 유지

 c. 회사 자금과 증권의 수령, 보관, 지불

 d. 외상 매출 관리 및 회수 관리

 e. 연금 관리

 f. 투자 관리

 g. 보관 업무

4. 회계와 관리

 a. 회계 원칙 수립

 b. 회계 자료의 생성과 보고

 c. 비용의 표준화

 d. 내부 감사

 e. 시스템과 절차(회계)

 f. 정부 보고서 작성

 g. 경영에 대한 활동의 결과 보고 및 해석

 h. 경영계획 및 기준과 성과의 비교

5. 자산의 보호

 a. 보험 적용 범위 제공

 b. 내부 관리와 내부 감사를 통한 자산의 보호와 손실의 방지

 c. 부동산 관리

6. 세금 관리

 a. 세금 정책, 절차의 수립과 관리

 b. 세무 당국과의 관계 관리

 c. 세금 보고서의 준비

 d. 세금 계획

표 1.1 기업에서 재무의 기능(계속)

7. 투자자와의 관계
a. 투자자 집단과의 연락 계획 수립과 유지
b. 주주들과의 의사소통 통로 수립과 유지
c. 애널리스트와의 대화 — 공공 재무 정보제공
8. 평가 및 자문
타 기업의 경영자에게 기업의 정책, 경영, 목표, 효율성 등에 대한 상담 또는 조언
9. 경영 정보 시스템
a. 전자 정보 처리 시설의 개발과 사용
b. 경영 정보 시스템의 개발과 사용
c. 시스템과 절차의 개발과 사용

그림 1.1

ZYX 기업의 조직도

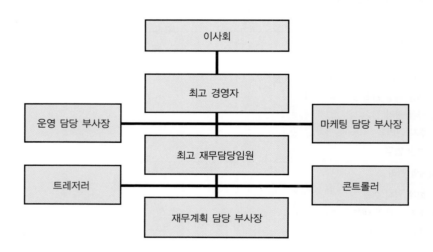

어도 하나의 권한을 가진 사람이 재무관리자라고 광범위하게 정의를 내리고 있다.

재무조직의 기능과 다른 부서와의 관계는 회사마다 서로 다르다. 그러나 그림 1.1은 대기업에 적용되는 일반적인 조직표를 나타내고 있다.

제일 위에는 흔히 사장이라 불리는 기업의 최고 경영자(chief executive officer, CEO)가 있다. 최고 재무담당임원(chief financial officer, CFO)은 회사에서 재무분야를 담당하는 부사장이고 CEO에게 직접 보고한다. 회사는 또한 마케팅과 운영을 담당하는 부사장을 두고 있다. 규모가 큰 기업에서는 간혹 CEO의 전략 실행을 담당하는 전략실행담당임원 (chief operating officer, COO)을 두기도 한다.

CFO는 자신에게 직접 보고하는 재무계획, 트레저러, 콘트롤러 세 개의 부서를 두고 있고 부사장이 각각의 부서를 지휘한다. 재무계획 담당 부사장은 신규 사업 진출 혹은 퇴출과 같은 주요한 자본 지출 분석을 업무로 한다. 그리고 인수, 합병, 분사와 같은 분석 업무도 한다.

트레저러는 회사의 자금 조달 업무와 운전 자본관리 업무를 관장한다. 트레저러의 업무는 외부 투자자 집단과의 관계 관리, 기업의 환율, 이자율 위험관리, 세금 관련 부서 관리이다.

콘트롤러는 회사의 회계, 감사 활동을 감독한다. 컨트롤러는 기업의 많은 사업 부서에서 발생된 예상 비용과 실제 비용, 예상 수익과 실제 수익, 예상 이익과 실제 이익을 비교해서 내부 보고서를 준비하며 또한 주주, 채권자, 감독 기관을 위한 재무 보고서 작성도 담당한다.

요 약

재무는 부족한 자원을 여러 기간에 걸쳐 어떻게 배분하는가에 대한 학문이다. 재무의 두 가지 특징은 재무의사결정의 비용과 이익이 여러 기간에 걸쳐 발생되고 의사결정자나 다른 누구도 사전에 확실하게 그 비용과 이익을 정확하게 알지 못한다는 것이다.

재무시스템의 궁극적인 기능은 사람들의 소비 선호를 만족시키는 데 있다. 기업, 정부와 같은 경제 조직은 이러한 궁극적인 기능이 용이하게 달성될 수 있도록 하기 위해 존재한다. 모든 재무의사결정은 자신의 소비 선호에 대한 정보가 없이도 사람들에게 주어진 교환관계를 개선시키는 방향으로 이루어지면 된다.

재무를 공부하는 다섯 가지 이유
- 개인 자원의 관리
- 비지니스 세계에 대처
- 경력개발
- 시민으로서의 현명한 선택을 도모
- 사고의 확장

재무이론에서 주체는 가계, 기업, 금융기관, 정부이다. 재무시스템의 궁극적인 기능은 사람들의 소비 선호를 만족시키는 것이기 때문에 가계는 재무이론에서 특별한 위치를 차지하고 있으며 재무이론은 주어진 소비 선호를 가정하고 있다. 재무이론은 가계의 행동이 이러한 소비 선호를 만족시키기 위한 시도라고 설명하고 있다. 기업의 행위를 가계의 부에 얼마나 영향을 미치는가의 관점에서 바라보게 된다.

가계는 네 가지 기본적인 재무의사결정을 한다.

- 소비와 저축 의사결정 : 가계의 현재 재산 중에서 얼마를 소비하고, 미래를 위해 현재의 소득 중에서 얼마를 저축해야 하는가?
- 투자 의사결정 : 저축한 재산을 어떻게 투자해야 하는가?
- 자금조달 의사결정 : 소비–투자 계획을 이행하기 위해 어떤 방법으로 다른 사람들의 재산을 이용해야 할까?
- 위험관리 의사결정 : 가계가 직면한 재무적 불확실성을 제거할 방법을 어떻게 찾을까, 혹은 언제 계산된 위험을 감수할 것인가?

기업에서 재무의사결정에는 세 개의 주요 분야가 있는데 이는 자본예산 의사결정, 자본 구조, 운전 자본 관리이다.

기업의 소유와 경영을 분리하고자 하는 데에는 다음과 같은 이유가 있다.

첫째, 전문 경영자가 사업을 운영하는 데 보다 우수한 능력을 가졌다고 볼 수 있다.

둘째, 사업의 효과적인 규모를 달성하기 위해서 많은 가계의 자원을 한곳으로 모아야 한다.

셋째, 불확실한 경제 상황하에서 투자자는 위험을 많은 회사에 나누어 분산시키고자 한다. 이러한 분산 투자는 소유와 경영이 분리되지 않을 경우에 달성하기 어렵다.

넷째, 분리구조는 정보를 수집하는 데 있어서 비용을 절감할 수 있게 해 준다.

다섯째, '학습 곡선' 또는 '영구 조직' 효과가 있다.

주식회사 형태는 기업의 소유와 경영이 분리된 경우에 매우 적합하다. 왜냐하면 주식회사는 기업의 경영에 영향을 미치지 않으면서도 주식 소유권의 이전을 통하여 소유권의 이전을 용이하게 하기 때문이다.

재무관리의 일차적인 목표는 주주 부의 극대화이다. 이는 경영자로 하여금 주주들 자신이 그 투자안에 대하여 내렸을 의사결정과 동일한 결정을 하게끔 한다.

경쟁적인 주식시장은 경영자에게 기업 주식의 시장 가치를 극대화하는 방향으로 행동하게 하는 메커니즘을 가지고 있다.

핵심용어

재무	자산 배분	단독사업
재무시스템	부채	합명회사
자산	순자산	주식회사

예제 풀이

예제 1.1 가계에서 이루어지는 네 가지 대표적인 형태의 재무의사결정에는 어떠한 것이 있는가? 각각의 예를 들어서 설명해 보라.

검정
- 자녀의 교육이나 퇴직을 위해 얼마를 저축해야 하는가와 같은 소비와 저축의사결정
- 주식이나 채권에 얼마를 투자해야 하는가와 같은 투자의사결정
- 집 또는 자동차 구입자금을 조달함에 있어 어떤 종류의 대출을 받을 것인가와 같은 자금조달 의사결정
- 상해보험을 구입할 것인가와 같은 위험관리 의사결정

예제 1.2 기업에서 이루어지는 대표적인 재무의사결정에는 어떠한 것들이 있는가? 예를 들어서 설명하라.

검정
- 새로운 제품 생산을 위해 공장을 설립할 것인가와 같은 자본예산 의사결정
- 기업의 자본구조에 있어 얼마의 부채와 자본을 사용할 것인가와 같은 자금조달 의사결정
- 상품운송에 있어 고객들에게 신용판매(외상판매)를 확장할 것인지 아니면 현금을 요구할 것인가와 같은 운전자본관리 의사결정

예제 1.3 한 사람에 의해 소유된 주식회사는 단독 사업이라고 할 수 없다. 그 이유는 무엇인가?

검정 주식회사에서 단일주주의 부채는 기업의 자산에 한정된다.

예제 1.4 기업의 소유와 경영을 분리하는 가장 큰 이유는 무엇인가? 그리고 어떠한 방법을 통해서 이를 실현할 수 있는가?

검정

- 전문경영자가 사업을 운영하는 데 보다 우수한 능력을 가졌다고 볼 수 있다.
- 사업을 효율적인 규모로 달성하기 위해서는 다수의 가계로부터 자원이 한곳으로 모아져야 한다.
- 불확실한 경제상황하에서 소유주는 위험을 많은 회사에 나누어 분산시키고자 한다. 소유와 경영의 분리 없이 이러한 효율적인 분산을 획득하기 어렵다.
- 정보의 수집에 있어서 비용을 절감할 수 있다.
- '학습 곡선' 또는 '영구 조직' 효과가 있다. 소유주가 경영자일 때 기업을 효율적으로 운영하기 위해 새로운 소유주는 이전 소유주로부터 사업을 배워야만 한다. 만일 소유주가 경영자가 아니라면, 사업체가 매각되더라도 경영자는 새로운 소유주를 위해 같은 장소에서 같은 일을 계속하게 된다.

주식회사 형태는 회사의 영업에는 영향을 미치지 않으면서 주식의 이전으로 인해 소유주가 빈번하게 교체되는 것을 가능하게 하기 때문에 주식회사의 형태는 특히 소유와 경영이 분리된 상황에 적합하다.

예제 1.5 기업의 경영자가 이익 극대화의 원칙보다는 주주 부의 극대화 원칙을 따르는 것이 왜 더 좋은가?

검정 이익 극대화 원칙에는 두 가지 애매모호한 점이 있다.

- 생산과정이 오랜 기간에 걸쳐 일어난다면, 어떤 기간의 이익을 극대화해야 하는가?
- 미래의 수익과 비용이 불확실하다면, 이익이 확률분포에 의해서 설명될 것이다. 그렇다면 '이익의 극대화'는 어떤 의미를 갖겠는가?

예제 1.6 잘 조직화된 주식시장은 기업의 소유-경영의 분리에 어떠한 방식으로 영향을 미치는가?

검정 주식시장이 존재하지 않는다면, 경영자는 소유주의 부, 선호도 그리고 다른 투자기회와 같은 외부 정보를 필요로 하게 될 것이고 이에 따라 막대한 비용을 지불해야 할 것이다.

예제 1.7 기업 인수의 위협은 기업 내 경영자와 주주 간 이해관계의 갈등을 조정하는 역할을 할 수 있다. 이는 어떠한 방식으로 이루어지겠는가?

검정 경영자는 자신이 기업주식의 시장 가치 극대화에 실패한다면, 기업은 인수 대상이 될 수 있으며 인수가 되면 자신의 자리를 빼앗기게 된다는 것을 알고 있다.

정보의 출처

다음의 링크를 이용하면 금융시장과 기업의 핵심구조에 대한 이해를 높일 수 있다.

Survey on Corporate Social Responsibility, *The Economist,* January 20, 2005, http://www.economist.com/surveys/displayStory.cfm?Story_ID=3574392

Financial Market Trends, Organization for Economic Cooperation and Development http://www.oecd.org/document/36/0,2340,en_2649_201185_1962020_1_1_1_1,00.html

Quarterly Review, Bank for International Settlements http://www.bis.org/publ/quarterly.htm

EDGAR Database, U.S. Securities and Exchange Commission http://www.sec.gov/edaux/searches.htm

연습문제

재무의 정의

1. 인생에서 당신의 주요한 목표는 무엇인가? 그러한 목표들을 달성함에 있어 재무는 어떤 역할을 하겠는가? 목표를 달성하는 데 있어 당신이 직면하게 되는 주요한 상충관계는 무엇인가?

가계의 재무의사결정

2. 당신의 순자산은 무엇인가? 당신의 자산과 부채에는 무엇이 포함되어 있는가? 당신의 잠재적인 소득창출능력은 자산에 포함되어야 하는가, 부채에 포함되어야 하는가? 이러

한 잠재적인 소득창출능력은 다른 자산과 어떠한 방식으로 가치를 비교해야 하는가?

3. 독신인 사람이 직면한 재무의사결정과 학교를 다니는 여러 명의 아이를 부양하는 집의 가장이 직면한 재무의사결정은 어떤 차이가 있겠는가? 재무의사결정의 차이는 그들이 직면한 상충관계가 달라서 나타나는 것인가? 아니면 동일한 상충관계를 다르게 평가하고 있는 것인가?

4. 부모와 두 명의 학생 자녀로 구성된 가족 A, B가 있다. A가족의 부모는 맞벌이를 하고 있으며 합쳐서 매년 $100,000의 돈을 벌고 있다. B가족의 부모는 외벌이를 하고 있으며 매년 $100,000의 돈을 벌고 있다. 두 가족이 직면한 재무적 환경과 의사결정은 어떻게 다른가?

5. 본문에서 언급한 가계의 네 가지 재무적 의사결정에 대하여 주변의 도움 없이 해결해 나가는 것을 재무적 독립이라고 하자. 아이들은 몇 살쯤 재무적 독립을 이룰 수 있을 것인가?

6. 당신은 자동차를 구입하려고 한다. 다음 문제에 관련된 의사결정을 분석하라.

   a. 자동차를 구입하는 것 외에 교통 수요를 만족시키는 다른 대안이 있는가? 대안의 리스트를 작성하고, 가능한 것과 불가능한 것으로 나누라.

   b. 자동차를 구입하기 위해 필요한 자금을 조달하는 데 어떠한 방안들이 있겠는가?

   c. 세 군데 이상의 자동차 금융회사에서 제공하는 상품설명서를 바탕으로 정보를 획득하라.

   d. 의사결정 시에는 어떠한 기준이 적용되어야 하는가?

7. 다음의 예시들을 가계 재무의사결정의 기본 유형 네 가지 가운데 각각 맞는 경우와 짝을 맞추라.

   • 수표를 사용하는 대신 안전한 데빗카드(debit card)를 이용한 지출

   • 복권 당첨금을 수령하는 절차와 당첨금으로 이탈리아의 섬에서 휴가를 즐기기 위한 결정

   • 힐러리의 조언을 따라 마이크로소프트사의 주식을 매도하는 결정

사업조직의 형태

8. 당신은 사업을 시작하려고 고려 중이지만, 수중에 돈이 없는 상황이다.

   a. 어떤 돈도 차입하지 않고 시작할 수 있는 사업을 생각해 보라.

   b. 현재의 시장이자율로 필요한 자금을 빌릴 수 있다 가정하고, 당신이 시작하기 원하

는 사업을 생각해 보라.

   c. 계획하는 사업에서 당신이 직면하게 되는 위험들은 무엇인가?

   d. 당신의 새로운 사업을 위해 어디에서 자금을 조달할 수 있는가?

9. 클럽이나 교회단체와 같이 기업이 아닌 조직을 선택하여, 그 조직이 해야 하는 가장 중요한 재무의사결정들을 나열하라. 그 조직이 직면하는 중요한 상충관계들은 무엇인가? 대안을 선택하는 데 있어서의 결정요인은 무엇인가? 그 조직의 재무관리자와 면담하여, 그 또는 그녀가 당신의 의견에 동의하는지 체크하라.

시장규율 : 기업인수

10. 도전 과제 : 기업의 경영과 소유를 분리하는 것은 이에 따르는 분명한 이점에도 불구하고, 경영자와 소유주의 목적을 일치시키는 데 비용이 많이 드는 근본적인 문제점이 있다. 인수합병 시장을 제외하고, 얼마간의 대가를 치르더라도 이러한 논쟁점을 경감시킬 수 있는 방안을 최소 두 가지 이상 제시하라.

11. 도전 과제 : 유동인구가 꾸준히 있는 좋은 입지조건을 갖고 있지만 운영이 잘 안되고 있는 커피숍이 있다. 그 커피숍의 소유경영자는 오랫동안 심술궂고, 게으르고, 그리고 비효율적인 것으로 알려져 있다. 이 커피숍은 어떻게 인수합병시장의 위협을 회피하고 살아남을 수 있었을까?

기업에서 재무전문가의 역할

12. 아래에 열거되어 있는 과업 중에서 트레저러와 콘트롤러의 업무에 속하는 것을 고르라.

- 은행으로부터의 신용공여의 확장에 대한 조정
- 투자은행과의 외환거래 조정
- 회사의 신제품 생산라인의 원가구조에 대한 분석
- 회사 매출에서 발생된 현금을 통한 국채 구입
- 증권거래위원회에 제출해야 하는 분기보고서의 작성

>02

금융시장과 금융기관

제1장에서는 이 책의 주요 목적을 언급하였는데, 이는 더 좋은 재무의사결정을 하는 데에 도움을 줄 것이다. 이러한 의사결정들은 항상 의사결정자의 결정을 돕거나 또는 제약하거나 하는 금융시스템의 테두리 안에서 행해진다. 따라서 효과적인 재무의사결정을 하기 위해서는 이러한 시스템에 대한 이해가 필요하다.

예를 들어, 학업을 더 지속하거나 집을 사거나 신규 사업을 시작하려고 한다고 가정해 보자. 그러한 일들을 위한 자금을 어디서 마련할 수 있을 것인가? 이러한 질문에 대한 대답은 현재 어떤 상황에 처해 있느냐에 따라 상당히 달라질 수 있다. 경제활동에 대한 자금을 어떻게 조달할 것인가 하는 데에 있어서 가계와 정부 혹은 은행 및 증권시장과 같은 민간 조직의 역할은 국가마다 매우 다르다. 더욱이 이러한 역할은 시간에 따라서도 변화한다.

이 장은 금융시스템이 어떻게 작동하며 시간에 따라 어떻게 변하는가에 대한 이해를 위한 개념적 토대를 마련하는 데 목적을 둔다. 이를 위해 우선 자금의 흐름을 원활하게 하고 위험을 이전시키며 금융시장에서의 몇 가지 기본적인 기능을 수행하는 금융시장과 금융중개기관의 주된 역할에 대하여 살펴보기로 한다. 그리고 금융시장의 현재 구조와 범세계적인 조직, 그리고 시간에 따라 혹은 국가에 따라 달라지는 기본적 금융기능에 대해 알아보기로 한다. 마지막으로 이자율과 위험자산에 대한 수익률이 어떻게 결정되는지 그리고 이러한 수익률의 역사적 자료에 대해서도 알아보기로 한다.

2.1 금융시스템이란 무엇인가?

금융시스템은 시장과 중개기관과 금융 관련 서비스 기업, 그리고 가계·기업·정부의 재무의사결정을 수행하는 데에 관여하는 기타 여러 조직들을 포함한다. 때로는 특정 증권의 시장은 뉴욕증권거래소(NYSE)나 오사카옵션선물거래소와 같이 특정한 지역의 특정한 기구가 속한 시장을 의미하기도 한다. 그러나 특정한 위치가 없는 시장도 존재한다. 예를 들면 주식, 채권, 외환에 관한 **장외시장**(over-the-counter markets)은 컴퓨터와 국제적 통신망 네트워크를 통해 고객과 딜러를 연결시키는 시장이다.

금융중개기관이란 금융 서비스 및 금융상품을 제공하는 것을 주요 업무로 하는 기업으로 정의되며 은행과 투자회사, 그리고 보험회사 등이 여기에 속한다. 이들이 제공하는 상품에는 보통예금, 상업대출, 부동산담보대출, 뮤추얼 펀드 그리고 수많은 종류의 보험계약 등이 있다.

오늘날의 금융시스템은 범세계적이다. 금융시장과 금융중개기관들은 전 세계적인 통신망을 통해 연결되어 있고, 이를 통해 자금의 이동과 증권의 거래가 24시간 주야로 이루어지고 있다. 만일 독일에 본거지를 둔 거대기업이 대규모의 신규투자를 위해 자금을 조달하고자 한다면, 순식간에 뉴욕이나 런던의 증권거래소에서 주식을 발행하여 매각하거나 혹은 일본의 연기금으로부터 차입하는 등 다양한 국제적인 거래들을 서로 비교하여 선택을 할 수 있을 것이다. 만일 일본의 연금으로부터 차입을 하는 경우에는 그 대출은 독일의 마르크화, 일본의 엔화, 혹은 미국의 달러화 중의 하나로 정해질 것이다.

2.2 자금의 흐름

금융시스템 내부의 다양한 주체들 간의 상호작용은 그림 2.1에 나타나 있다. 이는 자금이 금융시스템을 통해서 잉여자금을 보유하고 있는 경제단위로부터 자금이 부족한 경제단위로 흘러 들어가고 있음을 보여 준다.

　예를 들어, 어느 한 가계는 잉여자금을 갖고 있는데 은퇴 후를 생각하여 소득의 일부를 저축하고 있는 반면, 다른 한 가계는 빚을 져서라도 집을 사고자 하는 경우가 있다. 또한 초과수익을 달성하고 있는 한 기업이 신규투자를 위해서 수익의 상당 부분을 투자하는 흑자단위인 반면, 다른 기업은 확장을 위해 자금을 차입해야 하는 적자단위이다.[1]

　그림 2.1은 자금이 은행과 같은 금융중개기관을 통해서 흑자단위로부터 적자단위로 흘러가는 것을 보이고 있으며(아래쪽 경로), 또한 일부 자금은 금융중개자 없이 금융시장을 통해 이동함을 보이고 있다(위쪽 경로).

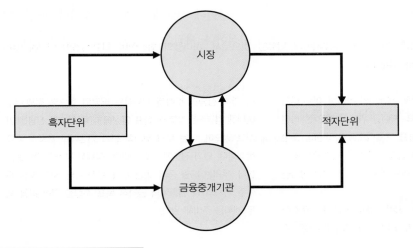

그림 2.1
자금의 흐름

---

[1] 가계 내에서의 자금 이동이나 하나의 기업 내에서 다른 단위들끼리의 자금 이동은 일반적으로 금융시스템 내의 자금 흐름으로 간주되지 않는다.

위쪽 경로를 기준으로, **자금 흐름**(flow of funds)의 예로 흑자단위의 가계가 적자단위인 기업이 발행한 주식을 매입하는 것을 생각할 수 있다. 때로는 가계부문이 배당 재투자계획을 갖고 있는 기업이 발행한 주식을 브로커 없이 직접 매입하기도 한다. 그러나 대부분의 경우에는 브로커 혹은 딜러가 이러한 자금의 흐름에 개입하여 가계의 자금을 기업으로 이전시킨다.

그러나 금융시스템을 통한 자금 흐름의 대부분은 결코 그림 2.1과 같이 위쪽 경로인 시장을 통해서만 이동하지는 않으며 대신에 아래쪽 경로인 금융중개기관을 통하는 경우도 많다.

아래쪽 경로의 자금 흐름을 살펴보기 위해서 당신이 은행에 계좌를 개설하고 저축을 한다고 가정해 보자. 은행은 이렇게 조성된 자금을 기업에 대출해 준다. 이러한 경우에 당신은 차입한 기업에 직접 자금의 상환을 요구하지 않는다. 차입기업에 대한 상환요구권은 은행이 갖고 있다. 당신의 은행예금은 은행의 자산에 해당하는 기업에 대한 대출과는 상이한 위험과 유동성을 보유한다. 은행예금은 언제든지 전액 인출이 가능하기 때문에 안전하고 유동성이 높다. 그러나 은행의 자산인 대출은 파산 위험에 노출되어 있고 유동성이 떨어진다. 그러므로 자금이 은행을 통해 흑자단위에서 적자단위로 이전할 때, 그 경로를 따라서 금융자산의 위험과 유동성은 대폭적으로 변하게 된다.

금융중개기관이라고 적혀져 있는 원으로부터 시작하여 시장이라고 적혀진 원으로 향하는 화살표는 금융중개기관이 자금을 시장에 내놓는 것을 나타낸다. 예를 들어, 흑자단위인 중년 부부가 은퇴 후를 위해서 금융중개기관인 보험회사에 저축을 한 경우에, 이렇게 조성한 자금을 보험회사가 시장에서 주식이나 채권에 투자하는 것이다. 중년 부부는 보험회사를 통해 간접적으로 자금을 주식이나 채권을 발행한 회사(적자단위)에 공급하게 되는 것이다.

시장이라고 적힌 원으로부터 시작하여 **금융중개기관**이라고 적힌 원을 향해 아래로 연결된 화살표는 일부 금융중개기관이 금융시장으로부터 자금을 조달함을 나타낸다. 즉 가계에 대출을 하는 금융기관이 시장에서 주식이나 채권을 발행하는 경우이다.

| 예제 2.1 |
은행에 $5,000를 예금하는 예금자가 있고 당신은 은행으로부터 $5,000를 대출받는다. 이를 그림 2.1을 가지고 설명해 보라.

2.3 기능적 고찰

정치적, 문화적, 역사적 차이뿐만 아니라 규모와 복잡성 그리고 사용 가능한 기술의 차이 등과 같은 다양한 이유로 일반적으로 금융조직은 나라마다 다르다. 이들은 또한 시간에 따라 변화한다. 심지어는 기관의 이름이 같은 경우에도 이 기관들이 수행하는 기능은 전혀 다를 수 있다. 예를 들면, 오늘날의 미국 은행들은 1928년도와 1958년도의 은행들과는 매우 다르다. 또한 같은 시대의 독일 은행이나 영국 은행과도 매우 다르다.

이 장에서는 금융조직이 국가와 시간에 따라 어떻게 다르고 어떻게 변화했는지를 이해하기 위한 개념적 틀을 제공하고자 한다. 이러한 틀의 핵심요소는 개념의 '닻'으로서 초점을 조직이 아닌 기능에 맞춘다는 것이다. 그러므로 이를 기능적 고찰이라고 부른다. 이는 다음 두 가지 기본적인 전제에 의존한다.

- 일반적으로 금융기능은 금융조직보다 안정적이다. 즉 기능은 시간의 흐름에 따라 잘 변하지 않고 국가 간 차이도 적다.
- 기관의 형태는 기능을 따른다. 즉 조직 간의 치열한 경쟁과 혁신으로 인해 금융시스템이 훨씬 효율적으로 제 기능을 수행한다.

자원의 효율적 배분이라는 금융의 주 기능 차원에서, 금융시스템에 의해 수행되는 여섯 가지 기본적이고도 중심적인 기능을 다음과 같이 기술할 수 있다.

- 시간에 걸쳐 국가 간에 그리고 산업 간에 경제적 자원을 이전시키는 방법의 제공
- 위험관리의 수단을 제공
- 무역을 촉진시키기 위한 지불액의 청산 및 결제 방법의 제공
- 자원의 공동출자 메커니즘과 다양한 사업에 있어서의 소유권을 분배하는 메커니즘의 제공
- 경제의 다양한 부문에서의 분권화된 의사결정을 조정하는 데에 도움을 주는 가격 정보의 제공
- 한 부문이 다른 부문의 대리자 역할을 할 때, 또는 거래에 있어서 한쪽이 상대방이 갖고 있지 않은 정보를 갖고 있을 때 발생하는 인센티브 문제를 해결하는 방법을 제공

이 장의 나머지는 금융시스템의 이러한 기능을 설명하고 시간에 따라 각각의 기능들의 수행이 어떻게 변화했는가를 보여 줄 것이다.

2.3.1 기능 1 : 시간과 공간을 넘어서는 자원의 이동

금융시스템은 시간에 걸쳐 국가 간에 그리고 산업 간에 경제적 자원을 이전시키는 방법을 제공한다.

수많은 자금들의 흐름은 그림 2.1에서와 같이 미래를 위해 현재 소비를 포기하거나 그 반대로 현재 소비를 위해 미래의 자금이 포기되는 것을 의미한다. 학자금 대출, 집을 구입하기 위한 차입, 은퇴 후를 위한 저축 그리고 생산설비에의 투자 등은 모두 한 시점에서 다른 시점으로 자원을 이동시키는 것이다. 금융시스템은 이러한 자원의 시간적 이전을 가능하게 해 준다.

예를 들어, 학자금 대출의 기회가 없다면 집안이 대학을 보낼 만한 형편이 안 되는 많은 젊은이들은 더 높은 수준의 교육을 포기해야만 할지도 모른다. 마찬가지로 투자자들에 의한 벤처 캐피털을 구성할 수 없다면 많은 벤처사업들 역시 시작조차 할 수 없을 것이다.

금융시스템은 자원의 시간적 이동을 촉진시키는 것뿐만 아니라 자원의 공간 이동에도 중요한 역할을 담당한다. 때로는 어떤 일을 수행하기에 필요한 자본이 가장 효율적으로 이용될 수 있는 장소로부터 매우 멀리 떨어져 있을 수도 있다. 예를 들면, 독일의 가계들로부터의 저축으로 조성된 자금이 러시아에서 더욱 효율적으로 이용될 수 있을 것이다. 이러한 경우에 금융시스템은 독일에서 러시아로의 자금 이동을 촉진시키는 다양한 메커니즘을 제공한다. 그 한 가지 방법은 독일 국민이 러시아에 소재한 기업의 주식에 투자하는 것이다. 또 하나의 방법은 독일 은행이 러시아 기업에 대출을 해 주는 것이다.

경제가 더욱 복잡해질수록 금융시스템이 제공하는 시간과 공간을 가로질러 자원을 이동시키는 효율적인 수단들은 중요성을 더해 간다. 그리하여 오늘날의 국제금융시스템에서 시장과 금융중개기관의 복잡한 네트워크는 일본 노동자들의 퇴직연금이 미국의 젊은 부부가 집을 구매하는 데 사용되는 것을 가능하게도 한다.

희소한 자원이 시간과 공간을 가로질러 상대적으로 덜 효율적인 곳에서 상대적으로 더 효율적인 곳으로 이동하는 것을 가능하게 하는 이러한 혁신은 경제 전체의 효율성을 향상시킨다. 예를 들어, 모든 가계들이 그들의 저축을 그들 가족만을 위해 사용하도록 제약을 받는다고 가정해 보자. 이와 같은 경우에, 가계 A는 저축으로부터 연간 2%의 수익을 얻을 수 있고, 동시에 가계 B는 20%의 수익을 얻을 수 있는 기회를 갖고 있다면 투자회사가 가계 A의 저축을 가계 B에 대출해 줌으로써 경제 전체의 효율성이 증가될 수 있을 것이다.

| 예제 2.2 |
금융시스템을 통해서 발생하는, 시간을 가로지르는 자원 이동의 예를 들라. 자원 이동이 보다 효율적으로 이루어지는 방법이 있겠는가?

2.3.2 기능 2 : 위험관리

금융시스템은 위험관리의 방법을 제공한다.

금융시스템을 통해서 자금이 이전되는 것처럼 위험 또한 금융시스템을 통해서 이전된다. 예를 들어 보험회사들은 위험의 전가활동을 전문적으로 하는 금융중개기관이다. 그들은 위험을 감소시키고자 하는 고객들로부터 프리미엄을 받고, 위험을 감수함으로써 일정한 보상을 원하는 투자자들에게 그 위험을 전가시킨다.

종종 자금과 위험은 함께 묶여서 거래가 되고 금융시스템을 통해서 동시에 이전되기 때문에 그림 2.1을 통해 위험의 흐름도 보여 줄 수 있다. 기업자금조달의 예를 통해 경영위험의 이전을 살펴보도록 하자.

만일 당신이 사업을 시작하기를 원하고 있고 이를 위해 $100,000가 필요하다고 하자. 그런데 당신은 저축한 것이 전혀 없는 적자단위이다. 그러므로 자기자본 제공자(흑자단위)에게 사업으로부터 발생하는 이익의 75%를 수익으로 제공하는 조건으로 $70,000를 투자하도록 권유했고 은행(금융중개기관)으로부터는 연간 6%의 이자율을 제공하는 조건으로 $30,000를 차입하고자 한다. 그림 2.1에서는 타인으로부터 당신에게로 이전되는 $100,000의 자금 흐름만이 보일지 모른다.

하지만 사업 실패로 인한 위험은 어떻게 되겠는가?

일반적으로 사업의 실패로 인한 위험을 감수하는 것은 자기자본 제공자이다. 즉 사업이 잘못된다면, 주주는 자신이 투자한 $70,000 전부를 돌려받지 못할 수도 있다. 은행 또한 원금과 이자 전부를 돌려받지 못하는 위험에 직면할 수도 있다. 예를 들어, 연말에 사업의 가치가 단지 $20,000가 되었다고 할 때, 주주는 투자액 $70,000 모두를 잃게 되지만, 은행은 대출한 $30,000에서 $10,000만큼의 손실을 입게 된다. 즉 대출자는 주주들과 함께 기업 위험의 일부를 부담해야 한다.

자금과 위험은 함께 묶여 있는 경우가 일반적이지만 따로 분리될 수도 있다. 예를 들어, 은행으로부터 $30,000의 대출을 제공받았다고 생각해 보자. 만일 은행이 당신에게 대출을 해 주는 조건으로 가족들의 보증을 요구한다고 해 보자. 이로써 은행은 파산위험을

글상자 2.1   30년 만기 미국 국채 상환

부채를 발행하여 자금을 조달하는 데에는 여러 가지 방법이 있다. 1990년대 말부터 2001년까지 실질적으로 부채가 감소 하였음에도 불구하고, 2006년 초 미국 정부 부채 규모는 약 $7조에 이른다. 2001년 10월, 미 재무부는 예산안에 기초하여 30년 만기 국채 발행을 중단하기로 결정한다. 그러나 5년도 채 지나지 않아, 미국 정부의 재정적자가 가속화됨에 따라 다시 30년 만기 국채를 발행하게 된다.

정부 부채는 다양한 만기 구조를 가질 수 있으나, 장기 채권을 발행하면 이자율을 고정시키고 채권 재발행 비용을 줄일 수 있다. 최근 몇 년간, 장기 채권이 단기 금리보다 약간 높은, 매우 낮은 이자율을 제공한다는 이유로 관심을 받아 왔다.

정부의 동기 부여는 민간 부문에 영향을 미친다. 정부 발행 채권은 한정된 자금을 두고 사금융과 경쟁한다. 또한 국채는 채권 시장에 유동성 공급, 무위험 이자율의 기준을 제공함으로써 민간 부문 채권 가격 결정 지표로서의 역할을 한다.

퇴직 연금에 투자한 일부 투자자들이 30년 만기 채권 상환의 혜택을 가장 많이 누릴 것으로 생각된다. 연기금은 퇴직 연금 자본 비율을 자산의 67% 정도로 유지해 왔다. 퇴직자에게 연금을 지급하는 것은 장기 부채를 상환하는 것과 일맥상통한다. 따라서 연기금은 새로운 장기 채권에 자산을 재분배함으로써 위험 노출 정도를 줄일 수 있다. 정부는 이와 같은 연기금 자산 관리를 장려하려 한다. 전국 퇴직 연금 중 지급 불가능할 것으로 추정되는 액수는 약 5,000억 달러이며, 연금 지급 보증 기관인 연금급부보증공사(PBGC)에서 대신 지불하게 될 것이다.

민간 부채의 규모뿐만 아니라, 그 구조 역시 채권 시장과 민간 부문에 있어서 중요한 의미를 갖는다.

출처 : "Long Ranger," *The Economist*, February 2, 2006.

당신의 가족에게로 전가시킬 수 있다. 이제 은행은 최소 위험으로 $30,000를 당신에게 대출하게 되고, 대출의 위험은 당신의 가족들에게로 이전되게 된다.

금융세계에서 찾아볼 수 있는 금융계약의 상당수는 자금의 이전 없이 위험을 이전시킨다. 대부분의 보험계약과 보증이 이러한 경우에 해당되며 또한 선물, 스왑, 옵션과 같은 파생상품도 여기에 해당된다.

| 예제 2.3 |
금융시스템에서 발생하는 위험 전가의 예를 들어 보라.

2.3.3 기능 3 : 대금지급의 청산과 결제

금융시스템은 상품, 서비스, 자산의 교환에 수반되는 대금지급의 청산과 결제의 방법을 제공한다.

금융시스템의 중요한 기능은 상품 혹은 서비스를 사고자 하는 개인이나 기업이 상대방에게 대금을 지급하는 효율적인 수단을 제공하는 것이다. 만일 당신이 미국에 살고 있으면서 세계여행을 계획하고 있다고 가정해 보자. 당신은 여행비용으로 $5,000면 충분하다고 믿고 있다. 비용을 어떤 형태로 가지고 갈 것인가? 그리고 어떤 방식으로 대금을 지불할 것인가?

몇몇 호텔, 유스호스텔 그리고 식당들에서는 미국 달러를 사용할 수도 있을 것이며 혹은 사용이 불가능한 곳도 있을 것이다. 물론 당신은 신용카드로 모든 결제를 할 수 있을지도 모른다. 그러나 당신이 방문하고 싶어 하는 어떤 곳이 신용카드가 사용되지 않는 곳일 수도 있다. 당신은 여행자 수표를 가지고 가겠는가? 어떤 통화의 여행자 수표를 가져갈 것인가? 여행계획을 짜다 보면 당신은 모든 나라의 상점들이 동일한 지불수단을 사용한다면 여행하기가 얼마나 편할까라는 생각이 들 것이다.

만일 당신이, 정부가 외환환전을 제한하는 나라에 사는 부유층으로서 세계일주를 계획하고 있다고 생각해 보자. 그 나라 안에서는 당신이 그 나라 통화를 이용하여 원하는 모든 것을 살 수 있을 것이다. 그러나 그 나라 밖에서는 누구도 그 나라의 통화를 지불수단으로 받지 않을 것이다. 그러나 외환 부족 때문에 당신 나라의 정부는 국민들이 외환으로 환전하거나 해외에서 차입을 하지 못하게 하고 있다. 당신은 어떻게 해야 하겠는가?

한 가지 생각해 볼 수 있는 대안은 모피나 보석같이 수송 가능한 상품을 국내에서 구입하여 이를 가방에 넣고 외국의 여행지에서 음식 및 숙박에 대한 지불수단으로 사용하는 것이다. 바꿔 말해서 **물물교환**, 즉 돈을 사용하지 않고 물건을 서로 교환하는 방법을 사용하는 것이다. 말할 필요도 없이, 이것은 세계일주를 위해 생각해 낼 수 있는 방안은 아니다. 아마도 커다란 여행용 가방을 가져가야 할 것이며, 관광을 즐기는 데에 들어갈 시간과 노력을 식사나 숙박을 위해 모피나 보석을 받아 주는 호텔 혹은 식당을 찾는 데에 허비할 것이다.

이러한 예에서 보듯이, 금융시스템의 중요한 기능은 가계나 기업들이 구매에 소요되는 시간과 자원을 낭비할 필요가 없도록 효율적 지불시스템을 제공하는 것이다. 지불수단으로 지폐가 금을 대체한 것이 이러한 지불시스템의 효율성을 향상시킨 좋은 예가 될 것이다. 금은 약이나 귀금속을 만드는 데 쓰이는 희소자원이다. 지폐는 지불의 목적에 보다 적합하게 사용되는 수단이다. 금과 비교해서 지폐는 위조 여부를 확인하기 쉽고 주머니에 넣고 다니기가 편리하다. 금은 채광하고 정제하고 주조하는 데에 비용이 많이 드는 데에 비해 지폐를 인쇄하는 비용은 훨씬 적게 든다. 지폐의 대용지불수단으로 수표,

신용카드, 전자화폐 등이 차례로 개발되었고, 이들은 결제시스템의 효율성을 더욱 증가시켰다.

| 예제 2.4 |
내가 당신에게서 상품이나 서비스를 구입한 대가로 차용증서를 제공한다면 당신은 받겠는가? 이에 대한 답을 결정하는 요소는 무엇인가?

2.3.4 기능 4 : 자원의 공동출자 구성과 소유권을 분배하는 메커니즘의 제공

금융시스템은 세분화시킬 수 없는 대규모 사업에 공동출자할 수 있는, 혹은 다수의 소유자로 사업을 세분화할 수 있는 메커니즘을 제공한다.

현대 경제에서 사업을 수행하기 위한 최소한의 투자규모는 종종 개별 투자자나 가족들의 투자한계를 넘어선다. 금융시스템은 여러 사람으로부터 자금을 모아서 사업에 쓰일 대규모 자금이 되도록 다양한 메커니즘을 제공한다.

투자자의 입장에서, 금융시스템은 자금의 풀을 구성하고 자금제공자들이 투자안의 공동 소유자가 되게 함으로써 대규모 자금을 필요로 하는 투자안들에 개별 가계가 참여할 수 있는 기회를 제공한다. 예를 들어, $100,000짜리 경주마에 투자하고자 하는데, 현재 $10,000밖에 투자할 돈이 없다고 하자. 만일 경주마를 물리적으로 10등분할 수 있다면 당신이 가진 돈으로 1조각을 살 수 있을 것이다. 그러나 죽은 말의 1조각은 거의 가치가 없다. 따라서 말을 물리적으로 등분한다는 것은 좋은 방법이 될 수 없다. 금융시스템은 말을 죽이지 않고도 어떻게 나눌 수 있는가에 대한 해법을 제시한다. 금융시스템을 통하여 부족한 $90,000의 자금을 투자자로부터 모아서 경주마를 구입함으로써 말을 조각내지 않고도 경주마에 투자할 수 있다. 말이 경주에 승리함으로써 얻게 되는 수익과 경마장 수익에서 말을 훈련시키고 사육시키는 비용을 차감한 후에 주주들에게 나누어 주면 되는 것이다.

또 다른 예로서, 단기투자신탁 펀드를 고려해 보자. 만일 정부가 발행한 단기국채에 투자하고자 한다고 생각해 보자. 최소 투자소요액이 $10,000이기 때문에 당신이 보유한 $1,000로는 단기국채를 직접 매입할 수 없다. 따라서 단기국채에 투자할 수 있는 유일한 방법은 다른 투자자들과 함께 자금의 풀을 구성하는 것이다. 1970년대에 단기국채에 투자하는 뮤추얼 펀드가 도입되어 이러한 것들을 가능하게 했다.

뮤추얼 펀드는 투자자의 자금 풀에 의해 구성되었고 투자비율에 따라 구좌 수가 정해진다. 뮤추얼 펀드는 가격이 형성되고 투자자들로 하여금 수시로 원하는 금액만큼을 계좌에 넣거나 인출하는 것이 가능하도록 되어 있다. 즉 1주당 가격이 현재 $11이고 투자금액이 $1,000라면 펀드는 당신의 계좌에 1,000/11계좌, 즉 90.91계좌로 계산해서 기록해 준다. 정부발행 단기국채 뮤추얼 펀드는 대규모 금액의 단기국채를 소규모 가격의 무한한 증권으로 세분화시키는 기능 4의 역할을 수행한다.

| 예제 2.5 |

수많은 가계로부터의 저축에 의한 풀을 구성하지 못한다면 수행될 수 없는 투자안의 예를 들어 보라.

2.3.5 기능 5 : 정보의 제공

> 금융시스템은 경제 내의 다양한 부문에서 내려지는 분권화된 의사결정의 조정에 도움이 되는 가격 정보를 제공한다.

매일 신문과 라디오 그리고 텔레비전에서 주가와 이자율에 대해서 이야기를 한다. 이러한 뉴스를 접하는 수백만의 사람들 중에서 비교적 소수의 사람만이 실제로 증권거래에 참여한다. 그러나 증권거래에 참여하지 않는 다수의 사람들도 증권가격에 관한 정보를 다른 종류의 의사결정에 활용하기도 한다. 소득 가운데 얼마만큼을 저축하고 어디에 투자할 것인가에 관한 의사결정에 있어서, 가계는 금리와 주가에 관한 정보를 활용한다.

가계들 내에서 자원의 시간적 배분은 종종 시장이자율의 개념을 이해하는 데에 좋은 예가 될 수 있다. 당신이 갓 결혼한 30세이고, $100,000짜리 집을 구입하고자 한다고 가정하자. 해당 주택을 담보로 은행에서 조달할 수 있는 금액이 $80,000라고 한다면 나머지 $20,000는 당신이 현금으로 준비해야 한다(부동산 담보대출이자율은 8%라고 가정하자). 그런데 당신의 45세의 누님이 은행에 $20,000만큼의 예금계좌를 보유하고 있다고 하자. 그녀는 먼 장래의 은퇴 후를 대비하여 저축을 하고 있으며, 매년 6%의 이자소득을 얻고 있다. 만일 당신의 누님이 이 돈을 기꺼이 빌려 준다면 당신이 지불해야 할 적절한 이자율은 얼마가 되겠는가? 현재의 시장이자율을 먼저 알아보는 것이 유용할 것이다. 당신은 이미 누님이 저축으로부터 연 6%의 이자소득을 올리고 있다는 것과 당신의 거래은행은 담보대출에 대해 8%의 대출금리를 부과하고 있음을 알고 있다.

마찬가지로 자산의 시장가격을 아는 것도 가계의 의사결정에 도움이 될 수 있다. 예를 들어 당신과 당신의 누님이 집이나 가업을 상속받았으며, 이를 동등하게 배분한다고 하자. 당신이 그 집에서 살거나 가업을 계승하기를 희망하기 때문에 팔기를 원하지 않는다고 하자. 다른 한 명에게 그 대신 얼마를 지불해야 할까? 확실한 것은 상속재산에 대한 합리적인 가격을 책정하기 위해 유사한 자산에 대한 시장가격을 파악하는 것이 도움이 된다는 것이다.

시장에서 형성된 자산가격과 이자율은 기업의 경영자가 투자 프로젝트의 선택이나 자금조달과 같은 의사결정에 기준을 제시한다. 기업의 경영자들은 금융시장에서 정기적인 거래를 하지 않더라도 시장을 통하여 의사결정에 필요한 정보를 얻을 수 있다.

예를 들어, A기업이 특정 연도에 $10,000,000의 순이익을 벌었다고 가정하자. 이 돈을 현재의 사업에 재투자할 것인지, 주주들에게 현금배당을 할 것인지, 혹은 자사주 매입을 할 것인가에 대한 의사결정을 해야 한다고 하자. 이 경우 시장이자율 이외에도 A기업과 유사한 타 기업의 주가를 아는 것은 어떤 의사결정을 할 것인가에 유용한 도움을 줄 것이다.

새로운 금융 도구가 소개될 때마다, 부산물로서 정보추출을 위한 새로운 가능성들이 발생한다. 예를 들면, 1973년에 거래소에서 표준화된 옵션계약의 거래가 이루어지면서 경제와 금융 변수들의 위험과 관련된 수많은 이용 가능한 계량적 정보들이 대폭 증가되었다. 이러한 정보들은 특히 위험관리 의사결정에 유용하게 이용된다.

| 예제 2.6 |
거래에 직접 참여하지 않은 사람들에게 중요한 정보를 제공하는 금융거래의 예를 들어 보라.

2.3.6 기능 6 : 인센티브 문제를 다룸

금융시스템은 금융거래에 참여하는 한 거래부문만 상대방이 알지 못하는 정보를 보유하고 있을 때, 혹은 한 부문이 다른 부문을 대신하여 의사결정을 내리는 대리인일 때 발생하는 인센티브 문제를 다루는 방법을 제공한다.

앞서 이야기했듯이, 금융시장과 금융중개기관은 자원 및 위험의 효율적 배분을 촉진시키는 몇 가지 기능을 수행한다. 그러나 이러한 기능을 수행하는 데 있어서 그들의 능력을 제한시키는 인센티브 문제가 있다. 인센티브 문제는 계약의 한 당사자가 다른 상대방을 쉽게 모니터링하거나 통제할 수 없는 경우에 발생한다. 인센티브 문제는 도덕적 해이나 역선택, 주인-대리인 문제 등의 다양한 형태로 발생한다.

　위험을 대비해서 가입한 보험이 존재할 때, 보험가입자가 더 큰 위험을 감수하려고 하거나, 손실이 발생할 수 있는 사건을 사전에 방지하기 위한 노력을 게을리하는 상황에 **도덕적 해이**(moral hazard) 문제가 발생한다. 도덕적 해이는 보험회사가 특정한 종류의 위험에 대해서는 보험계약을 꺼리는 상태를 야기시킨다. 예를 들면, 만일 어떤 도매상 주인이 화재보험에 가입하는 경우, 보험 때문에 주인은 화재를 방지하기 위해 돈을 쓰고자 하는 인센티브가 감소할 것이다. 그리하여 화재예방에 노력을 기울이지 않기 때문에 화재발생의 가능성은 더 커질 것이다. 극단적으로 보험금이 도매상의 시장가치를 초과하는 경우 주인은 보험료를 타기 위해 불을 지르려고 할 수도 있을 것이다. 이러한 도덕적 해이 문제가 잠재되어 있기 때문에 보험회사는 그들이 보상하는 총액을 제한하거나 혹은 그러한 주인에게는 화재보험의 판매를 거절할 것이다.

　계약상에서 도덕적 해이의 예는 어떤 서비스에 대해 대가를 미리 지불한 후에 발생할 수 있다. 대가를 미리 지불한다는 것은 그 서비스의 결과가 좋든 나쁘든 서비스를 제공한 사람은 동일한 금액을 수취한다는 것이다. 이러한 경우 서비스 제공자는 서비스가 제공된 후에 보상을 받는 경우에 비해서 열심히 일하고자 하는 인센티브가 줄어들 것이다.

　도덕적 해이의 좀 더 미묘한 예는 벤처사업의 자금조달에서 나타난다. 만일 당신이 신규 벤처사업의 좋은 아이디어가 있다면, 당신은 초기투자자본을 조달해야 할 것이다. 어디에서 자금을 조달할 수 있을까? 첫 번째로 가족이나 친구들을 생각할 수 있을 것이다. 왜냐하면 당신은 그들을 신뢰하고 그들도 당신을 잘 알고 신뢰하기 때문이다. 따라서 당신은 당신의 비밀스러운 사업에 그들이 투자해도 안전하다고 생각할 것이다. 한편 당신의 가족은 당신이 사업의 문제점을 포함해서 사업에 관하여 알고 있는 정보들을 완전히 공개할 것이라고 생각할 것이다. 더욱이 사업이 빠른 시간 내에 성과를 얻지 못하거나 들쭉날쭉한 경우에도 그들은 당신이 그들의 이익을 보호하기 위해서 더욱 열심히 일할 것으로 기대할 것이다.

　그렇다면 대출을 받기 위해 은행을 고려하는 것은 어떨까? 당신은 아마도 잘 알지 못하는 은행 대출 담당자에게 사업의 세부사항까지 설명하려고 하지는 않을 것이다. 은행 대출 담당자는 당신의 아이디어와 계획을 경쟁자일지도 모르는 다른 고객에게 누설할 수 있기 때문이다. 한편 은행의 입장에서도 대출 담당자는 당신이 공개할 필요가 없는 문제점들을 공개할 인센티브가 없다는 것을 알고 있기 때문에, 대출해 주기를 꺼리게 된다. 즉 사업기회에 관한 정보를 교환하는 상황에서 정보의 비대칭성 문제가 존재하게 된다.

분명한 것은 당신은 대출 담당자보다 해당 사업에 대하여 더 많은 정보를 가지고 있다는 것이다.

더욱이 대출 담당자는 자신이 당신과는 남이고 은행은 당신과는 별개의 조직이라는 사실을 알고 있다. 따라서 만일 사업의 부침이 심할 경우에, 당신은 사업이 잘 되도록 당신이 가족이나 친구들에게 자금을 조달한 경우와 동일하게 열심히 일하지는 않을 것이다. 대신 사업에서 손을 떼어 대출을 상환하지 않는 쪽으로 의사결정을 할지도 모른다. 사업 위험의 일부가, 은행이나 보험회사와 같이 당신과 전혀 관계가 없는 상대에게 이전될 때 열심히 일하고자 하는 인센티브가 감소하는데, 이것이 도덕적 해이 문제의 예라고 할 수 있다.

| 예제 2.7 |

당신이 원하는 일을 하기 위한 자금조달을 도덕적 해이의 문제가 방해하는 예를 들어 보라. 그러한 문제를 극복할 방법이 있는가?

정보의 비대칭성에 의해 발생할 수 있는 또 다른 일은 **역선택**(adverse selection)의 문제이다. 즉 평균적인 위험 수준보다 더 많은 위험에 노출된 사람들이 보험에 가입하려고 할 것이다. 예를 들면, **종신연금**(life annuities)의 경우(이는 가입자가 살아 있는 한 매달 고정된 일정액을 지급하는 계약이다), 이러한 연금상품을 판매한 회사는 가입자가 일반적인 사람들의 평균 수명만큼 살 것이라고 가정하면 안 된다.

예를 들어, 65세에 은퇴하는 사람들에게 종신연금을 판매한다고 생각해 보자. 그리고 일반적인 모집단에 동일한 수의 세 가지 타입의 사람들이 존재한다고 하자. 타입 A는 10년을 더 살고, 타입 B는 15년을, 그리고 타입 C는 20년을 더 산다고 하자. 이를 통해 보험사는 평균적으로 사람들이 65세에서 15년을 더 살게 될 것이라고 생각하게 된다. 만일 보험회사가 기대수명 15년을 반영하여 보험료를 책정한다면, 연금에 가입하는 사람들 중에 타입 B와 타입 C의 비율이 비정상적으로 많을 것이다. 타입 A의 사람들은 연금이 그들에게 좋은 상품이 아니라고 생각하여 구입하지 않을 것이다.

만일 보험회사가 당사에 가입하려는 고객이 A, B, 그리고 C 중에서 어떤 유형의 고객인지를 파악할 수 있다면 각자의 정확한 기대수명을 반영하여 보험료를 책정할 수 있고 역선택의 문제는 발생하지 않을 것이다. 그러나 보험회사는 개별 고객들이 자신들의 기대수명에 대해 알고 있는 만큼의 정보를 가질 수는 없다. 보험회사가 개별 고객들의 정확한 기대수명에 근거하여 정확하게 가격을 매길 수 없다면, 판매되는 연금보험 가입자 중에는 오래 살 것으로 기대되는 건강한 사람들의 비율이 훨씬 높게 된다. 즉 앞의 예에서 연금보험 가입자의 평균 기대수명은 모집단 평균인 15년보다 2.5년 정도가 긴 17.5년이 될 수 있다.

따라서 보험회사가 이러한 역선택을 감안한 만큼의 액수를 가산하지 않고 단지 모집단의 평균 기대수명에 근거해서 보험료를 책정한다면, 이 회사는 파산할지도 모른다. 따라서 역선택의 문제가 존재하면 보험회사는 평균 수명을 가진 사람들에게는 매력적이지 않은 가격을 책정할 것이고 역선택의 문제가 없는 상황보다 시장의 크기는 훨씬 더 줄어들 것이다.

| 예제 2.8 |
만일 어떤 은행이 잠재적인 차입자의 신용정보를 체크하지 않고 대출을 한다고 가정해 보자. 이러한 은행은 신용도를 체크하는 은행에 비해 어떤 유형의 차입자를 더 끌어들이겠는가? 이러한 은행은 신용도를 체크하는 은행과 동일한 이자율을 부과하겠는가?

인센티브 문제의 또 다른 유형은 중대한 임무가 다른 사람에게 위임될 때 발생한다. 예를 들어, 주식회사의 주주는 기업의 운영을 경영자에게 위임하고 뮤추얼 펀드의 투자자들은 포트폴리오 관리자에게 증권 선택의 권한을 위임한다. 각각의 경우에서, 여러 가지 의사결정과 관련된 위험에 대해 책임이 있는 개개인 혹은 조직은 의사결정 권한을 포기하거나 또 다른 개인이나 조직에게 의사결정권을 위임한다. 의사결정과 관련된 위험을 수용하는 사람들을 주인이라고 하고 의사결정권한을 위임받은 사람을 대리인이라고 한다.

주인-대리인 문제(principal-agent problem)는, 대리인이 내리는 의사결정이 주인과 대리인이 동일한 정보를 갖고 있는 상황에서 내리는 의사결정과 동일하지 않은 경우에 발생한다. 이 경우 주인과 대리인 사이에는 이해 상충의 문제가 발생할 수 있다. 극단적인 예로는, 증권 브로커가 자신의 수수료만을 생각해서 고객의 계좌에서 필요 이상의 빈번한 주문으로 수수료를 과다하게 지불하게 하는 것이다. 이러한 대리인의 행동은 주인의 이익에 반하는 행동이다.

잘 작동하는 금융시스템은 이러한 도덕적 해이, 역선택, 주인-대리인 문제와 같은 모든 인센티브 문제로부터 발생하는 문제들을 해결하여, 자금 풀의 구성, 위험관리 등의 순기능을 제공한다. 예를 들어 대출자가 파산할 경우 특정 자산에 대한 권리를 금융기관에

글상자 2.2 투자자 행동주의는 기업 효율성을 증대시키는가?

회사 경영진과 주주, 양측이 언제나 같은 목표를 갖는 것은 아니다. 주주들은 회사 주인으로서 높은 수익률, 즉 더 높은 주가와 배당을 원한다. 반면에 경영진은 높은 연봉, 특권 그리고 후한 보너스 등을 원한다. 때문에 양측의 목표가 서로 충돌할 수도 있다. 예를 들어 경영자 보상을 위해 사용되는 돈은 주주들에게 분배될 수 없다.

최근 헤지 펀드 대주주들과 유사 투자 기업들이 기업 경영에 다시 관심을 보이기 시작했다. 가장 유명한 두 사람은 Kirk Kerkorian과 Carl Icahn이다. 2006년 2월, Kerkorian은 GM사로 하여금 배당금 및 경영자 보상의 삭감, 새 이사진 선출 등을 추진하도록 했다. 한편, Icahn은 타임워너사를 네 개의 서로 다른 회사로 분리하는 것을 제안했다.

행동주의 투자자들은 새로운 아이디어를 소개하고, 경영진이 주주의 이익을 대변하게끔 관리자를 압박하는 등 기업 효율성을 향상시키기 위해 중요한 역할을 한다. 그러나 투자자 행동주의의 실제 효과에 대한 근거는 명확하지 않으며, 몇몇 학자들은 공개적으로 이를 반대한다. 행동주의 투자자들은 경영진들을 분열시키고, 대주주의 관심을 얻기 위해 자원을 낭비할지도 모른다. 결국 관리자들은 회사 경영 방식을 결정하기에 가장 적절한 위치에 있다고 볼 수 있다.

관리자들은 자신의 이익을 위해 주주 가치에 반하는 목표를 추구하기도 하지만, 행동주의 투자자들의 간섭이 회사 성과를 향상시킨다는 것은 명확하지 않다.

출처 : "Busy Bodies," *The Economist*, February 10, 2006.

게 부여하는 **담보**(collateralization)는 대출과 관계되는 인센티브 문제를 감소시키는 장치로서 널리 이용되고 있다. 담보부대출을 통해 대출자는 차입자의 행위를 감시하는 데에 소요되는 비용을 줄일 수 있다. 대출자는 오직 담보로 제공되는 자산의 시장가격이 대출금 만기 시의 원금과 이자를 상환할 만큼의 가치가 되는지만을 고려하면 된다. 금융기술의 발전은 담보로 제공될—재고와 같은—특정 유형의 사업용 자산을 평가하는 비용을 낮추어 담보부대출이 적용될 수 있는 범위를 확대시키고 있다.

주인-대리인 문제 역시 금융시스템을 통해서 완화시킬 수 있다. 만일 경영에 대한 보상을 주가에 연동시키면, 경영자와 주주의 이해관계는 동일한 일직선상에 놓이게 된다. 예를 들어, 대출 계약에 있어서의 주식지분제공을 고려해 보자. 이는 한 기업의 주주와 채권자 사이에서 이해 상충의 갈등을 줄이는 데에 도움을 줄 수 있는 것이다. 즉 주식지분제공은 주주에게 생기는 이익의 일부를 대출자에게도 제공하는 대출 계약의 한 조항이다. 일반적 형태의 주식지분제공은 대출자에게도 수익의 일정 비율을 공유하도록 하는 것이다. 다른 형태로는 대출자에게 대출의 일부를 미리 정한 일정 수만큼의 주식으로 전환할 수 있는 전환권을 부여하는 것이다.

경영자는 기업의 주주에 의해 선출된다. 그러므로 주주와 채권자 간에 이해관계의 상충이 있을 때 경영자는 채권자가 손해를 보더라도 주주에게 이익이 되는 행동을 취할 유인을 갖게 된다. 이러한 도덕적 해이의 문제 때문에 서로에게 이익이 될 수 있었던 대출계약이 성사되지 않을 수도 있다. 대출계약에 주식지분제공과 같은 것을 포함시킴으로써 주주와 채권자 모두에게 이익이 되는 방향으로 이러한 문제를 감소시키거나 제거시킬 수 있다.

| 예제 2.9 |
만일 당신이 보험대리인으로부터 재무계획에 관한 조언을 받는다면, 이는 어떻게 주인-대리인 문제를 야기시킬 것인가? 이러한 문제를 극복할 수 있는 방안을 생각해 보라.

2.4 금융 혁신과 '보이지 않는 손'

일반적으로 금융 혁신은 어떤 중심적인 기관에 의해서 계획되는 것이 아니라 기업가나 기업의 개별적인 행동을 통해서 이루어진다. 금융 혁신의 이면에 있는 기본적인 경제원리는 일반적 혁신의 기본원리와 동일하다. 아담 스미스는 다음과 같이 말했다.

> 모든 개별 경제주체는 생산물이 최고의 가치를 가지도록 자본을 이용한다. 그들은 공공의 이익을 증진시키려고 의도하지도 않을뿐더러, 또 그가 얼마만큼 공공의 이익을 증진시키는지도 모른다. 오직 자신의 안전과 자신의 이익만을 위하고자 한다. 그리고 그는 이러한 **보이지 않는 손**(invisible hand)에 의해 결코 본인이 의도하지 않았던 결과를 도출할 수 있다. 자신만의 이익을 추구함으로써 사회적 이익의 증진을 의도할 때보다 결과적으로 사회적 이익을 더욱 효과적으로 증진시키게 된다.[2]

예를 들어서, 1965년에 졸업여행으로 세계일주를 준비하는 대학 졸업반 학생이 처한 상황과 현재 준비하는 상황을 비교해 보자. 그때로 돌아가 보면 당신은 말이 통하지 않는 곳에 가서 돈이 떨어지면 어떻게 되나 하는 걱정을 하고 있었을 것이다. 만일 돈이 떨어진다면 당신은 집에 전보를 쳐서 집 근처의 은행에서 그 나라의 은행으로 송금을 하게끔 할 것이다. 이러한 과정은 금전적으로 그리고 시간적으로 많은 비용이 든다.

그러나 현재, 당신은 세계의 어떤 장소에서든 구입하는 모든 것을 신용카드로 요금을 지불할 수 있다. 비자, 마스터카드, 아메리칸익스프레스 그리고 기타 여러 신용카드는 전 세계 어디서나 실질적으로 사용된다. 호텔숙박료를 지불하기 위해 단지 종업원에게

---

[2] Adam Smith, *The Wealth of Nations*(Chicago: University of Chicago Press, 1977), p. 408.

카드만 건네면, 그녀는 카드가 양호한지를 확인하고(즉 은행이 당신에게 발급한 카드에 대한 결제를 보증하는지), 영수증에 서명한 후 다음 목적지를 향해 가기만 하면 된다.

더욱이 돈을 잃어버리거나 도난당할 염려를 할 필요도 없다. 만일 신용카드를 잃어버릴 경우, 당신은 카드에 가맹한 아무 은행에만 가면 된다. 은행은 분실한 카드를 정지시키고 다른 새 카드를 발급해 주는 것을 도와줄 것이다.

확실히 신용카드 덕분에 세계여행은 비용이 덜 들고 더욱 편안해졌다. 카드의 발명과 보급은 수백만의 사람들의 생활을 개선시켰고 금융의 '민주화'에 기여하였다.

그런데 어떻게 이러한 일이 일어날 수 있었을까? 금융 혁신이 일어날 수 있었던 열쇠가 된 요소를 파악하기 위해 신용카드의 경우를 들여다보자.

과학 기술이 중요한 요소이다. 신용카드는 전화, 컴퓨터, 그리고 더욱 세련된 통신수단과 정보처리 하드웨어와 소프트웨어의 복잡한 네트워크에 의존한다. 그러나 신용카드가 당대 경제 환경의 중요한 부분이 되도록 하는 데에는, 이익의 기회를 얻고자 하는 금융 서비스 제공 기업들이 신용카드 서비스를 제공할 수 있는 진보된 기술을 이용했고, 가계와 기업들이 이를 사용했다는 것이 중요하다.

상업적으로 혁신적인 아이디어를 제공한 기업이 동시에 그것으로부터 많은 이익을 얻은 주체가 아니었다는 것은 혁신(금융 혹은 기타)의 역사에 있어서 흔한 일이다. 신용카드의 예를 또 살펴보자. 세계 여행자들이 이용하는 신용카드를 처음 제공한 기업은 다이너스 클럽으로서, 이는 제2차 세계대전 이후에 설립된 회사이다. 다이너스 클럽의 초기 성공은 두 개의 다른 회사인 아메리칸 익스프레스와 카르트 블랑슈로 하여금 신용카드 프로그램을 제공하게 하였다.

신용카드 회사는 카드로 구매하는 가입자들로부터 수수료를 받거나(구입가격의 1%) 신용카드 차입을 원하는 고객들로부터 (차입액에 대한) 이자수입을 얻는다. 대부분의 비용은 거래의 결제, 도난카드, 카드대출자의 채무불이행에서 발생한다.

1950년대에 상업 은행들이 처음으로 신용카드사업에 참여하고자 했을 때, 그들은 사업의 운영 비용이 너무 높은 수준이었기 때문에 기존의 기업들과 경쟁할 수 없다고 생각했다. 그러나 1960년대 후반 컴퓨터 관련 기술의 진보에 힘입어 은행들은 이들과 성공적으로 경쟁할 수 있을 정도로 비용을 낮출 수 있었다. 오늘날 두 개의 거대 은행 조직인 비자나, 마스터카드는 범세계적으로 신용카드 사업을 주도하고 있는 반면, 다이너스 클럽과 카르트 블랑슈는 소규모 사업부문만을 담당하고 있다.

즉 거대 신용카드 공급업체 간의 경쟁은 비용을 낮추었다. 오늘날 여행을 하는 대부분의 사람들이 신용카드 때문에 더 편리하다고 생각할 뿐만 아니라 여행자 수표를 사용할 때보다 더 저렴한 비용으로 카드를 사용할 수 있게 되었다.

고객 선호와 금융서비스 제공자들 간 경쟁의 힘에 대한 분석은 금융시스템을 변화시킬 장래의 움직임에 대해 예견할 수 있게 해 준다. 예를 들어, 지불수단으로서의 신용카드가 주는 편익을 생각해 보면 여행자 수표의 미래는 어떻게 되리라고 생각하는가? 여행자 수표는 휴대용 계산기 발명 이후의 주판과 같은 운명이 될 것인가?

신용카드는 과거 30년간 우리가 수행해 온 경제활동의 방법을 변화시킨 여러 가지 신금융상품 중 단지 하나일 뿐이다. 전체적으로 이러한 혁신은 사람들이 개별 투자로부터 발생하는 위험과 수익의 효율적인 교환을 가질 기회를 상당히 향상시켰으며, 근로 기간 중 축적한 부와 은퇴 이후를 고려한 분배를 포함하는, 전 생애에 있어서의 부의 배분을 더욱 효과적으로 충족시켜 주었다.

2.5 금융시장

금융자산의 기본적인 종류에는 채권, 주식 그리고 파생상품이 있다. 채권은 돈을 차입하는 기업, 정부 혹은 가계 등에 의해서 발행된다. 이러한 자산에는 채권시장에서 거래되고, 회사채, 정부채, 주택 및 상업주택저당채권, 그리고 소비자 대출 등이 있다. 채권은 또한 미래에 일정한 현금을 지급하므로 **고정수익증권**(fixed-income instrument)이라고도 한다.

또 채권시장은 만기에 따라 분류할 수도 있다. 1년 미만의 단기 채권시장은 **화폐시장**(money market)이라 하고 장기 채권 혹은 주식시장을 **자본시장**(capital market)이라고 한다.

화폐시장에서 거래되는 채권은 대부분 미국 단기 국채와 같이 정부에 의해 발행된 이자 수입 증권과 대기업이 발행한 기업어음(commercial paper) 등이다. 화폐시장은 오늘날 범세계적으로 통합되어 있고 유동성이 높은 시장이다. **유동성**(liquidity)은 자산이 저렴하고, 빠르고, 쉽게 현금화되는 것을 의미한다.

주식은 기업의 주인으로서의 청구권이다. 이러한 청구권은 기업에 의해 발행되며 미국에서는 **보통주**(common stock), 영국에서는 주식(share)이라 불린다. 주식은 주식시장에서 매매된다. 보통주 한 주는 그 보유자에게 보유 주식 수만큼 기업에 대한 권리를 부여한다. 일반적인 경우에 동일한 주식 수라면 동일한 이익과 기업 경영 문제에 대한 동일한 투표권이 부여된다. 그러나 어떤 기업은 의결권이 있는 주식과 없는 주식, 두 종류의 주식을 발행하기도 한다.

　　보통주는 기업 자산에 대한 **잔여 청구권**(residual claim)을 보유한다. 보통주 소유자는 기업의 다른 채권에 대한 모든 지급 의무를 마친 나머지 자산에 대한 권리만을 청구할 수 있다. 즉 만일 기업의 사업이 실패하고 모든 자산이 처분된다면 보통주 소유자들은 먼저 모든 다양한 채권자들에게 채무를 지불하고 남은 나머지만을 받을 수 있는 것이다.

　　보통주는 또한 **유한책임**(limited liability)이라는 특징을 갖고 있다. 이는 기업이 파산한 경우 기업의 모든 자산을 팔고 부채를 다 변제하지 못하더라도 채권자는 주주에게 이러한 부족분을 청구할 수 없음을 의미한다. 기업에 대한 채권자의 청구권 대상은 기업이 보유하고 있는 자산만으로 한정된다.

　　파생상품(derivatives)은 주식이나 고정수익증권, 외환, 상품 등의 자산 가격으로부터 가치가 파생되는 금융증권이다. 이들의 주요 기능은 기초 자산과 관련된 위험에 노출되는 것을 관리하는 도구로서의 역할이다.

　　일반적인 파생상품에는 옵션과 선도계약이 있다. **콜옵션**(call option)은 특정 행사일(이전)에 기초 자산을 사전에 정한 가격으로 살 수 있는 권리를 매입자에게 주는 것이다. **풋옵션**(put option)은 특정 행사일(이전)에 기초자산을 사전에 정한 가격으로 팔 수 있는 권리를 매입자에게 주는 것이다. 자산의 보유자가 그 자산에 대한 풋옵션을 매입하면, 그는 풋옵션계약에서 결정된 가격 이하로 자산 가격이 떨어지는 위험에 대처할 수 있다.

　　선도계약(forward contracts)은 계약 당사자들로 하여금 특정 일자에 미리 정해진 가격으로 자산을 매입하거나 매도하도록 하는 것을 말한다. 이러한 계약은 기준 자산의 매입자와 매도자가 미래 자산 가격의 변동에서 오는 불확실성을 제거할 수 있도록 한다.

| 예제 2.10 |
채권과 주식, 파생상품의 기초적 특징을 정의해 보라.

2.6 금융시장의 지표

매일 우리는 신문과 TV, 라디오 그리고 컴퓨터를 통해 금융시장의 지표를 본다. 이들 지표에는 이자율, 환율, 주가지수 등이 있다. 여기서는 이 지표들에 대해 알아본다.

2.6.1 이자율

이자율은 약정된 수익률이며 다양한 종류의 차입과 대출이 있는 것처럼 수많은 서로 다른 이자율이 존재한다. 예를 들면, 가계에서 대출을 받기 위해 집을 담보로 했을 때 이 대출에 대해 지불하는 이자율을 **부동산담보대출 이자율**(mortgage rate)이라 하고, 사업용 대출에 대해 은행에 지불하는 이자율을 **상업용대출 이자율**(commercial loan rate)이라고 한다.

여러 종류의 대출 혹은 고정수익증권의 이자율은 각각 여러 가지 요인에 의해 결정되는데, 가장 중요한 세 가지 요인은 **계산단위**(unit of account), **만기**(maturity), 그리고 **파산위험**(default risk)이다. 이 요인들은 아래와 같이 정의된다.

- 계산단위는 지불 수단으로 결정된 교환의 매개체이다. 대개 달러, 프랑, 리라, 마르크, 페소, 엔화 등의 통화가 있다. 때로 계산단위로 금, 은 혹은 상품과 서비스의 표준화된 바스켓과 같은 실물이 사용되기도 한다. 이자율은 계산단위에 따라 다양하게 적용된다.
- 고정수익증권의 만기는 원금을 상환하기까지의 기간을 의미한다. 단기채권의 이자율은 장기채권의 이자율보다 높거나 낮거나 혹은 같을 수도 있다.
- 파산위험은 고정수익증권의 이자와 원리금을 완전히 상환받지 못할 가능성을 의미한다. 파산위험이 클수록 투자자는 발행자에게 더 높은 이자율을 요구한다.

이러한 세 가지 요소들이 실제로 이자율에 어떻게 영향을 미치는지를 생각해 보자.

계산단위의 효과

고정수익증권은 계산단위기준으로 보면 무위험자산이며, 그 이자율은 계산단위에 따라 달라진다. 서로 다른 통화표시 채권을 예로 들어 보자.

영국 정부가 발행한 채권의 이자율이 일본 정부가 발행한 채권 이자율에 비해서 동일한 만기하에서 훨씬 높다고 가정해 보자. 이들 채권은 모두 파산위험이 없기 때문에 모든 투자자들은 영국 정부 발행 채권을 선호하지 않을까?

대답은 '그렇지 않다.'이다. 왜냐하면 채권은 서로 통화표시가 다르기 때문이다. 영국 정부 발행 채권은 파운드화로 표시로 되어 있고 일본 정부 발행 채권은 엔화로 표시되어 있기 때문이다. 자국 통화로 표시된 채권이 자국 통화로 무위험 이자율을 제공하지만 다른 나라 통화로 표시된 채권의 수익률은 양국 통화 사이의 환율에 의존하기 때문에 다른 나라 정부발행국채의 수익률은 불확실성을 내포하고 있다.

예를 들어 보자. 당신은 1년 만기 일본 정부 발행 채권에 3%의 이자율로 투자하고 있고, 이때 1년 만기 영국 정부 발행 채권의 수익률은 9%라고 하자. 통화의 상대 국가의 입장에서의 가격인 **환율**(exchange rate)은 현재 파운드당 ¥150이라 하자.

당신은 일본인 투자자이고, 엔화의 입장으로 안전한 투자를 원한다고 하자. 만일 일본 채권을 산다면, 확실히 3%의 수익을 올릴 것이다. 만일 영국 국채를 산다면 1년 후 파운드당 엔화의 환율에 따라 수익률이 달라질 것이다.

만일 당신이 영국 국채에 £100를 투자한다면 당신은 ¥15,000만큼을 파운드로 환전해야 할 것이고, 그러므로 초기 투자액은 ¥15,000이 된다. 영국 채권의 이자율이 9%이므로 1년 뒤 당신은 £109를 받게 된다. 1년 후의 파운드당 엔화의 환율은 알려지지 않았으므로 £109의 엔화 가치를 현재는 알 수 없다.

당신의 예상 수익률은 다음과 같을 것이다.

$$\text{엔화표시 수익률} = \frac{(\text{미래의 파운드당 엔화 환율}(¥/£)) - ¥15,000}{¥15,000}$$

만일 1년간 파운드당 엔화 가격이 떨어져서 파운드당 ¥140이 된다고 하자. 영국 채권으로부터의 엔화표시 수익률은 얼마가 되겠는가?

위의 식으로부터 다음을 얻을 수 있다.

$$\text{엔화표시 수익률} = \frac{(£109 \times 140(¥/£)) - ¥15,000}{¥15,000} = 0.017333$$

즉 예상 엔화 수익률은 1.73%가 될 것이고, 이는 1년 만기 일본 채권으로부터 얻을 수 있는 무위험 수익률인 3%보다 작을 것이다.

| 예제 2.11 |
앞의 예에서, 영국 채권투자로부터 얻는 수익률이 일본 채권으로부터 얻는 수익률인 3%와 같기 위해서는 미래의 환율이 얼마가 되어야 하는가?

만기효과

그림 2.2를 통하여 이자율에 대한 만기효과를 살펴보자. 이는 1999년 6월 7일 현재 미국 재무성 채권의 **수익률곡선**(yield curve)이다.

수익률곡선은 미국 재무성 채권의 이자율과 각 증권의 만기 사이의 관계를 보인다. 그림 2.2에서 보면, 2년 만기 채권의 수익률은 4.95%이며 30년 만기 채권의 수익률은

5.15%로 장기채권의 수익률이 높음을 알 수 있다.

그림 2.2에는 나타나 있지 않지만, 수익률곡선의 형태와 수준은 시간에 따라 변한다. 때로는 단기이자율이 장기이자율보다 높아서 수익률곡선이 우하향의 형태를 보인 적도 있다.

| **예제 2.12** |
Bloomberg.com에 접속하여 미국 재무성 채권의 수익률곡선 수준과 형태를 찾아보라. 일본과 독일 국채의 수익률곡선도 찾아보라.

파산위험의 효과

다른 조건이 일정하다고 했을 때, 고정수익증권은 파산위험이 높을수록 이자율이 높다. 표 2.1은 서로 다른 정도의 파산위험을 가진 발행자가 발행하는 달러표시채권의 이자율을 보여 준다.

미국 재무성 채권은 파산위험이 가장 낮고, 다음이 우량 회사채, 그리고 그다음이 평균등급의 회사채이다.

수익률 스프레드(yield spread)라고 불리는 수익률의 차이를 생각해 보자. 10년 이상의 만기를 가진 재무성 채권의 연간 수익률은 5.05%이고 동일한 만기의 평균등급의 회사채 수익률은 연간 5.91%로 수익률 스프레드는 2.51%이다.

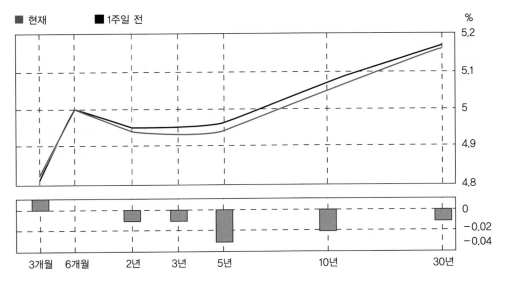

그림 2.2

미국 재무성 채권의 수익률곡선

출처 : Bloomberg.com, May 26, 2006.

글상자 2.3   채권시장 이상현상은 경기 불황의 신호

자산 가격에는 미래에 대한 사람들의 기대가 반영되어 있다. 그렇기 때문에 채권 시장에 '역수익률곡선'이라 불리는 드문 패턴이 나타나면, 시장 관찰자들은 이 현상이 미래의 어떤 사건을 암시하는지에 대해 걱정하기 시작한다. 일반적으로 장기채(예 : 10년 만기 재무성 채권) 수익률은 단기채(예 : 3개월 만기 채권) 수익률보다 높다. 역수익률곡선은 장기채권의 수익률이 단기채권의 수익률보다 낮은 경우에 나타난다. 지난 반세기 동안 역수익률곡선은 항상 경기 침체 전에 나타났다. 2006년 초, 3개월 만기채와 10년 만기채의 수익률 차이는 0.4%포인트로 매우 낮았으며, 사람들은 역수익률곡선이 나타날 것으로 예상하고 경기 침체에 대비하여 투기 거래를 하였다.

역수익률곡선과 경기 침체의 연결고리는 무엇일까? 질문에 대한 답은 바로 '시장 참여자들의 기대'이다. 대부분 장기 금리는 현재와 미래의 단기 금리의 결합이다. 현재 자금을 조달하여 10년 뒤에 상환할 것이라 가정해 보자. 자금 마련을 위해 만기일에 원금과 7.5%의 이자를 지급하는 10년 만기 채권을 발행할 수 있다. 또는 현재 5%의 이자를 지급하는 5년 만기 채권을 발행하고, 5년 후 다시 10% 이자를 지급하는 5년 만기 채권을 새로 발행할 수도 있을 것이다. 이 예에서 당신은 어떤 것을 선택하든지 평균 7.5%의 이자를 지급하게 된다. 그러나 5년 후, 만기가 5년인 채권의 예상 수익률이 15%라면, 자금을 빌리는 모든 이들은 당연히 10년 만기 채권을 발행할 것이다. 물론 모든 이들이 5년 만기 채권을 두 번 발행하는 대신 10년 만기 채권을 발행한다면 두 선택의 결과가 동일해질 때까지 5년 만기 채권의 수익률은 낮아질 것이다. 다시 말하면, 장기 금리와 적절히 예측된 미래 단기 금리가 서로 부합하지 않는다면 차익 거래의 기회가 존재한다는 것을 의미한다. 이 경우, 10년 만기 채권으로 자금을 차입하여 5년 만기 채권에 연이어 투자함으로써 수익을 얻을 수 있다. 이러한 차익 거래는 만기에 상관없이 평균 수익률이 같아짐으로써 끝나게 된다.

이 질문의 마지막 단서는 바로 연방준비이사회이다. 미국의 경우, 연방준비이사회에서 단기 금리를 결정한다. 그러므로 역수익률곡선은 시장이 연방준비이사회의 추후 금리 하향 조정을 예상하고 있다는 것을 암시한다.

그러므로 궁극적으로 이자율곡선의 모양을 결정하는 것은 '미래 수익률에 대한 사람들의 기대'임을 알 수 있다.

출처 : "The Long and the Short of It," *The Economist*, January 5, 2006.

| 예제 2.13 |

Bloomberg.com에 접속하여 회사채와 미국 재무성 채권 간의 수익률 스프레드를 찾아보라.

표 2.1 수익률 비교

	수익률
만기가 5년인 재무성 채권	4.94
만기가 10년인 재무성 채권	5.05
만기 5년 신용등급 AAA의 금융채권	5.58
만기 10년 신용등급 AAA의 금융채권	5.91

2.6.2 위험자산의 수익률

이자율은 고정수익증권에 대해 약속된 수익률이며 이는 계약상의 의무이다. 그러나 많은 자산들은 약속된 수익률을 제공하지 않는다. 예를 들어, 당신이 부동산, 주식, 예술품 등에 투자한다면, 미래에 구체적인 현금지급을 보장받지 않는다. 이러한 위험자산의 수익률을 어떻게 측정하는지 생각해 보자.

당신이 보통주와 같은 주식투자를 할 때, 수익은 두 가지 원천으로부터 발생한다. 첫 번째 원천은 주식을 발행한 기업이 주식 보유자에게 지급하는 현금 배당이다. 이러한 배당은 계약상으로 정해진 것이 아니므로 이자라고 불리지 않는다. 배당은 기업 경영진의 재량에 의해서 지급된다.

주식투자자의 두 번째 수익 원천은 보유한 기간에 주식 가격의 변화에서 오는 이득 혹은 손실이다. 이러한 두 번째 종류의 수익을 **자본이득**(capital gain) 혹은 **자본손실**(capital loss)이라고 한다. 주식수익률 측정을 위한 보유 기간의 길이는 하루 단위 혹은 수십 년 단위로 할 수 있다.

수익률이 어떻게 측정되는가를 알아보기 위해, 주식을 주당 $100에 구입한다고 가정해 보자. 하루 뒤에 주당 주가가 $101가 되었고 이 가격에 팔았다고 하자. 하룻동안의 수익률은 1%가 되는데 이는 주당 자본이득 $1를 구입가격인 $100로 나눈 수치이다.

만일 주식을 1년간 보유한다고 하자. 연말에 주당 $5를 현금배당하고 배당 후 주가가 주당 $105가 된다고 하자. 연간 수익률 r은 다음과 같다.

$$r = \frac{\text{기말 주가} - \text{기초 주가} + \text{현금배당}}{\text{기초 주가}}$$

이 예에서 다음과 같은 식을 갖는다.

$$r = \frac{\$105 - \$100 + \$5}{\$100} = 0.10 \text{ 또는 } 10\%$$

배당수입 부분과 가격변동에 의한 부분의 합으로 총수익률을 나타낼 수 있음을 알 수 있다.

$$r = \frac{\text{현금배당}}{\text{기초 주가}} + \frac{\text{기말 주가} - \text{기초 주가}}{\text{기초 주가}}$$

$r = $ 배당소득 부분 + 가격변동 부분

$r = 5\% + 5\% = 10\%$

만일 연말에 주식을 팔지 않기로 결정한다면 수익률은 어떻게 측정되겠는가?

정답은 주식을 팔든, 팔지 않든 수익률을 측정하는 방법은 동일하다는 것이다. 수익률에 있어서 주당 $5의 가격 상승분은 $5의 배당과 그 의미가 같다. 주식을 매각하지 않고 보유한다고 해도 연말에 $105로 전환할 수 있다는 사실은 변하지 않는다. 즉 주식을 팔아서 자본이득을 실현하든, 팔지 않고 계속해서 보유를 하든 수익률은 10%가 된다.[3]

| 예제 2.14 |

당신이 $50짜리 주식에 투자한다고 하자. 한 해 동안 $1의 배당이 지급되며, 연말에 주가가 $60가 될 것으로 예상된다. 기대수익률은 얼마인가? 만일 주가가 연말에 실제로는 $40가 된다면 실현수익률은 얼마인가?

2.6.3 시장지수와 시장지수화

주가의 전반적인 수준을 측정하는 도구를 갖는 것은 여러 가지 목적에서 볼 때 유용하다. 예를 들면, 주식을 보유하고 있는 사람들은 그들의 투자가 현재 어떤 가치를 갖는가에 대한 지표를 원하기도 하고 주식투자의 성과를 측정하는 기준을 원할 수도 있다. 표 2.2는 세계적인 주요 주식시장에서 거래되는 주식들에 대한, 금융신문 등에 널리 발표되는 주가지수들의 목록이다.

지수화(indexing)라는 것은 특정 주가지수와 동일한 투자수익률을 얻고자 하는 투자전략이다. 지수화는 모든 투자자가 전체 주식시장의 평균수익률 이상의 수익률을 기록하는 것은 불가능하다는 단순한 사실에 근거한 전략이다. 지수화를 수행할 때, 투자담당자는 모든 주식을 보유하거나, 대표적인 주식을 보유함으로써 목표 지수의 투자수익률을 복제하고자 한다. 이는 주가지수 수익률 이상의 달성을 위해 특정 산업부문이나 개별 주식에 투자를 하는 적극적 투자전략은 아니다. 즉 지수화는 광범위한 분산투자와 매매빈도를 줄이는 것을 강조하는 소극적 투자전략이다.

물론 적극적인 투자전략을 통해 지수펀드(index fund) 이상의 수익률을 올리는 펀드도 있을 수 있다. 이는 펀드매니저가 운이 좋았기 때문일지도 모른다. 혹은 투자담당자가 월등한 수익률을 올리는 특출한 능력을 진실로 보유했기 때문일 수도 있다. 적극적 펀드관리의 과제는 보유 기간에 지속적으로 우량한 자산을 어떻게 미리 알아내는가에 있다.

---

[3] 이는 세전수익률 기준이다. 왜냐하면 주식을 매도하면 소득세를 지불해야 하기 때문에 세후수익률은 영향을 받을 것이다.

| 글상자 2.4 | 주택 시장 불황으로 인한 경기 침체의 위협 |

전 세계적으로 지난 몇 년간 지속되어 왔던 주택 시장의 호황이 끝날 것으로 보이며, 이는 GDP에 부정적 영향을 미칠 것이다. 낮은 금리로 인해 전 세계 주택 가격은 급속도로 상승해 왔다. 1997~2005년의 평균 주택 가격은 미국 91%, 영국 167%, 아일랜드 212% 상승했으며, 남아프리카의 경우 279%라는 놀라운 상승률을 보였다. 그러나 2006년 초부터는 가격 상승 속도가 크게 둔화되었다.

주택 경기 호황은 GDP 성장에 상당 부분 기여를 했다. 주택 가격 상승이 경제 성장을 촉진시키는 것에 대한 근거는 적어도 두 가지를 들 수 있다.

첫째, 주택 소유자들은 모기지론 또는 HELOC(home equity lines of credit) 등을 통해 주택을 담보로 돈을 빌릴 수 있다. 둘째, 주택 가격 상승으로 인해 주택 소유자들은 자신이 더 부유해졌다고 느낀다. 이로써 소비자들의 소비가 증가하고, 단기적으로 성장을 자극하게 된다.

미국의 경우, 가격 성장률 감소, 기존 주택 거래의 둔화, 그리고 미분양 주택 증가는 모두 주택 시장이 최고점에 달했음을 암시한다. 몇몇 애널리스트들은 평균보다 40% 이상 높게 평가된 주택 가격의 거품을 우려하고 있다. 만약 가격이 떨어진다면, 주택 가격이 GDP에 미쳤던 영향은 정반대가 될 것으로 예상되며, 그 결과 저성장 또는 경기 침체 시대를 맞게 될지도 모르겠다. 비록 가격이 현재 수준에 머무른다 해도, GDP에 미치는 영향은 꽤 심각할 수 있다. 법적 비용, 부동산 수수료, 세금, 그리고 이전에 소유주가 지불한 계약금에 대한 이자 등, 거래 비용을 보상할 수 있을 만큼 주택 가격이 상승하지 않는다면 주택 보유자들에게 손실이 발생하게 된다. 반면에 주택 가격이 하락하면 소비자들은 소비를 줄일 것이며, 주택 시장 둔화는 경제 전반의 성장 역시 지연시킬 것이다.

출처 : "Soft Isn't Safe," *The Economist*, March 2, 2006.

지수화의 비용상의 이점

1926년 이후로 미국 주식시장은 연간 10%의 평균수익률을 투자자에게 제공해 왔다. 하지만 이는 비용을 고려하기 전의 수익률이다. 투자에는 다음과 같은 비용들이 수반된다.

- 펀드의 비용 부담률(자문료, 매매수수료, 운용비용 포함)
- 포트폴리오 거래비용(브로커 수수료와 기타 거래 비용)

2005년의 경우 주식펀드의 평균적인 비용 부담률은 투자자산의 1.54%이다(그림 2.3C 참조). 게다가 전통적인 뮤추얼 펀드 담당자들은 적극적인 포트폴리오 관리를 한다. 그림 2.3B에 나타난 바와 같이 자산의 크기로 가중평균한 2005년 펀드의 자산회전율은 연간 47%이다. 이러한 포트폴리오의 거래비용으로 매년 0.5%에서 1%가 추가로 공제된다. 펀드의 비용과 펀드의 거래비용을 함께 묶어서 생각하면, 이는 투자수익의 상당 부분을 차지한다. 심지어 어떤 펀드에서는 판매수수료가 수익률을 초과하기도 한다.

이와는 대조적으로 지수펀드의 핵심적인 이점 중의 하나는 비용이 저렴하다는 것이다. 지수펀드는 단지 최소한의 상담료만이 요구되고, 최소 수준의 운용비용이 들게 되며, 최

표 2.2 세계의 주요 주가지수

국가	지수
미국	DJI, SP500
일본	Nikkei, Topix
영국	FTSE-100, FTSE-ALL SHARE
독일	DAX
프랑스	CAC 40
스위스	SMI
유럽, 오스트레일리아, 극동	MSCI, EAFE
중국	Hang Seng

소한의 거래비용이 들게 한다. 더욱이 지수펀드는 적극적으로 관리되는 펀드에 비해 포트폴리오 회전율이 훨씬 낮아, 즉 장기보유를 하기 때문에 자본이득의 실현을 늦출 수 있다. 이러한 점은 투자자들에게 세금 측면에서도 유리하게 작용한다(항상 그렇지는 않다). 왜냐하면 자본이득은 모든 주식보유자에게 과세되기 때문에 이익의 실현을 가능한 한 늦추는 것은 이득이 될 수 있기 때문이다.

그림 2.3A

주식형 펀드의 운영비용 부담률[*](%, 1990~2003)

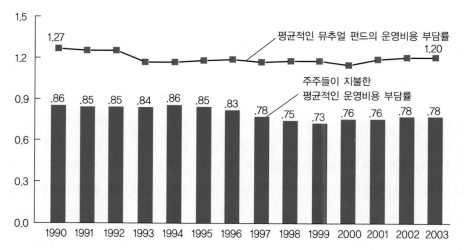

[*]운영비용 부담률은 총지출비율에서 12b-1 수수료를 차감하여 구해진다. 엑셀로 작성된 이 자료를 다운로드 받으라.

출처 : Investment Company Institute; Lipper; Value Line Publishing, Inc.; CDA/Wiesenberger Investment Companies Service; ⓒ CRSP University of Chicago, used with permission, all rights reserved (773.702.7467/www.crsp.com); Primary datasource & ⓒ Standard & Poor's Micropal, Inc. 1998 (617.451.1585/www.micropal.com); and Strategic Insight Mutual Fund Research and Consulting, LLC.

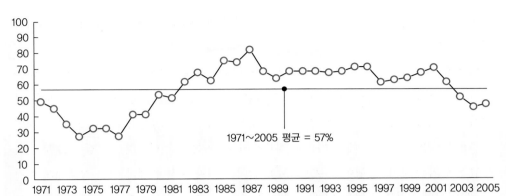

그림 2.3B
주식형 펀드*의 회전율**
(%, 1971~2005)

1971~2005 평균 = 57%

* 연금은 제외되었다.
** 자산의 크기로 가중평균한 값

출처 : Investment Company Institute; ⓒ CRSP University of Chicago, used with permission, all rights reserved (312.263.6400/www.crsp.com); and Strategic Insight Simfund.

지금까지 광범위한 주식시장의 지수들은 평균적인 일반 주식펀드의 수익률을 초과해 왔다. 표 2.3은 Wilshire 5000(미국 전체 주식시장의 지표)의 총수익(자본의 변동분+배당소득)과 주식펀드의 평균수익률을 비교하고 있다.

실제 수익률은 표 2.3의 수익률에서 각종 비용과 거래비용을 차감해야 한다. 지수펀드의 경우 비용 부담률이 낮고 최소한의 거래를 하기 때문에 대략 연간 0.3%의 수익률이 차감된다.

표 2.4는 전 세계적으로 서로 다른 자산에 대한 수익률을 보여 준다. 표 2.4에서 자국의 화폐단위로 계산된 경우 미국의 S&P 500 지수의 수익률은 0.8%이고 캐나다의 Toronto Composite의 수익률은 1.3%이다. 양국 간의 수익률을 비교하기 위해서는 동일한 계산단위로 전환해야 한다. 표 2.4에 나타난 바와 같이 달러 기준으로 환산한 캐나다 주식시장 지수의 수익률은 5.2%이다. 만약 현금배당 등을 무시한다면 이러한 결과는 캐나다달러의 가치가 미국달러의 가치에 비해 높아졌기 때문에 나타났을 것이다. 실제로

표 2.3 연율화된 총수익률(2006년 5월 26일까지)

	1년	3년	5년
DJ-Wilshire 5000 지수	11.06%	15.01%	3.36%
미국 주식펀드 평균	13.45%	15.75%	3.48%

출처 : Morningstar.

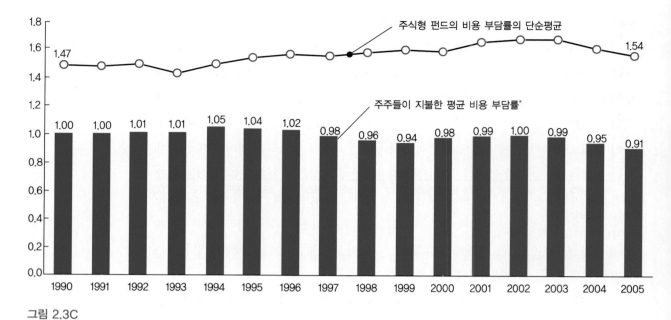

그림 2.3C

주식형 펀드의 비용 부담률(%, 1990~2005)

*개별 펀드에 대한 연간 비용 부담률의 자산 크기로의 가중평균값.

출처 : Investment Company Institute; Lipper; ValueLine Publishing, Inc.; CDA/Wiesenberger Investment Companies Service; ⓒ CRSP University of Chicago, used with permission, all rights reserved (312.263.6400/www.crsp.com); and Strategic Insight Simfund.

표 2.4 세계의 주요 주가지수(2006년 5월 27일)

주식시장		2005년 말 이후 % 변화		연간 이자율(%)		1$당 통화가치	
국가	지수	현지 통화	달러 환산	3개월 단기	10년 장기	최근	지난해
오스트레일리아	All ordinaries	6.10	8.70	5.87	5.68	1.33	1.31
영국	FTSE-100	−0.60	8.10	4.64	4.57	0.54	0.55
캐나다	Toronto Composite	1.30	5.20	4.08	4.34	1.12	1.27
덴마크	OMXCB	−4.90	2.90	2.95	3.88	5.84	5.91
일본	Nikkei 225	−1.30	3.40	0.10	1.85	113.00	108.00
스웨덴	Affarsvarlden Gen	−0.70	8.30	2.12	3.71	7.29	7.29
스위스	Swiss Market	−1.40	6.70	1.41	2.68	1.22	1.23
미국	S&P 500	0.80	0.80	5.06	5.05	–	−0.79
유로 지역	FTSE Euro 100	0.90	9.20	2.91	3.83	0.78	0.79

출처 : *The Economist*, May 27, 2006.

글상자 2.5 학자금 대출

대학을 졸업한 사람들은 남부럽지 않게 살 수 있는, 많은 기회가 있다. 그러나 문제는, 대학을 졸업하기 위해서는 우선 대학생이 되어야 한다는 것이다. 학자금 대출은 미래 소득을 담보로 현재 지불해야 할 등록금을 빌리는 것이다.

최근 두 개의 투자 펀드와 두 개의 은행이 공동출자하여 $2,500만에 인수한 Sallie Mae(학자금 대출조합)는 학자금 지원의 상당 부분을 차지하고 있다. Sallie Mae 인수를 위해 은행과 투자펀드가 인수금액의 2/3 이상을 차입하였기 때문에 거래 자체를 '차입 자본을 이용한 기업매수'라 한다.

Sallie Mae는 정부 개입 비중이 높기 때문에 보통의 사업과는 다르다. 연방 정부는 젊은 사람들의 대학 교육 이수를 장려하기 위해 학자금 대출 단체들에게 보조금을 지급하였다. 정부는 학생들이 졸업하기 전까지 대출에 대한 이자를 지급하거나, 낮은 이자율로 학자금을 대출해 주기도 하며, 학자금 대출의 보증인 역할을 하기도 한다. 대출에 대한 정부의 보증은 보험의 일종이기 때문에 학생들이 대출금을 갚지 못할 경우 정부가 이를 학생 대신 상환하게 된다.

Sallie Mae의 견실한 현금 자금과 수익성은 새로운 투자자들의 관심을 끌기에 충분했다. 또한 핵심 사업 이외에 학자금 마련 저축 기금, 정부 비보조 개인 대출 등을 통해 수익을 얻는다. 그러나 학자금 대출 시장에는 상당한 위험이 존재한다. 예를 들어, 정부가 금리 인하, 대출 자격 제한, 대출 보증 비율 축소 등의 보조 방법을 변경할 수 있다.

최근 뉴욕 시의 법무국장은 Sallie Mae의 기이한 상술에 관심을 갖기 시작했는데, 그 결과 회사는 $2만의 합의금을 지불해야 했다. 정부 보조 대출의 이자율이 규제되어 있기 때문에 그 수익은 매우 낮다. 최악의 경우는 학생들이 종종 무책임한 차입자로 변해 나중에는 그들이 갚지 못할 정도의 빚을 지게 되는 것이다.

많은 위험에도 불구하고, Sallie Mae의 새로운 소유주 역시 학자금 대출이 바람직하다는 데 동의할 것이다.

출처 : "Pay-Back Time," *The Economist*, April 17, 2007.

맨 오른쪽 두 열을 보면 캐나다달러와 미국달러의 교환비율은 1.27:1에서 1.12:1로 캐나다달러의 가치가 상승했음을 알 수 있다.

2.6.4 역사적 관점에서의 수익률

그림 2.4A와 2.4B 그리고 표 2.5A와 2.5B는 1926년에서 2003년 동안 미국의 자산군들의 수익률과 달러로 환산한 글로벌 포트폴리오들의 수익률에 대한 정보를 제공하고 있다. 그림 2.4A는 표 2.5A를 그림으로 나타낸 것이다. 그림에서 세로축은 로그를 취한 값임을 명심하자. 즉 성장률이 고정된 상수인 시계열 자료는 직선으로 그려진다. 좌표의 한 점은 1926년에 투자한 $1의 누적된 가치를 나타낸다. 예를 들어 1926년도에 $1를 대형주에 투자했다면 1955년도에는 $12.09로 증가했을 것이며, $1를 중소형주에 투자했다면 1952년에 $12.00으로 증가했을 것이다.

표 2.5B와 그림 2.4B는 다양한 자산들 간의 변동성을 비교하기 위하여 총수익지수를

연간수익률로 전환하여 나타낸 것이다. 미국 주식 자산군의 경우에는 시가총액을 기준으로 하여 대형주와 소형주로 나누어져 있다. 그림 2.5B에 나타난 바와 같이 소형주의 변동성이 보다 높은 것을 알 수 있다.

표 2.5B의 6번째 열의 단기국채는 만기가 30일인 재무성 채권에 반복해서 투자함으로써 얻을 수 있는 연간 수익률을 나타낸 것이다. 장기국채는 20년 만기의 재무성 채권의 수익률을 연 수익률로 변환하여 나타낸 것이다. 마지막 열은 소비자물가지수(CPI)의 변화율로 측정한 연간 인플레이션율이다.

표의 마지막에는 각 자산군들의 요약 통계치가 나와 있다. 수익률의 산술 및 기하 평균이 계산되어 있다. 단기국채와 장기국채 그리고 대형주의 산술평균 수익률은 3.79%, 5.64%, 12.25%로 나타났다. 이것이 의미하는 바는 단기국채에 비하여 장기국채는 1.85%, 대형주는 8.46%의 위험 프리미엄을 갖는다는 것이다. 반면 변동성을 나타내는 표준편차는 대형주가 20.50%로 장기국채의 8.19%, 단기국채의 3.18%에 비하여 가장 높게 나타났다.

표 2.5B 아래의 다른 요약 통계치는 78년간의 각각의 자산에 대한 연간 최고, 최저 수익률을 나타낸다. 이 범위의 크기가 각 자산들의 상대적인 위험의 척도로 쓰일 수도 있다. 표에서 볼 수 있듯이 세 가지 자산 중에서 주식이 가장 위험하고 단기국채가 가장 덜 위험한 자산임을 확인할 수 있다

표 2.5B는 글로벌 포트폴리오들의 연 수익률도 보여 주고 있다. 세계 주식 포트폴리오는 일본, 유럽, 미국을 포함하는 16개 선진국가들에서 시가총액이 큰 회사들의 주식으로 구성된 분산된 포트폴리오를 나타낸다. 1986년까지 지수는 미국달러로 환산된 각국의 GDP로 가중평균화하여 구해졌고, 1987년부터는 미국달러로 환산된 각국의 주식시장 시가총액을 기준으로 가중평균화해 구해졌다.

세계 채권 포트폴리오는 동일한 16개 국가들의 국채들로 구성되었다. 표 2.5B의 요약 통계치를 보면 세계 주식 포트폴리오 수익률은 11.17%로 미국의 대형주 12.25%보다 낮으나 평균 수익률의 표준편차는 미국 대형주가 20.50%로 세계 주식 포트폴리오의 18.38%보다 더 높다. 미국 장기채권과 세계 주식 포트폴리오의 수익률을 비교해 보면, 후자가 6.13%로 전자인 미국 장기채권의 5.64%보다 높으나 표준편차는 전자가 9.14%로 후자의 8.19%보다 높은 것을 알 수 있다.

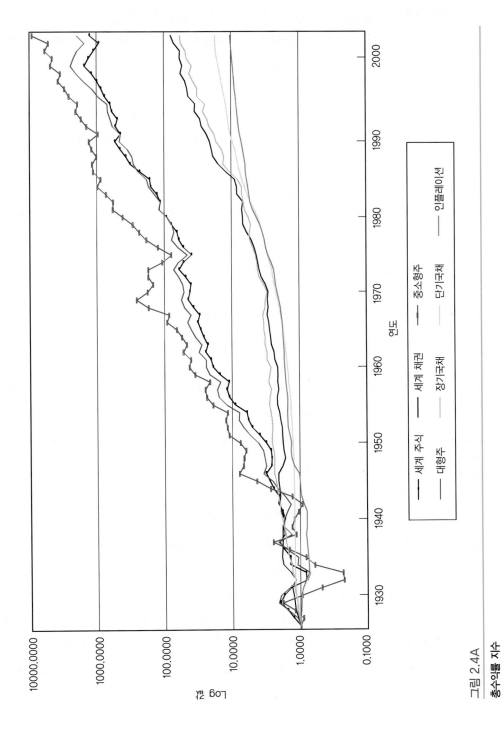

그림 2.4A

총수익률 지수

표 2.5A 1926~2004년 총수익지수

연도	세계 포트폴리오		미국 시장				
	달러로 환산한 주가 지수	달러로 환산한 채권 지수	중소형주	대형주	장기국채	단기국채	인플레이션
1926	1.0000	1.0000	1.0000	1.0000	1.0000	1.0000	1.0000
1927	1.2524	1.0776	0.9109	1.1221	1.0454	1.0319	0.9888
1928	1.5423	1.1819	1.2218	1.5259	1.1302	1.0641	0.9665
1929	1.9837	1.2100	1.8367	2.1255	1.1197	1.1047	0.9552
1930	1.7346	1.2513	0.9457	1.9627	1.1690	1.1571	0.9608
1931	1.3426	1.3271	0.4820	1.4543	1.2418	1.1843	0.8993
1932	0.8063	1.1650	0.2257	0.7917	1.1758	1.1964	0.8155
1933	0.8181	1.3794	0.2338	0.7194	1.3156	1.2061	0.7317
1934	1.3974	1.7833	0.6140	1.1119	1.3292	1.2096	0.7373
1935	1.3995	1.8536	0.8228	1.0861	1.4641	1.2114	0.7485
1936	1.7136	1.8250	1.4623	1.5821	1.5370	1.2134	0.7709
1937	2.0364	1.8166	2.5340	2.1129	1.6372	1.2155	0.7821
1938	1.6760	1.8036	1.1616	1.3516	1.6443	1.2194	0.8044
1939	1.7801	1.8093	1.3312	1.7493	1.7306	1.2199	0.7821
1940	1.6804	1.7176	1.2307	1.7307	1.8327	1.2200	0.7821
1941	1.8143	1.9081	1.0615	1.5637	1.9525	1.2193	0.7876
1942	2.0549	2.0128	0.9323	1.3886	1.9719	1.2198	0.8658
1943	2.0434	1.9376	1.3194	1.6774	2.0782	1.2229	0.9440
1944	2.4377	1.9947	2.7356	2.1226	2.1794	1.2271	0.9719
1945	2.7666	2.0532	4.3821	2.5674	2.2576	1.2310	0.9943
1946	3.1462	2.0558	7.9339	3.4946	2.4120	1.2350	1.0167
1947	2.6141	1.7826	6.8993	3.1710	2.4156	1.2393	1.2010
1948	2.5856	1.6354	6.7537	3.3257	2.3869	1.2450	1.3072
1949	2.6648	1.7198	6.3276	3.5016	2.4602	1.2572	1.3462
1950	3.1271	1.7574	7.6696	4.1403	2.6085	1.2711	1.3184
1951	3.8914	1.8006	11.2598	5.4934	2.5835	1.2865	1.3966
1952	5.0078	1.8104	11.9917	6.7827	2.5331	1.3056	1.4804
1953	5.7194	1.8976	12.5709	8.0653	2.5820	1.3270	1.4915
1954	6.0265	1.9671	11.8631	7.9250	2.6809	1.3506	1.5026
1955	8.9313	2.1205	19.4105	12.0895	2.8117	1.3622	1.4915
1956	10.9802	2.1254	24.0826	15.8905	2.7740	1.3835	1.4970
1957	11.9267	2.0338	25.3228	16.9154	2.6320	1.4169	1.5418
1958	11.1085	2.0954	21.6687	15.0310	2.8810	1.4613	1.5865
1959	15.1942	2.0860	35.8271	21.6116	2.7741	1.4820	1.6144
1960	18.9867	2.0952	43.4439	24.4103	2.6756	1.5238	1.6424
1961	20.4506	2.3149	41.2326	24.4567	3.0443	1.5631	1.6647
1962	24.5121	2.3608	53.1736	31.2141	3.0501	1.5969	1.6759
1963	22.7472	2.5879	47.1756	28.4703	3.2578	1.6403	1.6981
1964	26.0114	2.6593	55.7238	34.9132	3.2419	1.6920	1.7260
1965	28.8857	2.7441	66.4562	40.7332	3.3881	1.7516	1.7427

표 2.5A(계속)

| 연도 | 세계 포트폴리오 | | 미국 시장 | | | | |
	달러로 환산한 주가 지수	달러로 환산한 채권 지수	중소형주	대형주	장기국채	단기국채	인플레이션
1966	31.9158	2.8224	92.4473	45.8249	3.3789	1.8211	1.7762
1967	29.8508	2.9739	86.0407	41.1278	3.5039	1.9069	1.8377
1968	36.9404	2.8752	174.9379	51.0437	3.2443	1.9860	1.8935
1969	44.2989	2.9356	262.8792	56.6585	3.2054	2.0911	1.9829
1970	41.5480	2.8672	180.6506	51.9389	2.9964	2.2289	2.1058
1971	40.3265	3.1479	149.1993	54.0684	3.3766	2.3711	2.2231
1972	48.0772	3.6207	175.9060	61.7299	3.9665	2.4735	2.2958
1973	60.2071	3.9067	176.2930	73.5449	4.1867	2.5697	2.3741
1974	51.5614	4.0747	109.1606	62.6971	4.2453	2.7512	2.5809
1975	39.1815	4.2813	79.5017	46.1450	4.4800	2.9734	2.8994
1976	51.6568	4.6024	126.2646	63.3387	4.8608	3.1465	3.1006
1977	60.3145	5.1192	187.8059	78.5273	5.3989	3.3089	3.2513
1978	64.1928	5.9470	239.3399	72.8262	5.4475	3.4793	3.4691
1979	77.7631	6.7540	298.0978	77.5599	5.2209	3.7336	3.7820
1980	91.7760	6.7837	419.8707	92.1179	5.6918	4.1327	4.2847
1981	119.7035	6.9764	588.1549	122.0378	6.4414	4.6088	4.8211
1982	114.6999	6.7189	579.2738	115.9603	6.6740	5.2937	5.2512
1983	127.6151	8.2079	740.6015	141.5760	7.1091	5.8580	5.4523
1984	158.0640	8.3474	993.2948	173.2465	7.0714	6.3764	5.6589
1985	163.3592	8.9768	891.8794	184.4382	8.1527	7.0115	5.8824
1986	229.3073	12.0477	1151.1487	243.4585	10.8169	7.5500	6.1060
1987	317.7740	15.7416	1195.8133	288.2549	13.4087	8.0075	6.1731
1988	369.2216	18.6931	1029.1169	303.6477	13.0534	8.4383	6.4466
1989	449.8965	19.6558	1220.6356	354.8427	14.1498	8.9716	6.7316
1990	535.1519	20.9177	1331.1031	466.0503	16.9076	9.7091	7.0446
1991	440.6441	23.4237	968.9100	451.1367	18.1132	10.4548	7.4750
1992	524.0580	27.7828	1441.3504	589.4553	21.4442	11.0308	7.7037
1993	491.2520	29.0914	1745.4754	634.9023	23.1147	11.4059	7.9271
1994	592.0078	34.9736	2078.5121	697.5671	26.6928	11.7366	8.1451
1995	631.4947	34.3861	1967.1038	706.5657	24.7763	12.1920	8.3626
1996	761.3300	43.5362	2630.8047	973.0117	32.6229	12.8723	8.5750
1997	854.2123	45.1297	3067.7813	1197.4855	32.3587	13.5340	8.8597
1998	990.6300	48.2301	3799.7540	1594.6914	37.2384	14.2215	9.0103
1999	1194.2045	56.5835	3524.6518	2050.4542	42.2730	14.9013	9.1554
2000	1517.8339	53.4148	4939.7995	2481.8697	38.5783	15.5808	9.4008
2001	1318.9976	57.8483	4651.8092	2256.0196	46.3982	16.4829	9.7194
2002	1110.3322	57.6400	5993.8561	1987.7789	48.3515	17.0961	9.8701
2003	921.3537	70.6897	5297.9694	1548.4797	56.4698	17.3799	10.1050
2004	1269.2568	78.7695	9248.6652	1992.7386	57.8137	17.5554	10.2950

표 2.5B 1926~2003년 연간 수익률

연도	세계 포트폴리오		미국 시장				
	달러로 환산한 주식 포트폴리오 수익률	달러로 환산한 채권 포트폴리오 수익률	중소형주	대형주	장기국채	단기국채	인플레이션
1926	25.24	7.76	−8.91	12.21	4.54	3.19	−1.12
1927	23.15	9.68	34.13	35.99	8.11	3.12	−2.26
1928	28.62	2.38	50.33	39.29	−0.93	3.82	−1.16
1929	−12.56	3.41	−48.51	−7.66	4.41	4.74	0.58
1930	−22.6	6.06	−49.03	−25.90	6.22	2.35	−6.40
1931	39.94	−12.22	−53.18	−45.56	−5.31	1.02	−9.32
1932	1.46	18.41	3.58	−9.14	11.89	0.81	−10.27
1933	70.81	29.28	162.67	54.56	1.03	0.29	0.76
1934	0.15	3.94	34.00	−2.32	10.15	0.15	1.52
1935	22.44	−1.54	77.72	45.67	4.98	0.17	2.99
1936	18.84	−0.46	73.29	33.55	6.52	0.17	1.45
1937	−17.7	−0.72	−54.16	−36.03	0.43	0.32	2.86
1938	6.21	0.32	14.60	29.42	5.25	0.04	−2.78
1939	−5.6	−5.07	−7.55	−1.06	5.90	0.01	0.00
1940	7.97	11.09	−13.75	−9.65	6.54	−0.06	0.71
1941	13.26	5.49	−12.17	−11.20	0.99	0.04	9.93
1942	−0.56	−3.74	41.52	20.80	5.39	0.26	9.03
1943	19.3	2.95	107.34	26.54	4.87	0.34	2.96
1944	13.49	2.93	60.19	20.96	3.59	0.32	2.30
1945	13.72	0.13	81.05	36.11	6.84	0.32	2.25
1946	−16.91	−13.29	−13.04	−9.26	0.15	0.35	18.13
1947	−1.09	−8.26	−2.11	4.88	−1.19	0.46	8.84
1948	3.06	5.16	−6.31	5.29	3.07	0.98	2.99
1949	17.35	2.19	21.21	18.24	6.03	1.11	−2.07
1950	24.44	2.46	46.81	32.68	−0.96	1.21	5.93
1951	28.69	0.54	6.50	23.47	−1.95	1.48	6.00
1952	14.21	4.82	4.83	18.91	1.93	1.64	0.75
1953	5.37	3.66	−5.63	−1.74	3.83	1.78	0.75
1954	48.2	7.8	63.62	52.55	4.88	0.86	−0.74
1955	22.94	0.23	24.07	31.44	−1.34	1.56	0.37
1956	8.62	−4.31	5.15	6.45	−5.12	2.42	2.99
1957	−6.86	3.03	−14.43	−11.14	9.46	3.13	2.90
1958	36.78	−0.45	65.34	43.78	−3.71	1.42	1.76
1959	24.96	0.44	21.26	12.95	−3.55	2.82	1.73
1960	7.71	10.49	−5.09	0.19	13.78	2.58	1.36
1961	19.86	1.98	28.96	27.63	0.19	2.16	0.67
1962	−7.2	9.62	−11.28	−8.79	6.81	2.72	1.33
1963	14.35	2.76	18.12	22.63	−0.49	3.15	1.64
1964	11.05	3.19	19.26	16.67	4.51	3.52	0.97
1965	10.49	2.85	39.11	12.50	−0.27	3.97	1.92

표 2.5B(계속)

연도	세계 포트폴리오		미국 시장				
	달러로 환산한 주식 포트폴리오 수익률	달러로 환산한 채권 포트폴리오 수익률	중소형주	대형주	장기국채	단기국채	인플레이션
1966	−6.47	5.37	−6.93	−10.25	3.70	4.71	3.46
1967	23.75	−3.32	103.32	24.11	−7.41	4.15	3.04
1968	19.92	2.1	50.27	11.00	−1.20	5.29	4.72
1969	−6.21	−2.33	−31.28	−8.33	−6.52	6.59	6.20
1970	−2.94	9.79	−17.41	4.10	12.69	6.38	5.57
1971	19.22	15.02	17.90	14.17	17.47	4.32	3.27
1972	25.23	7.9	0.22	19.14	5.55	3.89	3.41
1973	−14.36	4.3	−38.08	−14.75	1.40	7.06	8.71
1974	−24.01	5.07	−27.17	−26.40	5.53	8.08	12.34
1975	31.84	7.5	58.82	37.26	8.50	5.82	6.94
1976	16.76	11.23	48.74	23.98	11.07	5.16	4.86
1977	6.43	16.17	27.44	−7.26	0.90	5.15	6.70
1978	21.14	13.57	24.55	6.50	−4.16	7.31	9.02
1979	18.02	0.44	40.85	18.77	9.02	10.69	13.29
1980	30.43	2.84	40.08	32.48	13.17	11.52	12.52
1981	−4.18	−3.69	−1.51	−4.98	3.61	14.86	8.92
1982	11.26	22.16	27.85	22.09	6.52	10.66	3.83
1983	23.86	1.7	34.12	22.37	−0.53	8.85	3.79
1984	3.35	7.54	−10.21	6.46	15.29	9.96	3.95
1985	40.37	34.21	29.07	32.00	32.68	7.68	3.80
1986	38.58	30.66	3.88	18.40	23.96	6.06	1.10
1987	16.19	18.75	−13.94	5.34	−2.65	5.38	4.43
1988	21.85	5.15	18.61	16.86	8.40	6.32	4.42
1989	18.95	6.42	9.05	31.34	19.49	8.22	4.65
1990	−17.66	11.98	−27.21	−3.20	7.13	7.68	6.11
1991	18.93	18.61	48.76	30.66	18.39	5.51	3.06
1992	−6.26	4.71	21.10	7.71	7.79	3.40	2.90
1993	20.51	20.22	19.08	9.87	15.48	2.90	2.75
1994	6.67	−1.68	−5.36	1.29	−7.18	3.88	2.67
1995	20.56	26.61	33.74	37.71	31.67	5.58	2.54
1996	12.2	3.66	16.61	23.07	−0.81	5.14	3.32
1997	15.97	6.87	23.86	33.17	15.08	5.08	1.70
1998	20.55	17.32	−7.24	28.58	13.52	4.78	1.61
1999	27.1	−5.6	40.15	21.04	−8.74	4.56	2.68
2000	−13.1	8.3	−5.83	−9.10	20.27	5.79	3.39
2001	−15.82	−0.36	28.85	−11.89	4.21	3.72	1.55
2002	−17.02	22.64	−11.61	−22.10	16.79	1.66	2.38
2003	37.76	11.43	74.57	28.69	2.38	1.01	1.88

표 2.5B(계속)

연도	세계 포트폴리오		미국 시장				
	달러로 환산한 주식 포트폴리오 수익률	달러로 환산한 채권 포트폴리오 수익률	중소형주	대형주	장기국채	단기국채	인플레이션
수익률 통계							
기하평균	9.41	5.34	11.80	10.23	5.10	3.71	2.98
산술평균	11.17	6.13	18.43	12.25	5.64	3.79	3.12
표준편차	18.38	9.14	38.11	20.50	8.19	3.18	4.35
최소	− 39.94	− 13.29	− 54.16	− 45.56	− 8.74	− 0.06	− 10.27
최대	70.81	34.21	162.67	54.56	32.68	14.86	18.13
초과 수익률 통계							
평균	7.37	2.34	14.64	8.46	1.85		
표준편차	18.69	8.98	38.72	20.80	8.00		
최소	− 41.02	− 18.40	− 54.48	− 46.58	− 13.30		
최대	70.51	28.99	162.38	54.27	26.09		

출처 :
인플레이션 자료 : Bureau of Labor Statistics.
1926~1995 주가 수익률 자료 : Center for Research in Security Prices.
1996 이후 주가 수익률 : Returns on appropriate index portfolios:
　대형주 : S&P 500
　소형주 : Fama & French 1st quantile
장기국채 : Lehman Bros. LT Treasury index.
단기국채 : Lehman Bros. Intermediate term Treasury index.
미국 단기국채 : Salomon Smith Barney 3-month U.S. T-bill index.

2.6.5 인플레이션율과 실질이자율

사람들은 오랫동안 시간에 따른 경제적 문제를 의미 있게 비교하기 위해서 재화나 서비스, 그리고 자산의 가격이 인플레이션 효과를 감안하여 조정되어야 함을 인식해 왔다. 인플레이션 효과를 감안하기 위해 경제학자들은 **명목가격**(nominal prices, 화폐로 표시되는 가격)과 **실질가격**(real prices, 재화나 서비스에 대한 구매력으로 표시되는 가격)을 구분해서 설명한다.

우리가 명목가격과 실질가격을 구분하는 것처럼 명목이자율과 실질이자율도 구분해서 이해해야 한다. 채권에 대한 **명목이자율**(nominal interest rate)이라는 것은 대출한 한 단위에 대해 사전에 받기로 약정된 금액이며, **실질이자율**(real interest rate)이라는 것은 화폐의 구매력을 감안해서 조정된 이자율이라고 정의한다. 예를 들면, 연간 8%의 명목이자율을 수취할 경우, 연간 인플레이션율이 8%라면, 실질이자율은 0%가 된다.

실질이자율을 계산하기 위한 계산단위는 무엇일까? 소비재 상품의 표준화된 바스켓을 그 하나로 사용할 수 있다. 이 경우 실질수익률은 소비재 상품 바스켓을 구성하는 상품에 따라 달라진다. 다른 여러 나라에서는 실질수익률을 측정하는 데에 일반적으로 소비자물가지수(CPI)를 사용한다.

만일 연간 명목이자율이 8%이고, 소비자물가지수의 변화율로 측정된 인플레이션율이 5%라면 실질이자율은 얼마가 되겠는가? 직관적으로 보면 이 경우에 명목이자율과 인플레이션율의 차이인 3%가 정답이다. 그러나 이는 근사값일 뿐, 정확한 값은 아니다.

왜 그런지 확인하기 위해서 정확하게 수익률을 계산해 보자. 현재 $100를 투자한다면, 1년 후에 $108를 받을 것이다. 하지만 소비재 바스켓에서 $100의 비용은 1년 후에 $105의 비용과 같을 것이다. 소비재 바스켓의 관점에서 1년 뒤에 $108는 얼마의 가치가 있겠는가? 답은 $108를 소비재 바스켓의 미래 가격인 $105로 나눈 $108/$105=1.02857바스켓이다. 즉 현재 시점에서 당신이 포기하게 되는 1단위 소비재의 가치는 1년 후의 1.02857단위 소비재의 가치와 동일하다. 따라서 실질이자율(현재 소비재 투자에 대한 1년 후의 소비재가치)은 연간 2.857%가 된다.

명목이자율과 인플레이션율로 실질이자율을 표시하는 식은 다음과 같다.

$$1 + 실질이자율 = \frac{1 + 명목이자율}{1 + 인플레이션율}$$

또는

$$실질이자율 = \frac{명목이자율 - 인플레이션율}{1 + 인플레이션율}$$

위 식을 이용하여 앞의 예에서의 연간 실질이자율을 계산할 수 있다.

$$실질이자율 = \frac{0.08 - 0.05}{1.05} = 0.02857 = 2.857\%$$

고정수익증권은 명목이자율의 측면에서 보면 무위험이지만 실질이자율의 측면에서 보면 위험이 존재한다. 예를 들어, 은행이 예금자에게 연간 8%의 무위험 이자를 지급하는데, 미래의 인플레이션율은 알 수 없기 때문에 실질이자율 측면에서 보면 은행예금은 위

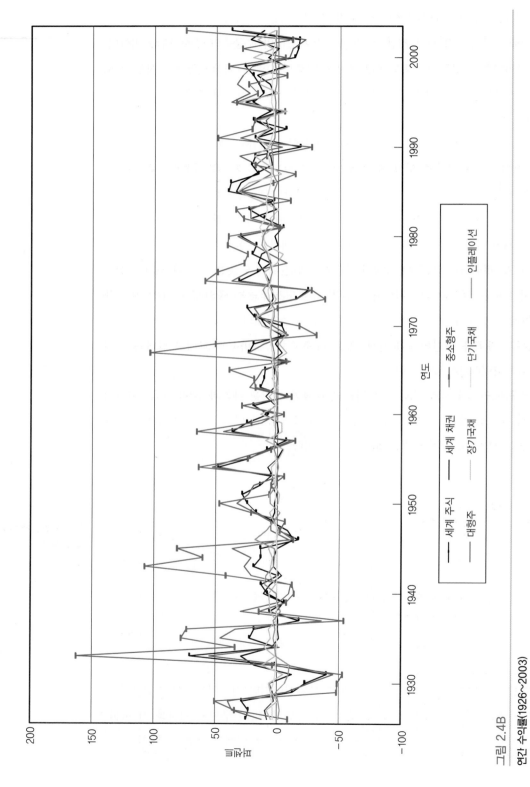

그림 2.4B

연간 수익률(1926~2003)

험한 금융자산이다.

만일 기대 인플레이션율이 연간 5%라면, 기대 실질수익률은 연간 2.857%가 될 것이다. 그러나 인플레이션율이 5% 이상이 된다면 기대 실질수익률은 2.857%보다 낮아질 것이다.

| **예제 2.15** |
미국 단기국채의 연간 명목 무위험이자율이 6%이고 기대 인플레이션율이 연간 3%라고 가정하자. 단기국채의 연간 기대 실질이자율은 얼마가 되겠는가? 실질기준으로 단기국채는 위험자산인가?

인플레이션 위험으로부터 보호받기 위해서 사람들은 이자율을 실질 재화나 서비스로 표시할 수 있다. 예를 들면, 고정수익증권의 계산단위로 특정 상품을 사용하는 것이다.

몇몇 채권은 이자와 원금을 특정 국가의 생활비를 계산하기 위해 사용되는 재화와 서비스의 바스켓을 이용하여 표시하기도 한다. 예를 들어, 영국 정부는 1981년 이후 **물가연계채권**(index-linked bonds)을 발행하였으며, 미국 역시 이러한 채권을 1997년 1월에 발행하였다. 이 채권을 Treasury Inflation Protected Securities(TIPS)라고 한다. 이 채권의 이자율은 무위험 실질이자율이다. 1998년 9월에 미국은 물가연계 저축채권을 추가로 발행하였다.

TIPS가 어떻게 운영되는지를 알아보기 위해, 1년 만기의 채권을 고려해 보자. 그리고 연간 3%의 무위험 실질이자율을 지급한다고 가정해 보자. 이 채권의 수익률은 인플레이션율에 따라 달라지기 때문에, 달러 표시 수익률은 미리 알 수 없다. 만일 인플레이션율이 단지 2%라면, 명목 실현수익률은 약 5%가 될 것이다. 그러나 만일 인플레이션율이 10%가 된다면, 명목 실현수익률은 약 13%가 될 것이다.

요약하면, 이자율은 약정한 수익률이다. 그런데 대부분의 채권들은 명시된 명목이자율을 특정 국가의 통화로 지급하기 때문에, 소비재의 관점에서 본 실질수익률은 불확실하다. 물가연계 채권의 경우 이자율은 특정 소비재 바스켓의 구매력으로 표시되고, 이 증권은 그 바스켓에 대한 무위험 실질이자율을 제공한다.

| **예제 2.16** |
TIPS의 연간 실질이자율이 3.5%이며 미국에서의 기대 인플레이션율이 연간 4%라고 하자. 이 채권의 기대 명목이자율은 얼마가 되겠는가?

글상자 2.6   독일의 물가연동채권

만약 물가 상승에 대한 대비가 되어 있지 않은 채권을 보유하고 있다면, 물가 상승은 채권 소유자의 가장 큰 적이 될 수 있다. 대부분의 채권 이자율은 명목이자율로 표기되어 있다. 채권은 채권 소유자의 미래에 지급될 특정 금액에 대한 권리를 의미한다. 만약 물가 상승률이 일정하다면 물가 상승률을 채권의 명목이자율에 편입시킬 수 있고, 채권 소유자는 만기 시의 채권 실질 가치를 어느 정도 확신할 수 있다. 그러나 물가가 갑자기 큰 폭으로 상승한다면, 채권 상환 시 받게 될 돈의 구매력은 예상한 것보다 현저히 낮을 것이다.

예를 들어 보자. 마크는 1년 뒤 $1,000를 갚겠다고 약속하고 제인에게 $900를 빌렸다. 제인은 추후 1년 동안 물가가 1% 상승할 것이라 예상하고, 10%의 실질수익률을 기대한다. 1년 후, 예상치 못한 일이 일어났다. 물가가 50% 이상 올랐으며, 이에 따라 모든 물건의 가격 또한 50% 상승하였다. 마크가 제인에게 돈을 갚을 시점의 $1,000는 1년 전 $500와 동일한 구매력을 지닌다. 제인은 대출로 인해 $400를 잃은 것이다. 그녀는 1년 전 $900를 가지고 구매 가능했던 것의 5/9밖에 살 수 없다.

요즘 대부분의 정부 기관에서는 물가연동채권을 발행한다. 채권의 수익률을 가격 지수에 연동시킴으로써 물가 상승률에 따라 이자율이 조정되도록 한 것이다. 이를 통해 채권 실질 수익에 대한 불확실성을 줄일 수 있다. 물가연동채권은 1981년 영국, 1997년 미국에 소개되었으며, 프랑스, 이탈리아, 독일과 같은 여러 선진국에서도 현재 발행되고 있다.

이 중 독일의 상황은 매우 흥미롭다. 1920년 당시의 독일 중앙 은행 라이히스방크는 너무 많은 화폐를 발행했고, 곧 물가 상승이 뒤따랐다. 1922년에는 1,024%였던 물가 상승률이 1923년에는 105,700,000,000%로 증가했다! 1923년 말, U$1는 420만 라이히스마르크(독일 통화 단위)의 가치를 갖게 되었으며, 종이 화폐는 집에서 사용 가능한 가장 저렴한 연료로 전락했다. 또한 제1차 세계대전 동안 발행된 독일 국채는 거의 휴지 조각이 되어 버렸다.

사람들은 물가 상승률이 매우 높을 것이라 예상했고 가격은 계속 상승했으며 악성 인플레이션 사태에 이르렀다. 독일 사람들은 물가연동 금융 거래가 사람들의 예상을 부추겼다고 비난했으며, 1948년 독일 정부는 이와 같은 거래를 모두 금지시켰다. 그 후 50년간, 독일의 새 중앙 은행인 분데스방크는 전 세계에서 물가 상승에 가장 강력히 맞서는 은행이란 명성을 얻게 된다.

2006년 초, 독일은 물가연동채권을 재도입한다. 낮은 수준의 물가 상승률이 유지되는 한, 이 방법은 정부가 가장 낮은 비용으로 차입할 수 있는 방법 중 하나이다. 또한 물가연동채권은 물가 상승 위험을 덜고자 하는 투자자들에게도 매력적인 상품이다. 예를 들어, 연금 기금의 경우 물가연동이 의무사항으로 정해져 있다. 이처럼 물가연동채권을 보유함으로써 물가 상승으로 인한 자산 가치 하락에 대비할 수 있다.

출처 : "Laying the Ghost of 1923," *The Economist*, March 14, 2006.

2.6.6 이자율 균등화

금융시장에서의 경쟁은 동일한 자산에 대한 이자율이 동일하도록 작용을 한다. 예를 들어, 미국 재무성이 현재 1년 만기 단기국채의 연간 이자율을 4%로 결정했다고 가정해 보자. 세계은행과 같은 거대은행은 1년 만기 미국달러표시 채권의 명목이자율로 얼마를 지급할 것으로 예상할 수 있겠는가?(파산위험이 없다고 가정한다)

아마 연간 4% 정도라고 답할 것이다.

왜 그런지 확인하기 위해 세계은행이 연간 4%보다 적은 이자율을 지급한다고 가정해보자. 모든 정보를 알고 있는 투자자는 세계은행이 발행한 채권을 사지 않을 것이다. 대신에 그들은 미국 정부발행의 단기국채를 구입할 것이다. 즉 세계은행이 채권을 팔기 위해서는 적어도 미국 재무성이 제공하는 이자율 이상을 제공해야 한다.

그렇다면 세계은행이 연간 4%보다 훨씬 높은 이자율을 지급할까? 차입비용을 최소화하기를 원하는 세계은행은 투자자들을 끌어올 수 있을 만큼의 이자율만을 지급할 것이다. 즉 1년 만기로 파산위험이 없는 미국달러표시의 차입과 대출이자율은 1년 만기 미국단기채권이 제공하는 수익률 4% 근처에서 형성될 것이다.

만일 동일한 만기와 파산위험에 대해 서로 다른 이자율로 차입과 대출을 할 수 있다면, **이자율 차익거래**(interest-rate arbitrage)를 할 수 있을 것이다. 즉 낮은 이자율로 차입하여 높은 이자율로 대출하는 것이다. 이러한 시도들이 확대되어 나타나면 결국 이자율의 균등화가 이루어질 것이다.

| 예제 2.17 |
연간 3%의 수익률로 은행에 $10,000를 예금했다고 가정해 보자. 동시에 신용카드로 연간 17%의 이자율로 $5,000를 차입했다고 하자. 어떤 차익 거래의 기회가 있는가?

2.6.7 수익률의 기본적인 결정요소

시장경제에는 수익률을 결정짓는 네 가지 주된 요소가 존재한다.

- 자본재의 생산성 — 광산, 댐, 도로, 교량, 공장, 기계, 그리고 재고들로부터 얻을 수 있는 기대수익률
- 자본재의 생산성과 관련된 불확실성의 정도
- 사람들의 시간 선호율 — 사람들의 현재 소비와 미래 소비에 대한 선호도
- 위험회피도 — 노출된 위험을 감소시키기 위해 기꺼이 포기하고자 하는 양

자본재의 기대 생산성

기대수익률의 첫 번째 결정 요소는 **자본재의 생산성**(productivity of capital goods)이다. 제1장에서 **자본재**는 여타의 재화를 생산하는 데에 쓰일 수 있는 목적으로 경제 내에서 생산된 재화라고 하였음을 상기하자. 자본재의 일반적인 예로는 광산, 도로, 운하, 댐, 발전소,

공장, 기계, 그리고 재고 등이 있다. 자본재에는 이러한 물리적인(유형의 자본재) 재화뿐만 아니라, 특허, 계약, 제조법, 상표 인지도, 생산 분배 시스템 등이 있다. 이러한 비물리적인(무형의 자본재) 재화들은 연구와 개발 그리고 광고에 대한 지출의 결과로 생긴다.

자본 생산성은 연간 백분율로 표현될 수 있는데, 이를 **자본수익률**(rate of return on capital)이라고 한다. 이 자본수익률은 주식, 채권 그리고 기업에 의해 발행된 기타 금융자산 보유자에게 지급되는 배당과 이자의 근원이 된다. 이 금융 자산들은 자본수익률에 대한 청구권을 보유한다. 자본재의 기대수익률은 기술 수준과 천연자원 혹은 노동력 등의 기타 생산요소의 생산력, 그리고 자본이 생산할 수 있는 재화나 서비스에 대한 수요에 의존하며, 시간과 장소에 따라 변동한다. 자본재의 기대수익률이 높을수록 경제 내에서의 이자율 수준이 높다.

자본재의 생산성에 대한 불확실성의 정도

자본재의 수익률은 여러 가지 이유로 항상 불확실하다. 날씨의 불확실성은 농업 생산성에 영향을 미치고, 광산과 유정은 종종 수익성이 없다고 판명되며, 기계는 때때로 고장이 나며, 생산에 대한 수요는 기호 변화와 대체재의 개발 등에 의해서 예측불가능하게 변하고, 무엇보다도 신지식의 개발로 인한 기술의 진보는 자연의 움직임과 같이 예측 불가능하다. 미래 어느 시점에 사용하기 위한 재고를 저장하는 단순한 생산과정일지라도 어느 정도는 상하거나 못쓰게 될 수 있기 때문에 위험이 전혀 없지는 않다.

주식은 자본재의 수익에 대한 청구권을 보유한다. 그러므로 자본재의 생산성에 관한 불확실성이 클수록 주식의 위험 프리미엄은 높아진다.

사람들의 시간선호율

수익률 수준을 결정짓는 또 다른 요소는 현재 소비와 미래 소비에 대한 사람들의 시간선호율이다. 경제학자들은 일반적으로, 투하되는 자본재가 없는 경우에 사람들이 현재와 미래의 소비 패턴을 변화시키기 위해서만 차입과 대출을 해도 이자율이 양(+)이 된다고 가정한다. 일반적으로 미래 소비보다 현재 소비에 대한 선호가 크면 클수록 경제에서의 이자율은 커진다.

사람들이 미래 소비보다 현재 소비를 더욱 선호하게 되는 한 가지 이유는 그들이 언제 죽을지가 불확실하기 때문이다. 즉 현재는 소비를 누리는 것이 확실하지만 미래에도 그런 소비를 누릴 수 있을지에 대해서는 불확실성이 존재한다는 말이다.

위험회피도

앞에서 논의했듯이, 자본재의 수익률은 항상 위험하다. 그러면 어떻게 사람들이 무위험 이자율을 얻을 수 있으며, 무위험이자율은 어떻게 결정되는가?

금융시스템은 무위험자산에 투자하고자 하는 사람들에게 기대하는 수익률의 일부를 포기함으로써 무위험자산에 투자를 할 수 있도록 하는 계약상의 메커니즘을 제공한다는 것이 이 질문에 대한 답이다.

위험을 어느 정도 감수하려는 사람들은 위험을 가능한 한 회피하려고 하는 사람들에게 위험자산의 평균 기대수익률보다는 적은 확정적인 수익률을 얻을 기회를 양보한다.

전체 투자자의 위험회피 정도가 클수록 요구되는 위험프리미엄은 커지고, 무위험 이자율은 낮아질 것이다.

| 예제 2.18 |
이자율을 결정짓는 기본적인 요소들은 무엇인가?

2.7 금융기관

금융기관은 고객들에게 직접적인 금융시장을 통해서는 효율적으로 얻을 수 없는 금융상품 및 서비스를 제공하는 것을 주목적으로 하는 기업들이다. 금융기관의 주된 유형에는 은행, 투자회사, 그리고 보험회사가 있다. 이들 상품에는 당좌예금, 대출, 담보대출, 뮤추얼 펀드 그리고 여러 종류의 보험계약이 있다.

아마도 가장 간단한 금융중개자로 뮤추얼 펀드를 들 수 있을 것인데, 이는 많은 소액 저축자와 투자자들의 자금으로 풀(pool)을 구성하여 증권화하는 것이다. 뮤추얼 펀드는 증권의 매입과 매도, 혹은 수익률 기록에 있어서 규모의 경제를 실현하여, 직접적인 시장에서의 증권 매입이나 매도에 비해서 투자자에게 보다 효율적인 투자수단으로서의 역할을 수행한다.

2.7.1 은행

은행은 오늘날 (자산규모 면에서)가장 크고 가장 오래된 금융기관이다. 최초의 은행은 수백 년 전 이탈리아의 르네상스 도시에서 출현하였다. 그들의 주요 기능은 지불금액의 청산과 결제를 위한 메커니즘을 제공하는 것이었고, 그로 인해 당시 이탈리아에서 재화와 서비스의 무역 거래가 촉진되었다. 초기의 은행은 환전소로부터 진화하였다.[4] 덧붙여서, *bank*라는 말은 이탈리아 어 *banca*에서 유래하였는데, 이는 '의자(bench)'를 뜻하며 그 이유는 환전소 직원이 일을 할 때 의자에서 일했기 때문이다.

오늘날 은행이라 불리는 대부분의 기업은 적어도 두 가지 이상의 기능을 수행한다. 그들은 예금을 받고 대출을 한다. 미국에서는 이들을 **상업은행**(commercial banks)이라고 부른다.

몇몇 나라에서 은행은 실질적으로 다목적의 금융기관으로서, 고객에게 거래서비스와 대출만을 제공하는 것이 아니라 뮤추얼 펀드와 여러 종류의 보험까지 제공한다. 독일의 예를 들면, 유니버셜 뱅크의 경우 이 장의 나머지 부분에서 다루어지는 특정 중개자가 수행해야 할 기능들도 모두 수행한다.

더욱이 금융 중개자나 금융기관이 어떤 종류에 속하는가를 그들이 하는 사업만을 가지고 구분해 내기는 점점 더 어려워지고 있다. 즉 도이체방크가 유니버셜 뱅크로 분류될 지라도, 도이체방크는 브로커 혹은 딜러로 구분되는 메릴린치가 세계적으로 수행하는 기능을 모두 수행하고 있다.

2.7.2 기타 예금 기관

예금 기관은 저축은행(savings banks), 저축 및 대출 기관(S&Ls), 그리고 신용조합(credit unions)을 총체적으로 언급하는 데 쓰이는 말이다. 미국에서 이들은 예금과 대출업무 모두에 있어서 상업은행과 서로 경쟁한다. 미국의 예금기관들은 부동산담보대출과 소비자 대출을 주로 담당하고 있다. 다른 나라에서는 미국의 저축기관과 신용기관과 같이 특정 목적을 위한 다양한 저축기구들이 있다.

2.7.3 보험회사

보험회사는 주된 기능이 가계나 사업체가 특정 사건이 발생했을 때 현금으로 보상을 받도록 하는 보험계약을 구입함으로써 특정 위험을 제거할 수 있도록 하는 것이다. 사고나 도난, 화재 등을 보상하는 보험을 손해 및 상해 보험이라 한다. 질환이나 장애 등을 보상하는 보험을 건강보험이라 하고, 사망을 보상하는 보험을 생명보험이라 한다.

---

[4] Raymond de Roover의 "New Interpretations of the History of Banking" 의 5장 *Business, Banking, and Economic Thought in Late Medieval and Early Modern Europe*(Chicago: The University of Chicago Press, 1974)을 보면 은행의 기원에 대한 역사적 사실들을 알 수 있다.

보험증권은 그것을 구입하는 가계나 사업체에게는 자산이 되며, 이를 파는 보험업체에게는 부채가 된다. 보험 가입자가 보험회사에게 지불하는 금액은 **보험료**(premiums)라고 한다. 보험 가입자가 보험혜택을 받기 전에 보험료를 지불하기 때문에, 보험회사는 적게는 1년에서 많게는 수십 년 동안 자금을 운용할 수 있게 된다. 보험회사는 가입자로부터 받은 보험료를 주식이나 채권, 부동산 등에 투자한다.

2.7.4 연금과 퇴직기금

연금의 기능은 개인의 은퇴 전 수입을 퇴직 후의 현금 흐름으로 대체하는 것이다. 연금은 고용주와 노동자조합, 혹은 개별 노동자로부터 자금을 운용한다.

연금은 확정갹출형과 확정급부형 두 가지로 분류할 수 있다. **확정갹출형 연금계획**(defined contribution pension plan)은, 개별 고용자가 계정을 갖게 되는데, 고용주와 일반적인 고용자는 일정 납입금을 여기에 불입하게 된다. 은퇴를 하게 되면 고용자는 연금수당을 받게 되는데, 이 크기는 본인이 소유한 계좌에 누적된 불입금의 가치에 따라 달라지게 된다.

확정급부형 연금계획(defined benefit pension plan)은, 고용자의 연금수당이 고용자가 고용주에게 제공한 노동시간의 연수와 임금이나 봉급에 의해 결정된다. 전형적인 연금은 연간 노동에 대하여 평균 퇴직연도 월급의 1%가 된다.

약정된 연금수당의 스폰서 혹은 스폰서에 의해 고용된 보험회사는 연금수당을 보장한다. 즉 투자위험을 흡수한다. 독일, 일본, 그리고 미국과 같은 몇몇 나라에서는 정부 혹은 준정부 대리기관이 연금 운용기관의 연금수당 보장을 특정 한계까지 보장해 준다.

2.7.5 뮤추얼 펀드

뮤추얼 펀드(mutual fund)는 투자자 그룹의 이름으로 구입된 주식, 채권 혹은 기타 자산의 포트폴리오이며, 전문적인 투자회사나 기타 금융기관에 의해 운영된다. 개별 고객은 보유 주식 수에 비례하여 권리가 부여되고, 언제라도 시장가격으로 환매가 가능하다.

펀드를 운영하는 회사는 개별 투자자의 수가 얼마나 되며, 펀드의 정해진 규칙에 따라 받는 분배액을 얼마만큼 재투자할 것인가에 관해 기록을 해 나간다. 분할 가능성, 기록의 유지, 그리고 수익의 재투자뿐만 아니라, 뮤추얼 펀드는 위험분산의 효과적인 수단이 된다.

뮤추얼 펀드에는 **개방형**과 **폐쇄형**의 두 가지 종류가 있다. 개방형 뮤추얼 펀드는 언제라도 환매가 가능하며 순자산가치(net asset value)로 발행되는데, 순자산가치는 환매되지 않고 남은 주식 수로 총 보유 증권의 가치를 나눈 값을 의미한다. 개방형 펀드의 총 발행 주식 수는 신규로 매입하는 투자자에 의해 혹은 구 주식의 환매에 의해 계속해서 변동한다.

폐쇄형 뮤추얼 펀드는 환매 불가능하며 순자산가치로 발행되지도 않는다. 폐쇄형 펀드의 주식은 다른 보통주처럼 브로커를 통해 거래되고, 따라서 그 가격은 일반적으로 순자산가치와 차이가 날 수 있다.

2.7.6 투자은행

투자은행(investment banks)의 주된 기능은 증권을 발행하여 자산의 활동에 필요한 자금을 조성하는 사업체와 정부 그리고 기타 단체를 돕는 일을 하는 것이다. 투자은행은 또한 기업의 인수 혹은 합병 활동을 촉진시키는 일을 한다.

투자은행은 때로 증권의 인수업무를 담당한다. 인수는 보험을 의미한다. 증권의 경우, 인수는 보증된 미래 가격으로 증권을 매입하도록 위임하는 것을 의미한다.

다수의 국가에서 유니버셜 뱅크들은 미국의 투자은행의 기능을 수행한다. 그러나 미국에서 1933년에 제정된 글래스스티갈법은 상업은행이 증권 인수를 하는 것을 금지하고 있다. 그러나 최근에는 미국의 상업은행이 다시 이러한 활동을 어느 정도는 할 수 있도록 허가되었다.

2.7.7 벤처 캐피털 기업

벤처 캐피털 기업은 투자은행과 비슷한데, 고객이 대기업이 아닌 신생기업이라는 점이 다르다. 경험이 없는 경영자들이 이끄는 신생기업들은 종종 자금 조달뿐만 아니라, 사업 경영에 많은 충고가 필요하다. 벤처 캐피털은 이 두 가지를 제공한다.

벤처 캐피털 운영자들은 그들의 자금을 신규 사업에 투자하고 기업이 공개(즉 주식이 공모되는 것)될 때까지 경영진을 돕는다. 일단 이 시점까지 오면, 벤처 캐피털은 그 기업의 주식을 매각하고 다른 신규 벤처기업을 찾아서 이동한다.

2.7.8 자산 운용 회사

자산 운용 회사는 또한 **투자관리기업**으로도 불린다. 이들은 뮤추얼 펀드, 연금펀드, 개별 투자자나 기업, 정부의 기타 자산 풀(pool)에 대하여 조언을 하거나 종종 운영을 직접 담당하기도 한다. 이들은 독립된 기업일 수도 있고, 은행, 보험회사, 증권회사의 한 부문인 신탁회사의 형태를 띠기도 한다.

2.7.9 정보 서비스 제공기업

다수의 금융서비스 기업들은 그들의 주된 활동의 부산물로 형성된 정보를 제공한다. 그러나 이러한 정보 제공을 전문으로 하는 기업들도 있다. 가장 오래된 정보 제공 서비스 회사로는 무디스, 스탠다드앤푸어스와 같은 증권에 관한 신용평가회사와, Best's와 같은 보험산업에 대한 신용평가기관이 있다. 더욱 최근에는 금융 데이터 분석자료를 제공하는 Bloomberg and Reuters, 혹은 뮤추얼 펀드에 대한 통계분석을 수행하는 Lipper, Morningstar, 그리고 SEI 등의 기업 혹은 기업 내의 부서 등이 빠르게 성장하고 있다.

2.8 금융 하부조직과 법규

모든 사회 활동은 어떤 행동 양식의 규칙에 의해 제약을 받는다. 어떤 규칙은 법제화되어서 금융시스템에 영향을 미치는데, 모든 경제활동영역은 이러한 금융시스템에 의해서 영향을 받는다. 이들 중의 으뜸은 사기를 금하고 계약을 유효하게 만드는 법이다. 또한, 이들 법은 나라마다, 시기마다 다르다. 이들은 사회가 정한 법적인 하부조직의 일부이며, 법규의 변화가 금융시스템의 작동을 위한 변화된 요구를 반영한 것일지라도, 우리는 이를 금융시스템 외적인 것으로 취급한다.

금융 하부조직은 법령과 회계제도, 거래와 청산 조직 그리고 금융시스템 사용자 간의 관계를 규정하는 규제 등으로 구성되어 있다. 몇몇 나라에서 이에 대한 역사적 고찰을 해 온 이들은 각 나라의 경제 발전을 이해하는 핵심요소로서 금융시스템 하부조직의 진화를 지적하였다.

몇몇 규제 행위는 민간조직에 의해서 수행되며 또 몇몇은 정부 부문에 의해 수행된다. 정부에게 법적으로 할당되는 몇몇 규제 행위는 개별 부문에게 위임된다. 이는 다른 나라뿐만 아니라 미국에서도 그렇다. 이들 개별 부문에는 미국의 FASB(Financial Accounting Standards Board), 증권거래소, ISDA(International Swap Dealers Association)와 같이 특정한 전문가적 지식을 요하는 전문기관들이 있다.

경제시스템의 다른 영역과 마찬가지로, 금융시스템 또한 정부가 경제적 효율성을 증진시키는 데에 유용한 역할을 수행할 수 있다. 그러나 성공적인 공공정책은 정부가 증대시킬 수 있는 효율성의 한계에 대한 인식과 언제 개입을 멈추는 것이 최선인지를 잘 인식하고 있는가에 의존한다.

2.8.1 거래의 규칙

증권거래의 규칙은 일반적으로, 조직화된 거래소에 의해 확립되거나 때로는 법의 제약하에서 성립한다. 이러한 규칙들은 표준화된 절차를 통해서 거래비용을 최소로 유지하도록 하는 것과 같은 역할을 한다. 이상적으로, 규칙은 거래 비용을 낮추기 위한 것으로 인식되지만, 때로는 원하지 않는 결과를 낳기도 한다. 그러나 원하지 않는 결과를 낳는 규칙일지라도 규칙이 없는 것보다는 규칙이 있는 것을 선호한다.

2.8.2 회계시스템

금융 정보는 표준화된 양식으로 주어지는 것이 유용하다. 금융 정보의 보고에 관한 규정을 회계라 부른다. 회계시스템은 아마도 금융 하부조직 중에서 가장 중요한 부분일 것이다.

당연히 최초의 회계시스템은 금융계약의 발전과 병행하여 발전되어 왔다. 고고학자들은 고대 바빌론 시대(B.C 2000년경)의 금융 거래에 있어서의 정교하고 섬세한 회계 양식을 발견하였다. 회계시스템의 획기적인 도약이었던 복식부기의 개발은 물품거래와 예금으로부터 발생하는 복잡한 금융거래를 기록해야 할 필요성에 의해 르네상스 시대의 이탈리아에서 이루어졌다.

2.9 정부와 준정부조직

사회적 법규의 제정자와 시행자로서, 정부에는 금융시스템을 통제하는 최종적인 책임이 있다. 앞 장에서 보았듯이, 증권업협회 혹은 증권거래소와 같은 개별 부문에 위임되는 몇 가지 규제 업무가 있다. 이는 다른 나라뿐만 아니라 미국에도 해당된다.

예를 들면, 미국의 **증권거래위원회**(Securities Exchange Commission, SEC)는 증권이 상장되기 위해 제출되어야 할 명확한 공개 요건을 명시하고 있다. 다른 나라 또한 유사한 규제 구조를 갖추고 있다.

그러나 금융시스템의 규제자로서의 역할 이외에도, 정부는 금융시스템을 다른 공공의 정책 목표를 달성하기 위해 사용하기도 한다. 예를 들어, 통화정책은 경제 성장 혹은 고용 문제라는 특정한 국가적 목표를 달성하기 위해서 사용된다. 이 장의 다음 절에서는 금융시스템의 몇몇 부분의 운영을 통제하거나 또는 다른 경제적 목표를 달성하는 주된 수단으로 금융시스템을 이용하는 몇 가지 정부조직을 설명하고자 한다.

2.9.1 중앙은행

중앙은행은 통화공급과 같은 금융시장 변수를 통해서 공공 정책 목표를 달성하는 것을 주 기능으로 하는 공공기관이다. 몇몇 나라에서 중앙은행은 정부 행정기관의 직접적인 통제하에 놓여 있다. 또한 다른 몇몇 나라에서는 준자치적 기관이기도 하다.[5]

많은 나라에서 중앙은행은 호칭으로 확인이 가능하다. Bank of England(영국 중앙은행), Bank of Japan(일본 중앙은행), 기타 등등. 그러나 미국의 중앙은행은 연방준비위원회(Federal Reserve System, 혹은 간단히 Fed)라고 불리며, 독일에서는 분데스방크(Bundesbank)라고 불린다.

중앙은행은 일반적으로 한 국가의 지불시스템의 심장부 역할을 한다. 통화를 공급하며 일반 은행에 대한 청산시스템을 운영한다. 효율적인 지불시스템이 되기 위해서는 적어도 적정한 정도의 물가 안정이 요구된다. 따라서 중앙은행은 대체로 이를 우선적 정책 목표로 본다. 그러나 많은 나라에서 사람들은 중앙은행이 완전 고용과 경제 성장의 목표를 증진시키는 역할을 할 것으로 기대한다. 이러한 나라에서 중앙은행은 때로 물가 안정과 완전 고용 사이에서의 균형을 유지해야 한다.

2.9.2 특수 목적의 중개기관

이 조직들은 자금조달을 더욱 쉽게 하거나 다양한 종류의 채권을 보장함으로써 특정한 경제 활동을 원활히 하도록 하는 특성을 갖고 있다. 예를 들면, 농부나 학생, 소규모 사업체, 신규 주택 매입자 등에게 대출 혹은 대출 보장을 하는 정부 기관들이 있다.

다른 부류의 정부 조직으로 은행 예금을 보장하도록 구성된 대리인들을 들 수 있다. 이들의 주요 기능은 금융시스템의 전부 혹은 일부의 파산을 방지함으로써 경제 안정을 도모하는 것이다.

최악의 시나리오는 은행의 지급 불능 사태이다. 예금자들은 자신의 예금이 안전하고 언제든지 찾을 수 있다고 확신하는 한, 기꺼이 은행에 예치한다. 그러나 은행이 예금자에 대한 채무(지불금)에 대한 담보로 비유동적이고 위험한 자산을 보유하고 있다는 것을 예

---

[5] 미국의 중앙은행은 정부의 영향으로부터의 자치권을 가지고 있다. 12개의 지방은행과 7인으로 구성된 연방준비제도 이사회를 워싱턴 D.C.에 두고 있다. 그러나 7인의 이사들은 대통령이 임명하고 의회의 승인을 받는다.

금자가 알 경우, 만일 그들이 예금 원금을 완전히 상환받을 수 없을 것으로 믿는다면, 우선적으로 예금 인출을 받기 위해 은행으로 달려갈 것이다.

그러면 은행은 위험자산의 일부를 매각하여 현금화하려고 할 것이다. 만일 자산의 유동성이 떨어진다면, 은행은 이것의 실제 가치보다 적은 금액으로라도 되도록 빨리 팔려고 할 것이다. 만일 한 은행이 예금자에게 지불할 만한 충분한 자금을 갖고 있지 못하다면, 전염병처럼 다른 은행들도 연쇄예금인출사태를 겪게 될 것이다. 그러나 금융시스템 전체에 퍼지는 이러한 악영향은, 모든 사람들이 예금을 거부하고 오로지 현금으로만 보유하고자 하는 생각을 갖는 경우에만 발생한다.

2.9.3 지역 및 세계조직

현재 몇몇 국제 단체는 각국의 금융 정책을 조화시킬 목적으로 존재한다. 아마도 가장 중요한 것은 스위스의 바젤에 위치한 국제결제은행(Bank for International Settlements, BIS)으로서, 은행 규제의 일관성을 도모하는 것을 목표로 한다.

덧붙여서 국제 금융시장에서 무역과 금융의 성장을 도모하는 두 가지 국제기구가 있는데, 이는 국제 통화기금(International Monetary Fund, IMF)과 세계은행(International Bank for Reconstruction and Development, World Bank)이다. IMF는 회원 국가의 경제와 금융상태를 감시하고, 기술적인 조언을 해 주며, 국제무역과 국제금융에 대한 규칙을 확립하고, 국제적 컨설팅을 제공하는 것 이외에, 가장 중요하게는 개별 회원국들에게 다른 나라에 대한 수지 불균형을 해결하는 데에 필요한 시간을 벌 수 있도록 자금을 공급하는 역할을 한다.

세계은행은 개발도상국에서의 투자 계획에 대한 자금을 공급한다. 우선 선진국에서 채권을 매도하여 자금을 충당하며, 경제 발전을 북돋을 수 있을 것으로 생각되는 기준에 합당한 투자계획에 대하여 대출을 제공한다.

요 약

금융시스템은 가계와 기업, 정부가 자신의 금융의사결정을 수행하는 데에 이용하는 시장과 중개자의 집합체이다. 금융시스템은 은행과 보험회사와 같은 금융 기관뿐만 아니라, 주식, 채권 그리고 기타 증권들이 거래되는 시장을 포함한다.

자금은 금융시스템을 통해서 흑자단위에서 적자단위로 이동한다. 때때로 자금의 이동은 금융중개자를 통해서 발생하기도 한다.

금융시스템에 의해 수행되는 여섯 가지 주요 기능이 있다.

- 시간의 흐름에 따라 국가 간에 그리고 산업 간에 경제적 자원을 이전시키는 방법의 제공
- 위험관리의 방법을 제공
- 무역을 촉진시키기 위한 지불액의 청산 및 결제 방법의 제공
- 자원 풀(pool)을 구성하고 다양한 사업에 있어서의 소유권을 세분하는 메커니즘의 제공
- 경제의 다양한 부문에서의 분권화된 의사결정을 조정하는 데에 도움을 주는 가격정보의 제공
- 임의의 한 부문이 다른 부문의 대리자일 때, 거래에 대해 상대방이 갖지 않은 정보를 갖고 있을 때 발생하는 인센티브 문제를 해결하는 방법을 제공

금융 혁신의 배후에서 작동하고 있는 기본적인 경제 원리는 경쟁으로서, 경쟁은 일반적으로 금융시스템의 기능이 더 효율적으로 수행되게끔 한다. 시장에서 거래되는 기본적인 유형의 금융 자산에는 채권, 주식 그리고 파생상품이 있다.

- 채권은 기업, 정부, 그리고 가계 등 돈을 차입하려는 사람들에 의해 발행된다.
- 주식은 기업 소유자의 청구권이다. 기업에 의해 발행되는 주식을 보통주라 한다.
- 파생상품이란 그 가치가 하나 혹은 그 이상의 기준 자산의 가격으로부터 파생되는 옵션, 선도계약과 같은 금융상품이다.

이자율은 약정된 수익률이며, 다양한 차입과 대출이 존재하는 것처럼 수많은 이자율이 존재한다. 이자율은 계산단위, 만기, 파산위험에 따라 달라진다. 명목이자율은 통화단위로 결정된 것이고, 실질이자율은 어떤 상품 혹은 상품 및 재화의 바스켓으로 결정된다. 고정된 명목이자율을 지급하는 채권은 불확실한 실질수익률을 제공한다. 그리고 고정된 실질이자율을 지급하는 인플레이션 지수화 채권은 불확실한 명목수익률을 제공한다.

시장 경제에서 수익률을 결정짓는 네 가지 주된 요소가 있다.

- 자본재의 생산성－광산, 댐, 도로, 교량, 공장, 기계, 그리고 재고들의 기대수익률
- 자본재의 생산성과 관련된 불확실성 정도

- 사람들의 시간 선호율—사람들의 현재 소비와 미래 소비에 대한 선호도
- 위험회피도—노출된 위험을 감소시키기 위해 기꺼이 포기하고자 하는 양

지수화는 특정한 주가시장지수의 수익률에 맞추려는 투자전략이다.

금융중개기관의 주된 사업 목적은 고객들에게 직접적인 금융시장 참여에서는 효율적으로 얻을 수 없는 금융상품 및 서비스를 제공하는 것이다. 중개기관의 주된 유형에는 은행, 투자회사, 그리고 보험회사가 있다. 이들의 상품에는 당좌예금, 대출, 담보대출, 뮤추얼 펀드 그리고 광범위한 보험계약이 있다.

핵심용어

장외시장	콜옵션	실질가격
자금 흐름	풋옵션	명목이자율
도덕적 해이	선도계약	실질이자율
역선택	부동산담보대출 이자율	물가연계채권
종신연금	상업용대출 이자율	이자율 차익거래
주인-대리인 문제	계산단위	자본재의 생산성
담보	만기	자본수익률
고정수익증권	파산위험	상업은행
화폐시장	환율	확정갹출형 연금계획
자본시장	수익률곡선	확정급부형 연금계획
유동성	수익률 스프레드	뮤추얼 펀드
잔여 청구권	자본이득	투자은행
유한책임	자본손실	시장-가중 주가지수
파생상품	명목가격	

예제 풀이

예제 2.1 은행에 $5,000를 예금하는 예금자가 있고 당신은 은행으로부터 $5,000를 대출받는다. 이를 그림 2.1을 가지고 설명해 보라.

검정 자금은 예금자(흑자단위)로부터 금융중개기관으로 이전되고, 그다음 중개기관으로부터 당신(적자단위)에게 이전된다.

예제 2.2 금융시스템을 통해서 발생하는, 시간을 가로지르는 자원 이동의 예를 들라. 자원 이동이 보다 효율적으로 이루어지는 방법이 있겠는가?

검정 한 젊은이가 그의 퇴직을 위해 은행계좌에 저축하는 방법을 생각할 수 있다. 더 효율적인 방법은 개인의 퇴직수입 제공에 기초적 기능을 하는 보험회사나 뮤추얼 펀드 퇴직계좌를 통하여 저축하는 것이다.

예제 2.3 금융시스템에서 발생하는 위험 전가의 예를 들어 보라.

검정 어떤 사람이 보험증권을 구입하자마자 위험은 이전된다.

예제 2.4 내가 당신에게서 상품이나 서비스를 구입한 대가로 차용증서를 제공한다면 당신은 받겠는가? 이에 대한 답을 결정하는 요소는 무엇인가?

검정 답은 거래의 크기와 차용증서의 본질에 달려 있다. 계약규모가 매우 작다면, 나는 내 위험노출이 작기 때문에 차용증서의 위험에 관해 그다지 고려하지 않을 것이다. 그러나 거래규모가 크다면, 나는 금융기관으로부터 상대방의 약속어음에 대한 보증을 원할 것이다. 나는 은행이 발행한 신용증서에 의해 지불을 받을 수 있다고 확신하기 때문에 신용증서에 의한 지불을 수취할 것이다. 그러나 상대방이 나와 장기간 많은 사업을 하지 않았다면 나는 개인수표를 수취하지 않으려 할 것이다.

예제 2.5 수많은 가계로부터의 저축에 의한 풀을 구성하지 못한다면 수행될 수 없는 투자안의 예를 들어 보라.

검정 어떤 투자안은 이행되기 위해 대규모의 최소투자를 필요로 한다. 그것의 한 예가 교량이나 댐이다.

예제 2.6 거래에 직접 참여하지 않은 사람들에게 중요한 정보를 제공하는 금융거래의 예를 들어 보라.

검정 경쟁적인 주식시장에서 주식이 거래될 때마다 투자자가 주식에 대해 얼마의 가치가 있다고 생각하는지에 관한 정보는 가격을 관찰할 수 있는 모든 사람에게 전달된다.

예제 2.7 당신이 원하는 일을 하기 위한 자금조달을 도덕적 해이의 문제가 방해하는 예를 들어 보라. 그러한 문제를 극복할 방법이 있는가?

검정 당신이 은행으로부터 특정 벤처사업을 시작하는 데 필요한 100%의 자금 대출을 요청했다면, 은행은 당신이 그 자금으로 큰 위험을 택하려는 것을 두려워하기 때문에 거절할 것이다. 이 문제를 극복하는 한 가지 방법은 은행에게 추가적 담보를 제공하거나(당신 개인소유의 자산), 제삼자가 대출보증을 하는 것이다.

예제 2.8 만일 어떤 은행이 잠재적인 차입자의 신용정보를 체크하지 않고 대출을 한다고 가정해 보자. 이러한 은행은 신용도를 체크하는 은행에 비해 어떤 유형의 차입자를 더 끌어들이겠는가? 이러한 은행은 신용도를 체크하는 은행과 동일한 이자율을 부과하겠는가?

검정 신용체크를 하지 않는 은행은, 자신의 대출에 대해 채무불이행의 가능성이 높은 차입자들에게 매력적일 것이다. 그러한 은행이 생존할 수 있는 사업으로 살아남기 위해서는 높은 이자율을 부과해야 할 것이다.

예제 2.9 만일 당신이 보험대리인으로부터 재무계획에 관한 조언을 받는다면, 이는 어떻게 주인-대리인 문제를 야기시킬 것인가? 이러한 문제를 극복할 수 있는 방안을 생각해 보라.

검정 보험대리인은 그러한 보험상품이 당신의 최적 이익에 필요하지 않더라도 자신이 수수료를 받는 보험상품을 구입하기를 원한다. 이러한 이해상충의 문제를 피하기 위해서 당신은 보험대리인의 권유보다는 당신에게 특정 재무상품을 판매해서 이익을 얻지 않는 자격 있는 조언자로부터 재무적 조언을 받아야 한다.

예제 2.10 채권과 주식, 파생상품의 기초적 특징을 정의해 보라.

검정 채권은 돈을 차입하려는 사람에 의해 발행된다. 주식은 기업소유주들의 청구권이다. 파생상품은 주식이나 고정수입증권, 외환 상품 등의 자산가격으로부터 가치가 파생되는 금융증권이다.

예제 2.11 앞의 예에서, 영국 채권투자로부터 얻는 수익률이 일본 채권으로부터 얻는 수익률인 3%와 같기 위해서는 미래의 환율이 얼마가 되어야 하는가?

답

$$\frac{(£109 \times \text{미래 파운드당 엔 가격}(¥/£)) - ¥15,000}{¥15,000} = 0.03$$

$$\text{미래 파운드당 엔 가격} = 141.74(¥/£)$$

예제 2.12 Bloomberg.com에 접속하여 미국 재무성 채권의 수익률곡선 수준과 형태를 찾아보라. 일본과 독일 국채의 수익률곡선도 찾아보라.

검정 다양한 답이 가능하다.

예제 2.13 Bloomberg.com에 접속하여 회사채와 미국 재무성 채권 간의 수익률 스프레드를 찾아보라.

검정 다양한 답이 가능하다.

예제 2.14 당신이 $50짜리 주식에 투자한다고 하자. 한 해 동안 $1의 배당이 지급되며, 연말에 주가가 $60가 될 것으로 예상된다. 기대수익률은 얼마인가? 만일 주가가 연말에 실제로는 $40가 된다면 실현수익률은 얼마인가?

검정

$$\text{기대수익률} = \frac{\$1 + \$60 - \$50}{\$50} = 0.22 \text{ 또는 } 22\%$$

$$\text{실현수익률} = \frac{\$1 + \$40 - \$50}{\$50} = -0.18 \text{ 또는 } -18\%$$

예제 2.15 미국 단기국채의 연간 명목 무위험이자율이 6%이고 기대 인플레이션율이 연간 3%라고 가정하자. 단기국채의 연간 기대 실질이자율은 얼마가 되겠는가? 실질기준으로 단기국채는 위험자산인가?

검정

$$\text{실질이자율} = \frac{\text{명목이자율} - \text{실제 인플레이션}}{1 + \text{실제 인플레이션}} = 0.02913 = 2.913\%$$

명목이자율이 정해졌을 때 실제 인플레이션율을 알 수 없기 때문에 투자자들은 그들의 실질수익률이 얼마가 될지 절대 확실하게 알 수 없다.

예제 2.16 TIPS의 연간 실질이자율이 3.5%이며 미국에서의 기대 인플레이션율이 연간 4%라고 하자. 이 채권의 기대 명목이자율은 얼마가 되겠는가?

검정 (1＋명목이자율)＝(1＋실질이자율)×(1＋인플레이션율)

   따라서 명목이자율＝(1.035×1.044)－1＝0.0764 또는 7.64%

예제 2.17 연간 3%의 수익률로 은행에 $10,000를 예금했다고 가정해 보자. 동시에 신용카드로 연간 17%의 이자율로 $5,000를 차입했다고 하자. 어떤 차익 거래의 기회가 있는가?

검정 당신은 은행계좌에서 $5,000를 꺼내서 신용카드의 잔고를 낮추어야 할 것이다. 당신은 연 3%의 이자수익(매년 $150)을 포기하지만 연 17%의 이자비용(매년 $850)을 절약할 수 있다. 그래서 차익 기회의 가치는 매년 $700이다.

예제 2.18 이자율을 결정짓는 기본적인 요소들은 무엇인가?

검정 ● 자본재의 생산성 : 광산, 댐, 도로, 교량, 공장, 기계, 그리고 제품들의 기대수익률

  ● 자본재의 생산성에 대한 불확실성의 정도

  ● 사람들의 시간선호 : 현재 소비와 미래소비에 대한 사람들의 시간선호도

  ● 위험회피도 : 사람들이 자신의 노출된 위험을 줄이기 위해 포기하려는 정도

재무자료의 출처

인터넷을 통하여 무료로 유용한 정보를 얻을 수 있다. 다음은 그중 일부분의 목록이다.

Flow of Funds Accounts of the United States

http://www.federalreserve.gov/releases/z1/

Investment Company Fact Book

http://www.icifactbook.org/

U.S. and International Government Yield Curves

http://www.bloomberg.com/markets/rates/

U.S. and International Markets and Funds Data

http://markets.ft.com/markets/overview.asp

연습문제

금융시스템이란 무엇인가?

1. 자본주의사회에서 금융시스템은 경제적 안정과 번영에 어떻게 공헌하는가?

자금의 흐름

2. 이번 달에 당신의 삼촌이 은행에 예금하는 대신 Gateway Computer Company의 채권을 구입하려 한다(Gateway Computer Company는 새로운 공장의 컴퓨터부품공정 향상에 자금이 필요하다). 투자대상의 변경을 자금의 흐름 관점에서 분석해 보라.

기능적 고찰

3. 당신은 다른 누군가의 보증 없이 학자금대출을 받을 수 있겠는가?

4. 만일 위험에 대비한 보험을 이용할 수 없다면, 대출을 받을 수 없는 새로운 사업의 예를 들어 보라.

5. 당신이 부동산 개발에 투자한다고 가정하자. 총투자금액은 $100,000이다. 당신은 당신이 가지고 있는 $20,000와 은행으로부터 차입한 $80,000를 투자한다. 누가 이 사업의 위험을 감수하며, 그 이유는 무엇인가?

6. 대출을 받아 당신이 계획하는 일을 하려고 할 때, 도덕적 해이의 문제가 어떠한 방식으로 대출받는 것을 방해하는지 예를 들어 보라. 당신은 이 문제를 해결하는 방법을 생각해 낼 수 있겠는가?

7. 대출을 받아 당신이 계획하는 일을 하려고 할 때, 역선택의 문제가 어떠한 방식으로 대출받는 것을 방해하는지 예를 들어 보라. 당신은 이 문제를 해결하는 방법을 생각해 낼 수 있겠는가?

8. 대출을 받아 당신이 계획하는 일을 하려고 할 때, 주인-대리인 문제가 어떠한 방식으로 대출받는 것을 방해하는지 예를 들어 보라. 당신은 이 문제를 해결하는 방법을 생각해 낼 수 있겠는가?

9. 아담 스미스의 시대(1776년)에 비하여 오늘날 더욱 효율적으로 작동하는 금융시스템의 여섯 가지 기능에 대하여 어떤 것이 있는지 각 기능별로 예를 들어 보라.

10. 당신은 미국에 살고 있으며 지금부터 6개월간의 독일 여행을 생각하고 있다. 당신은 지금부터 6개월 후 유로당 $1.50의 고정환율로 유로를 살 수 있는 옵션을 구입할 수 있다. 이 옵션은 어떻게 해서 보험상품과 같은가?

금융 혁신과 '보이지 않는 손'

11. 당신은 경제적 번영을 촉진시키기 위해 사회는 정부보다 '보이지 않는 손'에 더욱 의존해야 한다는 아담 스미스의 관점에 동의하는가?

12. 왜 국가의 우표가 국가의 지폐처럼 교환의 매개체로서 유용하지 않은가?

13. 만약 내가 미국 달러 위조지폐를 발행하였고, 위조지폐를 사용해서 가치 있는 재화나 서비스를 구입하였다면, 이로 인한 피해는 누가 입은 것인가?

14. 혹자는 향후 무엇이 돈으로서의 기능을 할 것인지 예측함에 있어 하나의 기준, 즉 돈의 신뢰성을 확인하는 데 드는 거래비용과 돈을 생산하는 데 드는 실제 자원비용이라고 말한다. 이 기준에 따른다면, 당신은 무엇이 미래의 돈이 될 것이라고 생각하는가?

금융시장

15. **도전 과제 :** 델타 항공사가 새로운 보잉 787기 50대를 구입하는 계약에 서명한다고 가정하자. 보잉 787기는 고정된 가격에 향후 5년 동안 약속된 날짜에 인도될 것이다. 계약에는 향후 구매자가 원하면 20대의 추가적인 구매가 가능하다는 특별조항이 명시되어 있다. 또한 특별조항에는 델타 항공사는 매년 4대 이상의 비행기를 기존의 50대 가격에서 5% 인상된 수준에서 구입할 수 있는 조항이 포함되어 있다. 이 조항은 어떤 파생상품의 성격을 가지는가? 이 조항의 가치를 평가하는 데 있어서 기초적인 요인은 무엇인가? 델타 항공사가 리스크를 관리하는 데 있어서 이 조항은 어떤 가치를 가지고 있는가?

금융시장지표

16. 모든 정부가 자국의 가격 수준에 연동된 부채를 발행해야 하는가? 정부의 부채가 자국의 통화단위로만 평가될 때, 국민들이 직면해야 하는 공무원들의 도덕적 해이 문제는 존재하는가?

17. 인터넷주소(http://markets.ft.com/ft/markets/researchArchive.asp?report=Gov&cat=BR)를 검색하여 다음 물음에 답하라. 자료에 제시되어 있는 독일, 일본, 그리고 미국의 매수호가수익률(bid yields)을 사용하여 그래프를 그리고, 이자율 기간구조에 있어 해당국 간의 주요한 차이를 논하라.

금융기관

18. 당신 국가의 학자금대출 시스템에 대해 기술하라. 가계, 자발적인 비영리 기구, 기업, 정부는 어떤 역할을 하는가?

19. 당신 국가의 주거용 주택대출 시스템에 대해 기술하라. 가계와 기업 그리고 정부는 어떤 역할을 하는가?

20. 당신의 국가시스템에서 창업대출 시스템에 대해 기술하라. 가계와 기업 그리고 정부는 어떤 역할을 하는가?

금융 하부조직과 법규

21. 경쟁적인 주식시장이 어떠한 방식으로 아담 스미스가 주장한 것을 이루어 나가는가? 주식시장은 규제되어야만 하는가? 그렇다면 어떻게 규제되어야 하는가? 그 이유는 무엇인가?

정부와 준정부조직

22. 유럽에서의 중앙은행의 구조는 최근 몇 년간 주요한 변화를 맞이하였는데, 이는 12개 국가들이 EU의 유럽통화동맹을 구성하여 새로운 단일통화인 유로를 도입한 것이었다. 유럽중앙은행(ECB)의 웹사이트(http://www.ecb.int)를 검색하여 ECB에 대한 기본적인 사항에 대해 알아보고, 정책위원회(Governing Council)의 구조와 역할에 대하여 설명하라. 또한 가장 최근에 EU에 가입한 두 국가는 어디인가?

부 록

대안적인 주식시장 지수들

미국에서 신문에 가장 자주 인용되는 주가지수는 다우존스 산업지수(Dow Jones Industrial Index, DJI)이다. 이 지수는 미국 주요산업 30개 주식의 가격지수이다. DJI는 주식성과를 측정하는 벤치마크로서의 유용성을 제한하는 두 가지 주요한 결함을 가지고 있다. 한 가지는 미국 주식의 폭넓은 움직임을 정확하게 반영하는 데 있어 충분히 넓게 분산되어 있지 않다는 것이다. 그리고 다른 하나는 포트폴리오 전략에 상응하는 성과의 벤치마크로서 적합하지 않다는 것이다.

그래서 대부분의 투자 전문가들은 성과의 벤치마크로서 S&P 500과 같은 다른 지수의 사용을 선호한다. S&P 500 지수는 미국에서 대규모 공기업 중에서 선택된 500가지 주식의 포트폴리오이다. 이 지수는 총시장가치에서 각 개별 주식이 가지는 비율만큼 달러금액으로 투자된다.

두 종류의 지수 구성을 설명하고 비교하기 위해, 이론상 두 가지 주식으로 구성된 지수를 분석함으로써 문제를 단순화시켜 보자. 지수에 포함되는 두 주식은 IBM과 HPQ이다. 두 주식의 관련 자료는 표 2A.1에 나와 있다.

표 2A.1 주가지수를 구성하는 자료

회사	주가		발행 주식 수	시장 가치	
	기준 연도	현재		기준 연도	현재
IBM	$100	$50	2억	$200억	$100억
HPQ	$50	$110	1억	$50억	$110억
			합계	$250억	$210억

DJI 형식의 지수는 주당 평균현재가격을 기준 연도(base year)의 평균가격으로 나눈 후 그 결과에 100을 곱하여 계산한다.

$$\text{DJI 형식의 지수} = \frac{\text{현재 주가 평균}}{\text{기준 연도 주가 평균}} \times 100$$

기준 연도에 IBM의 주당 가격은 $100이고 HPQ의 가격은 $50라고 하자. 주당 평균가격은 두 주식의 가격을 더하여 2로 나누면 $75가 된다. 1년 후 IBM의 주당 가격은 $50, HPQ의 주당가격은 $110가 되고, 평균가격은 $80이다. 그래서 DJI 형식의 지수는 106.67 의 가치를 나타낸다. 이것은 6.67%가 증가하였음을 보여 준다.

$$\text{DJI 형식의 지수} = \frac{(50+110)/2}{(100+50)/2} \times 100 = \frac{80}{75} \times 100 = 106.67$$

DJI 형식의 지수는 벤치마크 포트폴리오가 각 주식당 주식 한 주로 구성되는 것을 가정한다. 투자자들이 기초해에 IBM 주식과 HPQ 주식을 한 주씩 샀더라면, 그들의 포트폴리오는 6.67%만큼 가치가 증가했을 것이다. 이러한 포트폴리오의 성과를 측정하는 것은 정상적인 벤치마크가 아니다. 왜냐하면 우리의 예에서 총주식의 가치는 $25,000,000,000 에서 $21,000,000,000로 16% 하락했기 때문이다.

투자전문가들은 보통주 뮤추얼 펀드 성과추정의 벤치마크로 시장-가중 지수를 사용한다. **시장-가중 주가지수**(market-weighted stock index)는 총시장가치에서 각 개별 주식이 차지하는 비율로 포트폴리오의 가치성과를 나타낸다. 이전 예에서 보면, IBM은 전체 주식시장가치의 80%를 차지하고 HPQ는 20%를 차지한다. 시장-가중 지수는 이러한 가중치로 각 주식에 주어진다.

$$\text{S\&P 형식 지수} = \Big(\text{IBM의 가중치} \times \frac{\text{IBM의 현재 가격}}{\text{기준 연도의 IBM 가격}}$$

$$+ \text{HPQ의 가중치} \times \frac{\text{HPQ의 현재가격}}{\text{기준 연도의 HPQ 가격}}\Big) \times 100$$

$$= (0.8 \times 0.5 + 0.2 \times 2.2) \times 100) = 84$$

그래서 이 지수는 16%가 하락했음을 보여 준다. 이 지수는 모든 주식의 총시장가치에 어떤 일이 발생했는지를 정확하게 나타내 준다.

23. 오직 두 개의 주식시장이 존재한다고 가정하자. 그리고 당신의 이 두 주식을 이용하여 주가지수를 만드려고 한다. 주식 1은 1억 주가 발행되었으며 주가는 $20이고, 주식 2는 5천만 주가 발행되어 $10이다. 1년 후에 주식 1의 가격은 $30이고 주식 2의 가격은 $2였다. 이 장에서 설명된 두 가지 방법에 따라서 주가지수를 구하라. 당신은 어떤 방법을 선호하는가?

03

재무건전성과 성과관리

재무의사 결정자들은 연간 또는 분기마다 공시되는 재무제표로부터 사업이나 조직에 대한 유용한 정보를 얻게 된다. 재무제표에는 대차대조표, 손익계산서 그리고 현금흐름표가 있다. 이러한 재무제표는 관련 전문가에 의해 일정한 회계원칙에 따라서 작성·공표되는 것이므로 회계원칙에 대한 이해가 반드시 있어야 한다. 그러나 종종 재무분석가들은 몇몇 주요 재무변수에 대한 재무제표 작성자들의 판단에 동의하지 않는 경우가 있다. 가장 근본적인 의문은 자산과 부채에 대한 가치를 어떻게 측정했느냐 하는 것이다.

이번 장에서는 재무제표에 대한 기본적인 사항과 이를 재무계획에 어떻게 이용할 수 있는가에 대해 살펴보게 될 것이다. 먼저 현행 회계원칙에 대해 살펴보고, 어떻게 회계적 가치와 수입을 경제적 개념으로 전환해서 재무의사 결정에 이용할 수 있는가를 살펴볼 것이다. 그리고 전형적인 제조업을 영위하는 기업의 예를 들어 과거 몇 년간의 재무제표로부터 재무계획모형을 구축하는 과정을 살펴볼 것이다. 마지막으로 단기재무계획과 운전자본관리에 대해서도 논의하게 된다.

3.1 재무제표의 기능

재무제표는 크게 세 가지 측면에서 경제적 기능을 수행한다.

- 재무제표는 주주들과 채권자들에게 회사의 현재 상황과 과거의 재무성과에 대한 정보를 제공한다.

공시된 재무제표가 기업의 성과에 대한 충분한 정보를 제공해 주지는 않지만 적어도 주의 깊게 살펴봐야 할 경영활동에 대한 중요한 단서를 제공해 줄 수는 있다. 그리고 정확한 회계감사가 이루어진다면 부실경영에 대한 감시와 단속이 가능해진다.

- 재무제표는 주주와 채권자들에게 행동지침을 제공해 주고, 기업 경영자에게 어떠한 제약조건을 부과할 것인가에 대한 정보를 제공해 준다.

재무제표는 경영진이 경영목표를 설정하는 경우에도 이용된다. 예를 들어, 이사회는 회계적 이익성장률 또는 자기자본수익률(ROE)을 기준으로 특정 목표치를 설정하곤 한다. 채권자들은 종종 유동부채에 대한 유동자산의 비율을 일정 수준 이상 유지하도록 하는 제약을 경영자에게 부과한다.

- 재무제표는 재무계획 수립에 유용하게 이용된다.

글상자 3.1 　스톡 옵션 백데이트 처리 부정

기업 임원들은 다량의 스톡 옵션과 비윤리적 행동을 통해 막대한 이익을 취해 왔다. 회사는 주식 시장에서 회사의 가치를 높이는 데 대한 인센티브로서 회사 경영진에게 다량의 스톡 옵션을 제공해 왔다. 주가가 상승하면, 스톡 옵션을 보유한 임원의 옵션 수익 또한 증가한다. 그러나 만약 주가 상승 직전에 스톡 옵션이 지급되었다면, 이에 대해서는 논쟁의 여지가 있다.

　최근 조사에 의하면, 스톡 옵션이 최고 경영자에게 지급된 경우, 주가 급등 전 시점의 가격을 기준으로 보고서를 작성하는 등 조작의 가능성이 매우 높은 것으로 나타났다. 앞에 언급한 기록 과정은 기업 회계 기준에 의거하여 합법 또는 불법일 수 있다. 그러나 이 문제는 스톡 옵션을 제공하는 것이 경영진에게 적절한 보상을 제공하는지에 대한 의문을 갖게 한다. 경영진은 스톡 옵션 행사를 통해 더 높은 수익을 얻기 위해 주가를 높이려 할 것이다. 그러나 이런 행동들로 인해 회사는 추후 많은 문제에 봉착하게 될지도 모른다.

　경영진에게 높은 연봉 대신 스톡 옵션을 지급함으로써 더 나은 성과를 내도록 동기를 부여할 수 있다. 그러나 경영진 자신의 이익을 앞세운다면, 오히려 회사에 악영향을 미치는 요인으로 작용할 수 있다.

출처 : Adapted from "Time and Money," *The Economist*, May 30, 2006.

경영자들은 추정 손익계산서, 추정 대차대조표와 추정 현금흐름표를 작성함으로써 프로젝트별로 계획의 일관성을 점검할 수 있고 그에 따르는 재무계획을 수립하게 된다. 계획을 수립함에 있어서 재무제표 이외에 다른 도구를 이용할 수도 있다. 그러나 많은 사람들이 교육과 훈련을 통해 재무제표에 익숙해져 있으므로 재무제표를 이용하는 것이 편리한 경우가 많다.

| 예제 3.1 |
재무제표가 우리에게 제공하는 세 가지 경제적 기능은 무엇인가?

3.2 재무제표에 대한 개관

세 가지 기본적인 재무제표에 대한 설명을 위해 GPC라는 회사를 예로 들고자 한다. GPC는 10년 전에 설립된 회사로 일반 가전제품을 생산하는 기업이다.

　표 3.1, 3.2, 3.3에 GPC의 대차대조표, 손익계산서 그리고 현금흐름표가 주어져 있다. 이제 각각의 재무제표를 하나씩 설명하기로 한다.

3.2.1 대차대조표

대차대조표는 일정 시점에서 기업의 자산과 부채의 현황을 보여 준다. 자산과 부채의 차

표 3.1 GPC의 대차대조표(12월 31일 기준)

자산	20x0	20x1	변화분
유동자산			
현금과 시장성 유가증권	100.0	120.0	20.0
매출채권	50.0	60.0	10.0
재고자산	150.0	180.0	30.0
유동자산 총계	300.0	360.0	60.0
설비자산	400.0	490.0	90.0
감가상각 누계액	100.0	130.0	30.0
순설비자산	300.0	360.0	60.0
자산 총계	600.0	720.0	120.0
부채와 주주지분			
유동부채			
매입채무	60.0	72.0	12.0
단기부채	90.0	184.6	94.6
유동부채 총계	150.0	256.6	106.6
장기부채(만기 20x7년 이자율 8%)	150.0	150.0	0.0
주주지분(발행주식 수 1,000,000)	300.0	313.4	13.4
납입자본금	200.0	200.0	0.0
유보이익	100.0	113.4	13.4
부채와 주주지분 총계	600.0	720.0	120.0
기타 : 보통주 시가	$200.0	$187.2	−$12.8

(단위 : $1,000,000)

액은 기업의 순가치, 즉 소유주 지분이 된다. 주식회사에 있어서는 순가치를 자기자본이라고 부른다.

공시된 대차대조표에 나타난 자산과 부채의 가치 그리고 순가치는 GAAP(generally accepted accounting principles)라고 불리는 일반적 회계원칙에 의해 과거 역사적 원가로 측정된 것이다. GAAP는 FASB(Financial Accounting Standards Board)에 의해서 시간이 흐름에 따라 일부 기준이 수정되기도 한다. 미국의 거래소에 상장하기를 원하는 미국 기업이나 외국 기업들은 미국의 회계기준에 맞게 회계처리를 해야 하며 정기적으로 증권관리위원회에 재무제표를 제출해야 한다.

표 3.1에는 GPC의 두 기간에 대한 대차대조표가 주어져 있다. 먼저 20x0년 12월 31일자 대차대조표를 살펴보자.

대차대조표의 첫 번째 부분에는 자산항목들이 나열되어 있는데, 1년 안에 현금화될 수 있는 현금과 기타 현금 등가물로 정의되는 유동자산부터 차례로 나열되어 있다. GPC의 경우 현금과 시장성 유가증권의 합은 $100,000,000임을 알 수 있다. 다른 유동자산을 살펴보면, 고객들이 GPC에게 갚아야 하는 매출채권이 $50,000,000이고 재고자산이 $150,000,000이다. 재고자산은 원재료, 재공품 그리고 완제품으로 구성되어 있다.

다음으로 GPC의 고정자산을 살펴보자. 고정자산은 설비자산으로 구성되어 있는데, 감가상각비를 고려한 후 순가치는 $300,000,000이다. 따라서 총자산은 $600,000,000가 된다.

다음은 GPC의 부채를 살펴보자. 1년 안에 상환해야 하는 부채는 유동부채라고 한다. GPC의 경우 유동부채는 부품공급업자에게 갚아야 하는 매입채무가 $60,000,000이고 기타 단기부채가 $90,000,000이다.

유동자산과 유동부채의 차액을 순운전자본이라고 하는데 대차대조표상에 별도의 항목으로 표시하지는 않는다. GPC의 경우 20x0년 말 현재 유동자산 $300,000,000에서 유동부채 $150,000,000를 차감한 금액 $150,000,000가 순운전자본이 된다.

GPC의 다른 부채항목으로는 고정부채가 있는데 이는 만기가 20x7년이고 액면금액은 $150,000,000이다. 그리고 액면이자율은 연간 8%로 고정되어 있으며 이에 따라 연간 이자비용으로 $12,000,000가 지출된다. 이러한 이자비용은 손익계산서에 반영된다.

마지막으로 살펴볼 항목은 주주지분항목이다. 과거 주식발행을 통해 조달한 납입자본금은 $200,000,000이고 영업활동을 통해 획득한 순이익 중 사외로 유출되지 않고 남아 있는 유보이익은 $100,000,000이다.

이제 20x0년 말에서 20x1년 말에 걸쳐서 GPC의 대차대조표에 나타난 변화들을 살펴보자. 그동안 총자산은 20% 증가했는데 매입채무도 같은 기간에 20% 증가하였다. 단기부채는 $94,600,000 증가했고, 장기부채는 $150,000,000에서 변화가 없다. 주주지분은 $13,400,000만큼 증가했는데 이것은 순이익 증가분이며, 새로운 주식발행을 통한 자금조달은 없었기 때문에 납입자본금에도 변화가 없다.

| 예제 3.2 |
가령 1년 동안 장기부채를 통해 $50,000,000를 조달해서 현금과 시장성 유가증권의 형태로 보유 중이라면 대차대조표에는 어떤 변화가 생길까?

3.2.2 손익계산서

손익계산서는 일정 기간(대개의 경우 1년) 기업의 수익성이 어떠했는가를 요약해 놓은 재무제표로서, 이익명세서 또는 이익-손실 명세서이다. 표 3.2에서 보면 20x1년도 GPC는 매출액이 $200,000,000이고 순이익이 $23,400,000임을 알 수 있다.

비용항목은 네 개의 항목으로 구성되어 있다. 첫째 항목은 매출원가인데 이것은 1년간 제조해서 판매한 제품생산에 소요된 원가로서 원재료비, 노무비 등이 포함되며 금액으로는 $110,000,000이다. 매출수익에서 매출원가를 차감한 금액을 매출총이익이라고 하고 GPC의 20x1년도 매출총이익은 $90,000,000로 나타나 있다.

두 번째 항목은 판매 및 일반관리비이다. 이것은 기업을 경영하면서 일반적으로 소요되는 비용을 말하는데, 대표적인 항목으로는 경영진들의 임금과 마케팅비용 등을 들 수 있다. 매출총이익에서 판매 및 일반관리비를 차감한 것을 영업이익이라고 한다. 판매관리비가 $30,000,000이므로 영업이익은 $60,000,000가 된다.

세 번째 항목은 부채사용에 따른 이자비용 $21,000,000인데 이 금액을 영업이익에서 차감하면 세전이익 $39,000,000를 얻게 된다.

네 번째 항목은 법인세 비용이다. GPC가 부담하는 법인세율은 40%이므로 법인세 비

표 3.2 GPC의 손익계산서(20x1년)

매출액	$200.0
매출원가	(110.0)
매출총이익	90.0
판매 및 일반관리비	(30.0)
영업이익	60.0
이자비용	(21.0)
세전이익	39.0
법인세	(15.6)
순이익	23.4
순이익처분 :	
배당	10.0
유보이익 증가분	13.4
주당순이익(발행주식 수 1,000,000)	$23.4

마지막 줄을 제외하고 단위는 $1,000,000.

용은 $15,600,000이다. 그러므로 법인세를 차감한 순이익은 $23,400,000가 된다.

손익계산서에는 배당지급액도 나타나는데 GPC의 경우 $10,000,000를 배당으로 지급했음을 알 수 있다. 따라서 유보이익은 $13,400,000가 되고 이 금액만큼 대차대조표상의 주주지분은 증가하게 된다. 여기서 중요한 점은 유보이익 $13,400,000가 현금형태로 회사에 남아 있는 것이 아니라는 것이다. 즉 순이익은 현금흐름과 일치하지 않는다.

| 예제 3.3 |
만일 GPC가 현금배당 $10,000,000를 지급하지 않고 순이익 전액을 유보시킨다면 대차대조표와 손익계산서는 어떻게 달라지겠는가?

3.2.3 현금흐름표

현금흐름표는 회계기간 현금의 유출입 현황을 보여 주는 재무제표로서 수익과 비용 내역을 보여 주는 손익계산서와는 다르다.

현금흐름표는 두 가지 측면에서 손익계산서를 보완해 주는 역할을 한다. 첫째, 현금흐름표는 현금의 유출입 자체에 초점이 맞춰져 있다. 아무리 수익성이 좋은 기업이라 하더라도 현금유동성 문제에 직면하게 되면 곤란을 겪게 마련이다. 따라서 현금흐름표는 경영자와 외부 이해관계자들에게 현금 유출입에 대한 계획 수립을 가능하게 하므로 현금유동성에 관한 통제가 가능하게 된다. 흔히 고속성장을 하고 있는 수익성 있는 기업의 경우 현금 부족에 직면하는 경우가 많아 재무적 곤경에 처하는 경우가 종종 있다.

손익계산서의 경우는 수익과 비용에 대한 인식의 문제가 있지만 현금흐름표는 이러한 인식의 문제는 발생하지 않는다. 손익계산서는 발생주의 회계원칙에 따라 작성되므로 수익과 비용이 기록되는 시점에서 반드시 현금의 유출입이 발생하는 것은 아니다. 기업이 보고하는 순이익은 기업이 채택하는 회계원칙에 따라 영향을 받게 된다. 가령, 재고자산의 평가방법이라든가 유무형자산에 대한 감가상각 방법에 따라 순이익의 크기는 달라질 수 있는 것이다.

현금흐름표는 발생주의 회계에 의한 의사결정에 영향을 받지 않는다. 그러므로 현금흐름표와 손익계산서를 비교해 보면 이러한 회계의사결정이 미치는 영향을 파악할 수 있게 된다.

이제 표 3.3에 주어진 GPC의 현금흐름표를 예로 들어 살펴보기로 하자. 현금흐름표는 크게 세 부분으로 나누어 볼 수 있다. 즉 영업활동으로 인한 현금흐름, 투자활동으로 인한 현금흐름 그리고 재무활동으로 인한 현금흐름으로 나눌 수 있는데 각각에 대해 차례로 살펴보자.

영업활동으로 인한 현금흐름은 제품 매출로부터 발생하는 현금유입액에서 제품 제조시 소요되는 원재료비와 노무비 등의 현금유출액을 차감함으로써 구할 수 있다. GPC의 경우 20x1년도 순이익은 $23,400,000인 반면 영업활동으로 인한 현금흐름액은 $25,400,000로 나타나 있다. 이러한 금액상의 차이는 왜 발생하는 것일까?

여기에는 네 가지 원인을 들 수 있는데 감가상각비, 매출채권, 매입채무 그리고 재고자산의 변동 등이 그 원인이다. 각각의 항목이 어떻게 영향을 미치는지를 GPC의 20x1년도 자료를 통해서 살펴보기로 하자.

첫째, 20x1년도 감가상각비가 $30,000,000였다고 한다. 이 금액은 순이익 계산 시 수익에서 차감되는 비용항목이지만 실질적으로 현금유출이 발생되는 것은 아니다. 감가상각의 대상이 되는 공장설비자산 등은 구입하는 시점에서 현금유출을 발생시킨다. 그러나 그 자산에 대한 감가상각비는 내용연수 동안 적절한 기준에 의해 배분시켜서 비용으로 인식하게 되는 것이다. 그러므로 순이익으로부터 영업활동에서 발생하는 현금흐름을 계산하기 위해서는 감가상각비를 순이익에 다시 더해 주어야 한다.

둘째, 매출채권이 $10,000,000만큼 증가했다고 한다. 이로 인해 당 회계연도의 손익계산서상에 기록되는 매출과 실제 현금유입액과는 차이가 나게 된다. 즉 20x1년도에 $200,000,000 상당의 제품과 서비스를 고객에게 제공하고 손익계산서에 매출로 계상하지

표 3.3 20x1년 GPC의 현금흐름표

영업활동으로 인한 현금흐름	
순이익	$23.4
+감가상각비	+30.0
−매출채권 증가액	−10.0
−재고자산 증가액	−30.0
+매입채무 증가액	+12.0
총현금흐름액	25.4
투자활동으로 인한 현금흐름	
−설비자산에 대한 투자액	−90.0
재무활동으로 인한 현금흐름	
−배당금 지급액	−10.0
+단기부채 증가액	+94.6
현금 및 시장성 유가증권의 변동액	20.0

만 $190,000,000만이 현금으로 회수되었고 나머지는 아직 매출채권 형태로 남아 있기 때문에 매출채권이 $10,000,000만큼 증가하게 되는 것이다. 그러므로 영업활동에서 발생한 실제 현금흐름을 계산하기 위해서는 매출채권 증가액 $10,000,000를 순이익에서 차감해야 하는 것이다.

셋째, 재고자산이 $30,000,000만큼 증가했다고 한다. 이것은 회계연도 말에 이르러 재고자산의 가치가 연초에 비해 $30,000,000만큼 증가했다는 것을 의미하는 것이다. 그러므로 물건을 만들거나 구입하는 데에 $30,000,000만큼의 현금이 사용되어서 재고자산이 $30,000,000만큼 늘었다는 것을 의미한다. 그러나 이러한 현금유출액에 대해서는 순이익은 반영을 하지 못한다. 그러므로 영업활동에서 발생한 현금흐름을 계산하기 위해서는 재고자산 증가액인 $30,000,000를 순이익에서 차감해야 한다.

넷째, 매입채무가 $12,000,000만큼 증가했다고 한다. 이 금액은 회계연도 동안의 매출액에 대한 매출원가($110,000,000)와 현금 유출액인 원재료 공급자 및 종업원에 대한 임금 지급액과의 차액이다. 순이익을 계산하는 과정에서 $110,000,000는 전액 차감되지만 영업활동으로부터의 현금흐름을 계산하는 경우에는 실질적인 현금유출액에 해당하는 $98,000,000만을 차감해야 한다. 그러므로 영업활동에서 발생한 현금흐름을 계산하기 위해서는 순이익에 $12,000,000를 다시 가산해 주어야 하는 것이다.

이상에서 살펴본 바와 같이 영업활동에서 발생하는 현금흐름액과 순이익은 차이가 나

표 3.4 재무제표에 대한 요약

대차대조표	
자산＝부채＋주주지분	• 특정 시점에 있어서 기업이 보유하고 있는 자산과 부채가치에 관한 정보 제공 • 고정자산은 역사적 취득원가로 계상되며 시간의 흐름에 따라 감가상각을 하게 됨
손익계산서	
순이익＝수익－비용	• 일정 기간의 수익과 관련 비용에 관한 기록 • 발생주의 회계원칙하에 작성되므로 순이익의 크기와 순현금흐름액은 일반적으로 일치하지 않음
현금흐름표	
총현금흐름 ＝영업활동으로 인한 현금흐름 ＋재무활동으로 인한 현금흐름 ＋투자활동으로 인한 현금흐름	• 일정 기간 현금유출입의 변동 상황에 대한 정보 제공 • 현금흐름의 원천별로 구분하여 세 부분으로 나눔

게 된다. 따라서 앞에서 살펴본 네 가지 항목에 대해 적절한 조정을 해 주어야 손익계산서상의 순이익과 현금흐름 간의 연관성을 찾을 수 있게 된다. 국가마다 적용하는 회계원칙이 다르기 때문에 서로 다른 국적의 기업을 비교함에 있어서 현금흐름표는 매우 중요한 역할을 하게 된다.

표 3.3의 두 번째 부분—투자활동으로부터의 현금흐름—을 보면 20x1년도에 설비자산에 대한 투자액이 $90,000,000로 나타나 있다. 세 번째 부분—재무활동으로부터의 현금흐름—을 보면 주주들에게 배당금으로 $10,000,000를 지급했고, 단기부채를 통해 현금 $94,600,000가 증가했음을 알 수 있다.

요약해 보면 영업활동, 투자활동, 재무활동으로부터 발생하는 현금흐름을 모두 조정한 결과 현금이 $20,000,000만큼 증가하게 된다. 영업활동으로부터 $25,400,000만큼의 현금유입이 발생하고, 차입을 통해 $94,600,000를 조달했기 때문에 전체적으로는 총 $120,000,000의 현금유입액이 발생했음을 알 수 있다. 그리고 총현금유입액 중 새로운 설비자산을 구입하는 데 $90,000,000를 지출했고, 배당금으로 $10,000,000를 지급했다.

> **| 예제 3.4 |**
> 만일 GPC가 배당금으로 $10,000,000를 지급하지 않고 그대로 사내에 유보했다면 현금흐름표는 어떻게 달라질까?

표 3.4에서 세 개의 주요 재무제표에 대한 간략한 소개를 하고 있다.

3.2.4 재무제표에의 주석

기업이 공시하는 재무제표에는 주석사항이 포함되는데, 주석사항에는 기업이 채택하고 있는 회계원칙에 대한 설명 및 기업의 재무적 상황에 대한 설명이 덧붙여진다. 많은 경우 기업의 재무상태에 관한 유용한 정보를 재무제표 그 자체보다는 주석사항을 통해서 얻게 된다. 주석사항에 포함되는 몇몇 항목을 소개하면 다음과 같다.

- 기업이 채택하고 있는 회계원칙에 대한 설명 특정 비용에 대해서는 몇 개의 회계처리방법(예 : 감가상각비계산과 관련된 정액법과 가속상각법, 재고자산 평가와 관련된 선입선출법과 후입선출법) 중에서 기업이 선택할 수 있도록 허용된다. 이때 기업이 채택하고 있는 회계처리방법을 주석사항으로 보고해야 한다. 또한 회계원칙이 바뀌게 되는 경우, 이전에 재무제표상에 보고된 수치가 새롭게 적용되는 회계원칙을 적용했

글상자 3.2　연금 부족현상

보험 계리사는 종종 연금 기금과 관련된 부채를 평가하기 위해 고용되기도 하며, 이러한 부채의 수요를 충족시키기 위해 어떤 종류의 자산 포트폴리오가 요구되는지를 결정한다. 이러한 과정은 매우 복잡할 뿐만 아니라 그 성공 여부를 확신하기 어려워 기업은 연금을 지급하는 방법을 개선해 왔다.

계리사는 연기금의 안전성에 대해 다각도로 분할 필요가 있다. 일례로 전 세계적으로 기업의 연금 기금은 시장이 선호하는 투자 상품이 아니었다. 연금 기금은 예기치 못한 부채 상환 요구에 부딪혀 왔고, 그 결과 순수익은 매우 적었다.

세계 모든 계리사들의 분석 능력이 문제인 것일까? 물론 아니다. 계리사가 고려해야 하는 이자율, 기대 수명, 대체 투자 수익률 등의 변수들은 끊임없이 변한다. 미래에 연금기금을 상환하기 위해 회사에 어떤 자산이 필요한지에 대해 예측할 때, 앞서 언급한 모든 변수와 그 밖의 조건에 대해서도 고려한다.

과거 계리사들은 장기 투자처로서는 위험하지만, 단기간에 고수익을 낼 수 있는 자산에 연기금에 투자할 것을 권해 왔다. 그 결과, 미래 부채 상환을 위해 필요한 자산에 대한 계리사들의 예측은 변동성이 높은 것으로 증명되었다. 이에 근거하여 일부 펀드 성과와 관련된 손실분은 연금 수익 평가 시 조정하게 되었다.

이는 몇 가지 기본 전제를 내포하고 있다. 특정 기금으로부터 얻는 수익은 미래의 빚과 대체되지 않는다. 예를 들어 만약 회사가 투자 목적으로 차입했다고 가정하자. 투자 수익은 상환되어야 하는 초기 부채에 아무런 영향을 주지 않는다. 더 일반적으로 말하자면, 계리사들이 현재 생각하고 있는 많은 정책은 위험을 조정하고 감소시키는 방법과 관련되어 있다. 계리사들은 현재 만약 큰 액수의 부채가 낮은 위험을 가지고 있다면, 어떤 미래 자산이 회사에 필요한지에 대해 예측한 것이 더 정확해진다면 상당 규모의 부채를 통한 투자와 관련된 위험을 감소시키는 투자 기법에 대해 고려하고 있다.

위의 정책이 적절하다면, 연금 기금 수익의 변동성은 낮아질 것이며, 계리사들은 좀 더 정확한 예측이 가능해질 것이다. 또한 훗날 모든 투자자에게 연금 지급이 가능할 수 있다.

출처 : Adapted from "When the Spinning Stops," *The Economist*, January 26, 2006.

을 때 어떻게 바뀌게 되는가에 대한 설명도 주석사항에 포함되게 된다.

- 특정 자산 또는 부채에 관한 세부설명　장·단기 부채나 리스 등에 관한 계약 조건이나 만기일에 대한 추가 설명이 주석사항에 포함된다.
- 기업의 자본금 구조에 관한 정보　주주들의 주식소유 상황과 관련된 상황을 설명해 준다. 또한 이는 기업이 가지는 인수합병의 가능성을 평가하는 데에도 이용될 수 있다.
- 영업활동상의 주요 변동사항　특정 권리의 취득과 말소와 같이 재무제표에 중요한 영향을 미치는 행위는 주석사항으로 부연 설명을 해야 한다.
- 대차대조표에 기재되지 않는 항목　재무제표상에는 특정 항목으로 나타나지는 않지만 기업의 재무상태에 중요한 영향을 미칠 수 있는 재무활동상의 계약 등에 대해서는 주석사항으로 공시해야 한다. 예를 들어, 기업이 노출된 위험을 줄이는 목적으로 활용되는 선물, 스왑 그리고 옵션 등의 파생상품 관련 계약 사항들이 있다.

| 예제 3.5 |
재무제표에서 주석사항으로 공시되는 기업 관련 중요 정보에는 어떤 것이 있는가?

3.3 시장가치 대 장부가치

자산과 자기자본의 회계적 가치를 **장부가치**(book values)라고 한다. 기업의 주당 장부가치는 대차대조표상의 총자기자본액을 보통주 발행주식 수로 나누어 구한다.[1]

표 3.1에서 보면 20x1년도 말 GPC의 주당 장부치는 $313.40가 된다. 그러나 20x1년 말 GPC의 주당 시장가치는 $187.20였다. 이 시장가격은 시장에서 투자자들이 GPC의 보통주 1주에 대해 지불하고자 하는 가격이다. 주식의 시장가치는 대차대조표상에는 나타나지 않는 항목이다.

회사가 발행한 주식의 시장가치와 장부가치가 차이나는 이유는 무엇일까? 그리고 두 개의 가치 중 재무의사결정자들에게 있어서 보다 더 의미를 가지는 것은 어느 것일까?

글상자 3.3   공정 가치란 무엇인가?

우리는 회계사가 회사의 재무 상태에 대한 공정하고 정확한 보고서를 작성하기를 기대한다. 그리고 보고서는 다른 기업의 재무제표와 비교 가능하도록 표준화된 형식에 맞춰 작성되어야 한다. 회사가 보유한 모든 자산과 부채를 공정가로 기록하는 것은 표준화된 재무제표 작성 방법 중 하나이다. 즉 기업의 자산과 부채를 현재 시장 가치로 기록한다면, 개인은 많은 기업이 보유하고 있는 부채와 자본에 대해 적절한 비교가 가능할 것이다.

표준화된 재무제표 작성 시, 기업이 특정 유형의 금융상품이나 연금 부채의 시장가격을 명시해야 할 경우 공정가로 기록해야 한다. 그러나 공정가 산출 과정은 복잡할 뿐만 아니라 논쟁의 여지가 있다. 예를 들어 2차 시장에서 빈번히 거래되지 않음에도 불구하고 구조화된 파생상품의 시장 가격을 명시하는 것은 가능할지도 모른다. 이러한 것들의 시장 가격을 정하기 위해 기업이 사용하는 가격 결정 모형은 기업마다 다를 수 있으며, 이로 인해 표준화 여부에 대한 논의는 거의 불가능하다.

이러한 가격 결정 모형의 문제는 또한 연금 계리에도 존재한다. 몇몇 투자자들은 더 정확한 비교를 하기 위한 노력으로, 기업에게 가치 결정 모형의 가정에 대한 자세한 설명을 요구한다. 결국에는 이러한 기록 방법은 일부 다른 가격 계산 방법과 공정 시장 가격을 결합시킴으로써 표준화될 것이며, 그 결과 투자자는 기업의 자산과 부채 비교에 대한 신뢰도를 높일 수 있을 것이다.

출처 : Adapted from "Complexity Dogs the Benefits of Fair Value," *Financial Times*, January 12, 2006.

---

[1] 발행주식 수에는 자사주가 포함되어 있지 않다. 자사주는 회사가 당 회사의 주식을 시장에서 매입하여 보유하는 것을 의미한다.

이제 이러한 의문점들에 대해 살펴보도록 하자. 기업이 발행한 주식의 시장가치와 장부가치가 일치하지 않는 데는 두 가지 근본적인 이유가 있다.

- 장부가치는 기업의 모든 자산과 부채를 포함하지는 않는다.
- 대차대조표상에 표시되는 기업의 자산과 부채의 가치는 현재의 시장가치라기보다는 과거 취득가액에서 감가상각비를 차감한 후의 금액이다.

각각의 이유를 자세히 살펴보면 다음과 같다.

첫째, 경제적으로는 중요한 자산적 가치가 있음에도 회계에서는 대차대조표에 자산으로 기재되지 않는 것이 있다. 예를 들면, 어떤 기업이 생산하는 제품이 품질 면에서나 소비자들의 만족도에 있어서 좋은 평판을 듣더라도 그 기업의 대차대조표에는 이러한 사항이 자산으로 기재되지 않는다. 비슷한 예로, 부단한 연구개발투자와 기술훈련을 통해서 축적된 기술력이나 지식 등도 대차대조표에 자산항목으로 기재되지는 않는다. 이러한 자산들을 **무형자산**(intangible assets)이라고 하는데 분명한 것은 이러한 자산적 가치가 기업의 시장가치에 반영되며 의사결정에도 중요한 영향을 미친다는 것이다.

몇몇 무형자산들은 대차대조표상에 기재가 되기도 하지만 이것이 시장가치를 나타내지는 않는다. 예를 들면, 다른 기업으로부터 특허권을 구입하는 경우 이러한 특허권의 가치는 대차대조표에 자산으로 기재되며 시간이 흐름에 따라 상각을 하게 된다. 또한 다른 기업을 인수할 때 피인수 기업의 장부가치를 초과해서 대가를 지불하는 경우 그 초과분에 대해서는 영업권이라는 항목으로 대차대조표에 기재하게 된다. 즉 **영업권**(goodwill)이라는 것은 실제로 지불하는 취득가액과 장부가치와의 차액이 되는 것이다. 이처럼 몇몇의 무형자산은 대차대조표에 자산으로 기록이 되지만 대개는 그렇지 않은 경우가 많다.

이제 시장가치와 장부가치 중 어떤 가치가 재무의사결정에 적절한가를 살펴보도록 하자. 많은 경우에 있어서 장부가치를 통해서 재무의사결정을 하는 것은 부적절하다. 예를 들면, IBM이 3년 전에 컴퓨터 제조를 위해 \$3,900,000를 주고 기계를 구입했는데 3년간 감가상각을 한 후 현재의 장부가치가 \$2,600,000라고 하자. 그러나 현시점에 이르러서는 그간의 기술발전 등으로 인해서 그 기계의 시장가치가 \$1,200,000로 떨어졌다고 한다.

현재 사용 중인 구기계를 새로운 기계로 대체하는 경우를 생각해 보자. 여러 대안을 비교하기 위해 사용할 수 있는 적절한 가치는 무엇이 있을까? 만일 세금을 고려하지 않는다면, 경제학적인 관점에서 볼 때 해당 자산의 기회비용이 적절한 비교가치가 되는데, 여기서 기회비용이란 최적 대안의 자산가치를 의미한다. 현시점에서 기계의 시장가치인

$1,200,000가 비교가치로서 명백하게 가장 근사한 값이 되며, 반면 장부가치는 근본적으로 기회비용으로 사용되기에는 부적절한 값이 된다.

또 다른 예로 난방용 보일러 제작에 사용되는 구리라는 재고자산에 대해서 살펴보자. 연초 구리재고 확보에 $29,000가 소요되었는데 현재는 시장가치가 $60,000로 상승했다고 한다. 그렇다면 생산결정 시 구리에 대한 적절한 원가로 얼마를 고려해야 할까? 앞서 언급했듯이 최초 취득원가 $29,000는 무의미하다. 왜냐하면 구리는 현시점에서 판매될 수도 있고 대체될 수도 있는데 이런 경우엔 $60,000의 원가가 발생하기 때문이다. 만일 구리를 생산에 사용한다면 $60,000의 가치를 가지는 원재료를 사용하는 것이 된다.

이상과 같이 두 가지 측정법 간의 차액은 상황에 따라 달라질 수 있다. 예를 들어, 현금의 경우는 장부가치와 시장가치 간에 수치상 차이는 없다. 반면, 특정 기계설비와 같은 고정자산의 경우는 장부가치와 시장가치의 차액이 상당히 크게 나타난다. 따라서 시장가치와 장부가치 간의 차액은 자산의 종류에 따라 달라질 수 있는 것이다.

지금까지 회계 분야에서는 의사결정자들에게 좀 더 적절한 회계정보를 제공하기 위해 시장가치에 입각해서 회계처리를 하는 방향으로 조금씩 움직여 왔다. 예를 들면, 현재 연기금의 경우는 취득한 자산을 취득원가가 아닌 시장가치로 기록하고 있다. 기업이 보유하고 있는 자산과 부채를 시장가치로 재평가해서 기록하는 것을 **시장가치화**(marking to market)라고 한다.

| 예제 3.6 |
일반적으로 기업이 발행한 주식의 장부가치와 시장가치가 다른 이유는 무엇인가?

3.4 회계적 수익과 경제적 수익

시장가치와 장부가치의 구별은 수익의 개념에도 이어진다. 수익의 일반적인 정의는 특정 기간의 시초에 보유 중인 부의 수준을 유지하면서 특정 기간에 축적하여 소비가능한 부의 양을 말한다. 즉 기초에 시작한 부의 수준을 유지하면서 현금 유입을 통해 소비가능한 부를 의미한다. 이러한 정의는 영국의 노벨 경제학상 수상자인 John R. Hicks가 자신의 연구논문에서 사용한 것인데 오늘날 경제학 분야에서 일반적으로 사용되고 있다.[2] 수익이라든가 이익 또는 이득 등의 용어는 일반적으로 동일한 의미로 사용되는데 회계학에

---

[2] J. R. Hicks, *Value and Capital*, 2nd ed. (New York: Oxford University Press, 1946), p. 172.

글상자 3.4　경제 부가 가치의 측정

경제 부가 가치(Economic Value Added, EVA)는 기업의 경제적 성과를 측정하는 방법이다. EVA는 요구 자본 비용에 대한 회계 처리 이후의 기업 수익으로 생각될 수 있다. 이 측정 방법은 자본에 대한 수익이 투자 자본의 기회비용보다 클 경우에만 기업의 가치가 증가한다는 것을 전제하고 있다. EVA는 기업 재무 상태 측정을 위해 사용되는 많은 측정 방법 중 하나이다. 이 방법은 매우 명쾌하며, 쉽게 만들 수 있다. EVA 값은 양수 또는 음수이며, 숨겨진 가정이 아닌 표준 측정방식에 기초하고 있다. 즉 기회비용과 자본 수익은 통계 기법에 의해 구할 수 있다.

또한 EVA는 투자로 인해 기업이 갖게 될 추가적 기회뿐만 아니라 기업이 직면하게 될 전체 비용을 좀 더 명확하게 한다. EVA의 문제는 과거 지출에 대한 역사적 자료에 근거한 측정방식이기 때문이다. 그러므로 이 측정방식은 기업의 현재 투자가 미래에 기업이 받게 될 수익에 미치는 영향과 같은 정보를 거의 제공하지 못한다. 어떤 사람들은 이러한 측정의 기초가 근시안적 의사결정을 선호하게 하는 경향이 있다고 주장한다.

만약 현재 기업의 이익이 높은 수준이라면, 기업의 EVA 역시 높을 것이며, 이것은 적절한 장기 투자에 대한 추가적인 인센티브를 제공하지 않는다. 그러므로 만약 EVA가 채택된다면, 이것이 경제적 성과를 증명하는 대안이라 할지라도, 이는 회사가 더 나은 운영을 하게 해 주는 방법은 아닌 것이다.

출처 : Adapted from "A Star to Sail By?," *The Economist*, July 31, 1997.

서 정의할 때는 자산과 부채에 대한 미실현 이익 또는 손실을 포함하지 않는다. 이때 미실현 이익 또는 손실이란 보유하고 있는 주식이나 자산의 가치가 시간이 흐름에 따라 증가하고 감소하는 것을 말한다.

예를 들면, 연간 순소득이 $100,000였고 가족들의 생계비로 지출했는데 1년 동안에 보유 중인 자산의 가치가 $60,000만큼 감소했다고 가정하자. 일반적으로 회계학에서는 이같은 미실현된 자산의 시장가치 감소분을 고려하지 않는다. 반면, 경제학자는 가치의 감소분을 수익계산 시 고려해야 한다고 할 것이다. 왜냐하면 이러한 자산가치의 감소는 소비 가능액을 연초보다 $60,000만큼 감소시키기 때문이다. 따라서 순소득은 $40,000가 되는 것이다.

또 다른 측면을 살펴보면, 회계학에서는 수익계산 시 차감항목으로 차입금에 대한 이자비용은 고려하지만 주식발행을 통해 조달한 자금에 대한 비용은 고려하지 않는다. 예를 들어, 한 기업이 1년간 $2,000,000를 벌어들였는데 주식발행을 통해 $50,000,000를 조달해서 사용했고 대략적인 자본비용은 10%라고 하자. 이 경우 경제학적인 관점에서는 이익이 발생한 것이 아니라 $3,000,000의 손실(즉 $2,000,000 − $50,000,000 × 0.1 = −$3,000,000)이 발생했다고 본다.

3.5 주주수익률과 장부가치 기준 수익률

주주들이 특정 기간(분기, 1년 또는 몇 년)에 기업 실적이 어떠했는가를 질문하는 경우 궁극적으로 그들이 알고자 하는 것은 기업이 얼마나 자신들의 부를 증가시켰는지 하는 것이다. 이것을 직접적으로 측정하는 것은 특정 기간 해당 기업주식에 대한 투자수익률을 계산함으로써 가능해진다. 앞선 제2장에서 살펴보았듯이 주식에 대한 투자수익률은 다음과 같이 구할 수 있다.

$$r = \frac{(\text{연말 주가} - \text{연초 주가} + \text{배당금})}{\text{연초 주가}}$$

이것을 **총투자수익률**(total shareholder returns)이라고 한다.

예를 들어, GPC사의 경우를 보자. 20x1년 초 GPC의 주가는 주당 $200이고 배당 후 연말 주가는 $187.20라고 한다. 현금배당액이 $10라고 할 때 20x1년 GPC 주식에 대한 투자수익률은 −1.4%가 되는데 계산과정은 다음과 같다.

$$\text{총투자수익률} = \frac{(\$187.20 - \$200 + \$10)}{\$200} = -0.014 \text{ 또는 } -1.4\%$$

그러나 전통적으로 기업성과는 자기자본수익률(return on equity, ROE)이라고 하는 비율에 의해서 측정되어 왔다. ROE는 순이익(손익계산서상의 맨 아래쪽 항목)을 자기자본(대차대조표의 아래쪽 항목)의 장부가치로 나눈 비율이다.

GPC의 ROE를 계산해 보면,

$$ROE = \frac{\text{순이익}}{\text{자기자본}} = \frac{\$23,400,000}{\$300,000,000} = 0.078 \text{ 또는 } 7.8\%$$

따라서 특정 연도의 기업의 ROE와 그 기업의 주식에 투자한 주주들의 투자수익률은 일치하지 않음을 알 수 있다.

| 예제 3.7 |

20x7년 VGI사는 주당 $5의 순이익을 기록했고 현금배당으로 주당 $3씩 지급했다. 연초 주식의 장부가는 $300이고 시장가는 $40였다. 연말에 주당 장부가는 $32이고 시장가는 $35였다. 이때 VGI사의 ROE와 주식 투자자들의 투자수익률을 비교해 보라.

3.6 재무비율분석

앞서 살펴본 바와 같이 회계와 재무의 원칙과 결과가 차이가 있다 하더라도 기업이 작성한 재무제표는 기업의 재무적 상황에 대한 단서를 제공할 수 있고 또 미래의 사건과 관련된 과거의 성과를 보여 줄 수 있다. 재무제표를 이용하여 기업의 과거를 분석함에 있어서 기간별 또는 기업 간의 비교를 수월하게 하는 여러 비율들을 정의하는 것이 많은 도움이 된다.

이러한 여러 비율들을 통해 수익성, 자산회전율, 재무레버리지, 유동성, 시장가치 등 기업 성과의 중요한 다섯 가지 측면에 대한 분석이 가능하다. 표 3.5에는 GPC사의 경우에 있어서 이러한 비율들을 나타내고 있다. 이를 하나씩 살펴보기로 한다.

첫 번째는 수익성비율이다. 수익성(profitability)은 매출이나 자산 또는 자기자본을 기준

글상자 3.5 Sarbanes-Oxley

엔론 및 유명 기업의 회계 부정 사건 이후, 의회는 Sarbanes-Oxley법을 통과시킴으로써 대중의 강한 항의에 회답했다. Sarbanes-Oxley법 시행의 효과와 그 가치는 여전히 논의 중이다. 이 법에 의해 회계 법인의 상장 법인 감사보고서 작성과 관련한 업무를 감시하는 기관인 상장회사회계감사심의회(Public Company Accounting Oversight Board, PCAOB)가 설립되었다.

이 법규는 또한 기업의 부정부패 감소에 대한 조항을 명시하고 있다.

– 임원진은 회사로부터의 대출이 금지된다.
– 임원진은 각각 회사의 회계보고서 기록에 대해 책임져야 한다.
– 만약 누군가 어떤 회계 부정이 발생했다고 생각하여 이를 폭로하였다고 하여 박해되어서는 안 된다.

이 법은 또한 관리자와 감사 담당자들의 일상 업무 보고에 대해 더 큰 책임감을 언급한다. 그러나 이 법률을 따르기 위해 회사는 엄청난 금액의 돈을 지출해야 한다. 몇몇은 준법감시 관련 총지출액이 수조 달러에 이를 것이라고 측정하고 있다.

이러한 비용은 현재 미국 대기업의 97%의 감사를 담당하고 있는 Ernst & Young, Deloitte, PricewaterhouseCoopers, KPMG 네 개 법인에게 중요한 이슈가 되고 있다.

Sarbanes-Oxley법이 시행됨에 따라 준법감시 수요가 급증하였고, 이에 따라 회계 감사 법인이 청구하는 요금은 점점 높아졌다. 소규모 기업의 준법감시 비용 역시 증가하였다. 물론 소규모 기업들은 역시 이 네 개 회계감사 기업 외에는 다른 선택이 거의 불가능하다. 일부 애널리스트들은 Sarbanes-Oxley법을 준수하는 것과 관련한 비용이 외국 기업의 뉴욕 주식시장 상장을 방해하는 요인이며, 일상적으로 나타나는 사업상의 실수 유형도 지나치게 규제하고 있다고 항의했다.

이러한 준법감시와 관련한 비용의 대부분은 회계 감사인이 새로운 법규에 익숙해지면 즉시 감소될 것으로 기대되고 있다. 그러나 Sarbanes-Oxley법이 회계부정을 막는 데 있어서 얼마나 효과가 있는지, 이와 관련된 비용이 얼마나 값어치가 있는지에 대해서는 시간만이 말해 줄 것이다.

출처 : Adapted from "A Price Worth Paying?" *The Economist*, May 19, 2005.

표 3.5 재무비율의 구분

비율	공식	계산	
수익성비율			
매출액수익률(ROS)	$\dfrac{\text{이자와 세금지급 전 이익}}{\text{매출액}}$	$\dfrac{\$60}{\$200}$	=30%
자산수익률(ROA)	$\dfrac{\text{이자와 세금지급 전 이익}}{\text{총자산의 평균값}}$	$\dfrac{\$60}{(\$600+\$720)/2}$	=9.1%
자기자본수익률(ROE)	$\dfrac{\text{순이익}}{\text{주주의 자기자본가치}}$	$\dfrac{\$23.4}{(\$300+\$313.4)/2}$	=7.6%
총자산회전율			
매출채권회전율	$\dfrac{\text{매출액}}{\text{매출채권의 평균값}}$	$\dfrac{\$200}{(\$50+\$60)/2}$	=3.6회
재고자산회전율	$\dfrac{\text{매출원가}}{\text{재고자산의 평균값}}$	$\dfrac{\$110}{(\$150+\$180)/2}$	=0.7회
자산회전율	$\dfrac{\text{매출액}}{\text{총자산의 평균값}}$	$\dfrac{\$200}{(\$600+\$720)/2}$	=0.3회
재무레버리지			
부채비율	$\dfrac{\text{총부채}}{\text{총자산}}$	$\dfrac{\$406.6}{\$720}$	=57%
이자보상배율	$\dfrac{\text{이자와 세금지급 전 이익}}{\text{이자비용}}$	$\dfrac{\$60}{\$21}$	=2.9회
유동성비율			
유동비율	$\dfrac{\text{유동자산}}{\text{유동부채}}$	$\dfrac{\$360}{\$256.6}$	=1.4회
당좌비율(산성비율)	$\dfrac{\text{현금+시장성 유가증권}}{\text{유동부채}}$	$\dfrac{\$180}{\$256.6}$	=0.7회
시장가치비율			
주가수익비율(PER)	$\dfrac{\text{주가}}{\text{주당순이익}}$	$\dfrac{\$187.2}{\$23.4}$	=0.8
시가–장부가비율	$\dfrac{\text{주가}}{\text{주당 장부가치}}$	$\dfrac{\$187.2}{\$313.4}$	=0.6

으로 측정될 수 있다. 매출이나 자산에 대해 수익성을 측정할 때의 수익은 이자비용과 세금을 고려하기 전의 금액(EBIT)을 뜻하지만 자기자본에 대해 측정할 때의 수익은 순이익을 사용한다. 또한 재무비율이 기간에 대한 성과를 나타내는 손익계산서의 항목과 일정 시점에서의 가치를 나타내는 대차대조표의 항목을 동시에 사용하고 있는 경우, 기초와 기말 시점에서의 대차대조표상 금액을 평균한 값을 기준으로 사용한다.

두 번째는 자산회전율(asset turnover ratios)이다. 이는 수입을 얻기 위해 자산을 효율적으로 이용하는 기업의 능력으로 측정된다. 매출채권회전율(receivable turnover)이나 재고자산회전율(inventory turnover)은 특정 자산항목을 기준으로 한 재무비율을 측정하는 반면 총자산회전율(asset turnover)은 보다 넓은 의미의 재무비율을 측정한다.

세 번째는 기업의 자본구조에 중점을 두는 재무레버리지이다. 부채비율(debt ratios)은 자본구조를 측정하고 이자보상배율(times interest earned)은 기업이 이자비용을 감수할 수 있는 능력을 나타내고 있다.

네 번째로 유동성비율(liquidity ratios)은 기업이 단기채무를 변제할 수 있는 능력을 측정한다. 유동성비율을 측정하기 위해 유동비율(current ratio)과 당좌비율(quick, or acid test ratio)을 많이 이용하는데 당좌비율을 계산할 때에는 재고자산을 제외하고 현금이나 시장성 유가증권 등만이 고려의 대상이 된다.

다섯 번째는 시장가치비율로 이는 기업의 회계적 표시와 시장가치 간의 관계를 측정한다. 여기서 중요한 두 가지 비율은 주가수익비율(P/E)과 시가-장부가비율(M/B)이다.[3]

기업의 재무비율을 분석할 때에는 다음의 두 가지 사항이 선행되서 파악되어야 한다.

- 누구의 입장에서 접근할 것인가?─주주, 채권자 또는 그 밖의 이해관계자
- 비교의 기준은 무엇인가?

기준으로 사용할 수 있는 것에는 다음과 같은 것들이 있다.

- 같은 기간에 있어서 다른 기업의 재무비율
- 해당 기업의 전기의 재무비율
- 금융시장으로부터 얻어지는 자산의 가격이나 이자율 등의 정보

---

[3] 시장-장부가비율(M/B)을 측정하는 다른 방법은 토빈의 Q 비율을 이용하는 것이다. 토빈은 노벨 경제학상 수상자인 James Tobin에서 따온 것이다. 이 비율은 다음과 같이 정의된다.

$$Q = 자산의 \ 시장 \ 가치 / 대체 \ 비용$$

분모는 자산의 원 구입비용에 인플레이션 조정을 해 준 것이다.

| 예제 3.8 |
기업의 성과를 측정하기 위해 사용하는 재무비율의 다섯 가지 종류에는 어떤 것들이 있는가?

3.6.1 비율들 간의 관계

총자산수익률(ROA)은 다음과 같이 표현할 수 있다.

$$ROA(총자산수익률) = \frac{이자와 \ 세금지급 \ 전 \ 이익}{매출액} \times \frac{매출액}{총자산}$$

$$= 매출액수익률 \times 총자산회전율$$

$$= ROS \times ATO$$

　총자산수익률(ROA)을 매출액수익률(ROS)과 총자산회전율(ATO)로 구분해 보면 각기 다른 산업에 속해 있는 기업들의 경우 자산수익률이 동일하다 할지라도 매출액수익률과 총자산회전율은 달라질 수 있음을 알 수 있다. 슈퍼마켓은 낮은 매출액수익률과 높은 총자산회전율을 가지는 반면 보석상은 높은 매출액수익률과 낮은 총자산회전율을 가진다. 두 경우의 자산수익률은 동일할 수도 있다.

　똑같이 10%의 자산수익률을 가지는 두 기업을 생각해 보도록 하자. 하나는 슈퍼마켓 체인이고 또 하나는 가스회사이다. 표 3.6에 나타나 있는 바와 같이 슈퍼마켓 체인은 2%의 낮은 매출액수익률을 가지지만 5회의 높은 총자산회전율로 인해 연간 10%의 총자산수익률을 갖는다. 반면에 자본집약적인 가스회사의 경우 0.5회의 낮은 총자산회전율을 가지지만 20%의 높은 매출액수익률로 인해 역시 10%의 총자산수익률을 갖는다.

　여기서 말하고자 하는 것은 매출액수익률이나 총자산회전율이 낮다고 해서 이것이 문제가 있는 기업을 의미하는 것은 아니라는 점이다. 각각의 비율들은 산업별 특징을 고려하여 이해되어야 한다. 같은 산업 내에서라도 구조적 차이점은 존재할 수 있다. 예를 들어 비록 자산수익률이 같다 하더라도 롤스로이스를 파는 회사는 시보레를 파는 자동차 판매회사에 비해 더 높은 수익률과 낮은 회전율을 가지게 된다.

표 3.6 산업 간 매출액수익률과 총자산회전율의 차이

	매출액수익률	×	총자산회전율	=	총자산수익률
슈퍼마켓 체인	0.02		5.0		0.10
가스회사	0.20		0.5		0.10

| 예제 3.9 |

만약 기업 A의 총자산수익률이 기업 B보다 크고 총자산회전율은 같다면, 매출액수익률은 어떻게 되어야 하는가?

3.6.2 재무레버리지의 효과

재무레버리지란 차입금의 사용을 의미한다. 기업의 주주들은 자기자본수익률을 높이기 위해 재무레버리지를 이용한다. 그러나 이렇게 함으로써 총자산수익률(ROA)로 측정되는 기업자산의 수익성 변동에 대한 자기자본수익률(ROE)의 민감도 또한 동시에 증가하게

표 3.7 자기자본수익률에 대한 이자율의 효과

	무부채	유부채
총자산	$1,000,000	$1,000,000
자기자본	1,000,000	500,000
부채	0	500,000
EBIT	120,000	120,000
총자산수익률(EBIT/총자산)	12.0%	12.0%
(1) 차입이자율이 10%인 경우		
EBIT	120,000	120,000
이자비용	0	50,000
세전이익	120,000	70,000
세금(40%)	48,000	28,000
순이익	72,000	42,000
자기자본	1,000,000	500,000
자기자본수익률	7.2%	8.4%
(2) 차입이자율이 15%인 경우		
EBIT	120,000	120,000
이자비용	0	75,000
세전이익	120,000	45,000
세금(40%)	48,000	18,000
순이익	72,000	27,000
자기자본	1,000,000	500,000
자기자본수익률	7.2%	5.4%

표 3.8 자기자본수익률에 대한 경기 순환의 효과

경제상황	총자산수익률	자기자본수익률	
		무부채	유부채
불황	1.0%	0.6%	24.8%
평균	12.0	7.2	8.4
호황	30.0	18.0	30.0

된다. 달리 말하면 재무레버리지를 이용함으로써 주주들은 기업의 영업위험뿐만 아니라 재무위험도 감수하게 되는 것이다.

만약 총자산수익률이 차입금에 대한 이자율보다 높다면 기업의 재무레버리지 증가는 자기자본수익률을 증가시킨다. 즉 총자산수익률이 차입이자율보다 높다면 기업은 채권자에게 지불해야 하는 것보다 더 많이 벌고 있음을 의미한다. 그러므로 그 잉여분을 주주들이 이용할 수 있게 되고 따라서 자기자본수익률이 높아지게 된다. 반면에 총자산수익률이 이자비용보다 낮다면 차입을 하는 것은 주주들에게 전혀 도움이 안 된다.

예를 들어, 무부채사는 부채를 전혀 사용하지 않는 반면에 유부채사는 재무레버리지를 이용한다고 하자. 이자율이 10%인 경우와 15%인 경우 두 기업의 자기자본수익률을 비교해 보자. 그 결과는 표 3.7에 나타나 있다.

재무레버리지가 높아지면 경기 순환에 따라서 기업의 자기자본수익률이 심하게 변동하게 될 가능성이 커지게 되며 또한 파산의 가능성도 높아지게 된다. 표 3.8은 세 가지 경우에서의 자산수익률과 자기자본수익률을 보여 주고 있다. 유부채사의 이자율은 10%라고 가정하자.

자기자본수익률과 총자산수익률 그리고 레버리지 간의 관계는 다음의 방정식으로 표현될 수 있다.

자기자본수익률
＝(1－세율)×[총자산수익률＋{(부채/자기자본)×(총자산수익률－이자율)}]

이 식으로부터 다음과 같은 결론을 알아낼 수 있다. 만일 기업의 총자산수익률이 이자율보다 높다면 자기자본수익률은 [(1－세율)×총자산수익률]보다 커지며 증가하는 폭은 (부채/자기자본비율)이 높아짐에 따라 증가할 것이다.

채권자의 입장에서 보면 기업의 부채비율이 높아지는 것은 부정적 신호가 된다. 무디

스나 스탠다드엔푸어스와 같은 신용평가사들은 부채비율이 증가하는 기업의 유가증권의
평가등급을 낮춘다. 그러나 주주들의 입장에서 보면 부채비율이 증가하는 것은 긍정적
신호로 여겨질 수도 있다.

| **예제 3.10** |
만약 이자율이 총자산수익률과 동일하다면, 레버리지의 증가가 자기자본수익률에 미치는 영향은 무엇인가?

3.6.3 비율분석의 한계

마지막으로 재무비율을 이용하는 데 있어서의 한계를 알아야 할 필요가 있다. 가장 근본
적인 문제는 주어진 비율이 얼마나 높은 것인지 또는 낮은 것인지를 판단할 명확한 기준
이 없다는 것이다. 또 많은 경우 재무비율은 임의적으로 계산된 회계적 수치로 계산한
값이라는 것도 문제점으로 지적된다. 더욱이 같은 산업 내에 있는 기업이라 해도 그들
사이에는 많은 차이점이 존재하기 때문에 비교기준으로 삼을 만한 기업을 선정한다는 것
은 매우 어려운 일이다. 예를 들어, 기업들은 분산투자 정도, 기업의 크기, 기업의 수명
그리고 나라마다 사용하는 회계방법 등에서 많은 차이를 보이고 있다. 결국 재무비율을
분석하는 것은 의사결정을 하는 데 있어서 전적으로 의존하기에는 다소 부적합한 대략의
기준만을 제시할 뿐이다.

3.7 재무계획 과정

재무계획이란 계획을 수립하고 이를 실행하며 실제의 결과를 고려하여 계획을 수정하는
동적인 과정으로 구성된다. 재무계획을 수립하는 데 있어서 출발점이 되는 것은 기업의
전략적 계획이다. 전략은 사업 전체의 발전에 대한 계획과 성장 목표를 설정함으로써 재
무계획을 수립하는 데 기초가 된다. 어떤 사업 분야를 확장하고 또 어떤 사업 분야를 축
소할 것인가? 그리고 얼마나 빨리 이를 실행할 것인가?

  예를 들어 1995년에 ITT사는 보험사업을 중단하고 레저산업에 중점을 두기로 결정하
였다. 이러한 결정 때문에 그해의 재무계획은 기업의 자산을 재배치하는 것을 근거로 하
여 작성되었다고 할 수 있다. 몇 년 동안은 기업 전체의 매출은 증가하지 않았으며, 실제
로 다운사이징을 실행하였다.[4]

---

[4] 주식시장은 이러한 전략을 선호했었다. 실제로 ITT의 주가는 S&P 500 지수의 상승률에 비해서 급격히
  올랐다. ITT의 주가는 1991년에서 1995년까지 세 배나 뛰어오른 것이다.

계획기간은 재무계획을 수립하는 데 있어서 또 다른 중요한 요소가 된다. 일반적으로 계획기간이 길어질수록 재무계획은 상세하지 못한 수준에 머무를 것이다. 향후 5년치 재무계획은 대략적으로 계산된 일반적인 항목들만을 보여 주는 예상 손익계산서와 대차대조표로 구성될 것이다. 반면에 앞으로 몇 개월에 대한 재무계획에는 특정 생산라인에 있어서의 수익이나 비용에 대한 상세한 예측과 현금유입이나 유출에 대한 추정을 포함시킬 수 있다. 장기 계획은 매년 상황에 따라 수정될 것이고, 연간 계획 역시 분기마다 수정될 수 있다.

재무계획의 과정은 몇 가지 단계로 나눌 수 있다.

1. 경영자는 기업의 생산물에 대한 수요와 생산비용을 결정하는 주요 외부요인들을 예측한다. 이러한 요인에는 기업이 제품을 판매하는 시장에서의 경제상황, 인플레이션, 환율, 이자율 그리고 경쟁사 제품의 품질이나 가격 등이 있다.

2. 이러한 외부요인과 투자지출, 생산규모, 연구비용, 마케팅 비용 그리고 배당지급에 관련된 기업 내부의 잠정적 의사결정에 근거하여 경영자들은 기업의 수익이나 비용, 현금흐름 등을 예측하고 필요한 외부자본조달의 규모를 결정한다. 경영자들은 미래의 결과가 주주 부의 가치 증대를 목적으로 하는 그들의 전략계획과 일치하는지를 조사하고 또 그러한 계획이 실행되는 데 필요한 자금조달이 가능한지에 대해서도 살펴보아야 한다. 만약 이러한 과정에서 문제가 발생한다면 경영자는 실행가능한 다른 계획을 찾을 때까지 계획을 계속해서 수정할 것이다. 그리하여 최종적으로 도출된 실행가능 계획은 기업의 1년간 경영에 관한 청사진 역할을 할 것이다. 예상이 빗나가는 경우를 대비해서 컨틴전시플랜을 세워 놓는 것이 좋을 것이다.

3. 수립된 계획에 근거하여 최고 경영자는 자신과 조직원들에게 특정한 성과 목표를 제시한다.

4. 실제 성과는 월 또는 분기 등의 일정한 기간마다 측정되고 계획에서 세워진 목표와 비교되며, 필요하다면 계획을 수정할 수도 있다. 경영자들은 실제 성과가 설정된 목표와 차이가 많이 나는 경우에는 목표를 수정하기도 한다.

5. 1년 동안의 기업경영성과가 계산되면 보상(보너스나 연봉인상)이 주어지고 또 다른 계획 과정을 시작하게 된다.

3.8 재무계획모형의 구축

재무계획은 재무제표 전체나 혹은 일부분으로부터 만들어진 계량적 모형으로 구현될 수 있다. 예를 들어 앞서 살펴보았던 GPC사의 1년간의 재무계획을 수립한다고 가정해 보자. GPC사는 10년 전에 설립되었으며 소비재 시장에서 제품을 판매하고 있다. 표 3.9에는 GPC사의 지난 3년간의 손익계산서와 대차대조표가 기록되어 있다.

기업이 이용할 수 있는 정보는 이 재무제표뿐이라고 가정하자. 다음 해를 위한 계획을 어떻게 세울 것인가? 가장 간단한 방법은 먼저 다음 해의 매출액을 예측한 후에 대부분

표 3.9 GPC사의 재무제표, 20x1~20x3년

손익계산서		20x1	20x2	20x3
매출액		$200.00	$240.00	$288.00
매출원가		110.00	132.00	158.40
매출총이익		90.00	108.00	129.60
판매 및 일반관리비		30.00	36.00	43.20
EBIT		60.00	72.00	86.40
이자비용		30.00	45.21	64.04
세금		12.00	10.72	8.94
순이익		18.00	16.07	13.41
배당		5.40	4.82	4.02
자기자본의 변화		12.60	11.25	9.39
대차대조표	20x0	20x1	20x2	20x3
자산	600.00	720.00	864.00	1,036.80
현금과 현금등가물	10.00	12.00	14.40	17.28
매출채권	40.00	48.00	57.60	69.12
재고자산	50.00	60.00	72.00	86.40
설비 등의 고정자산	500.00	600.00	720.00	864.00
부채	300.00	407.40	540.15	703.56
매입채무	30.00	36.00	43.20	51.84
단기부채	120.00	221.40	346.95	501.72
장기부채	150.00	150.00	150.00	150.00
자기자본	$300.00	$312.60	$323.85	$333.24

(단위 : $1,000,000)

의 손익계산서나 대차대조표의 항목들이 전년도와 같은 비율을 유지할 것이라고 가정하는 것이다. 이러한 방법을 **매출액백분율법**(percent-of-sales method)이라고 한다. GPC사의 경우에 이 방법을 적용해 보자.

첫 번째 단계는 손익계산서와 대차대조표의 어떤 항목들이 매출액에 대하여 과거와 같이 일정한 비율을 나타내는지를 알아보기 위해 과거의 자료들을 살펴보는 일이다. 이는 어떠한 항목들이 예상매출액에 근거하여 예측될 수 있으며 또 그 밖의 방법에 의해서 예측되어야 하는 항목은 어떤 것인지를 판단할 수 있게 한다. GPC사의 경우 매출원가, $EBIT$ 그리고 자산들이 매출액에 대비하여 일정한 비율로 나타나는 것을 자료를 통해 알

표 3.10 GPC사의 재무제표 : 20x10~20x3년

손익계산서	20x1	20x2	20x3
매출액	100.0%	100.0%	100.0%
매출원가	55.0	55.0	55.0
매출총이익	45.0	45.0	45.0
판매 및 일반관리비	15.0	15.0	15.0
EBIT	30.0	30.0	30.0
이자비용	15.0	18.8	22.2
세금	6.0	4.5	3.1
순이익	9.0	6.7	4.7
배당	2.7	2.0	1.4
자기자본의 변화	6.3	4.7	3.3
대차대조표	**20x1**	**20x2**	**20x3**
자산	360.0%	360.0%	360.0%
현금과 현금등가물	6.0	6.0	6.0
매출채권	24.0	24.0	24.0
재고자산	30.0	30.0	30.0
설비 등의 고정자산	300.0	300.0	300.0
부채	203.7	225.1	244.3
매입채무	18.0	18.0	18.0
단기부채	110.7	144.6	174.2
장기부채	75.0	62.5	52.1
자기자본	156.3	134.9	115.7

수 있다. 그러나 이자비용, 세금, 순이익 그리고 대부분의 부채(매입채무 제외)는 그렇지 않다. 이는 표 3.10에 나타나 있다.

두 번째 단계는 매출액을 예측하는 것이다. 많은 항목들이 매출액과 관련되어 있기 때문에 매출액을 정확하게 예측하고 매출액의 변동에 대한 계획의 민감도를 조사하는 것은 매우 중요하다. GPC사의 경우에는 매출액이 매년 20%씩 증가할 것으로 보이며 따라서 20x4년의 매출액은 $345,600,000가 될 것이라 예상된다.

세 번째 단계는 매출액에 대비하여 일정 비율로 나타나는 손익계산서와 대차대조표의 항목을 예측하는 것이다. 과거의 자료를 보면 매출원가는 매출액의 55%로 나타났기 때문에 20x4년의 매출원가는 $0.55 \times \$345,600,000 = \$190,080,000$이다. 또 연말의 자산규모는 매출액의 세 배로 나타났으므로 20x4년 말의 자산가치는 $1,244,160,000로 예상된다.

마지막 단계는 손익계산서와 대차대조표의 나머지 항목(즉 매출액에 대비하여 일정 비율로 나타나지 않는 항목들)을 채우는 것이다. 장기채무에 대한 이자율이 연간 8%이고 단기채무에 대한 이자율은 15%라고 하자. 예상되는 이자비용은 연초의 장기채무액에 8%를 곱한 값과 단기채무액에 15%를 곱한 값을 더한 것이 된다. 따라서 20x4년의 이자비용은 $87,260,000이다. 세금은 이자비용 지급 후 이익의 40%로 예상되어 $6,570,000가 되고 따라서 세후 순이익은 $9,850,000가 된다. 20x4년의 손익계산과정은 표 3.11의 마지막 열에 나타나 있다.

20x4년 말의 대차대조표를 살펴보도록 하자. GPC사는 순이익의 30%를 배당으로 지급하기 때문에 자기자본은 $6,900,000만큼 증가할 것이다($333,240,000에서 $340,140,000로). 총자산은 $207,360,000만큼 그리고 채무는 $10,370,000만큼 증가할 것이다. 신주를 발행하거나 차입을 늘림으로써 추가적으로 조달해야 하는 자금의 규모는 자산의 변화분에서 유보이익의 증가분과 매입채무의 증가분을 차감하여 구할 수 있다.

$$\text{추가적인 자금조달액} = \text{자산의 변화분} - \text{유보이익 증가분} - \text{매입채무 증가분}$$
$$= \$207,360,000 - \$6,900,000 - \$10,370,000 = \$\ 190,090,000$$

따라서 외부자금조달을 통해 $190,090,000의 추가적인 자금을 조달해야 한다. 표 3.11의 대차대조표에서는 이러한 증가분을 모두 단기부채와 관련된 것으로 가정한다. 따라서 단기부채액이 $501,720,000에서 $691,810,000로 증가하게 된다.

표 3.11 GPC사의 20x4년에 대한 예상 손익계산서와 대차대조표

손익계산서	20x1	20x2	20x3	20x4
매출액	$200.00	$240.00	$288.00	$345.60
매출원가	110.00	132.00	158.40	190.08
매출총이익	90.00	108.00	129.60	155.52
판매 및 일반관리비	30.00	36.00	43.20	51.84
EBIT	60.00	72.00	86.40	103.68
이자비용	30.00	45.21	64.04	87.26
세금	12.00	10.72	8.94	6.57
순이익	18.00	16.07	13.41	9.85
배당	5.40	4.82	4.02	2.96
자기자본의 변화	12.60	11.25	9.39	6.90

대차대조표	20x0	20x1	20x2	20x3	20x4
자산	$600.00	$720.00	$864.00	$1,036.80	$1,244.16
현금과 현금등가물	10.00	12.00	14.40	17.28	20.74
매출채권	40.00	48.00	57.60	69.12	82.94
재고자산	50.00	60.00	72.00	86.40	103.68
설비등의 고정자산	500.00	600.00	720.00	864.00	1,036.80
부채	300.00	407.40	540.15	703.56	904.02
매입채무	30.00	36.00	43.20	51.84	62.21
단기부채	120.00	221.40	346.95	501.72	691.81
장기부채	150.00	150.00	150.00	150.00	150.00
자기자본	300.00	312.60	323.85	333.24	340.14

(단위: $1,000,000)

| 예제 3.11 |

만약 20x4년의 예상매출액이 $345,600,000가 아니고 $360,000,000가 된다면 외부자금조달을 통해 추가적으로 마련해야 하는 자금은 얼마가 되는가?

3.9 성장과 외부자금조달의 필요성

만약 GPC사의 매출액이 20x4년에 20% 증가하게 된다면 외부자금조달을 통해 $190,090,000를 추가적으로 준비해야 한다는 것을 알았다. 경영자는 단기부채를 늘리거나, 장기부채를 늘리거나 또는 신주를 발행함으로써 추가자금을 마련할 수 있다. 매출 성장률에 대해 외부자금조달의 필요성이 얼마나 민감하게 반응하는지 살펴보도록 하자.

이러한 민감도 분석을 수행하기 위한 하나의 방법은 각기 다른 성장률의 경우마다 앞서의 과정을 반복적으로 시행해 보는 것이다. 이는 컴퓨터 프로그램[5]을 이용하면 쉽게 할 수 있으며 그림 3.1에 결과가 나타나 있다.

3.9.1 기업이 감당할 수 있는 성장률

그림 3.1은 기업이 매출액의 목표 성장률을 달성하기 위해 필요한 외부자금조달규모를 보여 주고 있다. 그런데 이용할 수 있는 외부자금조달규모가 제한되어 있는 경우 기업은 얼마나 빠르게 성장할 수 있을 것인가?

이에 대한 해답을 찾기 위해 다음과 같은 재무적 제약이 있다고 가정해 보자.

● 기업은 신주를 발행할 수 없기 때문에 자기자본의 증가는 이익의 유보를 통해서만 가능하다.
● 기업은 부채-자기자본 비율을 높이지 않을 것이기 때문에 부채를 통한 외부자금조달은 이익의 유보를 통한 자기자본의 증가율과 동일하게 증가할 것이다.

이러한 상황에서 기업은 자기자본의 증가율보다 더 빨리 증가할 수 없으며, 이러한 성

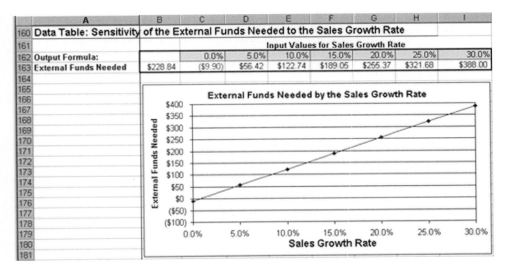

그림 3.1

필요 외부자금조달규모

[5] www.prenhall.com/bodie 참조.

장률을 **지속가능한 성장률**(sustainable growth rate)이라고 부른다. 그러므로 기업이 감당할 수 있는 성장률의 공식은 다음과 같다.

$$지속가능한 \ 성장률 = 이익유보율 \times 자기자본수익률(ROE)$$

기속가능한 성장률 공식의 유도

$$지속가능한 \ 성장률 = 자기자본 \ 성장률$$

신주의 발행이 없는 경우 주주의 자기자본 증가율은 유보이익의 증가분을 연초의 자기자본으로 나눈 값과 동일하다.

$$자기자본 \ 증가율 = 유보이익의 \ 증가분 / 연초 \ 자기자본$$

그러나

$$유보이익의 \ 증가분 = 이익유보율 \times 순이익$$

이익유보율은 배당이나 주식을 재매입하는 데 사용되지 않은 순이익의 비율을 뜻한다. 정의에 따르면

$$이익유보율 = 1 - 배당률 - 자사주매입률$$

그러므로

$$자기자본의 \ 성장률 = (이익유보율 \times 순이익) / 주주의 \ 자기자본$$

또는 달리 표현하면

$$자기자본의 \ 성장률 = 이익유보율 \times 자기자본수익률$$

따라서 지속가능한 성장률에 대한 식은

$$지속가능한 \ 성장률 = 이익유보율 \times 자기자본수익률$$

지속가능한 성장률의 의미

최대의 감당할 수 있는 성장률은 기업의 자기자본수익률과 동일하다. 이는 기업의 배당률이 0일 때, 즉 기업의 순이익이 모두 유보되어 재투자되는 경우에 달성 가능하다. 만

약 기업이 이보다 더 빨리 성장하기를 바란다면 신주를 발행하거나 부채비율을 높여야 한다.

지속가능한 성장률의 예

Rapid사의 경우를 살펴보자.

  총자산회전율＝0.5
  부채/자기자본 비율＝1.0
  배당률＝0.4
  자기자본수익률＝20%

지난해의 매출액은 $1,000,000였다. 이는 총자산가치는 $2,000,000이고 부채와 주주의 자기자본은 각각 $1,000,000였음을 의미한다. 자기자본수익률은 0.2이기 때문에 순이익은 $200,000가 되어야 하며 이 중 $80,000는 배당으로 지급되고 $120,000는 유보되었다. 부채/자기자본 비율은 1이므로 이 기업은 자산을 $240,000만큼, 그리고 매출액을 $120,000만큼 증가시킬 수 있다.

그러므로 매출액에 대한 감당할 수 있는 성장률은

$$g = \frac{\$120,000}{\$1,000,000} = 0.12 \text{ 또는 } 12\%$$

이는 앞의 공식을 적용해도 동일한 결과를 얻을 수 있다.

표 3.12 Rapid사에 대한 재무제표, 20x1~20x3년

손익계산서		20x1	20x2	20x3
매출액		$1,000,000	$1,120,000	$1,254,400
순이익		200,000	224,000	250,880
배당		80,000	89,600	100,352
유보이익의 증가		120,000	134,400	150,528
대차대조표	20x0	20x1	20x2	20x3
자산	$2,000,000	$2,240,000	$2,508,800	$2,809,856
부채	1,000,000	1,120,000	1,254,400	1,404,928
자기자본	1,000,000	1,120,000	1,254,400	1,404,928

$$g=자기자본수익률\times(1-배당률)$$
$$=20\%\times(1-0.4)$$
$$=12\%$$

이 감당할 수 있는 성장률로 성장한 기업의 3년 동안의 재무제표는 표 3.12에 나타나 있다.

| 예제 3.12 |
만약 기업이 감당할 수 있는 성장률보다 더 느리게 성장했다면 자본조달의 측면에서 어떠한 의미를 가지는가?

3.10 운전자본관리

대부분의 사업에서 기업은 제품 매출에 대하여 현금을 회수하기 이전에 여러 비용을 현금으로 지출하게 된다. 그 결과 기업이 재고자산이나 매출채권과 같은 자산에 투자한 금액은 매입채무나 미지급비용 등의 부채보다 커지게 된다. 이러한 유동자산과 유동부채의 차이를 **운전자본**(working capital)이라 한다. 만약 기업이 일시적이 아니라 영구적으로 운전자본을 필요로 하게 된다면 기업은 장기자본조달을 이용할 것이다. 계절적 요인에 의한 운전자본투자는 은행으로부터의 차입과 같은 단기자본조달에 의해 이루어진다.

운전자본의 효율적 관리의 원칙은 매출채권이나 재고자산과 같은 비수익성 자산에 대한 기업의 투자를 최소화하고 선수금이나 미지급비용, 매입채무 등과 같이 이자지급을 수반하지 않는 자금의 이용을 최대화하는 것이다. 이러한 자금이용의 세 가지 방법은 추가적인 비용을 수반하지 않기 때문에 기업이 자유롭게 이용할 수 있다.[6]

기업이 제품을 판매하고 매출액을 현금으로 회수하는 데 걸리는 시간을 줄이면 운전자본을 적게 투입하게 된다. 또 기업이 원자재를 구입하는 시점과 이 대금을 지급하는

그림 3.2

현금흐름

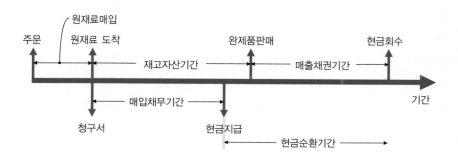

시점의 시간차를 늘리면 운전자본을 적게 투입해도 된다.

이러한 시간차와 기업의 운전자본에 대한 투자 간의 관계를 명확히 살펴보기 위해 그림 3.2를 살펴보기로 하자.

현금순환기간(cash cycle time)이란 기업이 공급자에게 현금을 지급한 날짜로부터 고객으로부터 현금을 회수한 날짜 사이의 일수를 말한다. 그림 3.2로부터 현금순환기간은 재고자산기간에 매출채권기간을 더한 것에서 매입채무기간을 차감한 기간임을 알 수 있다.

$$현금순환기간 = 재고자산기간 + 매출채권기간 - 매입채무기간$$

기업의 운전자본에 대한 투자는 현금순환기간과 직접적으로 관계되어 있다. 만약 매입채무기간이 재고자산기간과 매출채권기간을 합한 것만큼 길다면 기업은 운전자본이 필요 없게 된다.

운전자본에 대한 필요성을 줄이기 위해 기업은 어떤 일을 할 수 있는가? 현금순환기간에 대한 공식으로부터 다음과 같은 방법을 이용할 수 있음을 알 수 있다.

- 제품이 재고로 남아 있는 기간을 줄인다. 이는 재고자산의 관리과정을 합리화시키거나 생산과정에서 정확히 필요한 시점에 원재료를 구입함으로써 달성할 수 있다.
- 매출채권을 보다 빨리 회수한다. 대금을 빨리 지급하는 고객에게 할인을 해 주거나 연체된 매출채권에 대해서는 이자를 부과하는 등의 방법을 사용하여 매출채권을 회수하는 과정에서 효율성을 높일 수 있다.
- 채무는 가능한 한 늦게 지급한다.

| 예제 3.13 |
기업은 어떤 방법으로 운전자본에 투자금액을 줄일 수 있겠는가?

3.11 유동성과 현금예산

백만장자가 비행기 불시착으로 인하여 본인이 백만장자라는 것을 아는 사람이 없는 곳에 당분간 머무르게 된다고 가정하자. 백만장자라고 하더라도 현금과 신용카드가 없다면 낮

---

[6] 만약 기업이 대금을 미리 지급하는 고객에 대하여 가격할인을 해 준다면 이때의 할인액은 이자비용으로 간주된다. 마찬가지로 기업이 공급업자에게 현금을 늦게 지불하여 할인을 받지 못한다면, 이용하지 못하는 할인금액도 이자비용으로 간주해야 한다.

선 곳에서 배고픔으로 아사할 수도 있을 것이다. 이러한 상황은 기업에게도 동일하게 적용된다. 장기적으로 수익 구조가 탄탄한 기업이라도 단기적으로는 현금이나 신용상의 어려움을 겪거나 심지어 파산할 수도 있다. 단기적인 현금흐름만을 잘 관리한다고 해서 기업이 성공하는 것은 결코 아니지만, 이에 실패하게 되면 기업은 문을 닫을 수도 있는 것이다.

이러한 문제는 기업이 일시적으로 유동성의 문제를 갖게 된다는 것을 의미한다. **유동성**(liquidity)이란 매입한 물품에 대한 대금을 지급하거나 만기가 된 채무를 변제하는 데 사용할 수 있는 지급수단을 가지고 있음을 말한다. 이에 반해 유동성부족 문제는 매입금액이나 부채를 상환하기에는 충분한 부를 가지고 있지만 이를 즉시 지급할 수 있는 수단을 가지지 못하는 상황을 의미한다.[7]

이와 같은 문제를 피하기 위해서 기업은 현금유입과 유출에 대하여 정확한 예측을 할 필요가 있다. 이러한 예측을 우리는 **현금예산**(cash budget)이라고 한다.

| 예제 3.14 |
기업에 있어 유동성은 왜 중요한가?

요 약

재무제표는 세 가지 중요한 경제적 기능을 제공한다.

- 재무제표는 주주들과 채권자들에게 회사의 현재 상황과 과거 업적에 대한 정보를 제공한다.
- 재무제표는 주주와 채권자들에게 성과목표를 제시해 주고, 기업 경영자에게 어떠한 제약조건을 부과할 것인가에 대한 정보를 제공해 준다.
- 재무제표는 재무계획 수립에 유용하게 이용된다.

---

[7] 자산의 유동성은 모든 가치를 현금으로 즉시 변환할 수 있는 능력을 의미한다. 자산의 유동성을 측정하는 좋은 방법은 어떠한 자산을 매입하고 즉시 매도할 때 발생되는 비용을 계산하는 것이다. 예를 들면, 당신이 구입한 신차의 유동성은 당신이 지불한 금액과 차량은 다른 이에게 인도하고 받은 금액의 차이인 것이다. 딜러 시장에서 거래되는 자산의 경우 매수-매도 호가 스프레드가 비용이 된다. 현금은 매수-매도 호가 스프레드가 영인 자산이다.

　기본적인 재무제표에는 손익계산서, 대차대조표, 현금흐름표가 있다. 손익계산서는 그 동안의 영업실적을 보여 주는데 수익에서 비용을 차감한 것이 순이익이 된다는 점에 근거하고 있다. 대차대조표는 차변에 기업의 자산을 그리고 대변에 기업자산에 대한 청구권을 나타낸다. 현금흐름표는 영업, 투자, 재무활동으로부터의 현금유입과 유출에 대한 내용을 요약해서 보여 준다.

　기업의 회계적 대차대조표는 경제적 대차대조표와 다음과 같은 이유에서 차이가 난다.

- 회계적 대차대조표는 경제적으로 중요한 몇몇 자산이나 부채를 고려하지 않는다.
- 회계적 대차대조표가 모든 자산과 부채를 시장가치로 나타내는 것은 아니다.

　분석가들은 어떤 기업의 강점과 약점을 파악하고 여러 가지 예측을 하기 위해 재무비율을 이용한다. 특정 기업의 재무비율은 비교의 기준이 될 수 있는 다른 기업의 재무비율과 비교되기도 하고 또는 자신의 과거 재무비율과 비교되기도 한다. 재무비율의 다섯 가지 종류에는 수익성비율, 회전율, 재무레버리지비율, 유동성비율, 시장가치비율 등이 있다. 마지막으로 각 비율들 간의 관계와 이 비율들의 기업 경영의 관계를 나타내는 방향으로 이러한 비율분석을 체계화하는 것이 많은 도움을 줄 수 있다.

　재무계획의 목적은 기업이 이루어야 할 목표를 설정하고 이를 달성하도록 하는 동기를 부여하기 위해 각 분야의 계획을 하나로 통합하는 것이다. 계획의 기간이 길어질수록 재무계획은 덜 상세해지게 된다.

　단기적으로 재무계획은 운전자본관리와 많은 관계를 갖는다. 운전자본의 필요성은 기업이 현금을 회수하기 이전에 제품을 생산하거나 판매를 하기 위해 현금을 지출해야 하기 때문에 발생한다. 현금순환기간이 길어질수록 운전자본의 필요성은 더욱 커지게 된다.

　운전자본의 필요성은 현금등가물, 선급금, 매출채권, 재고자산의 합에서 선수금, 미지급비용을 차감한 값으로 측정된다. 운전자본관리의 첫 번째 원칙은 매출채권이나 재고자산 같은 비수익성 자산에 대한 투자를 최소화하고 선수금이나 매입채무 등과 같은 유동부채를 통한 저비용자본의 이용을 최대화하는 것이다.

　수익성이 좋은 기업이라도 유동성 문제에 직면하게 되면 재무적 압박을 받거나 심지어 파산할 수도 있으므로 현금관리는 매우 중요하다.

핵심용어

장부가치	총투자수익률	현금순환기간
무형자산	매출액백분율법	유동성
영업권	지속가능한 성장률	현금예산
시장가치화	운전자본	

예제 풀이

예제 3.1 재무제표가 우리에게 제공하는 세 가지 경제적 기능은 무엇인가?

검정 • 재무제표는 주주들과 채권자들이 회사의 현재 상황과 과거 업적에 대한 정보를 제공한다.

• 재무제표는 주주들과 채권자들에게 행동지침을 제공해 주고, 기업 경영자에게 어떠한 제약 조건을 부과한 것인가에 대한 정보를 제공한다.

• 재무제표는 재무계획 수립에 유용하게 이용된다.

예제 3.2 가령 1년 동안 장기부채를 통해 $50,000,000를 조달해서 현금과 시장성 유가증권의 형태로 보유 중이라면 대차대조표에는 어떤 변화가 생길까?

검정 부채항목(장기부채)과 자산항목(현금과 시장성 유가증권) 양측 모두 $50,000,000씩 증가하게 된다. 그리고 주주의 지분은 변화하지 않는다.

예제 3.3 만일 GPC가 현금배당 $10,000,000를 지급하지 않고 순이익 전액을 유보시킨다면 대차대조표와 손익계산서는 어떻게 달라지겠는가?

검정 순이익은 동일하게 된다. 그러나 기말 대차대조표에서는 현금과 주주지분에 $10,000,000의 증가를 보이게 될것이다.

예제 3.4 만일 GPC가 배당금으로 $10,000,000를 지급하지 않고 그대로 사내에 유보했다면 현금흐름표는 어떻게 달라질까?

검정 만일 GPC가 $10,000,000의 배당을 지급하지 않았다면, GPC는 $10,000,000를 적게 차입했을 것이다. 그래서 현금흐름표에는 배당이 나타나지 않았을 것이며, 부채에서는 단지 $8,460,000만 증가하였을 것이다.

예제 3.5 재무제표에서 주석사항으로 공시되는 기업 관련 중요 정보에는 어떤 것이 있는가?

검정 • 기업이 채택하고 있는 회계원칙에 대한 설명
- 특정 자산 또는 부채에 관한 세부설명
- 기업의 자본금 구조에 관한 정보
- 영업활동상의 주요변동사항
- 대차대조표에 기재되지 않은 항목

예제 3.6 일반적으로 기업이 발행한 주식의 장부가치와 시장가치가 다른 이유는 무엇인가?

검정 장부가치는 기업의 모든 자산과 부채를 포함하지 않는다. 대차대조표상에 표시되는 기업의 자산과 부채는 시장가치가 아니다.

예제 3.7 20x7년 VGI사는 주당 $5의 순이익을 기록했고 현금배당으로 주당 $3씩 지급했다. 연초 주식의 장부가는 $30이고 시장가는 $40였다. 연말에 주당 장부가는 $32이고 시장가는 $35였다. 이때 VGI사의 *ROE*와 주식투자자들의 투자수익률을 비교해 보라.

검정　　*ROE*(자기자본수익률) : 5/30 = 16.67%

　　　　TSR(총주식투자자 투자수익률) : (3 + 35 − 40)/40 = −5%

예제 3.8 기업의 성과를 측정하기 위해 사용하는 재무비율의 다섯 가지 종류에는 어떤 것들이 있는가?

검정 다섯 가지 비율은 수익성비율, 활동성비율, 재무레버리지비율, 유동성비율, 시장가치비율이다.

예제 3.9 만약 기업 A의 총자산수익률이 기업 B보다 크고 총자산회전율은 같다면, 매출액수익률은 어떻게 되어야 하는가?

검정 A기업의 *ROS*는 B기업보다 높아야 한다.

예제 3.10 만약 이자율이 총자산수익률과 동일하다면, 레버리지의 증가가 자기자본수익률에 미치는 영향은 무엇인가?

검정 기업의 자기자본수익률은 변하지 않을 것이다.

예제 3.11 만약 20x4년의 예상매출액이 $345,600,000가 아니고 $360,000,000가 된다면 외부자금조달을 통해 추가적으로 마련해야 하는 자금은 얼마가 되는가?

검정 20x4년 말 예상 총자산가치는 현재 $3.6 \times \$360,000,000 (= \$1,296,000,000)$이다. 그래서 금년 자산의 변화는 $\$1,296,000,000 - \$1,036,800,000 (= \$259,200,000)$이다. 자산의 증가는 유보이익의 증가와 매입채무의 증가에 의해 부분적으로 이루어졌으나 필요한 나머지 자금은 외부자원으로부터 이루어지게 될 것이다. 매입채무는 매출성장의 18%(판매와 매입채무 비율) 정도 증가할 것이다($0.18 \times \$72,000,000 = \$12,960,000$). 이제 기업의 순이익을 예측해 보자. 세전이익은 $0.3 \times \$360,000,000 = \$108,000,000$이다. 이자비용은 $87,260,000로 변하지 않을 것이다. 세금은 이자지급 후 이익의 40%, 즉 $[0.4 \times (\$108,000,000 - \$87,260,000) = \$8,296,000]$이다. 그래서 세후 순이익은 $0.6 \times (\$108,000,000 - \$87,260,000) = \$12,444,000$이다. GPC는 순이익의 30%를 배당으로 지급하기 때문에 유보이익은 $0.7 \times \$12,444,000 = \$8,710,800$이 될 것이다.

추가적인 자금조달액 = 자산의 변화 — 유보이익의 증가 — 매입채무의 변화
$$= \$259,200,000 - \$8,710,800 - \$12,960,000 = \$237,529,200$$

예제 3.12 만약 기업이 지속가능한 성장률보다 더 느리게 성장했다면 자본조달의 측면에서 어떠한 의미를 가지는가?

검정 기업은 부채비율을 낮추거나 자사주를 매입할 수 있다.

예제 3.13 기업은 어떤 방법으로 운전자본에 투자금액을 줄일 수 있겠는가?

검정 재고를 줄이고, 매출채권 회수를 빠르게 하거나 매입채무를 천천히 지급하는 방법으로 할 수 있다.

예제 3.14 기업에 있어 유동성은 왜 중요한가?

검정 장기적으로 수익구조가 탄탄한 기업이라도 단기적으로는 현금이나 신용상의 어려움을 겪거나 심지어 파산할 수도 있다.

연습문제

재무제표에 대한 복습

1. 다음의 자산과 부채가 소유자의 대차대조표에 기록될 수 있는가? 기록된다면 어떻게 기록되어야 하는가?

   a. 복권

   b. 성공작인 노래

   c. 실패작인 영화

2. 다음 사건과 거래가 당신의 개인 손익계산서와 대차대조표 그리고 현금흐름표에 어떻게 나타나야 하는지 보이라.

   a. 200×년 7월 1일 당신은 졸업선물로 $20,000를 받아 $10,000의 학자금 대출을 갚았다.

   b. 200×년 8월 1일 당신은 General Financial Service에 인턴으로 직장을 구했다. 당신은 매달 말일 $4,000의 급여를 약속 받았다.

   c. 8월 31일 다음과 같은 급여 및 복리후생에 대한 명세서를 받았다.

총월급	$4,000
소득세 원천징수	1,400
사회보장세, 의료보험료	500
건강보험료	150
퇴직연금보험료	200
사회보장세(회사부담)	300
퇴직연금보험료(회사부담)	200
의료보험료(회사부담)	150
고용인의 당좌예금계좌 보증금액(확인필요)	1,750
총고용주부담 복리후생금액	650

   d. 9월 1일 당신은 $20,000의 차를 구입하였다. 당신은 선금으로 $5,000를 지불하였으며 나머지 $15,000는 월 1%의 이자율로 GFS 은행으로부터 빌렸다. 당신의 매월 납부금은 36개월 동안 $498.21이다.

   e. 개인이나 가계로서, 왜 당신은 대차대조표를 기록하기를 원하는가? 얼마나 자주 대

차대조표를 수정해야 하는가? 당신의 자산과 부채는 역사적 원가로 남겨 두어야 하는가 아니면 시장가치로 기록해야 하는가?

아래의 정보를 이용하여 문제를 풀라(문제 3~10).

Ruffy Stuffed Toy Company의 20x1년 말 대차대조표는 다음과 같다.

자산		부채와 주주지분	
현금	$27,300	유동부채	
매출채권	35,000	매입채무	$65,000
재고자산	57,000	미지급임금	3,000
유동자산총계	119,300	미지급공과금	1,500
설비자산	25,000	장기부채	25,000
감가상각누계액	(2,500)	총부채	94,500
순설비자산	22,500	보통주	45,000
비품	16,000	유보이익	16,300
감가상각누계액	(2,000)	주주지분총계	61,300
순비품	14,000	**총부채, 자본총계**	**155,800**
고정자산 총계	36,500		
자산총계	**155,800**		

20x2년 동안, Ruffy Stuffed Toy Company는 다음 거래를 기록하였다.

• 연초, $9,000의 현금과 $12,000의 3년 만기 수표를 지불하고 새로 장난감 솜 넣는 기계를 구입

• $115,000의 현금판매와 $316,000의 외상판매

• 공급자로부터 $207,000의 재고와 원재료 구입

• 원재료의 공급자에게 $225,000 지불

• 총 $43,000의 임차료 지불

• 총 $23,000의 보험료 지불

• 총 $7,500의 공과금 지급 : 이 중 $1,500는 20x1년의 미지급금임.

• 총 $79,000의 급여 지급 : 이 중 $3,000는 20x1년의 미지급금임.

• 총 $4,000의 기타 제 비용 지급

• 외상매출금 $270,000 회수

• 지급해야 하는 채무에 대한 이자율은 연 10%이다. 이자는 20x2년 12월 31일에 지급되었다.

기타 정보 :

- 장비는 20년의 내용연수를 가지며, 잔존가치는 없는 것으로 추정된다. 20x1년까지 2년간 감가상각되었다.
- 현존하는 비품은 8년의 내용연수를 가진 것으로 추정되었다(잔존가치는 없다). 20x1년까지 1년간 감가상각되었다.
- 새 장난감 솜 넣는 기계는 7년의 내용연수를 가진 것으로 추정되며, 잔존가치는 없다.
- 세율은 35%이며, 세금은 20x2년 12월 31일 지불될 것이다.
- 배당성향은 순이익의 10%가 유지된다.
- 당해의 매출원가는 $250,000이다.
- 매출채권계정의 기말잔액=기초잔액−신용고객으로부터의 현금수취＋신용판매
- 매입채무계정의 기말잔액=기초잔액＋구매−공급자에게 현금지급
- 재고자산계정의 기말잔액=기초잔액＋원재료 구매−매출원가

3. 20x2년 12월 31일 Ruffy Stuffed Toy Company의 손익계산서를 작성하라.
4. 20x2년의 영업손익계산서를 작성하라.
5. 20x2년의 현금흐름표를 작성하라.

재무비율분석

6. Ruffy사의 수익성비율을 계산하라: 매출액수익률(ROS), 자산수익률(ROA), 자기자본수익률(ROE).
7. Ruffy사의 자산회전율을 계산하라: 매출채권회전율, 재고자산회전율, 총자산회전율.
8. Ruffy사의 재무레버리지비율과 유동성비율을 계산하라: 부채비율, 이자보상비율, 유동비율, 당좌비율.
9. 20x2년 말 Ruffy사의 주당 장부가치는 얼마인가?

시장가치 대 장부가치

10. 회사의 주당 주가수익비율(P/E)과 시가−장부가비율(M/B)을 계산하라.

재무비율분석

11. 다음의 정보는 Computronix와 Digitek 기업의 2001년 재무제표이다(두 번째 열과 마지막 세 열을 제외한 모든 수치는 $1,000,000단위이다).

	Computronix	Digitek
순이익	153.7	239.0
배당성향	40.0%	20.0%
세전이익	317.6	403.1
이자비용	54.7	4.8
평균자산	2,457.9	3,459.7
매출액	3,379.3	4,537.0
평균주주지분	1,113.3	2,347.3
보통주 시장가치 :		
연초	$15.0	$38.0
연말	$12.0	$40.0
보통주 발행 주식 수	2억 주	1억 주

이 장에서 학습한 재무비율을 이용하여 두 기업의 재무적 성과를 비교분석하라.

재무제표분석

12. 당신은 지금부터 두 달 후에 시작되는 봄 휴가 동안 플로리다 여행을 생각하고 있다. 당신은 보스턴에서 포트 로더레일까지 가장 싼 왕복티켓 요금을 찾기 위해 웹에서 Excite's Free Previous Travel Service를 이용한다. 그곳에서는 가장 싼 항공사가 AirTran이라고 말한다. 당신은 이전에 그 항공사에 대해 들어 본 적이 없으며, 지금부터 두 달 후 당신이 그 티켓을 이용하기 전에 회사가 부도날 것을 걱정하고 있다. 웹(http://www.quicken.com)에서 이용할 수 있는 재무자료를 통해 AirTran사의 티켓을 구매하는 데 수반되는 위험을 어떻게 측정할 수 있는가? 어떤 기업이 분석의 목적에 적절한 벤치마크 집단이 되겠는가?

13. 다음에 나올 재무재표를 이용하여 답하라.

a. 20x6년과 20x7년 매출에 대하여 동일한 비율로 변하는 항목을 측정하라.

b. 20x6년부터 20x7년까지 얻어지는 매출에서의 성장률을 측정하라.

c. 20x7년 자기자본수익률은 얼마인가? 20x6년의 자기자본수익률을 계산할 수 있는가?

d. 20x7년에 기업이 추가적으로 조달해야 하는 외부자금의 크기를 계산하라. 자금은

다음 재무제표를 참조하라(13, 14, 15번)

손익계산서	20x6	20x7	20x8
매출액	$1,200,000	$1,500,000	
매출원가	$750,000	$937,500	
영업마진	$450,000	$562,500	
영업비용			
광고비용	$50,000	$62,500	
임대료	$72,000	$90,000	
판매인 수수료 비용	$48,000	$60,000	
공과금	$15,000	$18,750	
세전이익	$265,000	$331,250	
이자비용	$106,000	$113,000	
세금이익	$159,000	$218,250	
세금(35%)	$55,650	$76,388	
순이익	$103,350	$141,863	
배당(40% 지급)	$41,340	$56,745	
유보이익 변화	$62,010	$85,118	
대차대조표	20x6	20x7	20x8
자산	$300,000	$375,000	
현금	$200,000	$250,000	
매출채권	$700,000	$875,000	
재고자산	$1,800,000	$2,250,000	
설비자산	$3,000,000	$3,750,000	
총자산			
부채와 주주지분			
부채	$300,000	$375,000	
매입채무	$500,000	$989,882	
단기부채(이자율 10%)	$800,000	$900,000	
장기부채(이자율 7%)			
주주지분			
보통주	$1,100,000	$1,100,000	
유보이익	$300,000	$385,118	
총부채와 지분	$3,000,000	$3,750,000	

어떠한 방식으로 조달되었는가?

14. 도전 과제 : 다음의 가정으로 20x8년 재무제표를 완성하라.

- 매출액 성장률=15%
- 20x8년 1월 1일 기업은 단기부채 $100,000를 갚으려고 한다.

- 부채의 이자율은 대차대조표에 나와 있으며, 이는 20x8년 시작부터 단기부채와 장기부채에 대해 적용된다. 그러나 20x8년 1월 1일 단기대출의 일부를 갚으려 한다는 사실을 명심하라.

- 20x8년 기업의 배당률은 30%로 감소할 것이다. 20x8년 주주에게 귀속되는 이익은 얼마인가? 20x8년 기업에 필요한 추가자금은 얼마인가? 기업은 추가적으로 필요한 자금의 40%를 신주발행에 의해 채울 것이다. 그리고 $100,000까지 장기부채를 사용할 것이며, 나머지 부분은 단기부채를 사용할 것이다. 20x8년의 예상 대차대조표를 완성하라. 기업 법인세율이 38%까지 증가한다고 가정하자. 이 변화가 이루어졌을 때, 요구되는 추가적 자금의 크기를 결정하라.

15. 도전 과제 : 이전 문제에서 세율은 35%, 20x7년부터 20x8년까지 매출액에서 10%의 성장률을 가정한다고 했을 때, 20x8년에 추가적으로 필요한 자금은 얼마인가? 또한 20x8년부터 20x9년까지 매출 성장률이 20%일 거라 가정하고, 20x9년의 재무재표를 구하라. 20x9년에 필요한 추가자금은 얼마인가? 기업은 추가적으로 필요한 모든 금액을 9%의 단기부채로 조달할 계획을 가지고 있다.

성장과 외부자금조달의 필요성

16. 20x8년의 결과를 분석하여 20x9년의 대차대조표를 예상하려고 한다. GMDC는 $50의 총자산 증가와 $25의 이익잉여금 증가, $40의 매입채무 증가를 예상한다. 기업의 부채는 단기부채와 장기부채, 기업의 자본은 보통주와 유보이익으로 구성되어 있다. 기업의 CFO는 당신에게 20x9년에 추가적으로 필요한 외부자금을 결정할 것을 요청하고 있다. 당신은 CFO에게 추가적으로 필요한 외부자금이 얼마라고 얘기하겠는가? GMDC는 외부자금을 조달하기 위해 어떤 행동을 취할 수 있는가?

재무계획과정

17. 다음의 일련의 사건들을 재무계획 과정의 순서대로 정리하라.
- 전술적 계획의 이행을 위해 필요한 자금의 추정
- 최종적인 회사 전반의 계획과 예산의 확정
- CEO와 최고경영자팀의 기업 전략목표 수립
- 일선관리자의 전략목표 이행을 위한 행동계획 고안
- 전략적 계획의 개정, 그에 따르는 부서관리자들의 자원 요청에 기초한 부서별 예

산의 개정

- 외부자금을 이용하기로 결정
- CEO와 최고경영자팀은 부서 간 예산을 기업전체 임시예산으로 통합
- 기업이 필요한 외부자금의 크기 결정
- 전술적 계획과 예산을 부서 수준에서 검토, 행동계획의 우선순위 결정
- 부서관리자들이 그들의 일선관리와 전략목표를 검토

재무계획모형의 구축

18. 다음은 아이스크림 소매상인 Cones 'R' US의 간략하게 요약된 20x8년의 재무제표와 20x9년의 예상 재무제표라고 가정하자.

손익계산서	20x8	20x9
EBIT		$100
이자비용		25
세금지불 수익		75
순이익(30% 세금 지급 후)		50
배당		20
유보이익의 변화		30
대차대조표		
자산	$800	$1,000
부채		
매입채무	80	100
부채	300	450
주주지분	420	450

20x9년에 나와 있는 $25의 이자비용은 20x8년 말에 나와 있는 부채잔액 $300의 8.33% 이자율에 근거한 것이다. 부채는 $300에서 $450로 증가하였는데, 이는 다음의 관계식에서 요구되는 자금을 충족시키기 위해서였다.

추가적인 필요자금의 크기

=자산에서의 변화−유보이익의 증가−매입채무의 증가

a. 만약 부채의 증가가 20x9년 말이 아니라 20x9년 초에 이루어졌다면, 추정된 재무 제표를 이용하여 필요자금조달액의 크기를 결정하는 데 어떠한 문제점이 발생하는가?(필요자금은 부채로 조달된다고 가정하자)

b. 이 문제는 심각한 것인가? 그렇다면 그 이유는 무엇인가?

성장과 외부자금조달의 필요성

19. 지속가능한 성장률(g)은 다음과 같이 표현된다.

g = 자기자본수익률 × (1 − 배당성향)

= (순이익/주주의 자기자본)(유보이익)

= (순이익)(이익유보율)/(주주의 자기자본)

그렇다면 기업이 지속가능한 성장률을 0으로 하기 위해서는 어떻게 해야 하는가?

20. 기업은 20x9년 $20의 순이익과 20x8년 말 기준으로 $450의 총자산을 가지고 있다고 가정하자. 또한 기업은 0.8의 부채/자기자본 비율을 유지하며, 추가적인 차입이나 주식발행은 없다고 가정하자.

a. 기업의 지속가능한 성장률은 얼마인가?

b. 기업이 $20의 순이익에서 배당으로 $6를 지급했고 미래에도 이 배당성향을 계속 유지할 계획이다. 현 상태에서 기업이 감당할 수 있는 최대 성장률은 얼마인가?

c. 기업이 순이익 $20 중 $12를 기업이 발행한 주식의 일부를 재매입하고, 이 비율을 계속 유지할 계획이다. 기업의 감당할 수 있는 성장률은 얼마인가?

d. 기업이 b, c에서 설명된 행동을 동시에 취한다면, 기업의 감당할 수 있는 성장률은 얼마인가?

운전자본관리

21. 지금은 20x2년 3월 13일이다. 당신은 $2,000의 잔액을 가진 당신의 신용카드 청구서를 받았으며, 상환시점은 x2년 4월 5일이다. 하지만 당신의 배우자는 금액의 크기에 당황하여 지금 즉시 그 금액을 지불하기 원한다. 현금순환주기의 원칙의 관점에서 본다면 언제 지불해야 하는가? 왜? 이 전략을 채택하는 데 존재하는 위험은 무엇인가?

22. 당신은 수영장 탁자를 제조하는 기업을 소유하고 있다고 가정하자. 30일 전 당신은 사업을 검토하고 개선할 부분을 제안받기 위해 컨설턴트를 고용했다. 컨설턴트의 제안은 20일이 걸리는 매출채권기간을 줄이고, 5일의 재고자산기간을 조금 늘리고, 15일이 걸리는 매입채무기간을 줄일 것을 제안하였다. 당신은 컨설턴트의 제안을 이행하겠는가? 그 이유는 무엇인가?

23. 일반적으로 현금순환주기관리의 원칙은 기업이 매출채권회수에 걸리는 시간을 줄이

고 매입채무의 기간을 늘리는 것이다. 만일 기업이 조기지불 하는 고객에게 일정액을 할인해 주고, 공급자에게 제공받던 할인을 포기하는 대신에 결제시기를 늦추는 결정을 내렸다면, 어떤 상충관계를 관리해야 하는가?

24. 어떤 가구회사는 소비자들이 현금 구입 시에는 할인을 해 주거나, 대금지급을 1년 후에 할 수 있는(소비자들은 이자를 지불하지 않으며, 기업의 대차대조표에는 매출채권으로 기록된다) 판매이벤트 광고를 하고 있다. 두 가지 선택권에서 화폐의 시간가치는 무시한다고 가정한다. 현금순환관리의 관점에서 볼 때, 1) 왜 회사는 할인을 제공하는가? 2) 고객이 후불제를 선택한다면, 왜 회사는 1년 동안 현금 수취를 포기하려 하는가? 연기하는 경우만을 가정하였을 때 회사에는 어떤 위험이 있는가?

유동성과 현금예산

25. 운전자본의 모니터링을 통하여 자금문제를 시정하는 경우의 빈도를, 미래의 매출을 예상하여 추가적으로 필요한 자금을 결정하는 경우의 빈도와 비교하라. 만약 한 기업이 자신의 운전자본의 상태를 세밀하게 관찰한다면, 어떤 문제를 피해 갈 수 있는가?

자원의 시간적 배분

04

화폐의 시간가치와
현금흐름 할인 분석

제1장에서 살펴보았듯이 재무의사결정에는 여러 기간에 걸쳐서 비용과 효익이 수반된다. 기업이나 가정에서의 재무의사 결정자들은 현시점에서 투자를 함으로써 미래에 효익을 기대할 수 있는지를 판단하고 평가해야 한다. 즉 현재와 미래라는 서로 다른 시점에서의 화폐 가치를 비교해야 하는 것이다. 따라서 우리가 이러한 분석을 하기 위해서는 이 장에서 소개되는 **화폐의 시간가치**(time value of money) 개념과 **현금흐름 할인법**(discounted cash flow)에 대한 이해가 필요하다.

화폐의 시간가치, 즉 화폐의 시간가치를 갖는다는 것은 현시점에서 보유하고 있는 화폐의 가치가 미래의 동일한 금액의 화폐가치보다 더 크다는 것이다. 여기에는 세 가지 이유가 있다. 첫째, 현시점에의 투자를 통해 이자수입을 얻을 수 있으므로 미래에는 현재보다 더 많은 화폐액을 보유하게 된다. 둘째, 인플레이션이 존재하기 때문에 화폐의 실질 구매력이 변한다. 셋째, 일반적으로 미래는 불확실하다.

이 장에서 우리는 앞서 언급한 세 가지 이유들 중 첫 번째 이유인 이자율에 대해 살펴보게 될 것이다. 그리고 인플레이션과 불확실성을 어떻게 해결할 것인가에 관해서는 다음에 살펴볼 것이다.

4.1 복리

먼저 **복리**(compounding)의 개념을 가지고 화폐의 **현재가치**(present value, PV), **미래가치**(future value, FV) 그리고 현금흐름할인 분석에 대해서 살펴보기로 한다. 미래가치는 현재의 투자금액에 미래 특정 시점까지의 복리이자를 더한 금액이 된다. 예를 들어, 연이자율 10%로 $1,000를 은행에 예치했다고 가정하자. 중간에 예금인출이 전혀 없다고 하고 5년이 지난 시점에서 은행으로부터 받게 되는 금액이 $1,000에 대한 5년 후의 미래가치가 되는 것이다.

이와 관련해서 몇 가지 용어를 정의해 보면 다음과 같다.

PV = 현재가치로서 여기서는 $1,000

i = 이자율로서 일반적으로 연 단위로 표현되며 여기서는 10%

n = 이자가 계산되어 원금에 합산되는 기간

FV = n기간 말 미래가치

위의 예를 이용해서 계산과정을 살펴보자. 첫째, 1년 후에 예금을 인출한다면 얼마를 받게 될까? 원금 $1,000에다 1년간 발생한 이자 $100(=0.1×$1,000)를 더한 금액이 될 것이다. 따라서 첫 번째 연도 말 기준의 미래가치는 $1,100가 된다.

$$FV = \$1,000 \times 1.10 = \$1,100$$

만일 $1,100를 인출하지 않고 은행에 그대로 예치해 둔다면 2차연도 말에는 얼마를 찾을 수 있을까? 2차연도에도 $1,100에 대해서 10%의 이자, 즉 $110(=0.1 \times \$1,100)가 발생하므로 2차연도 말 은행에서 찾을 수 있는 금액은 $1,210이 된다.

복리이자에 대한 이해를 돕기 위해 $1,210를 세 부분으로 구분해 보면 다음과 같다. 첫째, 원금 $1,000가 있고, 원금에 대한 1차연도의 이자 $100와 2차연도의 이자 $100가 있다. 여기서 원금에 대한 이자 $200를 **단리이자**(simple interest)라고 한다. 마지막으로 1차연도의 이자 $100에 대해 2차연도에 발생한 이자 $10가 있다. 이미 발생한 이자에 대한 이자를 **복리이자**(compound interest)라고 한다. 따라서 총이자발생액 $210는 단리이자 $200와 복리이자 $10를 합한 금액이다.

실제에 있어서 총이자발생액 $210 중 얼마만큼이 단리이자이고 복리이자인지에 대해서 구분할 필요는 없다. 중요한 것은 미래에 은행계좌에 남게 되는 금액, 즉 미래가치가 얼마인지를 계산할 수 있으면 되는 것이다. 2차연도 말 미래가치를 직접적으로 구하는 방법은 원금에 1.1을 두 번 곱하면 된다. 즉,

$$FV = \$1,000 \times 1.1 \times 1.1 = \$1,000 \times 1.1^2 = \$1,210$$

3차연도 말의 미래가치를 구해 보면,

$$FV = \$1,000 \times 1.1 \times 1.1 \times 1.1 = \$1,000 \times 1.1^3 = \$1,331$$

같은 방법으로 5차연도 말의 미래가치는

$$FV = \$1,000 \times 1.1 \times 1.1 \times 1.1 \times 1.1 \times 1.1 = \$1,100 \times 1.1^5 = \$1,610.51$$

결론적으로 연이자율이 10%일 때 5차연도 말 $1,000의 미래가치는 $1,610.51가 된다. 5년 동안의 총이자액은 $610.51인데, 이것은 단리이자 $500와 복리이자 $110.51를 합한 금액이 되는 것이다.

| **예제 4.1** |
위의 예에서 이자율이 연 5%로 바뀌면 미래가치는 얼마이며, 단리이자와 복리이자는 얼마가 되는가?

표 4.1 미래가치와 복리이자

연도	연초 계좌잔고	이자수입액	연말 계좌잔고
1	$1,000.00	$100.00	$1,100.00
2	$1,100.00	$110.00	$1,210.00
3	$1,210.00	$121.00	$1,331.00
4	$1,331.00	$133.10	$1,464.10
5	$1,464.10	$146.41	$1,610.51
총이자수입		$610.51	

주 : 표 4.1과 그림 4.1은 연이자율 10%일 때 $1,000에 대한 미래가치를 보여 주고 있다. 그래프에서 단리 이자액은 매년 $100씩 누적증가하고, 복리이자액은 총누적복리이자액이 된다.

복리계산의 효과를 이해하기 위해 표 4.1을 보자. 표 4.1을 보면 5년 동안의 계좌잔고 증가내역이 나타나 있으며, 각 기간의 총이자수입은 연초의 계좌잔고에 이자율 10%를 곱해 구할 수 있음을 보여 주고 있다. 표 4.1의 내용을 그래프로 나타낸 것이 그림 4.1이 다. 그래프를 보면 계좌잔고의 증가내역을 단리이자액과 복리이자액으로 구분하여 보여 주고 있다. 누적 단리이자액은 매 기간마다 $100씩 동일하게 누적증가하지만 누적 복리 이자액은 직전 기간보다 큰 비율로 증가하고 있는데 이것은 복리이자가 직전 기간의 이 자에 대한 10%의 이자이기 때문이다.

만일 i가 이자율이고 n이 기간을 나타낸다면, $1,000의 미래가치는 다음 식을 통해서 구할 수 있다.

그림 4.1

미래가치와 복리이자 그래프

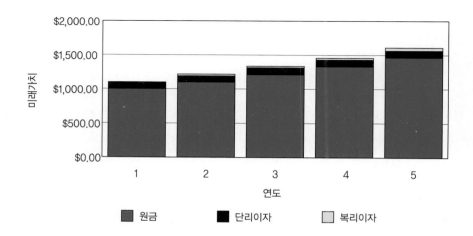

$$FV = \$1,000(1+i)^n \tag{4.1}$$

일반적으로 현재의 어떤 투자에 대해서도 **미래가치계수**(future value factor)는 다음과 같다.

$$FV = (1+i)^n$$

미래가치계수는 이자율이 높을수록, 투자기간이 길수록 커진다. 표 4.2와 그림 4.2는 이러한 관계를 잘 보여 주고 있다.

4.1.1 미래가치의 계산

일반적인 재무용 계산기를 사용하면 계산을 보다 쉽게 할 수 있다. 재무용 계산기에 기간(n)과 이자율(i), 투자금액(PV)을 입력하면 간단히 미래가치(FV)가 계산된다. 이 밖에 엑셀의 미래가치(FV)함수를 이용해서도 간단히 계산을 할 수 있다. 그러나 엑셀에서는 현금의 유입은 양수로, 현금의 유출은 음수로 입력해야 한다는 것을 주의해야 한다. 즉 초기의 투자금액은 음수로 입력해야 한다는 것이다. 엑셀의 미래가치(FV)함수를 이용하여 한 셀에＝FV(10%, 5, 0, −$1,000)라고 입력하면, 그 셀에 $1,610.51이라는 결과값이 표시된다. 또한 참조표를 사용하면 재계산이 쉽고, 민감도 분석도 가능하게 된다. 다음과 같이 엑셀을 작성해 보자.

기간, n	이자율, i					
	2%	4%	6%	8%	10%	12%
1	1.0200	1.0400	1.0600	1.0800	1.1000	1.1200
2	1.0404	1.0816	1.1236	1.1664	1.2100	1.2544
3	1.0612	1.1249	1.1910	1.2597	1.3310	1.4049
4	1.0824	1.1699	1.2625	1.3605	1.4641	1.5735
5	1.1041	1.2167	1.3382	1.4693	1.6105	1.7623
10	1.2190	1.4802	1.7908	2.1589	2.5937	3.1058
15	1.3459	1.8009	2.3966	3.1722	4.1772	5.4736
20	1.4859	2.1911	3.2071	4.6610	6.7275	9.6463

표 4.2

다른 기간과 이자율에 따른 $1의 미래가치

주 : 표 4.2와 그림 4.2에서는 서로 다른 투자기간과 이자율하에서 $1의 미래가치가 어떻게 달라지는가를 보여 주고 있다. 이자율이 높을수록 미래가치의 증가폭은 더 커진다.

그림 4.2

$1의 미래가치

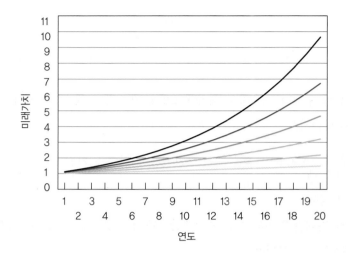

만약 셀 A1의 값을 15%로 변경하면 결과값인 셀 A4가 $2,011.36로 변경되게 된다.

	A	B
1	10%	*i*
2	5	*n*
3	($1,000.00)	*PV*
4	=FV(A1, A2, 0, A3) 결과값 $1,610.51	*FV*

1. 표 4.2와 같은 미래가치표를 이용할 수도 있다. 예를 들면, *n*은 5이고 *i*가 10%인 경우 표를 보면 1.6105가 나와 있는데, 이 수치를 $1,000에 곱하면 미래가치를 간단히 구할 수 있다.

2. 마지막으로, 재무계산기나 현가표와 같은 도구가 없을 때 간단히 적용할 수 있는 것을 소개하자면, **72의 법칙**(Rule of 72)이라는 것이 있는데 이것은 어떤 이자율에서 미래가치가 원금의 두 배가 되는 이자율과 기간의 관계를 통해서 대략적으로 미래가치를 계산하는 것이다. 계산방법은 72를 연이자율로 나누면 된다.

$$두\ 배가\ 되는\ 기간 = \frac{72}{이자율}$$

예컨대, 연이자율이 10%이면 약 7.2년 후에 원금의 두 배가 된다. 즉, $1,000를 투자했으면 약 7.2년 후에는 $2,000가 되고, 14.4년 후에는 $4,000 그리고 21.6년 후에는 $8,000가 된다.

이후부터는 미래가치를 계산하는 데 있어서 직관적으로 이해하기 쉬운 다음과 같이 정의되는 **복리계수**(compound amount factor)를 사용할 것이다.

$$FV_{PV}(PV,\ i,\ n) = PV(1+i)^n$$

예를 들어 $FV_{PV}(\$1,000, 10\%, 5) = \$1,610.51$이고, $FV_{PV}(\$1,000, 12\%, 5) = \$1,762.34$이다.

4.1.2 노후대비 저축

당신이 현재 20세이고 45년간 연이자율 8%를 지급하는 은행상품에 $100를 저축하는 것을 고려 중이라고 하자. 그렇다면 65세가 되는 해에 얼마를 받을 수 있을까? 이때 단리이자와 복리이자는 얼마인가? 만일 연 9%의 이자를 지급하는 상품이 있다면 65세에 얼마를 받게 되는가? 앞서 제시된 복리계수를 사용해 보면

$$FV_{PV}(\$100, 8\%, 45) = \$100 \times 1.08^{45} = \$3,192.04$$

원금이 $100이므로 총이자수입은 $3,092.04가 된다. 단리이자액은 $45 \times 0.08 \times \$100 = \$360$가 되고 복리이자액은 $2,732.04가 된다.

이자율이 9%인 경우 미래가치는

$$FV_{PV}(\$100, 9\%, 45) = \$100 \times 1.09^{45} = \$4,832.73$$

이자율이 1% 증가했음에도 미래가치는 $1,640.69($= \$4,832.73 - \$3,192.04$)가 증가하여 이자율이 8%일 때와 비교해서 $50\%\left(\dfrac{\$1,640.69}{\$3,192.04} = 0.514\right)$ 이상 증가하고 있다. 결국 투자기간이 큰 경우 이자율이 조금 변하더라도 미래가치는 큰 비율로 증감함을 알 수 있다.

72의 법칙을 적용하더라도 근사값을 얻을 수 있다. 이자율이 8%인 경우 원금 $100는 9년마다 두 배가 된다. 따라서 45년간 투자한다면 총 다섯 번에 걸쳐서 두 배가 되는 기회를 갖게 된다. 72의 법칙 적용 결과 $3,200라는 미래가치가 산출되며 이 값은 앞서 구한 미래가치 $3,192.04와 큰 차이가 없음을 알 수 있다.

이자율이 9%인 경우는 8년마다 두 배가 되므로 45년간 투자한다면 총 5.5번($45/8 = 5.625$)에 걸쳐서 두 배가 되는 기회를 갖는다. 그러므로 이자율이 8%일 때와 비교해서 금액이 50% 증가하게 된다. 적용 결과 $1.5 \times \$3,200 = \$4,800$를 얻게 되는데 앞서 구한 미래가치 $4,832.73와 큰 차이가 없다.

4.1.3 상이한 이자율로의 재투자

다음과 같은 투자기회가 있다고 하자. 2년간 $10,000를 은행의 양도성예금증서(CD)에 투자하려고 한다. 2년만기 CD는 연간 7%의 이자를 지급하고 1년만기 CD는 연간 6%의 이자를 지급한다고 한다. 어느 상품에 투자하는 것이 바람직한가?

투자결정을 하기에 앞서 먼저 1년만기 CD의 이자율이 다음 연도에도 지속될 것인가에 대한 판단을 해야 한다. 즉 **재투자 수익률**(reinvestment rate)을 고려해야 하는데, 이것은 만기 전에 투자금액을 회수하여 재투자하는 경우의 수익률을 말하는 것으로 여기서는 8%라고 가정하자.

이제 미래가치의 개념을 가지고 투자의사결정을 할 수 있다. 즉 각각의 투자안에 대한 미래가치를 구하여 2년이 경과했을 때의 회수가능 금액을 구해 보면 된다. 2년만기 CD의 미래가치는

$$FV_{PV}(\$10,000,\ 7\%,\ 2) = \$10,000 \times 1.07^2 = \$11,449$$

같은 방법으로 1년만기 CD의 2년 후 미래가치를 구하면

$$FV = \$10,000 \times 1.06 \times 1.08 = \$11,448$$

결국 2년만기 CD에 투자하는 경우에 조금 더 많은 미래가치를 가지게 됨을 알 수 있다.

4.1.4 대출금의 상환

졸업 후 50년이 지난 어느 날 학교로부터 마지막 학기 때 학생회비 $100가 미납된 사실이 발견되었다는 연락이 왔다고 가정하자. 이에 학교 측은 연이자율 6%로 미납금을 징수하려고 한다. 그렇다면 당신은 얼마를 지불해야 하는가?

앞서 소개된 미래가치를 구하는 방법을 이용해서 구해 보면 다음과 같다.

$$FV_{PV}(\$100,\ 6\%,\ 50) = \$100 \times 1.06^{50} = \$1,842.02$$

| 예제 4.2 |

1626년 피터는 인디언들로부터 $24를 주고 맨하탄 섬을 구입했다. 인디언들은 받은 돈을 연 6%의 복리이자율로 저축을 했다면, 370년이 지난 1996년에 얼마를 찾을 수 있었겠는가?

4.2 복리의 빈도

대출금리와 저축금리는 일반적으로 **연이자율**(annual percentage rate, APR)로 표시된다. 그러나 복리의 경우 이자는 일정 기간(월 또는 년)마다 나누어서 계산을 한다. 동일한 이자율을 적용하는 경우에도 복리계산의 빈도에 따라 실질적인 이자율이 달라지게 되는데, 이것을 **실효이자율**(effective annual rate, EFF)이라고 한다. 만일 복리계산이 1년에 한 번만 이루어진다면 실효이자율은 연이자율과 동일하게 된다.

예를 들어, 연이자율이 6%이고 복리계산은 월마다 이루어진다고 가정하자. 이것이 의미하는 것은 표시된 연이자율 6%의 1/12씩을 월마다 적용해서 이자계산을 한다는 것이다. 즉 월이자율이 0.5%라는 것이다.

연초 \$1가 연말에 가지는 미래가치를 구함으로써 실효이자율을 구할 수 있다. 위의 예를 적용해 보면,

$$FV = 1.005^{12} = 1.0616778$$

실효이자율은 위에서 구한 값에서 1을 빼면 된다.

$$EFF = 1.0616778 - 1 = 0.0616778 \text{ 또는 } 6.16778\%(연간)$$

실효이자율을 구하는 일반식을 나타내 보면,

$$EFF(APR, \ m) = \left(1 + \frac{APR}{m}\right)^m - 1 \tag{4.2}$$

여기서 APR은 연간 퍼센트율이고 m은 복리가 계산되는 횟수를 의미한다. 표 4.3은 연이자율이 6%일 때 서로 다른 복리빈도에 따른 실효이자율을 보여 주고 있다.

복리가 연 1회 계산된다면 실효이자율과 APR은 동일하게 된다. 이러한 복리빈도의 증가를 복리계수(compound amount factor)에 적용시켜 보면 다음과 같이 표현할 수 있다. $FV_m(PV, \ APR, \ m, \ n) = PV \cdot \left(1 + \frac{APR}{m}\right)^{mn}$, 여기서 $\frac{APR}{m}$은 복리기간의 이자율, mn은 n년 동안의 복리기간 횟수이다. 복리빈도가 증가함에 따라 실효이자율은 점점 증가하다가 극한값에 수렴하게 되는데, m이 무한히 증가하게 되면 $\left(1 + \frac{i}{m}\right)^{mn}$은 극한값인 e^i에 수렴하게 된다(e는 2.71828값을 가진다). 따라서 위의 예에서 이자가 연속복리로 계산된다면 유효이자율은 $e^{0.06} = 6.18365\%$가 된다. 이러한 연속복리를 복리계수로 표현하면 $FV_{con}(PV, \ i, \ n) = PV \cdot e^{i \cdot n}$가 된다.

엑셀에서는 EFFECT 함수를 이용하여 유효이자율을 구할 수 있다. 만약 엑셀에서 10%

의 연이자율로 분기마다 계산되는 유효이자율을 구하고 싶다면 셀에＝EFFECT(10%, 4)라고 입력하면 된다(결과값 0.1038129). 반대로 유효이자율로 연이자율을 구하고 싶다면, NOMINAL 함수를 사용하면 된다. 한 셀에＝NOMINAL(12%, 12)라고 입력하면 0.1138655라는 결과값을 얻을 수 있는데, 이는 유효이자율이 12%이고 매월 복리계산이 이루어질 경우 연이자율이 11.38655%라는 것이다.

| 예제 4.3 |

연이자율이 12%이고 매월 복리계산을 하는 조건으로 대출을 받으려고 한다. 그렇다면 당신이 실제로 부담해야 하는 실효이자율은 얼마가 되는가?

4.3 현재가치와 할인

미래가치와 관련한 질문 중 하나는 현재 $1,000를 투자하면 이자율이 8%일 때 10년 후 받게 되는 금액이 얼마인가 하는 것이다(정답은 $2,158.92).

그런데 만일 미래의 한 시점에서 특정 금액을 얻고자 한다면 현재 얼마를 투자해야 하는가라는 질문에 대한 답은 어떻게 구할 수 있는가? 예를 들어, 지금부터 8년 후 자녀의 대학등록금으로 $15,000가 필요하다면 현재 얼마를 저축해야 하는가? 여기에 대한 답을 구하기 위해서는 주어진 미래의 특정 금액을 현재의 가치로 계산해야 한다.

현재가치를 구하는 것은 미래가치를 구하는 방법을 역으로 적용하면 된다. 이렇게 해서 구한 현재가치는 미래의 특정 금액을 얻기 위해 현재 투자해야 하는 금액이 된다. 지금부터 현재가치(PV)를 구하는 방법을 살펴보기로 하자.

1년 후 $1,000가 필요한데 현재 적용되는 연이자율이 10%라고 가정하자. 현재 투자해

표 4.3 *APR*이 6%일 때 실효이자율

복리빈도	*m*	실효이자율
연간	1	6.00000%
반기	2	6.09000%
분기	4	6.13636%
월간	12	6.16778%
주간	52	6.17998%
일간	365	6.18313%
연속	∞	6.18365%

야 하는 금액은 $1,000의 현재가치가 된다. 이자율이 10%이므로 현재의 $1는 1년 후 $1.1 가 됨을 알 수 있다. 그러므로 다음과 같이 쓸 수 있다.

$$PV \times 1.1 = \$1,000$$

따라서 현재가치는

$$PV = \frac{\$1,000}{1.1} = \$909.09$$

결국 연이자율이 10%일 때 1년 후 $1,000를 얻기 위해서는 현재 $909.09를 투자해야 하는 것이다.

그렇다면 2년 후 $1,000가 필요하다면 현재 얼마를 투자해야 할까? 분명한 것은 $909.09보다는 작을 것이라는 것이다. 왜냐하면 2년 동안 10%의 이자를 받을 수 있기 때문이다. 현재가치를 구하기 위해 미래가치를 구하는 방법을 이용해 보자.

$$\$1,000 = PV \times 1.1^2 = PV \times 1.21$$

따라서 현재가치는

$$PV = \frac{\$1,000}{1.1^2} = \$826.45$$

즉, 현재 10% 이자율로 $826.45를 투자하면 2년 후 미래가치는 $1,000가 될 것이다.

현재가치를 구하는 것을 할인한다고 하며, 이때 적용되는 이자율을 할인율이라고 한다. 즉 재무에서 할인이라는 개념은 어떤 물건을 살 때 가격을 할인하는 것과는 다른 것으로 미래의 특정 금액을 현재가치로 계산하는 것을 의미한다. 그리고 현재가치를 계산하는 것을 **현금흐름할인**(DCF) 분석이라고 한다.

할인율이 i이고 기간이 n일 때 $1의 현재가치를 구하는 일반식을 나타내 보면,

$$PV = \frac{1}{(1+i)^n} \tag{4.3}$$

이것은 할인율이 i, 기간이 n일 때 **$1의 현재가치**(present value of $1)이다.

따라서 이자율이 10%이고 기간이 5년일 때 $1의 현재가치는

$$PV = \frac{1}{1.1^5} = 0.62092$$

이자율이 10%일 때 5년 후 $1,000의 현재가치는 $1,000에 $1의 현재가치를 곱하면

표 4.4 다른 기간과 이자율에 따른 $1의 현재가치

기간, n	이자율, i					
	2%	4%	6%	8%	10%	12%
1	0.9804	0.9615	0.9434	0.9259	0.9091	0.8929
2	0.9612	0.9246	0.8900	0.8573	0.8264	0.7972
3	0.9423	0.8890	0.8396	0.7938	0.7513	0.7118
4	0.9238	0.8548	0.7921	0.7350	0.6830	0.6355
5	0.9057	0.8219	0.7473	0.6806	0.6209	0.5674
10	0.8203	0.6756	0.5584	0.4632	0.3855	0.3220
15	0.7430	0.5553	0.4173	0.3152	0.2394	0.1827
20	0.6730	0.4564	0.3118	0.2145	0.1486	0.1037

$620.92가 된다.

할인을 한다는 것은 복리계산을 역으로 적용하는 것과 같으므로 미래가치를 구할 때 적용했던 표 4.2를 이용해서 현재가치를 구하면 된다. 즉 미래가치계수를 곱하는 것이 아니라 미래가치계수로 나누어 주면 된다. 따라서 앞의 예에 적용해 보면, 표 4.2에서 구한 1.6105로 $1,000를 나누어 주면 현재가치를 구할 수 있다.

$$\frac{\$1,000}{1.6105} = \$620.92$$

표 4.2와 같이 현재가치요소를 계산해 놓은 것이 표 4.4에 기록되어 있다. 표 4.4를 보면 이자율 10%, 기간이 5년인 경우의 현재가치요소는 0.62092임을 알 수 있다.

$1의 현재가치를 구하는 일반식은,

$$PV = \frac{1}{(1+i)^n}$$

여기서 i는 이자율이고 n은 기간을 의미한다.

표 4.4를 보면 행을 따라 밑으로 갈수록 $1의 현재가치가 감소함을 볼 수 있다. 예를 들어, 1년 후 $1의 현재가치는 $0.9091인 반면 20년 후 $1의 현재가치는 $0.1486에 불과하다.

이후부터는 현재가치를 계산하는 데 있어 다음과 같이 정의되는 **현가계수**(present value factor)를 사용할 것이다.

$$PV_{FV}(FV,\ i,\ n) = \frac{FV}{(1+i)^n}$$

예를 들어, $PV_{FV}(\$1,000, 10\%, 5) = \$620.92$이고 $PV_{FV}(\$1,000, 12\%, 5) = 567.43$이다.

4.3.1 $100짜리 생일선물의 가치는 항상 $100가 아니다

누군가 10번째 생일날 만기가 5년 후인 액면 $100짜리 채권을 구입했다고 하자. 이 채권은 만기일까지 중간에 어떠한 금액도 지급하지 않는다. 그런데 그는 이 채권을 실수로 $100를 지급하고 구입했다. 그렇다면 할인율이 8%라고 할 때 이 채권은 얼마를 지불하고 구입했어야 했을까? 그리고 그에게 어떻게 설명을 해 주어야 할까?

할인율이 8%일 때 5년 후 $100의 현재가치를 구해 보면 알 수 있다. 식은 다음과 같다.

$$PV = \frac{\$100}{1.08^5} = \$68.06$$

일반적인 계산기를 이용하는 경우는 $100를 1.08로 다섯 번 나누어 주면 된다. 반면 재무계산기를 이용하는 경우는 n, i와 FV의 값을 입력한 뒤 PV를 누르면 된다. 또는 표 4.4와 같은 현재가치요소표를 이용해서 구해도 된다. 표 4.4에서 보면 0.6806이 적절한 현재가치요소인데 이 값을 $100에 곱해 주면 현재가치인 $68를 구할 수 있다.

이러한 방법의 설명이 다소 부담스러울 수도 있다. 따라서 현재가치를 이용해서 설명을 하기보다는 미래가치를 가지고 설명하는 편이 좀 더 이해가 쉬울 수 있다. 가령, 이자율 8%로 $68를 현재 투자를 하면 5년 후에는 $100를 얻을 수 있기 때문에 그 채권의 현재값은 $68가 된다는 식으로 설명하는 편이 이해하기 쉬울 수 있다.

| 예제 4.4 |
이자율이 6%이면 4년 후 $100의 현재가치는 얼마인가?

4.3.2 매년 1회 이상 복리로 할인을 하는 경우

매년 1회 이상 복리로 할인을 해야 하는 경우에는 할인을 하는 방법에 변화를 주어야 한다. 이 경우 식은 다음과 같다.

$$PV_m(FV, APR, n, m) = \frac{FV}{(1 + \frac{APR}{m})^{mn}}$$

여기서 APR은 연이자율, m은 매년 복리가 계산되는 횟수이다. 예를 들어 5년 뒤의 $500가 10%의 연이자율로 반기마다 복리로 계산될 경우 현재가치는 다음과 같다.

$$PV_m(\$500, 10\%, 5, 2) = \frac{\$500}{(1+\frac{10\%}{2})^{10}} = \$306.96$$

엑셀을 사용하는 경우에는 10%의 연이자율을 5%의 반기이자율로 변환하여 5 대신 10을 입력하면 된다. 즉 $= PV(5\%, 10, 0, -\$500)$[1]을 입력하면 $306.96의 값을 얻을 수 있다.

만약 연속복리로 할인을 할 경우 식은 $PV_{con} = FV \cdot e^{-APR \cdot n}$이다. 예를 들어 6개월 후에 만기가 도래하는 단기국채를 생각해 보자. 만기까지 보유했을 경우 단기국채의 연속복리 수익율이 5%라면, 이 채권의 현재가치는 $PV = \$10,000 \cdot e^{-0.10 \cdot 0.5} = \$9,512.29$가 되게 된다.

| 예제 4.5 |
만기가 3개월 남은 액면가 $10,000의 단기국채가 $9,800에 거래되고 있다. 현재 이 채권을 구매하여 만기까지 보유했을 때 얻을 수 있는 수익률을 연속복리로 계산된 연이자율로 구하라.

4.4 현금흐름 할인법에 의한 의사결정 규칙

지금까지 살펴본 현금흐름을 할인하는 개념은 투자의사결정을 하는 데 있어서 매우 유용하게 이용될 수 있다. 이러한 개념의 핵심은 미래가치, 현재가치, 이자율 그리고 기간으로 구성된 일반식에서 찾아볼 수 있다.

$$FV = PV (1+i)^n \tag{4.4}$$

위 식을 사용하면 세 가지 변수값만 알아도 네 번째 변수의 값을 계산할 수 있고 그에 따라 투자결정을 할 수 있게 된다. 가장 일반적이고 널리 이용되는 의사결정 규칙은 **순현가**(net present value, NPV)법을 따르는 것이다. 순현가법은 간단하지만 명확하고 직관적인 이해가 가능하다. 즉, 미래 현금흐름의 현재가치가 최초의 투자금액을 초과하는 투자안을 선택하면 된다는 것이다. 순현가법을 정의해 보면 다음과 같다.

NPV는 미래 현금유입의 현재가치에서 현재와 미래의 현금유출의 현재가치를 뺀 값이다. 따라서 NPV가 0보다 큰 투자안은 채택하고, 0보다 작은 투자안은 기각하면 된다.

---

[1] 엑셀의 PV 함수는 $PV(i, n, PMT, FV)$ 형태를 가진다.

예를 들어, 액면 $100인 채권을 $75에 살 수 있는 투자안과 연이자율 8%짜리 저축예금에 가입하는 투자안이 있다고 가정하자. 채권을 구입하는 것이 올바른 투자선택일까? NPV법을 이용해서 투자안 선택을 해 보자. 채권구입 시 현금유입의 현재가치는 얼마가 될까? 그것은 5년 후 받게 되는 $100의 현재가치가 될 것이다. 이때 적용하는 할인율은 채권을 구입하지 않고 다른 투자안 선택 시 받게 되는 이자율이 된다.

일반적으로 어떤 투자안의 NPV를 계산할 때 사용하는 할인율은 **기회자본비용**(opportunity cost of capital, 일반적으로 시장이자율이라 불림)을 사용한다. 여기서 기회자본비용이란 고려 중인 투자안에 투자를 하지 않고 다른 투자안에 투자했을 때 얻을 수 있는 이자율이 된다. 주어진 예에서 채권에 투자하는 경우의 기회자본비용은 은행에 저축함으로써 얻게 되는 이자율 8%가 되는 것이다. 그러나 언제나 이런 방법으로 기회자본비용을 구할 수 있는 것은 아니다.

계산의 편의를 위해, 특히 재무계산기나 엑셀을 사용하는 경우 아래와 같이 표를 만들어 사용하는 것이 좋다.

화폐시간가치(TVM) 계산표	
10%	i
5	n
?	PV
100	FV
PV=$68.06	**결과**

위 표에서 ? 부분은 우리가 알고자 하는 값으로서 나머지 값을 이용해서 계산해야 한다. 즉 FV, i, n 등 세 개의 변수값을 이용해서 PV를 구하는 것이다. 이렇게 해서 얻은 PV값을 채권구입에 필요한 초기 투자금액과 비교를 한다. 식을 보면 다음과 같다.

$$PV = \frac{\$100}{1.08^5} = \$68.06$$

$68.06와 채권구입에 필요한 금액 $75를 비교해 보면 채권에 투자하는 것이 바람직하지 않다는 결론을 내릴 수 있다. 왜냐하면 투자에 따른 NPV가 $68.06 - $75 = -$6.94로서 0보다 작기 때문이다.

NPV라는 것은 의사결정을 했을 때 현재 부의 변화를 의미한다. 따라서 NPV가 0보다 작은 투자안은 선택하지 않는 것이 바람직하다. 예에서 보면 채권에 투자하는 경우 현재

보유하고 있는 부가 약 $7 정도 감소하게 되는 것이다.

이 같은 결론을 유도하는 다른 방법으로 앞서 소개된 미래가치를 이용하는 방법이 있다. 즉 서로 다른 투자안이 있다고 하면 더 큰 미래가치를 가져다주는 투자안을 선택하면 되는 것이다. 이러한 방법이 어쩌면 더 직관적일 수 있다. 하지만 이러한 미래가치를 통한 결정 방법이 실제로 많이 사용되지 않는 이유는 많은 경우에 있어서 투자안의 미래가치를 계산하는 것이 불가능하기 때문이다. 앞서 살펴본 NPV를 살펴볼 때 사용했던 예를 그대로 사용하여 미래가치를 통한 투자결정을 해 보자.

채권에 투자를 하는 경우의 미래가치는 $100가 된다. 은행에 8%의 연이자율로 저축하는 것은 대안이 될 수 있는 투자안이다. 그렇다면 채권에 투자하는 것이 은행에 저축하는 것보다 더 큰 미래가치를 가져다주는가? 주어진 정보를 표로 나타내 보자.

화폐시간가치(TVM) 계산표	
8%	i
5	n
$75.00	PV
?	FV
FV=$110.20	결과

미래가치를 구하는 식을 통해 미래가치를 구해 보자.

$$FV = \$75 \times 1.08^5 = \$110.20$$

이 값은 분명 채권 투자 시 얻을 수 있는 미래가치 $100보다 큰 값이다. 따라서 채권에 투자하는 것은 바람직하지 않다.

그 밖에 실무적으로 사용될 수 있는 의사결정 방법은 여러 가지가 있다. 각각의 방법들은 나름대로의 장단점을 가지고 있어 특정 문제를 해결하는 데 도움이 될 수 있다. 하지만 NPV법을 제외한 다른 방법들은 일반적으로 적용될 수 없고 제한적으로만 사용될 수 있다. NPV법과 같이 다양한 상황하에서 적용될 수 있는 방법을 소개하자면 다음과 같은 것이 있다.

어떤 투자안에 대한 투자수익률이 기회자본비용보다 크면 그 투자안을 선택하는 것이다.

이 방법은 수익률 개념에 근거한 것이다. 앞선 예에서 기회자본비용은 8%가 된다. 채권에 $75를 투자함으로써 5년 후에는 $100를 얻을 수 있는데, 그렇다면 얼마의 수익률을 얻을 수 있는 것인가? 바꿔 말하면, 다음 식에서 i를 구하는 것과 같다.

$$\$75 = \frac{\$100}{(1+i)^5}$$

이때 구한 것을 **만기수익률**(yield to maturity, YTM) 또는 **내부수익률**(internal rate of return, IRR)이라고 한다. 내부수익률은 미래 현금유입의 현재가치와 현금유출의 현재가치를 같게 하는 할인율이다. 다시 말하면, 내부수익률은 NPV를 0으로 만드는 할인율이다. 따라서 내부수익률이 기회자본비용보다 크면 기회자본비용을 할인율로 했을 때의 NPV는 0보다 큼을 알 수 있다. 가령, 내부수익률이 10%라고 한다면 기회자본비용인 8%에서의 NPV는 반드시 0보다 크게 되는 것이다. 왜 그럴까? NPV는 미래의 현금흐름을 할인하여 계산한다. 그리고 할인율이 작을수록 현재가치는 커진다. 따라서 10%일 때 NPV가 0이라고 한다면 8%일 때는 반드시 0보다 크게 되는 것이다. 그러므로 내부수익률 10%와 기회자본비용 8%에서 NPV는 음의 값을 갖지 않는다.[2]

재무계산기에서 i를 구하기 위해서는, 즉 내부수익률을 구하기 위해서는 PV, FV와 n을 입력하면 된다.

화폐의 시간가치(TVM) 계산표	
?	i
5	n
($75.00)	PV
$100.00	FV
i=5.92%	**결과**

위의 표에서 PV에 입력하는 숫자에 음의 기호가 붙은 이유는 투자를 하는 것이므로 결국 현금 유출이라는 의미를 나타내기 위함이다. 대부분의 재무계산기는 최초 투자액을 음의 값으로 입력하게 되어 있는데 계산과정에서 투자액은 미래에 양의 현금흐름을 가져올 것으로 가정한다. 만일 재무계산기가 없다면 아래의 식에서 직접 i를 구할 수 있다.

$$\$100 = 75 \times (1+i)^5$$

$$(1+i)^5 = \frac{\$100}{\$75}$$

---

[2] 이러한 결론은 오직 미래의 현금흐름이 양수인 경우에만 가능하다.

$$i=(\frac{\$100}{\$75})^{\frac{1}{5}}-1=0.0592=5.92\%$$

따라서 채권의 만기수익률 또는 내부수익률은 5.92%가 된다. 이것을 은행에 저축했을 때 얻을 수 있는 이자율 8%와 비교해 보면 채권구입을 하는 것보다는 은행에 저축하는 것이 더 낫다.

수익률을 이용한 투자결정법과 *NPV*법은 미래의 현금흐름이 0보다 작지 않은 단일 투자안에 있어서는 동일한 결과를 가져다준다. 하지만 복수의 투자안을 평가하는 경우는 양자가 다른 결과를 가져올 수 있다.

만일 몇 개의 투자기회 중 하나를 선택해야만 한다면 NPV가 가장 높은 투자안을 선택해야 한다.

앞의 예에서 투자결정을 둘러싼 변수가 여러 가지 있는데, 투자기간을 이용한 투자결정을 해 보자. 채권의 경우 *FV*는 $100, *PV*는 $75이고 기회자본비용은 8%임을 알고 있다. 그렇다면 *n*은 얼마가 되어야 할까?

$$\$75=\frac{\$100}{1.08^n}$$

n	i	PV	FV	결과
?	8	−$75	$100	n=3.74

재무계산기를 이용해서 위의 정보를 입력하면 *n*을 구할 수 있는데, 그 값은 3.74년이 된다. 이것이 의미하는 것은 투자금액을 은행에 저축하면 3.74년 만에 $75가 $100로 된다는 것이다. 반면 채권을 구입하면 5년이 지나야 $75가 $100가 된다. 이를 통해서 아래와 같은 의사결정법을 제시할 수 있다.

여러 투자기회 중 회수기간이 가장 짧은 투자안을 선택하라.

다시 말하면, 가장 짧은 시간 안에 투자한 금액 및 목표금액을 회수할 수 있는 투자안을 선택하는 것이다.

그러나 이러한 방법은 특정 상황에서만 적용이 가능한 것으로 일반적인 투자안 선택 방법으로 적용하기 어렵다. 비록 실무에서 간혹 쓰이기는 하지만 *NPV*법같이 일반화하기는 어렵다.

4.4.1 부동산투자

$10,000를 지불하고 부동산을 구입할 기회가 있는데 5년 후에는 $20,000의 가치가 있을 것으로 기대한다고 가정하자. 은행에 저축하는 경우 연 8%의 이자수입이 가능하다고 한다면 부동산에 투자하는 것이 과연 더 가치가 있을까?

NPV가 0보다 크면 투자안을 선택하고, 0보다 작으면 투자안을 기각하라.

5년 후 $20,000의 현재가치는 얼마인가? 이런 경우는 FV, n 그리고 i를 입력하면 PV를 구할 수 있다. 이렇게 구한 현재가치와 $10,000를 비교해서 투자 여부를 결정하면 된다.

n	i	PV	결과
5	8	$20,000	PV=$13,612

결국 부동산에 투자하는 것은 $13,612의 현재가치를 가지게 된다. 이 값을 부동산 구입에 소요되는 $10,000와 비교해 보면 부동산에 투자하는 것이 바람직함을 알 수 있다. 이때 NPV는 $3,612가 된다.

| 예제 4.6 |
기타 투자안 평가법을 적용해도 동일한 결과를 얻게 되어 부동산 투자가 바람직함을 보이라.

4.4.2 타인의 자금

앞에서는 초기에 자금을 투자하고 미래에 자금을 회수하는 투자안을 평가하였다. 물론 이와는 반대의 경우도 있을 수 있다. 예를 들어, 차를 구입하기 위해 $5,000를 차입해야 한다고 가정하자. 은행에서 연 12%로 차입할 수도 있고, 친구에게 4년 후 $9,000를 상환하는 조건으로 빌릴 수도 있다면 어느 것을 선택해야 할까?

먼저, 평가해야 할 투자안을 정리해 보자. 친구로부터 빌릴 수 있는 $5,000라는 현금흐름에 대한 평가를 해야 한다. 즉 투자안의 평가는 4년 후 $9,000의 현재가치를 구함으로써 가능해진다.

우선 NPV법을 사용해서 평가해 보자. 기회자본비용은 12%가 되고, 현금흐름은 주어져 있으므로 NPV는 얼마가 되는가?

n	i	PV	FV	결과
4	12	?	-$9,000	PV=$5,719.66

위에서 보면 현금유출액의 현재가치는 $5,719.66임을 알 수 있다. 그러므로 *NPV*는 $5,000-$5,719.66=-$719.66이고, 0보다 작다. 따라서 친구로부터 자금을 빌리는 것은 바람직하지 않다고 볼 수 있다. 결국 은행으로부터 차입하는 것이 낫다.

그렇다면 친구가 요구하는 이자율은 얼마인가? 해답은 현재가치를 구하는 식에서 i를 구하면 된다.

$$\$5,000 = \frac{\$9,000}{(1+i)^4}$$

재무계산기를 사용하면,

n	i	PV	FV	결과
4	?	$5,000	-$9,000	i=15.83%

즉 친구는 15.83%의 이자를 요구하고 있다. 그러므로 은행으로부터 차입하는 것이 더 현명할 것이다.

지금 구한 이자율 15.83%는 친구로부터 차입하는 경우의 *IRR*이 되는 것이다. 앞에서 살펴본 바와 같이 내부수익률법은 기회자본비용보다 더 큰 *IRR*을 가지는 투자안을 선택하는 것이다. 이 방법은 현금유출이 먼저 발생하고 그 후에 현금유입이 발생하는 투자안 평가에 적용될 수 있음을 앞에서 살펴보았다.

그러나 차입프로젝트의 경우, 즉 초기에는 현금유입이 있고, 미래에 현금유출이 발생하는 투자안 평가에는 규칙이 반대로 적용되어야 한다. 프로젝트의 *IRR*이 자본의 기회비용보다 작으면 프로젝트를 선택하는 것이다.

앞에서도 언급했듯이 복수의 현금흐름이 발생하는 경우 내부수익률법을 적용하는 경우 주의를 해야 한다. 이런 경우 *IRR*이 여러 개 존재할 수도 있고, 존재하지 않을 수도 있기 때문이다. 이와 관련된 사항은 나중에 살펴보기로 하자.

4.5 복수의 현금흐름

지금까지는 미래에 현금흐름이 한 시점에서만 발생하는 경우를 살펴보았다. 그렇다면 현

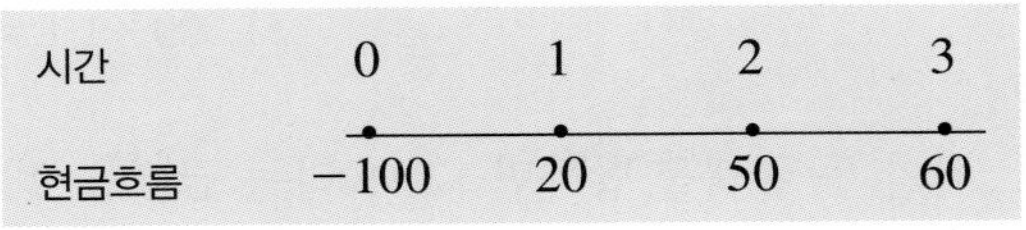

시간	0	1	2	3
현금흐름	−100	20	50	60

그림 4.3
시간선

금흐름이 한 번 이상 발생하는 경우는 어떻게 될까? 예를 들면, 자녀의 학자금이나 노후 생활자금을 위해 매년 일정액을 저축하는 경우, 미래 몇 년 동안 현금흐름을 수반하는 경우, 또는 미래에 일정액씩 상환을 조건으로 차입하는 것을 고려 중인 경우들이 있다. 좀 더 복잡한 상황을 고려하기 위해서 단지 앞에서 소개했던 개념들을 조금 확장해서 살펴보면 된다.

4.5.1 시간선

시간별 현금흐름을 분석하는 유용한 도구 중 하나가 그림 4.3과 같은 **시간선**(time line)을 이용하는 방법이다.

금액 앞의 음(−)의 기호는 현금 유출액을 의미하고, 기호가 붙지 않은 금액은 현금유입액을 의미한다. 주어진 예에서는 현재 시점에서 100의 현금유출이 발생하고, 첫 번째 기간 말에는 20, 두 번째 기간 말에는 50, 세 번째 기간 말에는 60의 현금유입이 발생함을 보여 주고 있다.

4.5.2 현금흐름의 미래가치

앞에서 저축하는 경우를 통해 미래가치의 개념을 살펴보았다. 연 10% 이자율로 매년 $1,000씩 예금하는 경우 2년 동안 중간에 현금인출이 없다고 할 때 2년 후 받을 수 있는 금액은 얼마인가?

원금 $1,000는 첫 번째 기간 말에 이르러서는 $1,100가 된다. 그리고 다시 $1,000를 예금하게 되어, 두 번째 기간 초의 총잔액은 $2,100가 된다. 두 번째 기간 말에 이르면 총 $2,310의 잔액이 남게 된다.

$2,310를 구하는 또 다른 방법은 두 번 존재하는 $1,000의 현금흐름을 따로따로 미래 가치를 구한 뒤 더하는 것이다. 첫 번째 예금액의 미래가치는

$$\$1,000 \times 1.1^2 = \$1,210$$

두 번째 예금액의 미래가치는

$$\$1,000 \times 1.1 = \$1,100$$

위의 두 금액을 합하면 $2,310라는 금액을 얻게 된다.

> | **예제 4.7** |
> 지금 $1,000를 예금하고 1년 후 다시 $2,000를 예금한다고 가정하자. 이자율이 10%라면 2년 후 받게 되는
> 금액은 얼마인가?

4.5.3 현금흐름의 현재가치

현금흐름의 미래가치를 구하는 것보다는 현재가치를 구해야 하는 경우가 많다. 예를 들어, 1년 후에는 $1,000가 필요하고 2년 후에는 $2,000가 필요하다고 가정하자. 연이자율이 10%라면 지금 얼마를 예금해야 할까?

이 경우는 그림 4.5에서 보는 바와 같이 두 개의 현금흐름에 대한 현재가치를 구해야 한다. 미래가치를 각각의 미래가치를 더해서 구했듯이 현재가치 역시 각각의 현금흐름에 대한 현재가치를 구하고 더해 주면 되는 것이다.

4.5.4 복수의 현금흐름을 가지는 투자

지금부터 1년 후에는 $1,000를 받을 수 있고, 2년 후에는 $2,000를 받을 수 있는 투자안이 있다고 가정하자. 이 투자안을 선택하려면 지금 당장 $2,500를 투자해야 한다. 만일 이 투자안은 위험이 전혀 없으며, 은행에서 지급하는 이자율이 연 10%라고 한다면 투자안을 선택해야 할까?

이 예는 앞서 살펴보았던 예들 중 하나와 유사하다. 즉 그림 4.5와 동일한 현금흐름이 발생하고 있는데, 이와 같은 현금흐름이 발생하기 위해서는 $2,562를 은행에 예금해야 발생함을 이미 살펴보았다. 따라서 초기 투자액 $2,500만 투입하고도 동일한 현금흐름이 발생하는 투자안은 $62의 순현가를 가지게 된다. *NPV*가 0보다 크면 투자안을 선택해도 되므로 주어진 투자안은 선택해도 무방하다고 하겠다.

4.6 연금현금흐름

저축, 투자 그리고 대출금 상환과 같은 경우 매년 발생하는 현금흐름액이 동일한 경우가 많은데 이와 같이 일정한 현금흐름을 **연금현금흐름**(annuity)이라고 한다. 이러한 용어는

보험에서 나온 것인데, 연금현금흐름계약은 일정 기간 보험계약자에게 일정액의 현금흐름을 약속한다. 재무에서는 보다 일반화해서 적용하게 된다. 즉 대출금의 상환, 할부금의 상환 그리고 부동산담보대출과 같은 일정한 금액의 현금흐름을 연금이라고 한다.

현금흐름이 기간 초에 발생하는지 아니면 기간 말에 발생하는지를 구분해야 한다. 부동산담보대출은 현금흐름이 기간 말에 발생한다. 기간 초에 현금흐름이 발행하는 것을 **이상연금현금흐름**(immediate annuity), 기간 말에 현금흐름이 발생하는 것을 **정상연금현금흐름**(ordinary annuity)이라고 부른다. 이 같은 현금흐름을 가지는 연금의 현재가치와 미래가치 계산을 간편하게 하기 위해 공식, 기간과 할인율에 따라 미리 계산해 놓은 표, 계산기의 함수기능 등을 이용한다.

4.6.1 연금의 미래가치

예를 들어, 3년간 매년 $100씩 저축하는 것을 가정하자. 이자율이 매년 10%라고 하면, 3년 말에 가서 받게 되는 금액은 얼마가 될까? 매년 초에 $100씩 저축을 한다면 3년 후에는 다음의 금액이 될 것이다.

$$FV = \$100 \times 1.1^3 + \$100 \times 1.1^2 + \$100 \times 1.1$$

위 식을 정리하면

$$FV = \$100 \times (1.1 + 1.1^2 + 1.1^3)$$

계산 결과는 $364.10가 된다. 위 식에서 괄호 안에 있는 값은 3년간 매년 $1씩 예금했을 때의 미래가치를 의미한다. 이와 같은 계산을 할 때, 미래가치표를 이용하여 구할 수도 있고, 재무계산기를 사용할 수도 있다. 재무계산기를 사용하는 경우는 매 기간의 현금흐름을 의미하는 *PMT*라는 키를 사용하면 된다.

앞의 예는, *i*, *n*과 *PMT*를 알고 있을 때 *FV*를 계산하는 것이다. 아래의 표에 나타난 해

그림 4.4
복수의 현금흐름에 대한 현재가치

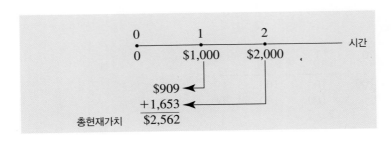

당 수치를 입력하고 알고자 하는 값에 해당하는 키를 누르면 결과를 얻게 되는 것이다.

n	i	PV	FV	PMT	결과
3	10	0	?	$100	FV=$364.10

연금현금흐름의 미래가치를 구하는 경우에 있어서, 정상연금흐름인지 이상연금흐름인 지를 구분해서 계산해야 한다. 정상연금현금흐름의 경우 첫 번째 $100는 1년도 말에 지 불하게 된다. 그림 4.5에 정상연금현금흐름과 이상연금현금흐름을 시간선상에서 보여 주 고 있다.

정상연금현금흐름, 이상연금현금흐름 모두 동일한 횟수의 현금지불이 발생하지만 이 상연금현금흐름의 경우는 이자계산이 한 번 더 발생하게 되는 것이다. 즉 이상연금현금 흐름의 미래가치는 정상연금의 미래가치에 $(1+i)$를 곱해서 계산할 수 있다. 정상연금현 금흐름 $1에 대한 미래가치는 다음과 같다.

$$FV = \frac{(1+i)^n - 1}{i}$$

3년간 $100씩 매년 저축하는 경우, 이상연금현금흐름을 가정하면 미래가치는 $364.10 이고, 정상연금현금흐름을 가정하면 $331임을 알 수 있다.

어떤 재무계산기에는 정상연금현금흐름인지 이상연금현금흐름인지를 구분할 수 있게 하는 키가 있다.

4.6.2 연금현금흐름의 현재가치

대부분의 경우는 연금현금흐름의 미래가치보다는 현재가치를 구하게 되는 경우가 많다. 예를 들어, 연이자율이 10%일 때 3년간 매년 $100씩 받기 위해서는 현재 얼마를 저축해 야 하는가? 이러한 질문에 대한 답은 3회의 현금흐름의 현재가치를 구하면 되는 것이다.

연금현금흐름의 현재가치는 각각의 $100에 대한 현재가치를 구해서 더하면 된다.

그림 4.5

연금의 현금흐름도

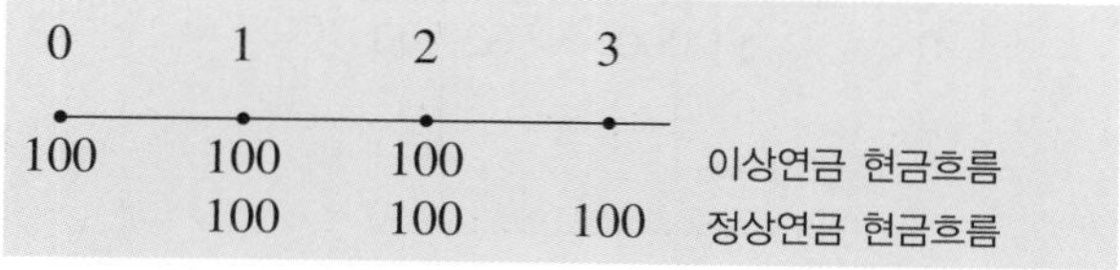

연도	연초 금액	승수	연말 금액	잔액(-$100)
1	$248.69	1.1	$273.56	$173.56
2	$173.56	1.1	$190.91	$90.91
3	$90.91	1.1	$100.00	$0.00

표 4.5
$248.69를 저축하고
3년간 $100씩 받는 연금

$$PV = \frac{\$100}{1.1} + \frac{\$100}{1.1^2} + \frac{\$100}{1.1^3}$$

위 식을 정리해 보면

$$PV = \$100 \times \left(\frac{1}{1.1} + \frac{1}{1.1^2} + \frac{1}{1.1^3} \right)$$

계산한 결과 현재가치는 $248.69가 된다. $100에 곱하는 현재가치요소는 이자율 10%일 때 3년간 매년 $1씩 지급하는 연금의 현재가치가 된다.

표 4.5는 $248.69를 저축하는 경우 3년간 매년 $100씩 받을 수 있음을 보여 주고 있다.

기간이 n이고 이자율이 i일 때 정상연금 $1의 현재가치를 구하는 식은

$$PV = \frac{1 - (1+i)^{-n}}{i}$$

재무계산기를 사용하는 경우 n, i, PMT를 입력하면 간단히 PV를 구할 수 있다.

n	i	PV	FV	PMT	결과
3	10	?	0	$100	$PV = \$248.69$

4.6.3 연금의 구입

65세인 사람이 보험회사에 $10,000의 보험료를 지불하면 남은 여생 동안 매년 $1,000씩 지급받는 연금상품을 구입할 것인지를 놓고 고민 중이라고 하자. 만일 은행에 저축했을 때 받을 수 있는 이자율이 8%이고, 80세까지 살 수 있을 것으로 기대한다면, 연금에 가입하는 것이 좋을까? 보험회사가 그 사람에게 지불하고자 하는 이자율은 얼마인가? 연금에 가입했을 때 손해를 보지 않기 위해서는 얼마나 생존해 있어야 하는가?

이러한 문제를 해결하는 가장 직접적인 방법은 연금가입 시 발생하는 현금흐름의 현재가치를 구한 뒤 $10,000와 비교를 해 보는 것이다. 정상연금이라고 가정했을 때 연금에 가입하면 향후 66세가 되는 해의 초기부터 80세까지 총 15번에 걸쳐서 $1,000를 받게 된

다. 할인율 8%를 적용해서 현재가치를 구해 보면 $8,559.48가 된다.

n	i	PV	FV	PMT	결과
15	8	?	0	$1,000	PV=$8,559.48

결국 15년 동안 매년 $1,000씩 받기 위해서는 연금에 가입하지 않고 은행에 $8,559.48를 연이자율 8%로 저축해도 가능하다는 얘기가 된다. 그러므로 연금가입에 따른 순현가는

$$NPV=\$8,559.48-\$10,000=-\$1,440.52$$

따라서 연금에 가입하는 것은 올바른 선택이 아니다.

연금가입 시 보험회사가 지불하고자 하는 이자율을 계산하기 위해서는 순현가(NPV)를 0으로 만드는 할인율을 구하면 되는데, 구해 보면 5.56%가 된다. 재무계산기를 사용해서 구하는 경우는 n, PMT, PV를 입력하면 i를 구할 수 있다.

n	i	PV	FV	PMT	결과
15	?	−$10,000	0	$1,000	i=5.56%

바꿔서 말하면, 은행이 연 5.56%의 이자를 지급한다면 지금 $10,000를 저축해야 향후 15년 동안 매년 $1,000씩 받을 수 있다는 것이다.

연금가입을 했을 때 손해를 보지 않기 위해 최소한 생존해야 하는 기간을 구하기 위해서는 순현가(NPV)를 0으로 만드는 n을 구하면 되는데, 구해 보면 21년이 된다. 재무계산기를 사용하는 경우는 i, PMT, PV를 입력하면 n을 구할 수 있다.

n	i	PV	FV	PMT	결과
?	8	−$10,000	0	$1,000	n=20.91

즉 21년간 생존해야 보험회사는 연 8%의 이자를 지급하는 것이 되는 것이다.

4.6.4 부동산담보대출 선택

주택을 구입하기 위해 $100,000를 차입할 것을 고려 중이라고 하자. 한 은행은 30년간 매

월 상환하는 조건의 부동산담보대출을 제시했다고 한다. 이자율이 연 12%라면 매월 얼마씩 상환해야 하는가? 다른 은행은 15년짜리 부동산담보대출을 제시했는데 매월 $1,100씩 상환하는 조건이라면 어느 은행이 더 나은 조건인가?

30년짜리 부동산담보대출은 매월 1% 이자율로 360개월 동안 상환해야 하는데 이때 상환금액은 $1,028.61가 된다. 계산과정은 아래와 같다.

n	i	PV	FV	PMT	결과
360	1	−$100,000	0	?	PMT=$1,028.61

언뜻 보기에는 30년짜리 부동산담보대출이 더 좋은 것처럼 보인다. 왜냐하면 매월 상환금액이 $1,100보다 작기 때문이다. 그러나 15년짜리 부동산담보대출은 180개월 동안만 상환하면 되고, 적용되는 이자율 역시 월 0.8677%로 연이자율로 환산하면 10.4%가 된다. 계산과정은 아래와 같다.

n	i	PV	FV	PMT	결과
180	?	−$100,000	0	$1,100	i=10.41%

그러므로 15년짜리 부동산담보대출이 더 좋은 상품이라고 할 수 있다.

4.7 영구연금현금흐름

연금의 형태 중 특별한 종류 중의 하나가 바로 **영구연금현금흐름**(perpetuity)이다. 영구연금현금흐름은 현금흐름이 무한히 계속되는 경우이다. 예를 들면, 채권의 경우 액면가액에 대한 이자를 지급하는 데 만기가 없이 무한히 계속 지급하는 경우를 들 수 있다. 다른 예로는 우선주를 들 수 있는데 이는 매년 일정액의 배당금을 만기 없이 계속해서 지급하게 된다.

이 같은 영구연금현금흐름의 경우는 만기가 없고 무한히 현금흐름이 발생하기 때문에 미래가치를 계산하는 것이 불가능해 보일 수도 있다. 그러나 현재가치는 쉽게 계산이 된다. 현금흐름이 무한히 계속됨에도 불구하고 현재가치를 가진다는 것이 이상하게 보일지도 모른다.

매년 $100씩의 현금흐름이 무한히 계속되는 경우를 생각해 보자. 이자율이 10%라면 이러한 현금흐름의 현재가치는 얼마가 되어야 할까?

답은 $1,000가 된다. 이유를 살펴보기 위해, 매년 $100씩 영구적으로 지급받기 위해서 연 10%의 이자를 지급하는 은행에 얼마를 저축해야 할지를 생각해 보자. 지금 $1,000를 저축한다면 1년이 경과한 후 은행잔고는 $1,100가 될 것이다. $100를 인출하고 나머지 $1,000는 그대로 둔다면 다음 해에도 $100를 찾을 수 있을 것이다. 결국 이러한 행동을 영구적으로 반복한다고 생각하면 되는 것이다.

이러한 과정을 좀 더 일반화해 보면, 영구연금의 현재가치를 구하는 식은

$$영구연금현금흐름의\ 현재가치 = \frac{C}{i}$$

이때 C는 매기간 지급되는 금액이고, i는 이자율을 의미한다. 그리고 이 식은 $n = \infty$일 때 정상연금현금흐름의 현재가치와 같은 것이다.

4.7.1 우선주에 대한 투자

예를 들어, 투자금액에 대해 8%의 명목이자를 받고 있다고 하자. 그리고 BG&E사의 우선주가 있는데 매년 $10씩 배당금을 지급하고, 현재의 주가는 $100라고 하자. 그렇다면 BG&E사의 우선주에 투자하는 것은 어떨까?

첫 번째 단계는 우선주에 대한 배당수익률을 구하는 것이다. 즉 $10를 $100로 나누어 주면 된다.

$$우선주에\ 대한\ 배당수익률 = \frac{연간배당금}{주가}$$

이 경우 수익률은 10%가 되는데, 현재의 투자로부터 받고 있는 이자율 8%보다 크다. 하지만 우선주에 대한 투자 여부는 우선주 투자에 따르는 위험도 고려를 해서 결정해야 하는데 이와 관련된 내용은 나중에 자세하게 공부하게 될 것이다.

실제에 있어서는 투자로부터 얻게 되는 현금흐름이 매년 일정률로 성장하게 되는 경우가 많다. 예를 들어, 첫해에는 $1,000의 현금흐름이 발생하고 이후부터는 매년 4%씩 영구적으로 현금흐름이 증가하는 자산에 대한 투자를 고려 중이라고 하자. 이 같은 경우는 **성장 영구연금현금흐름**(growth perpetuity)의 현재가치를 구한 뒤 투자안을 평가해야 하는데, 다음의 식을 통해서 현재가치를 구하면 된다.

$$PV = \frac{C_1}{i-g}$$

이때 C_1은 첫 번째 연도의 현금흐름이고 g는 현금흐름의 성장률을 의미한다.

여기서 할인율 i가 9%라고 가정하면 투자대상 자산의 현재가치는 아래와 같을 것이다.

$$PV = \frac{\$1,000}{(0.09-0.04)} = \frac{\$1,000}{0.056} = \$20,000$$

따라서 이러한 자산을 $20,000보다 적은 비용으로 구입할 수 있다면 구입하는 것이 타당하다고 하겠다.

4.7.2 보통주에 대한 투자

현금 배당액이 매년 3%씩 증가하는 보통주 구입을 고려하고 있다고 하자. 내년도 주당 배당금은 $1이고, 요구수익률이 연 10%라고 한다면 보통주를 얼마에 사겠는가?

답은 기대 미래현금흐름을 10%로 할인한 현재가치가 될 것이다. 이때 현금배당액이 매년 성장하므로 앞서 살펴보았던 성장을 고려한 영구연금현금흐름의 현재가치를 구하는 식을 이용하면 아래와 같다.

$$PV = \frac{\$1}{0.10-0.03} = \frac{\$1}{0.07} = \$14.29$$

4.8 부동산담보대출금의 분할상환

주택이나 자동차 구입을 위한 대출금 등은 일반적으로 매 기간 일정 금액을 분할해서 상환하는 경우가 많다. 상환금에는 대출원금에 대한 이자와 원금의 일부가 포함된다. 따라서 매기 상환함에 따라서 원금은 계속 줄어들게 되므로 상환금에서 이자가 차지하는 비율은 줄어들고, 원금의 비율은 증가하게 된다.

예를 들면, 주택 구입을 위해 $100,000를 차입했는데, 이자율은 연 9%이고 3년간 분할 상환하기로 했다고 가정하자. 첫째, 매년 상환액을 계산해야 하는데 기간이 3년이고 할인율이 9%일 때 $100,000의 현재가치를 갖기 위한 PMT를 구하면 된다.

n	i	PV	FV	PMT	결과
3	9	−$100,000	0	?	$PMT=\$39,505.48$

따라서 연간 상환액은 $39,505.48임을 알 수 있다. 그렇다면 첫해 상환액 $39,505.48에서 이자는 얼마이고 원금상환액은 얼마인가? 이자율이 9%이므로 첫 번째 상환액 중 이자

액은 0.09×$100,000 또는 $9,000가 되므로 순수한 원금상환액은 $30,505.48가 된다. 따라서 대출금 중 앞으로 상환해야 할 잔액은 $100,000−$30,505.48 또는 $69,494.52가 된다. 이같이 대출금을 매 기간 나누어서 상환하는 것을 **분할상환**(amortization)이라고 한다.

두 번째 연도 상환액 $39,505.48에는 얼마의 이자와 원금이 포함될까? 이자율이 9%이므로 두 번째 연도에 해당하는 이자는 0.09×$69,494.52 또는 $6,254.51가 된다. 따라서 원금에 해당하는 금액은 $39,505.48−$6,254.51, 즉 $33,250.97가 되므로 남아 있는 대출금은 $69,494.52−$33,250.97, 즉 $36,243.55가 된다.

마지막 연도의 상환액에는 잔액 $36,243.55에 대한 이자와 원금 상환액이 모두 포함되게 된다. 표 4.6은 앞에서 설명한 내용을 요약 정리해서 보여 주고 있는데 **분할상환표**(amortization schedule)라고 부른다. 표에서는 매 기간의 일정 상환금액 중에서 이자액과 원금상환액의 비율이 변하는 것을 보여 주고 있다.

4.8.1 자동차 할인 구매

자동차를 구입하기 위해 연이자율 12%로 1년간 $1,000를 분할상환하는 할부제도를 이용하려고 한다. 할부금은 월 1%의 이자율로 12번에 걸쳐 상환할 예정인데 월상환액은 $88.85가 된다.

자동차 대리점 판매직원은 할부이자율이 연 12%이지만 실제로는 이보다 낮기 때문에 할부를 이용할 것을 제안하고 있다. 왜냐하면 $1,000에 대해 부담하는 실제 이자가 $66.19이기 때문이다. 따라서 실질이자율은 연 6.62%라는 것이다.

그렇다면 자동차 대리점 직원의 설명에는 오류가 없는 것인가?

잘못된 것은 다름 아니고 매월 상환하는 금액 중에는 이자와 원금상환액이 포함되어 있다는 것을 간과했다는 것이다. 즉 첫 번째 상환액 $88.85에는 $1,000에 대한 1%의 이자 $10와 원금상환액 $78.85가 포함되어 있는 것이다. 따라서 상환횟수가 늘어 감에 따라 총

표 4.6 분할상환표(기간은 3년, 이자율은 연 9%)

연도	기초장부가액	총상환액	이자	원금상환액	기말장부가액
1	$100,000	$39,505	$9,000	$30,505	$69,495
2	$69,495	$39,505	$6,255	$33,251	$36,244
3	$36,244	$39,505	$3,262	$36,244	($0)
	합계	$118,516	$18,516	$100,000	

표 4.7 분할상환표(기간은 12개월, 이자율은 월 1%)

월	기초장부가액	총상환액	이자	원금상환액	기말장부가액
1	$1,000.00	$88.85	$10.00	$78.85	$921.15
2	$921.15	$88.85	$9.21	$79.64	$841.51
3	$841.51	$88.85	$8.42	$80.43	$761.08
4	$761.08	$88.85	$7.61	$81.24	$679.84
5	$679.84	$88.85	$6.80	$82.05	$597.79
6	$597.79	$88.85	$5.98	$82.87	$514.91
7	$514.91	$88.85	$5.15	$83.70	$431.21
8	$431.21	$88.85	$4.31	$84.54	$346.67
9	$346.67	$88.85	$3.47	$85.38	$261.29
10	$261.29	$88.85	$2.61	$86.24	$175.05
11	$175.05	$88.85	$1.75	$87.10	$87.96
12	$87.96	$88.85	$0.88	$87.97	$0.00
	합계	$1,066.20	$66.20	$1,000.00	

상환금액은 줄어들게 되는 것이고, 이자 역시 남아 있는 상환금액에 대해서 계산되는 것이므로 적용되는 이자율은 결국 연 12%가 되는 것이다. 표 4.7에 분할상환에 따른 원금의 변화 내용이 잘 나타나 있다.

4.9 환율과 화폐의 시간가치

$10,000를 연 10%의 이자를 지급하는 달러표시 채권 또는 연 3%의 이자를 지급하는 엔화표시 채권 중에 어디에 투자하는 것이 좋은가를 고려 중이라 가정하자. 어떤 투자안이 더 나은 투자안이고, 그 이유는 무엇일까?

여기에 대한 답은 달러/엔의 환율에 달려 있다. 가령 현재의 환율이 $1당 ¥100이라고 하면, 현재의 $10,000는 ¥1,000,000이 된다. 엔화표시 채권에 투자를 한다면 1년 후에는 ¥1,030,000(1.03×¥1,000,000)이 될 것이다. 달러표시 채권에 투자를 하는 경우 1년 후에 $11,000(1.1×$10,000)가 될 것이다. 그렇다면 어느 투자안이 더 좋은 투자안인가?

가령 엔화대비 달러의 가치가 1년 동안 8% 하락했다면, 환율은 $1당 ¥92이 될 것이므로 엔화표시 채권은 $11,196(즉, 1,030,000/92)의 가치를 가지게 된다. 즉 달러표시 채권에 투자했을 때보다 $196만큼 더 큰 가치를 가지게 되는 것이다. 반면 엔화대비 달러의 가치가 6% 하락했다면, 환율은 $1당 ¥94이 될 것이고 엔화표시 채권은 $10,957 (1,030,000/94)의 가치를 가지게 된다. 그러므로 달러표시 채권에 투자했을 때의 가치 $11,000보다 $43가 작다.

그렇다면 두 종류의 채권 중 어느 곳에 투자하더라도 동일한 가치를 가지게 되는 환율은 얼마일까? ¥1,030,000을 $11,000로 나눈 값인 '¥93.636/$1'가 동일한 가치로 만드는 환율이 된다. 따라서 다음과 같은 결론을 내릴 수 있다. 달러대비 엔화의 가치가 6.364% 이상 떨어지는 경우는 엔화표시 채권에 투자하는 것이 더 유리하다.[3]

> **| 예제 4.8 |**
> 가령 파운드화 대 달러의 환율이 '$2/파운드'이고, 달러 이자율은 연 6%, 파운드 이자율은 연 4%라면 양 통화에 손익분기가 되는 1년 후 환율은 얼마가 될까?

4.9.1 상이한 통화로 *NPV* 계산하기

서로 다른 통화로 표시된 현금흐름이 발생하는 경우 올바른 재무의사결정을 하기 위해서는 다음과 같은 원칙을 따르면 된다.

　　화폐의 시간가치를 계산하는 경우 현금흐름과 할인율은 동일한 통화단위로 바꾸어 적용
　　해야 한다.

따라서 엔화 기준 현금흐름의 현재가치를 계산하는 경우는 엔화표시 할인율을 적용해야 하고, 달러 기준 현금흐름의 현재가치는 달러표시 할인율을 적용해서 구해야 한다. 만일 엔화 기준 현금흐름을 달러 기준 할인율로 할인하면 잘못된 결과를 초래하게 된다.

예를 들어, 초기 투입비용이 $10,000인 일본에서의 투자안과 미국에서의 투자안을 놓고 의사결정을 해야 한다고 가정하자. 일본에서의 투자안은 향후 5년간 매년 ¥575,000의 현금유입이 발생하고, 미국에서의 투자안은 매년 $6,000의 현금유입이 발생한다고 한다. 달러표시 이자율은 6%이고 엔화표시 이자율은 4%이며, 달러와 엔화의 교환비율인 환율은 '$0.01/엔'이라고 한다. 그렇다면 어느 투자안의 *NPV*가 더 큰가?

첫째, 미국에서의 투자안을 달러표시 이자율 6%를 적용해서 순현가를 구해 보면 다음

---

[3] 미래의 환율이 얼마인지를 미리 알 수 없기 때문에 투자에 불확실성이 존재한다. 이런 불확실성에 대해서는 뒤에 나올 장에서 다룰 것이다.

과 같다.

n	i	PV	FV	PMT	결과
5	6	?	0	$6,000	PV=$25,274

현재가치에서 $10,000를 뺀 $15,274가 NPV가 된다.

다음으로 일본에서의 투자안을 엔화표시 이자율을 적용해서 순현가를 구해 보면 다음과 같다.

n	i	PV	FV	PMT	결과
5	4	?	0	¥575,000	PV=¥2,559,798

앞에서 계산한 현재가치를 달러로 환산한 값을 구하기 위해 달러와 엔화의 환율을 적용해서 구해 보면 $25,598가 된다. 이 값에서 $10,000를 빼 보면 NPV는 $15,598가 된다. 따라서 일본에서의 투자안이 더 높은 NPV를 가지므로 일본에서의 투자안이 선택되어야 한다.

그러나 만일 일본에서의 투자안에 대한 NPV를 구할 때 달러표시 이자율 6%를 할인율로 적용하는 경우는 $14,221라는 NPV를 구하게 되어 잘못된 결과를 도출하게 된다. 즉 미국에서의 투자안이 더 좋은 투자안으로 선택되는 오류를 범하게 된다.

4.10 인플레이션과 현금흐름할인 분석

인플레이션을 현금흐름할인 시 고려하는 문제는 앞서 살펴보았던 상이한 통화 간의 현금흐름을 할인하는 경우와 동일한 방법으로 처리하면 된다. 노후대비를 위해서 저축을 하는 상황을 가정하자. 20세에 $100를 저축하고 달러 기준으로 연이자율이 8%인 투자안에 투자한다고 하자. 65세에 이르러서 투자금액 $100는 $3,192가 된다고 하는 데, 문제는 그 금액으로는 현재 $100를 지불해서 얻을 수 있는 재화를 구입할 수 없다고 한다. 예를 들어, 재화와 서비스 비용이 향후 45년간 매년 8%씩 상승한다면, 현재 $100를 주고 구입할 수 있는 재화와 서비스는 45년이 지난 시점에서는 $3,192를 지불하고도 구입할 수 없게 될 것이다. 결국 실질적으로 보면 45년간 어떠한 이자도 지급받지 못한 결과가 되는 것이다. 그러므로 장기저축을 고려하는 경우에는 반드시 이자율뿐만 아니라 인플레이션 또한 고려해서 저축 의사결정을 해야 하는 것이다.

이자율과 인플레이션을 설명함에 있어서, 명목이자율과 실질이자율의 개념상의 차이를 구분해야 한다. 명목이자율은 달러나 기타 통화를 기준으로 단순히 계약상 명시되는 이자율이고, 실질이자율은 실질적인 화폐의 구매력이 반영된 이자율이다. 명목과 실질이자율의 차이에 대해서는 제2장(2.6.5절)에서 소개되고 있다.

명목이자율과 실질이자율 그리고 인플레이션 간의 관계를 나타내는 식은

$$1 + 실질이자율 = \frac{1 + 명목이자율}{1 + 인플레이션율}$$

또는 다음과 같다.

$$실질이자율 = \frac{명목이자율 - 인플레이션율}{1 + 인플레이션율}$$

연속복리의 개념을 이용하면 위의 식은 좀 더 단순화할 수 있게 된다.

$$실질이자율 = 명목이자율 - 인플레이션율$$

따라서 만일 연속복리로 연간 명목이자율이 6%이고, 인플레이션 역시 연속복리로 연간 4%라고 한다면 실질이자율은 연속복리로 정확히 2%가 된다.

4.10.1 인플레이션과 미래가치

재무계획을 수립함에 있어서 실질이자율을 파악하면 많은 이점을 얻을 수 있다. 왜냐하면 현재 저축을 통해 모은 자금을 실제로 사용하는 시기는 미래 시점이기 때문에 실질구매력에 대한 고려가 있어야 하기 때문이다. 20세에 $100를 저축하고 65세가 될 때까지 중도에 인출을 하지 않는다고 할 때 가장 관심을 가지는 부분은 65세에 이르러 인출하게 되는 금액의 실질구매력이 얼마나 되는가 하는 것이다. 이것을 구하는 방법은 크게 두 가지로 나누어 볼 수 있다. 하나는 45년간 실질이자율 2.857%를 적용해서 $100의 미래가치를 구하는 것이다. 앞서 정의했듯이 **실질미래가치**(real future value)는 다음과 같이 구할 수 있다.

$$실질미래가치 = \$100 \times 1.02857^{45} = \$355$$

다른 방법으로는 우선 연간 명목이자율 8%를 적용해서 **명목미래가치**(nominal future

value)를 구한다.

$$명목미래가치 = \$100 \times 1.08^{45} = \$3,192$$

그런 다음, 연간 인플레이션율이 5%라고 가정했을 때 45년 후의 물가수준을 계산해 낸다.

$$물가수준 = 1.05^{45} = 8.985$$

마지막으로 명목미래가치를 미래의 물가수준으로 나누면 실질미래가치를 구할 수 있게 된다.

$$실질미래가치 = \frac{명목미래가치}{미래물가수준} = \frac{\$3,912}{8.985} = \$355$$

두 가지 방법 모두 최종 결과는 동일하게 계산된다. 즉 20세에 $100를 저축하여 45년이 지난 65세에 이르면, 현재의 가격으로 $355에 해당하는 금액만큼 소비가 가능하게 되는 것이다.

정리해 보면, 실질미래가치 $355를 구하는 방법은 두 가지가 있다.

1. 실질이자율을 적용해서 미래가치를 구한다.
2. 명목이자율로 명목미래가치를 구하고, 여기에 인플레이션율을 고려한 뒤 실질미래 가치를 구한다.

두 가지 방법 중에서 어느 것을 선택하는가는 상황에 따라 결정할 문제이다.

4.10.2 학자금을 위한 저축(1)

가령 당신이 10세인 딸이 있는데, 훗날 대학진학 시 필요한 학자금을 마련하기 위해 저축을 고려 중이라고 하자. 현재 대학등록금은 연간 $15,000이고 매년 5%씩 인상될 것으로 예상하고 있다. 만일 현재 연 8%의 이자를 지급하는 상품에 $8,000를 예치하면, 8년 후 딸의 첫 번째 등록금으로 충분할까? 연이자율 8%로 8년간 $8,000에 대한 미래가치를 구해 보면 다음과 같다.

$$8년 후의 미래가치 = \$8,000 \times 1.08^8 = \$14,807$$

$14,807라는 금액은 $15,000에 매우 근접한 수준이므로 지금 $8,000를 예치함으로써 딸의 첫 번째 등록금을 충당하는 데 문제가 없다는 생각을 가질 수 있다. 그러나 등록금이라는 것은 매년 상승할 것이다. 과거 등록금은 최소한 물가인상률만큼의 증가세를 보여 왔다. 예를 들어, 인플레이션율이 연 5% 정도라면, 8년 후의 등록금은 $15,000 × 1.05^8, 즉 $22,162가 될 것이다. 따라서 $14,807라는 금액은 첫 번째 등록금으로 터무니없이 모자라게 된다.

4.10.3 물가상승에 연동한 CD에의 투자

1년 동안 $10,000를 투자하려고 한다. 두 가지 투자안이 있는데 하나는 연이자율 8%짜리 1년만기 CD이고, 다른 하나는 연이자율이 (3%+인플레이션율)인 CD가 있다. 전자를 명목 CD이고 후자를 실질 CD라고 하는 데 둘 중 어느 투자안을 선택해야 할까?

선택은 내년도 인플레이션율이 어느 정도인가에 달려 있다. 만일 인플레이션율이 5%보다 클 것이 확실하다면 실질 CD를 선택해야 할 것이다. 가령 예를 들어, 내년 인플레이션율이 6%라고 하자. 이때 실질 CD의 명목이자율은 9%가 될 것이다. 그러나 반대로 만일 인플레이션율이 4%가 된다면 실질 CD의 명목이자율은 7%가 될 것이므로 명목 CD에 투자하는 것이 더 나을 것이다.

물론 인플레이션율을 정확히 예측한다는 것은 불가능하기 때문에 의사결정은 쉽지 않을 것이다. 이처럼 불확실성하에서의 투자결정에 대해서는 다음 장에서 살펴보게 될 것이다.

4.10.4 예기치 않은 인플레이션 발생 시 채무자가 이득을 보는 이유

연이자율 8%로 $1,000를 차입했는데 1년 후 원금과 이자를 모두 상환해야 한다고 가정하자. 만일 향후 1년간 인플레이션율이 8%로 예상된다면 차입금에 대한 실질이자율은 0%가 될 것이다. 비록 $1,080를 상환해야 하지만 실질 가치는 $1,000가 되는 것이다. 이자 $80는 $1,000에 대한 실질 구매력의 하락으로 인해 상쇄되는 금액이 되기 때문이다. 다르게 표현해 보면, 차입할 때의 달러보다 가치가 하락한 달러로 상환하는 셈이다. 따라서 차입금에 대한 이자율이 고정된 상황이라면 예기치 못한 인플레이션이 채무자에게 유리하게 작용하고, 채권자에게는 불리하게 작용하게 되는 것이다.

4.10.5 인플레이션과 현재가치

재무의사결정 시에는 항상 현재가치를 계산하게 된다. 4년 후 자동차를 구입하기 위해 지금부터 자금을 모을 계획을 한다고 가정하자. 마음에 두고 있는 자동차의 가격이 현재 $10,000에 판매되고 있고, 저축을 했을 때 연 8%의 이자율을 적용받을 수 있다고 한다.

현재 저축해야 할 금액을 계산하기 위해 4년 후 $10,000의 현재가치를 연이자율 8%를 적용해서 구하면 다음과 같다.

$$PV = \frac{\$10,000}{1.08^4} = \$7,350$$

따라서 현재 $7,350를 저축하면 4년 후 자동차 구입대금으로 $10,000를 지불할 수 있게 된다.

그러나 이러한 계산에 오류가 없을까? 현재 구입하고자 하는 자동차의 가격이 $10,000라고 할 때, 4년이 지난 후 이와 비슷한 자동차는 분명 $10,000보다는 비싼 가격일 가능성이 높다. 그렇다면 그 가격의 차이는 얼마나 될까? 그 차이는 인플레이션율에 달려 있다. 자동차 가격의 인플레이션율이 연간 5%라고 하면, 4년 후 가격은 $10,000 \times 1.05^4$, 즉 $12,155가 될 것이다.

이와 같은 문제에서 인플레이션을 고려하는 방법에는 두 가지가 있다. 하나는 실질 할인율을 적용해서 $10,000의 현재가치를 구하는 것이다. 앞서 살펴보았듯이 실질 할인율은 다음과 같다.

$$실질이자율 = \frac{명목이자율 - 인플레이션율}{1 + 인플레이션율}$$

$$실질이자율 = \frac{0.08 - 0.05}{1.05} = 0.02857 = 2.857\%$$

위의 식을 이용해서 $10,000의 현재가치를 구해 보면

$$PV = \frac{\$10,000}{1.02857^4} = \$8,934$$

다른 방법은 명목 할인율 8%를 적용해서 명목 미래가치 금액인 $12,155를 현재가치화하는 것이다.

$$PV = \frac{\$12,155}{1.08^4} = \$8,934$$

두 방법 모두에서 동일한 결과가 도출되는 것을 알 수 있다. 따라서 $8,934를 저축해야 하는 것이다. 처음에 구한 $7,350가 잘못된 이유는 실질 미래가치인 $10,000를 명목 할인율 8%를 적용해서 현재가치를 계산했기 때문이다.

4.10.6 학자금을 위한 저축(2)

앞에서 10세인 딸의 대학등록금 마련을 위한 저축을 고려 중인 예를 살펴보았다. 현재 대학등록금은 $15,000이다. 인플레이션율보다 3% 더 이자를 지급하는 상품이 있다면 8년 후 대학등록금에 충당하기 위해서 지금 투자해야 하는 금액은 얼마일까?

이 경우 인플레이션율에 대해서는 정확한 추정치가 없다고 한다. 그렇다면 정확한 인플레이션율을 구해야만 투자금액을 계산할 수 있을까? 만일 등록금이 매년 인플레이션율 만큼씩만 인상된다면 굳이 인플레이션율을 추정할 필요는 없다. 왜냐하면 이런 가정하에 서는 8년 후 등록금은 현재의 $15,000와 동일하다고 놓고 계산을 해도 무방하기 때문이다. 인플레이션율 보다 3% 더 이자를 지급한다고 하면 실질적인 할인율은 매년 3%가 된다. 따라서 $15,000를 8년간 3%의 할인율로 현재가치화하면,

$$PV = \frac{\$15,000}{1.03^8} = \$11,841$$

만일 실수로 $15,000를 명목이자율 8%를 적용해서 할인하면, 위의 값과 다른 결과를 얻게 된다. 즉

$$PV = \frac{\$15,000}{1.08^8} = \$8,104$$

만일 위에서 얻은 $8,104를 현재 투자하게 되면 8년 후에는 대학등록금으로 모자라게 될 것이다.

주의 : 실질현금흐름을 명목이자율로 할인하거나 명목현금흐름을 실질이자율로 할인 하면 안 된다.

4.10.7 인플레이션과 저축계획

장기저축을 고려하는 경우 인플레이션은 반드시 고려해야 하는 요소이다. 매년 저축할 수 있는 금액은 일반적인 생계비와 더불어 해마다 증가할 것이다. 왜냐하면 소득수준이 계속 높아지기 때문이다. 따라서 인플레이션에 대한 정확한 추정 없이 이러한 상황을 반 영해서 저축계획을 세울 수 있는 방법 중 하나는 실질적인 저축액과 실질적 이자율을 사

용해서 계획을 수립하는 것이다.

4.10.8 학자금을 위한 저축(3)

앞에서 소개한 딸의 대학등록금 마련을 위한 예를 다른 각도에서 살펴보도록 하자. 현재 대학등록금은 앞서와 마찬가지로 $15,000라고 한다. 여기서는 8년 후 대학등록금을 마련하기 위해 매년 일정액의 실질금액을 저축한다고 할 때 그 실질적인 금액을 구하는 것이다. 만일 매년 실질이자율로 3%를 받을 수 있다면 8년간 매년 저축해야 하는 금액은 얼마가 될까? 그리고 만일 인플레이션율이 매년 5%라고 한다면 매년 저축해야 하는 명목금액은 얼마가 될까?

매년 실질적으로 저축해야 하는 금액을 계산하기 위해 *PMT*를 구해 보면,

n	i	PV	FV	PMT	결과
8	3	0	$15,000	?	$PMT = \$1,686.85$

따라서 현재의 화폐구매력을 기준으로 했을 때 매년 $1,686.85를 저축해야 한다. 인플레이션율이 매년 5%일 때 매년 저축해야 하는 금액은 표 4.8에 나타나 있다.

매년 저축해야 하는 명목금액은 연간 인플레이션율을 고려해서 구해야 하는데, 이렇게 구한 금액을 8년간 저축하게 되면 대학등록금을 충분히 충당할 수 있게 된다. 즉 인플레이션율이 매년 5%라고 한다면, 8년 후 은행계좌의 금액은 $15,000 \times 1.05^8$, 즉 $22,162가 되어야 한다. 따라서 현재의 등록금 $15,000는 8년 후의 명목금액으로 $22,162가 된다.

표 4.8 실질연금현금흐름의 명목가액

횟수	실질지급액	인플레이션 요소	명목지급액
1	$1,686.85	1.05000	$1,771.19
2	$1,686.85	1.10250	$1,859.75
3	$1,686.85	1.15763	$1,952.74
4	$1,686.85	1.21551	$2,050.38
5	$1,686.85	1.27628	$2,152.90
6	$1,686.85	1.34010	$2,260.54
7	$1,686.85	1.40710	$2,373.57
8	$1,686.85	1.47746	$2,492.25

인플레이션율이 5%이면서 이러한 저축계획에 따랐을 경우 명목미래가치가 $22,162가 됨을 확인해 보려면, 표 4.9와 같이 명목현금흐름의 미래가치를 계산해 보면 될 것이다.

첫째, 실질이자율이 매년 3%라면 명목이자율은 8.15%가 된다.

$$1+실질이자율 = \frac{1+명목이자율}{1+인플레이션율}$$

$$1+명목이자율 = (1+실질이자율) \times (1+인플레이션율)$$

$$명목이자율 = 실질이자율 + 인플레이션율 + 실질이자율 \times 인플레이션율$$

$$명목이자율 = 0.03 + 0.05 + 0.03 \times 0.05 = 0.0815$$

명목이자율 8.15%로 매년 명목지급액을 복리계산한 값들이 표 4.9에 주어져 있는데, 총명목미래가치가 $22,162가 됨을 알 수 있다.

이때 만일 소득이 매년 5%씩 증가한다면, 매년도 명목지급액이 소득에서 차지하는 비율은 일정할 것이다.

만일 인플레이션율이 매년 10%라고 한다면, 매년 저축해야 하는 명목지급액 또한 증가하게 될 것이다. 즉 8년 후 은행계좌에 남아 있어야 하는 금액은 $15,000 \times 1.1^8$, 즉 $32,154가 되어야 한다. 이 값이 바로 현재의 $15,000의 가치와 동일한 금액이 되는 것이다.

4.10.9 인플레이션과 투자결정

앞에서 살펴본 저축의 예에서와 마찬가지로 기타 다른 투자의사결정에 있어서도 인플레

표 4.9 실질연금현금흐름의 명목미래가치 계산

횟수	실질지급액	인플레이션 요소	명목지급액	미래가치요소	명목미래가치
1	$1,686.85	1.05000	$1,771.19	1.73056	$3,065.15
2	$1,686.85	1.10250	$1,859.75	1.60014	$2,975.87
3	$1,686.85	1.15763	$1,952.74	1.47956	$2,889.20
4	$1,686.85	1.21551	$2,050.38	1.36806	$2,805.04
5	$1,686.85	1.27628	$2,152.90	1.26497	$2,723.34
6	$1,686.85	1.34010	$2,260.54	1.16964	$2,644.02
7	$1,686.85	1.40710	$2,373.57	1.08150	$2,567.01
8	$1,686.85	1.47746	$2,492.25	1.00000	$2,492.25
				총명목미래가치	$22,161.89

이션은 반드시 고려되어야 하는 요소이다. 공장설비와 같은 실물자산에 대한 투자결정에 있어서도 그러한 투자로부터 발생하는 미래의 현금흐름은 인플레이션으로 인해 명목가치가 증가하게 된다. 따라서 인플레이션에 대한 적절한 조정이 없으면 올바른 투자결정을 할 수 없게 되는 것이다.

인플레이션에 대한 조정이 얼마나 중요한가를 보기 위해 다음과 같은 예를 살펴보도록 하자. 현재 기름보일러를 사용하는 주택을 보유하고 있는데, 연간 난방비로 $2,000가 소요된다고 한다. 기름보일러를 가스보일러로 교체하는 경우 금년도 난방비는 $500가량 줄어들 것으로 추정되며, 이러한 금액의 차이는 향후 몇 년간 지속될 것으로 보인다. 가스보일러를 설치하는 데는 $10,000가 소요되는데, 만일 이 금액을 은행에 예금하는 경우 연간 8%의 이자를 받을 수 있다고 한다. 그렇다면 가스보일러로 교체하는 것이 바람직한가?

여기서 몇 가지 가정을 해 보면, 기름보일러와 가스보일러의 난방비 차이 $500는 영원히 지속되며 가스보일러로 교체함으로써 발생하는 미래 효익은 항상 동일하다고 가정한다. 따라서 이 투자안은 영구투자안이 되는데, $10,000를 투자하면 $500의 현금흐름이 영원히 지속되는 것이므로 가스보일러 투자의 내부수익률은 5%(즉, $\frac{\$500}{\$10,000}$)가 된다.

내부수익률 5%와 은행에서 지급하는 이자율 8%를 비교했을 때, 가스보일러로 대체하는 투자안은 기각되어야 하는 것으로 생각할 수도 있다. 그러나 은행 이자율은 명목이자율이라는 것을 염두에 두어야 한다. 그렇다면 내부수익률 5%는 무엇을 의미하는 것일까?

가령 가스보일러와 기름보일러의 난방비 차이 $500가 인플레이션율만큼 매년 증가한다면 5%는 실질이자율이 된다. 그러므로 5%는 은행으로부터 기대되는 실질이자율과 비교가 되어야 한다. 만일 인플레이션율이 매년 5%라고 한다면 은행의 기대 실질이자율은 2.857%(즉, $\frac{(0.08-0.05)}{1.05}$)가 된다. 따라서 5%라는 내부수익률은 은행의 기대 실질이자율을 초과하는 것이므로 가스보일러로 교체하는 투자안은 채택되어야 한다.

이 같은 예는 다음과 같은 한 가지 규칙을 우리에게 알려 주고 있다.

대체투자안과 비교를 해야 하는 경우, 실질이자율을 명목기회비용과 비교해서는 안 된다.

이 규칙은 앞서 언급했던 내용과 대동소이하다고 할 수 있다.

실질현금흐름을 할인하는 경우 명목할인율을 적용해서는 안 되고, 반대로 명목현금흐름 할인 시 실질할인율을 적용해서는 안 된다.

4.11 세금과 투자결정

지금까지 살펴보았던 내용에는 소득세에 대한 언급이 없었다. 그러나 미래의 소비 지출액은 소득에서 세금을 지출한 후의 범위 내에서 결정되게 된다. 예를 들어, 이자소득에 대해 30%의 소득세를 납부해야 한다고 가정하자. $1,000를 은행에 예금했는데 연 8%의 이자를 지급한다고 하자. 이때 8%는 **세전 이자율**(before-tax interest rate)인 것이다. **세후 이자율**(after-tax interest rate)은 소득세를 부담한 후의 이자율이 된다.

세후 이자율은 어떻게 계산되는지 살펴보자. 소득계산서에 기록되어야 하는 이자소득액은 0.08×$1,000 또는 $80가 된다. 이러한 이자소득에 대한 세금은 0.3×$80 또는 $24이므로, 세후 이자소득은 $56가 된다. 따라서 세후 이자율은 $56를 $1,000로 나누어 주면 되는데 그 값은 5.6%가 된다. 좀 더 간편하게 계산하는 방법은 세전 이자율에 (1−세율)을 곱해 주면 된다.

$$세후\ 이자율 = (1-세율) \times 세전\ 이자율$$

위의 예에 적용해 보면

$$세후\ 이자율 = (1-0.3) \times 8\% = 0.7 \times 8\% = 5.6\%$$

다음과 같은 투자 규칙을 제시할 수 있다.

세후 현금흐름으로 계산한 순현재가치를 최대화할 수 있는 투자안에 투자해야 한다.

이 규칙은 세금을 최소화할 수 있도록 투자해야 한다는 것은 아니다. 좀 더 자세히 살펴보기 위해 한 가지 예를 들어 살펴보도록 하자.

4.11.1 면세 채권 투자

미국에서는 일반적으로 지방채에 대해서는 소득세를 면제해 주고 있다. 만일 부담하는 소득세율이 크다면 이러한 지방채에 투자하는 것이 바람직할 것이다. 예를 들어, 지방채 이자율이 연 6%이고 이와 동일한 위험을 갖는 은행 예금 상품의 이자율이 5.6%라고 한다면 지방채에 투자하는 것이 당연히 선호될 것이다. 부담하는 소득세율이 클수록 면세 증권에 투자하는 것의 이점은 더 많아지게 된다.

가령 20%의 소득세율을 부담한다고 하자. 그렇다면 은행의 이자율이 8%일 때 연 6%의 이자를 지급하는 지방채에 투자하는 것은 바람직할까? 대답은 "아니다"이다. 왜냐하면 은행으로부터의 이자수입에 대해 소득세를 부담한 후의 세후 이자율이 지방채의 이자율보다 더 높기 때문이다.

$$\text{은행예금에 대한 세후 이자율} = (1-0.2) \times 8\% = 6.4\%$$

그러므로 세금을 최소화하는 투자안을 선택하는 것은 잘못된 투자를 하게 되는 결과를 초래할 수도 있는 것이다.

그렇다면 과세 상품과 면세 상품 간에 수익률의 차이가 없도록 하는 소득세율은 얼마일까? 위의 예에 대한 정답은 25%이다. 소득세율이 25%일 때, 은행에 예금했을 때의 세후 이자율은 6%(즉, $0.75 \times 8\%$)가 되는데 이 값은 면세 지방채에 투자했을 때의 수익률과 동일함을 알 수 있다.

요 약

- 복리란 현재가치로부터 미래가치를 계산하는 과정이다. 연간 i의 수익률하에서 \$1의 n 년 후의 가치는 $(1+i)^n$이다.
- 할인이란 미래의 일정액에 대한 현재가치를 구하는 것이다. 연간 i의 이자율로 n년간 할인된 \$1의 현재가치는 $\dfrac{1}{(1+i)^n}$ 이다.
- 대체 가능한 행동으로부터 발생되리라고 기대되는 현금흐름에 대한 현재가치를 구해 봄으로써 투자자는 재무의사결정을 할 수 있다. 현금유입의 현재가치에서 현금유출의 현재가치를 뺀 값을 순현재가치(NPV)라고 한다. NPV가 0보다 크다면 투자할 가치가 있는 것이다.
- 현금흐름과 이자율은 항상 동일한 계산단위(통화)에 의해 계산되어야 한다.
- 실질현금흐름을 할인할 때는 실질이자율을, 명목현금흐름을 할인할 때는 명목이자율을 사용해야 한다.
- 투자안을 비교할 때는 항상 세후 순이익을 이용해야 한다.

핵심용어

화폐의 시간가치	연이자율	정상연금현금흐름
현금흐름 할인법	실효이자율	영구연금현금흐름
복리	$1의 현재가치	성장 영구연금현금흐름
현재가치	현가계수	분할상환
미래가치	순현가	분할상환표
단리이자	기회자본비용	실질미래가치
복리이자	만기수익률	명목미래가치
미래가치계수	내부수익률	세전 이자율
72의 법칙	시간선	세후 이자율
복리계수	연금현금흐름	
재투자 수익률	이상연금현금흐름	

예제 풀이

예제 4.1 위의 예에서 이자율이 연 5%로 바뀌면 미래가치는 얼마이며, 단리이자와 복리이자는 얼마가 되는가?

검정 $1,000 \times (1.05)^5 = \$1,276.28$

단리이자 : $1,000 \times 0.05 \times 5 = \$250$

복리이자 : $276.38 - \$250 = \$26.28$

예제 4.2 1626년 피터는 인디언들로부터 $24를 주고 맨하탄 섬을 구입했다. 인디언들은 받은 돈을 연 6%의 복리이자율로 저축을 했다면, 370년이 지난 1996년에 얼마를 찾을 수 있었겠는가?

검정 이 문제를 답하기 위해 다음 공식을 사용할 수 있다.

$$\$24 \times (1.06)^{370} = \$55,383,626,000$$

예제 4.3 연이자율이 12%이고 매월 복리계산을 하는 조건으로 대출을 받으려고 한다. 그렇다면 당신이 실제로 부담해야 하는 실효이자율은 얼마가 되는가?

검정 실효이자율$(EFF) = (1+\dfrac{0.12}{12})^{12}-1 = 12.68\%$

예제 4.4 이자율이 6%이면 4년 후 $100의 현재가치는 얼마인가?

검정 $PV = \dfrac{\$100}{1.06^4} = \$79.21$

예제 4.5 만기가 3개월 남은 액면가 $10,000의 단기국채가 $9,800에 거래되고 있다. 현재 이 채권을 구매하여 만기까지 보유했을 때 얻을 수 있는 수익률을 연속복리로 계산된 연 이자율로 구하라.

검정 $10,000를 미래가치로, $9,800를 현재가치로 보면 다음과 같은 관계식이 성립한다.

$$PV = \$9,800 = \$10,000 \cdot e^{-i \cdot \frac{1}{4}}$$

여기서 i를 구하기 위해서는 다음과 같이 식을 전개하면 된다.

$$\dfrac{ln(\dfrac{PV}{FV})}{-\dfrac{1}{4}} = \dfrac{ln(\dfrac{\$9,800}{\$10,000})}{-0.25} = 0.0808108 = 8.081\% = i$$

예제 4.6 기타 투자안 평가법을 적용해도 동일한 결과를 얻게 되어 부동산 투자가 바람직함을 보이라.

검정 1. 투자의 미래가치가 다음 차선대안으로부터 획득할 수 있는 미래가치보다 크다면 투자하라.

　　첫 번째, 은행에 투자했을 때 $10,000의 미래가치를 계산하라.

$$FV = \$10,000 \times 1.08^5 = \$14,693$$

　　부동산으로부터 $20,000와 계산된 미래가치 $14,693를 비교하여, 우리는 부동산의 투자가 바람직하다는 결론을 내릴 수 있다.

2. *IRR*(내부수익률법)이 자본의 기회비용보다 크다면 투자하라. 지금 우리는 투자의 내부수익률을 고려할 것을 준비한다. 오늘 부동산에 $10,000를 투자함으로써, 5년 뒤 $20,000를 얻을 수 있다. 당신이 얻게 되는 이자율은 얼마인가? 다르게 말

해, 우리는 공식을 풀 수 있는 이자율(i)을 구하기 원한다.

$$\$10,000 = \frac{\$20,000}{(1+i)^5}$$

$$i = 14.87\%$$

따라서 부동산 투자의 내부수익률은 매년 14.87%이다. 이것은 당신이 은행에 돈을 저축하여 얻을 수 있는 매년 8%와 비교된다. 명확하게 당신은 부동산에 투자함으로 더 높은 수익률을 얻을 수 있다.

이 문제는 부동산에 $10,000를 투자하여 다음 5년 뒤 원금의 두 배가 예상되기 때문에 IRR의 접근법인 72의 법칙을 사용하여 얻을 수 있다. 72의 법칙을 적용하여, n년 후 두 배가 되는 투자안의 IRR이 72를 n으로 나눈 수치와 거의 동일하게 되는 것을 알 수 있다.

$$두 \ 배가 \ 되는 \ 기간 = \frac{72}{이자율}$$

따라서

$$IRR = \frac{72}{두 \ 배가 \ 되는 \ 기간}$$

이 예에서, IRR은 약

$$IRR = \frac{72}{5} = 14.4\%(매년)$$

이것은 정확한 IRR인 14.87%에 매우 근접한다. 회수기간법은 많은 잠재적 함정을 가지고 있다 할지라도 이 간단한 예에서는 회수기간법을 사용한다.

3. 가장 짧은 회수기간을 갖는 투자안을 선택하라. 우리가 매년 8%의 이자로 은행에 투자한다면 $10,000 투자가 $20,000로 성장하기 위해 얼마나 오래 걸리는지 물을 수 있다. 이 문제를 답하기 위해, 우리는 기간의 숫자 n으로 공식을 풀고 있다.

$$\$10,000 = \frac{\$20,000}{1.08^n}$$

재무계산기에 PV, FV 그리고 i를 입력하여 n을 계산한다. 우리는 n이 9년임을 찾았다. 부동산에 투자하여 당신의 돈이 두 배가 되는 데 단지 5년이 걸렸기 때

문에 분명히 부동산에 투자하는 것이 은행에 투자하는 것보다 바람직하다. 72의
법칙을 사용하여 우리가 얻는 n을 구할 수 있다.

$$두\ 배가\ 되는\ 기간 = \frac{72}{8} = 9년$$

예제 4.7 지금 $1,000를 예금하고 1년 후 다시 $2,000를 예금한다고 가정하자. 이자율이
10%라면 2년 후 받게 되는 금액은 얼마인가?

검정 초기 $1,000의 미래가치 = $1,000 × 1.1^2 = $1,210

$2,000의 미래가치 = $2,000 × 1.1 = $2,200

총미래가치 = $3,410

예제 4.8 가령 파운드화 대 달러의 환율이 '$2/파운드'이고, 달러 이자율은 연 6%, 파운드
이자율은 연 4%라면 양 통화에 손익분기가 되는 1년 후 환율은 얼마가 될까?

검정 당신은 오늘 $1를 달러표시 채권에 투자하면 1년 후 $1.06를 받을 수 있다. 아니면
달러를 £0.5로 환전하여 파운드 표시 영구 채권에 투자하면, 1년 후 £0.52를 받을
수 있다. 당신에게 손익분기점은 1년 후 £0.52가 $1.06의 가치를 가져야 할 것이다.
따라서 환율의 손익분기점은 $\frac{\$1.06}{£0.52}$ 또는 영국 파운드당 $2.03846이다.

연습문제

1. 당신이 오늘 연 10% 이자율에 $1,000를 투자한다면, 20년 후 얼마를 받게 될 것인가?
   그동안 인출은 없다고 가정하라.
2. a. 오늘부터 1년 후 시작하여 향후 20년 동안 매년 $100를 투자하고 매년 10%의 이자
      를 벌 수 있다면, 20년 말에는 얼마를 갖게 되는가?
   b. 20년 말에 $50,000를 갖기 위해서, 당신은 매년 얼마를 투자해야 하는가?
3. 연 10% 이자율에서 다음 현금흐름의 현재가치는 얼마인가?
   a. 지금부터 5년 후 $100를 받는다.
   b. 지금부터 60년 후 $100를 받는다.
   c. 지금부터 1년 후에 시작하여 10년 후를 마지막으로 매년 $100를 받는다.
   d. 지금 시작하여 10년 동안 매년 $100를 받는다.

e. 지금부터 1년 후에 시작하여 영원히 매달 $100를 받는다. (힌트 : 이 문제를 위해 당신은 계산기의 재무 요소를 이용할 필요가 없다. 단지 일반상식을 이용하라)

4. 당신은 4년 동안 매년 $1,000를 공급하는 '소비'자금을 구성하려 한다. 그 돈은 매년 소비될 것이다. 당신이 연 10%의 이자를 얻을 수 있다면 지금 펀드에 얼마를 넣어야 하는가?

5. 당신은 연 12% 이자율(한 달에 1%)로 12번 같은 상환금을 내게 되는 $1,000의 할부대출을 받는다.

    a. 매달 납부금은 얼마인가?

    b. 12개월의 대출 기간에 지급되는 전체 이자금액은 얼마인가?

6. 당신은 25년간 매달 $300의 상환금을 내게 되는 $100,000의 부동산담보대출을 받고 있다.

    a. 매년 이자율이 16%라면, 매달 상환금액은 얼마인가?

    b. 당신이 매달 $1,000를 갚을 수 있다면, 당신이 받을 수 있는 대출의 크기는 어떠한가?

    c. 당신이 매달 $1,500를 갚을 수 있고, $100,000를 빌리기 원한다면, 몇 달 만에 주택저당대출을 갚을 수 있는가?

    d. 당신은 매달 $1,500를 상환할 수 있고, $100,000를 빌릴 것을 요구하고, 25년의 주택저당대출을 원한다면, 당신이 지불할 수 있는 최대 이자율은 얼마인가?

7. 1626년 피터 미누이트는 $24라는 헐값에 미국 원주민에게 맨하탄 섬을 구입하였다. 그 부족이 현금을 사용하는 대신 연 6%의 복리이자를 벌 수 있는 곳에 투자했더라면, 360년이 지난 1986년에 인디언들은 얼마의 돈을 가지게 될까?

8. 당신은 20년 동안 매년 $50,000를 지불받는 $1,000,000의 복권에 당첨되었다. 연이자를 8%라고 가정한다면 상금의 실제가치는 얼마인가?

9. 당신의 이모할머니는 그녀가 죽을 때 당신에게 $20,000를 남겼다. 당신은 그 돈을 연 12%의 이자를 주는 곳에 투자할 수 있다. 만일 당신이 이 유산을 매년 $3,540씩 소비한다면 그 유산은 얼마나 오래 지속될까?

10. 당신은 30년간 *APR* 10.5%의 이자로 은행에서 $100,000를 빌렸다. 매달 상환금은 얼마인가? 당신이 $2,000를 선불해야 한다면, 이는 당신이 단지 $98,000를 은행으로부터 얻게 됨을 뜻한다. 이때 부동산담보대출의 실제 *APR*은 얼마인가?

11. 문제 10에서 서술된 부동산담보대출은 1년 ARM(1년마다 조정되는 이자율)이라고 가

정하자. 이것은 10.5%의 이자율이 오로지 첫해에만 적용됨을 의미한다. 대출 2년째에 이자율이 12%로 상승한다면 당신의 새로운 납입금은 얼마인가?

12. 당신은 할머니에게 $500를 선물로 받았고, 4년 뒤에 있을 졸업을 위해 이 돈을 저축하려고 생각한다. 당신은 1년에 7%의 이자를 주는 A은행과 6%의 이자를 주는 B은행 중 하나를 선택하려 한다. 두 은행의 이자는 복리이다.

   a. 은행 A에 저축한다면 오늘부터 1년 후 저축의 미래가치는 얼마인가? 은행 B의 경우 얼마인가? 어떤 것이 더 좋은 결정인가?

   b. 대부분의 개인들이 하게 되는 저축의사결정은 무엇인가? B은행은 어떤 조치를 취할 것인가?

13. 컨설턴트 슈는 고용인으로부터 $2,500의 보너스를 받았다. 그녀는 미래를 위해 이 돈을 이용하여 저축을 시작하려고 생각한다. 그녀는 연 10%의 이자를 받는 곳에 투자할 수 있다.

   a. 72의 법칙에 따라 그녀의 재산이 $5,000가 되는 데 몇 년이 걸리는가?

   b. 실제 $5,000가 되는 데 몇 년이 걸리는가?

14. 래리의 은행계좌는 특정 예금에 대해 변동금리를 지급한다. 매년 이자율은 조정된다. 래리는 3년 전 이자율이 7%(복리이자)일 때 $20,000를 예금하였다. 작년 이자율은 단 6%였으며, 올해 이자는 다시 5%로 떨어졌다. 올해 말에 그의 계좌에 얼마가 남아 있겠는가?

15. 당신은 연 복리로 8%를 지불하는 은행(Bank Annual)의 저축계좌와 일별 복리로 7.5%를 지급하는 은행(BankDaily)의 저축계좌 중 하나를 선택하려 한다.

   a. EAR에 근거하여, 당신은 어떤 은행을 선호하겠는가?

   b. BankAnnual은 단지 1년 만기 양도성 정기예금증서만을 제공한다. 그리고 이전에 예금을 인출하면 모든 이자를 받지 못한다. 의사결정 시 당신은 이 추가적인 정보를 어떻게 평가하겠는가?

16. 다음 실효이자율을 계산하라.

   a. 12% *APR*의 월복리

   b. 10% *APR*의 연복리

   c. 6% *APR*의 일일 복리

17. 헨리는 그의 회사에 투자가 6년 뒤에 두 배가 될 것이라고 약속했다. 이자는 분기별로 지급되며 재투자된다고 가정하자. 이것은 얼마의 실효이자율을 의미하는가?

18. 첫 번째차 할부금을 내기 위해 당신은 지금부터 2년 후 $2,500가 필요하다고 가정하자.

　　a. 첫 번째 은행은 2년간 연복리 4% 이자율을 제공하며, 두 번째 은행은 2년간 연복리 4.5%의 이자율을 제공한다. 당신은 오늘부터 2년 후 $2,500가 필요하다고 하면 당신의 목적을 달성하기 위해 얼마의 돈을 첫 번째 은행에 투자해야 하는가? 대안적으로 얼마의 돈을 두 번째 은행에 투자해야 하는가? 당신은 어떤 은행을 선호하겠는가?

　　b. 당신은 그 돈을 3년간 필요로 하지 않는다고 가정하자. 첫 번째 은행에 얼마를 예금할 수 있는가? 두 번째 은행에는?

19. 럭키 린은 그녀의 삼촌으로부터 1년 후 $1,000를 받거나 그녀의 아주머니로부터 지금 $900를 받을 수 있는 선택권을 가지고 있다. 그녀는 $900를 연 12%의 수익을 주는 곳에 투자할 수 있다.

　　a. 그녀의 삼촌으로부터 받게 되는 선물의 미래가치는 얼마인가? 그녀의 아주머니로부터 받게 되는 선물의 미래가치는 얼마인가?

　　b. 그녀는 어떤 선물을 택하겠는가?

　　c. 만일 그녀의 아주머니로부터 받게 되는 $900를 10%의 수익률로 투자할 수 있다면, 당신의 대답은 어떻게 되겠는가? 그녀는 어떤 수익률에서 무차별해지는가?

20. 단기투자안의 관리자로서 당신은 오늘부터 1년 후 $1,000의 현금을 지불하게 되는 단기투자안에 투자할 것인지 말지를 결정하려 한다. 투자안의 총비용은 $950이다. 당신의 대체 투자안은 매년 복리이자로 4%를 지급하는 인증된 은행계좌에 1년간 저축하는 것이다.

　　a. $1,000의 현금흐름이 보장되었다고 가정하고($1,000를 받지 못할 위험은 없다) 어떤 논리적인 할인율을 사용하여 투자안의 현금흐름의 현재가치를 결정할 것인가?

　　b. 만일 당신이 현금흐름을 4%로 할인한다면 투자안의 현재가치는 얼마인가? 그 투자안의 순현가는 얼마인가? 당신은 투자안에 투자해야 하는가?

　　c. 은행이 1년만기 양도성예금증서의 공시수익률을 5.5%까지 증가시킨다면 당신의 대답은 어떻게 되겠는가?

　　d. 두 투자안이 무차별해지는 은행의 1년만기 양도성예금증서 수익률은 얼마인가?

21. 다음 현금흐름의 순현가(NPV)를 계산하라. 당신은 오늘 $2,000를 투자하고 1년 후 $200, 2년 후 $800를 받으며, 그리고 지금부터 4년 후에 시작해 10년 동안 매년

$1,000를 받게 된다. 이자율은 10%라고 가정하라.

22. 당신의 사촌은 지금부터 5년 후 한 번에 $1,200를 지불하는 $995의 채권을 살 것인지, 지역 은행계좌에 투자할 것인지에 대해 당신이 조언해 줄 것을 요청하였다.

    a. 채권의 현금흐름의 내부수익률(IRR)은 얼마인가? 당신이 선택하기 위해 필요한 추가적인 정보는 무엇인가?

    b. 당신은 은행이 5년 동안 연 3.5%의 이자(복리이자)를 지급한다는 것을 알고 있다면 당신은 그녀에게 어떤 조언을 할 것인가?

    c. 은행이 5년 동안 연 5%의 이자를 지급한다면 당신의 조언은 변하겠는가? 채권의 가격은 $900이고 은행은 연 5%를 지급한다면 당신의 조언은 변하겠는가?

23. 당신과 당신의 누나는 할아버지가 금고에 남겨 둔 $300와 저축채권을 유산으로 받았다. 당신의 나이가 많기 때문에 당신은 원하는 현금이나 채권을 선택할 수 있다. 채권은 4년의 만기를 가지며, 만기 시 채권소유자에게 $500를 지불할 것이다.

    a. 당신이 오늘 $300를 받아서 연 6% 이자율에 투자한다면, $300가 $500까지 되는데 얼마의 시간이 걸리겠는가?

    b. 연 10% 이자율에 $300를 투자할 수 있다면 당신의 대답은 바뀌겠는가? 15%의 이자율이라면 바뀌겠는가? 이 결정을 분석하기 위해 당신이 사용할 수 있는 다른 의사결정 법칙은 무엇인가?

24. 당신은 당신의 친구 엘리자베스에게 세 번의 개인적인 대출을 받는다고 가정하자. 오늘 $1,000를 받고, 1년 후에 $500를 받으며, 2년 후에 $250를 받는다. 당신은 세 번의 대출을 오늘로부터 한 달 후에 시작하여 36개월간 매달 같은 상환금을 내는 하나의 대출로 통합하려 한다. 합의된 이자율은 연 8%(EAR)라고 가정하자.

    a. 당신이 지불하는 연이자율은 얼마인가?

    b. 새로운 매월 상환금의 크기는 얼마인가?

25. 당신은 ToysRFun의 CEO로서 초기 투자금액은 없고 첫 번째 기간 말에는 $5,000를, 다음 기간 말에는 $4,000의 현금유입이 생기며, 마지막 해인 세 번째 기간 말에는 $11,000의 손실을 가져오는 기회에 참여할 것을 제안받았다.

    a. 적절한 할인율(기업의 자본비용)이 10%라면 순현가는 얼마인가?

    b. 당신은 제안을 받아들이겠는가?

    c. 내부수익률은 얼마인가? 왜 당신은 내부수익률이 자본비용보다 큰 투자안을 거절하는지 설명하라.

26. 당신은 채권자에게 1년 후 $6,000, 2년 후 $5,000, 3년 후 $4,000, 4년 후 $2,000 그리고 마지막인 5년 후에는 $1,000를 갚아야 한다. 당신은 매해 말에 다섯 번의 같은 상환금을 지불하는 대출로 재구성하려 한다. 연간 복리로 합의된 이자율이 6%라면, 상환금은 얼마인가?

27. 다음의 일반적 연금의 미래가치를 구하라.

    a. 9%로 10년 동안 매년 $100

    b. 15%로 8년 동안 매년 $500

    c. 7%로 20년 동안 매년 $800

    d. 0%로 5년 동안 매년 $1,000

    e. a~d에서 연금의 현재가치를 구하라.

    f. 현재가치와 미래가치 간의 관계는 무엇인가?

28. 당신은 지금부터 10년 후 $50,000가 필요하다고 가정하자. 당신은 오늘부터 3년 후에 시작하여 연 11%의 복리이자계좌에 일곱 번의 같은 예금을 하려고 계획한다. 매년 예금의 크기는 얼마인가?

29. 어떤 투자는 지금부터 1년 후에 시작하여 5%의 이자율에 5년 동안 매년 $100를 제공한다고 가정하자.

    a. 현재가치는 얼마인가? 오늘 한 번의 추가적인 납입이 더해진다면 현재가치 계산은 어떻게 변하는가?

    b. 이 일반적인 연금의 미래가치는 얼마인가? 오늘 한 번의 추가적인 납입이 더해진다면 미래가치는 어떻게 변하는가?

30. 당신은 3년 동안 전체 구매가격 $20,000에 대해 4%의 *APR*로 차를 구입할 것인지 아니면 $1,500의 할인을 받고 나머지는 9.5%의 은행이자율로 대출하여 차를 구입할 것인지를 결정하려고 한다. 두 가지 대출은 3년 동안 매달 상환금을 지불한다. 어떤 대출을 선택하겠는가?

31. 당신은 $23,000의 스포츠카를 구입하려고 한다. 한 판매자는 새 차 구매에 대해 3년간 매달 상환하는 *APR* 2.9%로 특별할인 대출을 제공한다. 두 번째 판매인은 현금할인을 제공한다. 물론 현금할인을 받는 소비자는 위의 특별대출을 받을 자격이 없고 지역은행으로부터 연 9%의 이자로 구매가격의 잔액을 빌려야 한다. 이 $23,000의 차에 얼마의 현금할인을 해야만 2.9%의 특별대출을 제공하는 판매인을 멀리하고 소비자를 끌어들일 수 있는가?

32. $475.48를 10% 이자율에 오늘 투자하면 다음 4년 동안 매해 말에 $150를 인출할 수 있고 그 후엔 아무것도 남지 않음을 보이라.

33. 연금관리자로서 당신은 우선주에 투자할 것을 고려하고 있다. 이 우선주는 지금부터 1년 후에 시작하여 매년 $5,000,000를 지불한다. 당신의 대체투자안이 매년 10%의 수익률을 선택하는 것이라면, 이 투자의 현재가치는 얼마인가? 이 투자에 대해 지불할 수 있는 최대금액은 얼마인가? 당신이 그 돈을 지불한다면, 이 투자에 대한 배당률은 얼마인가?

34. 새로운 복권은 수상자에게 선택권을 부여한다. 당신은 지금 즉시 총액 $1,000,000를 받거나 아니면 오늘 지불을 시작하여 영원히 매년 $100,000의 연금을 받을 수 있다. 적절한 연간 복리이자율이 9.5%라면 두 가지 상금의 가치 차이는 얼마인가?

35. 다음 복리기간에서 총액 $1,000 투자의 미래가치를 구하라(*EAR*을 계산하거나 기간의 수치를 바꾸며, 짧아진 기간의 복리로 이자율을 계산하라).

　　a. 10년간 연 7% 복리

　　b. 10년간 반년 7% 복리

　　c. 10년간 매월 7% 복리

　　d. 10년간 매일 7% 복리

　　e. 10년간 7% 연속이자율

36. 새미 조는 매달 18% *APR* 이자율로 공시되어 있는 그녀의 마스터카드로 1년 전에 $1,000의 상품을 구입하였다. 그녀는 지난해 카드사용을 억제하고 있으며 매달 말 $50의 정기적인 상환금을 내고 있다. 그녀는 아직 얼마를 빚지고 있나?

37. 당신이 꿈꾸어 오던 집을 장만하기 위해 $120,000의 대출을 고려하고 있다. 연이자율은 9%이며 상환금은 매달 지불된다.

　　a. 주택대출이 30년의 상각계획을 가진다면, 매달 납입금은 얼마인가?

　　b. 당신이 지불하는 *EAR*은 얼마인가?

　　c. 대출 상각이 30년이 아니라 15년 동안이라면 a와 b의 답은 어떻게 변하는가?

38. 당신은 작년에 문제 37a에 기술된 대출을 받았다고 가정하자. 지금 이자율은 연 8%로 하락하였다. 여기에는 재대출의 수수료가 없다고 가정하자.

　　a. 12번 납입 후 현재 주택담보대출에 남아 있는 잔액은 얼마인가?(힌트 : 미래가치를 구하라)

　　b. 29년 동안 낮은 이자율로 당신의 부동산담보로 재대출하였다면 당신의 상환금은

얼마인가?

환율과 화폐의 시간가치

39. 파운드 스털링과 달러 간의 현재 환율은 파운드당 $1.5이고 연달러 이자율은 7%이며, 파운드 이자율은 9%이다. 당신은 1년짜리 계좌에 $100,000를 가지고 있으며, 두 통화 중 하나를 선택할 수 있다. 계좌는 두 통화에 상응하는 이자를 지급한다.

 a. 위험이 동일하고, 1년 후 파운드당 $1.4의 환율이 기대된다면, 당신은 어떤 통화를 선택하겠는가?

 b. 지금부터 1년 후 달러/파운드 환율의 손익분기 가치는 얼마인가?

실질이자율 대 명목이자율

40. 전통적인 10년짜리 장기채권의 이자율은 연 7%이고, 10% TIPS가 연 3.5%의 이자율이라면, 당신은 두 가지 중 하나에 $10,000를 투자한다.

 a. 당신은 매년 인플레이션율이 4%가 될 것이라 예상한다면, 더 높은 수익률을 제공하는 채권은 어떤 것인가?

 b. 당신은 어떤 채권에 투자하는 것을 선호하겠는가?

41. 당신은 20년 후 퇴직할 것이며, 퇴직 이후 20년을 더 살 것이라고 예상한다. 지금 저축을 시작한다면 당신은 매년 저축하는 $1가 퇴직 후 매년 얼마를 인출할 수 있게 하는가? 연실효이자율은 다음과 같다.

 a. 0, 1%, 2%, 3%, 3.5%, 4%, 6%, 8%, 10%

 b. 매년 4%의 인플레이션이 예상된다면, 당신의 대답은 어떻게 변하겠는가?

)5

>

가계의 저축 및 투자의사결정

제4장에서 우리는 재무적 의사결정에서 할인된 현금흐름표를 이용하는 방법을 설명하였다. 이 장에서는 그러한 현금흐름할인모형을 각 생애주기 단계별 주요 재무적 의사결정에 적용할 것이다. 퇴직시점을 위해 얼마나 저축해야 하는가에 대한 의사결정을 이용해서 전반적인 재무계획의 모형을 제시해 보고자 한다. 그러고 나서 당신들이 세금을 이연시켜야 하는지, 지금 납부할 것인지, 전문학위를 위해 투자해야 하는지, 또는 집을 구입해야 하는지 아니면 임차해야 하는가에 관한 분석을 설명한다.

5.1 저축의 생애주기모형

다음의 예를 보자. 당신은 지금 35세이고 30년 후인 65세에 퇴직하여 80세까지 생존한다고 가정하자. 당신의 현재 연봉은 $30,000이고 어떠한 자산도 다른 형태로 보유하고 있지 않다.

설명을 단순화시키기 위해서 세금은 없다고 가정한다. 또 인플레이션이 조정된 실질연봉이 65세까지 $30,000라고 가정한다. 즉 당신의 연봉은 인플레이션율과 동일하게 상승한다고 가정한다.

그러면 지금 소비를 위해 얼마를 지출해야 하고 얼마를 저축해야 하는가?

당신이 저축하는 모든 금액에 대하여 인출 시까지 이자가 발생한다. 물론 생활비용도 시간이 경과함에 따라 동반 상승할 것이다. 이자율이 연인플레이션율보다 3% 높다고 가정하자. 다시 말하면 실질이자율이 3%가 된다.

퇴직 후를 위해 얼마를 저축해야 하는가에 대한 답을 계산하는 방법에는 두 가지가 있다. (1) 퇴직 전 소득의 목표 대체율을 기준으로 한 방법이 있고 (2) 퇴직 전후의 소비지출이 동일 수준을 유지하는 것을 목표로 한 방법이 있다.

5.1.1 방법 1 : 퇴직 전 소득의 목표 대체율

많은 전문가들은 당신들이 저축계획을 수립할 때 퇴직 전 소득의 75%에 목표 대체율을 맞출 것을 권장한다. 이 법칙을 우리의 사례에 적용시켜 보자. 퇴직 전 실질소득이 $30,000라면 퇴직 후 소득의 목표 수준은 0.75×$30,000, 즉 $22,500가 될 것이다.

목적을 달성하기 위해 얼마나 저축해야 하는가를 계산하는 방법은 다음 두 단계로 구성된다.

- 첫째, 퇴직시점이 되었을 때 개인퇴직금계정에 누적되어 있기를 원하는 금액을 계산

한다.

- 둘째, 그 미래가치와 동일한 연저축금액을 계산한다.

따라서 첫째, 65세 퇴직 이후 15년 동안 매년 $22,500씩 인출하기 위해 필요한 퇴직금의 양을 계산한다.

연금현가계수(annuity present value factor)를 사용하면,

$$PV_{PMT}(PMT, \ i, \ n) = PMT \cdot \frac{1-(1+i)^{-n}}{i} \qquad PV_{PMT}(\$22,500, 3\%, 15) = \$268,603.54$$

n	15
i	3%
PMT	$22,500.00
PV	$268,603.54

둘째, 30년 후에 $268,603.54의 목돈을 모으기 위해 매년 얼마를 저축해야 하는가를 계산해야 한다. 감채기금계수(sinking fund factor)를 사용하면,

$$PMT_{FV}(FV, \ i, \ n) = FV \cdot \frac{i}{(1+i)^n - 1} \qquad PMT_{FV}(\$268,603.54, 3\%, 30) = \$5,645.85$$

n	30
i	3%
FV	$268,603.54
PMT	$5,645.85

결국 이 계산과정의 결과, 퇴직 후 15년 동안 매년 $22,500의 퇴직급여를 인출하기 위해서 당신은 내년부터 30년 동안 매년 $5,645.85를 저축해야 한다.

이제 방법 1을 이용하는 데에 있어서의 문제점을 검토해 보자. 방법 1은 당신이 직장생활 기간에 유지했던 소비수준을 퇴직 이후에도 동일하게 유지할 수 있다는 것을 반드시 보장하지는 않는다. 앞의 예제에서 직장생활 동안의 연소득 $30,000 중에 $5,645.85를 저축할 때 당신의 소비지출은 매년 $24,354.15이나, 퇴직 이후의 연소비지출은 단지 $22,500가 된다.

이 문제를 해결할 수 있는 한 가지 방법은 대체율을 75% 이상으로 하여 다시 계산하

글상자 5.1	인구통계학적 관점에서 바라본 유럽연금제도의 문제

조기 퇴직, 평균 기대수명의 증가, 그리고 낮은 출생률로 인해 유럽의 국가연금제도는 불안한 상태를 보이고 있다. 유럽의 연금제도는 현직 노동자의 소득에서 원천 징수하여 퇴직자의 연금을 조달하는 방식으로 운영되고 있는데, 이 제도는 현직 근로자들이 퇴직자에 비해 현저히 많다는 것을 전제하고 있다. 그러나 현직 근로자의 비율은 꾸준히 감소하고 있다. 유럽 각국의 정부들은 이러한 문제를 충분히 인지하고 있으나, 미래 정부가 해결할 문제로 미루는 것 외에는 아무런 조치도 취하지 않고 있다.

근본적인 문제 해결을 어렵게 만든 주요 원인은 정부가 수정, 제안한 공적 연금 계획에 대해 불만을 가진 많은 일반 근로자들의 저항을 들 수 있다. 유럽 정부는 현직 근로자들에게 퇴직 연금제도의 안전성을 확신시키기 위해, 원천 징수 방식

제도의 범위를 좁혀야만 한다. 또한 자국으로의 이민을 장려하는 것도 하나의 해결책이 될 수 있다. 이민자의 증가는 현재 근로자 수의 증가로 이어질 것이며, 이를 통해 현재 근로자 수는 퇴직자의 수를 넘어설 것이다. 또한 세제 지원과 고용법 개정을 통하여 유럽의 여성이 가정과 직장을 동시에 병행하기 어려운 구조적인 문제를 제거하여, 급격한 출생률 감소를 막을 수 있을 것으로 생각된다.

유럽 각국의 정부가 연금제도에 대해 아무런 조치를 취하지 않는다면, 조기 퇴직자 수의 증가로 인해 야기되는 여러 가지 문제를 막을 수 없을 것이다.

출처 : Adapted from "Work Longer, Have More Babies," *The Economist*, September 25, 2003.

는 것이다. 만일 그 대체율이 너무 높은 것으로 판명되었을 때는 더 낮은 대체율로 다시 계산한다. 퇴직 전후의 동일한 소비지출 수준을 유지시켜 주는 대체율을 찾을 때까지 이러한 시행착오 절차를 계속해야 한다. 방법 2를 이용하면 시행착오 절차 없이 직접 문제를 풀 수 있다.

| 예제 5.1 |
앞의 예에서 목표 대체율이 80%일 때 필요한 저축액을 다시 계산해 보라. 새로운 저축수준은 퇴직 전후의 소비지출을 어떻게 바꾸는가?

5.1.2 방법 2 : 소비지출의 동일 수준 유지

당신의 목표가 퇴직 전후에 동일한 소비지출이라고 한다면 얼마나 저축을 해야 하는지를 결정해 보자. 앞으로 45년 동안 매년 일정한 현금흐름(여기서는 C로 표현한다) C를 기대한다고 한다. 35세부터 65세까지 매년 저축하는 금액은 $\$30,000 - C$가 된다. 65세가 되었을 때 총저축금액은 $\$47.58 \times (\$30,000 - C)$가 된다.[1] 65세 이후 총퇴직금에서 매년 C만큼 인출할 수 있다. 65세에 그 인출금액의 현재가치는 $\$11.94C$가 된다.[2]

C를 계산하기 위해 위 두 금액이 동일하다고 놓는다.

$$\$47.58(\$30{,}000-C)=\$11.94C$$

$$C=\$23{,}982$$

결국 소비지출은 매년 $23,982이고 직장생활 동안 연저축금액은 $6,018가 된다(즉 $30,000−$23,982). 그리고 65세까지 총누적저축금액은 $286,298이다.

표 5.1과 그림 5.1에서 1~4열은 이 예제에서 산출된 소득, 소비지출, 저축의 각 연령에 따른 결과를 보여 주고 있다. 표 5.1을 보면 소득은 65세까지 매년 $30,000에서 이후 0이 되며 소비지출은 35세에서 80세까지 매년 $23,982를 유지한다는 것을 알 수 있다.

C를 계산하기 위한 식은 다음과 같다.

$$\sum_{t=1}^{45} \frac{C}{(1+i)^t} = \sum_{t=1}^{30} \frac{Y_t}{(1+i)^t} \qquad (5.1)$$

i는 이자율이고 Y_t는 t년도의 수입을 의미한다.

표 5.1 평생 동안의 급여, 소비, 저축

연령	급여	소비	저축	휴먼캐피털	퇴직자금
(1)	(2)	(3)	(4)	(5)	(6)
35	$30,000	$23,982	$6,018	$588,013	0
45	30,000	23,982	6,018	446,324	$68,987
55	30,000	23,982	6,018	255,906	161,700
65	30,000	23,982	(23,982)	0	286,298
66	0	23,982	(23,982)	0	270,905
70	0	23,982	(23,982)	0	204,573
75	0	23,982	(23,982)	0	109,832
80	0	23,982	(23,982)	0	0

---

[1] 연금복리계수를 사용하여 계산되었다.

$$FV_{PMT}(PMT,\ i,\ n)=PMT\cdot\frac{(1+i)^n-1}{i} \quad \text{또는} \quad FV_{PMT}(\$1,\ 3\%,\ 30)=\$47.58.$$

[2] 연금현가계수를 사용하여 계산되었다.

$$PV_{PMT}(PMT,\ i,\ n)=PMT\cdot\frac{1-(1+i)^{-n}}{i} \quad \text{또는} \quad PV_{PMT}(\$1,\ 3\%,\ 15)=\$11.94.$$

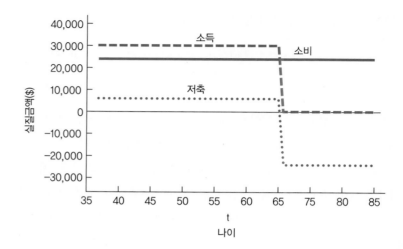

그림 5.1

평생 동안의 저축계획

식 5.1은 앞으로 45년 동안 예상되는 소비지출의 현재가치는 향후 30년 동안의 급여의 현재가치와 같다는 것을 뜻한다. 경제학자들은 개인의 미래 급여에 대한 현재가치를 **휴먼캐피털**(human capital)이라 하며 휴먼캐피털과 동일한 현재가치의 일정한 소비지출을 **항상소득**(permanent income)이라고 한다.

앞의 예에서 30년 동안 매년 $30,000의 급여를 가정할 때 35세에 당신의 휴먼캐피털은 $588,013이며, 항상소득은 매년 $23,982가 된다.[3] 당신이 나이가 들수록 당신의 잔존 급여의 현재가치는 점차 줄어들고 결국 65세에 휴먼캐피털은 0이 된다.

그림 5.2

휴먼캐피털, 퇴직자금,
그리고 개인 부의 총합

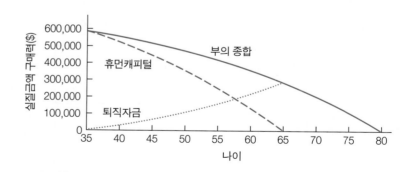

---

[3] 35세의 휴먼캐피털 계산은 연금현가계수를 사용한다. $PV_{PMT}(PMT, \ i, \ n) = PMT \cdot \dfrac{1-(1+i)^{-n}}{i}$ 또는 $PV_{PMT}(\$30,000, 3\%, 30) = \$588,013$. 항상소득의 계산을 위해서는 자본회수계수를 사용한다. $PMT_{PV}(PV, \ i, \ n) = PV \cdot \dfrac{i}{1-(1+i)^{-n}}$ 또는 $PMT_{PV}(\$588,013, 3\%, 45) = \$23,982$.

글상자 5.2　항상소득, 생애주기 저축, 그리고 휴먼캐피털 이론에 대한 노벨상들

Milton Friedman은 1976년에 노벨 경제학상을 받았다. 노벨상 위원회에서 주목한 그의 주요 업적은, 항상소득과 임시소득이 개인의 소비지출을 결정하는 주요소라는 이론이다. Friedman은 임시소득에서 저축되는 비율이 항상소득에서 저축되는 비율보다 훨씬 크다는 것을 증명하였다.

　Franco Modigliani는 1985년에 가계의 저축에 대한 생애주기가설 이론의 구축 및 발전에 일부분 기여하여 노벨상을 받았다. Modigliani의 생애주기이론에 대한 연구는 새롭거나 독창적인 것은 아니었다. 그의 업적은 새로운 방식으로 아이디어를 특정한 모델로 만들어, 이를 정교한 경제학적 이론으로 통합했다는 데에 의의가 있다. 생애주기모형은 오늘날 소비와 저축에 대한 연구에 가장 많이 사용되는 동태적 모형이다.

　Gary Becker는 미시 경제학적 분석을 인간행동이론의 범위까지 확장한 것에 대한 공로를 인정받아 1992년에 노벨상을 받았다. 그의 가장 큰 공헌은 휴먼캐피털 분야에 대한 것이다. Becker는 기존 휴먼캐피털 이론을 미시경제학적으로 계량화하였다. 휴먼캐피털 이론을 통하여 교육과 직장 내 훈련으로부터 얻을 수 있는 이익을 평가하는 표준화된 분석틀을 만들 수 있었다. 또한 휴먼캐피털식의 접근은 국가 간의 무역 형태에 대해서도 잘 설명하고 있다. 국가 간의 Human Capital의 차이가 국가 간의 실제 자본의 차이보다 무역에 대해 잘 설명한다는 것이다.

출처 : Adapted from http://nobelprize.org/nobel-prizes/economics/laureates/1976/press.html. http://nobelprize.org/nobel-prizes/economics/laureates/1985/press.html. http://nobelprize.org/nobel-prizes/economics/laureates/1992/press.html.

　그림 5.2와 표 5.1의 5, 6열은 표 5.1의 2, 4열과 그림 5.1에서 소득 및 저축의 움직임을 통해 알 수 있는 퇴직자금 누적금액과 휴먼캐피털의 시간에 따른 변화를 보여 주고 있다. 퇴직자금은 35세에 0에서 시작하여 점차 증가해 65세에는 $285,298에 이르게 된다. 이후 다시 점차 감소하여 80세에는 0이 된다. 휴먼캐피털과 퇴직자산의 합으로 정의되는 개인부의 총합은 35세와 80세 사이에 계속 감소한다.

| 예제 5.2 |

조젯은 현재 30세이고, 65세에 퇴직하여 85세까지 살 것으로 예상한다. 그녀의 급여는 연 $25,000이고 추후 55년 동안 실질 소비지출이 동일 수준을 유지하기를 원한다. 세금은 없고 실질 급여의 성장도 없으며 실질이자율은 연 3%라고 가정한다.
a. 조젯의 휴먼캐피털은 얼마인가?
b. 항상소득은 얼마인가?

　휴먼캐피털과 항상소득이 서로 다른 이자율에 따라 결과가 어떻게 달라지는지를 생각해 보자. 표 5.2를 보면 이자율이 클수록 휴먼캐피털은 작아지지만 항상소득은 증가하는 것을 알 수 있다. 당신은 직장생활의 전 기간에 저축을 하기 때문에 높은 실질이자율에

표 5.2 실질이자율(i%) 함수로서의 휴먼캐피털과 항상소득

실질이자율(%)i=	휴먼캐피털 (i)=	항상소득 (i)=	저축 (i)=
0	900000	20000	10000
1	774231	21450	8550
2	671894	22784	7216
3	588013	23982	6018
4	518761	25037	4963
5	461174	25946	4054
6	412945	26718	3282
7	372271	27362	2638
8	337734	27892	2108
9	308210	28325	1675
10	282807	28674	1326

가정 : 당신은 현재 30세이고, 지금부터 30년 후인 65세에 퇴직하고 그 후 80세까지 15년 동안 더 생존하는 것으로 가정한다. 당신의 실질급여는 연 $30,000이고 현재까지 모아 놓은 자산은 없는 것으로 가정한다.

의해 휴먼캐피털의 가치는 작아지더라도 더 많은 보상을 받는다.

| 예제 5.3 |
표 5.2에서 연실질이자율이 3.5%일 때 휴먼캐피털과 항상소득은 얼마가 되는가?

35세에 저축을 시작할 때 어떤 자산도 가지고 있지 않다는 가정 대신에 당신이 은행계좌에 $10,000를 소유하고 있다고 가정해 보자. 그 $10,000는 당신이 평생 동안 소비할 수 있는 금액에 어떤 영향을 주는가? 연이자율을 3%라고 가정한다면 추후 45년 동안 매년 $407.85만큼 소비지출을 증가시킬 수 있다.

한편 80세에 당신이 죽으면서 당신의 자녀들에게 유산으로 $10,000를 남길 것을 원한다고 가정해 보자. 연소득은 불변일 때 유산을 남기길 원한다면 당신의 소비에 어떤 영향을 미치는가? 결론부터 말하면, 유산을 남기기를 원한다면 향후 45년 동안 매년 $107.85만큼 당신의 소비를 감소시켜야 할 것이다.

소득, 초기의 부, 유산으로 소비지출을 표현하는 일반적인 공식은 다음과 같다.

$$\sum_{t=1}^{T}\left[\frac{C_t}{(1+i)^t}+\frac{B_t}{(1+i)^t}\right]=W_0+\sum_{t=1}^{R}\frac{Y_t}{(1+i)^t} \tag{5.2}$$

여기서 각각은 다음을 의미한다.

C_t = t년도의 소비지출

Y_t = t년도의 급여소득

i = 이자율

R = 퇴직시점까지의 기간

T = 생존기간

W_0 = 초기 부

B_t = 유산

식 5.2는 당신의 평생 동안의 소비지출과 유산의 현재가치는 최초의 재산과 급여소득의 현재가치와 같다는 것을 의미한다. 이것은 평생의 소비지출 계획을 결정할 때에 당신이 직면하게 될 **다기간 예산제약조건**(intertemporal budget constraint)이 될 것이다.

| **예제 5.4** |
당신이 지금부터 30년 후에 상속받을 것으로 기대하는 $100만의 유산은 당신의 항상소득에 어떤 영향을 주는가?

식 5.2를 만족시키는, 즉 당신의 자본제약조건을 만족시키는 모든 소비지출 계획은 **실현 가능한 계획**(feasible plan)이라는 것을 주목할 필요가 있다. 다수의 실현 가능한 소비지출 계획들이 존재한다. 그러한 계획 중에서 하나를 선택하기 위해서는 각 실현 가능한 계획으로부터 얻을 수 있는 만족 또는 후생(경제학적으로는 **효용**의 개념을 의미함)을 계량적으로 측정할 수 있는 기준이 필요하다. 모든 실현 가능한 계획들 중에서 최선의 계획을 선택할 수 있게 하는 계량적 모형을 **최적화 모형**(optimization model)이라고 한다. 생애 전체의 재무계획을 위한 최적화 모형을 개발하는 것은 이 교과서의 범위를 벗어난다.[4]

실질소득 변화가 어떤 영향을 미치는가를 생각해 보자. 예를 들어, 어떤 의사가 30세

---

[4] 생애 최적화 모형을 살펴보기 위해서는 R. C. Merton의 『Continuous-Time Finance』의 4장에서 6장까지를 참조할 것.

표 5.3 **평생 동안의 저축계획**

나이	소득	소비	저축	휴먼캐피털	기타 자산 및 부채
30	0	0	0	5,186,747	0
31	25,000	193,720	(168,720)	5,317,349	(168,720)
32	25,000	193,720	(168,720)	5,451,869	(342,502)
33	25,000	193,720	(168,720)	5,590,425	(521,497)
34	25,000	193,720	(168,720)	5,733,138	(705,862)
35	25,000	193,720	(168,720)	5,880,132	(895,758)
36	300,000	193,720	106,280	5,756,536	(816,351)
37	300,000	193,720	106,280	5,629,232	(734,562)
38	300,000	193,720	106,280	5,498,109	(650,319)
39	300,000	193,720	106,280	5,363,053	(563,549)
40	300,000	193,720	106,280	5,223,944	(474,175)
44	300,000	193,720	106,280	4,624,507	(89,053)
45	300,000	193,720	106,280	4,463,242	14,555
65	300,000	193,720	106,280	0	2,882,067
66	0	193,720	(193,720)	0	2,774,809
84	0	193,720	(193,720)	0	188,078
85	0	193,720	(193,720)	0	0

에 막 의과대학을 졸업하고 병원에서 외과의사 레지던트로 일을 시작했다고 가정해 보자. 그의 실질급여는 추후 5년 동안 매년 $25,000이다. 그러나 레지던트를 끝마친 이후에는 65세에 퇴직할 때까지 실질소득으로 매년 $300,000를 벌 수 있을 것으로 기대된다. 이러한 미래의 기대에 따라서 그는 고급으로 생활수준을 유지하기로 결정했다. 그의 수명이 85세이고 생존 기간 실질 소비지출의 동일 수준을 유지하고자 한다면, 그는 얼마를 저축해야 하는가? 실질이자율이 연 3%이고 동일 이자율로 차입, 대출이 가능하다고 가정한다.

표 5.3과 그림 5.3은 그가 매년 동일한 실질소비를 하기 원한다는 가정하에 저축 및 급여와 소비지출의 예상 움직임을 나타내고 있다. 최초 휴먼캐피털은 $5,186,747이고 항상소득은 $193,720이다. 5년간의 레지던트 기간에 매년 $193,720를 지출하기 위해서는 그의 급여 $25,000를 초과하는 $168,720를 매년 차입해야 한다. 그의 총부채는 35세에 최대

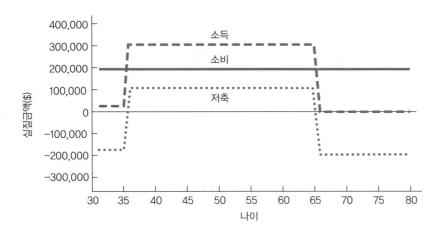

그림 5.3

평생 동안의 저축계획

$895,758까지 증가할 것이며 이후 36세부터 65세에 퇴직할 때까지 매년 $106,280를 저축하기 때문에 부채는 감소하게 될 것이다. 그렇지만 45세까지 그는 부채를 모두 갚을 수 없다는 것을 주목해야 한다(글상자 5.3 참조).

| 예제 5.5 |
그가 이후 5년 동안 차입할 수 없다고 한다면 그의 생애 동안의 저축과 소비계획은 어떻게 바뀌겠는가?

글상자 5.3   재무지식과 은퇴를 위한 저축

최근 미국과 유럽에서는 개인의 투자, 특히 연금 기금에 대한 투자에 대해 전에 비해 더 많은 의무감을 느끼는 사람들이 늘고 있다. 하지만 그중 많은 사람들이 금융 지식 부족하여 어려움에 부딪히곤 한다.

대다수의 사람들은 인플레이션, 분산투자와 복리 등, 기본 금융 지식에 대해 그들이 실제로 알고 있는 것보다 더 많이 알고 있다고 생각하는 경향이 있다. 낮은 개인 저축률, 미국과 영국의 빈번한 부도는 시민들의 금융 지식이 얼마나 부족한지를 여실히 보여 준다.

기업 및 정부는 추후 정부가 퇴직 후 삶을 위한 자금을 마련할 능력이 없는 사람들로 인해 겪을 재정적인 문제에 대한 해결책으로, 젊은 근로자들에게 저축 및 투자에 대한 기초 상식을 가르치는 프로그램을 운영하고 있다.

그러나 금융 지식에 대한 교육과 덜 객관적일 수 있는 재무상담(특정 회사가 제공하는)에 대한 구분은 확실해야 한다. 그럼에도 불구하고 금융 지식에 대해 충분히 이해하고 있는 사람들일수록 더 많이 저축하고, 장기적으로 더 높은 수익을 얻는 것으로 나타났다.

출처 : Adapted from "Caveat Investor," *The Economist*, January 12, 2006.

---

[5] OASDI는 노령자, 유족, 장애인들을 위한 미국의 사회보장제도이다.

5.2 사회보장제도의 고려

많은 국가에서 정부는 사회보장제도라고 할 수 있는 퇴직연금제도에 국민의 참여를 의무화하고 있다.[5] 그러한 제도하에서 국민들은 그들의 근로활동기간에는 세금을 납부하고 고령이 되었을 때 연금수취를 위한 자격을 부여받는다. 따라서 의무적인 연금제도는 우리가 퇴직 이후를 대비해 준비하는 자발적인 저축금액에 영향을 미칠 것이다. 사회보장제도를 올바르게 고려하는 생애계획모형을 이용해 보자.

이 문제를 우리의 생애 현금흐름할인 계획모형과 연관 지어 설명하기 위해 우선 사회보장제도가 우리의 생애 순현금흐름 전체를 변화시킨다는 것을 인식해야 한다. 당신이 35세이고 급여는 연 $30,000라는 처음의 예제로 돌아가 보자. 당신의 휴먼캐피털은 $588,013 — 연 3%의 실질이자율로 할인된 급여소득의 현재가치—가 된다. 소비지출의 최적 수준은 항상소득과 동일한 매년 $23,982라고 가정한다. 따라서 퇴직 전 연저축금액은 $6,018($30,000 — $23,982)가 될 것이다. 65세에 총누적 저축금액은 $286,309가 될 것이고 이 금액은 퇴직 이후 15년 동안 연 $23,982의 소비를 충당할 수 있을 것이다.

사회보장제도하에 세금을 납부하는 금액과 동일한 금액을 매년 당신이 저축할 때 얻을 수 있는 혜택과 사회보장제도의 혜택이 같고 연실질이자율은 3%라고 가정해 보자. 즉 30년 동안 매년 $2,000를 사회보장 세금으로 납부한다면 당신은 66세부터 15년 동안 매년 $7,970의 연금혜택을 받을 것이다.[6] 이러한 상황하에서 사회보장제도는 당신의 저축과 후생에 어떤 영향을 주는가?

간단하게 말하면 당신의 저축금액을 사회보장세만큼 감소시키면 된다. 따라서 연저축금액은 $6,018에서 $4,018가 된다. 그 차액 $2,000는 당신이 사회보장세로 지불하는 $2,000가 된다. 결국 개인 저축금액에서 사회보장제도에 의해 부과되는 금액만큼을 차감하는 것이다. 총개인저축금액은 $16,012만큼의 개인연금을 당신에게 지급할 것이며, 이 개인연금이 $7,970의 사회보장연금과 더해져서 당신의 연간 퇴직 후 소득은 매년 $23,982가 될 것이다.

그러므로 사회보장제도가 개인 저축과 동일한 수익률을 제공한다면 소비지출은 사회보장제도의 존재 여부에 따라 변화하지 않는다. 다만 개인적이고 자발적인 저축이 의무

---

[6] 연금복리계수를 이용하여 30년 후의 적립금을 구하면 $FV_{PMT}(PMT,\ i,\ n) = PMT \cdot \dfrac{(1+i)^n - 1}{i}$ 또는 $FV_{PMT}(\$2000,\ 3\%,\ 30) = \$95,151$이고, 자본회수계수를 사용하여 연금혜택을 구하면 $PMT_{PV}(PV,\ i,\ n) = PV \cdot \dfrac{i}{1-(1+i)^{-n}}$ 또는 $PMT_{PV}(\$95,151,\ 3\%,\ 15) = \$7,970$이다.

적인 저축(사회보장세)으로 대체될 뿐이다.

　그러나 사회보장연금이 3%가 아닌 실질이자율을 제공한다면 어떻게 되는가? 만약 사회보장제도가 3% 이상의 실질이자율을 준다면 당신의 생애 소비지출은 $23,982 이상이될 것이지만 3% 이하라면 소비지출은 $23,982 이하가 될 것이다.

　많은 국가에서 사회보장제도는 소득분포상 소득이 적은 계층에게 더 높은 수익률을제공한다. 그러나 사회보장제도가 연금의 형태로 지급된다는 사실을 주목할 때 당신이오래 살수록 더 높은 수익률을 얻을 수 있다. 사회보장제도의 실효 수익률은 중요한 사회적 이슈다(글상자 5.4 참조).

| 예제 5.6 |

연급여 $30,000의 10%를 40년 동안 매년 납부하는 사람에게 사회보장제도가 3%의 실질수익률을 제공한다고 가정하자. 사회보장연금이 20년 동안 지급된다면 연금액은 연간 얼마가 되는가?

5.3 자발적 퇴직계획을 통한 세금의 이연

많은 국가에서 정부는 세제상의 혜택을 주면서 퇴직을 위한 자발적 저축을 독려하고 있다. 미국에서는 개인퇴직계정(IRAs)에 세금혜택이 주어진다. 개인퇴직계정하에서는 모든 납부금은 현 소득에서 세금공제를 받으며, 납부금으로 발생되는 이자는 해당 이자가 인출될 때까지는 세금이 발생하지 않는다. 인출되는 시점에 세금을 과세하기 때문에 면세라고 하기보다는 이연세 제도라고 할 수 있다.

　어떤 사람들은 자금을 인출할 때 당신에게 낮은 세율이 적용될 때만 그러한 세금의 이

글상자 5.4　노령화 위험을 대비하는 금융 혁신

전 세계적으로 평균 수명이 지속적으로 증가함에 따라, 보험 회사와 연금 관리 기구들은 이 변화의 흐름을 수용할 방법을 찾아야 한다. 평균 수명의 증가는 연금 지급 단체들로 하여금 그들의 예상보다 더 오랫동안 각 개인에게 연금을 지급해야 하는 문제를 야기시킬 수 있다.

　몇몇 기관에서는 이 문제에 대한 해결책을 제시하고 있는데, 유럽 투자 은행이 발행한 장수채권을 하나의 예로 들 수 있겠다. 이 채권은 채권 매각 당시의 65세 웨일스 또는 영국 남자의 생존율에 연계하여 발행되며, 채권 보유자들이 예상보다 조기 사망할 경우에는 채권 가치가 상승, 반대의 경우에는 채권 가치가 하락하는 구조를 가지고 있다.

　위와 같이 사람의 수명과 관련된 파생 상품은 앞으로도 꾸준히 개발될 것으로 보이며, 길어진 은퇴 후 삶을 즐기고자 하는 많은 사람들에게 퍼져 나갈 것이다.

출처 : Adapted from "When Old Age Becomes a Risk Factor," Financial Times, December 12, 2005.

연에 이점이 있다고 주장한다. 그러나 이것은 틀린 주장이다. 세금의 이연은 퇴직 후에도 동일한 세율을 유지하는 사람들에게도 이익이 되기 때문이다.

그림 5.4에 요약된 예제를 통해 그 이유를 알아보자. 퇴직 전후에 동일하게 20%의 세율이 적용되고 연이자율은 8%라고 가정하자. 당신은 퇴직시점까지 30년이 남았고 개인퇴직계정에 $1,000씩 납부한다고 하자. 퇴직시점의 세전 총납입금은 $1,000 \times 1.08^{30} =$ $10,062.65가 된다. 퇴직시점에 총납입금을 인출한다면 총인출액의 20%는 세금으로 지급해야 한다. 결국 세금은 $0.2 \times \$10,062.65 = \$2,012.53$가 되고 납세 후 남는 금액은 $8,050.12가 될 것이다.

대신에 만일 개인퇴직계정에 가입하지 않고 일반적인 저축에 투자한다면 $1,000의 20%, 즉 $200를 부가세로 즉시 납부해야 한다. 나머지 $800가 연저축금액이 되고 그 $800에 대한 이자소득도 매년 세금적용을 받는다. 따라서 세후 이자율은 $(1-0.2) \times 8\% =$ 6.4%가 된다. 일반적인 저축을 통한 총누적금액은 $800 \times 1.064^{30} = \$5,144.45$가 된다. 저축원금과 발생이자에 대하여 세금을 납부했기 때문에 누적금액에 더 이상의 세금적용은 받지 않는다.

결국 이연세 개인퇴직계정은 더 높은 세후 연금을 제공한다는 것을 알 수 있다. 그러

그림 5.4

이연세 개인퇴직계정의 혜택

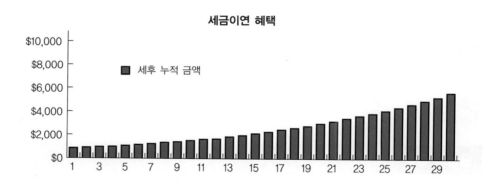

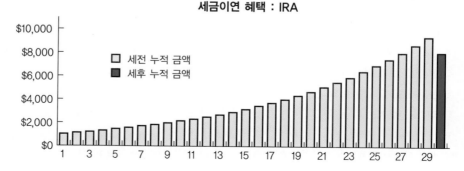

므로 퇴직 전후에 동일하게 20%의 세율 적용을 받는다면 미래에 지출할 수 있는 금액은 이연세 개인퇴직계정하에서 거의 두 배가 됨을 알 수 있다($8,050.12 대 $5,144.45).

세율이 변화하지 않는다면 세금이연의 혜택은 다음과 같이 정의 내릴 수 있다. 즉 세금의 이연은 세후 금액에 대하여 세전 수익율을 얻을 수 있다. 즉 최초 세금 납부 후 $800를 세전 이자율 8%로 투자한다면 $800×1.08^{30}=$8,050.12를 얻을 수 있다는 것을 의미한다.

| 예제 5.7 |
투자자의 세율이 20% 대신 30%라고 한다면 20%를 가정한 앞 예제에 있어서 세금이연의 혜택은 얼마가 되는가?

5.4 전문학위에 투자해야 하는가?

교육과 훈련은 휴먼캐피털에 대한 투자로 간주할 수 있다. 더 높은 고등교육을 받고자 하는 데는 여러 가지 이유가 있을 수 있지만 중요한 하나의 목적은 자신의 소득창출능력, 즉 휴먼캐피털을 증가시키는 것이다.

고등교육의 비용과 혜택을 고려해 보자. 경제적 비용은 수업료 같은 명시적 비용과 학교에 있는 동안 벌지 못하는 암묵적 비용으로 구성된다. 경제적 혜택은 고등교육과정으로 인한 증가된 소득흐름이 될 것이다. 다른 투자의사결정과 마찬가지로 예상된 증분 혜택의 현재가치가 증분 비용의 현재가치보다 클 때 그 투자안은 가치가 있을 것이다.

예를 들어, 철수는 막 학부를 졸업하고 석사과정에 입학할 것인가를 고민하고 있다. 철수가 지금 취업한다면 매년 실질소득 $30,000를 벌 수 있고, 석사학위를 받고 나서 취업하면 매년 $35,000를 받을 수 있다. 수업료는 연 $15,000이다. 실질이자율이 3%일 때 이 투자안(철수가 대학원에 입학하는 것)은 가치가 있는가?

불확실성을 무시한다고 하면 철수는 매년 $5,000의 소득을 더 얻기 위해 내년부터 2년 동안 매년 $45,000를 포기해야 한다.

철수는 지금 20세이고 65세에 퇴직한다고 가정하자. 이 투자안과 관련된 현금흐름은 2년 동안 매년 $45,000의 현금지출과와 43년 동안 매년 $5,000의 현금유입이다. 현금유출

---

[7] 소요되는 비용의 현재가치를 연금현가계수를 이용해 구하면 $PV_{PMT}=(PV_{PMT},\ i,\ n)=PMT \cdot \dfrac{1-(1+i)^{-n}}{i}$

또는 $PV_{PMT}($45,000, 3\%, 2)=$86,106$이고, 예상되는 소득의 현재가치를 연금현가계수와 현가계수를 사용하여 구하면 $PV_{PMT}($5,000, 3\%, 43)=$119,910$ 그리고 $PV_{FV}($119,910, 3\%, 2)=$113,026$이다.

의 현재가치는 $86,106이고 현금유입의 현재가치는 $113,026이다. 그러므로 휴먼캐피털에 대한 투자안의 순현재가치는 $26,920이다. 따라서 이 투자안을 채택해야 한다.[7]

| 예제 5.8 |

철수가 20세가 아닌 30세이고 다른 모든 가정이 동일하다고 한다면 석사학위에 대한 투자안은 여전히 양 (+)의 *NPV*를 제공하는가?

5.5 매입할 것인가, 임차할 것인가?

당신은 주택을 연 $10,000에 임차하여 살고 있는데 해당 주택을 $200,000에 매입할 수 있는 선택권이 주었다고 가정해 보자. 세율은 30%이고 재산세는 소득세 계산 시 공제혜택을 받을 수 있다. 유지비용과 재산세는 다음과 같이 측정되었다.

유지 및 관리비	$1,200
재산세	$2,400
합 계	$3,600

위 비용들은 모두 임대료에 포함되어 있다.

가장 낮은 현재가치의 비용으로 주거하는 것이 당신의 목적이라면 주택을 구입해야 하는가 아니면 임차해야 하는가?

비용의 현재가치는 세후 현금지출을 세후 이자율로 할인한 가치가 된다. 재산세는 연방 소득세법상 소득으로부터 공제를 받을 수 있기 때문에 매년 재산세납부로 인한 세후 현금지출은 $0.7 \times \$2,400 = \$1,680$가 된다. 주택판매일이 명시되지 않았기 때문에 무한한 기간을 가정한다.

만일 주택을 구입한다면 즉시 $200,000를 지급해야 하고 기대 세후 현금지출은 유지비용과 소득세 공제 이후의 순재산세로 구성될 것이다.

$$t년도의 현금지출 = \$1,200 + \$1,680 = \$2,880$$

i를 세전 할인율이라고 한다면 주택소유에 따른 비용의 현재가치는

$$주택소유에 따른 비용의 현재가치 = \$200,000 + \frac{\$2,880}{0.7i}$$

여기에서 우리는 소유한 주택은 영원히 존재한다고 가정하여 영구현금흐름 공식을 적용하였다. 따라서 임차 시의 비용에 대한 현재가치는 다음과 같이 계산할 수 있다.

$$임차비용의 현재가치 = \frac{\$10,000}{0.7i}$$

임차비용의 현재가치가 주택소유비용의 현재가치보다 크다면 임차하는 것보다 구입하는 편이 낫다.

유지비용과 재산세를 명목 개념이 아니고 실질 개념으로 가정했으므로 이자율 i도 실질이자율이어야 한다. 인플레이션은 없다고 한다면 세전 실질 및 명목이자율은 연 3%가 된다. 그리고 실질 세후 이자율은 연 2.1%가 된다.[8] 각각에 대하여 비용의 현재가치를 계산하면 다음과 같다.

$$소유비용의 현재가치 = \$200,000 + \frac{\$2,880}{0.021} = \$337,143$$

$$임차비용의 현재가치 = \frac{\$10,000}{0.021} = \$476,190$$

따라서 주택을 구입하는 것이 더 낫다.

구입 또는 임차에 대한 투자결정은 진정한 투자의사결정이다. 사실 오늘 현금 $200,000를 지출하는 것은 미래에 세후 임차비용과 동일한 현금지출을 피할 수 있기 때문이다. 현재가치의 개념에서 보면 $139,047($476,190−$337,143)만큼 비용이 감소되는 것을 알 수 있다. 이 금액이 주택구입 투자안의 순현재가치(NPV)가 된다.

물론 임차비용의 현재가치와 주택소유비용의 현재가치 사이의 관계는 부과되는 임차료에 따라 결정된다. 어느 수준의 임차료에서 주택구입과 임차 간에 차이가 없어지는가?

이러한 손익분기 임차료(주택구입과 임차에 대하여 차이가 없는)는 임차료를 X라고 놓고 계산한 임차비용의 현재가치와 주택소유비용의 현재가치를 같다고 놓고 X에 대해 풀면 구할 수 있다.

$$\frac{X}{0.021} = \$200,000 + \frac{\$2,880}{0.021}$$
$$X = 0.021 \times \$200,000 + \$2,880$$
$$X = \$4,200 + \$2,880 = \$7,080$$

[8] 인플레이션이 없다고 가정하면 세후 실질이자율은 (1−세율)×세전 이율이다. 이 경우 (1−0.3)×3%= 2.1%이다.

그러므로 임차료가 연 $7,080 이하라면 주택을 구입하기보다 계속 임차하는 것이 유리하다.

| 예제 5.9 |

세전 실질이자율이 3%가 아니라 4%라면 손익 분기 임차료는 얼마인가?

요 약

- 평생 소비지출 의사결정 시에 (1) 인플레이션 예측을 피하고 계산을 단순화하기 위해 명목 개념보다 실질 개념으로 분석하라. (2) 당신의 평생 자원의 현재가치를 먼저 계산하라. 평생 소비지출이 이 금액을 초과할 수는 없다.

- 사회보장제도나 기타 의무적인 저축제도는 자발적인 개인 저축을 축소시킬 것이다. 모든 평생 자원의 현재가치에 대해 양(+) 또는 음(−)의 영향을 미칠 것이다.

- 이연세 퇴직계정은 현금이 계정에서 인출될 때까지 세전 수익률을 얻을 수 있다는 장점이 있다. 퇴직 전후에 동일한 세율을 적용받는 경우에도 이연세 퇴직계정에 이점이 있으며 퇴직 후에 더 낮은 세율을 적용받는다면 그 이점은 더욱 증가한다.

- 전문적인 학위나 교육훈련은 인적 자본에 대한 투자로 볼 수 있다. 그 혜택의 현재가치(예를 들어, 소득의 증가)가 비용의 현재가치(예를 들어, 수업료 및 포기한 급여)보다 클 경우에 투자를 하게 된다.

- 아파트 또는 내구성 소비재를 구입할 것인가 혹은 임차할 것인가를 결정할 때는 비용의 현재가치가 더 낮은 대안을 선택하라.

핵심용어

휴먼캐피털	다기간 예산제약조건	최적화 모형
항상소득	실현 가능한 계획	

인터넷 참고자료

Insurance and Pensions, Organization for Economic Co-operation and Development (OECD):

http://www.oecd.org/about/0,2337,en_2649_37411_1_1_1_1_37411,00.html

Savings Calculator, MSN Money:

http://moneycentral.msn.com/Investor/calcs/ n_savapp/main.asp

예제 풀이

예제 5.1 앞의 예에서 목표 대체율이 80%일 때 필요한 저축액을 다시 계산해 보라. 새로운 저축수준은 퇴직 전후의 소비지출을 어떻게 바꾸는가?

검정 퇴직 후 목표소비 수준은 매년 0.8×$30,000=$24,000이다. 첫 번째 65세 퇴직 이후 15년 동안 매년 $24,000를 인출하기 위해 필요한 퇴직금의 양을 연금현가계수를 이용하여 계산하자.

n	15
i	3%
PMT	$24,000.00
PV	$286,510.44

$$PV_{PMT}(PMT, i, n) = PMT \cdot \frac{1-(1+i)^{-n}}{i} \text{ 또는}$$

$$PV_{PMT}(\$24,000, 3\%, 15) = \$286,510.44$$

다음은 30년 후 $286,510.44의 목돈을 모으기 위해 매년 얼마를 저축해야 하는가를 감채기금계수를 이용하여 계산해야 한다.

n	30
i	3%
FV	$286,510.44
PMT	$6,022.24

$$PMT_{FV}(FV, i, n) = FV \cdot \frac{i}{(1+i)^n - 1} \text{ 또는}$$

$$PMT_{FV}(\$286,510, 3\%, 30) = \$6,022.24$$

퇴직 이전 당신의 소비지출은 매년 $23,977.76가 될 것이다. 이것은 퇴직 후 당신이 받게 되는 $24,000의 수준과 거의 비슷하다.

예제 5.2 조젯은 현재 30세이고, 65세에 퇴직하여 85세까지 살 것으로 예상한다. 그녀의 급여는 연 $25,000이고 추후 55년 동안 실질 소비지출이 동일 수준을 유지하기를 원한다. 세금은 없고 실질 급여의 성장도 없으며 실질이자율은 연 3%라고 가정한다.

- 조젯의 휴먼캐피털은 얼마인가?
- 항상소득은 얼마인가?

검정	
n	35
i	3%
PMT	$25,000.00
PV	$537,180.50

연금현가계수를 사용하여 휴먼캐피털을 구한다.

$PV_{PMT}(\$25,000, 3\%, 35) = \$537,180.50$

검정	
n	55
i	3%
PV	$537,180.50
PMT	$20,063.19

자본회수계수를 사용하여 현재의 항상소득을 구한다.

$PMT_{PV}(PV, i, n) = PV \cdot \dfrac{i}{1-(1+i)^{-n}}$ 또는

$PMT_{PV}(\$537,180.50, 3\%, 55) = \$20,063.19$

예제 5.3 표 5.2에서 연실질이자율이 3.5%일 때 휴먼캐피털과 항상소득은 얼마가 되는가?

검정	
n	30
i	3.5%
PMT	$30,000.00
PV	$551,761.36

연금현가계수를 사용하여 휴먼캐피털을 구한다.

$PV_{PMT}(\$30,000, 3.5\%, 30) = \$551,761.36$

검정	
n	45
i	3.5%
PV	$551,761.36
PMT	$24,527.69

자본회수계수를 사용하여 현재의 항상소득을 구한다.

$PMT_{PV}(\$551,761.36, 3.5\%, 45) = \$24,527.69$

예제 5.4 당신이 지금부터 30년 후에 상속받을 것으로 기대하는 $100만의 유산은 당신의 항상소득에 어떤 영향을 주는가?

검정 상속금액의 현재가치를 구하고, 그 현재가치를 영구연금화하면 항상소득의 증가분을 구할 수 있다. 실질이자율은 연 3%이고, $100만 유산은 변하지 않는 돈이라 가정하자.

n	30
i	3%
FV	$1,000,000.00
PV	$411,986.76

현재가치계수를 사용하여 현재가치의 증가분을 구한다.

$$PV_{FV}(FV,\ i,\ n)=FV \cdot \frac{1}{(1+i)^n}\ \text{또는}$$

$$PV_{FV}(\$1,000,000,\ 3\%,\ 30)=\$411,986.76$$

n	45
i	3%
PV	$411,986.76
PMT	$16,802.95

자본회수계수를 사용하여 현재의 항상소득의 증가분을 구한다.

$$PMT_{PV}(\$411,986.76,\ 3\%,\ 45)=\$16,802.95$$

예제 5.5 그가 이후 5년 동안 차입할 수 없다고 한다면 그의 생애 동안의 저축과 소비계획은 어떻게 바뀌겠는가?

검정 그가 차입할 수 없다면, 그는 단지 자신이 벌어들이는 것만을 소비할 수 있다. 다시 말하면 5년 동안 매년 $25,000를 소비할 수 있다. 5년의 마지막 시점에서 그는 그의 항상소득과 일치하는 만큼 소비를 증가시킬 것이다. 5년 후 그의 휴먼캐피털과 항상소득이 얼마가 될지 계산해 보자.

n	30
i	3%
PMT	$300,000.00
FV	$5,880,132.40

연금현가계수를 사용하여 5년 후 휴먼캐피털을 구한다.

$$PV_{PMT}(\$300,000,\ 3\%,\ 30)=\$5,880,132.40$$

n	50
i	3%
PV	$300,000.00
PMT	$5,880,132.40

자본회수계수를 사용하여 항상소득을 다시 계산할 수 있다.

$PMT_{PV}(\$5,880,132.40,\ 3\%,\ 50)=\$228,534.25$. 따라서 35세에 시작해 그는 자신의 남은 평생 동안 매년 $228,534.25를 소비할 것이다.

예제 5.6 연급여 $30,000의 10%를 40년 동안 매년 납부하는 사람에게 사회보장제도가 3%의 실질수익률을 제공한다고 가정한다. 사회보장연금이 20년 동안 지급된다면 연금액 연간 얼마가 되겠는가?

검정 40년 동안 납부하는 세금의 미래가치는 그 이후에 돌아오는 20년간 연금을 매년 3%로 할인했을 때 받는 연금혜택의 현재가치와 동일해야 한다.

n	40
i	3%
PMT	$3,000.00
FV	$226,203.78

연금복리계수를 사용하여 세금의 미래가치를 구한다.

$$FV_{PMT}(PMT, i, n) = PMT \cdot \frac{(1+i)^n - 1}{i} \text{ 또는}$$

$$FV_{PMT}(\$3,000, 3\%, 20) = \$226,203.78$$

n	20
i	3%
PV	$226,203.78
PMT	$15,204.45

자본회수계수를 사용하여 연금의 금액을 구한다.

$$PMT_{PV}(\$226,203.78, 3\%, 20) = \$15,204.45$$

따라서 매년 연금혜택은 실질가치로 $15,204.45가 되어야 한다.

예제 5.7 투자자의 세율이 20% 대신 30%라고 한다면 20%를 가정한 앞 예제에 있어서 세금이연의 혜택은 얼마가 되는가?

검정 본문의 예에서 퇴직 때 당신의 총 세전 누적금액은 여전히 $1,000 \times 1.08^{30} = $10,062.65가 될 것이다. 당신이 전체 금액의 30%를 세금으로 지불한다면 당신의 세금은 $0.3 \times \$10,062.65 = \$3,018.80$가 될 것이다. 그리고 세후 $7,043.85가 될 것이다. 대신에 당신이 개인퇴직계정에 가입하지 않고 일반저축에 투자한다면; 추가적 세금으로 $1,000의 30%인 $300를 즉각적으로 지불해야 할 것이다. 나머지 $700는 연저축금액이 되고 그 $700에 대한 이자소득도 매년 세금적용을 받는다.

그래서 세후 이자율은 $(1-0.3) \times 8\% = 5.6\%$가 된다. 일반저축으로부터 퇴직 때 누적된 금액은 $700 \times 1.056^{30} = $3,589.35가 된다.

예제 5.8 철수가 20세가 아닌 30세이고 다른 모든 가정이 동일하다고 한다면 석사학위에 대한 투자안은 여전히 양(+)의 NPV를 제공하는가?

검정 본문의 예에서 철수는 남아 있는 직장 생활 동안 매년 $5,000의 소득을 증가시키기 위해 다음 매 2년 동안 $45,000(수업료+이전수익)를 포기해야만 한다. 지금 철수는 30세이고 65세에 퇴직할 것을 예상한다. 이 투자에 적절한 현금흐름은 다음 2년간 $45,000의 증분현금유출과 연속된 매 33년간 $5,000의 증분현금유입이다. 현금유출의 현재가치는 $86,106이고, 현금유입의 현재가치는 $97,869이다. 따라서 휴먼캐피털에서 투자의 순현가는 $11,763이다. 그래서 이 투자는 여전히 가치가 있다.

예제 5.9 세전 실질이자율이 3%가 아니라 4%라면 손익 분기 임차료는 얼마인가?

검정 현재 실제 세후 이자율은 매년 0.7×4%=2.8%이다. 소유와 임차 간에 차이가 없어
지는 매년 임차비용은 소유의 현재가치 비용이 임차료의 현재가치 비용과 같다고
놓고 X를 풀면 구할 수 있다.

$$\frac{X}{0.028} = \$200,000 + \frac{\$2,880}{0.028}$$

$$X = 0.028 \times \$200,000 + \$2,880 = \$5,600 + \$2,880 = \$8,480$$

연습문제

1. 프레드 씨의 회사는 확정급여형 연금제도를 실시하고 있다. 이 제도는 최종 연봉의
1% 금액을 연금으로 지급한다고 한다. 프레드는 현재 40살이며, 지난 15년 동안 일했
다. 그의 지난해 급여는 $50,000이고, 정년퇴직 때까지 일할 것으로 예상된다. 임금인
상률은 4%로 예상된다. 다음 물음에 답하라.

   a. 일반적인 정년퇴직 나이가 65세, 이자율은 8%, 프레드 씨의 기대수명이 80세라고
   가정하자. 연금혜택의 현재가치는 얼마인가?

   b. 목표 대체율이 75%라면, 이 연금 혜택은 프레드 씨의 저축계획에 어떤 영향을 미
   치겠는가?

2. 다음 각 질문에 대한 전문가의 의견을 평가하라.

   질문 : 당신은 퇴직을 위한 저축을 언제부터 실시하라고 사람들에게 추천하겠는가?
   14세는 너무 어린가?

   의견 : 어리지 않습니다.

   질문 : 대학생들에게 저축계획을 어떻게 수립하라고 제시하겠는가?

   의견 : 그들에게 매달 일정한 금액의 저축을 하라고 하겠습니다. 그리고 어떠한 경우
   에도 거르지 말아야겠죠.

3. 다음의 신문기사를 분석하라.

   가정을 늦게 가지는 사람들은 어떤 공통된 악몽의 이미지를 가지고 있는데, 이는 엄청난
   대학등록금, 은퇴비용의 급격한 증가이다. 그러나 사실 이러한 것들은 부모들이 적절히
   준비한다면 큰 문제는 아닐 것이다. 오히려 상대적으로 나이가 많은 부모들은 자식들의
   대학등록금을 대기 전에 최고의 소득능력을 향유할 수 있어서 더 많은 자원을 비축할 수

있다. 또한 그들은 복리의 효과도 보다 많이 누릴 수 있다. 즉 나이 많은 부모들은 자식
들의 대학등록금을 대기 위해 대출을 받지 않아도 되고, 오히려 대출을 상환하기보다는
투자이득을 얻을 수 있다는 것이다. (Jeff Brown's Personal Finance column in the *Philadelphia
Inquirer*, May 11, 1998에서 발췌)

4. 당신은 40세이며 65세에 퇴직을 희망한다고 가정하자. 당신은 퇴직 이전과 퇴직 이후
   저축에서 매년 평균 6%의 이자를 받을 수 있다고 기대한다. 당신들은 저축과 다른 자원
   (사회보장제도, 연금 등)을 이용하여 66세에 시작되는 퇴직 후 수입을 매년 $8,000 수준
   으로 만들려고 한다. 퇴직 후 수입은 단지 15년 동안(80세까지) 필요할 것이라고 가정하
   자. 지금부터 1년 후 당신의 저축계획을 위한 첫 번째 저축이 시작된다.

   a. 당신의 목표를 달성하기 위해 지금부터 퇴직 때까지 1년에 얼마를 저축해야 하는
      가?

   b. 지금부터 퇴직 때까지 연 6%의 인플레이션이 나타난다면, 당신의 첫 $8,000 인출
      은 현재의 구매력으로 얼마의 가치를 가지고 있는가?

5. 당신은 퇴직을 위해 저축하고 있으며 다음의 표를 발견하였다. 이 표는 만약 당신이
   지금까지 전혀 저축을 하지 않았다면, 퇴직 후에 월급의 70%에 달하는 연금을 받기 위
   해 현재 월급의 몇 %를 저축해야 하는지를 보여 주고 있다. 퇴직 때까지 당신의 월급
   은 일정하게 유지되며, 퇴직 후 25년 동안 생존할 것이라고 가정하자. 예를 들어 퇴직
   때까지 35년이 남았고 투자에서 매년 3.5%의 이익을 얻는다면 당신은 현재의 임금에
   서 17.3%를 저축해야 한다.

표 A 70%의 소득 대체율 달성을 위한 저축률

실질이자율	은퇴까지 남은 시간		
	15년	25년	35년
연 3.5%	?	?	17.30%
연 4.5%	?	?	?

표 A의 빈 공간을 채우라.

6. 5번 문제에서 소득 대체율을 70%로 하는 대신에, 당신의 목표를 퇴직 이전과 같은 소
   비지출을 유지한다고 가정하고 표 B의 빈 공간을 채우라.

표 B 소비지출 유지를 위한 저축률

실질이자율	은퇴까지 남은 시간		
	15년	25년	35년
연 3.5%	?	?	19.82%
연 4.5%	?	?	?

7. 35세인 윌리는 50세에 은퇴하여 100세까지 사는 것을 목표로 하고 있다. 배관공인 그의 근로소득은 연 $150,000이다. 그리고 그는 일정한 수준의 소비를 그의 남은 여생 동안 유지할 것으로 기대하고 있다. 소득은 지금과 같이 일정할 것이고, 세금은 없으며, 그리고 이자율은 연 2%로 가정하자.

  a. 윌리의 휴먼캐피털 가치는 얼마인가?

  b. 윌리의 항상소득은 얼마인가?

8. 당신은 퇴직을 위해 저축하고 있으며 다음의 표를 발견하였다. 표는 퇴직 이전 기간 당신이 매년 퇴직저축에서 증가시킨 $1에 따른 퇴직 후에 받을 수 있는 연금 혜택의 증가를 보여 준다. 이 표는 퇴직 후 20년 동안 살 수 있다고 가정하고 있다. 예를 들어 퇴직 전까지 30년이 남아 있고 매년 3%의 이자수익을 얻을 수 있다면, 저축의 $1 증가는 연금혜택에서 $3.2의 증가를 가져올 것이다. 다음 표의 빈 공간을 채우라.

이자율	은퇴까지 남은 시간		
	20년	25년	30년
0.0%	$1.00	$1.25	$1.50
0.5%	$1.10	$1.40	$1.70
1.0%	$1.22	$1.57	?
1.5%	$1.35	$1.75	$2.19
2.0%	$1.49	$1.96	$2.48
3.0%	$1.81	?	$3.20
3.5%	?	$2.74	$3.63
4.0%	$2.19	$3.06	$4.13
4.5%	$2.41	$3.43	$4.69
5.0%	$2.65	$3.83	?

9. 다음 신문기사를 분석하라.

> 개인에게 있어 사회보장혜택을 받는 가장 좋은 나이는 몇 세인가? 통상적으로 65세에 퇴직한다. 65세가 되어야 사회보장혜택의 100%를 받을 수 있고, 62세의 나이에 퇴직하면 혜택의 80%를 받을 수 있다.
>
> 존과 메리의 가상적인 경우를 생각해 보자. 이들은 같은 나이를 가졌고, 65세에 사회보장혜택으로 매달 $1,000를 받기로 예정되어 있다. 존은 62세 생일에 혜택을 먼저 받기로 하고 매달 $800($1,000의 80%)를 받기로 했다. 메리는 65세가 될 때까지 기다려서 매달 $1,000를 받기로 결심했다. 3년 후 메리가 65세가 되어 사회보장기구로부터 매달 $1,000를 받기 시작했다. 존은 계속하여 $800를 받고 있다. 그러나 그는 메리가 아무것도 받지 못하는 동안 이미 $28,800를 받았다.
>
> 5년이 지나서, 메리는 $1,000를 받고 존은 $800를 받고 있다. 70세에 존은 $76,800를 받았으며 이와 비교해 메리는 $60,000를 받았다. 77세가 되었을 때, 메리의 혜택은 존을 앞서게 된다. 76세까지 살지 못한다면 62세에 혜택을 받는 것이 더 나아 보인다. 70대 후반에 도달할 사람들은 사회보장을 받기 위해 65세까지 기다려서 지급받는다.
>
> (© 1998, *Atlanta Business Chronicle*, Gary Summer, contributing writer, June 29, 1998에서 인용)

10. 도전 과제 : 45세인 조지는 매년 $50,000를 벌고 있다. 그는 그의 미래 소득의 증가율이 인플레이션율과 같을 것이라고 예상하고 있다. 현재 그는 퇴직을 대비한 저축을 전혀 하지 않았다. 또한 그의 회사는 어떤 퇴직연금 혜택도 제공하고 있지 않다. 조지는 자기 월급의 7.5%에 달하는 사회보장세를 내고 있으며, 65세에 퇴직했을 때 그의 남은 여생 동안 사회보장혜택으로 매년 $12,000를 받을 것으로 기대하고 있다(이는 인플레이션이 조정된 수치이다). 조지는 퇴직 계획에 관한 책을 샀다. 그 책은 개인저축과 사회보장제도를 연결했을 때 퇴직 이전 수입의 80%를 대체하기 위해 충분한 저축을 할 것을 권장하고 있었다. 조지는 재무용 계산기를 구입하여 다음 계산을 하였다. 첫 번째, 그는 매년 퇴직수입에서 자신의 월급의 80%를 대체하기 위해 받을 필요가 있는 금액을 계산하였다. 0.8×$50,000=$40,000. 그리고 그는 사회보장혜택으로 매년 $12,000를 받을 것을 예상하기 때문에 매년 $28,000가 자신의 퇴직펀드로부터 공급되어야 할 것을 계산하였다.

채무불이행이 없고 8%의 이자를 지급하는 장기채권을 이용하여, 조지는 65세에 $274,908를 가지기 위해 필요한 금액을 계산하였다(연 8% 이자, 20년, $28,000의 현재가치). 그다음 그는 퇴직 시 필요한 누적금액을 충족시키기 위해서는 다음 20년간 매년 $6,007를 저축해야 할 것을 계산하였다(연 8%의 이자율로 20년 동안 $6,007를 저축할 경우 $274,908의 미래가치를 만들 것이다). 조지는 안락한 노후를 위해 자신의 월급의 12%(즉, $6,007/$50,000)를 저축할 수 있다고 확신하였다.

   a. 기대되는 장기 실질이자율이 연 3%라면, 장기 기대 인플레이션율은 얼마인가?

   b. 조지의 계산에는 정확하게 인플레이션이 반영되었는가? 만일 아니라면 당신은 어떻게 그것을 올바로 고치겠는가?

   c. 조지가 남아 있는 40년의 인생 동안 같은 소비지출을 유지하기 원한다면, 다음 20년간(65세까지) 얼마를 저축해야 하는가? 소득세는 무시하라.

11. 당신은 30세이고 MBA 과정에서 풀타임 공부를 고려하고 있다. 2년 동안 매해 수업료 및 기타 직접비용은 $15,000가 될 것이다. 또한 연간 $30,000의 급여를 제공하는 직장을 그만두어야 한다. 올해 말에 수업료는 지불되었고 월급도 받았다고 가정하자. MBA 학위에 대한 투자를 확신하기 위해 석사과정에 들어가는 결과로 얼마의 급여 인상이 되어야 하는가? 매년 실질이자율은 3%이고 세금은 무시한다고 가정하자. 또한 급여의 인상은 1회만 이루어지며 이후 65세 퇴직할 때까지 지속된다고 가정하자.

12. 당신은 현재 아파트를 임차하고 있으며, 아파트를 $200,000에 살 수 있는 선택권을 가지고 있다고 가정하자. 재산세는 매년 $2,000이고 이는 소득세에서 공제될 수 있다. 아파트 관리비용은 매년 $1,500이며, 세금공제가 되지 않는다. 또한 당신의 재산세와 관리비용은 인플레이션율로 증가될 것이 예상된다. 당신의 소득세율은 40%이고, 매년 세후 연 2%의 실질이자율로 투자할 수 있다. 당신은 그 아파트를 영원히 소유할 계획에 있다. 임대료가 손익분기 금액을 초과한다면 당신은 아파트를 살려고 할 것이다. 임차비용이 얼마 이상으로 상승해야 아파트를 구입하는 것이 가치가 있을까?

13. 당신은 $30,000의 새 자동차를 구매할 것인지 결정해야 한다. 당신은 차를 3년 동안 리스할 것인지 아니면 3년 할부대출로 자동차를 구입할 것인지를 고려하고 있다. 리스는 계약금이 없으며 3년간 지속될 것을 필요로 한다. 리스료는 시작하는 즉시 매달 $400이다. 반면 할부대출은 한 달 후부터 APR 8%로 매달 상환을 시작해야 한다.

   a. 지금부터 3년 후 자동차의 재판매가격이 $20,000가 될 것이라 예상한다면, 구매해야 하는가, 아니면 리스해야 하는가?

   b. 자동차 구매와 리스가 동일한 가치를 가지기 위해서는 3년 후 차의 재판매 가격은 얼마가 되어야 하는가?

14. 이 장의 주요 개념을 이용하여 당신의 자산, 부채 그리고 순 가치를 나타내는 개인 용

대차대조표를 작성하라.

a. 당신의 자산에 대한 평가는 구매가로 이루어져야 하는가? 아니면 현재 시장가치로 평가되어야 하는가? 이유는 무엇인가?

b. 당신의 자산에 휴먼캐피털은 포함되었는가? 이유는 무엇인가?

c. 이연된 세금은 부채로 계상하였는가? 이유는 무엇인가?

15. 도전 과제 : 당신이 35세에 $200,000의 집을 구입했다고 가정하자. 당신은 20%의 계약금을 지불하였으며, 나머지 80%는 모기지업체에서 대출을 받았다. 모기지대출은 30년간 연 8%의 고정이자와 매년 균등상환을 요구하고 있다. 그리고 당신은 65세에 '역모기지' 대출을 계획하고 있다. 이 대출은 당신이 남은 인생 동안 매년 일정금액을 빌리고, 사망 시에는 집을 매각하여 대출금을 갚는 형식이다. 당신의 기대수명은 85세이고, 두 대출에 대한 이자율은 8%이다.

a. 연 3%의 인플레이션이 기대되고, 비슷한 집을 매년 $10,000씩 임차료를 지급하고 빌릴 수 있다. 집을 구입하는 것은 옳은 선택인가?

b. 집을 구입하는 것이 차후 50년 동안 당신의 자산, 부채, 현금흐름에 어떤 영향을 미치는지 보이라.

c. J. B. Quinn은 『Making the Most of Your Money』에서 다음과 같이 말했다.

길게 보면 집의 가치는 인플레이션율을 따라가야 한다. 그러나 당신이 보유하고 있는 동안 집의 가치는 올라갈 수도 또는 내려갈 수도 있다. 당신은 집 값이 어떻게 될지 예상할 수 없다. 그러나 집을 소유하는 것은 투자수익보다는 다른 이유에서이다.

- 모기지대출의 상환은 저축을 강제하지만, 반면에 임차는 그러하지 못한다.
- 세금공제를 받을 수 있고, 자본소득에 대한 세금을 회피할 수 있다.
- 집주인으로부터 자유로울 수 있다.
- 배타적 공간의 소유는 큰 만족감을 제공한다.
- 임차료를 지불하지 않아도 된다.
- 집을 적절하게 개조할 수 있다.
- 집은 대출에 있어서 담보가치를 제공한다.

Quinn의 의견을 분석해 보라.

06

투자안 분석

앞에서 우리는 일상생활에서 사람들이 직면하는 주요 재무적 의사결정에 할인된 현금흐름분석을 적용하는 것에 관해서 살펴보았다. 이 장에서는 기업들의 투자의사결정에 동일한 방법론을 적용할 것이다. 기업들의 투자의사결정의 유형은 너무나 다양하다. 새로운 제품을 시장에 선보여야 하는가, 연구소를 설립해야 하는가, 공장을 지어야 하는가, 광고 캠페인을 전개해야 하는가, 종업원을 교육 훈련시켜야 하는가 등의 모든 것이 기업이 직면하는 의사결정들이다. 이러한 의사결정의 분석과정을 자본예산(capital budgeting)이라고 한다.

이 장에서는 기업이 수행하는 자본예산 과정을 설명한다. 기업마다 조금씩 차이가 있지만 일반적인 자본예산 과정은 다음의 세 가지 요소로 구성된다.

- 모든 제안된 투자안을 정리한다.
- 각 투자안을 평가한다.
- 채택할 투자안과 기각할 투자안을 결정한다.

채택할 투자안을 결정할 때에 경영진은 어떤 기준으로 의사결정을 해야 하는가? 제1장에서 우리는 주주 부의 극대화를 목표로 경영진은 주식의 시장가치를 증가시키는 또는 적어도 감소시키지 않는 투자안을 선택해야 한다고 하였다. 이를 위해 경영진은 실행된 투자의사결정이 기업 주식의 시장가치에 어떤 영향을 주는지에 관하여 이론적으로 이해할 필요가 있다. 그러한 이론은 제4장에서 설명되었다. 즉 투자안의 미래 예측된 현금흐름을 기준으로 할인된 현재가치를 산출하고 양(+)의 순현재가치(NPV)를 지닌 투자안만을 채택해야 한다는 것이다.

6.1 투자안 분석의 특징

자본예산 의사결정에 있어서 기본적인 분석단위는 하나의 독립적인 투자안이다. 현재의 제품 생산방식을 개선하거나 신제품을 생산하여 주주의 부를 극대화할 수 있다는 생각에서 투자안은 시작된다. 투자안은 시간의 흐름에 따른 일련의 의사결정과 실행의 과정으로 이해될 수 있다. 말하자면 하나의 투자안은 기본적인 개념에서 출발하여 투자안 실행에 따른 혜택 및 비용 평가와 관련된 정보의 수집, 그리고 투자안 구축에 대한 최적의 전략수립으로 전개된다.

투자안 분석과정의 단계를 설명하기 위해 당신이 한 영화사의 사장이라고 가정하자. 당신의 주요 업무는 새로운 영화 제안서를 수집하고 그러한 투자안이 주주의 부에 어떠한 잠재적 가치를 제공하는지를 파악하는 일이다. 한 편의 영화를 제작하는 것은 적지 않은 규모의 자금 투입을 필요로 한다. 더욱이 그러한 투자는 영화 제작이 완성되어 대중이 지불하는 영화 관람비로부터의 현금흐름이 발생할 때까지 지속된다. 결국 영화 제작이 주주의 부를 증가시키기 위해서는 현금유입의 현재가치가 현금유출의 현재가치를 초과해야 한다.

영화 제작과 관련된 현금유출과 유입을 예측하는 일은 복잡한 과정이다. 현금흐름은 통제할 수 있는 의사결정과 행동에 따라 결정될 뿐 아니라 통제할 수 없는 요인에 의해서도 결정된다. 투자안 각 단계에서, 즉 영화 주제에 대한 아이디어 수집단계부터 극장과 비디오 가게에 완성된 영화를 배급하는 단계까지 현금흐름에 영향을 주는 사전에 예측하지 못한 사건들이 발생할 수 있다. 각 단계에서 당신은 그 투자안을 계속해야 할지, 그만두어야 할지, 지연시켜야 할지 또는 빨리 진행시켜야 할지 등을 결정해야 할 것이다. 또한 비용이 과다한 촬영부분을 삭제해서 지출을 감소시켜야 하는지, 반대로 영화에 관한 TV 광고를 내보내는 등 지출을 증가시킬지를 선택해야 한다.

투자안의 현금흐름을 예측하는 것은 쉽지 않은 작업이다. 미래현금흐름이 자기자본에 미치는 영향을 측정하는 것도 또한 복잡하다. 이 장에 있는 투자안 분석의 복잡한 특성을 고려해서 우리는 단계별 접근을 시도할 것이다. 제6장에서는 미래현금흐름이 확실하다는 가정하에 투자안을 분석하며 제4장에서 이미 언급되었던 방식과 유사한 할인된 현금흐름 가치평가 기법을 사용할 것이다. 불확실성과 경영자가 보유하고 있는 옵션을 고려하는 투자안 평가방법은 제17장에서 살펴볼 것이다.

6.2 투자와 관련된 아이디어는 어디서 출발하는가?

자본지출을 필요로 하는 대부분의 투자안은 다음과 같이 세 가지 경우로 분류할 수 있다. 즉 신제품 개발, 비용 감축, 기존 자산의 대체가 그것이다. 다음의 예를 살펴보자.

- 공장과 생산설비 그리고 재고에 대한 투자를 필요로 하는 신제품을 생산해야 하는가?
- 노동비용을 절감할 수 있는 자동화 생산설비에 투자해야 하는가?
- 생산용량을 증가시키거나 운영 비용을 낮추기 위해 현 공장을 대체할 새로운 공장에 투자를 해야 하는가?

투자안에 대한 아이디어는 일반적으로 기업의 현 고객으로부터 시작된다. 공식적으로 그리고 비공식적으로 고객에 대한 설문조사를 통해 기존 제품의 개선이나 신제품의 생산이 창출할 수 있는 새로운 수요를 파악할 수 있다. 예를 들어, 컴퓨터를 생산하는 한 기업이 고객에 대한 조사를 통하여 컴퓨터 고장수리 서비스가 이익을 제공할 수 있는 새로운 사업분야가 될 수 있다는 것을 발견할지도 모른다.

많은 기업들은 소비자의 수요를 만족시키고 기술적으로 생산이 가능할 수 있는 잠재적인 신제품을 구현하기 위해 연구개발(R&D) 부서를 두고 있다. 예를 들어, 제약산업에서는 연구 및 개발활동이 모든 신제품 아이디어의 원천이 된다.

투자안에 대한 아이디어의 또 다른 원천은 경쟁이다. 재무계획 패키지를 생산하는 XYZ가 경쟁회사인 ABC가 경쟁제품의 개선을 시도하고 있다는 것을 안다면 XYZ 또한 자사 제품에 대한 개선을 고려할지도 모른다. 혹은 XYZ가 ABC의 인수를 고려할지도 모른다. 어느 회사가 다른 회사를 인수하는 것도 자본예산 투자안이 될 수 있다.

비용을 줄이거나 제품을 개선하는 투자안에 대한 아이디어는 종종 기업의 생산부서에서 나오기도 한다. 예를 들어, 생산설비를 이용하는 종업원, 기술자, 생산관리자들은 노동집약적 설비를 자본지출을 수반하는 자동화 설비로 대체하거나 조립라인의 재구축을 통해 비용을 절감할 수 있는 방법을 발견하기도 한다.

관리자와 종업원들에게 이익성장의 기회와 운영 개선에 대한 인센티브 제도를 시행하고 있는 기업은 투자안에 관한 제안을 일상적으로 받고 있다. 제6장의 나머지 부분은 투자안을 평가하고, 주주의 부를 극대화하는 투자안을 선택하기 위한 기법에 관해 논의할 것이다.

| **예제 6.1** |
영화산업에 있어 새로운 투자안에 대한 아이디어는 어디에서 나온다고 생각하는가?

6.3 순현재가치 투자법(*NPV*법)

제4장에서 우리는 주주의 부를 극대화시킨다는 목적과 가장 근접한 투자기준—순현재가치 방법—을 설명하였다. 투자안의 **순현가**(net present value, NPV)는 기업이 현 주주의 부를 증가시킬 것으로 예상하는 금액이다. 기업의 경영자에게 투자기준에 대해 설명한다면 순현가법은 프로젝트의 순현가가 양(+)일 때 프로젝트를 채택하는 것이라고 할 수 있다.

투자안의 순현가를 계산하는 방법을 설명하기 위해 다음의 예를 살펴보자. 일반의류를 생산하는 제네릭진사는 프로토진이라고 불리는 새로운 청바지의 생산 여부를 고민하고 있다. 새로운 생산설비투자를 위해 초기 자본지출이 $100,000로 예상된다. 회사의 마케

그림 6.1
프로토진 프로젝트의
현금흐름 예측

연도(t)	현금흐름(단위 : $1,000)
0	−$100
1	$50
2	$40
3	$30

연도	0	1	2	3
순현금흐름	−100	50	40	30

팅팀에서는 청바지의 소비자수요 특성상 신제품의 존속기간은 3년이 될 것으로 예상하였다. 프로토진 투자안에 대한 현금흐름 예상은 그림 6.1에 정리되어 있다.

특정 연도의 현금흐름 예상 금액에 표시된 음(−)의 기호는 현금유출을 의미한다. 프로토진 투자안의 경우에는 투자안 출발시점에 단 한 번 음(−)의 현금흐름이 발생한다. 추후 연속적인 현금흐름은 모두 양(+)의 값을 보인다. 1년 후에 $50,000, 2년 후에 $40,000, 3년 후에 $30,000의 현금흐름이 발생한다.

투자안의 순현가를 계산하기 위해서는 현금흐름을 할인하기 위해 사용되는 자본화율(capitalization rate, k)을 정의할 필요가 있다. 이것을 바로 투자안의 **자본비용**(cost of capital)이라고 한다.

$$NPV(k) = \sum_{t=0}^{n} \frac{CF_t}{(1+k)^t}$$

표 6.1은 프로토진 투자안의 순현재 가치를 계산하는 과정을 보여 주고 있다. 각 연도의 현금흐름은 연 8%로 할인되고 그에 따른 현재가치는 3열에 나타난다. 즉 1년 후에 $50,000의 현재가치는 $46,296.30가 된다. 4열은 모든 현금흐름에 대한 현재가치의 누적 합계를 보여 준다.

투자안의 순현가는 표 6.1의 4열 마지막 줄에 기록되어 있다. 투자안의 순현가는 $4,404.82이다. 이 의미는 프로토진 투자안을 수행함에 따라 경영진이 제네릭진사의 주주들의 부를 $4,404.82만큼 증가시킬 것으로 기대된다는 것이다.

표 6.1 프로토진 투자안의 순현가 계산

연도 (1)	현금흐름($1,000) (2)	연 8%의 할인율로 계산한 현재가치(3)	누적현재가치 (4)
0	−100	−100.00000	−100.00000
1	50	46.29630	−53.70370
2	40	34.29355	−19.41015
3	30	23.81497	4.40482

$$NPV(k=8\%) = \sum_{t=0}^{3} \frac{CF_t}{(1+8\%)^t}$$

| 예제 6.2 |

프로토진 투자안의 현금흐름이 3차연도에 $30,000 대신에 $10,000라고 가정하자. 다른 현금흐름은 동일하고 할인율은 여전히 연 8%라면 순현가는 얼마인가?

6.4 투자안의 현금흐름 측정

일단 현금흐름에 대한 예상을 할 수 있다면 투자안의 순현가를 계산하는 것은 자본예산에 있어 상대적으로 간단한 일이다. 투자안의 기대 현금흐름을 측정하는 것이 훨씬 어려운 부분이다. 투자안의 기대 현금흐름 측정은 투자안과 관련된 증분 기준의 수익과 비용의 측정으로부터 산출될 수 있다. 투자안의 매출액, 판매가격, 고정비와 변동비의 예측치로부터 현금흐름 예측치가 어떻게 산출될 수 있는지를 살펴보자.

당신이 다양한 종류의 컴퓨터를 생산하는 ABC 컴퓨터의 개인용 컴퓨터 사업부 경영자라고 가정하자. 당신은 'PC1000'이라고 하는 개인용 컴퓨터의 새로운 모델에 대한 아이디어를 가지고 있다. PC1000의 시제품을 개발하여 상대적으로 저렴한 비용으로 시장 테스트를 할 수 있고, 따라서 투자안 초기단계에서 할인된 현금흐름할인 분석기법을 적용하는 것에 큰 어려움은 없다.

투자안에 많은 현금이 지출되어야 한다고 판단되면 그러한 투자안 수행에 따른 혜택과 필요 자금을 상세히 기술하는 자본할당요청서(capital appropriation request)를 작성해야 한다. 표 6.2는 PC1000에 대한 연매출액, 영업비용, 이익의 예상금액을 보여 주고 있으며 필요 자본지출 금액의 예상치도 나타나 있다.

한 대당 $5,000의 가격으로 연 4,000대를 판매할 것으로 예상된다. 새로운 생산공장을 사용하는 대가로 연 $1,500,000의 리스료를 지불하고 생산설비는 $2,800,000에 구입해야 한다. 생산설비는 정액법을 이용하여 7년간 감가상각한다. 또한 주로 재고관리를 위한 초기 운전자본으로 $2,200,000가 필요하다. 결국 총 초기 자본지출은 $5,000,000가 된다.

　이제 투자안의 예상 현금흐름을 고려해 보자. 첫째, 투자안은 얼마나 오래 현금흐름을 발생시킬 수 있는가? 생산설비의 잔존기간 7년이 투자안의 현금흐름 발생기간이 될 것이다. 왜냐하면 지금부터 7년 후에는 현 투자안을 계속 유지할 것인지에 대한 의사결정을 다시 내려야 하기 때문이다.

　1년부터 7년까지의 영업활동을 통한 순현금흐름은 두 가지 방법을 통하여 각각 산출될 수 있다.

(1) 현금흐름＝수익－현금비용－세금
(2) 현금흐름＝수익－총비용－세금＋비현금비용
　　　　　＝순이익＋비현금비용

두 방법을 이용하여 계산하게 되면 두 방법 모두 동일한 순영업 현금흐름을 산출한다.

　PC1000 투자안에 있어 비현금 영업비용은 감가상각뿐이다. 다음과 같이 관련된 금액을 정리할 수 있다(단위 : $1,000,000).

수익	현금비용	감가상각	총비용	세금	순이익	현금흐름
$20	$18.1	$0.4	$18.5	$0.6	$0.9	$1.3

방법 1을 이용하면 현금흐름은 다음과 같다.

(1) 현금흐름＝$20,000,000－$18,100,000－$600,000＝$1,300,000

방법 2를 이용하면 현금흐름은 다음과 같다.

(2) 현금흐름＝$900,000＋$400,000＝$1,300,000

　마지막으로 투자안에 대한 현금흐름을 예측하기 위해서는, 투자기간의 마지막 7년차에 발생하는 현금흐름을 측정해야 한다. 이 사례의 기본가정은 7차연도 말에 생산설비의 잔존가치는 없지만 $2,200,000의 운전자본의 회수가 고려되어야 한다는 것이다. 이것이 7차연도 말에 투자안이 청산된다는 것을 의미하는 것은 아니다. 즉 투자안이 청산된다고 가정하면 초기에 투자한 운전자본 $2,200,000는 완전히 회수할 수 있다는 의미이다.

표 6.2 PC1000 투자안에 대한 현금흐름 예측

매출액	
4,000대 (단위당 $5,000)	$20,000,000/년
고정비	
리스료	$1,500,000/년
재산세	200,000
관리비	600,000
광고비	500,000
감가상각비	400,000
기타	300,000
총고정비	$3,500,000/년
변동비	
직접노무비	$2,000/대
원료비	1,000
판매비	500
기타	250
단위당 변동비	$3,750/대
4,000단위에 대한 총변동비	$15,000,000/년
연간 총영업비	$18,500,000/년
연간 영업이익	$1,500,000/년
법인세 40%	$600,000/년
세후 영업이익	$900,000/년
PC1000에 대한 초기 자본지출 예상	
설비구입	$2,800,000
운전자본	$2,200,000
총자본지출	$5,000,000

투자안의 현금흐름을 요약하면 다음과 같다. 초기 자본지출은 $5,000,000이고 1년부터 7년까지 매년 말에 $1,300,000의 현금흐름이 발생하며 투자기간 말인 7차연도에 추가적인 현금흐름 $2,200,000가 발생한다. 투자안에 대한 현금흐름 도표는 다음과 같다.

연도	0	1	2	3	4	5	6	7
현금흐름	−5	1.3	1.3	1.3	1.3	1.3	1.3	1.3 2.2

이 투자안의 현금흐름 유형은 마치 액면가 $2,200,000, 연이자지급 $1,300,000, 가격은 $5,000,000인 잔존기간 7년의 이표채의 현금흐름과 유사하다. 이러한 유사성 때문에 재무계산기의 화폐의 시간가치 관련 기능을 이용하여 순현가와 내부수익률을 간단하게 계

산할 수 있다.

다음은 현금흐름을 할인하여 투자안의 순현가를 계산하는 데 필요한 할인율을 구하는 것이다. 여기서는 일단 할인율이 15%라고 가정하자. 그러면 재무계산기를 이용하여 순현가를 구하면 다음과 같다.

$$
\begin{aligned}
NPV(k=15\%) &= \sum_{t=0}^{7} \frac{CF_t}{(1+15\%)^t} \\
&= -\$5,000,000 + PV_{PMT}(\$1,300,000, \ 15\%, \ 7) + PV_{FV}(\$2,200,000, \ 15\%, \ 7) \\
&= -\$5,000,000 + \$5,409,000 + \$827,000 \\
&= \$1,236,000
\end{aligned}
$$

| 예제 6.3 |
단위당 변동비가 $3,750가 아니고 $4,000라면 PC1000 투자안의 순현가는 얼마가 되겠는가?

6.5 자본비용

자본비용은 투자안의 순현가를 계산하는 데 이용하는 위험조정 할인율을 의미한다. 미래 현금흐름의 불확실성을 해결하는 일반적인 방식은 더 높은 할인율을 이용하는 것이다. 제16장에서는 위험프리미엄을 결정하는 방식에 대해 살펴볼 것이다. 그러나 투자안의 자본비용을 산출할 때 명심해야 할 세 가지 중요한 점은 다음과 같다.

- 특정 투자안의 위험은 해당 기업이 현재 보유하고 있는 자산의 위험과는 다를 수 있다.
- 자본비용은 투자안의 시장 관련 위험(제13장에서 정의하는 투자안의 베타)만을 반영해야 한다.
- 투자안의 자본비용 계산과 관련된 위험은 자금조달을 위해 기업이 발행한 각 증권들(채권, 주식 등)의 위험이 아니라 투자안의 현금흐름에 대한 위험을 의미한다.

이 세 가지 핵심을 하나씩 설명하겠다.

첫 번째로 주의해야 할 것은 특정 투자안과 관련된 위험은 해당 기업이 현재 보유하고 있는 자산과 관련된 위험과 다를 수 있다는 것이다. 현 자산에 대한 평균 자본비용이 연 16%인 기업을 가정해 보자. 투자안 평가 시에 이 기업은 16%의 할인율을 이용해야 하는 가? 투자안의 특성이 우연히 기업이 보유하고 있는 자산의 작은 복제품과 동일하다면 그 때의 대답은 '그렇다'이다. 그러나 기업이 특정 투자안을 평가할 때 기업의 평균 자본비용을 이용하는 것은 일반적으로 옳지 않다.

그 이유를 다음의 극단적인 예를 통해 살펴보자. 어떤 기업의 투자안이 단지 무위험 정부채권을 시장가격보다 싸게 살 수 있는 것이라고 가정해 보자. 다시 말해서 매년 $100를 지급하는 25년 만기 미 재무성 채권이 시장에서 $1,000로 거래될 때, 어떤 기업이 이 채권을 $950의 가격으로 1,000개의 채권을 매입할 수 있다고 가정해 보자. 이러한 현금흐름이 해당 기업의 자본비용(연 16%)으로 할인된다면 각 채권의 현재가치는 $634가 되고 결국 투자안의 현재가치는 -$315,830[1]가 된다.

상식적으로 생각해서 $1,000에 팔리는 것을 $950에 살 수 있다면 당연히 구입을 해야 한다. 문제는 순현가법 그 자체가 아니라 그것을 부적절하게 이용했기 때문이다. 이 투자 안의 위험은 기업의 평균적인 위험과 같지 않다. 이 투자안의 적절한 할인율은 16%가 아니라 10%이며 10%의 할인율을 이용하여 계산하면 순현가는 $50,000이다.

좀 더 현실성 있는 다음의 예를 살펴보자. 자기자본만으로 자금을 조달하는 세 개의 사업부로 구성되는 기업을 고려해 보자. (1) 전자사업부 : 전체 기업의 시장가치의 30%를 구성하며 자본비용은 22%이다. (2) 화학사업부 : 기업의 시장가치 중 40%를 차지하며 자본비용은 17%이다. (3) 천연가스 수송 사업부 : 기업의 시장가치 중 30%를 차지하고 자본비용은 14%이다. 해당 기업의 자본비용은 각 사업부의 가중평균자본비용이 된다. 즉 $0.3 \times 22\% + 0.4 \times 17\% + 0.3 \times 14\% = 17.6\%$.

만약 그 기업이 모든 투자안의 자본비용으로 17.6%를 이용하는 자본예산기준을 채택한다면 음의 순현가를 지니는 투자안을 전자사업부에서 선택할 수도 있고 양의 순현가를 보이는 투자안을 천연가스 수송 사업부에서 기각할 수도 있다. 17.6%가 화학사업부의 투자안에 대한 자본비용에 가깝다는 것은 우연일 뿐이다. 이 경우에 각 사업부에 따라 서로 다른 자본비용을 이용하는 전략을 따라야 한다.

때로는 기업의 현 영업활동에 대한 자본비용과는 전혀 관계없는 자본비용을 이용하는 경우도 있다. 예를 들어, 자기자본만으로 자금을 조달하는 철강회사가 40%의 정제비축유와 60%의 천연비축유를 지니고 있는 정유회사의 인수를 고려하는 예를 들어 보자. 천연 석유 관련 투자안의 시장 자본화율은 18.6%이고 정제유 관련 투자안의 시장 자본화율은 17.6%라고 가정하자. 따라서 정유회사 주식의 시장 자본화율은 $0.6 \times 18.6\% + 0.4 \times 17.6\% = 18.2\%$가 된다.

---

[1] 각 채권의 $PV = PV_{PMT}(\$100, 16\%, 25) + PV_{FV}(\$1,000, 16\%, 25) = \$634.17$
  따라서 $NPV = PV - \$950 = -\$315.83$

정유회사의 주당 가격이 $100이고 주식의 예상 수익률이 18.2%라면 정유회사 주식의 시장가격은 적절한 수준이라고 할 수 있다. 철강 관련 투자안의 자본화율은 15.3%라고 가정하자. 정유회사의 기대 현금흐름을 철강회사의 자본비용인 15.3%를 이용하여 할인하면 주당 현재가치는 $119가 된다.

어떤 투자은행가는 주당 $110로 공개매입을 제시하면 해당 주식을 모두 매입할 수 있을 것이라고 주장한다. 따라서 기업인수를 실행하면 주당 $9(−$110+$119)의 양(+)의 순현가를 줄 수 있을 것처럼 생각할 수 있다. 그러나 사실 올바른 순현가는 주당 −$10(−$110+$100)이다. 이러한 기업인수가 실행되었다면 정유회사의 주가는 상승하고 음의 순현가 의사결정에 대한 반응으로 철강회사의 주가는 하락하는 것을 관찰할 수 있을 것이다.

PC1000 투자안 사례로 돌아가 보자. 투자안의 순현가를 계산할 때 이용하는 할인율은 ABC 컴퓨터의 사업부 전체에 대한 위험이 아닌 반드시 PC 사업에 대한 위험을 반영해야 한다.

자본비용 산출 시에 두 번째로 주의할 점은 투자안의 자본비용 계산과 관련되는 위험은 투자안의 현금흐름 위험이며 투자안을 위한 자금조달에 이용된 증권들의 위험이 아니라는 것이다.

예를 들어, ABC 컴퓨터가 PC1000 투자안을 수행하기 위해 필요한 $5,000,000의 초기 현금유출을 채권발행을 통한 자금조달로 충당할 계획을 갖고 있다고 가정하자. ABC 컴퓨터는 현재 부채가 거의 없기 때문에 높은 신용등급을 유지하고 있으며 따라서 채권 $5,000,000를 연 6%의 이자율로 발행할 수 있다고 가정하자.

이때, PC1000 투자안의 순현가를 계산하기 위한 자본비용으로 연 6%를 이용해서는 안 된다. 제16장에서 살펴보겠지만 투자안에 대한 자금조달방식은 그것의 순현가에 영향을 미칠 수 있다. 그러나 그 영향은 투자안에 대한 미래 현금흐름을 자금조달을 위해 발행된 채권의 이자율을 이용하여 할인하는 것으로는 정확히 측정될 수 없다.

투자안의 자본비용을 고려할 때에 세 번째 주의할 점은 자본비용이 투자안의 비체계적 위험이 아니라 투자안의 체계적, 즉 시장 관련 위험만을 반영해야 한다는 것이다. 이것에 대해서는 제13장에서 자세히 설명할 것이다.

| 예제 6.4 |
ABC 컴퓨터의 전체 사업부에 대한 평균 자본비용은 연 12%라고 가정하자. PC1000 투자안의 순현가를 계산하기 위한 할인율로서 이 12%가 적당하지 않은 이유는 무엇인가?

6.6 스프레드시트를 이용한 민감도 분석

자본예산의 **민감도 분석**(sensitivity analysis)이란 기본 변수값들이 우리의 기본가정과 달라질 경우에도 투자안이 가치 있는 투자안으로 남아 있는가를 측정해 보는 것이다. 민감도분석을 위한 편리한 도구는 표 6.3에 나타나 있는 것처럼 액셀, 로터스 123, 쿼트로 프로와 같은 스프레드시트 프로그램이다.

표 6.3은 제3장에서 설명되었던 것과 유사한 내용을 스프레드시트 형식으로 PC1000 투자안의 순현금흐름 예측치를 보여 주고 있다. 행 1에서 행 5까지는 스프레드시트에 있는 예측변수에 대한 가정을 보여 주고 있다. 각 셀의 계산식은 셀 B2부터 B5의 변수들을 이용하여 작성되었으며 이러한 변수값들이 변화할 때는 전체 표의 수치가 재계산된다. 셀 B3의 변수는 초기 매출수량이다. 이 변수값은 4,000으로 주어졌다.

행 8부터 행 15는 7년 동안의 투자안 손익계산서의 예측치를 보여 준다. 행 16은 행 15(순이익)와 행 12(감가상각)를 더한 매년 발생하는 영업현금흐름 예측치이다. 행 17부터 행 20은 운전자본과 고정자산에 대한 투자액인 투자현금흐름의 계산과정을 보여준다. 행 17은 매년 필요한 운전자본의 예측치를 보여 주고, 행 18은 매년 이 금액의 변화분(당해연도에 운전자본에 투자된 추가적인 현금)을 계산하고 있다. 행 18의 값은 두 개로만 구성되는데 셀 B18의 현금유입 $2,200,000와 7차연도의 현금유출 $2,200,000이다. 행 19는 각 연도 고정자산에 대한 새로운 투자금액을 보여 준다. 행 20은 각 연도의 총투자현금흐름이고 행 18과 행 19의 합이다. 마지막으로 행 21은 행 16(영업현금흐름의 합)과 행 20(투자현금흐름)의 합이 되는 각 연도의 순현금흐름을 나타낸다. 순현가는 셀 B22에 계산되어 있다.

표 6.4와 그림 6.2는 매출 단위의 기본 가정값에 대한 투자안 순현가의 민감도를 보여 주고 있다. 표 6.3의 셀 B3 값을 변화시키고 그에 따른 순영업현금흐름과 순현가의 변화를 추적하여 민감도를 측정한 것이다.

6.6.1 손익분기점

매출이 얼마일 때 투자안의 순현가가 0이 될 것인가는 흥미로운 질문이다. 이것은 바로 투자안의 채택 또는 기각을 가르는 투자안의 **손익분기점**(break-even point)을 의미한다.

그림 6.2를 보면 손익분기점은 대략 연 3,600단위임을 알 수 있다. 약간의 수학을 이용하면 정확한 수량은 3,604단위가 된다. 그러므로 7년 동안 매출이 연 3,604단위를 초과하면 투자안은 양의 순현가를 지니게 된다.

표 6.3 PC1000 투자안에 대한 스프레드시트 민감도 분석

	A	B	C	D	E	F	G	H	I
1	**가정들:**								
2	자본비용	15%							
3	초기 매출수량	4,000							
4	매출액 성장률	0%							
5	가격	$5,000							
6	**현금흐름예측**								
7	연도	0	1	2	3	4	5	6	7
8	매출수익		$20,000,000	$20,000,000	$20,000,000	$20,000,000	$20,000,000	$20,000,000	$20,000,000
9	비용								
10	현금고정비		$3,100,000	$3,100,000	$3,100,000	$3,100,000	$3,100,000	$3,100,000	$3,100,000
11	변동비		$15,000,000	$15,000,000	$15,000,000	$15,000,000	$15,000,000	$15,000,000	$15,000,000
12	감가상각		$400,000	$400,000	$400,000	$400,000	$400,000	$400,000	$400,000
13	영업이익		$1,500,000	$1,500,000	$1,500,000	$1,500,000	$1,500,000	$1,500,000	$1,500,000
14	세금		$600,000	$600,000	$600,000	$600,000	$600,000	$600,000	$600,000
15	순이익		$900,000	$900,000	$900,000	$900,000	$900,000	$900,000	$900,000
16	**영업현금흐름**		$1,300,000	$1,300,000	$1,300,000	$1,300,000	$1,300,000	$1,300,000	$1,300,000
17	운전자본	$2,200,000	$2,200,000	$2,200,000	$2,200,000	$2,200,000	$2,200,000	$2,200,000	–
18	운전자본 변화분	$2,200,000	–	–	–	–	–	–	$(2,200,000)
19	고정자산 투자	$2,800,000	–	–	–	–	–	–	–
20	**투자현금흐름**	$(5,000,000.00)							$2,200,000
21	**순현금흐름**	$(5,000,000.00)	$1,300,000	$1,300,000	$1,300,000	$1,300,000	$1,300,000	$1,300,000	$3,500,000
22	순현가	$1,235,607							

표 6.4 매출에 대한 PC1000의 민감도분석

연간 매출	순영업현금흐름	투자안의 순현가
2,000	−$200,000	−$5,005,022
3,000	$550,000	−$1,884,708
3,604*	$1,003,009	0
4,000	$1,300,000	$1,235,607
5,000	$2,050,000	$4,355,922
6,000	$2,800,000	$7,476,237

* 순현가 손익분기점

가정 : 운전자본에 대한 투자는 매출 증가에 상관없이 초기 $2,200,000로 완료되고, 7년 후에 현금유입으로 다시 돌려받는다.

손익분기 수량에 대한 계산과정은 다음과 같다. 순현가가 0이 되기 위해서는 영업현금흐름이 $1,003,009가 되어야 한다. 영업현금흐름의 이러한 손익분기점을 찾기 위해서 다음과 같은 계산과정이 필요하다.

$$PV_{PMT}(PMT, 15\%, 7) + PV_{FV}(\$2,200,000, 15\%, 7) - \$5,000,000 = 0$$

또는

$$PV_{PMT}(PMT, 15\%, 7) = \$5,000,000 - PV_{FV}(\$2,200,000, 15\%, 7) = \$4,172,939$$

$$PMT_{PV}(\$4,172,939, 15\%, 7) = 1,003,009$$

그림 6.2

매출액에 대한 PC1000의 순현가 민감도

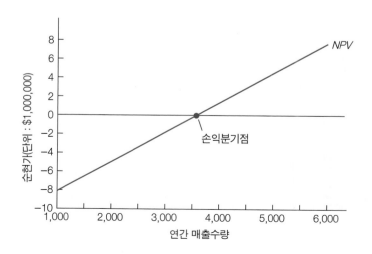

이제 이 영업현금흐름 금액에 대한 연기준 매출단위를 측정해야 한다. 계산 결과 손익분기 매출량(Q)의 값은 연 3,604단위가 된다.

$$현금흐름 = 순이익 + 감가상각$$
$$= 0.6(1,250Q - 3,500,000) + 400,000 = 1,003,009$$
$$Q = \frac{4,505,015}{1,250} = 연\ 3,604단위$$

| 예제 6.5 |

자본비용이 연 15% 대신 연 25%라면 PC1000 투자안의 손익분기 매출수량은 얼마인가?

6.6.2 매출액 성장에 따른 순현가의 민감도

매출액 성장률을 연 0%로 가정했는데 이를 연 5%로 변화시키면 어떤 결과가 발생하는가? 그 결과는 표 6.5에 나타나 있다. 생산비의 많은 부분이 고정비이기 때문에 영업현금흐름(행 16)은 연 5% 이상 성장한다. 매출액의 일정 비율을 차지하는 운전자본(행 17)도 연 5%로 성장한다. 운전자본의 증가분(행 18)은 각 연도의 현금유출이 되며 7차연도에 현금유입으로 다시 환원된다. 결과적으로 투자안의 순현가는 \$1,235,607에서 \$2,703,489가 된다.

6.7 비용절감 투자안 분석

지금까지 살펴본 PC1000 투자안 분석은 신제품 출시 여부와 관련된 의사결정 사례였다. 자본예산 투자안의 또 다른 범주로 비용절감과 관련된 투자안이 있다.

예를 들어, 한 기업이 노동비를 절감하기 위해 생산과정을 자동화하는 투자안을 고려하고 있다고 가정하자. 지금 자동화 설비에 \$2,000,000를 투자하면 매년 세전 노동비를 \$700,000만큼 절감할 수 있다. 이 설비의 잔존기간은 5년이고 이 기업의 소득세는 33.33%라면 이 투자안은 가치가 있는가?

위 물음에 답하기 위해서는 투자안에 대한 **증분 현금흐름**을 계산해야 한다. 표 6.6은 이 투자안과 관련된 현금유입과 유출을 보여 주고 있다. 1열은 투자를 하지 않았을 경우 기업의 매출액, 비용, 현금흐름을 보여 준다. 2열은 투자를 했을 경우 기업의 현금흐름을 보여 준다. 1열과 2열의 차이인 3열은 투자로 인한 증분 현금흐름을 보여 주고 있다.

설비구입을 위한 최초의 현금유출은 \$2,000,000이다. 이후 5년 동안 매년 순이익 증가

표 6.5 매출액이 5% 성장을 가정한 PC1000 투자안

	A	B	C	D	E	F	G	H	I
						연도			
			0	1	2	3	4	5	6	7
1	가정들:								
2	자본비용	15%							
3	초기 매출수량	4,000							
4	매출액 성장률	5%							
5	가격	$5,000							
6	현금흐름예측								
7			0	1	2	3	4	5	6	7
8	매출수익		$20,000,000	$21,000,000	$22,050,000	$23,152,500	$24,310,125	$25,525,631	$26,801,913
9	비용								
10	현금고정비		$3,100,000	$3,100,000	$3,100,000	$3,100,000	$3,100,000	$3,100,000	$3,100,000
11	변동비		$15,000,000	$15,750,000	$16,537,500	$17,364,375	$18,232,594	$19,144,223	$20,101,435
12	감가상각		$400,000	$400,000	$400,000	$400,000	$400,000	$400,000	$400,000
13	영업이익		$1,500,000	$1,750,000	$2,012,500	$2,288,125	$2,577,531	$2,881,408	$3,200,478
14	세금		$600,000	$700,000	$805,000	$915,250	$1,031,013	$1,152,563	$1,280,191
15	순이익		$900,000	$1,050,000	$1,207,500	$1,372,875	$1,546,519	$1,728,845	$1,920,287
16	영업현금흐름		$1,300,000	$1,450,000	$1,607,500	$1,772,875	$1,946,519	$2,128,845	$2,320,287
17	운전자본	$2,200,000	$2,310,000	$2,425,500	$2,546,775	$2,674,114	$2,807,819	$2,948,210	–
18	운전자본 변화분	$2,200,000	$110,000	$115,500	$121,275	$127,339	$133,706	$140,391	$(2,948,210)
19	고정자산 투자	$2,800,000	–	–	–	–	–	–	–
20	투자현금흐름	$(5,000,000)	$(110,000)	$(115,500)	$(121,275)	$(127,339)	$(133,706)	$(140,391)	$2,948,210
21	순현금흐름	$(5,000,000)	$1,190,000	$1,334,500	$1,486,225	$1,645,536	$1,812,813	$1,988,454	$5,268,497
22	순현가	$2,703,489							

분 $200,000와 감가상각비 증가분 $400,000의 합인 $600,000만큼 현금이 유입된다. 감가
상각비는 회계장부상 비용이지만 실질적인 현금유출이라고 볼 수 없다. 이 투자안에 대
한 현금흐름은 다음과 같다.

연도	0	1	2	3	4	5
현금흐름 (단위 : $1,000,000)	−2	.6	.6	.6	.6	.6

　　이제 투자안이 기업가치에 미치는 영향을 분석해 보자. 기업이 위 투자안을 채택한다
면 기업의 가치는 얼마나 증가하겠는가?

　　투자안을 채택하는 대가로 지금 $2,000,000를 포기해야 하지만 추후 5년 동안 매년 말
에 세후 증분 현금흐름으로 $600,000를 받게 될 것이다. 투자안의 순현가를 계산하기 위
해서 투자안의 자본비용, k를 알아야만 한다. 일단 여기서는 자본비용이 연 10%라고 가
정하자.

　　5년 동안 매년 $600,000의 현금흐름을 연 10%로 할인하면 세후 현금흐름의 현재가치
가 $2,274,472가 된다.

$$NPV = PV_{PMT}(\$600{,}000,\ 10\%,\ 5) - \$200{,}000{,}000 = \$2{,}274{,}472 - \$2{,}000{,}000 = \$274{,}472$$

　　그러므로 투자안을 채택함으로써 얻을 수 있는 노동비 절감 가치는 기계를 구입하는
데 드는 비용 $2,000,000보다 $274,472가 많다. 결국 이 기업의 현 주주들의 부는 투자안

표 6.6 노동비 절감 투자와 관련된 현금흐름

	투자 미실행(1)	투자 실행(2)	투자로 인한 차이(3)
매출액	$5,000,000	$5,000,000	0
노동비	1,000,000	300,000	−700,000
기타 현금비용	2,000,000	2,000,000	0
감가상각비	1,000,000	1,400,000	400,000
세전 이익	1,000,000	1,300,000	300,000
소득세(세율 : 33.33%)	333,333	433,333	100,000
세후 이익	666,667	866,667	200,000
순현금흐름(세후 이익＋감가상각비)	1,666,667	2,266,667	600,000

채택으로 인하여 $274,472만큼 증가될 것으로 기대된다.

> | 예제 6.6 |
> 자동화 설비에 대한 투자안이 매년 $700,000 대신 $650,000만큼 노동비를 절감시킨다고 가정하면 이 투자안은 여전히 투자할 가치가 있겠는가?

6.8 서로 다른 투자기간을 지니는 투자안들

앞의 예제에서 서로 다른 잔존기간을 지니는 두 종류의 설비투자가 있다고 가정해 보자. 잔존기간이 더 긴 투자안은 두 배의 초기 현금유출을 발생시키지만 잔존기간은 두 배가 더 길다. 이 상황에서 발생하는 어려움은 서로 다른 잔존기간을 지닌 두 투자안을 어떻게 비교 가능하게 만들 것인가이다.

첫 번째 방법은 짧은 잔존기간의 설비가 5년 말에 다시 동일한 잔존기간을 지니는 같은 종류의 설비로 대체되는 것을 가정하는 것이다. 그러면 두 투자안의 잔존기간은 10년으로 서로 동일해지며 그들의 순현가도 서로 비교될 수 있다.

더 쉬운 방법은 소위 **연기준 자본비용**(annualized capital cost)을 계산하는 것이다. 연기준 자본비용이란 초기 현금유출과 동일한 현재가치를 가지는 연간 균등 현금흐름을 의미한다. 가장 작은 연기준 자본비용을 지니는 투자안이 더 좋은 투자안이 된다.

예제에서 $2,000,000의 초기 현금유출을 연 10%의 할인율을 적용하여 5년 기간의 연금(PMT)으로 전환시킨다면 연기준 자본비용은 $527,595가 된다.

$$PMT_{PV}(\$2,000,000,\ 10\%,\ 5) = \$527,595$$

잔존기간이 긴 설비는 10년 동안 사용할 수 있지만 $4,000,000의 비용이 필요하다. 이 투자안의 연기준 자본비용은 다음과 같다.

$$PMT_{PV}(\$4,000,000,\ 10\%,\ 10) = \$650,982$$

따라서 잔존기간이 5년이고 $2,000,000의 비용이 소요되는 설비투자가 더 적은 연기준 자본비용을 수반하기 때문에 더 선호되는 투자안이 된다.

| 예제 6.7 |

$2,000,000 비용의 투자안보다 $4,000,000 비용의 투자안이 더 선호되기 위해서는 잔존기간이 얼마여야 하는가?

6.9 상호 배타적인 투자안들의 순위 결정

기업이 다양한 투자안들 중에서 단지 하나만을 선택해야 하는 경우가 있다. 즉 투자안들이 상호 배타적인 투자안이라고 하는 것은 하나의 투자안을 선택하면 다른 것은 포기해야 하는 경우를 의미한다. 그러한 상황에서는 순현가(NPV)가 가장 큰 투자안을 선택해야 한다. 그러나 몇몇 기업들은 각 투자안들의 내부 수익률(IRR)에 따라 투자안의 우선순위를 결정하는데, 문제는 이러한 순위 결정 방식이 주주의 부를 극대화하는 목적과 서로 일치하지 않을 수도 있다는 것이다.

예를 들어, 당신이 몇백 평의 토지를 소유하고 있고 그 토지를 개발하는 두 가지 방법에 대해 고민하고 있다고 가정하자. 초기 현금유출 $20,000,000를 필요로 하는 사무용 빌딩을 지을 수도 있고 초기 현금유출 $10,000를 필요로 하는 주차장을 만들 수도 있다. 당신이 사무용 빌딩을 짓는 경우 1년 후에 $24,000,000를 받고 그 빌딩을 매각할 수 있다고 한다면 이 경우의 내부수익률(IRR)은 20%가 된다[($24,000,000 - $20,000,000)/$20,000,000]. 만약 주차장을 만든다면 매년 $10,000의 현금유입을 영구히 기대할 수 있다. 따라서 주차장과 관련된 내부수익률(IRR)은 연 100%가 된다. 어떤 투자안을 선택해야 하는가?

주차장 투자안의 내부수익률이 더 크지만 연 20% 미만의 자본비용하에서는 사무용 빌딩 투자안의 순현가(NPV)가 주차장 투자안보다 더 크기 때문에 주차장 투자안을 선택하지 않을 것이다. 예를 들어, 연 15%의 자본비용을 적용하면 주차장 투자안의 순현가는 $56,667이지만 사무용 빌딩 투자안의 순현가는 $869,565가 된다. 결국 15%의 자본비용하에서는 사무용 빌딩을 짓는 것이 주주들에게는 더 유리한 투자가 된다.

그림 6.3은 두 투자안의 순현가를 자본비용의 함수로서 보여 주고 있다. 투자안의 순현가를 계산하기 위해 사용된 할인율(투자안의 자본비용)은 수평축에 표시되었고 수직축에는 순현가가 표시되어 있다. 그림을 보면 연 20%의 할인율이 상호 배타적인 두 투자안의 전환점(switch-over point)이 되는 것을 알 수 있다. 연 20% 이상의 할인율에서는 주차장 투자안이 더 높은 순현가를 지니고 연 20% 미만의 할인율에서는 사무용 빌딩의 투자

안이 더 높은 순현가를 보이게 된다.

내부수익률이 상호 배타적인 투자안의 선택에 있어 좋은 지표가 될 수 없다는 것을 정확하게 이해하기 위해서는 투자안의 내부수익률이 투자안의 규모와는 독립적인 것에 주목해야 한다. 앞의 예제를 살펴보면 주차장 투자안은 매우 높은 내부수익률을 지니고 있지만 그것의 규모는 사무용 빌딩 투자안과 비교하면 상대적으로 작다. 만일 주차장 투자안이 더 큰 규모였다면 사무용 빌딩보다 더 큰 순현가를 제공했을 것이다.

따라서 주차장 투자안이 여러 층의 주차장 설비를 짓기 위해 초기 현금유출 $200,000가 소요되고 연순현금 흐름이 $200,000라고 가정해 보자. 이 경우 주차장 투자안의 순현가는 처음의 주차장 투자안보다 20배는 더 클 것이다.

| 예제 6.8 |
주차장 투자안의 순현가가 사무용 빌딩의 순현가와 동일하게 되기 위해 그 규모가 얼마나 커야 하겠는가?

6.10 인플레이션과 자본예산

이제 투자안을 평가할 때 인플레이션을 고려하는 방법을 살펴보자. 초기 현금유출이 $2,000,000인 투자안을 가정해 보자. 자본비용이 10%이고 인플레이션이 없다고 가정하면 5년 동안 매년 세후 현금흐름 $600,000가 기대된다. 이러한 가정하에서 투자안의 순현가는 $274,472가 된다.

인플레이션이 연 6%라고 가정해 보자. 표 6.7에는 이 경우의 기대 현금흐름이 적혀

그림 6.3

할인율과 순현가의 관계

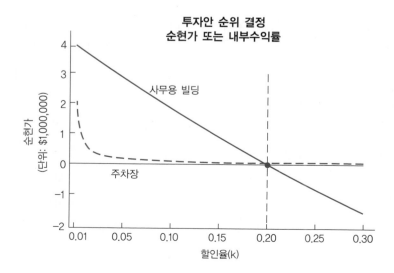

있다.

명목 현금흐름 예측치에는 '해당 연도의 달러' 개념을 반영하기 위해 6%의 인플레이션을 적용하였다. 실질 현금흐름 예측치는 '오늘의 달러' 개념이다.

실질 현금흐름과 명목 현금흐름을 구분하는 것처럼 실질 자본비용과 명목 자본비용도 구분해야 한다. 실질 자본비용은 인플레이션이 없다는 가정하의 할인율이고 명목 자본비용은 실제로 관찰되는 할인율을 의미한다.

비록 어느 기업이 자본비용을 실질 개념으로 명시하지는 않더라도 명목 개념의 자본비용에서 실질 자본비용은 쉽게 계산된다. 예를 들어, 만일 명목 자본비용이 연 14%이고 기대 인플레이션율이 연 6%라면 암시된 실질 자본비용은 대략 연 8%가 된다.

규칙 : 순현가를 계산하는 두 가지 방법
> 1. 명목 현금흐름은 명목 할인율로 할인하라.
> 2. 실질 현금흐름은 실질 할인율로 할인하라.

앞의 예제를 이용하여 올바른 인플레이션 적용방법을 살펴보자. 우리는 실질 자본비용 10%와 실질 현금흐름을 이용하여 투자안의 순현가와 내부수익률을 이미 계산하였다.

$$순현가 = \$274,472$$

순현가가 양(+)의 값을 지니기 때문에 이 투자안은 채택되어야 한다.

이제 명목이자율 방법을 살펴보자. 먼저 우리는 명목 할인율을 계산하는 방식에 있어서 약간의 수정을 해야만 한다. 대부분의 경우 실질 할인율 10%에 예상 인플레이션율 6%를 더하여 명목 할인율은 16%라고 계산하는 것이 완전히 틀린 방법은 아니다. 그러나 우리는 자본예산의 명목이자율 접근법과 실질이자율 접근법의 결과가 동일하게 계산되어야 한다는 점에서 명목 할인율을 매우 정확하게 계산해야 한다. 명목 할인율과 실질

표 6.7 6%의 인플레이션하에서의 투자 현금흐름

연도	실질 현금흐름	명목 현금흐름(6% 인플레이션)
1	$600,000	$636,000
2	600,000	674,160
3	600,000	714,610
4	600,000	757,486
5	600,000	802,935

할인율 간의 정확한 관계는 다음과 같다.

$$명목\ 할인율 = (1+실질\ 할인율) \times (1+기대\ 인플레이션) - 1$$

결국 앞의 예제에서 명목 할인율은 16%가 아니라 16.6%가 된다.

$$명목\ 할인율 = 1.1 \times 1.06 - 1 = 0.166\ 또는\ 16.6\%$$

16.6%의 할인율을 이용하여 표 6.7의 명목 현금흐름의 순현가를 구하면 실질 접근법을 이용하여 구한 순현가와 동일한 $274,472가 된다. 이것은 당연한 결과다. 왜냐하면 투자안 채택으로 인한 주주들의 부의 증가는 투자안의 순현가를 계산하는 방법에 따라 달라질 수 없기 때문이다.

$$NPV(k=16.6\%) = \sum_{t=1}^{5} \frac{\$600,000(1+6\%)^t}{(1+16.6\%)^t} - \$2,000,000 = \$274,472$$

주의 : 실질 현금흐름을 이용하여 계산된 내부수익률과 명목 현금흐름을 이용한 내부수익률을 서로 비교해서는 안 된다.

| 예제 6.9 |
6% 대신 8%의 기대 인플레이션을 가정하고 위 투자안을 분석해 보라.

요약

- 자본예산에 있어 분석단위는 하나의 투자안이다. 재무적 관점에서 투자안은 현금흐름의 양과 그 시기가 부분적으로 경영진의 통제하에 있는 일련의 현금흐름으로 이해될 수 있다.
- 자본예산 절차의 목적은 주주의 부를 극대화하는(또는 적어도 그것을 축소시키지 않는) 투자안을 선택하는 것이다.
- 자본지출을 요구하는 대부분의 투자안은 세 가지로 구분된다. 신제품 출시, 비용 절감, 기존 설비의 대체로 구분된다. 투자안에 대한 아이디어는 고객, 경쟁자, 자사의 연구개발 부서, 생산 부서로부터 얻을 수 있다.

- 투자안은 할인된 현금흐름법을 이용하여 평가된다. 할인된 현금흐름법은 투자안과 관련된 증분 현금흐름이 측정되고 그것의 순현가는 투자안의 위험을 반영하는 위험 조정 할인율을 이용하여 계산된다.

- 만일 투자안이 해당 기업이 현재 소유한 자산의 '작은 복제(mini-replica)'라면 경영진은 투자안의 순현가를 계산하기 위해 그 기업의 자본비용을 이용해야 한다. 그러나 때로는 기업의 현재 자본비용과 전혀 관계없는 할인율을 이용할 수도 있다. 올바른 자본비용은 프로젝트와 유사한 산업에 속한 기업들이 사용하는 할인율이다.

- 현금흐름 예측이 투자안의 잔존기간의 인플레이션을 적절히 반영했는가를 점검하는 것은 항상 중요하다. 인플레이션 적용을 위한 두 가지 방법이 있다. (1) 명목 현금흐름을 할인하기 위해 명목 자본비용을 이용하는 방법 (2) 실질 현금흐름을 할인하기 위해 실질 자본비용을 이용하는 방법.

핵심용어

순현가	민감도 분석	연기준 자본비용
자본비용	손익분기점	

예제 풀이

예제 6.1 영화산업에 있어 새로운 투자안에 대한 아이디어는 어디에서 나온다고 생각하는가?

검정 영화산업에 있어 새로운 투자안에 대한 아이디어의 원천은 다음과 같다.

- 성공적인 영화의 후속편(예 : 대부 II, III, IV 등)
- 베스트셀러 소설

예제 6.2 프로토진 투자안의 현금흐름이 3차연도에 $30,000 대신에 $10,000라고 가정하자. 다른 현금흐름은 동일하고 할인율은 여전히 연 8%라면 순현가는 얼마인가?

검정 프로토진 투자안의 새로운 현금도표는 다음과 같다.

연도	0	1	2	3
현금흐름	−100	50	40	10

할인율 8% 때의 순현가＝−$11,471.83

예제 6.3 단위당 변동비가 $3,750가 아니고 $4,000라면 PC1000 투자안의 순현가는 얼마가 되겠는가?

검정 PC1000의 변동비가 $3,750 대신 $4,000라면, 우리는 다음에 따르는 수익과 현금흐름을 가질 것이다.

매출액($5,000의 가격에서 4,000대)	$20,000,000/년
총고정비	$3,500,000/년
총변동비($4,000의 가격에서 4,000대)	$16,000,000/년
연간 총영업비	$19,500,000/년
연간 영업이익	$500,000/년
법인세 40%	$200,000/년
세후 영업이익	$300,000/년
영업으로부터의 순현금흐름	$700,000/년

1년부터 7년까지 영업으로부터 순현금흐름은 $600,000 감소하게 된다. 매년 세전 비용이 $1,000,000(4,000대×단위당 $250) 증가하는데 세율이 40%이기 때문에 세후 수익과 현금흐름은 0.6×$1,000,000＝$600,000가 작아지게 된다.

새로운 순현가를 알아내기 위해 재무용 계산기를 이용하면

$$PV_{PMT}(\$700,000,\ 15\%,\ 7)+PV_{FV}(\$2,200,000,\ 15\%,\ 7)-\$5,000,000$$
$$=\$2,912,294+\$827,061-\$5,000,000=-\$1,260,645$$

따라서 변동비가 단위당 $4,000가 되면 투자안은 가치를 잃어버리게 된다.

예제 6.4 ABC 컴퓨터의 전체 사업부에 대한 평균 자본비용은 연 12%라고 가정하자. PC1000 투자안의 순현가를 계산하기 위한 할인율로서 이 12%가 적당하지 않은 이유는 무엇인가?

검정 ABC에 존재하는 사업부들은 PC 사업과는 다른 위험을 가지고 있을 것이다.

예제 6.5 자본비용이 연 15% 대신 연 25%라면 PC1000 투자안의 손익분기 매출수량은 얼마인가?

검정 자본비용이 25%일 때 *NPV*가 0이 되기 위해서는 영업현금흐름이 $1,435,757가 되어야 한다. 영업현금흐름의 손익분기점을 찾기 위해서는 다음과 같은 계산 과정이 필요하다.

$PV_{PMT}(PMT, \ 25\%, \ 7) + PV_{FV}(\$2,200,000, \ 25\%, \ 7) - \$5,000,000 = 0$ 또는 $PV_{PMT}(PMT, \ 25\%, \ 7) = \$4,538,627$이고 연지급액을 구하면 $PMT_{PV}(\$4,538,627, \ 25\%, \ 7) = \$1,435,757$

이제 이 영업현금흐름 금액에 대한 연 기준 매출단위를 측정해야 한다. 계산 결과 손익분기 매출수량(*Q*)의 값은 연 4,181단위가 된다.

$$현금흐름 = 순이익 + 감가상각$$
$$= 0.6 \times (1,250Q - 3,500,000) + 400,000 = 1,435,757$$
$$Q = \frac{5,226,262}{1,250} = 연\ 4,181단위$$

예제 6.6 자동화 설비에 대한 투자안이 매년 $700,000 대신 $650,000만큼 노동비를 절감시킨다고 가정하면 이 투자안은 여전히 투자할 가치가 있겠는가?

검정 첫 번째 세후 증분현금흐름이 어떠한지를 살펴보자.

	투자 미실행	투자 실행	투자로 인한 차이
매출액	$5,000,000	$5,000,000	0
노동비	1,000,000	350,000	−650,000
기타 현금비용	2,000,000	2,000,000	0
감가상각비	1,000,000	1,400,000	400,000
세전 이익	1,000,000	1,250,000	250,000
소득세(세율 : 33.33%)	333,333	416,667	83,334
세후 이익	666,667	833,333	166,666
순현금흐름(세후 이익+감가상각비)	1,666,667	2,233,333	566,666

만일 노동비를 $650,000밖에 절감시키지 못한다면, 1~5년 동안 증분 순현금흐름은 단지 $566,666밖에 되지 않는다. 달리 말하면, 증분 순현금흐름이 $33,333[(1−세율)×세전 노동비 절감액의 변화분]만큼 감소한 것이다. 하지만 프로젝트의 *NPV*는 여전히 양(+)이다.

$$PV_{PMT}(\$566,666,\ 10\%,\ 5) = \$2,148,110$$

$$NPV = \$2,148,110 - \$2,000,000 = \$148,110$$

예제 6.7 $2,000,000 비용의 투자안보다 $4,000,000 비용의 투자안이 더 선호되기 위해서는 잔존기간이 얼마여야 하는가?

검정 첫 번째 투자안에 대한 매년 연기준자본비용 $527,595를 충족시키기 위해 두 번째 투자안의 잔존기간은 14.89년 동안 지속되어야 한다. 우리는 재무계산기를 이용하여 다음과 같이 잔존기간을 구할 수 있다.

n	i	PV	FV	PMT	결과
?	10	−4,000,000	0	527,595	n=14.89년

또는 다음을 통해 n을 구한다.

$$PV_{PMT}(\$527,595,\ 10\%,\ n) = \$4,000,000$$

따라서 첫 번째 투자안보다 선호되기 위해서 두 번째 투자안의 경제적 수명은 14.89년보다 더 오래 지속되어야 한다.

예제 6.8 주차장 투자안의 순현가가 사무용 빌딩의 순현가와 동일하게 되기 위해 그 규모가 얼마나 커야 하겠는가?

검정 $10,000를 투자하는 주차장 투자안은 $56,667의 *NPV*를 갖는다. 그리고 사무용 빌딩 투자안은 $869,565의 *NPV*를 갖는다. 주차장 투자안이 $869,565의 *NPV*를 가지게 되는 규모를 구하기 위해 다음과 같이 풀 수 있다.

$$규모 = \$869,565/\$56,667 = 15.345$$

연 15%의 자본비용으로 빌딩 투자안보다 더 큰 *NPV*를 가지기 위해서는 주차장 투자안의 규모를 15배 이상으로 증가시켜야 한다.

예제 6.9 6% 대신 8%의 기대 인플레이션을 가정하고 위 투자안을 분석해 보라.

검정

연도	실질 현금흐름	명목 현금흐름(8% 인플레이션)
1	$600,000	$648,000
2	600,000	699,840
3	600,000	755,827
4	600,000	816,293
5	600,000	881,597

$$NPV(k=18.8\%) = \sum_{t=1}^{5} \frac{\$600,000(1.08)^t}{(1.188)^t} - \$2,000,000 = \$274,472$$

명목자본비용 $= 1.1 \times 1.08 - 1 = 0.188$ 또는 18.8%

연습문제

순현재가치 투자법

1. 당신의 회사는 다음과 같은 미래의 세후 순현금흐름을 가지는 두 가지 투자안을 고려하고 있다.

연도	투자안 A	투자안 B
1	$1,000,000	$5,000,000
2	2,000,000	4,000,000
3	3,000,000	3,000,000
4	4,000,000	2,000,000
5	5,000,000	1,000,000

두 투자안의 자본비용은 10%로 동일하다. 두 투자안 모두 초기 투자비용이 $10,000,000라고 한다면 어떤 투자안이 보다 바람직하겠는가?

2. 만약 1번 문제에서 자본비용이 변화할 경우에 우선순위가 바뀔 수 있는가?

3. 당신은 졸업 후 소비재를 생산하는 회사에서 생산관리직으로 일하려 하고 있다. 계약

기간은 4년이며, 고용계약에는 다음 사항이 포함되어 있다.

- 정착지원금 $5,000
- 연임금 $55,000
- 연 목표 달성 시 보너스 $10,000
- 당신의 팀이 그해의 정해진 시장점유율을 달성했을 경우 연 $15,000의 추가보너스

  당신이 보너스를 받을 가능성을 65%, 추가보너스를 받을 가능성을 75%로 예상하고 있다. 연 실효이자율은 8.5%이다. 고용계약의 현재가치는 얼마인가?

4. (주)평패션은 올해의 순현금유입이 $100,000가 될 것이라 예상하고 있다. 그리고 할인율은 연 15%이다. 다음 물음에 답하라.

   a. 만약 올해와 같은 순현금유입이 영구히 지속된다고 할 때 현재가치는 얼마인가?

   b. 순현금유입이 매년 5%씩 증가하여 영구히 지속된다면 현재가치는 얼마인가?

   c. 순현금유입이 매년 5%씩 감소하여 영구히 지속된다면 현재가치는 얼마인가?

투자안의 현금흐름 측정

5. 어떤 기업이 기계장비에 $10,000,000를 투자하는 것을 고려하고 있다. 이 장비는 4년의 내용연수를 가지며 매년 $4,000,000의 노동비를 절감시킬 것으로 예상된다. 기업은 회계이익의 40%를 세율로 적용받으며 감가상각은 정액법을 사용한다. 첫해부터 4년 후까지 투자의 세후현금흐름은 얼마가 되겠는가? 할인율이 15%라면 이 투자는 가치가 있는가? 투자안의 *IRR*과 *NPV*는 얼마인가?

6. Hu's Software Design, Inc.는 4년의 경제적 수명을 가지고 있으며 잔존가치는 없을 것으로 기대되는 컴퓨터의 구입을 고려 중이다. 컴퓨터의 구입비용은 $80,000이고 정액법을 이용하여 감가상각될 것이다. 컴퓨터는 첫해 $35,000의 비용을 절감시키고 그 후 −5%의 성장률로 비용을 절감시킬 것으로 예상된다. 또한 $7,000의 순운전자본을 줄일 것이다. 기업의 세율은 35%이고 적절한 할인율은 14%이다. 컴퓨터를 구입하는 경우에 기업의 증분되는 가치는 얼마인가?

7. Leather Goods Inc.는 지갑 생산라인을 확장시키기 원한다. 기업은 매년 50,000개의 생산을 고려하고 있다. 지갑 한 개의 가격은 첫 번째 해에 $15이고, 그 가격이 매년 3%씩 증가할 것으로 예상된다. 변동비는 개당 $10이며 매년 5%씩 증가할 것이다. 기계의 구입비용은 $400,000이고, 5년의 경제적 수명을 가지게 될 것이다. 기계는 정액법을 사용하여 감가상각될 것이며, 잔존가치는 없다. 할인율은 15%이고 기업의 세율은 34%

이다. 이 투자안의 *NPV*는 얼마인가?

8. Steiness Danish Ham, Inc.는 5년의 경제적 수명을 가진 기계의 구입을 고려하고 있다. 기계의 비용은 1,242,000크론이고 5년 동안 정액법을 사용하여 감가상각될 것이다. 5년 후에 기계는 138,000크론에 팔릴 것으로 예상된다. 새 기계는 매년 345,000크론의 노동비를 절감시킬 것으로 예상된다. 게다가 기계는 높은 수율을 가지고 있어서 원료 재고를 감소시킬 수 있고, 이는 순운전자본을 172,500크론 절감시킬 것이다. 그러나 5년 후에 이 순운전자본의 감소분은 복구될 것이다. 기업의 세율이 34%이고 할인율이 12%라면, 투자안의 *NPV*는 얼마인가?

자본비용

9. 자본예산은 기업이 투자결정을 하는 데 사용되는 정형화된 분석 방법이다. 여기에는 적절한 자본비용이 반드시 고려되어야 한다.

   …이는 기업이 발행한 주식이나 채권 등, 증권의 위험이 아닌 프로젝트의 현금흐름에 대한 위험을 고려해야 한다.

   위의 단락을 기업의 대차대조표 관점에서 분석해 보라.

민감도 분석

10. Tax-Less Software Corporation은 새로운 세금회계 소프트웨어의 생산을 위한 설비에 $400,000의 투자를 고려하고 있다. 이 설비는 4년의 기대수명을 가진다. 매출은 단위당 $20의 가격으로 매년 60,000단위가 예상된다. 감가상각비를 제외한 고정비는 연 $200,000이고 단위당 변동비는 $12이다. 장비는 4년 동안 정액법을 이용하여 감가상각되며, 잔존가치는 없다. 운전자본은 연 매출액의 1/12로 예측된다. 이 프로젝트에 주주들의 요구수익률은 연 15%이고, 기업은 34%의 세금을 지불해야 한다. 투자안의 *NPV*는 얼마인가? 또한 손익분기점 판매량은 얼마인가?

11. Pepe's Ski Shop은 스키 신발의 사출장비 교체를 고려하고 있다. 낡은 기계는 완전히 감가상각되었으나 현재 $2,000의 시장가치를 가지고 있다. 새 기계는 $25,000이고, 10년의 내용연수를 가지고 있으며, 10년 후에는 어떤 가치도 없을 것으로 예상된다. 새 기계는 잔존가치가 없다고 가정하여 정액법으로 감가상각될 것이다. 새 기계는 매년 $10,000의 수익을 증가시키고, 감가상각을 제외한 $3,000의 비용 증가를 가져

올 것이다.

    a. 새 기계로 교체함으로써 실현되는 추가적인 세후 순현금흐름은 얼마인가? (모든 수익에 50%의 세율이 적용된다. 즉 낡은 기계를 팔아서 생기는 자본이득에 대한 세율도 50%이다.) 시간선을 그리라.

    b. 이 투자안의 *IRR*은 얼마인가?

    c. 자본비용이 12%일 때, 현금흐름의 순현재가치는 얼마인가?

    d. 자본비용이 12%일 때, 이 투자안은 가치가 있는가?

12. Saunder's Sportswear, Inc.는 운동복의 생산라인 확장을 계획하고 있다. 이 투자는 $8,000,000의 초기투자 비용이 필요할 것이다. 이 투자는 4년간 정액법으로 감가상각 되고 잔존가치는 없다. 기업의 세율은 35%이다. 운동복의 가격은 개당 $30이고 그 후 연 4%씩 가격이 인상될 것이다. 단위당 생산비용은 첫해 $5이며 그 후 연 3%씩 증가 될 것이다(노동비 제외). 노동비는 첫해 시간당 $10가 될 것이다. 그 이후에는 매년 연 3.5%씩 증가될 것이다. 수익과 비용은 연말에 실현되고, 할인율은 12%이다. 다음 추가적인 자료를 이용하여 투자안의 *NPV*를 계산하라.

	연도 1	연도 2	연도 3	연도 4
판매수량	50,000	100,000	125,000	100,000
노동시간	20,800	20,800	20,800	20,800

13. PCs Forever는 개인 컴퓨터를 생산하는 기업이다. 지난 2년간 생산설비를 총가동하여 운영해 왔다. 기업은 생산능력을 확장시킬 투자안을 고려 중이다. 그 투자안은 $1,000,000의 초기현금유출을 필요로 하는데, 4년의 내용연수를 가진 $800,000의 새 장비와 $200,000의 추가적 운전자본이 그것이다. PCs의 단위당 판매가격은 $1,800이 고 제안된 확장의 결과로 매년 매출은 1,000단위가 증가될 것으로 예상된다. 연 고정 비(새 장비의 감가상각을 제외)는 $100,000가 증가할 것이고, 변동비는 단위당 $1,400 이다. 새 장비는 4년간 정액법으로 감가상각되며 잔존가치는 없다. 투자안의 할인율 은 12%이고, 세율은 40%이다.

    a. 이 투자안의 회계적 손익분기점은 얼마인가?

    b. 투자안의 *NPV*는 얼마인가?

    c. *NPV*가 0이 되는 판매량은 무엇인가?

14. Healthy Hopes Hospital Supply Corporation은 일회용 기저귀를 생산하는 새로운 공

장을 짓기 위해 $500,000의 투자를 고려하고 있다. 이 공장은 4년의 수명을 가진 것으로 예상된다. 매출은 단위당 $2의 가격으로 연간 600,000단위가 될 것이라 예상된다. 감가상각비를 제외한 고정비는 $200,000이고 단위당 변동비는 $1.2이다. 공장은 4년 동안 정액법을 이용하여 상각되며 잔존가치는 없다. 이 투자의 할인율은 15%이며, 34%의 세금이 적용된다.

a. 회계적 이익이 0이 되는 판매량은 얼마인가?

b. $500,000의 투자에 15%의 세후 회계이익을 가져다주는 판매량은 얼마인가?

c. 기대판매량이 연간 600,000단위일 때 *IRR*, *NPV*, 회수기간은 얼마인가?

d. 0의 *NPV*를 가져다주는 판매량은 무엇인가?

비용절감 투자안 분석

15. 다음 현금흐름 중 *NPV* 계산 시 고려되어야 하는 증분현금 흐름을 고르라.

a. 회사의 새 제품을 생산하기 위한 설비 교체로 인한 낡은 설비의 판매

b. 곧 생산될 신상품에 대하여 과거에 집행되었던 연구개발비

c. 순이익에서 지급된 배당금에서 새로운 프로젝트가 공헌한 부분

d. 투자안을 위해 새로이 구입된 장비

e. 투자안을 위해 새로이 구입된 장비의 감가상각비

f. 시작 당시 $10,000,000, 1년 후 $12,000,000, 2년 후 $5,000,000의 순운전자본 지출

g. 신제품이 도입된 이후 사용하게 된 회사소유 창고의 잠재적 임대료(창고는 사용되고 있지 않았고, 그동안 임대료 수익도 없었음)

16. 부동산 회사는 $1,000,000의 빌딩을 구입하였다. 이 빌딩의 경제적 수명은 30년이고 정액법을 이용하여 30년 동안 완전히 감가상각될 것이다. 할인율은 14%이고 법인세는 35%이다. 인플레이션은 없다고 가정하자. 회사가 요구할 수 있는 최소 리스료는 얼마인가? 리스료 지급은 즉시 이루어진다고 가정하자.

17. 당신은 기업의 재무부서에 일하고 있으며, 한 투자안을 평가하려 한다. 다음의 표에 나타나 있는 미래 재무흐름을 예측하였으며, 다음을 계산하려고 한다.

a. 투자안의 증분현금흐름

b. 할인율이 15%일 때의 프로젝트 *NPV*

기업의 세율은 34%이고, 단위는 천이다.

	연도 0	연도 1	연도 2	연도 3	연도 4	연도 5
매출액		10,000	10,000	10,000	10,000	10,000
영업비용		3,000	3,000	3,000	3,000	3,000
투자금액	17,500					
감가상각		3,500	3,500	3,500	3,500	3,500
순운전자본	300	350	400	300	200	0

서로 다른 투자기간을 지니는 투자안들

18. 볼링장을 소유한 당신은 핀세터를 교체하려 한다. 장비 공급자는 $12,000의 일반모델 과 $15,000의 고급모델을 추천해 주었다. 일반모델의 수명은 10년이다. 두 모델의 동 작특징과 유지비용은 동일하다. 고급모델이 선호될 수 있도록 하는 고급모델의 수명 은 몇 년이겠는가? 자본비용은 10%이다.

19. 6번 문제에서 Hu's Software Design, Inc.는 두 컴퓨터 시스템 중 하나를 선택할 수 있다. 첫 번째 것은 $80,000이고 4년의 경제적 수명을 가질 것이며 매년 유지비용은 $10,000이다. 다른 대안의 비용은 $135,000이고 6년의 경제적 수명을 가질 것이며 매 년 유지비용은 $13,000이다. 두 대안은 정액법을 사용하여 완전히 감가상각되고, 어 떤 컴퓨터 시스템도 잔존가치를 가지고 있지 않을 것이다. 매년 기준으로 발생되는 비용절감은 동일할 것으로 예상되며 회사는 감가상각비에서 세금절감이 나타나 충분 한 이익을 발생할 것으로 기대한다. 할인율은 11%이고 기업 세율은 35%이다. 어떤 컴퓨터 시스템을 선택해야 하겠는가?

20. Electricity, Inc.는 두 종류의 장비 중 하나를 선택하려 한다. 첫 번째 선택의 비용은 $500,000이고 5년간 지속될 것이다. 정액법을 이용하여 감가상각될 것이고 잔존가치 는 없다. 그리고 매년 $50,000의 유지비용이 지출될 것이다. 두 번째 선택의 비용은 $600,000이고 8년간 지속될 것이다. 역시 정액법을 이용하여 감가상각될 것이고 잔존 가치는 없다. 이 기계는 매년 $55,000의 유지비용이 지출될 것이다. 할인율은 11%이 고 세율은 35%이다. 어떤 기계가 선택되어야 하는가? 그리고 그 선택은 어떤 가정을 기초로 하는가?

21. 이전 문제를 참조하라. Electricity, Inc.는 같은 선택에 직면해 있다. 그러나 지금 회사 는 9년 뒤 새로운 기술이 산업에 소개될 것을 예상한다. 새로운 기술은 상당히 비용효 율적이기 때문에 기업이 9년 말에 오늘 결정한 선택을 다시 돌려 놓을 것이다. 다른

정보는 문제 20번에서 설명한 것과 동일하다. 어떤 선택이 결정되어야 하는가?

22. Kitchen Supplies, Inc.는 회사의 잔존가치가 없는 기계를 대체해야만 한다. 회사는 두 모델 중 하나를 선택해야 한다. 첫 번째 기계는 5년 동안 사용되며 비용은 $300,000 이다. 이 기계는 매년 $50,000의 비용절감을 발생시킬 것이며, 매년 유지비용은 $20,000가 될 것이다. 이 기계는 정액법을 이용하여 완전히 감가상각될 것이고 잔존 가치는 남지 않을 것이다. 두 번째 기계는 7년간 사용되며 비용은 $600,000이다. 이 기계는 매년 $70,000의 비용절감을 발생시킬 것이고, 매년 유지비용은 $15,000가 될 것이다. 또한 이 기계도 정액법을 이용하여 완전히 감가상각될 것이다. 하지만 7년 말에 $60,000의 잔존가치를 가질 것으로 예상된다. 두 모델에서 발생되는 수익은 같을 것으로 예상된다. 매년 세율은 35%이고 자본비용은 10%이다. 회사는 어떤 기계를 구입해야 하는가?

상호 배타적인 투자안들의 순위 결정

23. 아래 표는 상호 배타적인 세 가지 투자안의 세후 현금흐름을 나타내고 있다.

연도	투자안 1	투자안 2	투자안 3
1	$0	$2,000	$4,000
2	$2,500	$2,000	$4,000
3	$10,000	$8,000	$4,000

투자안들은 모두 $10,000의 초기투자를 필요로 한다. 자본비용이 8%라면 어떤 투자 안이 선택되어야 하는가? 자본비용이 10%라면 어떻게 되겠는가?

24. 도전 과제 : 당신의 회사는 다음과 같은 세후 현금흐름이 예상되는 투자안들을 두고 고민 중이다.

연도	투자안 1	투자안 2
1	$0	$2,000
2	$2,500	$2,00

두 투자안은 모두 $2,000의 초기투자를 필요로 하고, 동일한 자본비용을 갖고 있다.

1) 두 투자안이 동시에 시행된다고 가정하자. 자본비용이 변화함에 따라 투자결정은

어떻게 변화되는가?

2) 두 투자안이 상호 배타적이라 가정하자. 자본비용이 변화함에 따라 투자결정은 어떻게 변화되는가?

(힌트 : 투자안의 *IRR*과 자본비용이 0%, 5%, 10%, 15%일 때의 *NPV*를 구하라)

인플레이션과 자본예산

25. 피너티의 Brew Pub는 새로운 생맥주기계의 구입을 고려하고 있다. 새로운 기계의 비용은 $65,000이고 10년 동안 감가상각될 것이다. 그리고 기계는 10년 후에 어떤 가치도 없을 것으로 예상된다. 새 기계는 첫해 $30,000의 매출을 증가시키고, 그 후 매년 3%의 인플레이션율로 매출이 증가될 것이 예상된다. 생산비는 첫해 $15,000가 될 것이 예상되고, 또한 인플레이션율로 증가할 것이 예상된다. 실질 할인율은 12%이고, 명목 무위험 이자율은 6%이다. 기업 세율은 34%이다. 피너티 씨는 기계를 구입해야 하는가?

26. 당신은 Wigit, Inc.의 재무분석가이다. 그리고 당신은 두 가지 상호 배타적인 투자안을 검토하고 있다. 불행하게도 투자안 1의 숫자는 명목금액으로 표시되었고, 투자안 2의 숫자는 실질금액으로 표시되었다. 두 투자안에 대한 명목 할인율은 17%이고, 인플레이션율은 3%으로 예상된다.

a. 어떤 투자안이 선택되어야 하는가?

b. 당신은 실질금액으로 프로젝트를 평가할 경우에 감가상각의 절세효과를 반영하는 데 문제가 있을 것이라 염려하고 있다. 어떤 문제가 있겠는가?

	투자안 1	투자안 2
0	-$100,000	-$90,000
1	30,000	25,000
2	60,000	55,000
3	75,000	80,000

27. 도전 과제 : Wigit, Inc.에서 당신의 다음 업무는 4년간 지속될 것으로 예상되는 투자안의 *NPV*를 측정하는 것이다. 초기 투자비용은 $400,000이고, 4년 동안 정액법으로 감가상각될 것이다. 4년 말에 초기투자의 일부분인 장비의 일부를 $35,000(명목금액)에 팔 수 있을 것이라 예측된다. 실질금액으로 첫해의 수익은 $225,000가 될 것으로 예

상된다. 첫해에 발생되는 비용은 다음과 같다. 첫해에 (1) 부품비로 $25,000(실질금액), (2) 노무비 $60,000(실질금액), (3) 기타 비용 $30,000(실질금액)이다. 수익과 비용의 성장률은 다음과 같다. (1) 수익은 5%의 실질 성장률, (2) 부품비용은 0%의 실질 성장률, (3) 노무비는 2%의 실질 성장률, (4) 둘째 해와 셋째 해에 가타 비용은 1%의 실질 성장률을 가질 것이고, 남은 2년간 −1%의 성장률을 가질 것이다. 0년부터 4년까지 순운전자본에서 실제 변화는 (1) −$20,000, (2) −$30,000, (3) −$10,000, (4) $20,000, (5) $40,000이다. 실질 할인율은 9.5%이고, 인플레이션율은 3%이다. 세율은 35%이다.

28. Patriots Foundry(PF)는 Paul Revere의 기념상을 생산하는 새로운 생산라인에 대한 투자안을 고려 중이다. 이 투자안은 $40,000짜리 기계를 구입해야 한다. 이 새로운 기계는 2년의 내용연수를 가지며 2년 후 어떤 가치도 가지지 않을 것이다. *PF*는 기계를 정액법으로 감가상각시킬 것이다. 기업은 기념상을 개당 $10의 가격으로 매년 3,000개씩 판매할 것을 예상하고 있다. 고정비는 매년 $2,000(감가상각비 제외)이고, 개당 변동비는 $1이다. PF의 자본비용은 10%이다. 모든 수치는 인플레이션이 없다고 가정하였다. 세율은 40%이다.

  a. 매년의 기대미래현금흐름은 얼마인가?

  b. 이 투자안에 기대되는 순현재가치는 얼마인가? 이 투자안에 착수하는 것은 가치 있는가?

  c. *NPV* 손익분기량은 몇 개인가?

  이제 다음 매 2년 동안 6%의 인플레이션을 가정하자. 수익과 비상각 비용은 인플레이션율로 증가한다. 실질자본비용은 10%로 유지된다고 가정하자.

  d. 매년의 기대명목현금흐름은 얼마인가?

  e. 이 투자의 순현재가치는 얼마인가? 그리고 이 투자안은 지금 착수하기에 가치가 있는가?

  f. 인플레이션이 상승했을 때 투자안의 *NPV*는 왜 감소하는가?

29. 살레스 씨는 로맨틱한 그리스의 섬들과 이탈리아 외곽지역을 안내하는 여행을 제공하는 벤처사업을 고려하고 있다. 그리고 살레스 씨는 4년 후에 은퇴하려 한다. 컴퓨터와 전화시스템에 필요한 초기 투자비용은 $50,000가 될 것이다. 이 투자는 정액법으로 감가상각될 것이며 잔존가치는 없을 것으로 예상된다. 기업 세율은 35%이다. 각 여행상품의 가격은 개인당 $5,000이고, 가격은 실질금액에 있어 똑같이 유지될 것이

다. 살레스 씨는 자신에게 시간당 $50를 지불할 것이고 실질금액으로 매년 5%의 봉급인상을 예상한다. 여행 동안 고객관리비용은 $3,500이고 실질금액으로 이 비용은 매년 3%씩 증가될 것으로 예상된다. 모든 수익과 비용은 연말에 발생한다고 가정하자. 무위험 명목이자율은 6%이고 비용과 수익에 대한 실질 할인율은 9%이다. 다음 추가적인 자료를 이용하여 투자안의 NPV를 계산하라.

	연도 1	연도 2	연도 3	연도 4
고객 수	100	115	130	140
노동시간	2,080	2,080	2,080	2,080

30. Germanos Tree 농장의 주인인 카미유는 과거 울창했던 삼나무 숲을 되살리려는 정부의 노력을 지원하기 위해 정부에 삼나무 묘목을 공급하는 계약을 맺었다. 그 투자안은 영구적으로 계속될 것이라 기대된다. 첫해 말에 다음 명목 현금흐름과 증분 현금흐름이 기대된다.

수익	$125,000
노무비	$65,000
기타 비용	$45,000

카미유는 묘목을 운송하기 위해 항공화물운송 회사와 계약을 맺었다. 이 계약은 매년 명목금액으로 $35,000의 고정된 금액을 지불한다. 첫 지불일은 첫해 말이다. 수익은 실질금액으로 매년 4% 증가할 것이 예상된다. 노무비는 매년 3%씩 증가할 것이 예상되고, 기타 비용은 매년 0.5%씩 감소될 것이 예상된다. 수익과 비용에 대한 실질 할인율은 8%이고 인플레이션율은 3.5%로 예상된다. 세금은 없고 모든 현금흐름은 연말에 일어난다. 이 계약의 NPV는 얼마인가?

03

가치평가 모형

07

시장 가치평가의 원칙

많은 재무의사결정은 결국 자산의 가치가 얼마나 되는지를 산출해 내는 것이다. 예를 들어 채권이나 주식과 같은 증권이나 사업기회 중에서 어느 쪽에 투자할 것인가를 결정할 때, 요구되는 가격이 다른 투자기회에 비해서 상대적으로 높은지, 낮은지를 고려해야 한다. 또한 때로는 투자의사결정뿐만 아니라 자산의 가치를 계산해야 하는 상황도 존재한다. 예를 들면, 지방정부의 세금 부과자가 당신의 집에 $500,000의 재산세를 부과했다고 가정하자. 이것은 너무 높게 평가된 것인가, 아니면 너무 낮게 평가된 것인가? 혹은 당신과 당신의 형제가 약간의 재산을 물려받았고, 그것을 당신 나름대로 공평하게 나누기로 결정했다고 하자. 당신은 그 재산의 가치가 얼마인지 어떻게 측정할 것인가?

자산의 가치평가란 자산의 가치가 얼마인가를 측정하는 과정이고, 그것은 세 가지의 재무관리 핵심 내용 중에서 두 번째 부분에 해당된다(나머지 두 분야는 화폐의 시간가치 측정과 위험 관리이다). 자산의 가치평가는 대부분의 재무의사결정의 핵심에 해당된다. 기업에 있어 기업가치의 극대화(주주 부의 극대화)는 경영의 주요 목표가 된다. 일반 가계에서도 마찬가지로 많은 재무의사결정이 가치를 극대화하는 대안을 선택하는 것을 의미한다. 제7장에서는 자산 가치평가의 원칙을 설명하고, 제8장과 제9장에서는 이러한 원칙을 적용하는 다양한 기술적 방법을 알아볼 것이다.

모든 가치평가 과정의 핵심은 자산이 얼마의 가치를 지니고 있는가를 측정하는 것이고, 우리가 가격을 알고 있는 하나 혹은 그 이상의 비교 가능한 자산에 대한 정보를 이용해서 가치평가를 수행하는 것이다. 일물일가의 법칙에 의하면 동일한 모든 자산은 가격이 같아야 한다. 제8장에서는 일물일가의 법칙을 통해 다른 채권이나 증권의 현금흐름과 가격을 이용해서 어떻게 자산의 가격을 계산하는가를 설명할 것이다. 제9장에서는 현금흐름할인법을 사용하여 주식의 가치를 측정하는 방법을 설명한다.

7.1 자산의 가치와 가격의 관계

이 장에서 우리는 완전경쟁 시장에서 투자자들이 충분한 정보를 바탕으로, 어느 자산에 지불하는 가격을 그 자산의 **본질적 가치**(fundamental value)라고 정의한다.

자산의 시장 가격과 기본적인 가치 사이에는 일시적인 차이가 발생할 수 있다. 증권 분석가들은 다양한 기업에 대해 연구를 하며 본질적 가치보다 낮은 가격의 주식을 매입하고, 본질적 가치보다 높은 가격의 주식에 대한 매도추천을 주 업무로 수행하고 있다.

그러나 대부분의 재무의사결정에서는 경쟁적인 시장에서 거래되는 자산의 가격이 자산의 가치를 정확히 반영한다고 가정하는 것이 일반적이다. 우리가 앞으로 살펴볼 것처럼 이러한 가정은 일반적으로 정당화될 수 있다. 왜냐하면 가격이 잘못 설정된 자산을 찾아다니면서 시장 가격과 자산의 기본적 가치의 불일치를 제거함으로써 이익을 보는 전문가들이 시장에는 많이 존재하기 때문이다.

7.2 가치극대화 및 재무의사결정

많은 경우에 개인의 재무의사결정이 개인의 소비 혹은 위험에 대한 선호를 특별히 고려하지 않으면서 가치를 극대화하는 대안을 선택하는 것으로 수행될 수 있다. 간단한 예를 들어 보면, 오늘 $100를 벌 수 있는 대안 A와 오늘 $95를 얻을 수 있는 대안 B 중에서 하나를 선택하는 것을 생각해 보자.

위험선호와 미래 기대값을 전혀 모르는 타인이 이 중에서 선택을 해야만 한다고 가정해 보자. 만약 두 개의 대안이 다른 점에서 모두 동일하다면, 망설이지 않고 당연히 A가 B보다 더 낫다고 판단할 것이다.

이와 같이 단순하고 간단한 재무의사결정은 현실에서 거의 찾아볼 수 없다. 이제 매우 위험성이 높은 주식의 보유와 무위험 채권 중에서 하나를 공짜로 선택해야 한다고 가정하자. 주식에 대해 문외한이라면 위험을 감수하기를 기피하고 미래의 주식 가격에 대해 비관적일 것이다. 현재 주식의 시장 가격이 $100이고, 채권의 시장 가격은 $95이다.

주식에 문외한인 사람은 위험 감수를 기피하고 미래의 주식 가격에 대해 비관적일 것이기 때문에 아마도 채권을 선택하리라고 추측할 것이다. 그러나 그가 안전한 채권에 투자하기를 원할지라도, 주식을 선택해야만 한다.

왜 그럴까?

해답은, 주식을 $100에 팔고 나서 채권을 $95에 살 수 있기 때문이다. 주식 거래 수수료를 포함한 증권을 사고 팔 때의 거래 비용이 $5보다 작은 이상 그는 주식을 선택할 것이다. 이 단순한 예는 두 가지 중요한 점을 시사한다.

1. 재무의사결정은 위험선호나 미래에 대한 기대에 상관없이 순수하게 가치극대화의 기준에만 근거하여 합리적으로 이루어질 수 있다.
2. 금융자산이 거래되는 시장은 자산을 평가하기 위해 필요한 정보를 제공한다.

소유주가 가치극대화를 기준으로 하여 재무의사결정을 하는 것처럼 기업도 마찬가지이다. 수많은 주주들로 구성된 기업의 경영자들도 자본예산, 자금조달, 위험관리에 대한 의사결정을 어떻게 해야 하는가의 문제에 직면해 있다. 그들은 주주에 의해 고용되었기 때문에, 그들의 업무는 주주의 이익을 최대로 하는 의사결정을 하는 것이다. 하지만 대기업의 경영자들은 대부분의 주주가 누구인지조차 모르고 있다.[1]

그러므로 기업의 경영자들은 개별 주주들 스스로가 의사결정을 내렸을 때 선택할 결정과 동일한 의사결정을 할 수 있는 방법을 찾을 것이다. 경제이론이나 일반상식 모두 기업의 재무의사결정에 대한 다음의 규칙을 따르기를 제안하고 있다. 현재 주주의 부를 극대화하는 투자안을 선택하는 것. 실질적으로는 모든 주주가 그것에 동의하고, 그래서 주주의 선호에 대한 정보 없이도 재무의사결정이 실행될 수 있어야 한다.

의사결정자들은 어떻게 자산의 가치와 그들이 선택할 수 있는 투자 기회의 가치를 측정할 수 있는가? 몇몇 사례에서 보면, 의사결정자들은 신문이나 컴퓨터 스크린에서 자산의 시장 가격을 찾을 수 있다. 하지만 몇몇 자산은 어떠한 시장에서도 거래되지 않기 때문에 우리는 그 자산들의 가격을 모른다. 그러한 경우 대안을 비교하기 위해, 우리는 그것들이 시장에서 거래된다면 가치가 얼마나 되는지를 알아내야 한다.

이러한 경우 자산 가치평가의 핵심은 현재 가격을 알 수 있는 비교자산의 정보를 이용하여 해당 자산의 가치를 측정하는 것이다. 이러한 가치평가의 성공 여부는 유용한 정보가 풍부하게 존재하는가에 달려 있다. 만약 우리가 측정할 자산과 실질적으로 동일한 자산의 가격을 알고 있다면, 일물일가의 법칙을 적용할 수 있다.

| 예제 7.1 |

당신이 입상을 하여, 오페라에 갈 티켓과 야구장에 갈 티켓 중 하나를 상으로 선택한다고 하자. 오페라 티켓은 $100이고, 야구경기 관람티켓은 $25이다. 당신은 오페라보다 야구경기 관람을 더 좋아한다고 가정한다면, 당신은 어떤 티켓을 선택하겠는가?

7.3 일물일가의 법칙과 차익거래

일물일가의 법칙(Law of One Price)이란 만약 두 자산이 동등하다면, 경쟁 시장에서 그들은 같은 시장 가격을 가지게 된다는 것이다. 일물일가의 법칙은 가격의 차이로부터 확실한 이득을 벌어들이기 위해 동등한 자산을 구매 즉시 판매하는 **차익거래**(arbitrage)라고 불리는 시장의 힘에 의해서 성립된다.

금을 예로 들어서 차익거래가 어떻게 작용하는지를 설명하겠다. 수천 년 동안, 금은

---

[1] 회사의 주주는 매일 바뀌기 때문이다.

가치의 저장과 교환의 수단으로 널리 사용되어 왔다. 우리가 금의 가격을 이야기할 때는 보통 표준 품질의 1온스짜리 금의 가격을 말하는 것이다.

다음의 예를 생각해 보자. 뉴욕에서 온스당 $800인 금의 가격은 로스앤젤레스에서는 얼마일까?

해답은 온스당 약 $800라는 것이다. 왜 그런가 보기 위해, 로스앤젤레스에서의 금 가격이 온스당 $800와 차이가 많이 난다면 어떤 결과가 발생하는지를 살펴보자.

예를 들어, 로스앤젤레스에서의 금 가격이 $750밖에 하지 않는다고 가정하자. 로스앤젤레스에서 금을 사서 뉴욕에서 파는 비용이 얼마일까를 고려해 보자. 비용에는 수송, 저장, 보험, 중개 수수료 등이 포함된다. 우리는 그러한 비용을 **거래비용**(transaction costs)이라고 한다. 만약 총거래 비용이 온스당 $50 이하라고 한다면, 로스앤젤레스에서 금을 사서 뉴욕에서 온스당 $800에 팔려고 할 것이다.

거래비용이 온스당 $2라고 하자. 그리고 비행기로 금을 운반하는 데는 하루가 걸린다. 그러면 당신의 이익은 온스당 $48이고, 당신은 싸게 사서 비싸게 파는 셈이 된다. 금이 로스앤젤레스에서 뉴욕으로 가는 도중 뉴욕에서 가격이 떨어지는 것을 방지하기 위해, 로스앤젤레스에서 금을 구매하면서 동시에 판매가격을 $800에 고정시키려고 노력할 것이다. 더군다나 만약 당신이 구매한 금에 대한 지불을 금을 팔 때까지 연기할 수 있다면, 거래 시 당신은 어떠한 금액도 지불할 필요가 없게 된다. 만약 당신이 이 두 가지 목적을 달성할 수 있다면, 당신은 무위험 차익거래를 실현하는 것이다.

만약 뉴욕과 로스앤젤레스의 금 가격 사이에 이러한 불일치가 계속됐을 때, 당신이 차익거래를 발견한 첫 번째, 혹은 그 거래를 하고자 하는 유일한 사람이 되기를 기대하는 것은 불가능한 일이다. 오히려 매일 금을 사고 파는 업무에 종사하고 있는 금 딜러가 먼저 가격의 불일치를 발견할 가능성이 높을 것이다(이것을 발견한 첫 번째 딜러는 로스앤젤레스에서 이 가격으로 최대한 많은 양의 금을 사려고 혈안이 될 것이다).

금 딜러뿐만 아니라 여러 시장에서 금의 가격을 비교하여 가격의 괴리가 충분한 경우를 찾아다니는 **차익거래자**(arbitrageurs)들도 시장에 존재한다. 차익거래자들은 단순히 금뿐만 아니라, 다양한 자산시장에서 적극적으로 이러한 기회를 찾아다닌다.

어떠한 그룹이 사고 파는 행위를 하는가에 관계없이 로스앤젤레스에서 다량의 금을 사서 이것을 뉴욕에서 파는 행위는 로스앤젤레스의 금 가격을 높이고 뉴욕의 금 가격을 낮춘다. 차익거래는 로스앤젤레스에서의 금 가격과 뉴욕에서의 금 가격의 차이가 온스당 $2 이내일 때까지 계속된다. 만약 로스앤젤레스의 가격이 뉴욕의 가격보다 높다면(뉴욕

의 금 가격은 온스당 $800인 데 반해 로스앤젤레스 금 가격은 $750라고 한다), 차익거래
는 반대 방향으로 이루어진다. 금 딜러들과 차익거래자들은 가격 차이가 온스당 $2 이하
로 떨어질 때까지 뉴욕에서 금을 사서 로스앤젤레스로 운반해 온다.

이러한 차익거래자의 힘이 로스앤젤레스의 금 시장과 뉴욕의 금 시장 간의 가격차를
상대적으로 작은 범위 내에서 머무르도록 한다. 거래 비용이 낮으면 낮을수록 가격의 차
이도 더욱 줄어들 것이다.

| 예제 7.2 |
만약 시카고에서 은 가격이 온스당 $20이고, 뉴욕으로 운송할 때의 총처리 비용이 $1라고 할 때, 뉴욕의 은
가격이 어떤 범위 내에서 존재해야만 하겠는가?

7.4 차익거래와 금융자산의 가격

거래 비용이 금의 거래 비용보다 훨씬 낮은 상황에 있는 주식과 같은 금융자산이 거래되
는 시장에서 어떻게 일물일가의 법칙이 작용하는지 살펴보자. GM의 주식은 뉴욕 증권거
래소(NYSE)와 런던 증권거래소에서 거래된다. 만약 GM의 주식이 뉴욕 증권거래소에서
는 주당 $54에 거래되고, 동시에 런던 증권거래소에서는 $56에 거래가 된다면, 어떤 현상
이 발생하겠는가?

만약 거래 비용을 무시해도 좋다면, 투자자들은 런던에서 보유하고 있는 주식을 팔고
뉴욕에서 주식을 살 것이다. 이러한 행동은 런던의 주가를 떨어뜨리고, 뉴욕의 주가를 올
리는 방향으로 영향을 미칠 것이다.

차익거래자들은 뉴욕 증권거래소의 GM 주식 100,000주를 총 $5,400,000에 매입하고,
그 즉시 (컴퓨터 키보드를 몇 번 두드리는 것으로) 런던 주식시장에서 $5,600,000에 매도
함으로써 자신의 돈은 하나도 투자하지 않고 확실한 이익을 얻을 수 있었다. 왜냐하면
그들은 뉴욕에서는 단지 $5,400,000에 주식을 샀지만 런던에서 $5,600,000에 되팔아
$200,000의 이익을 남겼기 때문이다.

비록 이러한 일련의 거래 행위가 차익거래자들에게 현금 지출을 요구하지 않지만, 그
들은 이 거래의 결과로 즉각적으로 $200,000의 부를 증가시킬 수 있다.[2] 사실 두 개의 다
른 증권거래소에서 GM의 주가 차이가 유지되는 한, 차익거래자들은 계속해서 이러한 거

---

[2] 그러나 차익거래자들이 뉴욕에서 주식을 신용으로 매입하는 데 충분한 신용도를 가지고 있어야 한다.

래를 통해서 더 많은 부를 축적시킬 수 있고, 무에서 유를 창조할 수 있다.

우리는 이런 차익거래 기회가 오래 유지될 수 없다는 중요한 사실을 인지해야 한다. 사실 그러한 차익거래 기회는 오래 지속될 수 없다. 차익거래자들은 많은 이익을 얻을 수 있는 가격 불일치에 관심을 갖기 때문이다. 모든 차익거래자들이 이와 같이 차익거래 이익을 얻기 위해 경쟁하게 되고, 결국 두 지역의 주가는 하나로 수렴하게 된다.

이러한 단순한 예가 의미하는 것처럼 일물일가의 법칙은 하나의 자산에 대한 서로 다른 두 가격 사이의 관계에 대한 것이다. 그것은 만약 우리가 현재 GM 주가를 알려고 한다면, 뉴욕 증권거래소에서의 GM 주가만을 알면 충분하다는 것이다. 만약 뉴욕 증권거래소에서의 GM 주가가 $54라면, 우리는 런던에서도 GM의 주가가 동일할 것이라고 확신해도 무리가 없을 것을 생각해 보아야 할 것이다.

일물일가의 법칙은 재무이론 중에서 가장 기본적인 가치평가의 원칙이다. 만약 측정된 가격이 일물일가의 법칙에 어긋나는 것으로 판단되었다면, 즉 외관상으로 동일한 자산이 다른 가격에 팔렸다면, 우리가 생각할 수 있는 첫 번째 가능성은 일물일가의 원칙이 성립 안 된다고 생각하지 말고, 대신에 (1) 무엇인가가 완전경쟁 시장의 성립을 방해하고 있거나 혹은 (2) 두 자산 사이에 어떤 (아마도 눈치채지 못할 만한) 경제적 차이점이 있을 것이라는 것을 생각해 봐야 할 것이다.

이것을 이해하기 위해 다음의 예를 생각해 보자. 일반적으로 $1의 지폐는 ¢25 동전 네 개의 가치가 있다. 우리는 $1를 아무런 추가비용 없이 은행이나 소매점, 혹은 우리가 길거리에서 만나는 어떤 사람과도 네 개의 ¢25 동전으로 바꿀 수 있기 때문에 그렇게 알고 있다.

그래도 우리는 $1짜리 지폐가 네 개의 ¢25 동전보다 가치가 떨어질 수 있는 상황을 설정할 수 있다. 당신은 지금 세탁소에 가지 않으면 안 되는 상황이라고 가정하자. 당신은 세탁기 사용을 위해서 두 개의 ¢25 동전이 필요하고, 건조기 사용을 위해서는 한 개의 ¢25 동전이 필요하다. 지금 당신에게는 동전은 없고 $1짜리 지폐만 있다. 만약 당신이 매우 급한 처지이고, 세탁소에는 세 개의 ¢25짜리 동전을 가진 사람이 있다면, 기꺼이 $1를 세 개의 ¢25짜리 동전과 바꾸기로 합의를 할 것이다.

언제 $1가 네 개의 ¢25짜리 동전보다 더 가치가 있겠는가? 아마도 당신이 버스 정류장에 있고 굉장히 갈증을 느낄 때일 것이다. 당신은 동전 사용이 불가능하고 단지 $1 지폐만을 사용할 수 있는 자동 음료수 판매기를 발견하였다고 하자. 그러한 상황하에서 당신은 $1 지폐를 위해 기꺼이 네 개 이상의 ¢25 동전을 지불할 의향이 있을 것이다.

이러한 상황은 일물일가의 법칙에 위배되지 않는다. 왜냐하면 각 예에서 $1 지폐의 가치는 실제로 네 개의 ¢25짜리 동전의 가치와 상황에 따라 다를 수 있기 때문이다. 세탁소에서 $1 지폐는 세탁기와 건조기를 작동시킬 수 없기에 쓸모없는 것이 된다. 버스 정류소에서 ¢25짜리 동전은 자동 판매기를 작동시킬 수 없기에 쓸모없는 것이 된다. 그리고 비록 이 두 상황에 있어 $1 지폐를 ¢25 동전 네 개와 그냥 바꾸어 주는 사람을 만날 수 있다 하더라도 어떤 형태로든지 대가를 지불해야 할 것이다.

다시 말하자면, 완전하게 동일하지 않은 두 자산은 모든 면에서 동일하지는 않다. 예를 들면, 심지어 같은 회사의 두 개의 다른 주식이라도 그들의 일련 번호는 다르다. 그럼에도 불구하고, 우리는 그 두 주식을 같은 가격에 소유하기를 기대한다. 왜냐하면 그것들은 투자자들에게 동일한 가치를 준다는 점(예를 들어, 기대 수익, 위험, 주주 투표권, 시장성 등)에서 같기 때문이다.

| 예제 7.3 |

어떠한 환경하에서 두 개의 ¢25 동전이 서로 다른 가치를 지니겠는가?

7.5 이자율과 일물일가의 법칙

금융시장에서의 경쟁 때문에 동일한 자산의 가격이 같을 뿐만 아니라, 동일한 자산의 이자율까지도 같아야 한다. 예를 들어, 미국 재무성이 1년 만기 국채에 연 4%의 이자를 지불한다고 가정하자. (채무불이행 위험이 없다고 가정하면) 세계은행 같은 주요 기관이 달러로 발행한 1년 만기 채권에 대해서는 얼마의 이자율이 기대되는가?

당신의 대답은 대략 연 4%일 것이다.

왜 그런지 살펴보기 위해 세계은행이 연 4%보다 상당히 낮은 이자율을 제공한다고 가정하자. 전문적인 투자자들은 세계은행에서 발행한 채권을 사지 않을 것이다. 대신 그들은 1년 만기 미 재무성 채권에 투자할 것이다. 그래서 만약 세계은행이 채권을 팔려면, 적어도 미 재무성보다 높은 이자율을 제공해야 한다.

세계은행이 4%보다 높은 이자율을 제공하겠는가? 세계은행이 차입비용을 최소화한다고 가정한다면, 투자자들을 유인하기 위해 필요한 이자율 이상으로 이자를 지불하려 하지 않을 것이다. 그러므로 만기가 1년이고 채무불이행 위험이 없는 차입과 대출에 관련된 이자율은 만기 1년의 미 재무성 채권과 동일한 4%의 이자율이 된다.

만약 다른 이자율로 같은 조건(예를 들어, 만기일, 채무불이행 위험)으로 대출이나 차입을 할 수 있는 능력이 있다면, 그들은 이자율 차익거래(interest-rate arbitrage), 즉 낮은 이자율로 빌려서 높은 이자율에 빌려 주는 것을 실행할 수 있다. 그들의 이러한 노력은 시장 이자율의 균형을 가져올 것이다.

> **| 예제 7.4 |**
> 당신은 이자가 연 3%씩 지급되는 $10,000짜리 은행계좌를 가지고 있다고 하자. 같은 기간에 당신은 연 17%의 이자를 지급해야 하는, 아직 갚지 못한 카드빚 $5,000가 있다. 당신이 직면하고 있는 차익거래 기회는 무엇인가?

7.6 환율과 삼각 차익거래

일물일가의 법칙은 국내 금융시장뿐만 아니라 외환시장에서도 성립된다. 경쟁시장에서 자유롭게 교환 가능한 세 종류의 통화가 있을 때, 어느 통화와 다른 두 통화의 환율을 안다면 다른 두 통화 간의 환율도 쉽게 알아낼 수 있다는 사실은 차익거래를 통해서 설명될 수 있다. 만약 우리가 달러당 엔의 가격이 $1에 ¥100, 파운드당 엔의 가격은 £1에 ¥200이라는 것을 알고 있다면, 일물일가의 법칙에 의해 달러 가격은 £1에 $2가 된다.

차익거래가 외환시장에서 어떻게 작용하는지 이해하기 위해, 서로 다른 통화로 금 가격을 생각해 보자. 당신은 현재 달러로 금의 가격이 온스당 $100라는 것과 엔으로 금의 가격은 온스당 ¥10,000이라는 것을 안다. 달러와 엔 사이에서 이루어진 환율은 얼마가 되겠는가?

일물일가의 법칙은 금값을 지불하기 위해 어떤 통화가 사용되는가는 중요하지 않다는 것을 의미한다. 그래서 ¥10,000은 $100와 동일한 가치를 지닌다. 그러므로 엔의 달러 환산 가격은 ¥1당 $0.01 혹은 ¢1가 되는 것을 의미한다.

일물일가의 법칙이 위배된다고 가정하여 ¥1당 달러 가격이 $0.01보다 작은 $0.009라고 가정하자. 당신이 현재 $10,000의 예금이 있다고 하면 당신은 온스당 ¥10,000 혹은 온스당 $100의 가격으로 금을 사거나 팔 수 있기 때문에, $10,000를 ¥1,111,111.11(= $10,000/$0.009)으로 바꿀 것이다. 당신은 111.1111온스의 금을 엔화를 지불해서 사고(온스당 ¥1,111,111.11/¥10,000), $11,111.11(11.1111온스×온스당 $100)에 금을 되팔 것이다. 당신은 이제 $11,111.11에서 금과 엔을 사고 파는 비용을 제한 만큼을 갖고 있을 것이다. 거래비용을 $1,111.11 이하로 지불해야 하는 한 당신은 차익거래를 수행할 것이다.

이러한 차익거래를 수행하기 위해서는 어떠한 특별한 지식도, 미래 가격에 대한 어떠한 예측도 필요 없고, 어떠한 위험도 감수할 필요가 없다는 것을 알 필요가 있다.

이러한 거래유형을 **삼각 차익거래**(triangular arbitrage)라고 한다. 왜냐하면 금, 달러, 엔이라는 세 가지 종류의 자산을 포함하기 때문이다.

| 예제 7.5 |
환율이 ¥1에 $0.011라고 가정하자. 만약 금의 달러 가격이 온스당 $1,000이고 엔으로는 온스당 ¥100,000이라고 한다면, 당신이 가지고 있는 $10,000로 차익거래 이익을 어떻게 만들 수 있겠는가?

이제 서로 다른 세 개의 통화—엔, 달러, 파운드—사이의 관계를 살펴보자. 엔화의 미국 달러 가격이 엔당 $0.01(혹은 달러당 ¥100)이고, 영국 파운드로 환산한 엔의 가격은 엔당 0.5펜스(£0.005, 혹은 파운드당 ¥200)라고 가정하자. 이러한 두 환율로부터 우리는 파운드당 미국 달러의 가격을 $20로 결정할 수 있다.

비록 쉽게 답하기가 어려울지 모르나, 달러로 파운드를 사는 방법은 두 가지가 있다. 한 가지 방법은 엔화 시장을 통하는—달러로 엔화를 먼저 사고, 엔화를 이용하여 파운드를 사들이는—간접적인 방법이다. 왜냐하면 가정에 의해 £1는 ¥200이고 ¥200은 $2이므로 이 간접적인 방법에서는 £1당 $2가 된다. 또 하나의 방법은 직접 교환을 하는 것이다.

일물일가의 법칙 때문에 이 거래에 드는 비용은 간접적인 방법과 동일해야 한다. 만약 일물일가의 법칙이 성립하지 않는다면 차익거래 기회가 생기지만 이런 기회는 오래 지속되지 않을 것이다.

이러한 예에서 일물일가의 법칙이 성립되기 위해서 차익거래의 힘이 어떻게 적용하는지를 보기 위해서 파운드의 가격이 $2가 아니고 $2.10일 때 어떻게 될 것인가를 살펴보자. 당신이 뉴욕의 어느 한 은행에 들어가서 환율이 엔당 $0.01, 파운드당 ¥200, 파운드당 $2.10라는 것을 알았다고 하자. 은행에는 달러와 엔의 환전 창구가 있고, 다른 환전 창구는 엔과 파운드, 그리고 세 번째 환전 창구는 달러와 파운드의 환전 창구라고 가정하자.

다음 전략을 수행하면 즉시 $10의 이득을 볼 수 있다.

1. 달러/엔의 창구에서 $200를 ¥20,000으로 교환한다.
2. 엔/파운드의 창구에서 ¥20,000을 £100로 교환한다.
3. 마지막으로 달러/파운드의 창구에서 £100를 $210로 바꾼다.

당신은 지금 막 $200를 $210로 둔갑시켰다.

하지만 왜 차익거래의 규모를 단순히 $200에만 묶어 두겠는가? 만약 당신이 $2,000로 똑같이 할 수 있다면, 당신의 이득은 $100가 될 것이고, $20,000,000를 가지고 차익거래를 할 수 있다면, 당신의 차익거래 이익은 $1,000,000가 될 것이다. 만약 당신이 이러한 차익거래 기회를 찾을 수 있다면, 그것은 쇠를 녹여서 금을 만들 수 있는 연금술과 별반 다를 것이 없다.

그렇지만 현실 세계에서는 당신이나 나 같은 일반인들은 그러한 차익거래 기회를 발견할 수 없을 것이다. 그러한 거래를 통해 이익을 얻지 못할 뿐만 아니라 환전 수수료 때문에 아마도 돈을 잃게 될 것이다.[3] 그러므로 일반 거래자들은 그들이 지불해야 하는 거래비용으로 차익거래 이익을 모두 지불할 것이다.

비록 우리와 같은 소매금융 거래자들은 외환으로 인한 차익거래 기회를 찾거나 활용할 수는 없겠지만, 은행이나 외환 딜러들은 가능할지도 모른다. 몇몇 은행이나 금융 서비스 기업들은 전문 차익거래자들을 고용하여 사무실에서 데스크탑 컴퓨터를 이용하여 외환을 사들이거나 판매하는 업무를 수행하도록 하고 있다. 한 은행의 창구로부터 다른 은행의 창구로 돌아다닐 필요 없이 세계 각국에 위치한 대부분의 은행과 네트워크를 통하여 컴퓨터 스크린의 '창'에서 차익거래를 실행할 수 있다.

만약 전문 차익거래자들이 우리가 예를 들었던 세 개의 환율, 즉 엔당 $0.01, 파운드당 ¥200, 파운드당 $2.10의 환율을 발견하였다면 엔화 시장을 통해 $200억을 £천만으로 바꿈과 동시에 파운드 시장에서 £천만을 $210억으로 팔아 즉각적으로 $100만의 이익을 얻고자 할 것이다. 그러한 거대한 거래를 수행하는 시도는 순식간에 주의를 집중시키게 되고, 차후에 일어나는 거래들 때문에 가격 불일치가 제거될 것이다. 그래서 달러당 엔화 가격이 주어지고(엔당 $0.01) 파운드당 엔화 가격이 결정된다면(엔당 £0.005) 차익거래는 파운드화의 달러 가격이 일물일가의 법칙에 충족되게끔 파운드당 $2에 거래가 되도록 할 것이다.

차익거래와 환율과 관련된 일반적인 원칙은 다음과 같다.

완전경쟁 시장에서 자유롭게 거래되는 세 통화에 대해서, 한 통화와 다른 두 통화 간의 환율을 알면 다른 두 통화 사이의 환율은 자동적으로 알게 된다.

앞에서 들었던 예에서, 달러/엔 환율은 엔당 $0.01였고 파운드/엔의 환율은 엔당 0.005

---

[3] 거래비용은 명시적인 수수료와 은행의 매입가격과 매도가격의 차를 모두 포함한다.

파운드였다. 달러/파운드의 환율은 앞의 두 환율의 비율이 된다.

엔당 $0.01/엔당 £0.005＝파운드당 $2

일물일가의 법칙은 많은 나라의 환율을 알기 원하는 사람들에게 편리함을 제공한다. 예를 들어, 당신 업무상 다른 네 개의 통화—달러, 엔, 파운드, 유로 사이의 환율을 항상 알고 있어야 한다고 가정하자. 환율의 가능한 조합은 총 여섯 개가 된다. 달러/엔, 달러/파운드, 달러/유로, 엔/파운드, 엔/유로, 그리고 파운드/유로이다.

그러나 여섯 개 모두의 환율을 기억하지 않고도 단지 달러기준의 세 환율만을 알아도 충분하다. 다른 세 환율은 두 개의 달러기준 환율의 비율에 의해서 쉽게 계산되기 때문이다. 아주 낮은 비용을 들여서 거래를 수행하며 '고도의 기술'을 가진 전문가인 차익거래자들의 활동은 각 통화 간의 환율이 간접적으로 계산된 교차환율(cross rates) 수준에 거의 근접하도록 한다.

| 예제 7.6 |

당신은 페소의 달러가격과 세켈의 달러가격이 각각 페소당 $0.20, 세켈당 $0.30라는 것을 안다. 페소와 세켈 간의 환율은 얼마가 되어야 하는가?

7.7 비교를 이용한 가치 측정

앞에서 언급한 것처럼 모든 면에서 동일한 두 자산은 존재하지 않는다. 가치평가를 하려면 평가하고자 하는 자산과 비교 가능한 자산을 찾아내야 한다. 그리고 어떤 차이점이 가치에 영향을 미치는가도 판단해야 한다.

예를 들어, 비교 가능한 주택가격을 이용한 주택의 가치평가 과정을 살펴보자. 당신은 어떤 주택을 소유하고 있고, 그 주택의 시장가치의 일정 비율로 부동산세를 매년 지방정부에 납부한다고 가정하자. 당신은 지금 지방 부동산 세액 담당자들로부터 당신 주택의 시장가치가 올해엔 $500,000라고 통보를 받았다.

당신 이웃의 주택은 당신 주택과 유사한 주택인데, 단돈 $300,000에 팔렸다고 가정하자. 당신은 당신의 집과 실질적으로 거의 같은 주택이 지방정부가 평가한 가치보다 $200,000가 적은 가격으로 팔렸다는 사실을 토대로 당신 주택의 시장가치가 $500,000로 평가되었다는 것은 너무 높다고 항의할 수 있다.

당신은 당신 주택의 가치 측정에 일물일가의 법칙을 적용하고 있다. 그것은 당신이 집을 팔려고 내놓는다면, 자신의 주택과 비슷했던 주택이 단지 $300,000에 팔렸기 때문에 당신의 주택도 동일한 가격에 팔릴 것이라 기대한다는 의미가 된다.

물론 당신의 이웃 주택은 당신의 집에 위치한 것이 아니고 그 옆에 위치하고 있으므로 정확히 동일한 것은 아니다. 그리고 만약 당신의 집을 팔려고 내놓는다면 지방 세액 담당자가 평가한 $500,000가 아닌 $300,000만을 요구하지 않을지도 모른다. 그럼에도 불구하고, 만약 그 지방의 세액 담당자가 당신의 주택이 이웃 주택보다 $200,000의 가치가 더 있다는 점(평수가 더 넓다거나, 층 공간이 더 넓다는 것 같은)을 알려 주지 않는다면, 당신은 지방 세액 담당부서에 항의할 만한 강력한 논리적 근거를 갖게 될 것이다.

중요한 점은 차익거래에 의한 일물일가의 원칙을 적용하기에는 설득력이 떨어지는 경우에도 여전히 자산 평가에서 그 원리를 적용시킬 수 있을 것이다.

> **| 예제 7.7 |**
> 지방 세액 담당자가 당신의 집을 새로 짓는 데 소요되는 건축비를 현재기준으로 측정하여 당신의 집이 $500,000의 가치가 있다는 결론을 내렸다고 가정하자. 당신은 어떻게 대답을 하겠는가?

7.8 가치평가 모형들

가치평가에 일물일가의 법칙을 직접 적용하면 가치평가는 정말 단순한 작업이다. 그러나 평가하려는 자산과 정확히 동일한 자산의 가격을 아는 것은 거의 불가능하기 때문에, 가격을 알고 있고 비교 가능하지만 완전히 동일하지는 않은 다른 자산을 이용해서 가치를 측정하는 방법을 활용해야만 한다. 비교 가능한 다른 자산의 가격과 시장 이자율에 대한 정보를 이용해서 자산가치를 측정하는 계량적인 모형을 **가치평가 모형**(valuation model)이라고 한다.

어떤 모형이 최선의 모형인가는 어떤 목적으로 가치평가를 하는가에 달려 있다. 당신이 통제할 수 없는 자산의 가치를 측정하는 방법과, 당신의 행동이 자산의 가치에 영향을 줄 수 있는 자산의 가치를 평가하는 방법은 서로 달라야 한다. 그러므로 당신이 개인적인 투자를 위해 어느 기업의 주식가치를 평가할 때와 해당 기업을 인수하여 재조직화하려는 기업이 인수대상기업을 평가하는 경우에는 서로 다른 모형이 사용되어야 할 것이다.

7.8.1 부동산 가치평가

예를 들면, 앞에서 논의된 지방세 부과 담당자가 풀어야 하는 가치평가 문제를 살펴보자.

그는 1년에 한 번 지방의 모든 주택의 가치를 평가해야 한다. 주택 소유자들이 그의 세액 산출을 기초로 해서 세금을 지불하기 때문에, 담당자는 공정하고 정확하다고 생각되는 가치평가 방법을 선택해야만 한다. 부동산 세액 산출에 이용될 수 있는 가치평가 모형은 그 모형에서 얼마나 복잡하고 얼마나 정교한 수학적 모형을 사용하는가에 따라서 다양한 방법이 있을 것이다. 그리고 납세자들이 연간 세금 산출에 드는 비용을 부담해야 하기 때문에 그들은 낮은 비용이 드는 가치평가 방법을 원할 것이다.

세액 부과 담당자들이 사용하는 단순한 모형 하나를 살펴보자. 세액 담당자는 지난해에 팔린 그 지방 주택들의 가격정보를 가능한 한 많이 수집하여, 평균값을 계산하고, 모든 주택의 가치를 평가할 때에 그 평균을 이용할 수 있다. 이 방법을 설계하고 이용하는 것이 비용이 적게 들지만, 평균보다 낮은 가격의 집을 소유한 주택 소유자들에겐 확실히 불공정한 방법으로 여겨질 것이다.

또 다른 단순한 방법은 각 주택의 구입가격을 찾아내고, 구입시점에서 현시점까지 그 지역 주택가격의 평균적인 주택가격 변화율을 계산해서 이를 반영하는 것이다. 예를 들어, 그 지역의 주택가격이 지난 50년간 평균적으로 매년 4%씩 증가하였다고 가정하자. 50년 전에 $30,000에 구입했던 주택은 현재 시가로 $30,000 \times 7.04^{50} = $213,200의 가치로 평가될 수 있을 것이다.

하지만 몇몇 주택 소유주들은 이 방법이 시간이 흐를수록 주택 자체가 낡아 간다는 것을 무시한 방법이기 때문에 반대할지도 모른다. 어떤 집들은 수리를 해서 시간이 지나도 가치가 하락하지 않지만, 또 다른 집들은 오래되어서 집의 가치가 떨어질 수도 있다. 또한 시간이 흐름에 따라 그 지역 내에서 선호되는 지역도 바뀔 가능성이 있다.

세액 담당자들은 어떤 가치평가 방법을 선택할 것인가에 대한 문제에 직면해서, 아마도 하나 이상의 방법을 사용하는 것으로 결론을 내릴 것이다.

| 예제 7.8 |
당신은 지방세 부과 담당자에게 주택이 소재한 지역의 주민들을 고려한 평가 방법으로 어떤 방법을 제시할 수 있겠는가?

7.8.2 주식의 가치평가

주식의 가치를 측정하는 데 널리 사용되는 비교적 간단한 모형은 그 주식의 가장 최근의 주당순이익(*EPS*)을 비교 가능한 기업으로부터 얻을 수 있는 주가수익률(*PER*)에 곱하는 것이다. 한 기업의 **주가/이익 배수**(price/earnings multiple) — 주가수익률(*PER*) — 는 주당
순이익에 대한 주식가격의 비율(P/E)이다.

　당신이 XYZ 주식의 가치를 측정하려고 하고, XYZ의 주당순이익은 $2라고 가정하자.
동일 업종에 속한 비교 가능한 기업들의 평균 주가/이익 배수가 10이다. 이 모델을 사용
하여 우리는 XYZ의 주식 가치가 $20라고 추정할 수 있다.

$$\text{XYZ 주식의 추정된 가치} = \text{XYZ의 주당순이익} \times \frac{\text{산업평균추가}}{\text{이익배수}} = \$2 \times 10 = \$20$$

　주가/이익 배수 모형을 적용하는 데 있어서 측정된 배수가 정말 비교 가능한 기업들로
부터 계산되었는지를 확실하게 검토해야 한다. 예를 들어, 자산은 동일하지만 부채/자본
의 비율이 다른 두 기업의 주식은 실제로 서로 비교 가능하지 않다. 더군다나 같은 산업
으로 분류된 기업들도 미래의 이익 성장에 대한 기대가 서로 다르기 때문에 그들의 주가/
이익 배수는 차이가 나기 마련이다.

| **예제 7.9** |
어느 기업의 주당순이익이 $50이고, 산업 평균 주가/이익 배수가 10이다. 그 기업의 주식 가치는 얼마로 측정
될 것인가?

　제8, 9장에서 우리는 여러 종류의 자산을 서로 다른 목적을 가지고 평가하는 데 사용
되는 가치평가 모형들을 살펴볼 것이다. 그러나 우선 회계장부에 나타난 가치, 즉 장부가
치에 대해 먼저 이야기할 것이다.

표 7.1 ABC 부동산 대차대조표

20x0년 1월 1일	
자산	
토지	$25,000
건물	75,000
부채	
부동산 담보대출	80,000
자기자본(순가치)	20,000

표 7.2 ABC 부동산의 시장가치 대차대조표

20x0년 1월 2일	
자산	
토지와 건물	$150,000
부채	
부동산 담보대출	80,000
자기자본(순가치)	70,000

7.9 회계적 가치

대차대조표나 기타 재무제표에 보고되는 자산 혹은 부채의 가치는 실제 자산의 시장 가치와 종종 차이가 있다. 왜냐하면 회계사들은 항상 역사적 원가로 자산을 측정하고, 시장가치를 고려하지 않는 원칙을 기준으로 시간에 따른 감가상각만을 하기 때문이다. 재무제표에 나타난 자산의 가치를 자산의 **장부가치**(book value)라고 한다.

다음의 예를 살펴보자. 당신은 20x0년 1월 1일 $100,000의 집을 구입하고, 그것을 임대하여 이익을 얻는다고 가정하자. 당신은 $20,000는 자체적으로 자금조달을 하고, $80,000는 담보를 잡혀 은행으로부터 대출을 받아 집을 구입하기로 하였다. 당신은 이 임대사업을 하기 위해 작은 부동산 주식회사를 설립하였다. 표 7.1은 회사의 기초 대차대조표이다.

당신이 재산구입을 위해 지불한 $100,000는 땅과 건물의 가치로 배분되어서 표현된다. 처음에는 모든 자산과 부채가 시장가격으로 기록된다. 그러나 그 시점 이후로는 장부가치와 시장가치가 아마도 차이가 날 것이다. 회계사들은 비록 집의 시장가치가 오르더라도 그 건물의 가치를 감가상각한다. 또한 토지의 장부가치는 항상 고정되어 있다.

예를 들어, 1월 2일 어떤 사람이 당신의 집을 구입하기 위해 $150,000를 제시한다고 가정하자. 아직 회사의 대차대조표상의 자산 가치는 $100,000이다. 사실 하룻동안의 감가상각 때문에 실제 장부가는 그보다 더 작을 것이다. 이것이 장부가치이다. 그러나 만약 당신이 자산을 매각한다면 당신은 얼마를 받을 수 있는가? $150,000이다. 이것이 시장가치이다.

표 7.2는 자산의 시장가치가 $150,000이고 담보대출의 가치가 전날과 변화가 없는 것으로 가정한 ABC 부동산의 1월 2일 기준 시장가치 대차대조표를 보여 주고 있다.

만약 어떤 사람이 1월 2일에 당신의 자산이 얼마인지를 물어본다면 순자산가치를 측정하기 위해 어떤 방법을 사용할 것인가?[4] 만약 자기자본의 장부가치를 이용한다면 당신의 순자산은 1월 1일 경영상 출자한 $20,000이다. 하지만 시장가치를 사용한다면 당신의 순자산가치는 $70,000이다.

주의할 점은 재무제표의 사용자가 특별히 현재 시장가치를 반영하기 위해 자산 재평가를 시행하지 않았다면, 재무제표에 나타난 자산의 가치가 시장가치를 반영하고 있다고 잘못 해석하지 않도록 주의를 해야 한다.

| 예제 7.10 |
1월 3일 ABC 부동산의 자산가치가 $80,000로 떨어졌다고 가정하자. 당신의 순자산의 시장가치는 얼마인가? 장부가치는 얼마인가?

7.10 증권 가격에는 정보가 어떻게 반영되는가?

이 장 처음에 우리는 자산의 시장가치는 기본적 가치와 일치할 것이라고 하였다. 지금부터 이 말이 뜻하는 바를 상세히 살펴볼 것이다.

때때로 기업의 주가는 기업의 미래 전망에 대한 뉴스와 같은 공적 발표에 반응하여 갑작스런 상승을 하기도 한다. 예를 들어, QRS 제약회사가 자사의 연구원들이 일반 감기를 치료할 수 있는 약을 개발했다고 발표했다고 가정하자. 아마도 주가는 이 소식에 갑작스러운 상승세를 보일 것이다. 반대로, QRS의 제품을 구입했던 고객이 수백만 달러에 해당하는 민사 소송을 내어 QRS 제약회사가 패소했다는 판결이 발표된다면, QRS의 주가는 급락할 것이다.

앞의 상황을 보고 사람들은 주식시장이 이러한 발표에 포함된 정보에 반응한다고 말한다. 이 문장에 내포된 의미는 적어도 QRS 제약회사의 주식을 사고 파는 투자자는 (혹은 그들에게 조언을 하는 애널리스트들은) 주식의 가치를 결정하는 기본적 요소에 주의를 기울인다는 것이다. 주가와 관련된 기본적 요소가 변화될 때 주가도 함께 변한다. 사실 중요한 뉴스 항목이 공식적으로 대중에 공개되었을 때 만약 주가가 움직이지 않는다면, 많은 주식 시장 관측자들은 그 뉴스가 이미 그 주가에 반영되어 있다고 생각한다. 이러한 설명들은 효율적 시장가설에서 도출된 것이다.

7.11 효율적 시장가설

효율적 시장가설(efficient markets hypothesis, EMH)은 자산의 현재 가격이 자산의 가치에

---

[4] 순자산가치는 자산과 부채의 차이다(제1장 참조).

영향을 미치는 미래의 경제적 기본요소에 대한 모든 유용한 공식적인 정보를 충분히 반영하고 있다는 가설이다.[5]

효율적 시장가설이 성립하는 근거로 다음과 같은 애널리스트와 투자자들의 행동에 관해 설명하고자 한다.

우선 애널리스트들은 정보, 혹은 해당 기업과 관련된 사실, 그리고 기업에 영향을 미치는 관련 사항을 수집한다. 둘째, 이러한 정보로 현재시점(기간 0)에서 이 기업의 미래(기간 1)에 성립할 주가 추정치를 계산한다. 이 최선의 주가 추정치는 1기에 기대되는 주식가격이고 우리는 이를 $\overline{P}(1)$이라고 표시한다.

현재 주가 $P(0)$을 기준으로, 애널리스트들은 주식의 기대 수익률 $\overline{r}$을 측정할 수 있다. 그 식은 다음과 같다.

$$\overline{r} = \frac{\overline{P}(1)}{P(0)} - 1$$

그러나 애널리스트의 일은 이것이 끝이 아니다. 자료가 완전하지 않다는 것 — 예를 들어 오류나 예측치 못한 사건들이 발생할 경우 — 을 인식하고 있기 때문에, 가능한 미래 주가에 대한 범위를 제시해야 한다.

다시 말하자면 주가가 최선의 추정치를 기준으로 얼마나 분산되어 있는가와 이 추정치로부터 편차의 크기가 얼마가 되는지를 측정해야 한다. 이 분석을 통해 수익률의 편차 추정치와 분포를 도출해야 한다. 정확한 정보를 갖고 있을수록 추정치의 분산이 줄어들고, 투자위험도 감소하게 된다.

마지막으로 기대수익률과 분산의 추정치를 이용하여 애널리스트는 투자의사결정을 하거나 해당 주식의 매입 또는 매도에 관한 추천을 한다. 다만, 얼마를 사고 팔지는 해당 주식의 위험–수익률 교환 정도가 다른 투자안에 비해 얼마나 매력적인가와 투자해야 할 금액의 규모에 따라 결정된다. 기대수익률이 높을수록 그리고 보유한 투자금액이 많을수록, 투자자는 더 많은 주식을 매입할 것이다. 수익률 분산—그가 지닌 정보의 부정확한 정도—이 크면 클수록 그는 주식의 포지션을 적게 취하려고 할 것이다.

주식의 현 시장가격이 어떻게 결정되는가를 알아보기 위해 시장은 균형상태라는 가정 하에 모든 애널리스트들의 추정치들을 살펴보았다. 다시 말하면 평균적으로 가격은 총수

---

[5] 주식의 시장가격은 내부 정보까지 포함할 때가 있다. L. K. Meulbroek, "An Empirical Analysis of Illegal Insider Trading," *Journal of Finance*, December 1992와 L. K. Meulbroek and C. Hart, "The Effect of Illegal Insider Trading on Takeover Premia," *European Finance Review*, 1, 1997 참조.

글상자 7.1   뉴스를 이용한 즉시거래

효율적 시장가설에 대한 학계 비판의 근거 중 하나인 '즉시 거래' 란, 새로운 정보는 주가에 곧바로 반영될 수 있다는 개념을 말한다. 결국, 인간은 한정된 시간 동안 새로운 정보를 받아들이고, 분석하고, 반응하며, 거래 여부에 대한 결정을 한다. 하지만 컴퓨터 기술의 발전은 언론 보도 해석 후 자동으로 거래하는 것을 가능하게 함으로써, 효율적 시장가설 비평의 요점을 약화시킨다. 지금까지 투자자들의 주식 거래 결정에 영향을 미칠 수 있는 특정 용어가 새로운 정보에 포함되어 있는지 검사하는 컴퓨터 프로그램을 사용해 왔다. 예를 들면, '무더위' 라는 단어가 기업 보고서에 나올 경우, 투자 관련 보고서들은 냉각기구 제조회사 지분을 매입할 것을 제안한다. 이와 같이 최근 컴퓨터의 발전은 '해석' 그 수준을 뛰어넘어 거래 이행 여부를 좌우한다. 오늘날 주가에 영향을 미칠 수 있는 많은 공적 발표들의 가치를 평가하는 컴퓨터

프로그램까지 개발되고 있다. 이러한 컴퓨터 프로그램들은 새로운 정보를 받자마자 즉시 분석 및 주식 거래 여부를 결정할 수 있다. 이러한 금융 거래 관련 기술의 직접적 결과는 프로그램이 분석하기 용이한 뉴스 및 발표에 대한 수요의 증가였다. 컴퓨터에서 정보가 생성되자마자 바로 컴퓨터가 분석한 거래 결과로 이어지는, 컴퓨터에 의한 거래 사이클이 만들어질 수 있음을 보여 준다.

효율적 시장가설에서 회사에 관한 새로운 정보가 순식간에 백일하에 드러나고, 그 정보가 기업의 주가에 반영됨을 전제로 한다. 그렇기 때문에 순간적 정보처리가 가능한 컴퓨터 거래 기술은 이 가설을 뒷받침하는 가장 중요한 근거가 되고 있다.

출처 : Adapted from "Automatic News Makes Headlines and Money," *Financial Times*, April 15, 2007.

요와 총공급이 일치하는 점에서 결정된다. 애널리스트의 추정치들은 다음의 두 가지 이유에서 서로 다를 수 있다.

1. 비록 공적인 정보는 모두가 알고 있지만 그들이 접근했던 정보의 양은 서로 다르다.
2. 동일 정보가 미래 주가에 미치는 영향에 대해서는 서로 상이한 분석을 할 수 있다.

그럼에도 불구하고 각 애널리스트는 주어진 시장가격, $P(0)$로 주식을 얼마나 매입·매도할 것인가에 대한 의사결정을 한다. 이러한 의사결정을 모두 종합해서 계산해 보면 우리는 $P(0)$의 가격에서 해당 주식의 총수요를 알 수 있다.

주식가격이 너무 낮아 주식에 대한 공급보다 수요가 많다고 가정해 보자. 그러면 아마도 주식가격은 오를 것이라고 예상할 수 있다. 만일 주식가격이 너무 높아 주식에 대한 수요보다 공급이 많다면 주식가격은 아마도 하락할 것이다. 그러므로 주식의 시장가격은 모든 애널리스트의 가중 평균된 의견을 반영할 것이다.

이 시점에서 가장 중요한 문제는 무엇을 기준으로 가중을 하는가이다. 시장에서의 의견은 결국 투자행태로 나타나기 때문에 큰 영향력을 가지는 애널리스트는 많은 투자금액을 동원할 수 있는 사람들이 될 것이며 이들 중에서도 해당 주식에 대하여 가장 강력하

게 의견을 제시하는 사람들이 가장 중요하게 영향력을 행사할 것이다.

가장 강한 의견을 제시하는 애널리스트들은 더 작은 분산의 추정치를, 다시 말해서 더 정확한 정보를 가진다고 믿는다는 것에 주목해야 한다. 더욱이 자신의 추정치에 대한 정확성을 계속 과대 평가하는 애널리스트는 결국 고객을 잃게 되기 때문에 대규모의 자금을 관리하며 자신이 더 정확한 정보를 가졌다고 믿는 애널리스트는 일반적으로 더 정확한 정보를 보유하고 있을 것이다.

이상에서 살펴본 것처럼 주식의 시장가격은 더 정확한 정보를 보유하고 평균적인 자금규모 이상을 동원할 수 있는 애널리스트들의 의견에 더 높은 가중치가 부여되는 방식의 가중 평균치를 반영한다고 결론 지을 수 있다. 그러므로 내재가치라고 할 수 있는 시장가격은 한 명의 애널리스트가 제시하는 추정치보다 더 정확할 것이다.

이제 당신이 애널리스트이고, 엄청나게 저평가된 주식을 발견했다고 가정해 보자. 앞의 설명을 적용해 보면 두 가지 가능성을 생각할 수 있다.

1. 당신은 엄청나게 싼 가격의 주식을 발견한 것이다. 당신의 추정이 시장보다 정확하다는 것이다. 즉 주가에 영향을 줄 수 있는 미래 사건에 대한 평균적인 정보보다 더 좋은 정보를 가지고 있거나 또는 정보에 대한 분석을 더 잘했을 것이다.

2. 다른 사람들이 당신보다 더 좋은 정보를 가지고 있거나 아니면 이용할 수 있는 정보를 더 잘 분석했다. 당신은 엄청나게 싼 가격의 주식을 발견한 것이 아니었다.

앞의 두 가지 가능성 중에서 어느 것이 옳은가는 자신의 가치평가가 다른 애널리스트들의 가치평가와 비교하여 얼마나 정확한가에 따라서 결정된다. 애널리스트들의 자질이 매우 훌륭할 것이라고 판단할 수 있는 이유로 다음과 같은 것들을 제시할 수 있다.

• 평균 이상의 성과를 거둔 애널리스트는 엄청난 보상을 받을 수 있기 때문에 똑똑하고 열심히 일하는 많은 사람들로 하여금 애널리스트가 되고자 하는 유인이 있다.

• 애널리스트 업계의 상대적으로 낮은 진입장벽은 치열한 경쟁을 유발하며, 경쟁에서 살아남기 위해 애널리스트들은 더 좋은 정보를 발견하고 이 정보를 처리하는 더 나은 기법들을 개발해야 한다.

• 주식시장은 이러한 치열한 경쟁이 효과를 보일 수 있을 만큼 충분히 오랜 기간 존재해 왔다.

전문적인 애널리스트들이 서로 경쟁하기 때문에 시장가격은 정당한 가치에 보다 가까

글상자 7.2 법률 분야에서의 효율적 시장가설 이론

효율적 시장가설은 금융 시장과 경제 이론에 영향을 미칠 뿐만 아니라, 금융 시장에서의 법적 분쟁 분석의 도구로서 법률 분야에도 활용되고 있다. 이 장에서 설명하고 있는 효율적 시장가설은 자산의 현재 가격이, 자산의 가치에 영향을 미치는 미래의 경제적 기본요소에 대한 모든 유용한 공식적인 정보를 충분히 반영하고 있다는 가설이다. 이러한 관점에서 볼 때, 주가는 오직 새로운 정보의 이용 가능 여부에 따라서만 움직인다. 효율적 시장 이론이 성립한다면 이용 가능한 새로운 정보는 주가에 즉시 반영된다.

미국 연방 법원에 의해 받아들여진 이 이론은 법률 세계에서 특별한 역할을 한다. 1988년 Basic Inc. v. Levinson 사건 진행 당시 미 연방 법원은 효율적 시장을 전제한 '시장 사기'라고 알려진 개념을 도입한다. 이 기준은 재무 정보를 조작하여 투자자에게 잘못된 정보를 유포하는 기업을 제재하기 위함이다. '시장 사기'와 관련한 법 제정 후, 이와 관련된 민사 소송 접수 건수가 급속히 증가하였다. 최근에는 범죄 수사에도 효율적 시장가설 이론이 활용되고 있다.

Dynergy라는 에너지 회사 스캔들에 연루된 Jamie Olis 세무 담당 회계사의 경우를 살펴보자. Olis 씨는 Dynergy의 회계 부정 프로젝트 'α' 진행에 참여한 혐의로 2004년 24년형에 처해졌다. Dynergy 회계 부정 사건 담당 판사는 해당 프로젝트가 거짓이라는 사실이 밝혀진 시점에 발생한 Dynergy 주주들의 손실을 계산하여 Olis 씨에게 형을 선고하였다. 이후 항소심에서 감형되긴 하였으나, 효율적 시장가설이 적어도 한 사업가에게는 힘든 시간을 안겨 주었음은 분명하다. Olis 씨의 주장의 초점은 프로젝트 'α' 사건 소식으로부터 발생한 구체적 손실 크기이다. 모든 사람들은 소송 양측 당사자를 위해 일하는 경제학자들이 효율적 시장가설 이론에 기초하여 구체적 손실 금액을 평가할 수 있을 것이라 기대하였다. 그러나 1950년~1960년대에 만들어진 이 가설은 여러 해 동안 논란의 대상이 되어 왔으며, 최근 일부 학자들은 세계에서 가장 진보한 금융시장조차도 효율적 시장가설의 주장만큼 효율적이지 않을 것이라 주장하고 있다. 이 학자들은 이 가설을 근거로 주가 하락에 따른 재정적 손실을 평가하기에는 금융시장이 충분히 효율적이지 않다고 강력히 주장하였다.

그러나 이러한 논쟁에도 불구하고 미국의 기준법은 여전히 변함이 없다. 효율적 시장가설은 앞으로도 민사 소송과 형사 소송의 승패를 가르는 중요한 역할을 할 것이며, 이 가설이 법률 분야에 미치는 영향에 대한 연구가 활발해질 것이라 기대해 본다.

출처 : Adapted from "Dismal Science, Dismal Sentence," *The Economist*, September 7, 2006.

운 추정치가 될 수 있으며, 이익을 만들어 낼 수 있는 기회를 발견하는 것은 더욱 어렵기 마련이다.

| 예제 7.11 |

DEF사는 추후 몇 년 동안 신상품을 개발하는 데 수백만 달러가 사용될 것이라고 발표했다. 회사의 주가는 발표 후 엄청나게 하락하였다. 효율적 시장가설에 따른다면, 주가 하락의 원인은 무엇인가? 만약 당신이 DEF사의 최고경영자라면 주가 하락으로부터 어떠한 결론을 유도해 낼 수 있겠는가?

요 약

재무관리에서 자산가치의 추정치는 경쟁적 시장에서 그 자산이 팔리게 될 경우 받게 되는 가격이 된다. 정확하게 자산의 가치를 평가하는 능력은 재무관리의 과정에서 중요한 부분이다. 왜냐하면 많은 개인과 기업의 재무의사결정은 결국 가치를 극대화하는 대안을 선택하는 것이기 때문이다.

일물일가의 법칙은 경쟁시장에서 동일한 두 자산은 동일한 가격을 지니게 된다는 것을 말한다. 그 법칙은 차익거래라는 과정 때문에 설득력을 얻는데, 차익거래는 동일한 자산들의 가격 차이로부터 무위험의 이익을 얻기 위해 동일한 자산을 매입하는 것과 동시에 매도하는 것을 의미한다.

차익거래가 불가능해서 일물일가의 법칙이 성립하지 않는다 하더라도, 자산의 알 수 없는 가치는 가격이 알려진 비교 가능한 자산의 가격으로부터 추측이 가능하다.

비교 가능한 자산의 가격에 관한 정보로부터 자산의 가치를 측정하는 계량적인 방법을 가치평가 모형이라고 한다. 어느 모형이 최상의 모형인가는 이용 가능한 정보와 추정치의 용도에 따라 다르다.

기업의 재무제표에 보고되는 자산 또는 부채의 장부가치는 그 시장가치와는 다르다.

거의 많은 재무의사결정에서는, 시장에서 거래되는 자산의 시장가격은 기본적 가치를 매우 정확하게 반영하고 있다고 본다. 이 가정은 일반적으로 매우 합리적이다. 왜냐하면 시장에는 자산의 시장가격과 기본적 가치 사이의 차이를 제거함으로써 이익을 얻기 위해 가격이 잘못 매겨진 자산을 찾아다니는 전문가들이 많기 때문이다. 효율적 시장가설이란, 자산의 시장가격이 자산의 가치에 영향을 주는 미래의 경제적 기본 요소에 관한 이용 가능한 모든 정보를 충분히 반영한다는 것이다.

거래되는 자산의 가격은 그 가치와 관계된 기본적인 경제적 요소들에 관한 정보를 반영한다. 애널리스트들은 잘못 평가된 자산을 거래하기 위해 자산의 기본적 가치와 차이가 나는 가격의 자산을 계속 찾아다니고 있다. 잘못 평가된 자산을 얼마나 매입, 매도할 것인가와 같은 전략을 결정할 때에 애널리스트는 자신의 정보에 대한 정확성을 고려해야 한다. 자산의 시장가격은 평균 이상의 더 좋은 정보를 지니고 대규모의 자금을 관리하는 애널리스트들에게 더 큰 가중치가 부여된 방식으로 모든 애널리스트의 의견을 가중 평균한 값이다.

핵심용어

본질적 가치	차익거래자	장부가치
일물일가의 법칙	삼각 차익거래	효율적 시장가설
차익거래	가치평가 모형	구매력 패리티
거래비용	주가/이익 배수	실질이자율 패리티

예제 풀이

예제 7.1 당신이 입상을 하여, 오페라에 갈 티켓과 야구장에 갈 티켓 중 하나를 상으로 선택한다고 하자. 오페라 티켓은 $100이고, 야구경기 관람티켓은 $25이다. 당신은 오페라보다 야구경기 관람을 더 좋아한다고 가정한다면, 당신은 어떤 티켓을 선택하겠는가?

검정 티켓을 교환하는 데 걸리는 시간의 비용과 고통이 티켓들의 가격 차이인 $75를 초과하지 않는다고 하면, 당신은 오페라 티켓을 선택해야 한다. 당신이 오페라보다 야구게임을 선호할지라도, 당신은 오페라 티켓을 $100에 교환할 수 있다. 그리고 야구게임의 티켓을 $25에 구입할 수 있다. 그러면 당신에게 차액인 $75가 돌아갈 것이다.

예제 7.2 만약 시카고에서 은 가격이 온스당 $20이고, 뉴욕으로 운송할 때의 총처리 비용이 $1라고 할 때, 뉴욕의 은 가격이 어떤 범위 내에서 존재해야만 하겠는가?

검정 뉴욕에서 은 가격은 시카고에서 은 가격의 온스당 $1 범위 내에 있어야 한다. 그래서 뉴욕에서 은의 가격은 온스당 $19와 $21 사이에 존재해야만 한다.

예제 7.3 어떠한 환경하에서 두 개의 ¢25 동전이 서로 다른 가치를 지니겠는가?

검정 둘 중 하나는 수집가에게 특별히 가치 있는 희귀한 동전일 것이다. 하지만 그것은 하찮은 마모된 동전일 수도 있고, 그래서 자동판매기에 들어가지도 않을 것이다. 목마른 사람에게는 마모되지 않은 동전이 더 가치 있다.

예제 7.4 당신은 이자가 연 3%씩 지급되는 $10,000짜리 은행계좌를 가지고 있다고 하자. 같은 기간에 당신은 연 17%의 이자를 지급해야 하는, 아직 갚지 못한 카드빚 $5,000가 있다. 당신이 직면하고 있는 차익거래 기회는 무엇인가?

검정 당신 계좌에 있는 $5,000를 인출해서 당신의 카드빚을 갚을 수 있다. 당신은 연 3%의 이자수익(매년 $150)을 포기하지만 연 17%의 이자비용(매년 $850)을 절약할 수 있다. 그래서 차익거래 기회는 매년 $750의 가치가 있다.

예제 7.5 환율이 ¥1에 $0.011라고 가정하자. 만약 금의 달러 가격이 온스당 $1,000이고 엔으로는 온스당 ¥100,000이라고 한다면, 당신이 가지고 있는 $10,000로 차익거래 이익을 어떻게 만들 수 있겠는가?

검정 a. $10,000로, 온스당 $1,000의 금 10온스를 구입한다.

　　b. 일본에서 100온스의 금을 ¥1,000,000에 매도한다(온스당 ¥100,000).

　　c. ¥1,000,000을 달러 가치 $11,000로 바꾼다.

　　(이렇게 해서)당신은 $1,000의 차익거래 이익을 만들 수 있다.

예제 7.6 당신은 페소의 달러가격과 세켈의 달러가격이 각각 페소당 $0.20, 세켈당 $0.30라는 것을 안다. 페소와 세켈 간의 환율은 얼마가 되어야 하는가?

검정 세켈당 $0.3를 페소당 $0.2로 나누면, 세켈당 1.5페소가 된다.

예제 7.7 지방 세액 담당자가 당신의 집을 새로 짓는 데 소요되는 건축비를 현재기준으로 측정하여 당신의 집이 $500,000의 가치가 있다는 결론을 내렸다고 가정하자. 당신은 어떻게 대답을 하겠는가?

검정 당신의 집을 재건축하는 비용은 시장가치 비용으로 측정된 것이 아니다. 시장가치를 측정하기 위해서 당신 이웃의 집이 $300,000에 팔린 것과 같이 비교할 수 있는 집의 실제 가격을 관찰해야 한다.

예제 7.8 당신은 지방세 부과 담당자에게 주택이 소재한 지역의 주민들을 고려한 평가 방법으로 어떤 방법을 제시할 수 있겠는가?

검정 평가 모형에서 지역의 평균가격 변화를 산출하는 것은 이웃의 효과를 평가하는 한 가지 방법이 될 것이다. 그다음 세무 담당자는 개별 집들의 가격 변화를 측정하여 지역의 가격지수에 적용할 수 있다.

예제 7.9 어느 기업의 주당순이익이 $5이고, 산업 평균 주가/이익 배수가 10이다. 그 기업의 주식 가치는 얼마로 측정될 것인가?

검정 가치의 측정은 $50이다($5의 $EPS \times 10$의 P/E 비율).

예제 7.10 1월 3일 ABC 부동산의 자산가치가 $80,000로 떨어졌다고 가정하자. 당신의 순자산의 시장가치는 얼마인가? 장부가치는 얼마인가?

검정 장부가치가 $20,000이긴 하지만, 자산가치가 $80,000로 떨어졌다면, 당신의 순자산은 0이 된다.

예제 7.11 DEF사는 추후 몇 년 동안 신상품을 개발하는 데 수백만 달러가 사용될 것이라고 발표했다. 회사의 주가는 발표 후 엄청나게 하락하였다. 효율적 시장가설에 따른다면, 주가 하락의 원인은 무엇인가? 만약 당신이 DEF사의 최고경영자라면 주가 하락으로부터 어떠한 결론을 유도해 낼 수 있겠는가?

검정 효율적 시장가설에 따라, 가격하락은 시장에서 DEF의 개발이 가치가 없다는 뛰어난 견해를 반영한 것이다. 당신이 CEO이고 시장 분석가들이 당신이 가진 만큼의 정보를 가지고 있다고 믿는다면, 당신은 신상품 개발을 다시 생각해야 할 것이다. 그러나 당신은 시장 분석가들이 인식하지 못하는 신상품에 대한 우수한 정보를 가지고 있다면, 시장 의견에도 불구하고 신상품 개발을 추진해야 할 것이다. 반대로 새로운 정보에 대한 시장의 반응을 측정하기 위해 정보를 시장에 공표하는 것도 생각해 볼 수 있다.

예제 7.12 (이 장의 마지막 부분의 부록을 참조) 스위스 프랑의 기대 인플레이션율이 연 10%라고 가정하자. 실질이자율 패리티에 따라 프랑의 명목이자율은 얼마가 되어야 하는가?

검정 프랑 이자율 = $1.03 \times 1.1 - 1 = $ 연 13.3%

연습문제

자산의 가치와 가격의 관계

1. 지난 정보통신(IT) 기업들의 주가에 대한 거품이 '자산에 대한 시장가격은 일시적으로 근본가치와 동떨어질 수 있다'는 개념으로 설명될 수 있는지에 대해서 논하라.

가치극대화 및 재무의사결정

2. 가치를 극대화하는 재무의사결정이 미래 자산 가격에 대한 예측과 관련이 있는지를 논하라.

일물일가의 법칙

3. IBX의 주식은 뉴욕 증권거래소에서 $35, 도쿄 주식시장에서 $33에 거래되고 있다. 거래비용은 무시된다고 가정하자.

   a. 어떻게 차익거래 이익을 만들 수 있는가?

   b. 시간이 경과함에 따라 뉴욕과 도쿄의 주식시장에서 어떤 주식가격의 변화가 기대되는가?

   c. 이제 IBX 주식의 매입 또는 매도의 비용이 거래당 1%라고 가정해 보자. 이것은 당신의 대답에 어떻게 영향을 주는가?

4. 당신은 주류에 대해 매출액의 16%를 세금으로 내는 텍사추세츠 주에 살고 있다고 가정하자. 텍사프리라 불리는 이웃 주에서는 주류에 대해 세금이 없다. 텍사프리에서는 맥주 한 상자당 가격이 $25이고 텍사추세츠에서는 $29이다.

   a. 이것은 일물일가의 법칙에 위배되는가?

   b. 텍사프리 주의 경계선에 가까이 있는 텍사추세츠 주의 주류창고는 계속해서 번창하겠는가?

5. 백송로 버섯의 가격이 현재 파리에서 킬로그램당 €400라고 가정하자. 그리고 €1는 1.453스위스 프랑과 같다. 파리에서 제네바로 운송하는 데 소요되는 비용은 1%이다. 제네바에서의 백송로 버섯의 가격은 어떤 범위 안에 있겠는가?

6. 다음 문장을 비평해 보라. "일물일가의 법칙을 채권시장에 적용한다는 것은 모든 채권투자자들이 이자율의 기간구조에 대한 동일한 정보를 가지고 있다는 것을 의미한다."

7. 다음 문장의 타당성에 대하여 논하라. "순수한 무위험 차익거래는 어떤 투자자금도 필

요로 하지 않는다. 따라서 차익거래에는 듀레이션이 없다. 차입을 하여 자산을 보유하게 되면 듀레이션이 상쇄되기 때문이다."

이자율과 일물일가의 법칙

8. 도전과제 : 2002년 4월의 마지막 주에 몇 개의 새로운 달러 표시 채권이 시장에 발행되었다. 이 채권들은 무디스와 스탠다드앤푸어스로부터 Aaa/AAA의 등급을 부여받았으며, 재무성 채권과의 스프레드의 범위는 39~44베이시스 포인트였다. 이것은 재무성 채권과 비슷한 특성을 가질 경우에 이들 채권이 재무성 채권보다 1%의 약 10분의 4 정도로 유효수익률이 높다는 것을 의미한다. 스프레드와 회사채의 등급은 어떤 관계를 가지고 있겠는가? 스프레드는 등급의 변화에 선행, 후행, 또는 동행하겠는가? 스프레드는 연속적인 값을 가지고 회사채의 등급은 불연속적인 값을 가진다는 것이 문제가 되겠는가?

9. 당신은 이탈리아 유로의 달러 가격은 $1.20이고 엔의 달러 가격은 $0.01인 것을 관찰하였다. 차익거래 기회가 존재하지 않으려면 유로와 엔의 환율은 얼마여야 하는가?

10. 금의 가격이 $755라고 가정하자.

    a. 온스당 금의 달러가격이 £500라면, 파운드의 달러가격은 얼마가 예상되는가?

    b. $1를 구입하는 데 실제 비용이 단지 £0.60라면, 어떻게 차익거래 이익을 만들 수 있는가?

11. 최근 아르헨티나에서는 다양한 형태의 화폐가 유통되고 있다. 국가에서 발행되는 통화, 페소 그리고 달러 이외에도 다양한 소액 채무증권 또는 지방정부가 발행한 채권들이 거래 시 인정되고 있다. 당신이 부에노스아이레스의 사유 해변에서 다음과 같은 입장요금표를 발견했다고 가정하자.

통화	가격
Hasta Pesos	3
Lecop	5
Patacones	2
Dollars와 Quebrachos도 가능합니다.	

또한 당신은 암시장에서 1달러로 4patacones 또는 6hasta pesos를 구입할 수 있고, 1lecop는 5quebrachos로 교환된다는 것을 알고 있다. 당신의 주머니에는 $1와 몇푼

의 quebrachos가 있다. 차익거래의 기회가 존재하지 않는다고 가정하면 당신은 얼마를 내고 입장을 해야 하는가?

12. 다음 표의 빈칸을 채우라.

	미국 달러	영국 파운드	유로	일본 엔
미국 달러	$1	$1.75	$1.25	$0.01
영국 파운드	£0.5714			
유로	€0.80			
일본 엔	¥100			

13. 당신이 구입한 집의 다락방에서 오래된 바비인형 콜렉션이 발견되었다. 이 콜렉션의 현재 시장가격을 알기 위해서는 어떻게 해야 하는가? 시장가격을 결정하는 요소는 무엇이겠는가?

14. 당신은 4년 전에 $475,000를 주고 집을 구입하였다. 현재 세무서에서는 과세의 기준이 되는 집의 공시가격이 $525,000로 상승하였다고 하였다.

   a. 당신은 위와 같은 당국의 과세에 이의제기를 하기 위해서는 어떤 정보를 모아야 하겠는가?

   b. 당신의 집보다는 침실이 한 개 적지만 다른 것들은 동일한 옆집의 경우 얼마 전에 $490,000에 판매되었다. 이의제기를 위해 이 정보를 어떻게 이용해야 하는가? 추가적인 침실의 가치는 어떻게 추론해야 하는가?

가치평가 모형들

15. S&P 500의 P/E 비율은 10인 반면 ITT Corporation의 P/E 비율은 6이다. 이 차이는 무엇 때문에 존재하는가?

16. 당신이 장난감 회사의 CFO라고 가정하자. CEO는 기업의 주당가치를 산출해 낼 것을 요구하고 있다. 연말 당신의 회사의 주당순이익은 $2.00이다. 당신은 비교할 수 있는 상장기업들을 참고해야 한다는 것을 알고 있다. 그러나 두 종류의 상장기업들이 존재하고 있다. '8(P/E 비율)×이익'에 해당하는 기업들 그리고 '14(P/E 비율)×이익'에 해당하는 기업들이다. 당신은 낮은 P/E 비율의 기업들이 높은 P/E 비율 기업들보다 높은 레버리지를 가지고 있다는 것을 알고 있다. P/E 비율이 8인 기업들의 부채 대 자본 비율은 2 : 1이다. 그리고 P/E 비율이 14인 기업들의 부채 대 자본 비율은 1:1이

다. 만약 당신의 장난감 회사가 1.5 : 1의 부채 대 자본 비율을 가지고 있다면, 기업의 주당 가치는 얼마이겠는가?

회계적 가치

17. 아래의 표는 유로로 표시된 현재 Brugge Bears K.V.의 대차대조표이다.

자산		부채	
구장 및 장비	25,000,000	사채	35,000,000
방송권	20,000,000	소유자 지분	10,000,000

유럽의 유선 TV 시장의 침체로 방송권에 대한 시장가치가 €10,000,000로 감소되었고, 구장 및 장비를 평가해 보니 €30,000,000의 시장가치가 있는 것으로 나타났으며, 그리고 사채의 시장가치는 €25,000,000인 것으로 가정하자. 회사의 시장 대 장부가치 비율은 얼마인가?

18. 당신은 사업을 15년 동안 운영해 왔다. 최근 회계연도의 매출액은 $12,000,000이다. 최근 회계년도의 순이익은 $1,000,000이다. 당신 회사의 장부가치는 $10,500,000이다. 최근에 매각된 비슷한 회사는 다음과 같은 특성을 가지고 있다.

매출액의 배수	0.8×
순이익의 배수	12×
장부가치의 배수	0.9×

a. 당신 회사의 적절한 가치 범위는 얼마인가?

b. 당신은 회사가 지금까지보다 더 많은 수익을 낼 미래 투자 기회를 가지고 있다는 것을 알고 있다면, 위의 가치평가는 어떻게 변해야 하는가?

증권가격에는 정보가 어떻게 반영되는가?

19. 연방준비은행이 금리 인상을 논의하기 위한 회의를 개최하고 있다고 가정하자. 이자율의 수준과 기간구조는 주식이나 채권의 가치평가에 사용되는 할인율에 영향을 미친다. 만약 시장 참여자들이 연방준비은행이 금리를 인상할 것이라 확신한다면, 이는 증권 가격에 어떤 영향을 미치겠는가?

효율적 시장가설

20. Fuddy Co.가 갑작스럽게 예상하지 못했던 CEO의 사망소식을 발표하자, 회사의 주식 가격이 상승하였다. 이러한 시장의 반응은 무엇 때문인가?

21. 내부자정보를 이용하여 거래한 내부자의 수익률이 평균적인 수준보다 높다고 가정하자. 이와 같은 경우의 시장 효율성에 대하여 논하라.

22. 당신은 Outel의 주식가격이 주당 $25라고 분석하였다. 현재 시장가격은 $30이다.

   a. 당신이 회사에 관한 특별한 정보에 접근하는 방법을 가지고 있지 않다고 생각한다면, 당신은 어떻게 할 것인가?

   b. 만일 당신이 평균 정보보다 더 많은 정보를 가지고 분석한다면, 당신은 어떻게 할 것인가?

23. 도전과제 : 내부자 정보를 이용하여 거래한 내부자의 수익률이 평균적인 수준보다 높다고 가정하자. 정보공시에 대한 인센티브와 정보공시의 시기는 매매일과 비교하여 어떻게 되어야 하는가?

통합 문제

24. 친척 어른이 당신과 당신의 형제(형 1명, 누이 1명)에게 여러 가지 자산을 상속하였다. 이러한 자산들의 구입 당시 비용은 다음과 같다.

항목	비용	구입시기
보석	$500	75년 전 할머니가 구입
집	$1,200,000	10년 전
주식과 채권	$1,000,000	3년 전
중고차	$200,000	2개월 전
가구	$15,000	40년 동안 여러 기간에 걸쳐 구입

당신은 재무수업을 받고 있기 때문에 당신의 형제는 당신에게 자산을 공평하게 분배할 책임을 부과했다. 시작하기 전, 당신의 형은 당신에게 다가와 말했다. "나는 차를 정말 좋아한다. 그래서 네가 자산을 분배할 때, 차를 나에게 주고 내 몫에서 $200,000를 줄여라." 그 말을 듣고 누이는 말했다. "그건 공정하게 들린다. 나는 보석을 정말 좋아하니까, 그것을 나에게 분배하고 내 몫에서 $500를 줄여라."

당신은 집과 가구를 좋아했기 때문에, 그 집과 가구 상속을 원한다고 하자.

a. 형과 누이의 요구에 당신은 어떻게 대답할 것인가? 당신의 대답이 정당함을 증명하라.

b. 당신은 어떻게 각 자산의 적절한 가치를 평가하겠는가?

부 록

구매력 패리티와 실질이자율 패리티

일물일가의 법칙은 **구매력 패리티**(purchasing power parity, PPP)로서 알려진 교환비율 결정이론에 근거한다. 이 이론의 본질은 전 세계의 대표적인 상품과 서비스의 구매를 동일한 실질가격으로 유지하기 위해 교환비율을 조정하는 것이다. 다른 말로 표현하자면, 다른 나라에서 어떤 상품이 다른 가격을 가지게 될지라도, 생활의 전반적인 비용은 거의 동일해야 한다는 것이다.

PPP를 설명하기 위해, 이 세상에 일본과 미국 단 두 나라만 존재한다고 가정하자. 이 두 나라는 각기 다른 나라이며, 그들의 고유 통화인 엔과 달러를 사용한다. 그래서 엔의 달러 환율인 단 하나의 환율만이 결정되면 된다. 이들 두 나라에서는 밀이라는 단 하나의 상품을 생산하고 소비한다. 밀의 가격이 미국에서는 부셸당 $1이고 일본에서는 부셸당 ¥100이라고 가정하자. 균형 환율은 엔당 $0.01이다.

환율이 엔당 $0.009라면 어떤 일이 발생하는지 생각해 보자. 여기에는 차익거래 기회가 존재한다. 일본에서 밀을 구입하여 미국에서 소비자에게 밀을 판매하면 차익거래가 생겨난다. 일본에서 수입한 밀의 부셸당 가격은 $0.90($0.009/¥×¥100/부셸)이고 미국시장에서 $1.00에 판매한다. 이렇게 하면, 차익거래자는 균형 환율인 엔당 $0.01에서 보다 더 많은 달러로 전환할 수 있다. 일본은 무역수지를 경험할 것이고, 엔에 대한 과도한 수요가 발생할 것이다. 엔에 대한 과도한 수요는 엔당 달러의 가격을 상승시킬 것이다.

균형 환율보다 환율이 높은 경우에서는 반대 현상이 일어난다. 저평가된 달러는 일본 소비자에게 있어 일본의 밀보다 미국의 밀을 더 싸게 만든다. 일본은 밀을 수출하는 대신 수입하게 된다. 이때는 엔의 과도한 공급이 일어난다. 그래서 엔화의 달러 가격은 균형가격을 향해 하락한다.

현실에 있어, PPP의 묘사에 사용되었던 간단한 예는 여러 가지 이유에 있어 수정되어야 한다. 우리는 같은 상품이 두 나라에서 소비되고, 낮은 비용으로 교환될 것을 가정하

글상자 7.3 통화 시장 예측

기존 경제 모형 형성에 대한 이론과 실제 사례 분석은 통화 시장의 변동 요인 및 패턴의 분석에 실패해 왔다. 그러나 최근 이 시장에 대한 연구에서, 통화 시장에 새로운 정보가 즉각적으로 흡수되지 않는다는 결과를 보여 주고 있다. 이 연구 결과는 효율적 시장가설이 통화 시장에는 맞지 않는다는 생각을 갖게 한다.

통화 시장을 연구하는 경제학자들은 실무자들과 거리를 두는 경향이 있었다. 그러나 1983년, 간단한 거시 경제학적 모형이 통화 시장의 흐름을 설명할 수 없음을 주장하는 연구가 발표되었고, 경제학적 모형으로 통화 가치 변화를 정확히 예측할 수 있다고 생각했던 학자들은 이 결과에 당황하였다. 일부 학자들은 통화 가치 예측에 대한 새로운 접근이 필요한 시기라고 주장하였다. UC 버클리 경제학자 Richard Lyons는 트레이더들과 함께 EMH의 함정을 연구하여 새로운 통화 시장 모델에 대한 아이디어를 얻었다. 그는 실무와 이론이 조화를 이루어야 한다고 생각하였고, 조지타운 대학 경제학자 Martin Evans 및 실무자들과 기발한 아이디어를 제안하게 되었다. 이 두 학자들은 단 한 명의 외환 딜러가 모든 종류의 외환 트레이더들에게서 주문을 받아 시장 중개자 역할을 한다고 가정하였다. 각 주문은 실제 현금으로 보증받을 것이라

믿는 트레이더를 전제한다. 그렇다면 Lyons와 Evans의 관점은 개개인의 트레이더가 통화 시장의 움직임을 예측할 수 있을 것이라 예상하는 반면, 실제 딜러들 역시 시장에서 활동하는 이들의 믿음을 처음부터 갖고 있는 것으로 보는 것인가? 여기서 한 가지 주의해야 할 사실은 어떤 시기라도 외환 딜러는 US 달러 매도 주문보다는 매수 주문을 많이 받을 것이란 것이다. 이 상황은 양(+)의 '주문 흐름'을 배가한다. 그리고 Lyons과 Evans는 그것이 일부 예측력을 가지고 있다는 것을 발견했다. 다량의 통화를 거래하는 시티뱅크로부터 나온 데이터를 사용하여, 경제학자들은 16%의 4주 동안의 달러 변동을 현재의 주문 흐름으로 설명할 수 있다는 것을 제시한다. 결국 EMH는 정보가 시장 속으로 즉각적으로 통합되는 것을 제안한다. 그렇다면 어떻게 4주간의 모든 주문 흐름 정보가 환율에 반영될 수 있었을까? 실제에서는 즉시 반영 및 처리되기에는 너무 많은 양의 정보가 있다고 보이며, 시장에서 수요 공급이 통합되는 데에는 많은 시간이 소요된다. 통화 시장은 활발한 거래가 이루어지는 시장이나 효율적 시장가설의 타당성에 의문을 품게 하는 일례라고 할 수 있다.

출처 : Adapted from "Marking the Dealer's Cards," The Economist, November 24, 2005.

였다. 현실에 있어 몇 가지 상품은 동일하지만, 각 나라에서 생산되고 소비되는 많은 상품의 가격은 다르다. 게다가 대부분의 경우 교역을 하기에 너무 비용이 많이 든다. 많은 경우에 있어, 정부는 관세나 수입품 할당을 통하여 수입과 수출의 흐름을 저지한다.

이러한 모든 이유에서, PPP는 단지 근사값만을 가지고 장기에서만 유지된다.

환율들 간의 관계를 설명하기 위해 PPP 이론을 사용한 것처럼, 다른 통화로 표시된 이자율 간의 관계를 설명하는 유사한 이론이 있다. 우리는 이것을 **실질이자율 패리티**(real interest-rate parity)라고 부른다. 이 이론은 무위험 대출에 대한 기대 실질이자율은 전 세계적으로 같아야 함을 설명한다. 실질이자율에 대한 가치는 어떤 통화의 대출이자율이 그 통화의 기대 인플레이션율에 의해 결정됨으로써 주어진다.

제5장에서 우리는 실질이자율과 명목이자율을 구별하였다. 대출에 있어 실현된 실질

이자율은 밑에서 나타난 바와 같이 명목이자율과 연관이 있음을 우리는 알고 있다.

$$1+명목이자율=(1+실질이자율)\times(1+인플레이션율)$$

실질이자율 패리티 이론하에서, 이 관계는 기대 인플레이션에 관한 것을 설명한다.

실질이자율 패리티 이론의 함축성을 묘사하기 위해, 현재 전 세계의 무위험 실질이자율이 3%라고 가정해 보자. 일본에서의 기대 인플레이션율은 연 1%이고 미국에서 기대인플레이션율은 연 4%이다. 실질이자율 패리티에 의해 함축된 엔과 달러의 명목이자율은 다음과 같다.

$$엔\ 이자율=1.03\times1.01-1=연\ 4.03\%$$
$$달러\ 이자율=1.03\times1.04-1=연\ 7.12\%$$

| 예제 7.12 |
스위스 프랑의 기대 인플레이션율이 연 10%라고 가정하자. 실질이자율 패리티에 따라 프랑의 명목이자율은 얼마가 되어야 하는가?

부록 : 구매력 패리티와 실질이자율 패리티

25. 도전과제 : 뷰익사의 Regal이라는 자동차가 디트로이트에서는 $27,000에, 그리고 디트로이트에서 수마일 떨어진 온타리오 윈저에서는 C$32,000에 판매되고 있다. 수송비용이나 제세공과금의 차이를 무시하면 차익거래가 존재하지 않기 위한 달러와 캐나다달러 간의 교환 비율은 얼마인가? 미국에서는 Regal의 가격은 이후 몇 년 동안 2%(APR, 연속복리) 상승할 것으로 예상되나, 반면에 캐나다에서는 4%로 상승할 것으로 예상된다. 차익거래가 존재하지 않기 위한 1년 후의 달러와 캐나다달러 간의 교환비율은 얼마인가? 차익거래가 존재하지 않기 위해서는 1년 이후의 달러와 캐나다달러 간의 교환비율은 어떻게 변화하겠는가? 향후 두 국가에서 Regal 가격의 인플레이션 차이에 따라 교환비율은 어떻게 변화해야 하는가?

08

채권의 가치평가

| 학습목표 |

■ 확정적인 현금흐름을 제공하는 계약이나 유가증권의 평가에 대한 이해

■ 시간의 흐름에 따라 채권의 가격과 수익률이 어떻게 변화하는가에 관한 이해

| 주요내용 |

제7장에서 가치평가 과정의 핵심은 비교 가능한 자산 가격에 관한 정보를 이용해서 가치평가를 수행하고, 추가로 두 자산 간의 차이를 조정해서 자산의 시장가치를 평가하는 것이라고 설명하였다. 가치평가 모형은 시장 이자율과 다른 자산들의 가격(모형의 투입변수)에 관한 정보로부터 자산가치(모형의 결과변수)를 추론하는 데 사용되는 계량적인 방법이다.

이 장에서는 고정된 수입을 제공하는 유가증권의 가치와 미래 현금흐름이 확정적인 여러 계약들의 가치에 관해 살펴보고자 한다. 채권 등 고정수입이 보장되는 유가증권과 부동산담보대출이나 연금과 같은 계약들이 그 예가 될 것이다. 이러한 증권 또는 계약은 가계의 주된 소득원이며 자금 조달 원천을 대표하는 것들이므로 가계에 매우 중요하며 또한 기업과 정부에게도 주된 자금 조달 원천으로서 매우 중요한 의미를 지닌다.

이러한 계약들의 가치를 평가하는 방법을 이해하는 것은 최소한 두 가지 이유에서 중요하다. 첫째, 계약 당사자들은 최초 계약시점에 계약조건에 대한 합의를 볼 필요가 있는데 이 과정에서 공통의 가치평가 모형이 필요하다. 둘째, 고정수익증권은 종종 만기 이전에 팔린다. 이러한 경우 그 가치를 결정하는 시장요소들(즉 이자율)이 시간에 따라 변하기 때문에 수요자와 공급자 모두 거래할 때마다 가격을 다시 평가해야 한다.

8.1절에서는 단일 이자율로 미래의 확실한 현금흐름을 평가하는 현금흐름할인 모형을 소개한다. 8.2절에서는 일반적으로 수익률곡선이 수평이 아니라는(즉 이자율이 만기에 따라 변화한다는) 사실을 고려한 모형으로 가치평가를 설명한다. 8.3절부터 8.5절에서는 현실세계에서 채권의 주요 특징을 설명하고 이런 특징들이 채권의 가격과 수익률에 어떤 영향을 미치는지에 대해 알아본다. 또 8.6절에서는 시간에 따른 이자율의 변화가 채권의 시장가격에 미치는 영향에 대해 살펴보기로 한다.

8.1 현가계수를 활용한 확정적 현금흐름의 가치평가

제4장에서 단 하나의 무위험이자율을 가진 시장에서는 어떤 형식의 미래 현금흐름이든 그것의 현재가치를 계산하는 것이 그렇게 복잡하지 않다는 것을 설명하였다. 그것은 할인율로 무위험이자율을 사용하여 현금흐름 할인 공식을 적용하면 된다는 것을 의미한다.

예를 들어, 매년 $100를 지급하기로 한 고정수익증권을 구입했다고 가정해 보자. 적당한 할인율이 연 6%라고 알고 있다면 이 3년 만기 연금의 가치는 얼마인가? 제4장에서 설명한 바와 같이 대답은 $267.3로 재무용 계산기나 현가계수를 이용하거나, 연금의 현재가치 공식을 적용하여 찾아낼 수 있다. 이자율이 i일 때 n기간 매기 $1의 정상 연금의 현재가치를 구하는 식은 다음과 같았다.

$$PV_{PMT}(PMT,\ i,\ n)=PMT\frac{1-(1+i)^{-n}}{i}$$

재무용 계산기를 이용하여 n, i, PMT를 입력하고 PV_{PMT}를 계산하면 된다.

n	i	PV	FV	PMT	결과
3	6	?	0	100	PV=267.30

유가증권을 구입한 후 한 시간이 지나고, 무위험이자율이 연 6%에서 7%로 상승했는데 당신이 이 증권을 팔기 원한다고 가정해 보자. 얼마에 팔 수 있겠는가?

시장 이자율의 수준은 변했으나 증권으로부터 기대되는 확정적 미래 현금흐름은 변하지 않았다. 투자자가 증권으로부터 매년 7%의 수익을 얻기 위해서는 증권가격이 하락해야 한다. 그렇다면 얼마로 하락해야 하는가? 답은 증권가격이 증권의 현금흐름을 연 7%로 할인한 현재가치까지 하락해야 한다는 것이다.

n	i	PV	FV	PMT	결과
3	7	?	0	100	PV=262.43

3년간 매년 $100를 지급하기로 한 고정수익증권의 가격이 $262.43일 때 이 증권은 구입자에게 연 7%의 수익률을 제공한다. 이와 같이 고정수익증권의 가격이 증권 투자자들에게 경쟁적인 수익률을 제공할 경우에만 투자자들이 증권을 사려고 할 것이므로 시장이자율이 오를 때 고정수익증권의 가격은 하락한다.

그러므로 이자율의 1% 상승이 증권의 시장가치를 $4.87 하락시킨다. 같은 이유로 이자율의 하락은 증권의 시장가치를 상승시킨다.

확실한 현금흐름의 가치평가에 대한 기본 원칙은 다음과 같다.

시장 이자율의 변화는 미래에 확정된 금액을 지급하기로 약정한 모든 계약의 시장가치를 반대방향으로 변화시킨다.

시장 이자율의 변화는 예측할 수 없기 때문에 고정수익증권의 가격은 그 만기까지 불확실하다.

| 예제 8.1 |
시장 이자율이 연 6%에서 5%로 하락하면 매년 $100를 지급하기로 약정한 3년 만기 고정수익증권의 가치는 어떻게 되겠는가?

실제로는 확실한 현금흐름의 가치평가도 앞에서 설명한 것처럼 그렇게 간단하지만은 않다. 왜냐하면 대개의 경우 투자자들이 현재가치 계산에 어떤 할인율을 적용해야 하는지를 모르기 때문이다. 제2장에서 본 바와 같이 시장 이자율은 만기에 따라 다르다. 미국 장기 국채의 수익률곡선이 그림 8.1에 나와 있다.

3년 만기에 상응하는 이자율을 앞의 예에서 3년짜리 연금의 가치를 계산하는 데 사용되는 할인율이라고 생각하기 쉬우나 그것은 잘못된 생각이다. 확정적 현금흐름의 가치를 계산하기 위해서 수익률곡선에 포함된 정보를 사용하는 방법은 매우 복잡하다.

8.2 기본원칙 : 순수할인채

확정적 현금흐름을 제공하는 계약의 평가는 **순수할인채**(pure discount bonds, 또는 무이표채)의 시장가격 나열하기에서 출발할 수 있다. 순수할인채란 만기일에 한 번의 현금 지급만을 약속하는 채권이다.

이러한 순수할인채가 확정적 현금흐름을 약속하는 모든 계약의 가치평가를 위한 기본요소가 된다. 이것을 이용해서 아무리 복잡한 현금흐름 계약이라도 현금흐름의 구성요소

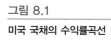
그림 8.1
미국 국채의 수익률곡선

출처 : http://www.
bloomberg.com/markets/
rates/index.html(May 22,
2006). Reprinted with
permission from
Bloomberg LP, 731
Lexington Avenue, New
York, NY 10022.

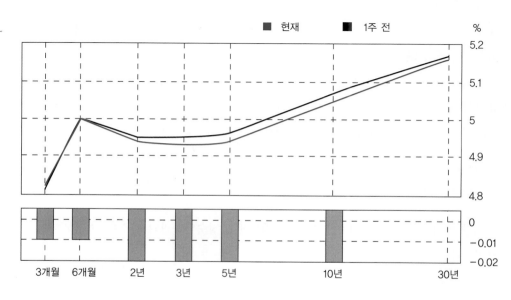

로 각각 분해시켜서 이들을 평가해 총합을 구하면 된다.

순수할인채에서 만기에 지급하는 금액을 **액면가**(face value 또는 par value)라 한다. 순수할인채로부터 투자자가 받을 수 있는 이자는 채권 구입가격과 만기에 받게 될 액면가액의 차액이다. 그러므로 1년 만기에 액면가가 $1,000인 순수할인채를 $950의 가격으로 구입했다면 차액인 $50($1,000−$950)가 벌어들인 이자이다.

순수할인채의 수익률(이자율)은 구입해서 만기까지 보유한 투자자가 얻을 수 있는 연 기준 수익률이다. 앞의 예에서와 같이 1년 만기 순수할인채의 경우,

$$1년\ 만기\ 순수할인채의\ 수익률 = \frac{액면가 - 구입가격}{구입가격}$$

$$= \frac{\$1000 - \$950}{\$950} = 0.0526\ 또는\ 5.26\%$$

그러나 만약 만기가 1년과 다르다면, 우리는 연율로 된 수익률을 찾기 위한 현재가치 계산식을 사용해야 한다. 액면가가 $1,000이고 가격이 $880인 2년 만기의 순수할인채를 가정해 보면 가격과 액면가를 동일하게 만드는 할인율인 채권의 연간 수익률을 계산할 수 있다. 재무용 계산기에 n, PV, FV를 입력하면 i를 구할 수 있다.

$$PV_{FV}(FV,\ i,\ n) = \frac{FV}{(1+i)^n}$$

n	i	PV	FV	PMT	결과
2	?	−880	1,000	0	i=6.60%

8.1절에서 설명한 3년간 매년 $100의 지급을 약정하는 증권의 가치평가를 다시 살펴보자. 표 8.1에서와 같이 순수할인채의 가격을 알고 있다고 하자.

표 8.1 순수할인채의 가격과 수익률

만기	가격(액면가액 $1 기준)	수익률(연 기준)
1년	0.95	5.26%
2년	0.88	6.60%
3년	0.80	7.72%

증권의 올바른 가치를 평가하기 위해 사용될 수 있는 대안이 두 가지가 있다. 첫 번째 대안은 표 8.1의 두 번째 란의 가격들을 이용하는 것이고, 두 번째 대안은 마지막 란의 수익률을 사용하는 것이다. 첫 번째 대안은 세 번의 약정된 현금 지급액에 각각 달러당 그에 상응하는 가격을 곱하고 나서 그것들을 합하는 것이다.

첫째 해 현금흐름의 현가＝$100×0.95＝$95.00
둘째 해 현금흐름의 현가＝$100×0.88＝$88.00
셋째 해 현금흐름의 현가＝$100×0.80＝$80.00
현가의 합계＝$263

그러므로 증권의 가치는 $263이다.

두 번째 대안에서는 만기에 상응하는 수익률로 각각의 약정된 현금지급액을 할인함으로써 첫 번째 대안과 같은 결과를 얻는다.

첫째 해 현금흐름의 현가＝$100/1.0526＝$95.00
둘째 해 현금흐름의 현가＝$100/1.0660^2＝$88.00
셋째 해 현금흐름의 현가＝$100/1.0772^3＝$80.00
현가의 합계＝$263

여기서 주의할 점은 표 8.1의 마지막 줄에 있는 7.72%의 3년째 수익률로 3년 동안의 모든 현금흐름을 할인하는 것이 아니라는 점이다. 그렇게 계산을 한다면 $4가 적은 $259가 증권의 가치가 된다.

$$PV_{PMT}(100,\ 7.72\%,\ 3)=259.02$$

n	i	PV	FV	PMT	결과
3	7.72%	?	0	100	$PV=$259

$263의 증권 가치를 얻기 위해 8.1절에서 사용했던 방법으로 3년간의 모든 현금흐름을 할인하는 데 사용될 수 있는 하나의 할인율은 존재하는가? 대답은 '존재한다'이다. 그 하나의 할인율은 연 6.88%이다. 이것을 증명하기 위해 연금의 현가계산식이나 계산기에 i 대신 6.88%를 입력하면 된다.

$$PV_{PMT}(100,\ 6.88\%,\ 3)=263.01$$

n	i	PV	FV	PMT	결과
3	6.88%	?	0	100	$PV=\$263$

문제는 연금 현가계산에 사용된 연 6.88%의 할인율이 표 8.1에 있는 어떤 수익률과도 일치하지 않는다는 점이다. 우리는 증권의 가치가 $263이어야 한다는 사실로부터 그것을 얻을 수 있다. 바꾸어 말하면 우리는 i를 찾기 위해 현가계산등식을 이용한다.

$$PV_{PMT}(100,\ i,\ 3)=\sum_{t=1}^{3}\frac{100}{(1+i)^{t}}=263,\ i=6.88\%$$

n	i	PV	FV	PMT	결과
3	?	−263	0	100	$i=6.88\%$

그러나 위 방법에서는 우리가 제일 먼저 평가하려고 했던 그 값(즉 $263)을 사용하고 있다. 그런 까닭에 표 8.1의 채권가격 정보만 갖고서는 하나의 할인율을 이용하여 3년 연금의 가치를 찾아내는 직접적인 방법을 사용할 수 없다.

이 절의 주된 결론을 요약하면 다음과 같다. 수익률곡선이 수평이지 않을 때(즉 만기에 따라 수익률이 다를 경우) 확정적 현금흐름을 약속한 계약이나 증권의 가치를 평가하는 올바른 방법은 서로 다른 만기의 순수할인채 수익률로 각각의 만기에 지급되는 현금흐름을 할인하여 이를 모두 합하는 것이다.

| 예제 8.2 |

표 8.1에서 2년 만기 순수할인채의 수익률이 6%로 하락한다면(다른 수익률에는 변화가 없다) 3년간 매년 $100를 지급하는 연금의 가치는 어떻게 되는가? 그와 같은 가치를 얻기 위해서 연금의 현가계산식에 적용될 단일 할인율은 얼마이겠는가?

8.3 이표채, 단순수익률, 만기수익률

이표채(coupon bond)는 발행인이 보유자에게 채권 만기까지 이자를 지급하고 만기에 채권의 액면가액을 지급할 의무가 있는 채권을 말한다. 정기적인 이자지급을 영어로 **쿠폰**(coupons)이라고 하는데, 이는 예전에 대부분의 채권들이 투자자들로 하여금 채권 하단의 쿠폰을 떼어서 발행인에게 제시해야 이자를 지급했기 때문이다.

채권의 **액면이자율**(coupon rate)은 이자지급 계산을 위해 액면가액에 적용되는 이자율이다. 따라서 액면이자율이 10%일 때 액면가액이 $1,000인 채권은 발행인이 매년 $100(0.10×$1,000)를 지급할 의무가 있다. 만일 채권의 만기가 6년이라면 만기에 발행인은 마지막 이자 $100와 액면가액인 $1,000를 지급한다.[1]

이러한 이표채의 현금흐름을 그림 8.2에 나타냈으며 현금흐름은 기간별로 약속된 현금흐름 $100와 만기에 $1,000를 지급하는 것으로 구성되어 있다.

$100의 연간 이자지급 금액은 채권의 발행 시점에 고정된 것이며 채권의 만기까지 일정하게 유지된다. 일반적으로 발행일의 채권가격은 액면가액인 $1,000가 된다.

이표채의 가격과 수익률 사이의 관계는 순수할인채의 경우보다 조금 더 복잡하다. 곧 알게 되겠지만 이표채의 가격이 액면가액과 다를 경우 수익률이라는 용어의 의미는 그 자체가 애매해진다.

액면가액과 동일한 시장가격의 이표채는 **액면발행채권**(par bonds)이라 불린다. 이표채의 시장가격이 그 액면가치와 동일할 경우 채권의 수익률은 채권의 이자율과 동일하다. 예를 들어 액면 $1,000이고 연 10%의 이자율을 지급하는 1년 만기 채권을 고려해 보자. 이 채권은 지금으로부터 1년 뒤에 채권 소지인에게 $1,100를 지급한다(이자 $100, 원금 $1,000). 이와 같이 10% 이표채의 유통가격이 $1,000라면 그 수익률은 10%이다.

채권가격 결정 원칙 1 : 액면발행채권

만일 채권가격이 액면가와 동일하다면 그 수익률은 채권의 액면이자율이다.

그러나 종종 이표채의 가격과 그 액면가치는 다르다. 예를 들어 채권 발행 후 경제 내

그림 8.2

이표율 10%, 액면가 $1,000인 채권의 현금흐름

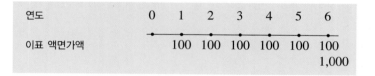

연도	0	1	2	3	4	5	6
이표 액면가액		100	100	100	100	100	100
							1,000

---

[1] 일반적으로 미국에서는 이자지급이 반기(semiannually)별로 이루어진다. 따라서 이표율이 10%인 액면가 $1,000 채권은 6개월마다 $50를 지급한다. 계산을 간단히 하기 위해 이 장에서는 이 사실을 무시한다.

에서 이자율 수준이 떨어지는 경우를 생각해 보자. 19년 전에 20년 만기로 발행된 만기가 1년 남은 이표채를 가정해 보자. 그 당시 수익률곡선은 연 10%의 수평을 유지했다. 이제 채권은 만기가 1년 남아 있고 1년간의 이자율은 연 5%이다.

10% 이표채가 액면가로 발행되었지만 현재의 시장가격은 $1,047.62이다. 왜냐하면 현재 채권가격이 그 액면가보다 더 높아졌기 때문이다. 이것을 **할증발행채권**(premium bond)이라 한다.

수익률은 얼마인가?

우리가 계산할 수 있는 수익률에는 두 가지가 있다. 첫 번째는 연이자를 채권가격으로 나눈 **단순수익률**(current yield)이다.

$$단순수익률 = \frac{액면이자}{채권가격} = \frac{\$100}{\$1,047.62} = 9.55\%$$

단순수익률은 할증발행채권이 만기에 채권구입 시 지급한 금액보다 $47.62 적은 $1,000만을 수취한다는 사실을 무시하고 있기 때문에 실제 수익률보다 높을 것이다.

채권의 액면가와 그 가격이 다를 수 있다는 사실을 고려해 보면 **만기수익률**(yield to maturity)이라는 수익률을 계산할 수 있다. 만기수익률은 채권가격이 약정된 현금흐름의 현재가치와 동일하게 되는 할인율이라고 정의된다.

만기수익률은 액면가액을 포함하여 채권구입으로부터 받게 될 모든 현금흐름을 고려한다. 앞의 예에서는 만기가 1년만 남았기 때문에 계산이 간단하다.

$$만기수익률 = \frac{이자 + 액면가액 - 채권가격}{채권가격}$$

$$만기수익률 = \frac{\$100 + \$1,000 - \$1,047.62}{\$1,047.62} = 5\%$$

따라서 채권구입 시 수령하는 금액에 대한 기준으로 단순수익률 9.55%를 사용하게 되면 심각하게 그릇된 결과를 가져올 것이라는 것을 알 수 있다.

이표채의 만기가 1년 이상일 때 만기수익률의 계산은 복잡하다. 예를 들어 가격이 $1,100인 액면가 $1,000의 2년 만기 10% 이표채를 구입했다고 가정하면 수익률은 얼마이겠는가?

그 단순수익률은 9.09%이다.

$$단순수익률 = \frac{액면이자}{채권가격} = \frac{\$100}{\$1,100} = 9.09\%$$

그러나 1년짜리 할증발행채권에서처럼 단순수익률은 만기가 되었을 때 구입 당시 지불한 $1, 100보다 적은 금액을 수취한다는 사실을 무시하고 있다. 만기가 1년 이상인 경우의 만기수익률은 채권가격과 현금흐름의 가치를 동일하게 만드는 할인율이다.

$$PV_{BOND}(PMT,\ FV,\ YTM,\ n) = PV_{PMT}(PMT,\ YTM,\ n) + PV_{FV}(FV,\ YTM,\ n)$$

$$= \sum_{t=1}^{n} \frac{PMT}{(1+YTM)^n} + \frac{FV}{(1+YTM)^n} \tag{8.1}$$

이때 n은 연 단위로 표시된 만기까지의 기간이고, YTM은 만기수익률, PMT는 이자지급액 그리고 FV는 만기에 받게 될 채권의 액면가액이다. 다기간 이표채의 만기수익률은 채권만기 n, 채권가격 PV, 채권의 액면가 FV, 이자지급액 PMT를 입력함으로써 쉽게 i를 계산할 수 있다.

n	i	PV	FV	PMT	결과
2	?	−1,100	1,000	100	$i = 4.65\% = YTM$

다음 식 $\$1,100 = PV_{PMT}(100,\ YTM,\ 2) + PV_{FV}(1,000,\ YTM,\ 2)$을 만족시키는 YTM은 4.65%이다.

그러므로 2년 만기 할증발행채권의 만기수익률은 단순수익률보다 훨씬 작다.

위의 예들은 채권가격과 수익률 간의 관계에 대한 일반원칙을 설명하고 있다.

채권가격 결정 원칙 2 : 할증발행채권

이표채 가격이 액면가액보다 높다면 만기수익률은 단순수익률보다 작으며 또한 단순수익률은 채권의 액면이자율보다 작다.

할증채의 경우

만기수익률 < 단순수익률 < 액면이자율

이제 2년 만기 4% 이자율의 채권을 생각해 보자. 그 가격이 $950라면 가격이 채권액면보다 낮으므로 할인발행채권(discount bond)이라고 부른다(주의할 것은 이자를 지급하므로 순수할인채는 아니라는 것이다).

수익률은 어떻게 되는가? 이전의 할증발행채권의 경우에서처럼 단순수익률과 만기수익률의 서로 다른 두 가지 수익률을 구할 수 있다.

$$단순수익률 = \frac{액면이자}{채권가격} = \frac{\$40}{\$950} = 4.21\%$$

할인채의 경우 단순수익률은 실제수익률보다 과소평가된다. 왜냐하면 단순수익률은 만기에 채권의 구입금액보다 더 많은 금액을 지급받는다는 사실을 무시하고 있기 때문이다. 할인채의 경우 만기에 구입할 때의 가격 \$950가 아닌 액면가 \$1,000를 지급한다.

만기수익률은 만기의 액면가액 \$1,000를 포함하여 채권 구입으로부터 얻을 수 있는 모든 현금흐름을 고려한다. 채권의 만기수익률을 계산하기 위해 재무용 계산기를 사용하면

n	i	PV	FV	PMT	결과
2	?	−950	1,000	40	i=6.76%=YTM

다음 식 $\$950 = PV_{PMT}(40, YTM, 2) + PV_{FV}(1,000, YTM, 2)$을 만족시키는 YTM은 6.76%이다.

그러므로 할인채의 만기수익률은 단순수익률보다 크다.

채권가격 결정 원칙 3 : 할인발행채권

이표채의 가격이 액면가보다 작으면 만기수익률이 이자수익율보다 크며 단순수익률은 채권의 액면이자율보다 크다.

할인채의 경우

만기수익률 > 단순수익률 > 액면이자율

8.3.1 고수익률에 주의! 미국 국채펀드

과거에 주로 미국 국채에만 투자했던 몇몇 투자회사가 같은 만기의 다른 투자 대상보다 높은 이자율을 제공한다고 광고를 했었다. 그들이 광고한 수익률은 단순수익률이었고,

그들이 투자한 채권은 상대적으로 높은 이자율의 할증발행채권들이었다. 이 경우 채권가격 결정 원칙 2에 따라 벌어들일 실제 수익은 광고된 단순수익률보다 훨씬 작을 것이다.

1년 동안 투자할 $10,000를 가지고 있는데 5% 이자율을 제공하는 은행 CD(양도성 예금증서)에 가입할 것인가 아니면 8%의 액면이자를 지급하는 미국 정부발행 채권에 투자하는 펀드에 투자할 것인가를 결정해야 한다고 가정해 보자. 펀드에 편입된 채권은 할증되어 거래될 것이다. 지금부터 1년 뒤 만기에 받을 액면가 $10,000를 위하여 현재 $10,285.71를 지급해야 한다. 펀드의 단순수익률이 $800/$10,285.71(7.78%)이고 이 수익률을 펀드가 광고하고 있다. 만일 펀드운용회사에서 서비스의 대가로 연 1%의 수수료를 받는다면 실제 얻는 수익률은 얼마이겠는가?

만일 펀드 측이 광고를 위한 수수료를 전혀 받지 않는다면 연간수익률은 정확히 은행의 CD 이자율과 동일한 5%일 것이다. 왜냐하면 펀드에 투자된 $10,000로 액면 $10,000의 8% 이표채를 $10,285.71에 구입함으로써 동일한 수익률을 달성할 것이기 때문이다.

$$수익률 = \frac{이자 + 액면가액 - 채권가격}{채권가격} = \frac{\$800 + \$10,000 - \$10,285.71}{\$10,285.71} = 5\%$$

$10,000의 1%에 해당하는 수수료를 펀드운용사에 지급해야 하기 때문에 실제수익률은 은행의 CD에서 얻을 수 있는 5%보다 오히려 더 적은 4%일 것이다.

| 예제 8.3 |
가격이 $9000이고 연 6% 이자율의 3년 만기 채권의 단순수익률과 만기수익률은 얼마인가?

8.4 채권가격표 읽기

채권가격은 여러 곳에서 발표하고 있다. 가장 최근의 가격 자료를 요구하는 투자자와 애널리스트들을 위한 최고의 정보 공급원은 단말기를 통해 정보를 즉각적으로 제공하는 온라인 정보 서비스이다. 가장 최근의 자료를 필요로 하지 않는 사람들은 경제신문의 채권가격표를 보면 된다.

표 8.2는 월스트리트저널의 2006년 5월 22일자 자료를 부분적으로 옮긴 것이다. 트레저리 스트립은 미 정부가 발행한 이표채에 투자해서 각각의 이표와 액면금액을 따로 분리해 개별적으로 순수할인채의 형태로 재발행한 채권을 말한다.

가격표를 이해하기 위해서는 몇 가지 추가적인 설명이 필요하다.

표 8.2 트레저리 스트립의 가격표

Maturity	Type	Bid	Asked	Change	Ask Yld.
Aug 08	bp	89:25	89:26	1	4.87
Aug 12	np	73:22	73:22	3	4.96
Aug 16	ci	59:08	59:08	4	5.18

주 : 미국 동부 시각 오후 3:00 기준. 거래의 최소 단위는 $1,000,000이다. 가격은 1/32씩 변한다. 수익률은 매도 호가(asked quotation)를 기준으로 계산되었다.
출처 : Bear, Stearns & Co. via Street Software Technology Inc.

1. 둘째 란의 **종류(Type)**는 스트립의 최초 출처를 말해 주고 있다. *ci*는 액면이자이고 *bp*는 장기 미국 재무성 채권(Treasury Bond)으로부터의 원금이다. *np*는 중기 미국 재무성 채권(Treasury note)으로부터의 원금이다. 장기 미국 재무성 채권은 10년 이상의 만기를 갖는 채권을 말하고 중기 미국 재무성 채권은 10년 또는 그보다 짧은 만기를 갖는다.

2. 매도 희망 가격(ask price)은 채권딜러가 팔고자 하는 가격이며 매수 희망 가격(bid price)는 그들이 사고자 하는 가격이다. 그러므로 매도 희망 가격은 매수 희망 가격보다 항상 크다. 그 차액은 사실상 딜러들의 커미션이다. 마지막 란의 매도 호가 기준 수익률(Ask Yld)은 매도 희망 가격을 이용해 계산된 만기수익률이다. 연간 2회의 복리를 가정하고 있다.

3. 가격의 시세는 액면 $1당 센트로 나타낸다.

4. 콜론 뒤의 숫자는 1센트에 대한 백분율이 아니라 32분율이다. 그러므로 97:11은 97과 11/32(즉 $0.9734375)이지 $0.9711이 아니다.

표 8.2는 만기가 2008년 8월인 트레저리 스트립의 매도 희망 가격이 액면 $1당 89와 26/32(89.8125)이고 만기가 2012년 8월인 것은 73과 22/32(73.6875)임을 보여 주고 있다.

표 8.3은 2006년 5월 22일에 블룸버그닷컴에서 발췌한 미국 장기국채 가격표의 일부이다. 표 8.3의 두 번째 열에서는 각 채권의 액면 이자율을 보여 주고 있다. 수익률은 매입 호가를 기준으로 작성되었다.

표 8.3 미 정부 발행 채권의 가격표

미국 재무성 채권(2006년 5월 22일)				
단기				
종류		만기일	할인율/수익률	할인율/수익률 변화
3개월		08/17/2006	4.68/4.80	0.02/−.016
6개월		11/16/2006	4.80/4.98	0.02/−.011
중기/장기				
	이표	만기일	현재가격/수익률	가격/수익률 변화
2년	4.875	04/30/2008	99-28/4.94	0-01+/−.021
3년	4.875	05/15/2009	99-26+/4.94	0-01$^3/_4$/−.020
5년	4.875	04/30/2011	99-22$^3/_4$/4.94	0-03+/−.023
10년	5.125	05/15/2016	100-20+/5.04	0-04+/−.018
30년	4.500	02/15/2036	90-12$^1/_2$+/5.13	0-01$^3/_4$/−.004

출처 : http://www.bloomberg.com/markets/rates/index.html. Reprinted with permission from Bloomberg LP, 731 Lexington Avenue, New York, NY 10022.

8.5 동일 만기에도 수익률이 다른 이유

종종 우리는 동일 만기의 두 국채가 서로 다른 만기수익률을 갖는 것을 본다. 이것은 일물일가의 법칙에 위배되는 것인가? 대답은 '아니다' 이다. 사실상 액면이자율이 다른 두 채권에 대해서, 일물일가의 법칙이 성립하는 경우에도 수익률곡선이 평행이 아니라면 동일 만기의 채권이라도 서로 다른 만기수익률을 가질 수 있다.

8.5.1 액면이자율 효과

예를 들어 하나는 액면이자율이 5%이고 다른 하나는 10%인 2년 만기의 두 채권을 생각해 보자. 그리고 1년 만기와 2년 만기의 순수할인채의 수익률과 시장가격이 다음과 같다고 하자.

만기	액면가액 $1당 가격	수익률(연간)
1년	$0.961538	4%
2년	$0.889996	6%

일물일가의 법칙에 따라 각 이표채의 첫해 현금흐름은 $1당 $0.961538, 그리고 두 번째 해 현금흐름은 $1당 $0.889996가 되어야 한다. 그러므로 이 이표채들의 가격은 다음과 같아야 한다.

5% 이표채 :

$$0.961538 \times \$50 + 0.889996 \times \$1,050 = \$982.57$$

10% 이표채 :

$$0.961538 \times \$100 + 0.889996 \times \$1,100 = \$1,075.15$$

이제 이 시장가격에 상응하는 각 채권의 만기수익률을 계산해 보자. 재무용 계산기를 사용하면

5% 이표채 :

다음 식 $\$982.57 = PV_{PMT}(50,\ YTM,\ 2) + PV_{FV}(1,000,\ YTM,\ 2)$을 만족시키는 YTM은 5.95%이다.

n	i	PV	FV	PMT	결과
2	?	−982.57	1,000	50	$i = 5.95\% = YTM$

10% 이표채 :

다음 식 $\$1,075.15 = PV_{PMT}(100,\ YTM,\ 2) + PV_{FV}(1,000,\ YTM,\ 2)$을 만족시키는 YTM은 5.91%이다.

n	i	PV	FV	PMT	결과
2	?	−1,075.15	1,000	100	$i = 5.91\% = YTM$

그러므로 일물일가의 법칙에 의해서 두 채권은 서로 다른 만기수익률을 가지게 된다는 것을 알 수 있다. 일반적으로

수익률곡선이 수평이 아니면 액면이자율이 다른 동일만기의 채권은 서로 다른 만기수익률을 갖는다.

| 예제 8.4 |
순수할인채의 가격이 앞의 예와 같다면 연 4% 액면이자율의 2년 만기 이표채의 만기수익률과 가격은 얼마인가?

8.5.2 채무불이행위험과 세금의 효과

때때로 동일 액면이자율과 동일 만기의 채권이 서로 다른 가격에 팔리는 경우를 볼 수 있다. 이런 차이는 두 채권이 표면상으로는 동일한 증권이지만 질적으로 다르기 때문이다.

미래에 동일 금액을 지불하기로 한 채권들 사이에도 차이가 존재할 수 있다. 가장 중요한 두 가지는 채무불이행위험과 세금적용의 차이이다. 지금부터 1년 후에 $1,000를 지급하기로 약정한 채권을 생각해 보자. 1년간 국채이자율이 6%라고 가정하자. 만일 채권이 채무불이행위험이 없다면 가격은 $1,000/1.06=$943.4가 될 것이다. 그러나 만일 약간의 채무불이행위험(약속한 금액을 지급하지 않는 위험)이 존재한다면, 채권의 가격은 $943.4보다 낮은 값이 될 것이고 수익률은 연 6%보다 높을 것이다.

채권의 과세 가능성은 발행자, 채권의 종류 등에 따라 변할 수 있고, 이러한 조건은 채권의 가격에 확실히 영향을 미칠 것이다. 예를 들어 미국에서는 지방정부가 발행한 채권의 이자 수익에 대해서는 연방소득세가 면제된다. 다른 조건이 동일하다면 이런 조건은 세금을 지불하는 투자자에게 좀 더 매력적일 것이고, 다른 유사한 채권들보다 더 높은 가격을 갖게 될 것이다(즉 수익률은 더 낮게 된다).

8.5.3 채권수익률에 영향을 미치는 다른 효과들

표면적으로는 동일한 확정수익을 약속한 증권이라도 서로 차별화될 수 있는 많은 부수 조건들이 있다. 그런 까닭으로 각각의 가격은 달라진다. 다음과 같은 각각의 경우에, 부수 조건들은 동일한 채권의 가격을 상승시킬지 아니면 하락시킬지에 대해서 생각해보자.

1. 수의상환가능성. 이 부수 조건은 발행인에게 만기 전에 채권을 상환할 수 있는 권리를 주는 것이다. 이런 채권을 **수의상환채권**(callable bond)이라고 한다.
2. 전환가능성. 이 부수 조건은 소지인에게 채권을 약정된 비율만큼의 발행회사 주식으로 전환할 수 있는 권리를 준 것을 말한다. 이것을 **전환사채**(convertible bond)라고 한다.

발행인에게 더 매력적인 조건은 가격을 낮출 것이며 투자자에게 더 매력적인 조건은 가격을 상승시킬 것이다. 그러므로 상환가능성은 채권이 더 높은 만기 수익률, 즉 낮은 가격으로 거래가 되도록 하고, 반대로 전환가능성은 채권이 더 낮은 만기수익률, 즉 더 높은 가격으로 거래가 되도록 한다.

8.6 시간의 경과에 따른 채권가격의 변화

이 절에서는 시간의 경과에 따른 채권가격 변화와 이자율 변화에 대하여 살펴본다.

8.6.1 시간 경과의 효과

수익률곡선이 평행이고, 이자율이 변하지 않는다면 무위험 순수할인채의 가격은 시간이 경과함에 따라 상승할 것이고, 할증채의 가격은 하락할 것이다. 채권의 만기에는 채권가격이 액면가격과 같아야 하기 때문이다. 그러므로 우리는 할인/할증채권의 가격이 만기가 가까워짐에 따라 그 액면가치에 수렴하는 것을 알고 있고 이것은 그림 8.3에서와 같이 20년짜리 순수할인채의 경우를 보면 이해할 수 있다.

수익률이 항상 6%이고 액면가가 $1,000인 채권을 가정하여 계산과정을 설명해 보면, 발행시점에 채권의 만기는 20년이고 가격은 $PV_{FV}(\$1,000, 6\%, 20) = \$311.80$이다.

n	i=YTM	PV	FV	PMT	결과
20	6%	?	1,000	0	PV=$311.80

1년이 지나면 만기는 19년으로 가격은 다음과 같다.

n	i=YTM	PV	FV	PMT	결과
19	6%	?	1,000	0	PV=$330.51

그러므로 가격의 변화율은 채권의 수익률인 연 6%와 동일하다.

$$가격의 변화율 = \frac{\$330.51 - \$311.80}{\$311.80} = 6\%$$

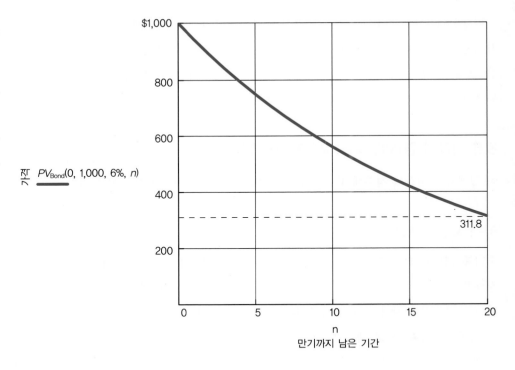

그림 8.3

시간의 경과에 따른 순수할인채의 가격 변동

주 : 이자율의 변화가 없고 기간구조가 평행하다고 가정하면 순수할인채의 가격은 만기까지 만기수익률과 동일한 비율로 상승한다. 그림에서는 액면가 $1,000 만기수익률 6%를 가정하고 있다.

가격 $PV_{Bond}(0, 1,000, 6\%, n)$

311.8

n
만기까지 남은 기간

| 예제 8.5 |

수익률이 연 6%에 머문다면 2년 후 순수할인채의 가격은 어떻게 되는가? 1년 후부터 2년까지의 변화율이 6%임을 증명하라.

8.6.2 이자율위험

일반적으로 우리는 국채 구입이 채무불이행위험이 없는 보수적인 투자대상이라고 생각한다. 그러나 이자율이 변화하는 경제 환경에서는 장기채권 투자자에게도 큰 이득이나 손실을 가져다줄 수 있다.

그림 8.4A는 시장 이자율 변화에 대한 장기채권의 가격 변화를 보여 준다. 그림은 만기가 30년인 순수할인채와 8% 이표채 그리고 만기가 10년인 8% 이표채의 가격의 이자율이 2%에서 12%로 변화할 때 변화하는 모습을 보여 주고 있다. 예를 들면, 만기수익률이 8%라면 액면가액이 $1,000이고 30년 만기의 액면이자율 8%인 채권가격은 $1,000일 것이다. 반면에 만기수익률이 6%라면 동 채권의 가격은 $1,275.30이고 만기수익률이 10%라면 채권의 가격은 $811.46일 것이다. 만기가 30년인 순수할인채의 가격은 액면가인 $1,000보다 낮은 수준일 것이다. 만약 수익률이 6%라면 동 채권의 가격은 $174.11이고,

표 8.4 순수할인채의 가격

만기까지 남은 기간	순수할인채 가격
$n =$	$PV_{Bond}(0, 1,000, 6\%, n) =$
0	$1,000.00
1	943.40
2	890.00
3	839.62
4	792.09
5	747.26
6	704.96
7	665.06
8	627.41
9	591.90
10	558.39
11	526.79
12	496.97
13	468.84
14	442.30
15	417.27
16	393.65
17	371.36
18	350.34
19	330.51
20	311.80

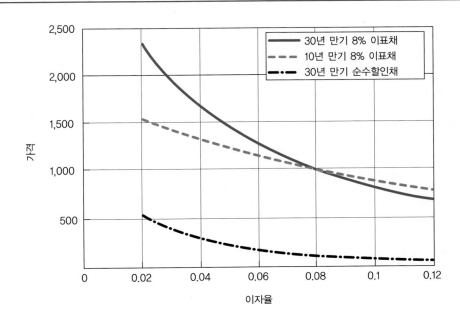

그림 8.4A

이자율 변화에 따른 채권 가격

그림 8.4B

아자율 변화에 따른
채권가격의 민감도

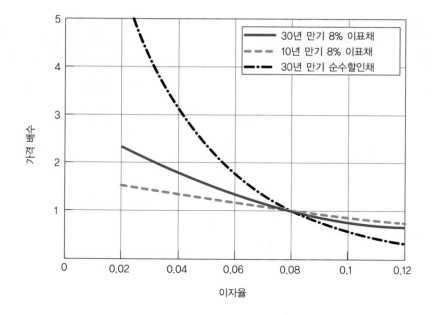

수익률이 8%라면 가격은 $99.38, 그리고 수익률이 10%라면 가격은 겨우 $57.31이다.

그림 8.4B는 만기수익률 변화에 따른 채권가격의 민감도를 보여 주고 있다. 그림의 세로축은 가격비율을 나타내는데, 이 그림의 세로축은 만기수익률이 8%인 경우의 채권가격으로 가로축의 만기수익률에 해당하는 채권가격을 나눈 값이다.

예를 들어 만기수익률이 8%인 경우 만기가 30년인 8% 이표채의 가격은 액면가와 동일한 $1,000이다. 반면에 만기수익률이 10%인 경우 동 채권의 각격은 $811.46이 된다. 따라서 이 경우의 가격 배수는 0.8115가 된다. 이를 다르게 말하면 시장 이자율이 8%에서 10%로 오르면 채권가격은 18.85% 하락한다고 할 수 있다. 이 백분율의 변화를 비율로 나타내면 탄력성($\eta = \dfrac{\%\Delta\text{Price}}{\%\Delta\text{YTM}}$)을 구할 수 있는데, 이는 만기수익률 변화에 따른 채권가격의 민감도를 측정하는 데 쓰인다. 위의 경우에는 탄력성이 -0.75($-18.85\% \div 25\%$)로 비탄력적이다.

반변에 만기가 30년인 순수할인채의 경우에는 동 기간의 이표채보다 큰 가격민감도를 가진다. 만약에 만기수익률이 25%(8%에서 10%로) 상승하였을 경우에는 채권가격은 42.33% 하락($99.38에서 $57.31로)하게 된다. 이 경우 탄력성은 -1.69로 만기가 30년인 이표채보다 매우 탄력적이다.

그림 8.4B를 보면 이표채보다 순수할인채의 곡선이 더 가파른 것을 알 수 있다. 곡선이 보다 가파르다는 것은 채권의 이자율 민감도가 더 크다는 것을 의미한다.

또한 액면이자율이 동일하나 만기가 다른 경우, 만기가 긴 채권의 이자율 민감도가 더 큰 것을 그림 8.4B를 통해 알 수 있다. 계산해 보면 만기가 10년인 채권의 민감도 계수는 −0.49이고 만기가 30년인 채권의 민감도 계수는 −0.75이다.

| **예제 8.6** |
만일 액면이 $1,000이고 연수익률이 6%인 30년 만기 순수할인채를 구입했다고 가정하자. 다음 날 시장 이자율이 7%로 상승해서 당신 채권의 수익률도 증가하였다. 채권가격의 변화율은 얼마인가?

요 약

시장 이자율의 변화는 미래에 확정된 금액의 지급을 약속하는 모든 계약의 시장가치의 변화와 반대방향으로 움직인다.

미래의 가능한 모든 날짜에 수취할 $1의 시장가격은 확실한 현금흐름의 가치평가에 대한 기본구조이다. 이 가격은 거래된 채권의 관찰된 시장가격으로부터 추정된다.

그리고 다른 현금흐름들의 가치평가에도 적용된다. 가치평가는 각 미래 기간에 대하여 서로 상이한 할인율로 할인된 현금흐름 공식을 적용함으로써 실행될 수도 있다.

동일한 만기의 확정적 수익증권의 가격 차이는 액면이자율, 채무불이행위험, 세금, 상환가능성, 전환가능성, 그 외 다른 부수 조건들의 차이로 설명할 수 있다.

시간이 지나면 채권가격은 그 액면가액으로 수렴한다. 그러나 만기 이전의 채권가격은 시장 이자율의 변동으로 크게 변동할 수 있다.

핵심용어

순수할인채	액면발행채권	수의상환채권
액면가	할증발행채	전환사채
이표채	단순수익률	
액면이자율	만기수익률	

Bloomberg.com: Market Data—Rates & Bonds

    http://www.bloomberg.com/markets/rates/

Financial Times: Market Data—Bonds & Rates

    http://markets.ft.com/ft/markets/researchArchive.asp?cat=BR

예제 풀이

예제 8.1 시장 이자율이 연 6%에서 5%로 하락하면 매년 $100를 지급하기로 약정한 만기 3년 고정수익증권의 가치는 어떻게 되겠는가?

검정 이자율이 연 5%로 하락하면, 고정수익증권의 가치는 $272.32로 증가한다.

예제 8.2 표 8.1에서 2년 만기 순수할인채의 수익률이 6%로 하락한다면(다른 수익률에는 변화가 없다) 3년간 매년 $100를 지급하는 연금의 가치는 어떻게 되는가? 그와 같은 가치를 얻기 위해서 연금의 현가계산식에 적용될 단일 할인율은 얼마이겠는가?

검정 3년 만기 연금의 가치는

  첫째 해 현금흐름의 현가＝$100/1.0526＝$95.00

  둘째 해 현금흐름의 현가＝$100/1.06^2＝$89.00

  셋째 해 현금흐름의 현가＝$100/1.0772^3＝$80.00

  현가의 합계＝$264

그래서 연금의 가치는 $1 증가한다.

  세 번의 약속된 지불금의 현재가치와 채권가격 $264를 동일하게 만드는 단일의 이자율을 구하기 위해서는 다음을 풀면 된다.

n	i	PV	FV	PMT	결과
3	?	−264	0	100	i=6.6745%＝YTM

예제 8.3 가격이 $900이고 연 6%의 이자율의 3년 만기 채권의 단순수익률과 만기수익률은 얼마인가?

검정 현재 수익률은 60/900=0.0667=6.67%

우리는 다음과 같이 만기수익률을 구한다.

n	i	PV	FV	PMT	결과
3	?	−900	1,000	60	i=10.02%=YTM

예제 8.4 순수할인채의 가격이 앞의 예와 같다면 연 4% 액면이자율의 2년 만기 이표채의 만기수익률과 가격은 얼마인가?

검정 4% 이표채권의 가격은

$$0.961538 \times \$40 + 0.889996 \times \$1,040 = \$964.05736$$

그리고 만기수익률은

n	i	PV	FV	PMT	결과
2	?	−964.057	1,000	40	i=5.9593%=YTM

예제 8.5 수익률이 연 6%에 머문다면 2년 후 순수할인채의 가격은 어떻게 되는가? 1년 후부터 2년까지의 변화율이 6%임을 증명하라.

검정 2년 후 채권은 18년의 만기를 가지게 되고 채권의 가격은

n	i=YTM	PV	FV	PMT	결과
18	6%	?	1,000	0	PV=$350.34

그래서 가격의 변화율은 채권에서의 연수익률 6%와 정확하게 동일하다.

$$\text{가격의 변화율} = \frac{\$330.51 - \$311.80}{\$311.80} = 6\%$$

예제 8.6 만일 액면이 $1,000이고 연수익률이 6%인 30년 만기 순수할인채를 구입했다고 가정하자. 다음 날 시장 이자율이 7%로 상승해서 당신 채권의 수익률도 증가하였다. 채

권가격의 변화율은 얼마인가?

검정 30년 순수할인채권의 기초 가격은

n	i=YTM	PV	FV	PMT	결과
30	6%	?	1,000	0	PV=$174.11

다음 날 채권가격은

n	i=YTM	PV	FV	PMT	결과
30	7%	?	1,000	0	PV=$131.37

가격의 하락률은 24.55%이다.

이 경우 탄력성은 $\eta = \dfrac{\%\Delta \text{Price}}{\%\Delta \text{YTM}} = \dfrac{-24.55\%}{16.67\%} = -1.47.$

연습문제

확정적인 현금흐름에 대한 현재가치 공식의 응용

1. 만기가 3개월 남은 미국 국채를 구입한다고 가정하자. 국채는 순수할인채로 액면가는 $100,000이다. 만약 3개월 동안 수익률이 1%라면 현재 가격은 얼마이겠는가? 그리고 채권의 수익률을 연간 실효이자율로 나타내면 얼마인가?

2. 1번 문제의 채권을 구입한 지 1개월이 지났다고 가정하자. 당신은 이 채권을 시장에 팔기로 결심했다. 채권을 팔려는 시점에서 채권의 남은 2개월 동안의 수익률은 3/4% 이다. 1개월 동안의 수익률을 연간 실효 이자율로 나타내면 얼마인가?

3. 당신에게 다음의 순수할인채 가격이 주어졌다고 가정하자. 채무불이행위험은 없다.

만기	액면가액 $1당 채권가격	만기수익률
1년	0.97	3.093%
2년	0.90	

a. 이자 지급이 지금부터 1년 후에 시작되며 1년에 한 번 이루어진다고 가정하면, 6% 의 이자를 지급하는 2년 만기 이표채의 가격은 얼마가 되어야 하는가?

b. 표에서 빠진 항목을 구하라.

c. a에서 2년 만기 이표채의 만기수익률은 얼마가 되어야 하는가?

d. b와 c에서 당신의 답이 다른 이유는 무엇인가?

기본원칙 : 순수할인채

4. 만기가 3개월 남은 액면가 $100,000인 미국 국채(순수할인채)를 $99,128.817에 구입하였다. 연속복리로 *APR*를 구하라.

5. 만기가 10년 남은 액면가 $100인 채권의 가격이 $61.9133이다. 채권의 수익률이 이후 3년 동안 동일하다면 만기까지 남은 기간이 9년, 8년, 7년일 때 채권의 가격은 얼마이겠는가? 만약 만기까지 남은 기간이 6년일 때의 채권가격이 8년일 때의 채권가격과 동일하다면 6년일 때의 수익률은 얼마여야 하는가?

6. 다음 문장의 옳고 그름을 논하라.

   음의 이자율을 배제하면, 순수할인채의 기간 구조가 우상향한다는 것은 채권의 가격과 만기까지 남은 기간이 역의 관계에 있다는 것을 의미한다.

7. 만기가 15년 남은 액면가 $1,000인 순수할인채의 만기수익률이 10%이다. 만약 수익률이 5%로 하락한다면 채권의 가격은 얼마이겠는가? 채권가격은 수익률 변화에 따라 어떻게 변화하는가?

이표채, 단순수익률, 만기수익률

8. 만기가 5년인 5% 이표채의 만기수익률의 단순수익률은 얼마인가?

9. 채권가격과 액면가격의 관계에 기초하여 단순수익률, 이표율, 만기수익률 간의 관계를 설명하라.

10. 이표채의 가격은 두 부분으로 나뉠 수 있다. 채권의 가격은 지급되는 이자의 현재가치와 만기에 지급되는 액면가의 현재가치의 합이다. 기간구조가 평행이라 가정하면 위의 남은 기간에 두 부분은 어떻게 변화하겠는가?

11. 당신은 매년 이자를 지급하는 10년 만기 7% 이표채 미국 정부채권의 가격을 알기 원한다고 가정하자.

   a. 만기 수익률이 8%라는 것을 들었다. 가격은 얼마인가?

b. 이표채가 1년에 두 번 지급되고, 만기수익률이 연 8%라면 가격은 얼마인가?

c. 지금 당신은 만기수익률이 연 7%라고 들었다. 가격은 얼마인가? 계산을 하지 않고 답을 생각해 낼 수 있겠는가? 이표가 1년에 두 번 지급된다면 가격은 얼마인가?

12. 1년 전에 미국 국채의 수익률곡선이 4%(연기준 복리계산)로 일정했다고 가정하자. 위 채권의 만기는 30년이다. 금일 수익률곡선이 5%로 일정하다면 당신의 최초 투자액에 대한 투자수익률은 얼마인가?

a. 채권이 4% 이표채라면?

b. 채권이 순수할인채라면?

13. 도전 과제 : 12번 문제에서 복리계산이 반기로 이루어진다고 가정하자.

만기수익률과 투자수익률이 복리계산이 반기로 이루어지는 APR로 주어졌다. 최초의 기간구조는 4%로 일정하다. 동일한 연간 실효이자율이 되려면 반기기준 복리계산으로 수익률은 얼마가 되어야 하는가?

14. 다음 표의 모든 채권은 시간 경과에 약속된 현금흐름을 제외하고 모든 조건이 동일하다고 가정하자. 가격은 $1당 액면가액으로 공시된다. 공란의 가격을 표에 있는 정보와 일물일가의 법칙을 이용하여 구하라. 이자는 1년에 한 번 지급된다고 가정하자.

이표율	만기	가격	만기수익률
6	2년		5.5%
0	2년		
7%	2년		
0	1년	$0.95	

채권가격표 읽기

15. 아래의 만기가 5년인 미국 국채의 정보를 이용하여 채권을 구매할 경우 만기수익률(반기기준 복리계산)을 구하라.

Rate	Bid	Asked
6	99 : 15	99 : 17

16. 2년 만기 합성 순수할인채권을 만들려고 한다. 다음 정보를 알고 있다고 가정하자. 1년 순수할인채는 액면가액 $1당 $0.93에 거래되고, 2년 만기 7% 이표채는 $985.30(액

면가액＝$1,000)에 거래되고 있다.

   a. 2년 만기 이표채로의 현금흐름을 나타내라.

   b. 2년 만기 이표채를 매입하여, 여기서 발생하는 두 현금흐름을 매도하려 한다.

     i. 첫 번째 현금흐름을 매각하여 수취하는 금액은 얼마인가?

     ii. 손익분기가 되기 위해서는 두 번째 현금흐름으로 얼마를 수취해야 하는가?

동일 만기에도 수익률이 다른 이유

17. 순수할인채에 대한 정보는 다음과 같다.

만기	액면가 $100당 채권가격	수익률(반기기준 복리계산 APR)
1년	$95.18144	5.0%
2년	$95.62377	4.5%

   반기별로 이자를 지급하는 2년 만기 5% 이표채의 가격은 얼마인가? 이 채권의 만기수익률은 얼마인가?

18. 위의 문제에서 반기별로 이자를 지급하는 2년 만기 4.5% 이표채의 가격은 얼마인가? 이 채권의 만기수익률은 얼마인가? 이 채권이 할인채인 이유는 무엇인가?

19. 다음 특징들이 부가된 채권들의 가격은 부가되지 않은 채권들과 어떻게 다른가?

   a. 채권의 발행자가 5년 뒤에 조기상환할 수 있음(callable bond)

   b. 채권은 언제나 10개의 보통주로 전환될 수 있음(convertible bond)

   c. 채권자가 3년 뒤에 상환을 요구할 수 있음(puttable bond)

   d. 이자소득세가 면제되는 채권(tax-exempt coupon payment)

20. 도전 과제 : 무위험채권의 수익률곡선이 6%로 일정하다고 가정하자. 2년 만기 10% 이표채(액면 $1,000)가 B신용등급을 가지고 있는 다폴토사로부터 발행되었는데, 이 채권은 현재 시장가격은 $918이다. 채무불이행 위험을 제외하고는 다폴토사가 발행한 채권에 다른 재무적 특징은 없다고 가정하자. 투자자들은 다폴토사의 채무불이행 위험에 대항하기 위해 얼마를 지불하려고 하겠는가?

21. 도전 과제 : 무위험채권의 수익률 곡선이 5%로 일정하다고 가정하자. 채부불이행위험이 없는 만기가 20년인 5.5% 이표채(연간 1회 지급)가 10년 후부터 액면가 상환이 가능하다고 한다.

   a. 내재된 수의상환권의 가치는 얼마인가?

b. 세이프코사의 채권은 위의 수의상환 5.5% 이표채와 동일한 조건을 가지고 있으나, 만기 전에는 언제든지 10개의 주식으로 전환될 수 있다고 한다. 만약 이 채권의 만기수익률이 3.5%라면 내재된 전환권의 가치는 얼마인가?

시간의 경과에 따른 채권가격의 변화

22. 모든 것은 동일하나, 전체 수익률곡선을 따라 이자율이 상승하는 경우 다음을 예상할 수 있다.

  i. 채권가격은 하락한다.

  ii. 채권가격은 상승한다.

  iii. 장기채권의 가격이 단기채권가격보다 더 많이 하락한다.

  iv. 장기채권의 가격이 단기채권가격보다 더 많이 상승한다.

  a. ii번과 iv번은 옳다

  b. 가격이 어떻게 변할지는 알 수 없다.

  c. i번만이 옳다.

  d. ii번만이 옳다.

  e. i번과 iii번만이 옳다.

  옳은 것을 고르고, 이유를 설명하라.

23. 만기가 10년으로 동일한 두 채권(반기마다 이자지급)을 고려해 보자. 하나는 5% 이표율을 가지고 있고 다른 하나는 10% 이표율을 가지고 있다. 기간구조는 평행이라고 가정하고 만기수익률이 5, 10, 15%로 변화할 때의 채권가격 변화를 그래프로 나타내라.

24. 만기가 5년 그리고 10년인 10% 이표채(반기마다 이자지급)들을 고려해 보자. 기간구조는 평행이라 가정하고 수익률이 5, 10, 15%로 변화할 때의 채권가격 변화를 그래프로 나타내라. 두 채권 모두 현재의 YTM은 10%이다. 어떤 채권이 수익률의 변화에 보다 민감하게 반응하는가?

25. 도전 과제 : 채권의 가격은 두 부분으로 나뉜다. 지급되는 이자의 현재가치와 액면가의 현재가치가 그것이다. 만기가 5년이고 이표율이 8%(반기마다 지급)인 채권을 고려해 보자. 만약 기간구조가 10%(반기미다 복리가 취해지는 것을 APR로 표시)로 평행하다고 가정하면 만기까지 액면가의 현재가치와 지급되는 이자의 현재가치는 어떤 모습을 보이겠는가? 오늘부터 만기까지 매년의 채권가격표를 만들라. 채권의 가격과 두 부분을 종속변수로, 만기까지 남은 기간을 독립변수로 하는 함수의 그래프를 그리라.

09

보통주의 가치평가

제8장에서는 확정적인 현금흐름의 가치를 계산하는 데 일물일가의 법칙이 어떻게 사용될 수 있는지 살펴보았다. 이번 장에서는 **현금흐름할인법(DCF)**을 이용하여 불확실한 현금흐름들의 평가에 관하여 알아본다. 이 방법은 보통주의 가치평가에도 적용된다.

9.1 주가표 읽기

표 9.1은 뉴욕 증권거래소(NYSE)에서 거래되고 있는 IBM 주식의 주가표이다. 시세는 IBM의 종목코드를 Bloomberg.com 웹사이트 메인페이지의 "Enter Symbol"에 입력하면 얻을 수 있다.

표 9.1은 현재가격(Price)과 전일가격에서의 변화(Change) 및 %변화(% Change)를 보여준다. 또한 시가(Open)와 당일 거래량(Volume) 또한 나타내고 있다. 일중 최고가(High)와 최저가(Low), 지난 1년 동안의 최고가(52-Week High)와 최저가(52-Week Low)를 나타낸다. **배당수익률**(dividend yield)은 연간 배당액을 주가로 나누어 퍼센트로 표시한다. **주가/수익 비율**(price/earning ratio)은 주가를 주당순이익으로 나눈 값이다. 배당과 주당순이익에 대한 예측치 및 실제값은 과거 및 미래의 배당수익률 및 주가/수익 비율을 계산하는데 사용된다.

9.2 배당할인모형

현금흐름할인법(DCF)은 기대되는 현금흐름, 즉 주주들에게 지급되는 배당이나 회사영업으로부터의 순현금흐름을 할인하여 주식의 가치를 결정하는 방법이다. **배당할인모형**(discounted-dividend model, DDM)은 미래에 기대되는 현금배당의 현재가치로 주식의

표 9.1 뉴욕 증건거래소 주가표

IBM: US International Business Machines Corp More on IBM:US
06/02 13:16 New York Currency: USD Industry Computers

Price	Change	% Change	Bid	Ask	Open	Volume
79.360	−1.330	−1.648	N.A.	N.A.	80.500	4,499,600

High	Low	52−Week High (11/29/05)	52−Week Low (06/28/05)	1−Year Return
80.560	79.150	89.94	73.45	3.682%

출처 : Bloomberg.com, http://www.bloomberg.com/apps/quote?ticker=IBM:US. Reprinted with permission from Bloomberg LP, 731 Lexington Avenue, New York, NY 10022.

가치를 평가하는 모형이다.

이 배당할인모형은 보통주의 투자자가 현금배당과 주식의 가격 변화를 통한 수익을 기대한다는 것에서 출발한다. 예를 들어, 만약 ABC 주식으로부터 연간 D_1의 배당이 기대되고 1년 후 주식의 배당락 이후 가격이 P_1이 된다고 하자($D_1=\$5$이고 $P_1=\$110$).[1]

위험조정할인율(risk-adjusted discount rate) 혹은 **시장자본화율**(market capitalization rate)은 투자자들이 기꺼이 주식에 투자하기 위해 요구하는 기대수익률을 의미한다. 이 수익률이 어떻게 결정되는지는 제13장에서 살펴보기로 한다. 이 장에서는 이 수익률이 주어진 것으로 가정하고 그것을 k로 표시하기로 한다. 위의 예에서 k는 15%라는 가정을 적용한다.

투자자들이 기대하는 수익률 $E(r_1)$은 배당 D_1에 주식의 가격 변화(P_1-P_0)를 더하고 이를 현재의 주식가격 P_0로 나눈 것이다. 이 기대수익률을 요구수익률인 15%와 같도록 놓으면

$$E(r_1)=\frac{D_1+P_1-P_0}{P_0}=k$$

$$0.15=\frac{5+110-P_0}{P_0} \tag{9.1}$$

식 9.1은 배당할인모형의 가장 중요한 특징을 보여 주는데 이는 어떤 기간의 기대수익률은 시장자본화율 k와 같다는 것이다. 이 식으로부터 현재의 주식가격을 1년 후 기대되는 주식가격으로 나타내는 공식을 도출할 수 있다.

$$P_0=\frac{D_1+P_1}{1+k} \tag{9.2}$$

달리 말하면 현재 주식의 가격은 주식으로부터 기대되는 배당에 1년 후 주가를 더한 뒤 이를 요구수익률로 할인한 현재가치이다. ABC의 경우

$$P_0=\frac{\$5+\$110}{1.15}=\$100$$

그런데 이 모형에서는 1년 후 주가 P_1이 어떤 값을 갖는가가 중요하다. 그러나 어떻게

---

[1] 배당락 이후 가격은 최근에 지급될 배당을 수취할 권리가 없는 상태의 주가를 의미한다.

투자자들이 이 가격을 예측할 수 있는가? P_0을 이끌어 내는 데 사용된 논리를 한번 더 이용하면, 두 번째 연도 초에 기대되는 ABC 주가는

$$P_1 = \frac{D_2 + P_2}{1 + k} \tag{9.3}$$

식 9.3을 식 9.2에 대입하면 P_0는 D_1, D_2 그리고 P_2로 나타낼 수 있다.

$$P_0 = \frac{D_1 + P_1}{1 + k} = \frac{D_1 + \dfrac{D_2 + P_2}{(1 + k)}}{1 + k}$$

$$P_0 = \frac{D_1}{1 + k} + \frac{D_2 + P_2}{(1 + k)^2} \tag{9.4}$$

위와 같은 작업을 반복하면 일반적인 배당할인모형을 얻을 수 있다.

$$P_0 = \frac{D_1}{(1 + k)} + \frac{D_2}{(1 + k)^2} + \cdots = \sum_{t=1}^{\infty} \frac{D_t}{(1 + k)^t} \tag{9.5}$$

달리 말하면 주가는 기대되는 미래의 모든 주당 배당을 시장자본화율로 할인한 현재가치이다.

이는 투자자들이 전적으로 배당만을 고려한 것으로 보일지도 모르지만 배당할인모형은 투자자들이 주식의 가치를 평가하는 데 있어 배당과 미래 주가를 모두 고려한다는 개념과 대립되는 것이 아니다. 오히려 이러한 가정으로부터 배당할인모형이 도출되었다는 것을 알 수 있다.

9.2.1 항상성장률과 배당할인모형

식 9.5의 배당할인모형식을 사용하기 위해서는 매기의 미래 배당금액을 모두 끝없이 예측해야 한다. 그러나 이것은 실용적이지 못하다. 그러나 미래 배당에 대해 좀 더 단순한 가정을 한다면 배당할인모형은 실용적인 모형이 될 수 있다.

그 가장 기본적인 가정은 배당이 일정한 비율 g로 증가한다는 것이다. 예를 들어, 지속성장 기업의 배당이 매년 10%씩 증가할 것으로 기대된다고 하자.

미래 배당의 기대값은

D_1	D_2	D_3	$\cdots$
$5	$5.50	$6.05	$\cdots$

배당 성장 예상 $D_t = D_1(1+g)^{t-1}$을 식 9.5에 넣어 간단하게 표현하면, 일정률 g로 성장하는 영구적 배당의 현재가치는

$$P_0 = \frac{D_1}{k-g} \qquad\qquad (9.5)$$

지속성장 기업의 자료를 이용하면 주가는

$$P_0 = \frac{5}{0.15-0.10} = \frac{5}{0.05} = \$100$$

항상성장 배당할인모형이 갖는 몇 가지 의미에 대해 살펴보기로 하자. 첫째 만약 기대성장률이 0이라면 이는 일정한 영구현금흐름의 현재가치 모형이 된다: $P_0 = D_1/k$.

D_1과 k가 일정하다면 g가 클수록 주식의 가치가 더 커진다. 그러나 g가 k에 가까워질수록 이 모형은 적절하지 않게 된다. 즉 주식의 가치가 무한대에 가까워지게 되는 것이다. 그러므로 이 모형은 기대배당성장률이 k보다 작을 때에만 성립된다. 9.3절에서 성장률이 k보다 큰 기업의 경우에 할인배당 가치평가모형을 어떻게 적용하는지에 대해 살펴볼 것이다.

항상성장 배당할인모형의 또 다른 함축적 의미는 주식가격이 배당과 같은 비율로 성장할 것으로 기대된다는 것이다. 예를 들면, 지속성장 기업의 향후 3년 동안의 기대배당과 미래주가를 보여 주는 표 9.2를 보자.

왜 그런 관계가 성립하는지 살펴보기 위해 다음 해의 주가를 계산하는 식을 보면

표 9.2 지속성장 기업의 기대배당 및 미래주가

연도	연초의 주가	기대배당	기대배당수익률	기대주가상승률
1	$100	$5.00	5%	10%
2	$110	$5.50	5%	10%
3	$121	$6.05	5%	10%

$$P_1 = \frac{D_2}{k-g}$$

$D_2 = D_1(1+g)$이므로 이를 위 식에 대입하면

$$P_1 = \frac{D_1(1+g)}{k-g} = P_0(1+g)$$

그러므로 기대되는 주가의 변화율은

$$\frac{P_1 - P_0}{P_0} = \frac{P_0(1+g) - P_0}{P_0} = g$$

그러므로 배당할인모형은 배당이 일정하게 성장하는 경우에 가격의 증가율이 배당의 항상성장률 g와 항상 같음을 보여 준다. 그러므로 지속성장 기업의 경우 연간 기대수익률 15%는 5%의 기대배당률과 10%의 가격상승률의 합으로 구성된다.

일정성장모형에서는 이익, 배당 및 주가 모두가 항상성장률 g로 성장한다.

| 예제 9.1 |

XYZ 주식은 1년 후 주당 $2의 배당을 지급할 것이며 배당금은 그 이후 영구적으로 매년 6%씩 성장할 것으로 기대된다. 만약 현재의 주가가 $20라면 시장자본화율은 얼마가 되어야 하는가?

9.3 이익과 투자기회

현금흐름할인법의 두 번째 접근방식은 미래의 이익과 투자기회에 초점을 둔다. 배당이 아니고 이익과 투자기회에 초점을 맞추면 분석자는 가치의 주요 결정요소에 집중할 수 있다. 기업의 배당정책은 기업가치의 핵심 결정요소가 아니다. 이를 살펴보기 위해 어떤 투자자가 기업을 인수하려고 한다고 하자. 이러한 투자자는 미래 배당금을 그들이 희망하는 어떤 형태로도 결정할 수 있으므로 미래 배당의 형태에 관심을 두지 않는다.

신주가 발행되지 않는다고 가정하면 어느 기의 이익과 배당 사이에는 다음과 같은 관계가 성립한다.[2]

$$배당_t = 순이익_t - 순투자액_t$$

---

[2] 신주의 발행은 분석을 복잡하게 만들지만 기본적인 결과는 바뀌지 않는다.

그러므로 주식의 가치는 다음과 같이 나타낼 수 있다.

$$P_0 = \sum_{t=1}^{\infty} \frac{D_t}{(1+k)^t} = \sum_{t=1}^{\infty} \frac{E_t}{(1+k)^t} - \sum_{t=1}^{\infty} \frac{I_t}{(1+k)^t}$$

여기에서 E_t는 t기의 이익이고, I_t는 t기의 순투자이다.

이 식에서 알아야 할 중요한 점은 기업의 가치가 기대이익의 현재가치와 동일하지 않다는 것이다. 기업의 가치는 기대이익의 현재가치에서 재투자되는 이익의 현재가치를 차감한 것이 된다. 기업의 가치를 미래 기대이익의 현재가치로만 계산하면 순투자가 음(−) 또는 양(+)이 될 수 있으므로 정확한 시장가치보다 과대평가 혹은 과소평가할 수 있다.

사양산업의 경우에는 총투자가 현재의 자원을 완전히 대체할 정도로 크지는 않을 것이라고 예상할 수 있다. 이때 순투자는 음(−)이고 따라서 시간이 지남에 따라 생산능력은 점점 감소할 것이다. 안정적 산업에서는 대개 총투자가 요구되는 대체의 크기와 일치하게 된다. 결국 순투자는 0이고 생산능력은 일정하게 유지된다. 확장 산업에서는 총투자가 요구되는 대체투자의 크기를 초과할 수도 있다. 이때는 순투자가 양(+)이고 시간이 지남에 따라 생산능력은 증가하게 된다.

이익과 투자기회에 근거해서 기업의 가치를 평가할 때 유용한 방법은 기업의 가치를 두 부분으로 구분할 수 있다는 것이다. (1) 영구적으로 기대되는 현재수준의 이익(영구현금흐름) (2) 미래투자기회의 순현가(즉 새로 창출되는 이익에서 이를 만들어 내기 위해서 필요한 신규 투자금액을 차감한 값)가 그것이다. 이는 다음과 같이 표현될 수 있다.

$$P_0 = \frac{E_1}{k} + \text{미래 투자기회의 순현가}$$

예를 들면, 제로성장률 기업의 경우를 생각해 보자. 이 기업의 주당이익(EPS)은 $15이다. 이 기업은 매년 소멸되는 생산능력을 대체하는 데에만 필요한 양을 재투자하므로 순투자는 매년 0이다. 그러므로 이익은 모두 배당으로 지급하며 성장의 기회는 없다.

시장자본화율이 15%라고 하면 이 기업의 주가는 $100가 될 것이다.

$$P_0 = \frac{\$15}{0.15} = \$100$$

이제 성장하는 기업을 생각해 보자. 이 기업은 제로성장률 기업과 동일한 이익을 가진다. 그러나 매년 이익의 60%를 20%의 수익률을 가지는 신규 투자안에 재투자한다(즉 15%의 시장자본화율보다 5%가 더 높다). 그 결과 초기에는 성장하는 기업의 배당이 제로성장률 기업보다 적다. 제로성장률 기업과 같이 배당으로 주당 $15를 지급하는 대신 성장하는 기업은 $15의 40%만을, 즉 주당 $6만을 배당으로 지급할 것이다. 나머지 $9는 매년 20%의 수익률을 얻기 위해 기업에 재투자된다.

비록 초기에 성장하는 기업의 배당이 제로성장률 기업보다 낮다고 하더라도 배당은 시간이 지남에 따라 점차 증가하게 될 것이다. 성장하는 기업의 주가는 제로성장률 기업의 주가보다 높다. 왜 그런지를 살펴보기 위해 배당성장률을 계산하고 이를 배당할인모형에 적용해 보자.

배당성장률과 주당이익에 대한 식은 다음과 같다.[3]

$$g = 이익유보율 \times 신규투자수익률 = r \cdot r_i$$

이 경우 주가수익비율(P/E)은 항상 성장률과 관계된 고정된 값이다. 높은 성장률을 가지는 주식은 높은 주가수익비율을 가진다. 이는 미래기대 주가수익비율의 정의를 단순화해 보면 알 수 있다.

$$\frac{P_t}{E_{t+1}} = \frac{\frac{(1-r)E_{t+1}}{k-g}}{E_{t+1}} = \frac{1-r}{k-g}$$

배당수익률(D/P)은 항상 성장률과 역의 관계를 가진다. 미래기대 배당수익률의 정의를 단순화해 보면 다음과 같다.

$$\frac{D_{t+1}}{P_t} = \frac{D_t(1+g)}{\frac{D_t(1+g)}{k-g}} = k-g$$

---

[3] 기대이익성장률은 현재의 이익으로 이익의 변화를 나누어 준 값이다.

$$g = \frac{\Delta E}{E}$$

분자와 분모를 순 투자금액으로 나누어 주면 다음과 같다.

$$g = \frac{I}{E} \times \frac{\Delta E}{I}$$

우변의 첫 항은 이익유보율이고 두 번째 항은 신규투자수익률이다.

성장하는 기업의 경우에는

$$r=60\% \text{ 그리고 } r_i=20\%, \text{ 따라서 } g=r \cdot r_i=0.6 \times 0.2=0.12(12\%)$$

성장하는 기업의 주가를 계산하기 위해 항상성장모형을 사용하면

$$P_0=\frac{6}{0.15-0.12}=\frac{6}{0.03}=\$200$$

성장하는 기업의 미래 투자안에 대한 *NPV*는 \$100인데 이는 성장하는 기업의 주가와 제로성장률 기업의 주가 차이와 같다.

$$\text{미래 투자안의 } NPV=\$200-\$100=\$100$$

성장하는 기업의 주가가 제로성장률 기업의 주가보다 높은 것은 성장률 자체 때문이 아니고 재투자수익률(20%)이 시장자본화율(15%)보다 높기 때문이라는 것이 중요한 점이다. 이것을 확인하기 위해 재투자수익률이 20%가 아니라 15%라고 가정해 보자. 성장하는 기업의 경우와 구분하기 위해서 이 기업을 낮은 수준의 수익률을 가지는 정상이익 기업이라고 부르자.

정상이익 기업의 재투자수익률은 15%이고 매년 이익의 60%를 재투자한다. 그러므로 이익과 배당의 성장률은 9%가 된다.

$$g=r \cdot r_i=\text{이익유보율} \times \text{신규투자수익률}$$
$$g=0.6 \times 0.15=0.09(9\%)$$

항상성장 배당할인모형을 적용하면 정상이익 기업의 주가는

$$P_0=\frac{6}{0.15-0.09}=\frac{6}{0.06}=\$100$$

정상이익 기업의 배당이 매년 9%씩 성장해도 정상이익 기업의 주가는 제로성장률 기업의 주가와 동일하다. 이는 정상이익 기업의 높은 성장률은 초기의 낮은 배당에 의해서 정확하게 상쇄되기 때문이다. 표 9.3과 그림 9.1은 앞으로 3년 동안의 제로성장률 기업과 정상이익 기업의 기대이익과 배당을 비교하고 있다.

제로성장률 기업과 정상이익 기업의 주가는 동일한데 이는 미래 주당이익의 현재가치

표 9.3 제로성장률 기업과 정상이익 기업의 비교

제로성장률 기업						
연도	주가	수익	P/E*	배당	성장률	배당률**
0	$100.00					
1	$100.00	$15.00	6.67	$15.00	0%	15%
2	$100.00	$15.00	6.67	$15.00	0%	15%
3	$100.00	$15.00	6.67	$15.00	0%	15%
4	$100.00	$15.00	6.67	$15.00	0%	15%
5	$100.00	$15.00	6.67	$15.00	0%	15%

* 미래의 기대 주가수익비율, 현재의 주가를 다음 연도의 이익으로 나눈 값.
일반적인 식은 $(1-r)/(k-g)$이고, 여기서 $g=r=0$이므로 $1/k=1/0.15=6.67$이다.
**미래의 기대 배당률, 다음 연도의 배당을 현재의 주가로 나눈 값. 일반적인 식은 $k-g$이고, 여기서 $g=0$이므로 $k=0.15$이다.

정상이익 기업						
연도	주가	수익	P/E*	배당	성장률	배당률**
0	$100.00					
1	$109.00	$15.00	6.67	$6.00	9%	6%
2	$118.81	$16.35	6.67	$6.54	9%	6%
3	$129.50	$17.82	6.67	$7.13	9%	6%
4	$141.16	$19.43	6.67	$7.77	9%	6%
5	$153.86	$21.17	6.67	$8.47	9%	6%

* 미래의 기대 주가수익비율, 현재의 주가를 다음 연도의 이익으로 나눈 값.
일반적인 식은 $(1-r)/(k-g)$이고, 여기서 $(1-0.60)/(0.15-0.09)=0.4/0.06=6.67$이다.
** 미래의 기대 배당률, 다음 연도의 배당을 현재의 주가로 나눈 값. 일반적인 식은 $k-g$이고, 여기서는 $0.15-0.09=0.06$이다.

와 같다.

$$P_0=E_1/k=\$15/0.15=\$100$$

그러므로 정상이익 기업의 주당이익, 주당배당, 주가가 매년 9% 성장할 것으로 기대될지라도 이러한 성장은 모든 이익이 배당으로 지급되는 경우와 비교해서 추가적인 가치를 제공하지 않는다. 왜냐하면 정상이익 기업의 재투자수익률이 시장자본화율과 동일한 값

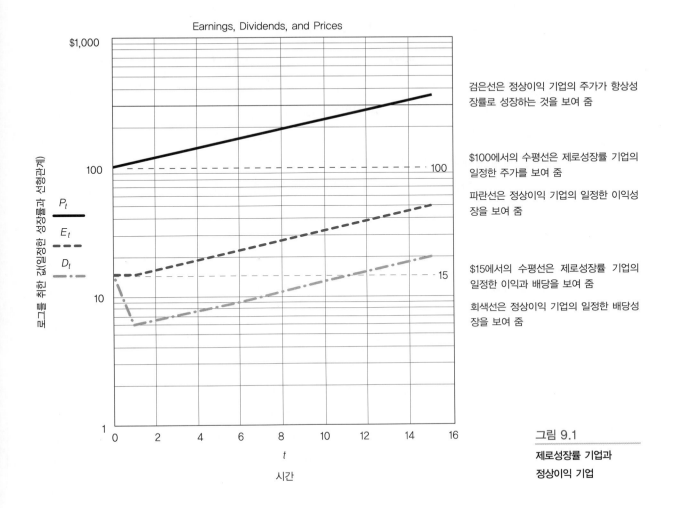

Earnings, Dividends, and Prices

검은선은 정상이익 기업의 주가가 항상성
장률로 성장하는 것을 보여 줌

$100에서의 수평선은 제로성장률 기업의
일정한 주가를 보여 줌

파란선은 정상이익 기업의 일정한 이익성
장을 보여 줌

$15에서의 수평선은 제로성장률 기업의
일정한 이익과 배당을 보여 줌

회색선은 정상이익 기업의 일정한 배당성
장을 보여 줌

그림 9.1

**제로성장률 기업과
정상이익 기업**

을 갖기 때문이다.

주요 논점을 요약하면 다음과 같다. 성장 자체가 가치를 증가시키는 것은 아니다. 가
치를 증가시키는 것은 요구수익률 k를 초과하는 수익을 올릴 수 있는 프로젝트에의 투자
기회이다. 기업의 미래 투자기회의 수익률이 k와 같다면 주식의 가치는 식 $P_0 = E_1/k$를
이용하여 평가할 수 있다.

| 예제 9.2 |

한 분석가가 QRS의 주식을 평가하기 위해 항상성장 배당할인모형을 사용하려고 한다. 기대되는 주당이익은
$10, 이익의 유보율은 75%, 미래의 투자기회에 대한 수익률은 18%, 시장자본화율은 15%라고 가정하자.
QRS 주식의 가치는 얼마인가? 미래의 투자기회가 제공하는 순현가는 얼마인가?

9.4 주가/수익 배수법에 대한 재고찰

제7장에서 기업의 주식가치를 평가하기 위한 주가/수익 배수법에 대해 간단히 살펴보았다. 기업의 주가를 평가하기 위해 널리 사용되는 방법 중 하나인 주가/수익 배수법은 그기업의 주당이익을 구하고 여기에 비교 대상기업으로부터 얻어지는 주가/수익비율(P/E)을 곱해서 주가를 계산하는 것이다. 앞서 보았던 할인현금흐름모형을 이용하면 이러한 방법에 대해 좀 더 자세하게 이해할 수 있다.

이미 알고 있는 바와 같이 기업의 주가를 구하기 위해 다음의 식을 이용할 수 있다.

$$P_0 = E_1/K + \text{미래 투자의 } NPV$$

그러므로 일관되게 높은 주가수익비율을 유지하는 기업은 상대적으로 낮은 시장자본화율을 갖거나 또는 투자안의 현가가 높다는 것을 의미한다. 즉 시장자본화율을 초과하는 수익률을 가져올 수 있는 좋은 투자기회를 가진다는 것이다.

시장자본화율을 초과하는 수익률이 기대되는 미래의 투자안 때문에 상대적으로 높은 주가수익비율을 가지는 주식을 **성장주**(growth stocks)라고 부른다.

어떤 투자자는 성장주가 높은 주가수익비율을 갖는 이유가 주당이익이 성장할 것으로 기대되기 때문이라고 한다. 그러나 그것은 잘못된 생각이다. 9.3절에서 살펴보았듯이 정상이익 기업은 매년 이익 9%로 성장할 것으로 기대되지만 이익의 성장이 전혀 없을 것으로 기대되는 제로성장률 기업과 동일한 주가수익비율을 갖는다. 기업으로 하여금 높은 주가수익비율을 갖게 하는 것은 성장 그 자체가 아니라 시장에서 요구되는 위험조정할인율, k보다 더 높은 수익률을 얻을 것이라 예상되는 미래 투자기회의 존재이다.

예를 들어, 생명공학을 이용하여 신약을 개발하는 제약회사인 디지털 바이오메드사의 주식가치를 평가하려 한다고 하자. 제약산업의 평균 주가/수익배수가 15이고 디지털 바이오메드의 기대 주당순이익이 $2이다. 만일 산업평균배수를 적용한다면 디지털 바이오메드 주식가치는 $30가 될 것이다. 그러나 실제 그 주식이 시장에서 주당 $100에 거래된다면 이러한 가격 차이를 어떻게 설명할 수 있겠는가?

$70의 차이는 아마도 디지털 바이오메드가 제약산업의 평균보다 더 좋은 미래의 투자기회를 갖게 될 거라는 투자자들의 믿음을 반영하고 있을 것이다.

주가수익률은 시간에 따라 변하는 경향이 있다. 새로운 정보가 시장에 도달함에 따라 투자자들의 수익에 대한 기대도 변화한다. 이익의 기대성장률이나 자본화율이 작은 폭으로 변화해도 이는 주가수익비율에 큰 변화를 가져올 수 있다. 이러한 관계는 개별 주식에서뿐만 아니라 전체 시장을 기준으로 보아도 성립한다.

9.5 배당정책이 주주의 부에 영향을 미치는가?

배당정책(dividend policy)은 투자와 자금조달에 관한 정책을 그대로 유지하면서 주주에게 지급하는 배당금액을 결정하는 것을 말한다. 세금과 거래비용이 없는 완전자본시장에서는 주주의 부가 기업이 채택하는 배당정책과 관계없이 일정하다. 그러나 현실에서는 배당정책이 주주의 부에 영향을 미치게 하는 마찰요인이 있는데, 이러한 요인에는 세금, 규제, 외부자본 조달비용 그리고 배당의 신호효과(정보효과) 등이 있다.

9.5.1 현금배당과 자사주매입

기업이 현금을 주주에게 나누어 주는 방법에는 **현금배당**(cash dividend)과 **자사주매입**(share repurchase)의 두 가지 방법이 있다. 기업이 현금배당을 지급할 때 모든 주주는 그들이 소유한 지분 비율에 비례해서 현금을 받는다. 다른 조건이 동일한 가운데 현금배당이 지급되면 배당 후 주가는 배당의 크기만큼 즉각적으로 하락한다.

자사주매입의 경우 기업은 주식시장에서 현금을 지급하여 주식을 사들이는데 그 결과 총발행 주식 수는 감소하게 된다.[4] 그러므로 자사주매입에 응하기로 한 주주들만이 현금을 받을 수 있다. 자사주매입을 통해 현금이 사용될 때 다른 조건이 동일하다고 하면 주가는 변하지 않는다.

예를 들어, 현금왕 기업이 $12,000,000의 자산을 보유하고 있는데, 그중 $2,000,000는 현금이고 $10,000,000는 그 밖의 자산이라고 하자. 부채의 시장가치는 $2,000,000이고 자기자본은 $10,000,000이다. 현재 시장에는 총 500,000주가 발행되었고 주당 시장가격은 $20이다.

표 9.4는 현금왕 기업이 주주에게 현금배당을 한 경우와 자사주매입을 한 경우 대차대조표의 변화에서의 차이를 설명하고 있다. 만일 이 기업이 주당 $2의 현금배당을 한다면 자산의 시장가치는 $1,000,000만큼 감소할 것이고, 자기자본은 $1,000,000 감소하여 $9,000,000가 될 것이다.

발행주식 수는 500,000주로 변화가 없기 때문에 주식가격은 $2씩 하락한다. 만일 현금왕 기업이 현금배당 대신 $1,000,000만큼의 자사주매입을 실행한다면 50,000주가 감소하

---

[4] 기업은 보유하고 있는 자사주를 미래에 되팔 수 있다.

표 9.4 현금왕 기업의 현금배당과 자사주매입

a. 원래의 대차대조표

자산		부채와 자기자본	
현금	$2,000,000	부채	$2,000,000
기타 자산	$10,000,000	자기자본	$10,000,000
합계	$12,000,000	합계	$12,000,000

발행주식 수=500,000.
주가=$20.

b. 현금배당 후의 대차대조표

자산		부채와 자기자본	
현금	$1,000,000	부채	$2,000,000
기타 자산	$10,000,000	자기자본	$9,000,000
합계	$11,000,000	합계	$11,000,000

발행주식 수=500,000.
주가=$18.

c. 자사주매입 후의 대차대조표

자산		부채와 자기자본	
현금	$1,000,000	부채	$2,000,000
기타 자산	$10,000,000	자기자본	$9,000,000
합계	$11,000,000	합계	$11,000,000

발행주식 수=450,000.
주가=$20.

여 발행주식 수는 450,000주가 되는데 이때의 주가는 $20가 된다.

표 9.4에서 사용된 가정하에서, 기업이 $1,000,000를 주주들에게 지급할 때 어떤 방법을 사용하더라도 주주의 부는 영향받지 않는다. 주당 $2의 현금배당을 하는 경우 모든 주주는 자신의 지분비율대로 현금을 받게 되고 주가는 배당 후에 주당 $2씩 감소하게 된다. 자사주매입의 경우 주식매입에 응한 주주들만이 현금을 받게 되고 나머지 주주들은 그들이 가지고 있는 주식의 시장가치에 아무런 변화도 없게 된다.

| 예제 9.3 |
현금왕 기업이 $1,500,000의 배당을 하는 경우, 현금배당과 자사주매입의 효과를 비교하라.

9.5.2 주식배당

기업은 종종 주식분할(stock splits)을 선언하거나 주식배당(stock dividends)을 지급하기도 한다. 주식분할이나 주식배당은 주주에게 현금을 배분하지 않는다. 다만 발행주식 수를 증가시킨다.

예를 들어, 현금왕 기업의 경영진이 2:1로 주식분할을 결정했다고 가정하자. 이것은 구 주식 하나가 두 개의 주식이 되는 것을 의미한다. 현금왕 기업의 총발행주식 수는 500,000주가 증가하여 1,000,000주가 될 것이다. 주주의 부가 경영진의 이런 행동에 영향을 받지 않는다는 가정하에서 주식의 시장가격은 $20에서 $10로 즉시 하락할 것이다.

주식배당의 경우 기업은 각각의 주주에게 추가적인 주식을 배분한다. 주식배당을 하는

표 9.5 현금왕 기업의 현금배당과 주식배당

a. 원래의 대차대조표

자산		부채와 자기자본	
현금	$2,000,000	부채	$2,000,000
기타 자산	$10,000,000	자기자본	$10,000,000
합계	$12,000,000	합계	$12,000,000

발행주식 수=500,000.
주가=$20.

b. 현금배당 후의 대차대조표

자산		부채와 자기자본	
현금	$1,000,000	부채	$2,000,000
기타 자산	$10,000,000	자기자본	$9,000,000
합계	$11,000,000	합계	$11,000,000

발행주식 수=500,000.
주가=$18.

c. 주식배당 후의 대차대조표

자산		부채와 자기자본	
현금	$2,000,000	부채	$2,000,000
기타 자산	$10,000,000	자기자본	$10,000,000
합계	$12,000,000	합계	$12,000,000

발행주식 수=550,000.
주가=$18.18.

것은 주주들에게 현금을 지급하고 주주들로 하여금 그 현금으로 다시 기업의 추가 발행된 주식을 사도록 하는 것으로 생각될 수도 있다. 그러나 이 경우에는 기업이 주주에게 현금을 지급하지 않았으므로 세금효과도 존재하지 않는다.

현금배당과 주식배당의 효과를 비교해 보기 위해 현금왕 기업의 경우를 다시 생각해 보자. 일반적으로 현금왕 기업사가 주당 $2의 현금배당을 실시했다고 가정하자. 그러나 이 기업의 경영자가 새로운 투자기회를 위해 배당으로 지급될 $2,000,000 중에서 $1,000,000를 유보하기로 결정하였다. 그러므로 경영자는 현금배당 대신에 10%의 주식배당을 하기로 할 것이다. 이는 주주가 구주 10주당 신주 1주를 받게 되고, 기업은 현금배당의 경우에 지급되었을 $1,000,000를 사내에 유보할 수 있다는 의미이다.

표 9.5는 주주의 부가 배당의 방법에 의해서 영향을 받지 않는다는 가정하에서 현금배당과 주식배당의 효과를 비교한 것이다. 먼저 표 9.5의 a와 c를 비교해 보자. 표 9.5의 c는 주식배당 후 시가로 표시된 현금왕 기업의 대차대조표이다. 자산, 부채, 자기자본의 총계가 주식 배당 전 시가로 표시된 a의 대차대조표와 동일하다. 단지 차이가 나는 것은 c에서 주식 수가 550,000으로 증가하였고 주가는 $18.18로 하락하였다는 것이다.

| 예제 9.4 |
현금왕 기업이 20%의 주식배당을 하는 경우의 효과를 설명하라.

9.5.3 완전시장에서의 배당정책

지금까지 현금배당이나 자사주매입을 통한 기업의 현금지급은 주주의 부에 아무런 영향을 미치지 않는다고 가정하였다. 이것은 유효한 가정인가? 혹은 기업이 배당정책을 이용하여 주주 부를 증가시키는 것이 가능한가?

1961년 모디글리아니와 밀러(M&M)는 신주식의 발행이나 자사주매입 시 세금과 신주발행과 자사주매입 비용이 존재하지 않는 완전시장에서는 기업의 배당정책이 주주의 부에 아무런 영향을 미치지 못한다고 주장했다.[5] M&M이론의 요지는 주주는 소유주식을 팔든가 배당을 재투자함으로써 기업이 선택한 어떠한 배당 효과를 흉내 낼 수 있다는 것이다.

현금왕 기업의 예로 M&M이론을 설명해 보자. 먼저 현금왕 기업의 경영자가

---

[5] Franco Modigliani and Merton Miller, "Dividend Policy, Growth and the Valuation of Shares," *Journal of Business*(October 1961), pp. 411-33.

$2,000,000를 현금배당으로 지급하는 대신, 기업의 총시장가치를 변화시키지 않는 투자안에 재투자하기로 했다고 가정하자. 100주를 보유한 주주가 주당 $2의 현금배당 지급을 선호했다고 하자. 이 주주는 $20의 가격으로 10주를 처분할 수 있다. 이를 통해 기업이 주당 $2의 현금배당을 한 경우와 동일하게 $200의 현금과 $1,800의 가치를 갖는 주식을 보유할 수 있다.

그러나 반대의 경우도 가능하다. 현금왕 기업은 주당 $2의 현금배당을 지급하지만 100주를 소유한 주주는 현금을 원하지 않는다고 하자. 그런데 배당지급 후에 이 주주는 현금 $200와 주식 $1,800를 갖게 된다. 이러한 경우에 주주는 배당받은 $200로 주당 $18의 가격에 주식을 추가로 매입함으로써 원래의 포지션을 유지할 수가 있다.

기업이 배당으로 지급되었을 현금을 가지고 양(+)의 NPV를 가지는 투자안에 투자했을 경우 어떠한 일이 일어나겠는가? 분명히 이 경우 사람들은 기업의 경영진이 현금배당을 하지 않고 기업에 재투자함으로써 주주의 부를 증가시킬 수 있을 것이라고 생각한다. 그러나 M&M 이론에서는 완전시장에서의 주가는 투자안의 순현가를 반영할 것이라고 주장한다. 그러므로 기업이 배당을 지급하지 않고 이 자금으로 투자하든(내부자본조달), 신주를 발행하여(외부자본조달) 투자를 하든 주주의 부에는 아무런 영향을 주지 않는다는 것이다.

M&M의 주장을 이해하기 위해서 다음의 예를 생각해 보자. 현금부족 기업은 $500,000의 현금과 $1,000,000의 기계설비를 보유하고 있으며 부채의 시장가치는 $1,000,000이다. 이 기업은 새로운 기계설비에 투자를 하기 위해 즉각적으로 $500,000를 필요로 하고 있으며 이 투자안의 NPV는 $1,500,000이다. 또 이 기업은 1,000,000주의 보통주를 발행하고 있으며 주가는 $2인데 이 가격에는 이 기업이 $1,500,000의 NPV를 갖는 투자안의 기회를 가지고 있음이 반영되어 있다. 표 9.6은 투자안을 실행하기 전 시장가치로 표시된

표 9.6 시장가치로 표시된 현금부족 기업의 대차대조표

자산		부채와 자기자본	
현금	$500,000	부채	$1,000,000
기계설비	$1,000,000		
새로운 투자안의 NPV	$1,500,000	자기자본	$2,000,000
합계	$3,000,000	합계	$3,000,000

발행주식 수＝1,000,000.

주가＝$2.

현금부족 기업의 대차대조표를 보여 주고 있다.

현금부족 기업은 새 투자안에 대한 내부자본조달을 위해 $500,000의 현금을 이용할 수도 있고, 주주에게 $500,000를 현금으로 배당하고 동시에 신주를 발행하여 자본을 조달할 수도 있다. 완전자본시장에서는 모든 정보를 비용 없이 이용할 수 있고 신주발행에 대한 비용은 존재하지 않는다. 그러므로 이러한 상황에서는 주주의 부가 배당정책에 의해 영향을 받지 않는다.

만일 현금부족 기업이 자본조달을 위해 $500,000의 현금을 사용하였다면 대차대조표 상에서 현금이 $500,000만큼 감소하는 반면 기계설비 계정은 $500,000만큼 증가하게 된다. 이때 발행주식 수는 여전히 1,000,000주이며 주가 역시 $2이다.

만일 이 기업이 $500,000를 현금배당(즉 주당 $0.5)으로 지급하고 신주를 발행하여 자본조달을 한다면 어떻게 될 것인가? M&M에 따르면 지급되는 배당만큼 주가는 하락할 것이다($2에서 $1.5로). 구주주들은 현금배당으로 $500,000를 받고 $1,500,000만큼의 주식을 보유하게 되기 때문에 그들의 부는 여전히 $2,000,000이다. 현금부족 기업은 새로운 기계설비를 위한 추가적인 자금 $500,000를 확보하기 위해 333,333주의 신주를 발행해야 한다.

│ **예제 9.5** │
M&M의 가정하에서 현금부족 기업이 $250,000의 현금배당을 실시하고, 새로운 기계설비를 위한 나머지 $250,000는 신주를 발행하여 조달하는 경우 어떠한 결과가 나타나겠는가?

9.5.4 현실에서의 배당정책

이론적으로 완전시장에서는 배당정책이 주주의 부에 아무런 영향을 미치지 않는다고 하였다. 그러나 현실세계에는 배당정책이 주주 부에 영향을 미치게 하는 여러 제약 요인들이 있다. 이러한 제약 요인들 중에서 세금, 규제, 외부자본조달에 있어서의 비용, 배당의 정보효과 등 중요한 요소들에 대하여 생각해 보자.

미국을 비롯한 많은 나라에서는 조세 당국이 현금배당에 대하여 개인소득세를 부과한다. 그러므로 기업이 현금배당을 실시하면 모든 주주는 세금을 내야 한다. 만약 현금배당 대신 자사주매입을 한다면 주주는 세금을 내지 않아도 된다. 그러므로 주주의 입장에서 보면 기업이 자사주매입을 실시하는 것을 항상 더 선호한다.

그러나 미국에서는 기업이 주주에게 현금을 지급하는 방법으로서 현금배당 대신에 자

글상자 9.1 배당정책과 투자 결정

주주에게 현금배당을 지급하는 미국 기업의 비율은 여러 요인에 기초하여 증감한다. 다른 요인들에 변화가 없다면 첫째, 유통시장에 상장되는 중소기업의 수가 증가할수록 배당을 지급하는 기업의 비율은 감소한다. 대체로 중소기업의 수익은 매우 미미하지만 추후 성장할 가능성이 있다고 보이기 때문에 그들은 현금 배당을 지급하는 대신 재투자하는 것을 선호한다. 둘째, 만약 자본이득보다 배당에 더 높은 세율이 적용된다면 주주들은 배당보다 성장을 통한 자본이득을 선호할 것이며, 배당금을 지급하는 기업의 비율은 낮아질 것이다. 셋째, 경영진에 대한 보상으로 스톡옵션을 지급한다면 경영진은 배당금을 지급하기보다는 재투자를 통해 주식가격을 높이려 할 것이다. 마지막으로, 배당주가 상대적으로 덜 위험하다고 생각된다면 투자자들은 강세 시장에서 배당주를 더 선호할 것이다.

기업이 배당을 지급하기 위해서는 여분의 현금을 보유해야 하기 때문에, 전통적으로 배당 지급 기업의 증가는 미래 성과에 대한 경영진의 낙관적 견해로 여겨져 왔다. 그러나 기업 투명성 증가와 지배 구조 개선은 신호 장치로서의 배당 역할을 감소시켰다.

현재까지 배당과 투자 결정에 대한 많은 연구가 있었음에도 불구하고, 기업 주식의 인기, 시장에 진입하는 중소기업 수의 변화, 정부의 세금정책, 시장동향, 그리고 기업지배 구조 등 배당정책 및 투자 결정에 영향을 미치는 요인과 배당금 증감 원인에 대해서 정확히 밝혀진 바가 없다.

출처 : Adapted from "Why Cash Has Become King Once Again," *Financial Times*, February 13, 2005.

사주매입을 실행하는 것을 법으로 금지하고 있다. 정부는 주주에게 분배된 현금에 대해서는 세금이 부과되어야 한다는 입장이다. 실제로 기업이 영업에 필요하지 않은 현금을 보유하는 것도 법적으로 제한한다. 조세당국은 과다한 유보를 배당에 대한 개인소득세 징수를 방해하는 수단으로 본다.

현금배당을 통해서든 자사주매입을 통해서든 주주에게 현금을 지급하지 않는 것을 선호하는 또 다른 이유는 외부자금조달을 하는 데 드는 비용 때문이다. 신주의 판매와 중개를 담당하는 투자은행에 이러한 비용이 지불되어야 하고 이는 모두 주주들이 부담해야 하는 몫이기 때문이다.

또 다른 비용은 경영자(내부자)와 신주의 잠재적 수요자(외부자) 간에 이용할 수 있는 정보의 차이 때문에 발생한다. 기업의 외부 이해관계자들은 신주발행의 배경에 대해서 회의적이고 혹시라도 내부자들이 가지고 있을 기업의 부정적인 정보에 관해서 걱정한다. 그러므로 이들에게 신주를 구입하도록 하기 위해서는 충분히 낮은 가격이 제시되어야 한다. 따라서 내부자본조달은 신주발행을 하는 것에 비해 주주의 부를 증가시키는 데 있어서 더욱 효과적이라고 할 수 있다.

기업의 배당정책에 영향을 미치는 또 다른 중요한 현실적 요소는 배당의 정보효과이다. 외부 투자자들은 현금배당의 증가를 긍정적인 신호로 여기게 되고 따라서 배당의 증가는 주가를 증가시킬 것이다. 반대로 현금배당의 감소는 부정적인 신호로 받아들여져 주가를 하락시킬 것이다. 이러한 정보의 영향 때문에 경영자는 배당정책의 변화에 대해 상당히 조심스러워하며 만약 이에 대한 변화가 생길 때에는 투자자들에게 충분한 설명을 제공한다.

| 예제 9.6 |
세금과 신주발행에 있어서의 비용 문제가 어째서 배당지급을 하지 않는 것을 선호하도록 만드는가?

요약

현금흐름할인법(DCF)은 미래에 기대되는 현금흐름을 위험조정이자율로 할인하여 자산을 평가한다.

주식가치를 평가하기 위한 배당할인모형(DDM)은 투자자들이 보통주에 대해 시장자본화율과 동일한 수익률을 기대한다는 것에서 출발한다. 이 모형의 식을 살펴보면 주식의 가격은 기대되는 미래 배당의 현재가치와 동일함을 알 수 있다.

항상성장모형의 경우 배당의 성장률은 가격의 증가율과 같다.

성장 그 자체는 주가를 증가시키지 않는다. 주식의 가치를 증가시키는 것은 시장자본화율보다 높은 수익률을 올릴 것으로 기대되는 투자기회이다.

세금과 거래비용이 없는 완전시장에서 주주의 부는 배당정책에 의해서 영향을 받지 않는다.

현실세계에서는 배당정책이 주주의 부에 영향을 미치도록 하는 여러 가지 제약들이 존재하는데 여기에는 세금, 규제, 외부자본 조달비용 그리고 배당의 정보효과 등이 있다.

공식의 요약

주가는 미래의 기대배당 현금흐름을 시장자본화율로 할인한 값이다.

$$P_0 = \frac{D_1}{(1+k)} + \frac{D_2}{(1+k)^2} + \cdots = \sum_{t=1}^{\infty} \frac{D_t}{(1+k)^t}$$

이익과 투자의 관점에서 주가는 다음과 같다.

$$P_0 = \sum_{t=1}^{\infty} \frac{D_t}{(1+k)^t} = \sum_{t=1}^{\infty} \frac{E_t}{(1+k)^t} - \sum_{t=1}^{\infty} \frac{I_t}{(1+k)^t}$$

여기서 E_t는 t시점의 이익이고 I_t는 t시점의 순투자액이다.

일정한 성장률(g)로 영구히 지속되는 배당현금흐름의 현재가치는 다음과 같다.

$$P_0 = \frac{D_1}{k-g}$$

배당의 성장률(g)과 주당순이익에 관계된 공식은 다음과 같다.

$$g = 이익유보율 \times 신규투자수익률 = r \cdot r_i$$

또한 주가는 다음과 같이 표현할 수 있다.

$$P_0 = \frac{E_1}{k} + 미래투자기회의 순현가$$

핵심용어

배당수익률	위험조정할인율	배당정책
주가/수익 비율	시장자본화율	현금배당
배당할인모형	성장주	자사주매입

인터넷 참고자료

Bloomberg.com: Market Data—Stocks

http://www.bloomberg.com/markets/stocks/movers_index_dow.html

Financial Times: Market Data—Equities

http://markets.ft.com/ft/markets/worldEquities.asp

MarketWatch.com: Research—Stocks

http://www.marketwatch.com/tools/stockresearch/

예제 풀이

예제 9.1 XYZ 주식은 1년 후 주당 $2의 배당을 지급할 것이며 배당금은 그 이후 영구적으로 매년 6%씩 성장할 것으로 기대된다. 만약 현재의 주가가 $20라면 시장자본화율은 얼마가 되어야 하는가?

검정 k를 계산하기 위해 항상성장 공식을 이용하여 $P_0=D_1/(k-g)$.

$$k=D_1/P_0+g=2/20+0.06=0.16 \text{ 또는 } 16\%$$

예제 9.2 한 분석가가 QRS의 주식을 평가하기 위해 항상성장 배당할인모형을 사용하려고 한다. 기대되는 주당이익은 $10, 이익의 유보율은 75%, 미래의 투자기회에 대한 수익률은 18%, 시장자본화율은 15%라고 가정하자. QRS 주식의 가치는 얼마인가? 미래의 투자기회가 제공하는 순현가는 얼마인가?

검정 항상성장 공식을 이용하여 $P_0=D_1/(k-g)$.

$$P_0=\$2.50/(0.15-0.135)=\$166.67$$

다음 이 공식을 적용하면 $P_0=E_1/k=\$10/0.15=\$66.67$.

미래 투자안의 *NPV*는 두 가치의 차이이다.

$$\$166.67-\$66.67=\$100.00$$

예제 9.3 현금왕 기업이 $1,500,000의 배당을 하는 경우, 현금배당과 자사주매입의 효과를 비교하라.

검정 현금배당의 경우 주식가격은 주당 $3씩 — $20에서 $17로 — 배당의 크기만큼 하락할 것이다. 자사주매입의 경우, 주식의 가격은 $20로 유지될 것이다. 그러나 발행주식 수는 75,000주 감소하여 425,000주가 될 것이다.

예제 9.4 현금왕 기업이 20%의 주식배당을 하는 경우의 효과를 설명하라.

검정 발행주식 수는 600,000주로 증가할 것이고, 주당 가격은 $16.67로 하락할 것이다.

예제 9.5 M&M의 가정하에서 현금부족 기업이 $250,000의 현금배당을 실시하고, 새로운 기계설비를 위한 나머지 $250,000는 신주를 발행하여 조달하는 경우 어떠한 결과가 나타나겠는가?

검정 주식가격은 주당 $0.25만큼 하락하여 $1.75가 될 것이며, 그리고 발행된 신주의 숫자는 142,857이 될 것이다(주당 $250,000/$1.75). 현재 주주의 부에는 영향을 미치지 않는다.

예제 9.6 세금과 신주발행에 있어서의 비용 문제가 어째서 배당지급을 하지 않는 것을 선호하도록 만드는가?

검정 현금배당의 지급은 일부 주주에게 현금배당이 지불되지 않았더라면 그들이 피할 수 있었을 소득세를 지불하는 것을 초래한다. 기업에 있어서 신주를 발행하여 현금을 증가시키는 것은 배당지급을 하지 않고 현금을 증가시키는 것보다 비용이 많이 든다.

연습문제

주가표 읽기

1. 다음의 표는 뉴욕 증권거래소(NYSE)에서 거래되고 있는 보잉 주식에 대한 2002년 5월 6일 정보이다.

Stock	Div	PE	Vol 100s	Hi	Lo	Close	Net Chg
Boeing	0.68	16	20,969	45.19	43.33	43.38	−1.25

   a) 배당수익률과 최근 4분기의 주당순이익을 구하라.

   b) 이전 거래일의 종가(closing price)를 구하라.

배당할인모형

2. 어떤 기업이 연말에 $3.75를 배당할 것이라고 예상되고 있다. 배당 후 주가는 $27.50로

예상되고, 시장자본화율은 7.5%라고 한다. 배당할인모형을 가정했을 때 현재 이 기업의 주당 가치는 얼마인가? 회사에 대한 나쁜 뉴스가 배당후 주가를 10% 하락시킬 것이라고 가정하자. 현재의 주가는 어떻게 되겠는가?

3. 항상성장 배당할인모형에서 성장률과 시장자본화율이 동일하게 25% 증가했을 경우 주가는 어떻게 되겠는가?

4. 항성장 배당할인모형의 공식은 $P_0 = \dfrac{D_1}{k-g}$이다. 이는 $k = g + \dfrac{D_1}{P_0}$ 같은 식으로 변환될 수 있다. 이 식의 의미를 해석하라.

5. 러스티 클리퍼 피싱 기업은 올해 주당 $5의 현금배당을 지불할 것을 예상했다. 당신은 이 주식의 시장자본화율이 연 10%가 되어야 한다고 추정하였다. 현재 주당 가격이 $25라면 당신은 배당의 기대성장률에 관하여 얼마라고 추측할 수 있는가?

6. DDM 기업은 주당 $2의 현금배당을 지급하였다. 이 기업은 과거에 연 5%씩 현금배당 증가를 유지시켜 왔고, 당신은 이러한 증가율이 계속 유지될 것이라 기대한다. 당신은 이에 대한 시장자본할인율이 13%라고 추정했다.

   a. 당신이 추정하는 주식의 본질가치(DDM을 이용하여 유도된)는 얼마인가?

   b. 주식의 실제 가격은 $20라고 가정하자. 이 관찰된 가격을 증명하기 위해 다음 모형의 각각의 변수를 얼마나 조정해야 하는가?

      (i) 배당의 성장률 (ii) 시장자본화율

7. 어메이징닷컴 기업은 현재 배당을 하지 않았다. 그리고 차후 5년 동안 배당이 없을 것으로 예상된다. 기업의 매출액은 매년 25% 성장하고 있다.

   a. 기업의 내재가치를 측정하기 위해 동일 성장률 DDM을 적용할 수 있겠는가? 당신의 생각을 설명하라.

   b. 지금부터 5년 후 주당 $1의 첫 번째 현금배당을 지불할 것으로 예상된다. 시장자본화율이 20%이고 배당은 매년 10%씩 증가할 것이 예상된다면, 당신이 측정하는 기업의 내재가치는 얼마가 되는가?

   c. 현재 시장가격이 주당 $100라면, 당신은 기업의 미래 배당성장률이 얼마가 될지 추론할 수 있는가?

8. 7번 문제에서 차후 10년간 주가와 배당의 흐름을 그래프로 그리라.

9. 어떤 기업이 시장자본화율은 10%, 배당성장률은 2%로 일정하다고 한다. 차기의 배당은 $5로 예상된다. 현재의 주가는 얼마인가? 만약 5년 후에 배당률이 2.5%로 상승한다고 했을 때 현재의 주가는 얼마이겠는가?

10. 도전 과제 : 2Stage 기업은 주당 $1의 현금배당을 지불했다. 배당은 다음 3년간 연 25% 로 성장하고 그 이후 계속해서 연 5%의 성장률 수준으로 떨어질 것이 예상된다. 당신은 연 20%의 시장자본할인율이 적절하다고 생각한다.

  a. 주식의 내재가치에 대해 당신은 얼마로 예상하는가?

  b. 주당 시장가격이 내재가치와 동일하다면, 기대배당률은 얼마인가?

  c. 당신은 지금부터 1년 후 주식의 가격은 얼마가 될 것이라고 예상하는가? 당신이 측정한 배당수익률과 시장자본화율은 함축된 자본이득과 일치하는가?

이익과 투자기회

11. 마스트리히트 바지 빌더스(MBB)사는 다음 해에 주당 순이익은 €5.00, 유보율은 50%, 시장자본화율은 8%, 신규투자수익율은 12%로 예상된다. 현재 MBB의 주가는 얼마로 추정되겠는가? 그리고 신규 투자안의 순현가는 얼마인가?

12. 다음 문장을 평가하라.

  기업의 성장률은 새로운 투자에서 발생되는 이익과 이익유보율로 결정되기 때문에, 기업은 이익유보율을 높여서 주가와 성장률을 높일 수 있다.

13. 아래의 표는 세 개의 경쟁기업에 대한 정보이다.

	윙킨	블링킨	노드
시장자본화율(k)	15%	16%	18%
신규투자수익률	12%	14%	20%
이익유보율	40%	50%	60%
기대 배당(D_1)	$3.00	$1.00	$2.50

  항상성장배당모형을 가정하면 현재 기업들의 주가는 얼마여야 하는가? 각 기업들의 성장률은 얼마인가? 어떤 기업의 성장률이 가장 높은가?

14. 항상성장 기업(CCG)은 $5의 주당이익을 예상하고 있다. 기업의 과거 배당은 수익의 20%이다. CCG 주식의 시장자본할인율은 연 15%이고, 기업의 미래 투자안의 예상 ROE는 연 17%이다. 동일 성장률 배당할인모형을 이용하라.

  a. 배당의 기대성장률은 얼마인가?

  b. 모형이 추정하는 주식의 현재가치는 얼마인가?

  c. 모형이 올바르다면, 지금부터 1년 후 주식의 기대가격은 얼마인가?

d. 주당 현재 가격은 $50라고 가정하자. 이 관찰된 가격을 증명하기 위해 다음 각 모형의 변수를 얼마나 조정해야 하는가?

(i) 기업의 미래 투자안의 예상 ROE (ii) 시장자본화율 (iii) 배당률

15. CNBC의 애널리스트인 당신은 MSNBC에서 애널리스트로 활약하고 있는 당신의 동생과 언쟁을 벌였다. 당신과 당신 동생은 성장기반 배당할인모형을 프리볼리스 위성 라디오 네트워크의 확장 전망에 대한 가치평가를 하는 데 사용하고 있다. 회사는 몇 년 동안 ¢50를 배당으로 지급해 왔다. 당신과 당신 동생은 새로운 확장정책은 내부자금을 활용해야 한다는 데에 동의하였고, 그러기 위해서는 이익유보율과 신규투자수익률을 15%까지 상승시켜야 한다고 생각하였다. 문제는 배당률 10%는 신규투자를 위해 이익을 유보하기에는 너무 낮다는 데에 있다. 당신은 회사가 추가적인 성장의 기회를 위해 2년 후에 배당률을 5%로 낮추는 것을 기대하고 있다. 15%의 할인율을 적용하면 프리볼리사의 주가는 얼마로 예상되는가? 당신의 동생은 근시일 내에는 신규투자안이 실행될 수 없을 것이라 판단하고 있고, 프로젝트를 실행하기 위해서는 4년 후에 배당률을 8%로 낮추는 것을 기대하고 있다. 그녀가 예상하는 프리볼리사의 주가는 얼마인가? 또한 당신과 당신 동생의 예측치에 기업의 미래성장기회는 얼마만큼 기여하는가?

16. 슬로그로 기업 주식은 현재 주당 $10에 팔리고 있다. 올해 주당 이익은 주당 $2로 예상된다. 회사는 배당으로 매년 수익의 60%를 지불하는 정책을 가지고 있다. 나머지는 유보이익이고 20%의 수익률을 벌 수 있는 투자안에 투자된다. 이 상태는 영구히 계속될 것으로 예상된다.

a. 현재 주식의 시장가치는 DDM의 항상성장률을 사용하여 계산된 것으로 내재가치를 반영한다고 가정한다면, 슬로그로의 투자자들은 얼마의 수익률을 요구하는가?

b. 모든 수익은 배당으로 지불되고 전혀 재투자되지 않는다면, 이 경우 기업의 가치는 얼마나 증가하겠는가?

c. 슬로그로가 배당률을 25%로 줄인다면, 주식의 가격은 어떻게 되겠는가? 슬로그로가 배당을 완전히 없애 버린다면 주식의 가격은 어떻게 되겠는가?

d. 슬로그로는 현재 60% 배당정책을 유지하기 원하지만, 또한 당해 총수익과 동일한 양만큼 투자하기를 원한다고 가정하자. 모든 돈은 연 20%의 수익을 주는 투자안에 투자된다. 한 가지 방법은 슬로그로가 그해 수익의 1.5배와 동일한 양만큼 매년 신주를 발행하는 것이다. 현재 주식가격에 이 정책은 어떤 효과를 나타낼 것이

라고 당신은 생각하는가?

17. 디지털 성장 기업은 현재 배당을 지급하지 않았으며 차후 5년간 배당하지 않을 것이 예상된다. 최근 EPS는 $10였고, 그 수익은 전부 기업에서 재투자되었다. 차후 5년간 기업의 기대 ROE는 연 20%이고 이 기간 기업의 모든 수익은 계속해서 재투자될 것이 예상된다. 그 이후 새로운 투자안에 대해 기업의 ROE는 15%로 떨어질 것이 예상되며, 그리고 기업은 수익의 40% 지불을 현금배당으로 시작할 것이라고 예상된다. 이 현금배당은 영원히 계속 지속될 것이다. DG의 시장자본화율은 연 15%이다.

   a. 당신이 측정한 주당 DG의 내재가치는 얼마인가?

   b. 시장가격이 기업의 내재가치와 동일하다고 가정하면, 다음 해에 주식의 가격에 어떤 일이 발생할 것이라고 예상하는가? 그다음 해에는 어떠한가?

   c. 당신은 DG가 6년차부터 수익의 단 20%만을 지불할 것이라고 예상한다면, 당신이 측정하는 DG의 내재가치에 어떤 영향을 미치는가?

18. The Bearded Ladies' Stock 가이드는 투자할 주식을 고르는 데 다음의 방법을 제안하고 있다.

   "주식의 PEG를 계산하라. PEG는 P/E 배수를 이익성장률로 나눈 것이다. 그리고 PEG가 하위 25%에 해당하는 주식들만을 선택하라."

   만약 주가가 일성성장 배당할인모형으로 적절하게 평가되었다면, PEG는 다음 어떤 변수의 함수이겠는가? 시장자본화율(k), 신규투자수익률(r_i), 이익유보율(r). PEG를 계산하는 데 사용되는 P/E 배수는 $\dfrac{P_0}{E_1}$이라 가정하자. 다음 세 기업들의 PEG를 각 기업들의 r_i에 따라 구하라. 유보율은 50%로 동일하고, 각 기업들의 시장자본화율은 10%이다. 기업 1의 r_i는 10%, 기업 2의 r_i는 12.5%, 그리고 기업 3의 r_i는 15%이다. 당신은 이 방법을 통하여 투자안에 순위를 결정하는 것에 대하여 어떻게 생각하는가?

주가/수익 배수법에 대한 재고찰

20. 어떤 일반적인 기업의 시장자본화율이 신규투자수익률 7.5%와 같다고 한다. 만약 기업의 배당률이 30%라면 기업의 성장률은 얼마인가? 또한 PE 비율이 가져야 하는 균형가치는 얼마인가?

배당정책이 주주의 부에 영향을 미치는가?

21. 어떤 기업이 놀랄 만한 수익을 올렸다고 가정하자. 기업은 대부분의 순 현금유입을 시장에서 자사주를 매입하는 데 쓸 것이라고 발표하였다. 발표 이후에 해당 기업의 주가는 오르겠는가, 아니면 내리겠는가?

22. 다음은 Ostende Oar Company의 대차대조표이다. 이 회사의 발행주식 수는 2,000,000주이고 현재 주가는 €20이다.

자산		부채 및 자기자본	
현금	€10,000,000	부채	€20,000,000
기타 자산	€50,000,000	자기자본	€40,000,000
합계	€60,000,000	합계	€60,000,000

Ostende Oar Company는 25%의 주식배당을 하려 한다. 배당 이후의 주가와 대차대조표를 구하라.

23. Divido 기업은 총시장가치 $100,000,000의 100% 주주지분 기업이다. 회사는 현금등가물로 $10,000,000를 소유하고 있으며, 다른 자산으로 $90,000,000를 소유하고 있다. Divido의 보통주 발행주식 수는 1,000,000주이고, 주당 시장가치는 $100이다. Divido는 주당 $10의 현금배당을 실시하였다. 주식가격과 주주 부에 미치는 영향은 무엇인가? 기업이 100,000의 자사주매입을 실시하였을 경우에는 어떠한가?

24. 이전 문제에서 회사가 10%의 주식배당을 실시하였을 경우 주식가격과 주주 부에 미치는 영향은 무엇인가? 회사가 한 주의 주식을 2주로 주식분할하였을 경우는 어떠한가? 기업의 시장자본화율과 동일한 기대수익률을 가진 신규투자안에 $10,000,000를 투자하는 경우에는 어떠한가?

통합 문제

25. Bloomberg.com에서 홈디포의 자료를 찾아보라. 이 장에서 논의된 가치평가모형 중에서 하나를 선택하여 주식의 본질가치를 계산해 보라. http://www.bloomberg.com에 접속하여 좌측 상단의 박스에 'HD'라고 입력하면 자료를 얻을 수 있다. 계산된 본질가치와 현재 주가를 비교하라. 당신은 당신의 조사 결과를 바탕으로 이 기업에 투자하겠는가? 이유를 설명하라.

위험관리와
포트폴리오 이론

> **10**

위험관리의 기초

| 학습목표 |

■ 위험이 재무적 의사결정에 주는 영향에 대한 이해

■ 위험관리에 대한 개념적인 구조의 제시

■ 재무시스템이 위험부담의 효율적 배분을 처리하는 방법의 이해

| 주요내용 |

서문에서 우리는 재무관리에 있어 세 가지 기본적 분석 개념으로 화폐의 시간가치, 가치평가, 위험관리가 있다고 했다. 4부에서는 그 세 번째 개념인 위험관리에 대해 알아보자.

우리는 이미 앞에서 위험관리에 있어서의 몇 가지 측면을 살펴보았다. 제2장에서 재무시스템의 기본적인 기능인 위험의 재분배에 대해 알아보았으며, 위험의 재분배를 원활히 하고 분산의 이익을 활용하기 위해 고안된 제도적 장치에 대해서도 알아보았다.

여기서는 이러한 주제에 대해 보다 상세한 접근을 시도할 것이다. 제4부에서 먼저 소개되는 세 개의 장은 위험관리의 일반 원칙에 관해 살펴볼 것이다. 제10장의 내용을 미리 살펴보면 10.1절에서는 위험과 위험회피의 의미, 10.2절에서는 주요 경제 주체들—가계, 기업, 정부—의 재무적 결정에 있어서의 위험의 영향, 10.3절에서는 위험관리 과정의 절차, 즉 위험의 형태와 크기 파악, 위험관리 기법의 선택, 위험관리 결정의 적용과 수정의 세부 절차, 10.4절에서는 이용 가능한 위험전가 방법인 헤징, 보험, 분산투자, 10.5절에서는 사람들 사이의 위험을 전가시키는 도구들이 어떻게 효율적인 위험부담과 위험한 프로젝트에 효율적으로 자원이 배분되도록 하는지, 10.6절에서는 효율적 위험관리를 위한 제도적 장치의 범위와 그것을 방해하는 요인, 10.7절에서는 위험관리의 효익과 비용 사이의 최적 교환관계에 관한 계량적인 분석인 포트폴리오 이론, 10.8절에서는 수익률의 확률분포에 대해서 알아본다.

제4부의 나머지 장들은 여기에서 소개된 주제를 보다 정교하게 다루어 볼 것이다. 제11장은 위험회피, 보험, 분산투자에 대해 알아보고, 제12장에서는 이런 개념을 개인적인 투자에 연결시켜 볼 것이다.

10.1 위험이란 무엇인가?

불확실성과 위험의 차이부터 파악해 보자. 불확실성은 미래에 어떠한 일이 발생할지 모르는 경우에 존재한다. 위험은 사람들의 후생에 영향을 미치기 때문에 의사결정에 영향을 주는 불확실성이다. 그러므로 불확실성은 위험의 필요조건이지만 충분조건은 아니다. 모든 위험한 상황은 불확실하다. 하지만 위험이 없는 불확실성도 존재한다.

당신은 파티를 계획하고 있으며, 12명의 친구들을 초청하려고 한다. 하지만 12명 모두가 파티에 올지 아니면 8명만 올지는 알 수가 없다. 다시 말해서 불확실한 상황에 처해 있다. 하지만 불확실하다는 것이 반드시 위험을 의미하지는 않는다. 그러한 불확실성이 당신의 파티계획에 영향을 미칠 때에만 위험이 있는 것이다. 만약 당신이 파티 참가자의 수를 확실히 예상할 수 있다면 당신의 행동은 달라질 것인가? 파티 참가자의 수를 확실히 예상할 수 있든 없든, 당신의 행동이 변하지 않는다면 위험은 없고 불확실성만 있는 것이다.

예를 들어, 당신이 친구들에게 제공할 음식을 얼마나 장만할 것인지를 결정해야 한다고 하자. 만약 당신이 정확히 10명의 친구들이 파티에 참석할 것이란 것을 안다면 정확히 10인분의 음식만 준비하면 된다. 만약 실제로 12명의 친구들이 파티에 참석한다면 친구들 중 몇 명은 배가 고프게 될 것이며, 당신은 그러한 결과에 대해 만족하지 못할 것이다. 만약 8명의 친구들이 실제로 파티에 참석한다면 너무 많은 음식을 준비했기 때문에 또한 그 결과에 만족하지 못할 것이다. 그러므로 여기에서는 불확실성이 문제가 되며 이 상황은 위험이 있는 상황인 것이다.

반면에 만약 파티에 참석하는 친구들이 자신이 먹을 음식은 자신들이 준비해 온다고 가정해 보자. 그러면 파티에 참석하는 친구들의 수는 당신이 파티계획을 짜는 데 아무런 상관이 없게 된다. 이런 경우 위험은 없지만 불확실한 상황은 존재하게 되는 것이다.

많은 위험한 상황에서 가능한 결과는 손실이나 이익으로 단순하게 양분될 수 있다. 예를 들어, 당신이 주식시장에 투자를 했다고 가정하자. 포트폴리오를 구성한 주식의 시장가치가 하락한다면 손실이고, 상승한다면 이익이다. 사람들은 보통 가격하락으로 인한 손실의 가능성을 위험이라 여기지만 가격상승은 이익으로 본다.

하지만 가격의 명확한 상승이나 하락과 유사하지 않은 상황도 생각할 수 있다. 당신이 계획한 파티가 아마 그러한 예일 것이다. 파티에 참석할 사람의 수에 있어서의 불확실성은 예상된 사람 수보다 적거나 혹은 많은 사람이 참석하는지의 여부에 관계없이 어느 결과에서든지 위험을 발생시킨다. 그러므로 어떤 상황하에서는 기대값을 중심으로 그 분산의 방향이 어느 방향이든 상관없이 바람직하지 않을 수 있다.

위험회피(risk aversion)는 위험을 감수해야 하는 상황에 있어서 개인적 선호에 관한 성향을 의미한다. 위험회피 정도는 위험에 노출된 사람이 위험을 줄이기 위해 지출하려는 금액을 결정한다. 위험을 줄이는 데 소요되는 비용과 효익의 교환관계를 평가하는 데 있어, 위험 회피자들은 동일한 비용이 든다면 더 낮은 위험을 가진 대안을 선호한다. 예를 들어서 더 확실한 예상수익을 제공하기 때문에 더 낮은 기대수익률의 투자를 선택하려고 한다면 당신은 위험회피자이다. 동일한 기대수익률하의 투자 대안을 비교함에 있어 위험회피자는 위험이 가장 낮은 대안을 선택하려 한다.

10.1.1 위험관리

파티에 참석하는 사람들이 음식을 가져올 수 없다면, 불확실성은 문제가 된다. 더욱이 당신은 참석하는 손님들을 위해 충분한 음식을 마련하는 것을 선호한다고 하자. 여기에는 몇 가지 대안이 있으며 각각의 대안은 확실한 비용을 필요로 하고 있다.

예를 들어, 파티업자에게 남는 음식을 돌려주는 조건으로 12인분의 충분한 음식을 주문할 수 있다. 또 다른 대안은 만약 필요하다면 파티가 끝나기 전에 음식을 더 주문할 수 있는 조건으로 우선 8인분의 음식을 주문할 수 있다. 하지만 이러한 조건을 달기 위해서는 추가적인 비용을 지불해야만 한다.

따라서 음식이 모자라게 되는 위험을 제거하는 경우 발생하는 편익과 위험을 감소시키는 데 따르는 비용 간에 교환관계(trade off)가 발생하게 된다. 이러한 위험감소를 위한 비용-편익 교환을 공식화하는 과정과 어떤 행동을 취할지를 결정하는 일(아무런 행동을 취하지 않는 것도 포함한다)을 **위험관리**(risk management)라고 한다.

사람들은 때때로 예측한 위험상황이 나타나지 않았을 때 위험감소를 위해 비용을 지불하며 실행한 조치에 대하여 후회한다. 만약 당신이 위험한 주식을 가격이 세 배로 뛰기 전에 팔았다면 분명히 그 결정에 대하여 후회할 것이다. 그러나 불확실성과 관련한 모든 의사결정은 그 불확실성이 해소되기 전에 행해져야 함을 기억해야 한다. 중요한 것은 당신의 의사결정은 의사결정 당시에 활용할 수 있는 가능한 모든 정보를 이용하여 내린 최상의 의사결정이란 것이다. 모든 사람은 미래의 상황에 관해서 예측할 수는 있어도 누구도 미래를 완벽하게 알 수는 없다.

의사결정자가 특별한 기술을 갖고 있어서 결과가 좋은지 아니면 단지 운이 좋아서 결과가 좋은지를 구분하는 것은 어렵다. 정의에 의하면 위험관리 결정은 불확실성하에서 행해진다. 따라서 다양한 결과가 가능하다. 그러나 오직 하나의 결과만이 발생할 것이다. 당시 불완전한 정보를 가지고 행해진 의사결정이라면 그것에 대해 무엇이라 말할 수 없다. 위험관리 의사결정의 적절성은 결정이 내려지는 때에 입수 가능했던 정보에 기초해서 판단해야 한다.

예를 들어, 만약 비가 올 것이라고 생각하여 우산을 가져갔는데, 비가 오지 않는다 해도 잘못된 결정을 내렸다고 생각하지는 않는다. 반면에 모든 기상예보에서 비가 올 확률이 아주 높다고 했는데 우산을 가져가지 않았다고 생각해 보자. 만약 비가 오지 않았다 하더라도, 자신이 지혜로웠다고 생각할 수는 없다. 이 경우에는 단지 운이 좋았을 뿐이다.

| 예제 10.1 |

주택가격의 하락 위험을 없애기 위해 철수는 자신의 집을 3개월 후 $100,000에 팔기로 하였다. 3개월 후 실제로 집을 양도할 당시 집 가격의 시세는 $150,000였다. 철수는 가격하락의 위험을 없애기 위해 행한 자신의 의사결정을 질책해야 하는가?

10.1.2 위험노출

만약 직업적 특성, 소비의 패턴 때문에 특정 타입의 위험에 직면하게 된다면 특정 **위험에 노출**(risk exposure)되었다고 말할 수 있다. 예를 들면, 당신이 사무실 임시 고용직에 종사한다면 상당히 높은 해고 위험에 노출되어 있다. 만약 당신이 대학의 교수라면 상당히 낮은 해고 위험에 노출되어 있다. 농부는 농작물의 작황이 좋지 않을 위험과 농작물의 가격하락 위험에 노출되어 있으며, 무역업을 하는 사업가는 환율 변동의 위험에 노출되어 있다.

　그러므로 자산이나 거래의 위험은 독자적으로 또는 추상적으로 측정될 수 없다. 특정 자산을 사고 파는 것이 어떤 면에서는 위험에 노출되는 것이 되고, 어떤 면에서는 위험을 감소시키는 행위도 된다. 만약 내가 생명보험에 든다면 내가 죽은 후에 나의 가족들에게 소득이 감소되는 걱정을 덜어 준다. 그러므로 이러한 결정은 내 가족에게는 위험감소의 효과를 제공한다. 그러나 나와는 상관이 없는 사람이 내 생명보험에 가입한다면 그들은 위험을 감소시키는 것이 아니라 단지 내가 생명보험 기간 내에 죽는 가능성에 내기를 거는 것이다. 만약 추수를 앞둔 농부가 미래에 일정 가격으로 밀을 파는 계약을 했다면 그 계약은 위험을 감소시킨다. 하지만 농부가 아닌 사람이 그 계약을 했다면 투기를 한 것이 된다. 왜냐하면 그 사람은 밀을 넘겨받는 시점에서 밀의 시장가격이 계약가격보다 낮아야만 이익을 얻을 수 있기 때문이다.

　투기자(speculators)는 자신들의 부를 증가시키기 위해 스스로 위험에 노출시키는 행동을 취하는 투자자이다. 반면에 **헤져**(hedgers)는 자신들이 위험에 노출되는 것을 줄이려고 한다. 동일인이 투기자가 될 수도 있고 헤져가 될 수도 있다.

10.2 위험과 경제적 의사결정

여러 종류의 위험에 노출되는 것에 대하여 보험을 구입하는 것과 같은 재무적 의사결정만을 위험관리라고 생각하는 경향이 있다. 하지만 저축, 투자, 자금조달 결정과 같은 다양한 일반자원 분배결정이 위험의 존재에 의해서 상당히 영향을 받는다. 그러므로 이러한 의사결정들도 부분적으로는 위험관리 의사결정에 속한다고 하겠다.

예를 들어, 어떤 가계가 미래 불확실한 지출을 커버할 수 있는 자산의 소유를 통해 안전해지기를 바라는 목적으로 저축을 한다고 하자. 그리고 이것이 어떤 가계의 저축을 촉발시켰다면 경제학자들은 그것을 **예비적 저축**(precautionary saving)이라 부른다. 제5장에서 가계가 평생 동안 최적의 저축의사결정을 위해 어떻게 화폐의 시간가치 개념을 사용할 수 있는지 살펴보았다. 그러나 제5장에서 우리는 위험과 예비적 저축을 간과하였다. 실제 현실에서 가계는 위험과 예비적 저축을 간과해서도 안 되며, 또한 간과하지도 않는다.

앞으로 우리는 가계, 기업, 정부의 주요 재무의사결정에서 위험의 영향에 대해 살펴볼 것이다. 우선 왜 가계(즉 사람들)부터 살펴보는지 생각해 보자. 재무시스템의 궁극적 기능은 가계의 최적소비 및 자원분배를 돕도록 하는 것이다. 기업이나 정부와 같은 경제적 기구는 그러한 궁극적 목적의 달성을 촉진하기 위해 존재하는 것이다. 그러므로 우리는 이러한 기구의 최적 기능을 이해하기 위해 먼저 사람들의 위험에 대한 대응을 포함하는 재무적, 경제적 의사결정을 이해해야 한다.

10.2.1 가계가 직면한 위험

가계가 직면하는 위험은 여러 가지가 있겠지만, 다음과 같이 다섯 가지 주요 위험노출로 분류해 볼 수 있다.

- 질병, 재해, 죽음 : 예기치 못한 질병이나 사고 때문에 사람들은 치료를 위한 비용을 부담해야 하며 일을 할 수 없기 때문에 소득 손실에 직면하게 된다.
- 실업위험 : 직업을 잃게 되는 위험에 노출된다.
- 내구성 소비자산 위험 : 집, 자동차, 다른 내구소비재를 가지게 됨으로써 발생하는 위험이다. 손실은 화재, 절도, 기술 진보에 의한 진부화 및 소비자 취향의 변화에 따른 진부화 등으로부터 발생한다.
- 책임부담 위험 : 당신에게 책임이 있는 손실로 타인이 고통받는다면 그들은 당신에게 금전적 보상을 요구할 것이다. 예를 들면, 당신의 부주의한 운전으로 인해 자동차 사고가 났다면 인명상의 재해나 차량 파손 등에 대해 비용을 부담해야 한다.
- 재무자산 위험 : 자국 혹은 타국의 통화로 표시된 주식이나 채권을 보유함으로써 발생하는 위험이다. 재무자산 위험은 증권을 발행한 기업, 정부 혹은 다른 경제기구를 둘러싸고 있는 불확실성으로부터 발생한다.

가계가 직면하게 되는 위험은 실제로 그들의 모든 경제적 의사결정에 영향을 미친다. 대학원 교육을 받기로 개인이 투자의사결정을 내렸다고 생각해 보자. 제5장에서 우리는 위험은 무시한 채 화폐의 시간가치 기법을 사용하여 의사결정을 내렸다. 그러나 대학원 공부를 하는 중요한 이유는 자신의 인적 자본의 유연성을 높이기 위함이다. 폭넓은 교육을 받은 사람은 일반적으로 실업의 위험으로부터 보다 자유롭기 때문이다.

| 예제 10.2 |

당신이나 아는 사람이 최근 구입한 혹은 해약한 보험계약을 생각해 보라. 그러한 결정에 이르게 한 과정들을 단계적으로 생각해 보라.

10.2.2 기업이 직면한 위험

기업은 재화와 용역을 생산하는 것을 주 기능으로 하는 조직이다. 실제로 모든 기업의 활동은 위험에 노출된다. 따라서 위험부담은 기업의 필수 불가결한 부분이다.

기업의 영업 위험은 그들의 이해관계자—주주, 채권자, 소비자, 공급자, 종업원, 정부—가 부담해야 한다. 재무시스템은 기업이 직면하는 위험을 다른 상대방에게 전가시키는 것을 가능하게 한다. 분업화된 금융회사, 특히 보험회사는 위험을 모으고 이전시키는 업무를 수행한다. 그러나 궁극적으로 기업이 직면하는 모든 위험은 이해관계자들이 부담하게 된다.

빵을 만드는 회사가 직면하는 위험에 대해 생각해 보자. 제과점은 빵 만드는 업무를 수행하는 회사이다. 다른 산업의 기업들과 마찬가지로 제과점은 다음과 같은 종류의 위험에 직면한다.

- 생산 위험 : 이것은 기계(오븐, 배달트럭)가 고장이 나서 발생하는 위험으로 원재료(밀가루, 달걀)의 전달이 제시간에 이루어지지 않을 수 있고, 노동자들이 일을 하러 나오지 않을 수 있고, 새로운 기술의 출현으로 그 기업이 가진 기술이 진부화될 수 있는 위험이다.
- 산출물의 가격 위험 : 소비자의 예기치 않은 선호 변화(예 : 레스토랑에서 샐러리가 빵의 대체품이 된 것)로 인해 생기는 빵의 수요 변화에 대한 위험이다. 이러한 경우에 빵의 가격은 하락한다. 혹은 경쟁이 심화되어서 빵의 가격을 내려야만 하는 경우의 위험도 존재한다.

- **투입물의 가격 위험** : 이것은 예기치 않게 빵 제조에 소요되는 투입물의 가격이 변화함에 따른 위험이다. 밀가루의 가격이 더 비싸지거나 노동자의 임금이 더 높아질 수 있다. 변동금리로 운영자금을 차입하였을 때, 시장이자율이 상승할 경우 그 기업은 위험에 노출된다.

유일하게 제빵공장을 소유한 사람만이 사업에 있어서 위험을 부담하게 되는 것은 아니다. 제빵공장의 경영자(만약 소유주와 경영자가 다르다면)와 다른 종업원들도 위험의 일부를 부담하게 된다. 수익성이 낮아지거나 생산기술의 변화가 있다면 그들 중 일부는 월급을 적게 받게 될 수도 있고 심지어 모두 직장을 잃을 수도 있다.

위험관리를 매우 잘하는 것은 효과적인 제과회사의 경영비법 중의 일부이다. 그 기업의 경영진들은 여러 가지 위험관리 기법으로 이러한 위험을 관리할 수 있다. 밀가루 운송 지연으로 인한 위험을 막기 위해 밀가루를 창고에 비축해 놓을 수 있다. 기계고장을 대비해서 기계부품을 여분으로 가지고 있을 수 있다. 생산물에 대한 수요 변화의 경향을 예측해 주는 서비스를 받을 수도 있다. 종업원의 사고에 대한 보험이나 장비가 분실되는 것에 대한 보험에 가입할 수도 있다. 소비자와 생산자 간에 직접적으로 고정된 가격을 설정함으로써 가격 위험을 줄일 수 있고 상품, 외환, 이자율시장에서 선도, 선물, 옵션거래를 통해 가격 위험을 줄일 수도 있다. 이러한 위험 감소 방안에 있어서의 효익과 비용의 교환관계를 고려해서 의사결정을 하는 것이 제과회사 운영에 있어 필수적인 부분이다.

기업 자체의 크기와 조직형태가 위험에 의해 영향을 받기도 한다. 제과회사는 여러 가지 형태와 크기로 존재할 수 있다. 개인이나 가족에 의해 소유되고 운영되는 소규모 소매중심의 운영체제도 존재하며 수천 명의 종업원과 수많은 주주로 구성된 대기업도 하나의 운영체제가 될 수 있다. 대규모 운영체제를 갖는 목적은 사업에 있어 생산, 소비, 가격 위험을 보다 잘 관리하기 위함이다.

| 예제 10.3 |
패스트푸드 음식점을 생각해 보자. 그 기업은 어떠한 위험에 직면해 있으며, 누가 그 위험을 부담하는가?

10.2.3 위험관리에 있어 정부의 역할

모든 수준에서 정부는 위험 예방적인 측면과 위험 재분배의 측면에서 중대한 역할을 한다. 사람들은 정부가 자연재해로 인한 위험 및 전쟁, 환경오염과 같은 인간에 의해 유발되는 위험으로부터 보호해 주기를 원한다. 경제발전에 있어 정부의 긍정적 역할을 주장하는 사람들은, 세금을 부담하는 사람들이 사회간접자본의 투자에 있어 직면하는 위험을 정부를 통해 신속히 줄일 수 있다고 주장한다. 기업이나 다른 비정부 경제기구의 경영자와 동일하게 정부도 시장이나 재무시스템과 같은 경로를 통해 그들 자신의 위험관리를 수행한다.

그러나 다른 기구들의 경우와 마찬가지로 모든 위험은 사람들이 부담하게 되어 있다. 정부가 자연재해에 대한 보험을 제공해 준다고 해서, 또는 은행예금의 채무불이행에 대한 보험을 제공해 준다고 해서 위험이 사라지는 것은 아니다. 이러한 보험서비스에 대한 비용을 충당하기 위해 정부는 보험 가입자에게 보험료 지급을 요구하거나, 세금 납부자에게 필요한 세금을 납부하도록 한다.

> **| 예제 10.4 |**
> 정부가 자동차 소유자들에 대해 사고대비 보험 가입을 강제화한다면 누가 사고의 위험을 부담하게 되는 것인가?

10.3 위험관리 과정

위험관리 과정(risk-management process)은 위험을 분석하고 그것을 다루기 위한 체계적인 시도이다. 그 과정은 다섯 단계로 이루어진다.

- 위험인식
- 위험측정
- 위험관리 기법의 선정
- 실행
- 평가

10.3.1 위험인식

위험인식(risk identification)은 분석 대상, 즉 가계, 기업, 혹은 다른 경제적 실체가 가장 중요하게 노출된 위험이 무엇인지 확인하는 과정이다. 가계나 기업은 그들이 노출된 위험이 무엇인지 인식하지 못하는 경우가 종종 있다. 예를 들면, 병이나 사고로 인해 단 하루도 결근을 한 적이 없는 사람은 장애의 위험에 거의 신경을 쓰지 않는다. 장애의 위험을 대비하여 보험을 드는 것도 한번 생각해 볼 만한데도 전혀 고려하지 않는다.

반면에 사람들은 노출되어 있지 않은 위험에 대한 보험에 가입하곤 한다. 예를 들어, 부양가족이 없는 독신자들이 사후 가족들이 수혜자인 퇴직 연금보험에 가입한다고 하자. 그들이 퇴직 전에 사망한다면 그들이 미리 지정했던 수혜자들이 누적된 연금을 수령한다. 그러나 사실 그들에게 부양가족이 없다면 이러한 보험은 필요가 없다(글상자 10.1 참조).

효과적인 위험인식은 개인의 실체 자체에 대한 전체적인 관점을 통해 판단할 필요가 있으며, 그것에 영향을 미치는 불확실성을 전체적으로 살펴볼 필요가 있다. 주식시장의 위험에 노출된 가계를 생각해 보자. 만약 당신이 주식 중개인이라면 당신의 미래 수입은 주식시장이 어떻게 움직이는가에 결정적으로 영향을 받는다. 그러므로 당신의 인적 자본이 주식시장의 향방에 달려 있기 때문에, 아마도 다른 자본을 추가로 주식에 투자하지는 않을 것이다. 반면에 당신과 같은 나이에 똑같은 월급을 받으면서 정부기관에서 일하는 사람은 주식시장의 위험에 노출되어 있지 않기 때문에, 주식에 많은 자금을 투자하라는 조언을 듣게 된다.

위험을 확인할 때 전체를 종합적으로 살펴보라는 말은 기업에도 적용된다. 외국에서 원자재를 구입하는 회사의 환율변동 불확실성의 영향에 대해 생각해 보자. 경영자는 기업의 수익이나 비용의 측면에서만 환율변동의 불확실성 위험에 대해서 생각하면 안 된다. 기업 이해관계자가 관심이 있는 부분은, 수익에서 비용을 차감한 부분에 대한 환율변동의 불확실성으로 생기는 효과이다. 그 기업의 수익과 비용이 각각 환율의 변동에 의해 크게 영향을 받는다고 해도 순효과는 영(0)이 될 수도 있다.

농부의 수입은 가격과 수량 두 요인 모두에 의해 영향을 받는다. 농작물의 작황이 좋지 않으면 항상 가격이 상승하여 농가의 수입이 언제나 일정하다고 가정해 보자. 보기에는 농부가 가격 위험과 수량 위험 모두에 노출되어 있음에도 농가 총수입의 입장에서 보면 위험이 없는 것으로 보인다. 농부가 가격 변화에 노출되는 것을 방지하는 방안을 취하는 것은 농부 총수입의 불확실성을 증가시키는 역효과를 가져올지도 모른다.

위험노출의 인식을 돕기 위해 모든 실체들이 노출된 위험과 그들 사이의 관계에 대한 점검목록을 만들어 보는 것도 좋은 방법이다. 기업의 경우 이러한 작업은 기업이 경쟁하는 산업과 기업의 기술 그리고 공급원들에 대한 많은 지식을 필요로 한다.

10.3.2 위험측정

위험측정(risk assessment)은 위험관리의 첫 번째 단계에서 인식된 위험의 비용을 계량화

글상자 10.1 누가 보험을 필요로 하는가?

1. 만약 당신이 부양가족이 없는 싱글이라면?

상해보험은 잊어라. 상해보험에 가입하는 대신, 다른 곳에 투자하는 것이 현명할 것이다.

2. 만약 당신이 부양가족이 있는 싱글이라면?

당신이 죽었을 경우, 부양가족에게 어떤 일이 발생하는가? 만약 당신이 이혼했거나 다른 배우자가 아이를 돌볼 능력이 된다면, 굳이 생명보험을 들 필요는 없다.

3. 만약 당신이 딩크족(아이 없는 맞벌이 부부)이라면?

배우자 각자 경제적으로 독립되어 있다면, 생명보험은 필요 없다.

4. 만약 당신이 오잉크족(아이 없는 외벌이 부부)이라면?

현재 당신이 돈을 벌고 있다고 하자. 배우자가 당신이 죽은 후에 기본적 생활 수준을 유지하길 바란다면 생명보험이 필요할 것이다.

5. 만약 당신이 결혼을 했고, 어린 자녀가 있다면?

당신은 큰 액수의 생명보험이 필요하다. 아이 양육비와 교육비를 감당하는 것은 결코 만만치 않기 때문이다. 당신의 자녀가 독립하기 전까지 필요한 비용을 댈 수 있을 정도의 생명보험을 준비해 둔다면 충분하다.

출처 : Adapted with permission of Simon & Schuster, Inc., from Making the Most of Your Money by Jane Bryant Quinn. Copyright ⓒ 1991 by Berrybrook Publishing Inc.

해 보는 것이다. 지금 대학을 졸업하고 직장을 가지게 된 여성을 생각해 보자. 그녀가 대학에 재학했을 때는 부모들이 가입한 건강보험에 가입된 상태였으나, 지금은 가입되어 있지 않은 상태이다. 그러므로 그녀는 질병을 주요 위험노출로 파악하였다. 노출의 정도를 파악하기 위해 정보를 필요로 한다. 그녀와 같은 나이와 건강상태에 있는 여성이 병에 걸릴 확률은 어느 정도인가? 치료에 드는 비용은 어느 정도인가?

분명히 그녀는 많은 정보를 필요로 하며 그 정보를 얻는 데에는 비용이 들 것이다. 보험회사의 주요 역할 중 하나는 이런 종류의 정보를 제공하는 것이다. 보험회사는 수학과 통계학에 능한 **보험계리사**(actuaries)를 고용하고 그들은 자료를 수집하여 병에 걸릴 확률, 사고를 당할 확률, 다른 여러 위험의 확률을 계산한다.

금융자산의 위험에 있어 가계나 기업은 종종 전문가를 필요로 한다. 그들은 가계나 기업이 노출된 위험을 측정하고 주식이나 채권과 같은 자산에 투자했을 경우의 위험과 보상 간의 교환관계를 계량화해서 제공한다. 그들은 보통 뮤추얼 펀드나 다른 금융중개기관의 전문적인 투자 상담가들이다.

10.3.3 위험관리 기법의 선택

위험을 줄이기 위한 네 가지 기본 기법은 다음과 같다.

- 위험회피
- 손실방지와 통제
- 위험보유
- 위험전가

각각의 기법에 대해서 알아보자.

- 위험회피 : 특정 위험에 노출되지 않으려고 피하는 의사결정. 사람들은 어떠한 직업에는 종사하지 않으려고 하며, 기업의 경우에도 어떤 부문에의 진출은 고려하지 않는다. 하지만 그것이 항상 위험회피를 가능하게 하는 것은 아니다. 인간은 기본적으로 인간이기 때문에 병의 위험에 노출될 수밖에 없다. 사람들은 그것을 피할 수 없다.

- 손실방지와 통제 : 손실의 가능성과 정도를 줄이기 위해 행하는 조치. 그런 행동은 손실이 발생하기 전, 혹은 동시에, 혹은 손실 발생 후에 취해질 수 있다. 예를 들면, 잘 먹고, 숙면을 취하고, 금연하고, 감기에 걸린 사람과 멀리함으로써 질병의 위험에 적게 노출될 수 있다. 만약에 감기에 걸렸다면 침대에 누워 휴식을 취하는 것으로 폐렴에 걸릴 가능성을 줄일 수 있다.

- 위험보유 : 자신이 가진 자원을 활용하여 위험을 흡수하고 손실을 커버하는 것. 이것은 위험이 있는 것을 알지 못하거나 그것을 무시했을 때 발생할 수 있다. 그러나 어떤 종류의 위험에 대해서는 위험을 부담하기로 결정할 수도 있다. 예를 들면 치료에 드는 비용을 자신이 부담하기로 결정해 버리고 건강보험에 가입하지 않을 수도 있다. 가계의 예비적 저축은 위험보유를 가능하게 한다.

- 위험전가 : 위험을 다른 사람에게 이전시키는 것. 위험자산을 다른 사람에게 팔거나 보험에 가입하는 경우가 이에 해당한다. 위험을 줄이기 위해 아무런 조치를 취하지 않고, 자신이 입은 손실을 다른 사람이 부담해 줄 것을 기대하는 것도 위험전가의 예에 속한다.

위험을 전가시킬 수 있는 세 가지 기본적인 방법에는 헤징, 보험, 분산투자가 있다. 이러한 방법들을 10.4절에서는 간단하게 설명할 것이며 제11장에서 구체적으로 알아볼 것이다.

10.3.4 실행

인식된 위험을 관리하기 위해서는 해당되는 기법을 실행해야 한다. 위험관리 과정에 있어 이번 단계에 적용할 수 있는 원칙은 실행비용을 최소화시키는 것이다. 그러므로 특정 건강보험에 가입하기로 결정했다면, 당신은 그중 가격이 가장 싼 것을 선택해야 한다. 만약 당신이 주식시장에 투자하기로 결정했다면, 펀드를 매입할 것인지 아니면 브로커를 통해 적립주식을 매입할 것인지 그 비용을 비교해 봐야 한다.

10.3.5 평가

위험관리는 의사결정을 주기적으로 되돌아보고 수정한다는 점에서 동적인 피드백 과정이다. 시간이 흐르고 환경이 변함에 따라 위험에의 새로운 노출이 발생하고 위험의 발생가능성과 심각성에 대한 정보를 더 쉽게 얻을 수 있으며 위험을 관리하는 기법을 적은 비용으로 적용할 수도 있다. 그러므로 당신이 독신일 경우 생명보험에 가입하려고 하지는 않겠지만, 결혼을 하고 아이를 기르게 되면 생명보험에 가입하려고 할 것이다. 혹은 당신이 자산 포트폴리오에서 주식의 투자비율을 변화시키려고 할지도 모른다.

| 예제 10.5 |
당신의 삶에 있어 주요한 위험은 무엇이며, 그것들을 다루기 위한 방안을 단계적으로 기술하라.

10.4 위험전가의 세 가지 방법

10.3.3절에서 나온 위험관리의 네 가지 기법 중에서, 위험의 일부나 전부를 다른 사람에게 이전시키는 것은 재무시스템이 수행하는 큰 역할 중 하나이다. 가장 기본적인 위험전가 방법은 위험의 근원이 되는 자산을 단순히 매각하는 것이다. 예를 들면, 집을 소유한 사람이 직면하게 되는 위험은 적어도 세 가지이다. 화재, 폭풍으로 인한 피해, 시장가격 하락의 위험이 그것이다. 집을 매각한다면 집 주인은 그러한 세 가지 위험을 모두 제거할 수 있다.

그러나 위험의 근원이 되는 자산을 팔 수도 없고 팔려고도 하지 않는 경우를 생각해 보자. 어떤 방법으로도 그런 위험 모두를 관리할 수가 없다. 예를 들어, 화재와 폭풍으로 인한 피해에 대한 보험을 구입해도 집 가격의 변화에 대한 위험은 관리할 수가 없다. 우리는 위험이전의 세 가지 차원이라고 불리는 세 가지 위험이전 방법을 구분해서 살펴볼수 있다. **헤징**(hedging), **보험**(insuring), **분산투자**(diversifying)가 바로 그것이다.

10.4.1 헤징

어떤 사람이 위험을 회피한다는 것은 그 사람이 위험에 노출됨으로 인한 손실을 줄임과 동시에 이익을 얻을 가능성도 포기하는 것을 말한다. 예를 들면, 추수기 작물의 가격하락 위험을 없애기 위해 추수기 이전에 일정한 가격으로 추수기에 자신의 작물을 팔기로 한 농부가 있다면 작물가격의 상승으로 인해 이익을 얻을 가능성도 역시 포기하는 것이다. 그들은 작물의 가격 위험에 노출되는 것을 헤징하는 것이다. 만약 당신이 잡지를 1년간 구독하는 대신에 3년간 구독하기로 계약하였다면 잡지가격의 상승 위험을 헤징하는 것이다. 당신은 잡지구독료의 상승으로 인한 손실은 피했지만 구독료 하락으로 인한 이익도 동시에 포기한 것이다.

10.4.2 보험

보험은 손실을 피하기 위해 프리미엄(보험료)을 지불하는 것을 뜻한다. 보험에 가입함으로써 보험에 가입하지 않았기 때문에 발생할지도 모르는 더 큰 손실의 가능성을 확실한 손실(보험계약에 대한 프리미엄)과 대체하는 것이다. 예를 들어, 당신이 자동차를 소유하고 있다면 차량손실, 절도, 자신 혹은 타인에 대한 상해의 위험에 대비하여 자동차보험에 가입한다. 오늘날 이런 우발적인 상황에서 발생하는 상당한 손실에 대한 1년간 자동차 보험료는 $1,000 정도일 것이다. 확실한 손실 $1,000가 수백만 달러에 이르는 손실의 가능성과 대체되는 것이다.

　보험과 헤징 사이에는 근본적인 차이가 있다. 당신이 헤징을 하는 경우, 당신은 이익의 가능성을 포기함으로써 손실의 위험을 제거한다. 당신이 보험에 가입하는 경우, 이익의 가능성은 이용하면서 손실의 위험을 제거하기 위해 프리미엄을 지불하는 것이다.

　예를 들어, 당신이 미국에 살면서 무역업에 종사한다고 하자. 한 달 후에 €100,000를 받기로 되어 있고, 유로의 달러 가격이 현재 €1당 $1.3이다. 그러나 한 달 후에 유로의 가격이 얼마가 될지는 알 수 없다. 그러므로 당신은 환율 위험에 노출되어 있는 것이다.

　당신은 이러한 위험을 헤징 혹은 보험을 통해서 관리할 수 있다. 이를테면 한 달 후에 유로당 $1.3에 €100,000를 팔 수 있는 계약을 하는 것이 위험회피의 한 가지 방법이 된다. 유로의 달러가격 하락에 대한 위험을 제거해 주는 계약에는 어떤 금액도 지불할 필요가 없다. 그러나 당신은 한 달 후 유로화의 달러가격 상승으로 얻을 수 있는 상당한 이익도 포기해야 한다.

　다른 방법으로 당신은 유로화의 달러가격 하락에 대한 프리미엄을 지불하고 옵션을 구입할 수 있다. 여기서 구입해야 하는 옵션은 풋옵션으로 이를 통해 한 달 후에 €100,000를 유로당 $1.3에 팔 수 있는 권리(강제가 아님)를 가지게 된다.[1] 만약 유로의 달러가격이 $1.3보다 떨어지면 당신의 유로를 $1.3에 팔 수 있으므로 위험으로부터 보호를 받는다. 그러나 유로의 달러가격이 올라가면 €100,000에 대해 달러 가치의 하락으로 인한 이익도 얻을 수 있다.

| 예제 10.6 |
만약 당신이 독일에서 공부하는 미국 시민이라고 하자. 한 달 후 미국으로부터 학자금 $10,000를 받는다는 것을 알고 있다. 어떻게 당신의 환율 위험을 회피할 수 있는가? 어떻게 환율 위험에 대비하여 보험을 이용할 수 있는가?

10.4.3 분산투자

분산투자는 하나의 자산에만 집중해서 투자하는 대신 많은 위험자산에 전체 금액을 나누어서 동시에 투자하는 것을 의미한다. 그러므로 분산투자는 한 자산에 대한 위험노출을 제한하는 효과를 얻을 수 있다.

예를 들어, 영업 위험의 분산에 대해 생각해 보자. 새로이 유전공학으로 개발된 약을 시장에 내놓을 경우, 향후 몇 년 동안 상당한 이익을 볼 수 있을 것이라는 기대를 갖고 생명공학 산업에 $100,000를 투자하기로 결정했다고 하자. 당신은 신약을 개발 중인 한 기업에 $100,000를 모두 투자할 수 있다. 이런 경우 당신의 생명공학산업에 대한 투자는 분산되지 못하였다. 개인투자가가 직접 시장에 분산투자를 할 수도 있고, 기업이나 금융중개기관에 의해서도 행해질 수도 있다. 따라서 당신은 다음과 같은 방법으로 분산투자를 할 수 있다.

- 신약을 개발 중인 여러 회사에 투자하는 방법
- 여러 신약을 개발 중인 한 회사에 투자하는 방법
- 신약을 개발 중인 여러 회사의 주식을 가지고 있는 뮤추얼 펀드에 투자하는 방법

분산투자가 어떻게 당신의 위험을 줄이는가를 알아보기 위해, 신약을 개발 중인 한 기업에 $100,000를 모두 투자하는 경우와 $50,000씩 두 개의 기업에 투자하는 경우를 비교

---

[1] 풋옵션은 보유자에게 특정한 가격(행사가격)에 특정한 자산을 특정일에 팔 수 있는 권리를 부여하는 증권이다. 풋옵션의 가치평가는 제15장에서 다룬다.

해 보자. 만약 신약개발이 성공할 경우 당신은 투자금의 네 배의 돈을 벌게 되고 실패할 경우 투자한 돈을 모두 잃는다고 가정하자. 그러므로 $100,000를 한 기업에 투자하는 경우 $400,000를 벌거나 또는 모두 잃을 수 있다.

당신이 $50,000의 돈을 두 개의 기업에 분산투자하는 경우에도 여전히 $400,000를 벌든가 또는 돈을 모두 잃게 될 가능성이 존재한다. 하지만 한 가지 신약개발은 성공하고 다른 한 가지는 실패할 가능성도 있다. 이 경우 당신은 $200,000를 벌 수 있다.

당신이 투자한 신약개발이 항상 모두 성공하거나 실패한다면 분산투자로 인한 위험감소는 없다. 즉 두 개의 신약개발에 투자하는 경우에서 한 가지 신약개발은 성공하고 다른 한 가지는 실패하는 경우가 없다면, 한 가지 신약개발에 $100,000를 모두 투자하건 두 개의 신약개발에 투자하건 두 대안의 차이는 없다. 단지 $400,000를 벌거나 또는 투자자금을 모두 잃게 되는 두 가지 경우만이 가능하다. 그런 경우, 각각의 다른 신약개발의 상업적 성공에 대한 위험은 서로 완전상관관계에 있다고 한다. 분산투자로 인한 위험감소를 위해서는 각각의 위험은 완전상관관계에 있어서는 안 된다.[2]

분산투자는 각 가계가 지니고 있는 특정 위험을 수반하는 모험에 대한 노출을 감소시킴으로써 가계의 후생을 향상시킨다. 그러나 분산투자 그 자체는 경제 전체의 불확실성을 감소시키지는 못한다. 그러므로 만약 연간 1,000개의 신약이 개발되었을 경우 상업적으로 성공할 수 있는 신약의 수에 대한 총불확실성은 그러한 불확실성이 제약산업에 투자한 투자자들 사이에 어떻게 분포되었는가에 의해서 결정되는 것이 아니다. 그러나 불확실성이 가계의 후생에 미치는 악영향은 분산투자를 통해 줄일 수 있다.

분산투자자와 비분산투자자의 사후 성과를 서로 비교해 보면 보다 큰 이익을 보는 쪽은 대부분 비분산투자자들이다. 그러나 동시에 큰 손실을 보는 쪽의 대부분도 비분산투자자들이다. 포트폴리오를 분산시킴으로써 양극단의 경우(극단적인 성공, 극단적인 실패)를 줄일 수 있다.

이 점을 강조하기 위해 신약개발 투자에 대한 앞의 예로 돌아가 보자. 각각의 신약개발에 성공할 경우 당신은 투자에 대해 네 배의 돈을 벌게 된다. 그러나 각각이 모두 실패할 경우 투자자금 모두를 잃게 된다. 그러므로 한 가지 신약개발에 $100,000 모두를 투자할 경우 $400,000를 벌거나 또는 투자자금 전부를 잃게 된다.

$100,000를 한 가지 신약개발에만 투자하는 두 사람을 생각해 보자. 첫 번째 투자자는 신약 A에 투자하고 두 번째 투자자는 신약 B에 투자한다고 하자. 여기에 세 번째 투자자를

---

[2] 상관관계에 대한 정확한 통계학적 정의는 제11장에서 다뤄진다.

등장시켜 보자. 그는 투자자금의 반은 A에 투자하고 나머지 반은 B에 투자한다고 하자.

만약 A는 성공하고 B는 실패한다고 하자. 그러면 첫 번째 투자자는 $400,000를 얻는다. 그는 투자자금을 네 배나 불린 투자의 귀재로 이름을 날릴 것이다. 반면에 두 번째 투자자는 투자자금을 모두 잃은 멍청이로 불릴 것이다. 그러나 만약 A가 실패하고 B가 성공한다면 두 투자자는 서로 반대의 명칭을 얻게 된다. 분산투자자인 세 번째 투자자는 각각의 경우에 $200,000를 벌게 되고 평균적인 성과를 올린 투자자라는 말을 듣게 된다.

물론 사람들은 항상 돈을 크게 벌어서 천재라는 소리를 듣고 싶어 한다. 그러나 그것은 엄청나게 성공하거나 또는 실패할 수 있는 가능성을 사전에 선택했기 때문에 가능한 것이었다. 따라서 아마도 중간 결과를 제공하는 대안을 선택하는 것이 선호될 것이다.

위 예에서 분명히 볼 수 있듯이 사람들은 이러한 특징을 잘 보지 못하는 것 같다. 종종 운이 좋은 것은 기술이 좋은 것으로 해석된다. 그래서 분산투자하지 않고 하나의 주식에만 투자한 투기적 투자의 성공에 대해 보도하는 것을 심심치 않게 접할 수 있다. 비록 그러한 투자자가 투자의 천재일 수도 있지만 단지 운이 좋았던 경우가 훨씬 더 많을 것이다.

큰 수익이 있는 주식을 선택하지 않은 멍청한 행동을 하여 큰 손해를 보았다는 투자자들의 기사도 종종 접할 수 있지만 분산투자를 하지 않아서 손해를 보았다고 하는 비난이 더 정확한 설명일 것이다.

| **예제 10.7** |
농부는 어떤 분산투자를 통해 농작물 작황의 위험을 감소시킬 수 있는가?

10.5 위험전가와 경제적 효율성

위험전가를 가능하게 하는 제도적 장치는 두 가지 근본적인 방법으로 경제적 효율을 높인다. 첫 번째는 위험을 부담하려고 하는 사람에게 현존하는 위험을 배분하는 것이고, 두 번째는 위험부담의 새로운 배분과 함께 생산과 소비를 위한 자원의 배분을 꾀하는 것이다. 어떤 사업을 수행함에 따라 발생하는 위험을 감소시키는 것을 가능하게 함으로써 그들은 사회에 이익이 되는 기업가적 행동을 고취시킨다.

10.5.1 현존하는 위험의 효율적 부담

우선 사람들 사이에 존재하는 위험을 배분하는 것이 모든 사람에게 좋은 것인지 살펴보자. 매우 상이한 경제적 상황에 있는 두 명의 투자자를 생각해 보자. 첫 번째는 퇴직한 미망인으로 $100,000의 총재산을 가지고 있고, 두 번째는 $100,000를 가진 대학생이다. 이 학생은 대학 졸업 후 더 많은 소득흐름을 예상한다.

일반적으로 미망인은 보수적인 투자자이고 대학생은 공격적인 투자자라고 한다. 즉 미망인은 안정적인 수익이 보장되는 곳에 투자를 하려는 반면에 대학생은 위험을 감수하고서라도 더 많은 수익을 얻을 수 있는 곳에 투자한다.

미망인은 자신의 돈을 남편이 죽기 전에 남긴 주식의 형태로 가지고 있고 대학생은 그들의 부모가 보내 준 통장에 예금의 형태로 돈을 가지고 있다. 미망인은 예금의 형태로 대학생은 주식의 형태로 자산을 가지는 것이 더 좋다고 생각해 보자.

재무시스템의 기능 중 가장 중요한 것의 하나는 그러한 위험의 전가를 가능하게 하는 것이다. 이런 위험전가를 가능하게 하는 한 가지 방법은 미망인이 주식을 팔고 대학생이 그 주식을 사는 것이다. 일반적으로 몇 개의 금융중개기관이 이 과정에 포함되어 있다. 예를 들면, 미망인은 증권회사 구좌에 자신의 주식을 맡겨 놓을 수 있다. 그녀는 브로커에게 자신의 주식을 팔고 그 금액을 은행에 예금할 것을 부탁한다. 반면에 대학생은 자신의 예금으로 그 브로커를 통해 주식을 살 수 있다.

이런 일련의 거래에서 각자의 부는 거래비용(브로커 및 은행 수수료)을 부담하는 것을 제외하고는 즉각적으로 변화하지 않는다. 대학생과 미망인은 각자 $100,000의 금융자산을 보유하고 있다. 그 거래의 유일한 목적과 결과는 각자가 자신이 처한 상황에서 가장 원하는 위험과 예상수익률을 가진 자산의 조합을 선택할 수 있게 허용하는 것이다.

10.5.2 위험과 자원의 배분

이제 너무 위험하다는 이유로 기각되는 가치 있는 투자안이 위험을 재분배함으로써 어떻게 채택되는지 살펴볼 것이다. 위험을 모으고 배분할 수 있는 능력은 신제품의 개발과 창조적인 행동을 증가시킬 수 있다.

예를 들어, 새로운 약품을 개발하는 경우를 생각해 보자. 새로운 약을 개발, 시험하고 생산하는 데 드는 연구와 개발에는 상당한 기간과 엄청난 투자가 필요하다. 그러한 투자에 대한 결과는 매우 불확실하다. 그러한 투자에 필요한 자금을 개인이 혼자서 충당할 만한 부를 가지고 있다고 하더라도 위험회피자는 그렇게 행동하지 않을 것이다.

만약 한 연구자가 감기에 잘 듣는 새로운 약을 발견했다고 하자. 그것을 개발하고, 시험하고, 생산하는 데 $1,000,000가 필요하다고 한다. 만약 그 연구자가 $1,000,000를 현금으로 가지고 있다 하더라도 신약개발의 위험을 모두 부담하려고 하지는 않을 것이다. 대신에 그는 그 약을 개발하는 회사를 설립할 것이다. 그리고 다른 투자자들과 함께 자신이 발견한 것에 대한 보상과 위험을 나누려고 할 것이다.

위험을 모으고 배분하는 기능 이외에도, 위험분담에 있어서의 전문화 역시 위험한 투자를 가능하게 할 것이다. 잠재적인 투자자들은 영업위험과 관련된 위험에의 노출은 기꺼이 받아들이려 할지도 모른다.

예를 들어, 부동산 개발자가 중심가에 새로운 쇼핑몰을 건설하려는 계획을 가지고 있다고 하자. 은행 컨소시엄과 다른 대출 기관들은 화재에 대한 위험을 보험이 처리해 준다는 조건으로 투자를 하기로 하였다. 즉 대출 기관들이 그 쇼핑몰이 상업적으로 성공하지 않을지도 모르는 위험을 부담하기로 하고, 이 화재에의 위험은 부담하지 않기로 했다는 것이다. 화재 위험을 부담해 주는 보험회사의 존재는 그러한 쇼핑몰에 대한 투자를 가능하게 한다.

| 예제 10.8 |
재무시스템을 통해 위험이 공유되거나 전가되지 않을 경우에 새로운 프로젝트나 사업 투자가 이루어지지 않을 경우를 예로·들어 보라.

10.6 위험관리를 위한 기관들

사람들에게 자신들이 원하는 위험은 부담하고 그렇지 않은 위험은 부담하지 않을 수 있도록 해 주는 광범위한 기구(증권회사나 보험계약)가 존재하는 가상적 세계를 가정해 보자. 그런 가상적 세계에서는 실직이나 주택가격의 하락과 관련된 위험을 모두 부담하지 않을 수 있다. 이런 가상적 세계는 사회를 위한 효율적인 위험부담의 방법에서 재무시스템이 제공할 수 있는 이론적인 한계이다(글상자 10.2 참조).

한 세기 동안 분산투자를 확대하고 위험관리의 전문화를 통해 많은 경제적 조직들과 제도는 위험부담의 효율적 배분을 가능하게 하였다. 보험회사와 선물시장이 이러한 경제적 기구의 예이다.

위험배분은 증권 개발에 있어 중요하게 고려될 사항이다. 기업이 발행한 채권과 주식은 그들이 수행하는 업무에서 발생하는 위험에 차이를 두기 위해 의도적으로 고안된 것이다. 주식, 채권 혹은 둘 다에 투자함으로써 투자자들은 그들이 부담하고자 하는 위험의 종류를 선택할 수 있게 되었다.

지난 수십 년 동안 위험부담에 대한 시장수요와 공급의 변화로 위험관리와 관련한 혁

글상자 10.2   생산활동과 위험이 분리 가능한 완전시장

보험회사 등과 같이 전부터 상대방을 대신하여 위험을 부담해 왔던 기관의 역할을 대신할 수 있는 기관을 현 경제체제에 도입할 수 있다고 가정하자. 이상적인 조합을 구성하는 요소가 무엇인지 찾는 것은 그리 어렵지 않다. 우리는 주요 경제학적 사건에 의해 영향을 받지 않는 시장을 찾기 원한다. 즉 각 개인은 자신의 부에 영향을 미칠 사건에 대해 원하는 액수만큼 베팅할 수 있으며, 부에 영향을 미칠 사건이 일어날 확률은 고정되어 있다는 것이다. 고정된 확률, 더 정확히 말

하면 보험에 대한 프리미엄은 다른 상품의 가격 결정과 마찬가지로 수요와 공급이 일치하는 선에서 결정되어야 한다.

이러한 체계하에서 위험부담과 생산활동은 분리 가능하며, 최저의 위험부담과 최상의 생산성이 가능하게 된다.

출처 : Adapted from Kenneth Arrow, *Aspects of the Theory of Risk Bearing*(Helsinki: Yejö Johannsonin Säätio, 1965).

신들의 도입은 가속화되었다. 정보통신과 재무이론에 있어서의 새로운 발견은 국제적인 분산투자와 전문화의 비용을 낮추었다. 동시에 환율, 이자율, 상품가격의 변동성이 증가하였기 때문에 위험관리 방안에 대한 수요가 증가하였다. 그래서 선물, 옵션, 스왑거래에 있어서의 1970년대와 80년대의 빠르고 광범위한 발전은 이러한 비용과 수요 측면에 대한 시장의 대응이라고 설명될 수 있다.

위험분배를 위한 이상적이고 이론적으로 완벽한 시장은 사실 실제 세계에서 완벽하게 극복될 수 없는 수많은 제한적 요소 때문에 존재할 수 없다. 효율적인 위험분배를 가로막는 두 개의 주요 요인은 거래비용과 인센티브 문제이다.

거래비용은 보험회사나 증권거래소를 설립하고 운영하는 데 필요한 비용과 계약체결 비용 및 계약이행을 강제화시키는 비용을 포함한다. 그러한 것을 세우는 데 드는 비용이 효익을 초과한다면 그러한 기구는 설립되지 않았을 것이다.

효율적 위험공유를 위한 기구설립에 방해가 되는 중요한 인센티브 문제는 도덕적 해이와 역선택 문제이다. **도덕적 해이**(moral hazard)는 손실을 발생시키는 사건을 방지하는 데 부주의하거나 더 많은 위험에 노출되는 행위가 있을 때 존재한다. 도덕적 해이는 보험회사가 어떤 특정 위험에 대해서 보험을 제공하지 않으려는 행동을 유발한다.

예를 들어, 창고 주인이 화재보험에 가입하였다면 그는 화재예방을 위한 비용을 그 보험이 존재하기 때문에 덜 지출하게 된다. 동일한 예방조치가 취해지지 않으므로 창고에 화재가 발생할 확률은 더 높아지게 된다. 극단적인 경우에 만약 그 보험금이 창고의 시장가치를 초과한다면 보험금을 타기 위해 자기가 불을 지르려고 할 수도 있다. 이러한 심각한 도덕적 해이 때문에 보험회사는 그들이 보장하는 보험금을 제한하거나 어떤 특정

한 상황에 관련해서는 보험상품을 판매하지 않으려고도 한다.

다른 종류의 인센티브 문제는 **역선택**(adverse selection)이다. 역선택에 처한 사람들은 일반 사람들보다 더 높은 화재 위험에 처해 있을 가능성이 높다. 연금 구입자가 살아 있는 동안 매달 일정 금액을 지급하는 **연금보험**(life annuities)을 생각해 보자. 그러한 연금상품을 파는 회사는 그것을 사는 사람들이 일반인과 똑같은 기간을 생존한다고 생각하지 않는다.

65세에 퇴직한 사람들에게 생명연금을 파는 회사를 가정해 보자. 일반 사람들은 세 가지 형태로 나눌 수 있다. A타입은 10년, B타입은 15년, C타입은 20년을 산다. 보통 65세의 사람들은 평균적으로 15년간 산다. 그러나 그 회사가 15년의 삶을 반영하여 가격을 책정한다면 연금을 사는 사람들은 B타입이나 C타입이라는 것을 발견하게 될 것이다. A타입 사람들은 그것을 구입할 경우 자신이 지급받는 연금이 적정한 금액이 아니라고 생각할 것이다.

실제 그들이 살아갈 기간을 개인별로 구분하여 계산된 가격을 서로 다르게 적용할 수 있다면, 역선택 문제는 없어지게 된다. 본인 자신들이 그러하듯이 보험회사도 그들이 실제 어느 만큼 살 것인지에 대한 충분한 정보를 얻을 수 없다. 각자 사람들의 실제 수명을 반영한 정확한 가격을 책정할 수 없다면, 오랜 기간 살 것이라고 예상되는 건강한 사람들이 그 연금보험을 많이 구입하게 된다. 우리의 예에서 연금가입자의 평균수명은 일반 사람들보다 2.5년 수명이 긴 17.5년이다.

역선택 문제의 해결을 위한 조정 없이 일반 사람들의 평균수명으로 연금가격을 책정한다면 보험회사는 손해를 보게 될 것이다. 결과적으로 보험회사들은 평균수명을 가진 사람들에게는 덜 매력적으로 보이는 연금가격을 책정하게 된다. 그리고 역선택 문제가 없을 때보다 시장의 크기는 더 작아지게 된다.

효율적 위험배분이 현실에서 완벽하게 이루어지지 않는 것을 설명하기 위해 자동차와 같은 내구재를 소유하고 있는 위험을 고려해 본다. 사람들은 보험구입을 통해 자동차 보유로 인한 위험의 일부를 없앤다. 절도와 사고로 인한 피해에 대한 보험계약은 일반적으로 가능하다. 그러나 기술진부화로 인한 위험에 대한 보험은 존재하지 않는다.

기술진부화의 위험을 다루는 제도적인 장치로 렌트와 리스가 있다. 렌트계약은 1년까지 가능하다. 리스계약은 1년을 초과하는 렌트계약이다. 렌트와 리스회사는 사람들이 자동차의 가치가 떨어지는 위험에 노출됨이 없이 자동차를 이용하는 것을 가능하게 한다.

자동차 렌트를 위한 시설을 제공하기 위해서는 비용이 들기 때문에 어떤 장소에서든지 렌트를 이용할 수 있는 것은 아니다. 특별한 차고가 있어야 하고 자동차 정비도 행해져야 한다. 렌트 서비스는 단기간의 렌트 서비스에 대한 수요가 상대적으로 높은 여행지와 휴가지에서 더 쉽게 이용할 수 있다.

자동차 렌트와 리스사업에서도 역선택의 문제가 있다. 운전을 많이 하고 정비를 하지 않으려는 사람들이 자동차를 사기보다는 렌트를 하려고 한다. 렌트회사는 소비자가 어떤 종류의 운전자인지 알 수 있는 방법이 별로 없다. 회사가 리스와 렌트의 요율을 결정할 때, 그들의 소비자들이 평균적인 자동차 소유자보다 더 장거리를 운전하려는 경향이 있다고 가정해야 한다.

자동차 렌트산업에 있어서도 도덕적 해이 문제 역시 존재한다. 자동차를 사기보다 렌트하려는 사람들은 자동차를 좋은 상태로 유지시키려는 동기가 없고, 그들이 자동차를 소유한 경우보다 자동차를 빌린 경우에는 자동차를 함부로 사용할 가능성이 더 높다.

렌트회사들은 역선택과 도덕적 해이 문제를 해결하기 위해서 일정 한계를 넘어서는 초과 사용거리에 대해서, 그리고 렌트한 자동차가 추가적으로 손상되고 마모된 부분에 대해서 초과요금을 부담시킨다. 그러한 소비자를 적은 비용으로 선별하기가 어렵기 때문에 렌트회사는 모든 렌트 수요자에게 더 높은 요금을 부과한다. 따라서 자동차를 잘 관리하는 사람들은 보통 렌트하기보다는 차를 소유하는 것이 유리할 것이다.

10.7 포트폴리오 이론 : 최적위험관리를 위한 계량적 분석

포트폴리오 이론(portfolio theory)은 최적위험관리를 위한 계량적 분석으로 정의된다. 분석의 단위가 가계, 기업 혹은 어떤 경제조직이든 간에 포트폴리오 이론은 위험감소를 위해 발생하는 효익과 비용을 공식화하고 평가하여 최적행동을 찾는 것이다.

가계의 경우 소비와 위험에 대한 선호는 주어진 것이다. 선호는 시간이 지남에 따라 변한다. 그러나 그러한 변화의 이유는 이론적으로 알려진 것이 없다. 대신에 포트폴리오 이론은 주어진 위험선호를 극대화하는 여러 재무적인 대안들 사이에서 어떠한 것을 결정할 것인가에 대한 문제의 해결책을 제시한다. 보통 최적의 선택은 보다 높은 기대수익을 얻는 것과 더 높은 위험을 감수하는 것 사이의 교환관계에 기초를 두고 있다.

그러나 위험감소를 위한 모든 의사결정이 낮은 수익률이나 높은 위험과 같은 비용을 유발시키는 것은 아니다. 계약체결비용 이외에는 아무런 추가비용 없이 위험을 감소시키는 위험전가 계약이 가능하다. 예를 들면, 소유권의 이전이 지금부터 3개월 후에 발생할 경우에도 집을 구매하는 사람과 판매하는 사람이 집의 거래가격에 대해서 미리 계약으로 합의할 수 있다. 이러한 계약이 선도계약의 예이다. 이러한 선도계약을 체결함으로써 계약 당사자는 앞으로 3개월간 주택시장에서 가격 변화에 의한 불확실성을 제거할 수 있다. 이와 같이 위험에 대한 인식이 상반된 거래 상대방이 존재할 때 특별한 비용을 발생시키지 않고 계약을 통해 위험의 이전이 가능한 것이다.

> | 예제 10.9 |
> 거래 상대방이 각자 입장에서 서로 교환된 위험을 가지는 불확실한 상황을 설명하라. 그리고 어떻게 하면 이 위험을 감소시킬 수 있겠는가?

각각의 거래 상대방이 부담해야 하는 비용이 없는 위험관리 의사결정은 정상적이라기보다는 예외적인 것이다. 보통 위험을 감소시키는 경우에 효익과 비용의 교환관계가 존재한다. 이러한 교환관계는 주식, 채권 그리고 부동산과 같은 자산들에 자신의 부를 어떻게 분배할 것인지에 관련한 가계의 의사결정에서 가장 명백하게 나타난다.

포트폴리오 이론의 초기모형은 이러한 위험관리 의사결정에 대한 답을 제공하기 위해서 고안되었다.[3] 이러한 이론들은 위험과 기대수익 간의 교환관계를 계량화시키기 위해서 **확률분포**(probability distributions)를 이용한다. 자산 포트폴리오의 기대수익률은 확률분포의 **평균**(mean)이고, 위험은 확률분포의 **표준편차**(standard deviation)이다.

이러한 개념은 다음 절에서 자세히 알아보자.

10.8 수익률의 확률분포

젠코 기업 주식의 경우를 살펴보자. 한 주에 $100 하는 그 회사의 주식을 1년간 보유목적으로 구입하는 경우를 생각해 보자. 제2장에서 보았듯이 수익률은 배당수익과 가격 변화의 두 가지 요소로 분해할 수 있다.

$$r = \frac{현금배당}{시가} + \frac{종가-시가}{시가}$$

$$r = 배당수익요소 + 가격변화요소$$

젠코 기업 주식의 경우 배당수익 요소가 3%이고, 가격변화요소가 7%라고 가정하면 기

---

[3] 이 모형은 Harry Markowitz가 최초로 개발하였다. 그의 논문 〈Portfolio Selection〉은 1952년 *Journal of Finance*에 실려 있다.

대수익률은 10%이다.

$$r = 3\% + 7\% = 10\%$$

젠코 기업의 주식과 같은 자산의 위험을 측정하는 데 사용되는 것이 **변동성**(volatility)이다.[4] 변동성은 주식보유로 인해 가능한 수익률의 변동 범위와 그 발생 가능성을 의미한다. 주식의 가격 변동성이 크면 클수록 가능한 수익률의 범위는 넓어지고 수익이 최대로 될 가능성 또한 커지게 된다.

예를 들면, 젠코 기업 주식의 내년 수익률에 대한 기대치는 10%가 될 것이다. 그러나 실제 발생 수익률이 10%가 되지 않더라도 놀랄 필요가 없다. 많게는 80%에서 적게는 -50%의 수익률이 발생 가능하다. 가능한 수익률의 범위가 크면 클수록 변동성은 커진다.

변동성에 대한 이해를 더하기 위해 젠코 기업 주식의 수익률에 대한 확률분포를 살펴보자. 모든 가능한 수익률은 0부터 1까지의 확률을 갖는다.

완전히 확실한 경우는 확률분포상에서는 결코 정상적인 경우라고 할 수 없다. 내년의 주식수익률이 확실하게 10%라고 가정해 보자. 이 경우에 가능한 수익률은 단 하나이고 그것의 발생확률은 1.0이 된다.

경제 상황에 따라 젠코 기업 주식의 수익률이 몇 가지로 가능하다고 해 보자. 향후 경제가 좋아진다고 하면, 젠코 기업의 매출액과 이익은 더 높아지게 된다. 그러면 주식의 수익률이 30%가 될 것이다. 만약 경제가 악화된다면 수익률은 -10%로 손실을 기록할 것이다. 경제가 단지 보통 상태에 있게 된다면 실현된 수익률은 10%가 될 것이다. 각각의 상황에 대한 예상 확률은 표 10.1과 그림 10.1에 각각 나타나 있다.

표 10.1의 확률분포표를 보면 당신이 만약 젠코 기업의 주식에 투자할 경우 10%의 수익을 얻을 가능성이 가장 높다. 그것은 다른 두 가지 경우(-10% 혹은 30%)보다 발생할

표 10.1 젠코 기업의 수익률 확률분포

경제상태	젠코 주식의 수익률	확률
호황	30%	0.20
보통	10%	0.60
불황	-10%	0.20

---

[4] 변동성과 직접적으로 연관되는 위험에 보험을 드는 비용에 대해서는 제11장에서 살펴볼 것이다. 변동성의 위험 척도로 사용하는 것은 리스크에 대해 보험을 드는 비용을 사용하는 것과 비슷하다.

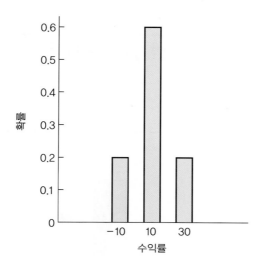

그림 10.1
젠코 기업의 수익률
확률분포

가능성이 세 배나 높다.

기대수익률(expected rate of return)은 가능한 수익률 각각에 그것의 발생 확률을 곱하여 구할 수 있다.

기대수익률＝(수익률의 확률×가능한 수익률)의 총합

$$E(r) = P_1 r_1 + P_2 r_2 + \cdots + P_n r_n$$

$$E(r) = \sum_{i=1}^{n} P_i r_i \tag{10.1}$$

이 식을 앞의 사례에 적용해 보면 젠코 기업 주식의 기대수익률은 다음과 같다.

$$E(r) = 0.2 \times 30\% + 0.6 \times 10\% + 0.2 \times (-10\%) = 10\%$$

완전한 확실성을 가지는 특수한 경우보다 당신은 이 경우 수익률이 불확실하다고 생각할 것이다. 젠코 기업 주식보다 가능한 수익률의 범위가 더 넓은 리스코사의 주식을 생각해 보자. 리스코사 주식의 확률분포가 젠코 기업과 비교되어 표 10.2와 그림 10.2에 나타나 있다.

두 주식의 경우 모두 발생 가능성이 동일하다. 하지만 리스코사 주식은 가능한 수익률의 범위가 더 넓다. 만약 경제가 호황이라면 리스코사 주식은 50%의 수익을 제공할 것이다. 그러나 만약 경제가 불황이라면 리스코사 주식은 −30%의 손실을 입을 것이다. 그러므로 리스코사 주식은 젠코사와 비교해 보면 변동성이 더 크다.

표 10.2 젠코와 리스코의 수익률 확률분포

경제상태	리스코 주식의 수익률	젠코 주식의 수익률	확률
호황	50%	30%	0.20
보통	10%	10%	0.60
불황	-30%	-10%	0.20

그림 10.2

젠코와 리스코의 수익률
확률분포

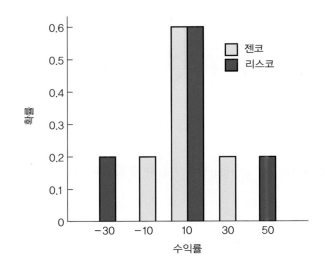

10.9 위험측정수단으로서의 표준편차

주식수익의 변동성은 가능한 결과의 범위와 극단값의 발생 확률에 의해 결정된다는 것을
이미 살펴보았다. 주식수익률의 확률분포에 대한 변동성을 측정하고 계량화하는 데 있어
재무관리에서 가장 널리 사용되는 통계적 방법이 표준편차이며 다음과 같이 계산된다.

$$\sigma = \sqrt{\sum_{i=1}^{n} P_i (r_i - E(r))^2} \tag{10.2}$$

표준편차가 크면 클수록 주식의 변동성이 더 커진다. 확실한 10%의 수익을 갖는 위험
자산의 표준편차는 0이 될 것이다.

$$\sigma = \sqrt{1.0(10\% - 10\%)^2} = 1.0(0.0) = 0$$

젠코 기업 주식의 표준편차는 다음과 같이 계산된다.

$$\sigma = \sqrt{[(0.2)(30\% - 10\%)^2 + (0.6)(10\% - 10\%)^2 + (0.2)(-10\% - 10\%)^2]}$$
$$\sigma = 12.65\%$$

리스코사 주식의 표준편차는 아래와 같다.

$$\sigma = \sqrt{[(0.2)(50\% - 10\%)^2 + (0.6)(10\% - 10\%)^2 + (0.2)(-30\% - 10\%)^2]}$$
$$\sigma = 25.30\%$$

리스코사의 주식은 젠코 기업 주식보다 가능한 수익률의 범위가 두 배이기 때문에 리스코사 주식의 표준편차는 젠코 기업 주식 표준편차의 두 배이다.

| 예제 10.10 |

XYZ 주식의 수익률이 다음과 같이 세 가지 경우를 갖는다고 하자. −50%, 50%, 100%이며 각각의 발생확률은 같다. XYZ 주식의 기대수익률과 표준편차는 얼마인가?

실제 세계에서 주식수익률의 범위는 위의 예에서 보았듯이 몇 가지 경우에만 한정되지 않는다. 대신에 수익률은 실제로 어떤 값을 가질지 모른다. 그러므로 주식수익률의 분포는 **연속확률분포**(continuous probability distribution)를 갖는다고 말한다. 그런 종류의 분포 중에 대표적으로 사용되는 것이 종모양을 갖는 **정규분포**(normal distribution)이며 그림 10.3과 같다.

정규분포나 그 밖의 대칭적 분포에 있어 표준편차는 변동성의 추정치가 된다. 그것의 기호는 시그마(σ)로 표시하여 종종 **변동성**과 동일한 용어로 사용된다.

정규분포는 음의 무한대에서 양의 무한대까지의 범위를 갖는다. 표준편차값을 해석하기 위해서 **신뢰구간**(confidence intervals) ─ 그 구간 내의 값이 특정한 확률로서 실제 발생한다 ─ 이라는 개념을 사용한다. 정규분포에서, 평균을 기준하여 양쪽으로 1 표준편차 내 신뢰구간에 가능한 수익률이 발생할 확률은 68%이다. 2 표준편차 내 신뢰구간에 대응하여 수익률이 발생할 확률은 95%이고, 3 표준편차는 99%이다.

기대수익률이 10%이고 표준편차가 20%인 주식을 생각해 보자. 95%의 확률로 실제 수익률이 나타나는 신뢰구간은 기대수익률에 2 표준편차를 더한 것(10% + 2 × 20% = 50%)과 기대수익률에 2 표준편차를 차감한 것(10% − 2 × 20% = −30%)이다. 최고 50%와 최저 −30%의 수익률 범위는 이 주식수익률의 95% 신뢰구간이 된다.

그림 10.3

**주식수익률에 대한
정규분포**

주 : 기대수익률은 10%이
고 표준편차는 20%이다.

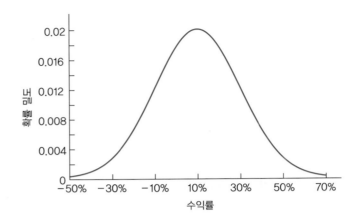

| 예제 10.10 |
위 주식수익률의 99% 신뢰구간의 범위는 얼마인가?

요 약

위험은 사람들에게 의미를 지니는 불확실성으로 정의된다. 위험관리는 위험부담에 대한 결정과 위험회피의 효익과 비용의 교환관계를 파악하여 어떠한 조치를 취할지를 결정하는 과정이다. 포트폴리오 이론은 최적의 의사결정을 위해 이러한 교환관계를 계량적으로 분석하는 것이다.

모든 위험은 결국 사람들이 소비자, 기업의 주주, 다른 이해관계자, 또는 납세자로서 부담하게 된다.

자산 또는 거래의 위험은 개별적으로 또는 추상적으로 측정되어서는 안 된다. 어떤 관계하에서는 어느 자산의 구입과 판매는 위험노출을 증가시킬 수 있다. 다른 관계하에서는 동일한 거래가 위험을 축소시킬 수도 있다.

투기자는 그들의 부를 증가시킬 목적으로 위험의 노출을 증가시키는 투자자들이다. 반면, 위험회피자는 그들의 위험노출을 줄이고자 하는 투자자들이다. 동일한 사람이 어떤 상황에서는 투기자가 되기도 하고 다른 상황에서는 위험회피자가 되기도 한다. 저축, 투자, 자금조달과 같은 많은 자원할당 의사결정은 위험의 존재에 크게 영향을 받는다. 결국 부분적으로 위험관리 의사결정이 된다.

우리는 가계가 일반적으로 안고 있는 위험노출의 다섯 가지 분류를 살펴보았다. 즉 질병·장애·사망의 위험, 실업 위험, 내구성 소비자산의 위험, 채무 위험, 금융자산의 위험이 그것이다.

기업은 몇몇의 위험에 직면한다. 생산 위험, 산출물 가격의 위험, 투입물 가격의 위험이 그것이다.

위험관리 절차는 5단계로 구성된다.

- 위험인식
- 위험측정
- 위험관리 기법의 선택
- 실행
- 평가

위험관리에는 네 가지 방법이 있다.

- 위험회피
- 손실예방과 통제
- 위험보유
- 위험전가

위험전가는 세 가지 방식으로 구분된다. 헤징, 보험, 분산투자가 그것이다.

분산투자는 위험을 널리 분산시켜 존재하는 불확실성의 영향력을 감소시킴으로써 후생을 증가시킨다.

사회적 관점에서 볼 때, 위험관리 기관들은 두 가지 중요한 방식을 통해 경제적 효율성에 기여한다. 첫째, 그들은 위험부담을 싫어하는 사람들로부터 위험을 이전시켜 위험부담에 적극적인 사람들에게로 전가시킨다. 둘째, 그들은 위험부담의 새로운 분포에 따라 생산과 소비에 자원의 재배분을 이룩한다. 새로운 벤처사업을 실시하는 사람들의 노출된 위험을 축소시켜 줌으로써 위험관리 기관들은 사회에 기여할 수 있는 기업가적 행동을 촉진시킬 수 있다.

수세기 동안 다양한 경제적 조직들과 계약제도는 분산투자의 범위와 이전되는 위험의 종류를 확장함으로써 위험부담의 효율적 배분을 발전시켜 왔다. 위험의 효율적 배분을 제한하는 요소들은 거래비용, 역선택과 도덕적 해이의 문제들이다.

핵심용어

위험회피	헤징	평균
위험관리	보험	표준편차
위험노출	분산투자	변동성
투기자	도덕적 해이	기대수익률
헤저	역선택	연속확률분포
예비적 저축	연금보험	정규분포
위험관리 과정	포트폴리오 이론	신뢰구간
보험계리사	확률분포	

예제 풀이

예제 10.1 주택가격의 하락 위험을 없애기 위해 철수는 자신의 집을 3개월 후 $100,000에 팔기로 하였다. 3개월 후 실제로 집을 양도할 당시 집 가격의 시세는 $150,000였다. 철수는 가격하락의 위험을 없애기 위해 행한 자신의 의사결정을 질책해야 하는가?

결정 아니다. 그 당시 철수가 가지고 있던 정보와 위험을 제거하기 위해 그의 선호도에 근거하였다. 철수는 바른 결정을 내렸다.

예제 10.2 당신이나 아는 사람이 최근 구입한 혹은 해약한 보험계약을 생각해 보라. 그러한 결정에 이르게 한 과정들을 단계적으로 생각해 보라.

결정 그 사람들의 특별한 상황에 따라 답은 달라진다.

예제 10.3 패스트푸드 음식점을 생각해 보자. 그 기업은 어떠한 위험에 직면해 있으며, 누가 그 위험을 부담하는가?

결정 주요한 위험

- 오븐이 고장날 위험
- 원재료가 정시에 도착하지 않을 위험
- 고용인이 지각하거나 결석할 위험

- 지역에서 새로운 경쟁의 위험
- 원재료 가격이 예상치 못하게 상승할 위험

예제 10.4 정부가 자동차 소유자들에 대해 사고대비 보험 가입을 강제화한다면 누가 사고의 위험을 부담하게 되는 것인가?

검정 모든 자동차 소유자들이 사고보험을 구입해야 하다면, 모든 자동차 소유자들은 궁극적으로 높은 보험료를 지불함으로써 자동차 사고의 위험을 감수하는 사람이 된다.

예제 10.5 당신의 삶에 있어 주요한 위험은 무엇이며, 그것들을 다루기 위한 방안을 단계적으로 기술하라.

검정 주요한 위험

- 질병(입원)
- 실업(직업을 구하는 어려움)
- 책임부담위험(자동차사고)

전통적인 관리기법

- 건강보험 구입
- 직업을 찾을 가능성을 높이기 위해 고등교육에 투자
- 부채보험 구입(일반적인 자동차 보험증권)

예제 10.6 만약 당신이 독일에서 공부하는 미국 시민이라고 하자. 한 달 후 미국으로부터 학자금 $10,000를 받는다는 것을 알고 있다. 어떻게 당신의 환율 위험을 회피할 수 있는가? 어떻게 환율 위험에 대비하여 보험을 이용할 수 있는가?

검정 당신의 위험을 헤징하기 위해, 독일 마르크당 고정된 가격으로 당신이 가지고 있는 $10,000를 파는 매도계약을 체결해야 할 것이다. 당신이 달러의 독일 마르크 가격이 하락하는 것에 대해 보장하고 싶다면, 지금부터 한 달 후 달러당 고정 마르크 가격으로 $10,000를 매도할 수 있는 권리에 대해 프리미엄을 주고 풋옵션을 살 수 있다.

예제 10.7 농부는 어떤 분산투자를 통해 농작물 작황의 위험을 감소시킬 수 있는가?

검정 농부는 한 가지 작물만 재배하지 않고 여러 종류의 작물을 재배할 수 있다. 그리고 같은 규모의 땅을 한 지역에 소유하는 것보다 여러 지역에 분할해서 땅을 소유할 수 있다.

예제 10.8 재무시스템을 통해 위험이 공유되거나 전가되지 않을 경우에 새로운 프로젝트나 사업 투자가 이루어지지 않을 경우를 예로 들어 보라.

검정 예 :

> 석유화학산업
>
> 어린이 보호용품 기업
>
> 항공사
>
> 은행
>
> 병원
>
> 환경 컨설팅
>
> 위험 폐기물 처리업

예제 10.9 거래 상대방이 각자 입장에서 서로 교환된 위험을 가지는 불확실한 상황을 설명하라. 그리고 어떻게 하면 이 위험을 감소시킬 수 있겠는가?

검정 난방을 위해 많은 기름을 소모하는 대학이 석유 가격 상승을 걱정하고 있다고 가정하자. 그리고 난방유 재판매업자는 석유 가격이 하락하는 것에 대해 걱정하고 있다. 두 상대방은 가격 위험을 제거하기 위해 갤런당 가격을 합의하는 계약으로 걱정을 없앨 수 있다.

예제 10.10 XYZ 주식의 수익률이 다음과 같이 세 가지의 경우를 갖는다고 하자. −50%, 50%, 100%이며 각각의 발생확률은 같다. XYZ 주식의 기대수익률과 표준편차는 얼마인가?

검정 기대수익률 $= \frac{1}{3} \cdot -50\% + \frac{1}{3} \cdot 50\% + \frac{1}{3} \cdot 100\% = 0.333 = 33.33\%$

$$\text{표준편차} = \sqrt{\frac{1}{3} \cdot (-50\% - E(r))^2 + \frac{1}{3} \cdot (50\% - E(r))^2 + \frac{1}{3} \cdot (100\% - E(r))^2}$$
$$= 0.6236$$
$$= 62.36\%$$

예제 10.11 위 주식수익률의 99% 신뢰구간의 범위는 얼마인가?

검정 신뢰구간 범위는 기대수익률의 양측으로 3 표준편차이다.

연습문제

위험이란 무엇인가?

1. 당신이 다음과 같은 투자기회를 알고 있다고 가정하자. $25,000에 당신의 집 근처에 커피숍을 열 수 있다. 만일 사업이 잘된다면, 당신은 다음 5년 동안 매년 세후 $15,000의 순이익을 벌 수 있다.

   a. 특정 사업이 확실히 성공할 것을 알고 있다면 이것은 위험한 투자인가?

   b. 이제 이것은 위험한 벤처사업이며, 여기에는 50%의 성공확률과 2년 이내에 50%의 부도가 발생할 확률이 있다고 하자. 당신은 시작하기를 결심했고 투자했다. 만일 그 이후 사업이 부도났다면, 결정을 한 그 시점에서 당신이 가지고 있는 정보에 근거한 결정은 잘못된 것인가?

2. 당신의 새로운 사업이 1년 동안 지속될 수 있다고 가정하자. 당신은 $110,000에 쇼핑몰로 개발될 땅 근처에 있는 20에이커의 농지를 구입하기로 계획하였다. 1년 후에 당신은 도시계획위원회의 결정에 기초하여 땅을 되팔 것이다. 이듬해에 되파는 가격은 동일한 확률로 $100,000, $125,000, 그리고 $145,000가 될 것이다. 은행은 당신에게 10%의 무위험 대출을 제공할 것이다. 대출금은 1년 뒤에 당신이 자산을 되팔 때 상환될 것이다. 은행은 당신에게 최대한 얼마까지 빌려 주려 하겠는가?

위험과 경제적 의사결정

3. 당신은 연금 관리자이고 3개월 후 $100,000의 지불이 필요하다는 것을 알았다고 가정하자.

   a. 당신에게 무위험 투자는 무엇인가?

   b. 대신 20년 후에 이 지불을 해야 한다면, 무위험 투자안은 무엇인가?

   c. 이 문제의 a와 b의 대답으로부터 당신은 어떤 결론을 내리는가?

4. 당신이 일본인 은행원이라 가장하자. 당신에게는 달러 대출이 엔화 대출보다 위험한가? 만약 당신이 영국 은행원이라면 어떠한가?

5. 당신은 멕시코 회사의 CEO이다. 당신의 회사는 1년 전에 미국 은행으로부터 달러 대출을 받았다. 당시 페소-달러의 교환비율은 1달라당 10페소이다. 당시에 $100,000를 8%의 이자율로 빌렸고, 1년 후에 되갚기로 하였다. 현재의 교환비율은 $1당 9.5페소이다. 당신이 지불해야 하는 페소로 나타낸 실질이자율은 얼마인가?

위험관리 과정

6. 다음의 각 상황에서 어떤 위험관리 기법이 선택되어야 하는가?

   • 당신의 집에 연기탐지기를 설치한다.

   • 주식보다는 단기국채에 투자한다.

   • 당신의 차에 사고보험을 구입하지 않을 것을 결정한다.

   • 당신을 위해 생명보험증권을 구입한다.

7. 당신은 연 8%의 이자율을 제공하는 전통적인 1년 만기 단기국채와 3% 이자율과 인플레이션율을 제공하는 1년 만기 지수와 연결된 인플레이션 플러스 단기국채 중 하나에 $1,000를 투자할 것을 고려하고 있다.

   a. 어느 투자가 더 안전한가?

   b. 어느 투자가 높은 기대수익을 제공하는가?

   c. 지수와 연결된 채권의 실제 수익률은 얼마인가?

8. 당신은 이제 월드시리즈에 진출한 한 야구팀의 광적인 팬이다. 만약 당신이 응원하는 팀이 지게 된다면 당신이 정신과 치료를 받아야 하고, 그 비용으로 수천 달러를 쓰게 될 것이라는 것을 알고 있다. 이러한 위험에 대하여 보험을 들 방법은 없겠는가? 월드시리즈에서의 승패에 돈을 거는 행위는 투기로 분류될 수 있는가?

위험전가의 세 가지 방법

9. 만약 당신이 파티를 위해 레스토랑을 예약한다면 어떤 차원의 위험전가가 이루어진 것인가? 왜 일부 레스토랑은 예약을 거부하는가?

10. 당신이 새 집을 구입하는 대출에 관심이 있다고 가정하자. 당신은 다음 계약 중에서 어느 한 계약을 고를 수 있다. 7년 동안 8%의 고정이자율, 15년 동안 8.5%의 고정이자율, 30년 동안 9%의 고정이자율. 추가적으로 당신은 5%에 시작하여 우대금리와 함께 증가하고 감소하는 30년 만기의 변동이자율로 대출을 받을 수 있다. 또는 6%에 시작하여 연 2%를 최고 한도로 하여 최대 12%, 그리고 최저이자율은 없는 30년 만기 변동이자율로 대출 받을 수 있다.

   a. 당신은 이자율이 상승할 것을 믿는다고 가정하자. 가장 긴 시간 동안 이자율 증가의 위험을 완전히 제거하기 원한다면, 당신은 어떤 선택을 하겠는가?

   b. 당신은 헤징 또는 보험을 고려하겠는가? 그 이유는?

   c. 첫해 동안 공시된 이자율 약정의 관점에서 무엇이 위험관리 의사결정의 '비용'인가?

11. 문제 10번의 정보를 참조하여 다음에 답하라.

    a. 이자율이 떨어질 것을 믿는다면, 당신은 어떤 선택을 하겠는가?

    b. 이 거래에서 당신이 직면하는 위험은 무엇인가?

    c. 당신은 이 위험에 대해 어떻게 보험을 들 것인가? 공시된 이자율의 관점에서 당신의 비용은 무엇인가?

12. 당신은 부동산에 투자할 것을 고려하고 있다. 당신은 어떻게 분산된 부동산 투자를 할 수 있겠는가?

13. 당신은 10대인 딸아이의 재능에 투자하려고 한다. 대학과 전공을 결정하는 데 있어서의 분산투자 위험관리 전략에 대해 논하라.

위험전가와 경제적 효율성

14. 도전 과제 : 당신은 백과사전 영업팀에 속해 있다. 세일즈맨의 보상체계에 관련된 효율성 문제에 대해서 논하라. 그들에게 시간당 정해진 임금을 지급해야 하는가? 왜 그러면 안 되는가? 판매성과에 연동되는 보상체계는 보다 위험한가? 그들에게 이 위험을 지게 하는 것은 효율적인가?

위험관리를 위한 기관들

15. 대부분의 보험계약들은 보상을 제한하는 공제조항이 있다. 공제조항은 발생한 손실의 일부분을 보상해 주지 않게 한다. 이러한 공제조항은 보험시장에서 어떤 역할을 하겠는가?

16. 최근에 프랑스 스트라스부르에 있는 호텔에 방문하였을 때의 일이다. 나는 주차를 어디에 할 것인지를 고민하고 있었다. 호텔의 직원은 호텔 뒤에 빈자리가 많다고 하였지만 안전하지는 않다고 하였다. 스트라스부르는 길거리에서 차량에 방화를 하는 청소년 범죄가 빈번히 발생하는 지역으로 알고 있었기에 점원 말에 놀라지는 않았다. 나는 호텔에 머무는 3일의 대부분을 호텔 안에 있는 지하주차장에 주차하였다. 당신은 내가 새 차를 구입해서 몰았다고 추론할 수 있겠는가? 이것은 도덕적 해이의 문제인가 아니면 역선택의 문제인가?

포트폴리오 이론 : 최적위험관리를 위한 계량적 분석

17. 당신은 3개월 후에 출판사로부터 3,000터키리라를 받을 계획에 있다. 당신은 통화 선도시장에 참여하여 3개월 후에 $1를 1.4터키리라로 교환할 수 있는 계약을 체결할 수

있다.

   a. 만약 환율 위험을 헤징하였다면 당신이 3개월 후에 받게 되는 금액은 얼마인가?

   b. 만약 교환비율이 $1당 1.35터키리라로 3개월 후에 변동될 것이라 가정하면, 당신
   은 달러로 얼마만큼의 이득 또는 손실을 보는가?

18. 17번 문제에서 당신은 옵션계약을 통하여 환율 위험을 헤징한다고 가정하자. 3개월
   후에 $1를 1.42터키리라로 구입할 수 있는 옵션계약의 가격은 영(0)이라고 한다.

   a. 3개월 후에 당신의 달러 수입은 어떻게 되겠는가?

   b. 만약 3개월 후에 교환비율이 $1당 1.35터키리라라면 당신의 이득 또는 손실은 얼
   마인가?

수익률의 확률분포

19. 탤터불 트랜스퍼 기업 주식의 가격과 배당에 대한 정보는 다음과 같다.

연도	1월 1일 가격	12월 31일 가격	현금배당
20x0		$65.00	
20x1	$65.00	$72.00	$5.00
20x2	$72.00	$77.00	$5.00
20x3	$77.00	$80.00	$5.00
20x4	$80.00	$79.00	$7.50
20x5	$79.00	$85.00	$7.50

연간 총수익률을 계산하라. 연도별로 관찰했을 경우 기대연간 총수익률은 얼마인가?

위험측정수단으로서의 표준편차

20. 다음 수익률 분포를 근거로 기대수익률과 표준편차로 표현되는 변동성을 구하라.

확률	수익률
15%	50%
25%	40%
25%	25%
25%	10%
10%	−30%

21. 다음은 마이크로소프트와 로터스의 역사적 수익률을 나타낸다고 가정하자.

연도	역사적 수익률	
	MSFT	LOTS
1	10%	9%
2	15%	12%
3	−12%	−7%
4	20%	18%
5	7%	5%

    a. 마이크로소프트의 평균수익률은 얼마인가? 로터스는 얼마인가?

    b. 마이크로소프트 수익률의 표준편차는 얼마인가? 로터스는 얼마인가?

22. 21번 문제에서 마이크로소프트와 로터스의 수익률이 21번에서 구한 평균과 표준편차를 가지는 정규분포를 가진다고 가정하자. 각 주식들의 ±1 표준편차의 수익률 범위와, ±2 표준편차의 수익률 범위를 구하라.

23. 12%의 기대수익률과 3% 표준편차의 정규분포를 가지는 주식에 투자하려 한다. 만약 당신이 18%의 수익을 올렸다면, 당신은 얼마만큼 운이 좋은 것인가?

24. 도전 과제 : 21번과 22번문제의 자료를 이용하라. 당신은 5년 전에 다음과 같은 포트폴리오 전략을 이행하였다. 연초에 동일한 비중으로 마이크로소프트와 로터스에 투자한다. 그리고 매년 말에 두 주식의 이익을 실현하고, 그 실현한 자금을 나누어서 다시 동일한 비중으로 마이크로소프트와 로터스에 투자한다. 매년 수익률은 얼마인가? 이 포트폴리오 수익률의 평균과 표준편차는 얼마인가? 이전 문제에서 수익률과 표준편차를 구하는 방식과는 어떻게 다른가?

부록

리스, 퇴화의 위험을 제거하는 비용의 효익분석

제5장에서 분석된 리스는, 자산을 리스하는 것이 비용이 적게 드는지 자산을 구입하는 것이 비용이 적게 드는지를 측정하는 데 현재가치의 개념에서 이용되었다. 그 분석은 세후 리스료 지불의 현재가치가 자산을 구입하는 데 연관된 세후 현금흐름의 현재가치보다

적다면 당신은 자산을 리스할 것이라는 결론을 내렸다. 그 분석은 단지 이자율과 세금의 역할을 분석하였고, 자산의 미래가치에 관한 불확실성의 효과를 무시하였다. 그러나 가격의 불확실성은 리스의 분석에서 중요한 고려사항이다.

예로서, 당신이 3년마다 새 자동차를 구입하는 습관을 갖고 있다고 가정해 보자. 당신의 현재 차는 구입한 지 거의 3년이 되어 가고, 당신은 새 자동차를 구입할지 리스할지 고려하고 있다. 새로운 모델의 구입비용은 $20,000이다. 당신은 자동차를 구입하거나 36개월 동안 매달 $402.84를 판매상에게 지불하고 리스할 수 있다.[6] 만일 당신이 자동차를 구입한다면, 판매상은 연 8% APR 이자율로 전체 구매가격 $20,000를 당신에게 빌려 줄 수 있다. 그래서 당신은 자동차 대출에 대해 매달 리스료와 동일한 상환금을 지불해야 한다.

대출은 5년 동안 완전히 상각된다. 그래서 36개월 말 시점에서 대출의 잔액은 $8,907.06가 남게 된다. 유지비용, 세금, 보험료는 리스나 구입이나 동일하다.

이러한 상황하에서 자동차를 리스하는 것과 신용으로 자동차를 구입하는 것에는 어떤 차이가 있을까? 표 10A.1은 현름흐름을 요약하고 있다.

두 가지 협정하에서, 당신은 매달 $402.84의 상환금을 갚고 36개월 동안 차 사용권을 가진다. 당신이 지금 차를 구입한다면 지금부터 3년 후 불확실한 시장가격에 자동차를 팔 것이고, $8,907.06의 대출 잔액을 지불해야 한다는 차이가 있다. 당신의 순현금흐름은 미래에 3년 된 중고차의 가격과 $8,907.06와의 차이이다.

당신이 자동차를 리스한다면, 3년 말 시점에 당신은 자동차를 소유하지도 않을 뿐 아니라, 빚지고 있는 돈도 없다는 것이다. 이것은 사실상 마치 대출 잔액인 $8,907.06를 미리 받고 차를 팔아 버린 것과 같다. 그래서 리스협정하에서는, 판매상이 남아 있는 대출 잔액과 동일한 가격으로 지금부터 3년 후 당신에게 차를 재구입할 것을 사전에 합의한 것이 된다.[7] 당신은 3년 후 차의 잔존가치가 $11,000가 될 것이 확실하다고 생각한다면, 명백하게 당신은 자동차를 리스하기보다 지금 차를 구입할 것이다. 이것은 3년 후에 자동차를 다시 팔고, 대출 잔액 $8,907를 갚고, 차액인 $2,093를 당신이 가질 수 있기 때문이다.

그러나 당신은 확실하게 재판매가격을 알지 못한다. 당신이 자동차에 매우 주의를 기울인다 할지라도, 3년 후 자동차의 재판매가격은 현재 측정될 수 있는 여러 가지 요인(소

---

[6] APR은 연이자율을 의미한다. 이는 제4장에서 다룬 바 있다. 지출이 APR 8%로 매달 이루어지는 것은 월 이자율이 2/3% 하는 것이다.

표 10A.1 **자동차 리스와 신용구입의 비교**

대안	매달 상환료	최종현금흐름
3년간 리스	$402.84	0
신용으로 차를 구입하고 3년 말에 판매	$402.84	재판매가격
차이	0	재판매가격

비자의 취향, 연료비, 경제적 활동수준)에 의해 결정된다.

부록 : 리스, 퇴화의 위험을 제거하는 비용의 효익분석

25. 대부분의 자동차 리스는 리스 기간이 만료되는 시점에 계약시점에 지정한 가격으로 매수할 수 있는 옵션을 제공한다. 즉 리스는 계약이 만료되는 시점에 차량을 지정된 가격에 매수할 수 있는 콜옵션을 부여하는 것이다. 옵션이 있는 계약과 옵션이 없는 계약의 차이를 위험전가의 세 가지 차원의 분류로 설명하라.

---

[7] 실제 리스계약은 고객이 차량을 빠르게 손상시키거나 남용하는 것을 방지하는 조항을 포함하고 있다. 차량을 손상시키거나 일정 거리 이상 주행 시 추가비용을 지불해야 한다. 대부분의 리스계약은 리스계약이 종료되는 시점에 차량을 구매할 수 있는 권리를 부여한다. 이 권리는 콜옵션과 비슷한 특징을 가진다. 옵션의 가치평가는 제15장에서 다룬다.

> # 11

헤징, 보험, 분산투자

| **학습목표** |

■ 위험전가를 하기 위한 헤징, 보험, 분산투자 등 여러 가지 재무기법에 대한 이해
■ 분산투자를 통해 보험비용을 감소시키는 방법에 대한 이해

| **주요내용** |

앞서 헤징이나 보험, 분산투자 등 위험을 회피하기 위한 세 가지 방법에 대해 알아보았다. 이번 장의 목적은 이들 방법을 좀 더 자세히 이해하고 실제로 어떻게 사용하는지를 이해하는 데 있다.

손실에 대한 노출을 줄이기 위해서 예상수익을 포기하는 것을 헤징을 통한 위험회피라고 한다. 그러므로 수확기의 낮은 가격에 대한 위험을 회피하기 위해서 정해진 가격으로 곡식에 대한 선물계약을 매도하는 농부는 수확기에 곡식의 가격이 높아짐으로써 얻을 수 있는 이익을 포기해야 한다. 금융시장은 불확실한 상품의 가격, 주가, 이자율, 그리고 환율로부터 발생하는 위험을 회피하기 위한 여러 가지 헤징 수단들을 제공하고 있다. 이번 장에서는 시장위험을 헤징하기 위한 수단인 파생상품의 이용과 자산과 부채의 대응에 대해 알아보도록 한다.

보험은 손실을 막기 위해서 프리미엄(보험에 지불되는 가격)을 지불하는 것을 의미한다. 보험을 구입함으로써 투자자는 보험을 이용하지 않았을 경우 나중에 발생할 수 있는 커다란 손실의 가능성을 확실한 비용으로 대체할 수 있다.

이와 더불어 보험이라고 불리진 않지만 손실에 대한 보상을 지급하는 기능을 가지는 다른 종류의 계약과 증권이 있다. 일반적인 예로 채무자가 만기일에 부채상환을 못할 경우 생기는 손실에 대하여 채권자에게 보증을 해 주는 신용 보증을 들 수 있다. 옵션계약 역시 손실을 막아 줄 수 있는 또 다른 수단이 된다.

마지막으로 분산투자(다각화)란 위험을 나누고 풀링(pooling)하는 것이다. 주식포트폴리오의 분산은 한 주식에 집중 투자하지 않고 여러 개의 주식에 나누어 투자하는 것을 의미한다. 일반적으로 분산된 포트폴리오의 변동성은 개별 주식의 변동성보다 작다. 이번 장에서는 변동성과 보험비용을 줄이기 위한 분산투자에 대해서도 알아보게 된다.

11.1 선도계약과 선물계약을 통한 위험 헤징

두 거래 당사자가 미래에 정해진 가격으로 특정한 상품을 매입, 매도하기로 하는 경우 이들은 **선도계약**(forward contract)을 체결했다고 한다. 종종 사람들은 이러한 명칭도 모른 채 선도계약을 한다.

예를 들어 당신이 보스톤에서 동경으로 1년 후 여행을 갈 계획을 가지고 있다고 가정해 보자. 지금 비행기표를 예매하려고 하는데 예매담당 사무원이 비행기표의 현재 가격인 $1,000 혹은 1년 후 비행 당일의 비행기표 가격 중 하나를 택할 수 있다고 말했다. 두 경우 모두 대금 지불은 비행일까지 이루어지지 않는다. 만약 $1,000에 표를 사기로 결정

제11장 ● 헤징, 보험, 분산투자   **401**

한다면 이는 비행기표에 대한 선도계약을 한 것이다.

선도계약을 함으로써 비행기표의 가격이 $1,000 이상으로 상승하는 위험을 제거할 수 있다. 만약 비행기표의 가격이 상승한다면 $1,000로 가격을 고정시킨 것은 현명한 선택이 될 것이다. 반면에 비행기표의 가격이 비행일에 $500로 하락한다 해도 이미 계약된 $1,000의 가격을 지불해야 한다.

선도계약의 특징과 선도계약에서 사용되는 용어들은 아래와 같다.

- 두 거래 당사자가 미래에 특정 상품을 미리 정해진 **선도가격**(forward price)[1]으로 교환하기로 합의한다.
- 즉시 인도되는 물건의 가격을 **현물가격**(spot price)이라고 한다.
- 계약 시점에서는 두 당사자 간에 아무런 현금교환이 이루어지지 않는다.
- 계약의 **액면가치**(face value)는 계약에 명시된 물건의 양과 선도가격을 곱한 것이다.
- 특정한 물건을 매수하기로 합의하는 것을 **매수포지션**(long position)이라 하고 매도하기로 합의하는 것을 **매도포지션**(short position)이라 한다.

선물계약(futures contract)이란 조직화된 거래소에서 거래되는 표준화된 선도계약이다. 거래소는 매도인과 매수인 사이에 개입을 하며, 매도인과 매입인 양자는 모두 거래소와 독립적인 거래를 하게 된다. 표준화된 선물계약이란 조건(인도 물건의 수와 품질 등)들이 모든 계약에 있어서 항상 동일하다는 것을 의미한다.

선도계약을 통해 매도자와 매입자는 자신이 직면한 위험을 모두 줄일 수도 있다. 예를 통해 좀 더 자세히 알아보기로 하자.

밀농사를 짓고 있는 농부가 있다고 가정하자. 현재는 추수 한 달 전이며 밀 수확의 양은 확실히 정해져 있다. 농부는 미래에 공급할 밀을 고정되어 있는 가격으로 현재에 매도함으로써 가격의 불확실성에 따른 위험을 제거하기를 원한다.

그리고 빵을 공급하기 위해 한 달 후 밀을 필요로 하는 제빵업자가 있다고 가정하자. 제빵업자 역시 농부와 마찬가지로 밀의 불확실한 가격에 따른 위험을 가지고 있으며, 미래에 구입할 밀을 고정되어 있는 가격으로 현재에 구입함으로써 그 위험을 제거하려 한다. 그러므로 그는 미래에 공급될 밀을 현재 가격으로 매도하려는 농부와 이해관계가 일치하게 된다.

---

[1] 좀 더 정확하게 말하면 선도가격은 계약이 이루어지는 시점에서 선도계약의 가치를 0이 되게 만드는 인도가격이라 할 수 있다.

그러므로 농부와 제빵업자는 미래 밀의 인도일에 제빵업자가 농부에게 지불할 특정한 선도가격을 약속하게 된다.

선도계약에 의해 농부는 밀 인도일의 현물가격과 상관없이 정해진 선도가격으로 정해진 양의 밀을 제빵업자에 공급할 것이다.

좀 더 자세한 예를 들어 선도계약에 대해 알아보기로 하자. 우선 농부의 밀 수확량이 100,000부셸이며 한 달 후 공급될 밀의 선도가격은 부셸당 $2라고 가정하자. 농부는 한 달 후 제빵업자에게 모든 수확물을 부셸당 $2로 매도하는 계약을 한다. 매도 시점에 농부는 제빵업자에게 100,000부셸의 밀을 공급함으로써 $200,000를 받게 된다. 이와 같은 선도계약으로 농부와 제빵업자는 모두 미래의 밀 공급 시점의 불확실한 밀가격에 대한 위험을 제거할 수 있다. 그들은 둘 다 자신의 위험을 헤징하고 있는 것이다.

이제 거래소에서 거래되는 표준화된 선물계약이 선도계약보다 편리한 이유에 대해서 알아보도록 하자. 위의 예에서 선도계약을 통해 농부는 계약된 인도일에 제빵업자에게 밀을 공급해야 한다. 그러나 농부가 자신이 밀을 공급할 수 있는 바로 그 시점에 바로 그 장소에서 밀을 필요로 하는 제빵업자를 찾기란 쉽지 않다.

예를 들어, 농부는 캔자스에 있으며 제빵업자는 뉴욕에 있다고 해 보자. 일반적으로 제빵업자는 뉴욕에 있는 공급자로부터 밀을 제공받으며 캔자스의 농부는 캔자스 지역 배급업자에게 밀을 매도한다. 밀 선물계약을 통해 두 업자는 자신들의 거래처와 관계를 유지하면서, 위험을 줄일 수 있는 선도계약의 이익을 얻을 수 있다. 그리고 밀을 운송하는 비용을 절약할 수 있다.

선물거래소는 이러한 이해관계가 맞는 매도자와 매입자를 중개하는 역할을 한다. 실제로 선물계약은 매입자와 거래소 간에 이루어지기 때문에 계약의 매입자는 매도자에 대해 알 수가 없다. 마찬가지로 매도자도 매입자가 누구인지 알지 못한다. 거래소에서 이루어진 밀 선물계약의 일부만이 실제의 밀 공급으로 이루어질 뿐이며 대부분의 거래는 현금으로 정산된다.

그러면 농부와 제빵업자의 경우 선물거래가 어떻게 이루어지는지 알아보자. 캔자스의 농부와 뉴욕의 제빵업자가 부셸당 $2로 선도계약을 하는 대신, 선물거래에서는 두 가지 다른 계약이 이루어진다. 농부와 제빵업자는 각각 선물가격이 부셸당 $2인 선물계약을 선물거래소와 한다. 농부는 매도포지션을 택하고, 제빵업자는 매입포지션을 선택하며 거래소는 두 당사자를 중개해 준다. 한 달 후 농부는 캔자스 지역의 중개업자에게 밀을 매도하고 뉴욕의 제빵업자는 그 지역의 공급업자에게 그 현물가격으로 밀을 매입한다. 그들은 계약의 부셸당 선물가격 $2와 인도 시점에서 현물가격과의 차에 계약의 단위 수량 (100,000부셸)을 곱한 금액을 거래소에 지급하거나 혹은 수령함으로써 계약을 청산한다. 그리고 거래소는 한 업자에게서 다른 업자에게로 지불금액을 전달해 주는 역할을 한다.[2]

표 11.1을 통해서 이러한 과정을 좀 더 자세히 알아보기로 하자. 우선 농부의 상황에 대해 고려해 보자. 가격 위험에 대한 노출을 헤징시키기 위해, 농부는 선물거래소에서 한 달 후 100,000부셸의 밀을 부셸당 $2로 매도하는 선물계약을 한다.

표 11.1은 인도일의 시점에 현물가격이 각각 $1.50, $2.0, $2.50로 서로 다른 경우의 결과를 보여 주고 있다. 한 달 후 부셸당 가격이 $1.50가 된다면 밀의 매도를 통해 농부는 캔자스 중개업자로부터 $150,000의 금액만 받게 된다. 그러나 거래소와의 선물계약으로부터 농부는 $50,000를 받게 되므로 농부의 총수입액은 $200,000가 된다.

만약 인도 시점 가격이 $2가 된다면 밀의 매도를 통해 농부는 캔자스 중개업자로부터 $200,000의 수입을 얻게 되고, 선물계약을 통한 소득이나 손실은 없다. 밀 가격이 부셸당 $2.5가 되면, 농부는 캔자스 밀 중개업자로부터 $250,000의 수입을 얻게 되지만 선물계약

표 11.1 선물계약을 통한 가격 위험 헤징

농부의 거래	인도일의 밀 현물가격		
	$1.50/부셸(1)	$2.0/부셸(2)	$2.50/부셸(3)
밀 매도를 통한 중개업자로부터의 수입	$150,000	$200,000	$250,000
선물계약으로부터의 현금흐름	농부에게 $50,000 지급	0	농부가 $50,000 지급
총수입액	$200,000	$200,000	$200,000
제빵업자의 거래	인도일의 밀 현물가격		
	$1.50/부셸(1)	$2.0/부셸(2)	$2.50/부셸(3)
공급자로부터 밀을 매수하는 비용	$150,000	$200,000	$250,000
선물계약으로부터의 현금흐름	제빵업자가 $50,000 지급	0	제빵업자에게 $50,000 지급
총수입액	$200,000	$200,000	$200,000

선물가격은 부셸당 $2.00, 수량은 100,000부셸.

---

[2] 보통 선물계약은 인도일까지 기다리지 않고 계약의 현금가치가 일일 정산된다. 이는 계약의 당사자가 그들의 의무를 이행하지 않을 위험을 줄여 준다.

을 통해 $50,000의 손실을 입게 된다. 결국 농부의 총수입액은 $200,000가 된다.

결국 한 달 후 인도 시점의 밀의 현물가격이 어떻게 되든 농부는 캔자스 밀 중개업자에 대한 판매와 밀 선물계약에서 매도포지션의 조합을 통해 총수입액은 $200,000로 고정된다.

표 11.1의 하단은 제빵업자의 상황을 보여 준다. 한 달 후 제빵업자는 뉴욕의 공급업자로부터 그 시점의 현물가격에 밀을 구입한다. 현물가격이 부셸당 $1.50라면 제빵업자는 공급업자에게 $150,000만 지불하면 되지만 밀 선물계약을 통해 $50,000의 손실을 입게 된다. 그러므로 제빵업자의 총지출액은 $200,000가 된다. 현물가격이 부셸당 $2.00이면 제빵업자는 공급업자에게 $200,000를 지불해야 하고 밀 선물계약에서는 소득과 손실이 발생하지 않는다. 현물가격이 부셸당 $2.50이면 제빵업자는 공급업자에게 $250,000를 지불해야 하지만, 선물계약을 통해 $50,000의 수익을 얻는다. 그러므로 총지출액은 $200,000가 된다.

표 11.1을 좀 더 명확히 이해하기 위해서, 선물계약을 하지 않을 경우에 발생하는 결과를 알아보기로 하자. 현물가격이 부셸당 $1.50이면 농부는 $150,000를 받게 되고, 제빵업자는 $150,000를 지불하게 된다. 만약 현물가격이 부셸당 $2.50이면 농부는 $250,000를 받게 되고, 제빵업자는 $250,000를 지불하게 된다. 그러나 선물계약을 하게 되면 현물가격이 어떻게 되든, 농부가 받는 그리고 제빵업자가 지불하는 총금액은 $200,000가 된다. 두 사람 모두 그들이 얼마를 지급하고 지급받아야 하는지 정확히 알기 때문에, 선물계약을 통해 가격 불확실성으로부터의 위험은 제거되는 것이다.

그림 11.1은 표 11.1의 상단과 똑같은 정보를 보여 준다. 이 그래프는 인도일의 각기 다른 현물가격에서 밀 매도와 선물계약을 통한 농부의 총현금흐름을 보여 준다.

그림 11.1은 인도일의 현물가격이 얼마가 되든, 농부는 $200,000의 현금흐름을 얻게 됨을 보여 준다.

요약하면, 농부는 선물거래에서 매도포지션을 취하고 인도일에 정해진 가격으로 밀을 매도함으로써 밀 보유에 따른 가격위험을 제거할 수 있는 것이다. 제빵업자 역시 선물계약에 있어 매입포지션을 취하고 미래에 정해진 가격으로 밀을 매입함으로써 그가 직면한 위험을 제거할 수 있다. 선물계약을 통해 농부와 제빵업자는 자신의 배급업자와 공급업자와의 관계를 유지시킬 수 있으며 동시에 가격위험의 노출을 헤징할 수 있다.

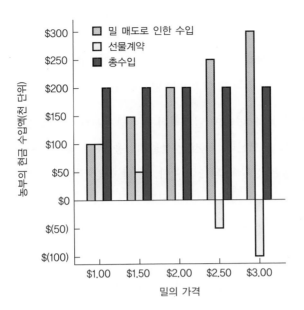

그림 11.1

선물 헤징으로 인한 농부의 총현금흐름

주 : 농부의 밀 수확량은 100,000부셸이며, 선물계약에서 합의한 선물가격은 부셸당 $2이다. 인도일의 밀의 현물가와 상관없이 선물계약을 통한 수입 혹은 손실로 농부의 총수입액은 $200,000로 고정된다.

| 예제 11.1 |

인도일의 현물가격이 다음과 같을 때 농부와 제빵업자에게 미치는 영향은 무엇인가?

a. 부셸당 $1.00

b. 부셸당 $3.00

농부와 제빵업자의 예는 위험과 위험회피에 대해 세 가지 중요한 사실을 보여 준다.

• 계약이 위험을 감소시키는지 증가시키는지의 여부는 그것이 이루어지는 특정한 상황에 따라 달라진다.

　선물시장에서의 계약은 때론 아주 위험하다. 그러나 밀 농사가 자신의 주업인 농부는 밀 선물계약에서 매도포지션을 취함으로써 위험을 줄일 수 있고, 제빵이 자신의 주업인 제빵업자는 밀 선물계약에서 매수포지션을 취함으로써 위험을 줄일 수 있다.

　물론 밀과 관련 없는 사업을 하는 사람에게도 밀 선물계약은 위험할 수 있다.[3] 그러므로 밀 선물을 매도하거나 매수하는 계약이 일반적으로 위험하다고 특징지을 수는 없는 것이다. 이는 상황에 따라 위험을 감소시킬 수도 있고 반대로 증가시킬 수

---

[3] 이러한 사람을 투기자(speculator)라고 한다. 제10장 참조.

도 있는 것이다.

● 위험을 감소시키는 계약을 하는 양자는, 비록 한 사람이 다른 사람의 손해를 통해 이익을 얻는 것처럼 보일지라도 결국 둘 다 이익을 얻게 된다.

선물계약을 할 때 미래의 밀가격이 부셸당 $2.00 이상이 될지 아니면 그 이하가 될지는 양자 모두 모른다. 하지만 선물계약을 통해 양자 모두 위험을 감소시킬 수 있으므로 더 좋은 상황이 되는 것이다. 한 달 동안 밀의 현물가가 $2.00와 달라지면, 선물계약에서 한쪽이 이익을 얻게 되고 다른 쪽은 손실을 입게 된다. 그러나 양자 모두 선물계약을 함으로써 얻게 되는 위험 회피를 통한 이익을 얻는다는 데는 변함이 없다.

● 총생산물과 총위험이 변하지 않는다 해도 위험이 귀속되는 것을 변경시킴으로써 개인의 후생이 증대될 수 있다.

마지막 요점은 두 번째 요점과 관련이 있다. 사회적인 관점에서 경제 내의 밀 총 생산량은 농부와 제빵업자가 선물계약을 한다 해도 아무런 변화가 없다. 그러므로 선물계약이 있는 것이 사회적 부의 개념으로 볼 때 아무런 이익을 야기하지 않는 것처럼 보인다. 그러나 이미 보았듯이 농부와 제빵업자는 선물계약을 통해 그들의 가격위험에 대한 노출을 줄일 수 있으므로 선물계약은 그들의 후생을 증대시킬 것이다.

선물계약을 통한 상품 가격의 위험을 헤징하는 것은 오랜 역사를 가지고 있다. 가장 오래된 선물시장은 중세시대에 농부와 상인 간의 필요로 생겨났다. 오늘날의 조직화된 선물 거래소에서는 세계 곳곳에서 상품(농작물, 가축류, 고기, 금속, 석유제품)뿐만 아니라 여러 금융 상품(통화, 채권, 주식시장 주가지수)도 거래된다. 이러한 거래소에서 이루어지는 선물계약을 통해 상품가격의 위험, 환율의 위험, 주식시장의 위험, 이자율의 위험 등을 헤징할 수 있다. 그리고 선물계약은 위험이 내재되어 있는 여러 다른 상품으로 계속 확장되어 가고 있다.

11.2 스왑거래를 통한 외환거래 위험 헤징

스왑거래는 또 다른 종류의 위험 헤징 거래이다. **스왑거래**(swap contract)는 특정한 기간 특정한 가격을 가지는 현금흐름을 교환하는('스와핑') 양자에 의해 이루어진다. 스왑의 지불은 합의된 원금(명목금액)에 근거하여 이루어진다. 스왑거래에서는 즉각적인 현금 지급이 없으므로 스왑거래 자체가 양자에게 새로운 자금을 제공하지는 않는다.

기본적으로 스왑거래는 모든 종류의 교환거래에 적용될 수 있다. 그러나 실질적으로 현재는 대부분 통화와 상품 그리고 증권으로부터 발생하는 수익의 교환에서 스왑이 이루어지고 있다.

그럼 어떻게 통화 스왑이 작동하고 위험을 헤징하는지에 대하여 알아보자. 우선 당신은 미국에서 컴퓨터 소프트웨어 사업을 하고 있고, 독일 기업이 당신의 소프트웨어를 독일에서 제작하고 공급할 수 있는 권리를 얻고자 한다고 가정하자. 독일 기업은 이러한 권리의 대가로 향후 10년 동안 매년 당신에게 €100,000를 지불할 것에 동의했다.

만약 당신이 달러 기준의 예상 수익 현금흐름의 변화에 대한 위험(달러와 유로 간의 환율 변화에 대한 위험)을 헤징하기 원한다면 유로의 미래 현금흐름을 현재 선도환율 (forward exchange rates)로 고정된 달러의 미래 현금흐름으로 교환할 수 있는 스왑거래를 하면 된다.

그러므로 스왑거래는 몇 개의 연속적인 선도거래와 같은 역할을 한다. 스왑에서의 명목금액은 선도계약의 액면가와 대응하는 개념이다.

좀 더 자세히 알아보기 위해 달러/유로의 교환율이 현재 유로당 $1.30이며 이 교환율은 향후 10년 동안의 모든 선도계약에 적용된다고 가정하자. 당신의 스왑계약에서 표시 원금은 €100,000다. 스왑계약을 통해 당신은 매년 $130,000의 수익으로 고정시킬 수 있다 (€100,000×$1.30/€). 매년 당신은 €100,000에 선도환율과 그 시점의 환율의 차액을 곱한 값과 동일한 액수를 지급받거나 지급하게 된다.

그러면 1년 뒤 지급일의 환율이 $1.20/€라고 가정하자. 당신의 **스왑거래 상대자**(counterparty)(여기서는 독일의 기업이라고 가정하자)는 당신에게 선도환율인 $1.30/€와 그 시점의 환율인 $1.20/€와의 차액에 €100,000를 곱한 만큼 당신에게 지급해야 한다(즉 $10,000).

스왑거래를 하지 않으면 소프트웨어의 라이센스로부터 당신이 얻을 수 있는 수입은 $120,000(€100,000×$1.20/€)이다. 그러나 스왑거래를 하게 되면, 당신의 총수입은 $130,000가 된다. 당신은 독일의 회사로부터 €100,000($120,000)를 받으며 $10,000는 스왑거래의 상대방으로부터 받게 된다.

이제 2년 후 지급일의 환율이 $1.40/€라고 가정해 보자. 당신은 스왑거래의 상대방에게 그 시점의 환율 $1.40/€와 선도환율 $1.30/€의 차액에 €100,000를 곱한 만큼($10,000)

을 지급해야 한다. 스왑계약을 하지 않으면 소프트웨어 라이센스에 대한 수입은 $140,000(€100,000×$1.4/€)가 될 것이다. 그러나 스왑거래를 통해 당신의 수입은 $130,000가 된다. 그러므로 두 번째 해에 당신은 스왑거래를 한 것을 후회할 수도 있을 것이다(그러나 잠재적인 손실을 제거하기 위해 잠재적인 소득의 가능성을 포기하는 것이 헤징의 주요 개념이다).

| 예제 11.2 |

3년 후 지급일의 환율이 $1.30/€라면, 스왑거래를 통해 상대자와 당신 사이에서 지급되는 금액은 얼마인가?

국제 스왑시장은 1980년대 초에 시작되었고, 급속히 성장했다. 그리고 통화와 이자율 스왑뿐만 아니라 다른 많은 상품들도 스왑시장에서 거래되고 있다. 예를 들어, 여러 주가 지수의 수익률과 밀, 원유 등도 스왑시장에서 거래된다.

11.3 자산과 부채의 대응을 통한 위험 헤징

제2장에서 살펴보았듯이 보험저축상품이나 보험상품을 판매하는 보험회사나 금융중개기관들은 고객에게 그들이 구매하는 상품에 대하여 채무불이행 위험이 전혀 없다는 것을 확신시켜 주어야 한다. 고객에게 확신을 주는 하나의 방법은 보험회사가 금융시장에서 부채의 성격에 대응하는 자산에 투자하여 그들의 부채를 헤징시키는 것이다.

예를 들면, 어떤 보험회사가 고객에게 현재 $783.53의 가격으로 5년 후 $1,000를 일시불로 지급해 주는 보증투자계약을 판매했다고 가정하자(결국 고객은 연간 5%의 이자 수익을 얻게 되는 것이다). 이 보험회사는 액면가가 $1,000인 정부발행 무위험 순수할인채에 투자함으로써 고객에 대한 부채지급 위험을 헤징시킬 수 있다.

보험회사는 자산을 부채에 대응시킨다. 이 계약에서 이익을 얻기 위해서 보험회사는 $783.53보다 낮은 가격의 5년 만기 정부채권을 구입해야 한다(즉 정부채권의 이자율이 연간 5%가 넘어야 한다). 만약 회사가 정부채권에 투자하여 부채를 헤징하지 않고, 프리미엄을 주식 포트폴리오에 투자한다면 채무불이행의 위험이 있을 수도 있다. 그 이유는 5년 동안의 주식 포트폴리오의 가격이 고객에게 지급해야 할 $1,000보다 낮을 수 있기 때문이다.

많은 금융중개기관이 자산과 부채를 대응시키는 방법을 포함한 헤징 전략을 추구하고 있다. 이 모든 전략의 목적은 채무불이행의 위험을 줄이는 것이다. 고객에 대한 부채의 종류에 따라 헤징의 방법은 다양하다.

그러므로 만약 은행의 고객이 단기 변동금리부 예금을 가진 경우 적절한 헤징 방법은 변동금리부 채권에 투자하거나 단기 채권을 계속 연장해서 투자하는 전략을 사용하는 것이다. 변동금리부 예금의 부채를 가지고 있는 은행이 사용할 수 있는 또 다른 헤징 방법은 장기 고정금리부 채권에 투자를 하고, 채권을 통해 얻는 고정금리와 변동금리를 스왑시키는 스왑거래를 하는 것이다.

11.4 헤징 비용의 최소화

앞서 살펴본 바와 같이 선택할 수 있는 위험 헤징의 방법들은 여러 가지가 있다. 이렇게 위험을 헤징하는 방법이 한 가지 이상 있을 때, 이성적인 사람이라면 비용이 가장 적게 드는 방법을 선택할 것이다.

예를 들어, 당신은 보스턴에 살고 있고, 1년 후 도쿄로 이사를 가려고 한다고 가정하자. 당신은 도쿄에서 멋진 아파트를 발견했으며, 이사 가는 시점에 아파트 주인에게 ¥10,300,000을 지불할 것을 동의했다고 하자. 그리고 바로 보스턴에 있는 $100,000의 집을 팔고 그 돈으로 동경의 집값을 지불할 계획을 가지고 있다. 당신은 이자율이 3%인 미국 재무성 증권에 투자했으며, 1년 후에는 $103,000를 받는다는 것을 알고 있다.

최근 달러/엔 환율은 엔당 $0.01이다(달러당 ¥100과 동일한 의미). 만약 환율이 1년 후에 변동이 없다면, 당신은 1년 후 일본의 아파트를 구입하기 위해 지불해야 하는 금액 $103,000와 동일한 금액을 보유할 수 있다. 그러나 지난해 달러와 엔화의 환율은 최저 $0.008에서 최고 $0.011까지 변동이 심했다. 그래서 $103,000로 일본의 아파트를 구입하는 데 필요한 엔화로 교환하지 못할 수도 있다.

만약 1년 후의 환율이 엔당 $0.008이 된다면 $103,000로 일본의 아파트값을 지불하고도 남아서 멋진 가구까지 살 수 있는 ¥12,875,000($103,000/엔당 $0.008)을 받을 수 있다. 그러나 만약 1년 후 환율이 엔당 $0.012라면 당신은 ¥8,583,000($103,000/엔당 $0.012)으로밖에 교환할 수 없으며, 일본의 아파트를 구입하기에는 1년 전 계약한 가격에서 ¥1,717,000이 부족하게 된다.

달러기준 환율이 상승함에 따른 위험을 제거할 수 있는 두 가지 방법이 있다고 가정하자. 한 가지는 고정된 달러의 가격으로 1년 후 아파트를 구입한다는 조건으로 계약하는 것이며, 다른 한 가지 방법은 은행과 엔화에 대한 선도계약을 하는 것이다.

그러면 각각의 방법으로 환율위험을 헤징하는 데 필요한 비용을 비교해 보자. 위의 예에서 은행의 선도가격이 엔당 $0.01라고 가정하자. 그러면 은행과 선도계약을 맺으면서 당신은 1년 동안 $103,000를 $0.01/¥로 교환할 수 있으므로 완전히 위험을 제거할 수 있는 것이다. 즉 달러/엔 환율이 1년 동안 어떻게 변하든 간에 당신은 1년 후 일본의 아파트를 사는 데 필요한 ¥10,300,000을 교환할 수 있는 것이다.

그럼 다른 대안인 아파트 주인과의 협상을 통해 달러에 의한 아파트 가격을 고정하는 것에 대해 생각해 보자. 만약 도쿄의 아파트 주인이 $103,000보다 낮은 가격으로 기꺼이 당신에게 아파트를 매도하려고 하면, 당신은 은행과 선도계약을 하는 것보다 주인과 협상을 하는 것이 좋을 것이다.

반면에 도쿄 아파트 주인이 $103,000보다 높은 가격을 원한다면 당신은 엔화로 가격을 확정(¥13,000,000)하고, 은행과 $0.01/¥ 선도계약을 하는 것이 좋을 것이다. 그 외에도 위험을 헤징하기 위한 방법과 관련된 거래비용(중개업자 수수료, 시간과 노력에 대한 비용 등)도 고려해야 한다.

이 예에서 중요한 점은 헤징하는 수단을 결정할 때는 만족할 만한 위험감소를 가장 최소의 비용으로 이룰 수 있는 것을 선택해야 한다는 것이다.

11.5 보험과 헤징

보험과 헤징에는 중요한 차이점이 있다. 헤징은 미래의 수익에 대한 잠재적 가능성을 포기함으로써 손실의 위험을 제거하는 것이다. 그러나 보험에서는 손실의 위험이 프리미엄을 지불함으로써 제거되지만 미래 소득의 잠재적 가능성은 그대로 유지된다.

헤징과 보험의 차이점을 좀 더 명확히 하기 위해 이전의 예를 다시 생각해 보자. 1년 후에 당신은 보스턴에서 도쿄로 여행을 갈 계획을 가지고 있다. 당신은 지금 예매를 할 것이며 여행사 예매 담당 직원은 가격을 현재 가격 $1,000로 고정할 수도 있으며, 1년 후 비행 시점에서의 가격으로 지불할 수도 있다고 한다. 만약 $1,000로 가격을 고정하는 것을 선택한다면, 손실의 위험을 헤징하는 것이다. 헤징하는 데 어떤 비용도 들지 않지만, 내년에 여행할 때 비행기표 가격을 $1,000 이하로 지불할 수 있는 가능성을 포기하게 된다.

다른 대안으로 지금 $20를 내면 1년 후 $1,000로 비행기표를 구매할 수 있는 권리를 여행사에서 제공한다고 가정하자. 이러한 권리를 구입함으로써 당신은 동경으로 가는 데 $1,000 이상 지불하지 않는 보험을 구입한 것이다. 내년 비행기표의 가격이 $1,000 이상이 되면 이러한 권리를 행사할 수 있고, $1,000 미만이면 이 권리는 행사되지 않을 것이다.

$20를 지불함으로써 비행기표 가격으로 $1,000 이상 지불해야 하는 가능성은 보험을 통해 제거하게 된다. 그러므로 총비용이 $1,020를 넘지 않는 것이 보장되게 된 것이다(티켓비용 $1,000＋보험료 $20).

앞서 다음 달에 밀을 매도할 농부에 대해서 알아보았다. 농부의 밀 수확량은 100,000 부셸이며 한 달 후 매매될 밀의 선도가격은 부셸당 $2이다. 만약 농부가 100,000부셸의 밀에 대해 선도계약을 통해 매도포지션을 취함으로써 위험을 헤징한다면, 농부는 인도일 밀의 가격의 변화에 관계없이 $200,000의 수입을 얻게 되는 것이다.

그러나 선도시장에서 매도포지션을 취하는 대신에 농부는 밀의 최소가격을 부셸당 $2를 보장하는 보험에 가입할 수도 있다.[4] 보험료가 $20,000라고 가정해 보자. 밀의 가격이 부셸당 $2.00 이상이 되면 농부는 보험을 이용할 필요가 없을 것이다. 그러나 가격이 부셸당 $2.00 미만이 되면 농부는 보험금을 받을 수 있으며, $200,000에서 보험료를 차감한 금액인 $180,000의 수익을 얻게 된다.

그림 11.2는 세 가지 대안에 따른 농부의 한 달 후 수입의 차이를 보여 준다. (1) 가격위험 감소를 위해 아무런 조치도 하지 않는 경우 (2) 선도계약으로 헤징하는 경우 (3) 보험에 가입하는 경우. 수평축은 한 달 후 밀의 가격을 나타내며, 수직축은 농부의 수입을 나타낸다. 보험가입의 경우(대안 3)는 프리미엄을 지불한 순수입을 나타낸다.

보험에 가입함으로써 농부는 가격 하락의 위험을 제거함과 동시에 밀의 가격 상승 이익도 향유할 수 있다. 가격 상승의 이익은 보험료를 지불했기 때문에 보전되는 것이다.

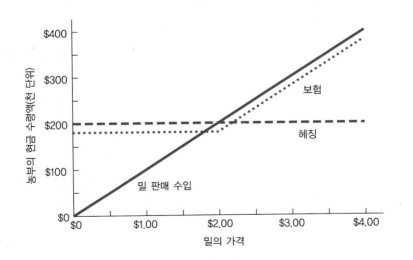

그림 11.2
가격위험에 대한 보험과 헤징의 비교

---

[4] 이 장의 후반부에서 알게 되겠지만, 이는 풋옵션을 매입하는 것이다.

그림 11.2에서 나타난 세 가지 대안 중 어느 대안도 모든 상황에서 나머지 두 대안에 비해서 우월하지는 않다. 물론 미래의 가격이 확실히 알려져 있다면 누구도 보험에 가입하여 프리미엄을 지불하려 하지는 않을 것이다.

그러므로 농부가 미래의 밀 가격이 부셸당 $2를 상회할 것이라는 사실을 안다면 농부는 노출된 위험을 줄이려고 하지 않을 것이다(대안 1). 그리고 농부가 미래의 밀 가격이 부셸당 $2 미만이 될 것임을 안다면, 농부는 $2의 선도가격으로 밀을 매도할 것이다(대안 2). 그러나 농부의 위험관리에 있어서의 근본적인 문제는 가격이 어떻게 될 것인지를 알 수 없다는 사실에 있다.

| 예제 11.3 |
이 문제를 밀의 가격이 상승할까 우려하는 제빵업자의 관점에서 보고, 제빵업자가 취할 수 있는 행동에 대해 생각해 보라.

11.6 보험계약의 주요 특징

보험에 대해 토의하고 보험이 위험을 관리하는 방법임을 이해하기 위해서는 기본적인 용어와 특징을 알 필요가 있다. 보험계약의 가장 중요한 네 가지 특징은 **면책**(exclusions), **상한계약**(caps), **공제조항**(deductibles), **공동지불**(copayments)이다. 각각에 대해서 간략하게 알아보자.

11.6.1 면책과 상한계약

면책은 보험계약상의 상황에 해당되어 지급해야 할 손실로 보이지만 예외적으로 보험금 지급이 특별하게 제외되는 것을 말한다. 예를 들어, 생명보험은 가입자가 사망했을 경우에 보험금을 지급하지만 만약 가입자가 자살했을 경우에는 보험금을 지급하지 않는다. 건강보험에선 가입자가 보험에 들기 전에 가지고 있던 특정 질병에 대해서는 보험금을 지급하지 않는다.

상한계약은 보험금 지급 상황에 있어 지불할 수 있는 상한금액을 뜻한다. 따라서 만약 건강보험 정책이 $1,000,000에 제한된다면 보험회사는 가입자에게 질병에 대한 치료비로 $1,000,000 이상을 지불하지 않는다.

11.6.2 공제조항

공제조항은 보험 가입자가 보험회사로부터 보상을 받기 전에 자신이 지불해야 하는 액수를 말한다. 즉 자동차 교통사고에 대한 $1,000 공제조항 보험에 들었다면 자동차를 수리하기 위해서 처음 $1,000는 가입자가 부담하고 보험회사는 $1,000를 제외한 나머지 비용만을 지불하게 된다.

공제조항은 가입자에게 자산의 손실 위험을 줄이는 방향으로 인센티브를 제공한다. 첫 $500의 자동차 수리비를 지불해야 하는 가입자들은 공제조항이 없는 보험 가입자들보다 조심스럽게 운전을 한다. 하지만 보험금이 공제조항 금액보다 훨씬 큰 경우에는 손실을 조정할 수 있는 이러한 인센티브는 의미가 없어진다.

11.6.3 공동지불

공동지불은 가입자가 손실에 대한 보상을 부분적으로 책임진다는 의미이다. 예를 들어, 보험 정책의 공동지불 조건이 어떠한 손실에 대해서 20%라면 보험회사는 나머지 80%만 지불한다.

공동지불은 공제조항과 가입자가 일부 손실에 대해 부담한다는 면에서 비슷하다. 다른 점은 일부 지불이 계산되는 방법과 손실에 대한 조종 인센티브를 만드는 것이다.

건강 보험 정책에서 내과 의사를 방문하는 경우에 대해서 알아보자. 공동지불 조건이 있으면 환자는 진료비의 일부를 항상 지불해야 한다. 만약 공동지불 조건 대신 $1,000 공제조항 보험 정책이라면 환자는 진료비가 $1,000가 될 때까지 전체 진료비를 부담하고 치료비가 $1,000에 도달하면 더 이상의 진료비를 지불하지 않고 내과를 방문할 수 있다. 즉 $1,000 공제금액에 도달할 경우 공제조항은 환자에게 추가적인 방문을 감소시키는 쪽으로 더 이상 영향력을 행사하지 못하지만 공동지불 조건은 이러한 경우에도 역할을 수행할 수 있다.

11.7 재무보증

재무보증(financial guarantees)이란 계약한 상대방이 파산할 수 있는 **신용위험**(credit risk)에 대한 보험이다. **대출보증**(loan guarantee)은 채무자가 대출에 대한 약속된 대금을 갚지 못했을 경우에 이를 보증인에게 지급할 것을 요청할 수 있는 계약이다. 대출보증은 거래를 더욱 편리하게 하는 데 중요한 역할을 하며 시장에서 점점 많이 사용되고 있다.

예를 들어, 현대사회에서 보편적으로 사용하게 된 지불 수단인 신용카드를 보자. 은행 또는 기타 관련 기관은 판매자에게 고객이 카드로 구입한 모든 대금의 지급을 보증하고 있다. 그래서 신용카드 관련 기관들은 판매자들에게 신용위험 보험을 제공한다.

은행, 보험회사 그리고 정부는 신용카드에서부터 이자율, 화폐 스왑 등에 이르기까지 많은 재무 수단에 대하여 보증을 제공한다. 모기업은 자회사의 채무의무를 보증한다. 정부는 주택 담보, 기업과 학생의 대출, 대기업과 중소기업에 대한 대출, 그리고 다른 정부에 대한 대출을 보증한다. 정부는 은행이나 연금과 같은 개별적 주체가 행한 보증에 대한 약속을 최종적으로 보증하기도 한다. 하지만 정부 기관이 신용불량 상태일 때 민간기관들은 정부의 채무에 대해서도 보증할 것을 요청한다.

11.8 이자율 캡과 플로어

이자율에 대한 리스크는 채무자든 채권자든 간에 미래를 보는 각자의 눈에 따라 달라진다. 예를 들어, $5,000를 은행에 예금하였고 매일 당신이 받는 이자율은 화폐시장의 상태에 따라서 달라진다고 하자. 예금자의 시각에서 이자율에 대한 위험은 이자율이 떨어지는 것이다. 이를 위한 이자율 위험 보험 정책은 **이자율 플로어**(interest-rate floor)의 형태를 띠게 될 것인데 이는 최소 이자율에 대한 보증을 의미한다.

차입의 경우를 생각해 보자. 예를 들어 은행으로부터 $100,000를 변동금리로 담보대출을 받아 집을 매입한다고 하자. 담보대출에 대한 이자율은 1년 만기의 재무성증권 이자율과 연동하여 움직인다. 따라서 이때의 이자율 위험은 이자율이 상승하는 것이다. 이를 위한 이자율 위험 보증 정책은 **이자율 캡**(interest-rate cap)의 형태를 띨 것이고 이는 최고 이자율에 대한 보증을 의미한다.

1980년대와 1990년대 사이에 있었던 대부분의 변동금리 대출에는 이자율 캡이 수반되었다. 캡은 1년 동안 매년 이자율이 상승할 수 있는 최대치를 제한하고 있으며 또한 대출 기간 중에 도달할 수 있는 최대이자율도 제한한다.

11.9 보험으로서의 옵션

옵션은 또 다른 형태의 보험계약이 된다. **옵션**(option)은 미래에 정해진 가격으로 거래 대상을 팔거나 살 수 있는 권리를 말한다. 앞서 살펴본 비행기표의 경우 위험을 줄이기 위해 옵션을 매입하는 것은 손실에 대한 보증을 하는 것이다. 옵션계약은 미래에 정해진 가격으로 거래 대상을 팔거나 사야 하는 의무를 가지는 선도계약과 구별된다.

거래 당사자 중 한 명에게 거래 대상을 미리 정해진 행사가격으로 사거나 팔 수 있는 권리를 주는 모든 계약은 옵션이다. 사거나 팔 수 있는 상품들의 종류만큼 많은 종류의 옵션들이 있다. 상품옵션, 스톡옵션, 이자율옵션, 외환옵션 등등. 몇몇 종류의 옵션계약은 표준화된 계약의 형태를 띠면서 거래소 내에서 거래되기도 한다.

옵션계약에 관해 몇 가지 사항에 대해 알아 둘 필요가 있다.

- 정해진 가격에 살 권리를 갖는 옵션을 **콜**(call)옵션이라 하고 팔 권리를 갖는 옵션을 **풋**(put)옵션이라 한다.
- 옵션계약서상에 명시된 정해진 가격을 **행사가격**(strike price 또는 exercise price)이라고 한다.
- 옵션이 더 이상 행사되지 못하는 날짜를 **만기일**(expiration date)이라고 한다.

만약 옵션 행사를 만기일에만 할 수 있다면 이를 유럽형 옵션이라 하고 만기 이전에 언제든지 행사할 수 있다면 이를 미국형 옵션이라 한다.

11.9.1 주식에 대한 풋옵션

주식에 대한 풋옵션은 주가의 하락으로부터의 손실을 막아 준다. 예를 들어, XYZ 회사의 경영자 루시를 생각해 보자. 과거에 그녀는 XYZ의 주식을 보상으로 받아서 현재 1,000주를 소유하고 있다. XYZ의 현재 시장가격은 주당 $100이다. 이제 어떻게 그녀가 풋옵션을 매입함으로써 XYZ 주식에 관련된 위험을 관리하는지에 대해 알아보자.

XYZ의 주식에 대한 풋옵션은 XYZ 주식을 정해진 가격에 팔 권리를 주기 때문에 만기일에 최소한 행사가격만큼은 확실하게 받을 수 있는 것이다. 예를 들어, 주당 $100의 행사가격을 가진 1년 만기 풋옵션을 샀다고 하자. XYZ 주식에 대해 행사가격이 $100이고 1년 만기를 가지는 유럽형 풋옵션의 가격은 $10이다. 따라서 보유하고 있는 주식 1,000주(현재 $100,000 가치가 있음)에 대해 모두 풋옵션을 보유하기 위해서는 $10,000의 옵션가격(프리미엄)을 지불해야 한다.

표 11.2 **보험과 풋옵션의 유사성**

	보험	풋옵션
자산	아파트	XYZ 주식 1,000주
자산가치	$100,000	$100,000
기간	1년	1년
프리미엄	$500	$10,000

글상자 11.1 신용 부도 스왑

투자 위험 고려 시, 투자 자금의 회수 가능 여부는 매우 중요한 사항 중 하나이다. 투자자들은 신용 스왑 거래를 통해 다양한 형태의 투자 위험을 헤지함으로써, 보험 매입과 유사한 효과를 얻을 수 있다. 특히 투자자들은 채무자가 채권자에게 부채를 상환하지 않을 경우에 이익을 얻게 된다. 그러나 이와 같은 거래에서 가장 주목해야 할 부분은 채무불이행 기업이 얼마만큼의 청산 가치를 지니고 있느냐는 것이다. 이러한 회수 위험은 기존의 자동차 가치 대비 망가진 자동차가 지니는 가치에 비유할 수 있다.

신용 부도 스왑(credit default swap, CDS) 시장의 많은 거래는 기업 파산 가능성과 관련하여 특정 회수 비율을 가정한다. 일반적으로 채권자들은 기업에게 빌려 줬던 $1당 ₵40를 회수할 수 있을 것이라 기대한다. 이는 평균적인 비율이나, 파산했을 때 해당 기업의 채권이 시장에서 이보다 낮은

가격에 거래될 경우에는 적합하지 않을 수 있다.

망가진 자동차들이 각기 다른 가격에 팔리는 것과 같이, 개별 기업 역시 서로 다른 회수 위험을 가지고 있다. 이러한 사실은 고정 회수율 CDS의 발전을 이끌었다. 고정 회수율 CDS는 특정 투자에 대해 일정한 회수 금액을 보장하는 신용 파생상품이다. 즉 투자자는 기업이 발행한 채권의 시장 가격에 상관없이, 파산 시에는 미리 정해진 가격에 채권을 재매입하기로 약정하고 채권을 매입할 수 있다. 실제로 회수율은 신용 부도 스왑 계약상에 명시되어 있다.

국제 스왑 파생상품 협회의 회수율에 대한 표준 약관 발표는 투자자들의 회수 위험에 대해 생각하는 방식이 단기에 급격히 변할 것이란 것을 보여 준다.

출처 : Adapted from "Why Retrieving Value is Not Always the Same after a Crash," *Financial Times*, June 8, 2006.

주식에 대하여 풋옵션을 사는 것은 주택이나 차를 사는 데 있어 보험을 드는 것과 많은 점에서 유사하다. 예를 들어, 만약 XYZ 주식 보유 이외에 아파트를 소유하고 있다고 하자. 아파트의 시가는 $100,000이다. 이 경우 아파트에 대한 풋옵션을 구매함으로써 아파트의 시장가격이 떨어지는 위험에서 벗어날 수는 없겠지만 몇 가지 다른 방법으로 그녀는 이 문제를 해결할 수 있다. 예를 들어, 보험금 상한이 $100,000인 1년짜리 화재보험에 $500를 내고 가입했다고 하자.

표 11.2는 풋옵션과 보험의 유사성을 보여 주고 있다. 보험은 화재로 인한 아파트의 가치 손실을 막아 주고 풋옵션은 XYZ 주식의 시장가치 하락에 따른 손실을 막아 준다.

공제조항을 추가하면 보험비용을 줄일 수 있다. 예를 들어, 만약 화재보험이 $5,000의 공제조항을 가지고 있다면 루시는 손실에 대해 $5,000를 부담하고 보험회사는 $5,000를 초과하는 나머지 금액에 대해 배상을 하게 된다. 이와 유사하게, 행사가격을 낮춤으로써 XYZ 주식에 대한 보험비용도 줄일 수 있다. 만일 현재 주가가 $100이고 루시가 $95에 풋옵션을 산다면, 그녀는 주가 하락으로 인한 주당 첫 $5에 대한 손실에 대해서만 부담할 것이다. 낮은 행사가격을 가지는 풋옵션을 선택함으로써 그녀는 공제금액을 증가시키고 비용을 감소시킬 수 있다.

| 예제 11.4 |
루시가 XYZ 주식 1,000주에 대해 $10의 공제조항과 20%의 공동지급조건을 이용하여 주가하락 위험을 관리하려고 한다. XYZ의 주식에 대한 풋옵션을 어떻게 활용해야 하는가?

11.9.2 채권에 대한 풋옵션

제8장에서 본 것과 같이, 채권이 채무불이행 위험에서 자유롭다 하여도 채권가격은 이자율의 변동에 따라 변할 수 있다. 채권이 채무불이행 위험을 가지고 있을 때, 채권의 가격은 무위험 이자율의 변동이나 채무불이행으로 인한 채권자의 손실 가능성에 의해서 변하게 된다. 따라서 채권에 대한 풋옵션은 채권가격의 변화에 의해 발생하는 손실을 보전해 준다.

예를 들어, 갑을부동산의 20년짜리 순수할인채를 생각해 보자. 이 회사는 채권으로 조달한 자금을 아파트에 투자하고 있다. 채권의 액면가는 $10,000,000이고 기업의 자산가치는 현재 $15,000,000이다.

채권의 시장가격은 연간 6%인 무위험 이자율과 이 기업 자산의 시장가치를 모두 반영한다. 만약 채권의 만기수익률이 15%라고 한다면 현재 채권의 시장가격은 $611,003($10,000,000/1.15^{20}$)이다.

예를 들어 행사가격이 $600,000이고 만기가 1년인 풋옵션을 매입했다고 하자. 만약 무위험 이자율의 상승이나 자산의 시장가치 하락에 의해 채권가격이 하락하는 경우, 옵션 매입자는 채권에 대해 최소 $600,000를 보장받을 수 있게 된다.

11.10 분산투자의 원리

분산투자란 여러 위험자산에 나누어 투자하는 것을 말한다. **분산투자의 원리**(diversification principle)는 여러 위험자산에 분산하여 투자함으로써 기대수익률에는 아무런 변화 없이 직면한 위험을 감소시킬 수 있다는 것이다.

11.10.1 서로 연관되어 있지 않은 위험의 분산

포트폴리오의 분산이 어떻게 전체 위험을 감소시킬 수 있는지를 알아보기 위해 제10장의 예를 다시 생각해 보기로 하자. 제10장에서 위험은 서로 상관관계를 가지지 않는다고 하였다.[5] 어떤 투자자가 향후 몇 년간 신약개발의 성공으로 인해 많은 이익을 제공할 것

표 11.3 하나의 사업에 투자했을 경우의 확률분포

결과	확률(P_i)	현금흐름(X_i)	수익률(r_i)
실패	0.5	0	-100%
성공	0.5	$400,000	300%

주 : 신약개발에 든 비용은 $100,000이다. 수익률은 현금흐름에서 비용을 차감한 값을 다시 비용으로 나누어 계산한다.

이라 믿기 때문에 두 개의 신약개발사업에 $100,000를 투자하기로 했다고 하자. 이 사업이 성공하게 되면 투자자는 투자 원금의 네 배를 받을 수 있으며 실패할 경우에는 투자금액 모두를 회수할 수 없게 된다. 따라서 만약 이 투자자가 $100,000를 하나의 사업에 모두 투자한다면 $400,000를 받거나 아니면 하나도 받지 못하게 된다.

각각의 사업은 50%의 성공확률을 가지고 있다. 표 11.3은 하나의 사업에 투자했을 경우의 현금흐름과 수익률을 보여 주고 있다.

만약 두 개의 사업에 각각 $50,000씩 투자한다고 해도 역시 $400,000를 받거나(둘 다 성공) 하나도 받지 못할 수도(둘 다 실패) 있다. 하지만 둘 중 하나는 성공하고 하나는 실패할 가능성도 존재한다. 이러한 경우 투자자는 $200,000를 받게 될 것이다(성공한 의약품에 투자한 $50,000의 네 배와 실패한 의약품에서 $0).

따라서 네 개의 가능한 결과와 세 개의 가능한 현금흐름이 존재하게 된다.

1. 모두 성공할 경우, $400,000를 받는다.
2. 의약품 1이 성공하고 의약품 2가 실패할 경우, $200,000를 받는다.
3. 의약품 1이 실패하고 의약품 2가 성공할 경우, $200,000를 받는다.
4. 모두 실패할 경우, 아무것도 받지 못한다.

따라서 두 개의 사업에 분산투자함으로써 투자자는 투자금액을 모두 잃게 될 가능성을 분산투자하지 않은 경우에 비해 반으로 줄일 수 있게 된다. 반대로 $400,000를 받을 확률도 0.5에서 0.25로 감소한다. 그리고 0.5(2×0.5×0.5)의 확률로 $200,000를 받게 되는 결과가 나타나게 된다. 표 11.4는 분산투자를 하는 경우의 현금흐름의 확률분포를 나타낸다.

이제 이러한 현금흐름의 확률분포를 기대현금흐름과 표준편차를 이용해 살펴보기로 하자. 기대현금흐름에 대한 식은 다음과 같다.

---

[5] 상관계수의 측정과 정확한 통계학적 의미는 이 장 마지막의 부록을 참고하라.

$$E(X) = \sum_{i=1}^{n} P_i X_i$$

위 식을 하나의 사업에 투자했을 경우의 기대현금흐름에 적용하면 다음과 같다.

$$E(X) = 0.5(0) + 0.5(400,000) = \$200,000$$

표준편차를 계산하는 공식은

$$\sigma = \sqrt{0.5(0-200,000)^2 + 0.5(400,000-200,000)^2} = \$200,000$$

서로 연관성 없는 두 개의 사업에 대한 포트폴리오의 경우

$$E(X) = 0.25(0) + 0.5(200,000) + 0.25(400,000) = \$200,000$$

$$\sigma = \sqrt{0.25(0-200,000)^2 + 0.5(200,000-200,000)^2 + 0.25(400,000-200,000)^2}$$

$$= \frac{200,000}{\sqrt{2}}$$

$$= \$141,421$$

따라서 연관성 없는 두 개의 사업에 분산투자하는 경우 기대현금흐름은 \$200,000로 동일하지만 표준편차는 \$200,000에서 \$141,421로 감소하게 된다. 수익률에 대한 표준편차 역시 200%에서 141.4%로 감소한다.

이제 분산투자하는 사업의 수가 늘어나는 경우에 대해 생각해 보자(가정에 따르면 각각의 사업이 가지는 성공 확률은 다른 사업에 의해 전혀 영향을 받지 않는다).[6] 기대현금흐름은 동일하지만 표준편차는 감소하게 된다.

표 11.4 두 개의 사업에 분산투자하는 경우

결과	확률(P_i)	현금흐름(X_i)	수익률(r_i)
모두 실패	0.25	0	−100%
하나만 성공	0.50	\$200,000	100%
모두 성공	0.25	\$400,000	300%

---

[6] 하나의 신약으로 구성된 포트폴리오의 수익률 확률분포는 이항분포를 따른다. 포트폴리오를 구성하는 신약의 개수가 증가하면 분포는 정규분포에 근사하게 된다.

$$\sigma_{\text{portfolio}} = \$200{,}000/\sqrt{N}$$

| 예제 11.5 |
표준편차가 \$100가 되려면 상관관계가 없는 몇 개의 신약사업에 투자해야 하는가?

11.10.2 분산불가능 위험

앞의 분산투자의 예에서 위험은 서로 연관이 없다고 가정하였다. 실제로는 많은 위험들이 서로 양의 상관관계를 가진다.[7] 이는 공통적인 경제적 요인에 의해서 영향을 받기 때문이다.

예를 들어, 주식 투자자들의 수익은 모두 경제상황과 연관되어 있다. 경제가 침체되면 모든 기업의 이익에 나쁜 영향을 미쳐 결국 주주들의 수익도 나빠지게 된다. 결과적으로 많은 주식에 분산투자함으로써 주식시장 전체의 위험을 감소시키려는 시도는 한계가 있기 마련이다.

NYSE, AMEX 또는 NASDAQ에서 거래되고 있는 주식들을 이용하여 포트폴리오를 구성했다고 가정하자. 그런데 이 포트폴리오에 속하는 주식들은 무작위로 고른 것이다. 즉 무작위로 선택된 포트폴리오(randomly selected portfolio)가 되는 것이다. 그리고 포트폴리오 수익률의 표준편차에서 동일가중지수(equally weighted index)로 계산한 표준편차의 차를 초과표준편차(excess standard deviation)라고 한다.

그림 11.3은 포트폴리오 내 주식 수의 증가가 수익률의 변동성에 미치는 영향을 보여주고 있다. 세로축은 연율로 환산된 초과표준편차를 나타내고, 실선은 1963∼1973년, 아래 점선은 1974∼1985년, 위 점선은 1986∼1997년 기간의 초과 표준편차를 나타낸다. 그래프를 보면 20∼40년 전에는 무작위로 선택된 하나의 주식에 대한 투자는 동일가중지수에 투자하는 것보다 35%포인트 이상의 표준편차를 가졌던 것으로 나타났다. 포트폴리오가 무작위로 선택된 20개의 주식으로 구성될 때까지 초과적인 위험은 5%포인트 수준 근처로 줄어드는 것을 알 수 있다. 그러나 1986∼1997년 자료의 경우에는 무작위로 선택된 하나의 주식에 대한 투자는 동일가중지수에 투자하는 것보다 60%포인트 이상의 표준편차를 가지고, 전반적으로 다른 기간보다 초과표준편차가 큰 것을 알 수 있다. 게다가 초과적인 위험을 5%포인트 수준 근처로 줄이기 위해서는 50개 종목 이상으로 포트폴리

---

[7] 상관계수의 정확한 의미는 이 장의 부록을 참조.

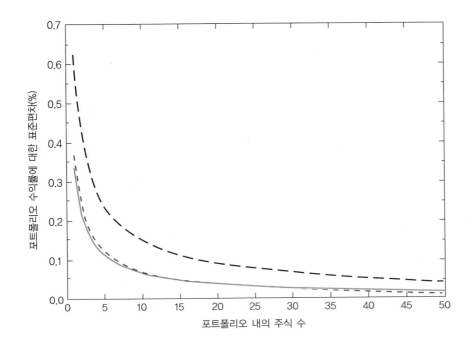

그림 11.3

포트폴리오 내 주식 수의 증가가 수익률의 변동성에 미치는 영향

출처 : Figure 6, page 26, in "Have Individual Stocks Become More Volatile? An Empirical Exploration of Idiosyncratic Risk," John Y. Campbell, Martin Lettau, Burton G. Malkiel, and Yexiao Xu, *Journal of Finance*, Vol. 56, No. 1, February 2001. Used by permission (Blackwell Publishing).

오를 분산시켜야 했다.

포트폴리오의 변동성 중에서 주식 수를 늘림으로써 제거될 수 있는 부분을 **분산가능한 위험**(diversifiable risk)이라 하고, 주식 수를 아무리 늘려도 제거될 수 없는 부분을 **분산불가능한 위험**(nondiversifiable risk)이라고 한다.

분산불가능한 위험은 어떻게 생기는 것일까?

주가는 여러 가지 이유로 변화한다. 그중 대부분은 기업에 공통되는 것이고 또 어떤 것은 개별 기업이나 특별한 기업의 집단에만 관계되는 것이다. 주가는 현재와 미래의 기대이익에 영향을 미치는 무작위적인 사건에 반응한다. 만약 경제 전체의 상황이 나빠진다든지 하는 대부분의 기업에 영향을 미치는 사건이 발생한다면 많은 주식이 영향을 받게 된다. 이러한 사건으로부터 발생하는 손실에 대한 위험을 시장위험(market risk)이라고 한다.

반면 소송, 파업, 신제품 개발 실패 등 한 기업에만 영향을 주는 사건은 다른 기업의 주식들과는 상관없는 손실을 발생시키고 따라서 이러한 위험은 제거될 수 있다. 이러한 사건에 의해 발생하는 손실에 대한 위험을 기업고유의 위험(firm-specific risk)이라고 한다.

이러한 분산가능한 위험과 분산불가능한 위험의 개념은 국제 분산투자에도 적용된다. 여러 나라의 주식을 결합함으로써 포트폴리오의 위험을 감소시킬 수 있지만 여기에는 한계가 있다. 이 경우에도 기업이 어디에 위치하는지에 상관없이 대부분의 기업에 영향을 미치는 공통적인 사건이 발생하게 된다. 그러므로 국제적 분산투자가 위험감소라는 측면에서 많은 사람들에게 도움이 되지만, 아무리 잘 구성된 포트폴리오라도 상당한 양의 위험은 여전히 남아 있다.

| 예제 11.6 |

개인용 컴퓨터에 소프트웨어를 공급하는 기업에 투자한다고 하자. 이 투자안의 수익률에 영향을 미치는 기업 고유의 위험에는 어떤 것이 있는가?

11.11 분산투자와 보험비용

분산투자된 포트폴리오의 위험을 보증하는 데 드는 비용은 각각의 위험을 따로 보증하는 데 드는 비용에 비해서 항상 적다. 이를 살펴보기 위해 11.10.1절에서 보았던 예를 다시 생각해 보자. 어떤 투자자가 그 제약회사의 주식에 $100,000를 투자하고 있다. 성공하거나 실패하게 되는 것은 서로 아무런 상관을 가지지 않는다.

두 신약의 각 주식에 대해 $50,000씩 투자하기로 한다면 표 11.4에 나타난 것과 같은 확률분포를 가지게 된다. 각각의 주식에 대하여 투자금액 전부를 잃게 될 확률은 50%이다. 그러나 포트폴리오 전체로 보면 투자금액 전부를 잃게 되는 확률은 25%가 된다.

두 기업에 투자된 $50,000씩의 주식에 대해 각각 보증하는 것은, 포트폴리오 전체인 $100,000를 보증하는 데 드는 비용보다 많이 들게 된다. 보증비용이 보험회사가 당신에게 지급할 기대보험금과 같다고 가정하자. 그렇다면 포트폴리오에 대한 보증비용은 손실

글상자 11.2 **통합 위험관리의 이점**

보험업계 및 보험을 필요로 하는 기업들의 위험관리 접근 방식에 큰 변화가 일고 있다. **통합적 위험관리**는 새로운 위험관리 기법 트렌드로서, 기업이 직면한 총체적 위험관리에 소요되는 비용의 최소화를 목표로 한다.

과거 기업들은 위험관리를 세분화하는 경향이 있었다. 통화, 이자율 그리고 신용위험 노출은 미 재무부 증권을 이용해 관리하였으며, 안전 문제는 인적 자원, 환경책임과 재산보호는 공학기술, 그리고 재산·사고 노출은 위험관리에 의해 관리되었다. 현재 일부 기업이 세분된 위험 요인의 통합을 시도

하고 있으며, 감수할 수 있는 수준을 초과하는 총손실에 대비하여 보험에 가입하고 있다.

예를 들어 철강 제조 회사의 경우, 근로자에 대한 보상 및 비직업성 상해가 결합된 보험상품에 가입함으로써 분리된 두 개의 보험에 가입한 경우보다 약 1/3의 비용을 절감하였다. 또 다른 예로 허니웰사를 들 수 있다. 허니웰사는 AIG사의 손해배상책임과 환위험관리를 포함한 다중 위험 보장 보험에 가입하였으며, 회사가 예측한 총체적 위험에 따른 손실을 커버할 수 있을 만큼 자금을 보유하고 있다.

확률에 손실금액을 곱한 것과 같다.

$$0.25 \times \$100,000 = \$25,000$$

각각의 투자를 보증하기 위한 비용은 두 주식 모두 실패할 확률에 $100,000를 곱한 것과 하나의 주식이 실패할 확률에 $50,000를 곱한 것을 합한 값이 될 것이다.

$$0.25 \times \$100,000 + 0.5 \times \$50,000 = \$50,000$$

즉 따로 보증을 하는 것이 포트폴리오를 보증하는 것보다 두 배의 비용이 든다. 부의 손실을 막기 위해서 각각의 주식에 따로 보험을 들 필요는 없다. 만약 한 의약품이 실패를 하더라도 성공한 의약품 투자에 대한 수익금은 실패한 투자의 손실보다 크기 때문에 당신의 부는 $200,000가 된다. 결론적으로 두 개의 투자가 모두 실패할 경우에 대해서만 보증하면 되는 것이다(글상자 11.2 참조). 이 예는 포트폴리오의 위험을 분산할수록 전체 포트폴리오에 대한 위험을 보증하기 위한 비용은 적어진다는 것을 보여 주고 있다.

| 예제 11.7 |
성공확률이 0.5이고 서로 상관이 없는 네 개의 신약개발 주식에 $25,000씩 투자된 포트폴리오를 보증하는 데 드는 비용은 얼마인가?

요 약

- 위험을 헤징하기 위한 수단으로는 선도계약, 선물계약, 스왑 그리고 자산과 부채의 대응 등이 있다.
- 선도계약은 미래의 특정한 인도일에 정해진 가격으로 특정 자산을 인도해야 하는 의무이다. 선물계약은 거래소에서 거래되고 있는 표준화된 선도계약이다.
- 스왑거래는 특정한 기간에 특정한 간격을 가지는 현금흐름을 교환하는 양자에 의해 이루어진다. 스왑거래는 거의 모든 거래에 적용될 수 있지만 실제로 대부분의 스왑계약은 상품, 통화, 증권을 기초로 해서 이루어진다.
- 금융중개기관은 종종 그들의 자산을 부채에 대응시킴으로써 고객의 위험을 헤징한다. 이는 채무불이행 위험을 감소시킨다.
- 위험을 헤징할 수 있는 여러 방법이 있을 때 위험감소를 달성하는 데 드는 비용이 가

장 작은 방법을 선택해야 한다.

- 보험과 헤징에는 근본적인 차이점이 있다. 헤징을 할 때는 잠재적 이익을 포기함으로써 위험을 제거한다. 보험은 위험을 제거하기 위해 프리미엄을 지불하고 잠재적 이익은 계속 존재하게 된다.

- 풋옵션은 주가의 하락으로 인한 손실을 막아 줄 수 있다.

- 재무보증은 신용위험을 보증하는 것과 같이 일어난다. 이자율 플로어와 캡은 채무자와 채권자에게 이자율 위험에 대한 보증을 제공한다. 채권에 대한 풋옵션은 채권자에게 파산 위험과 이자율 위험 모두에 대한 보증을 제공한다.

- 포트폴리오의 위험을 분산할수록 전체 포트폴리오에 대한 위험을 보증하기 위한 비용은 적어진다.

핵심용어

선도계약	면책	콜
선도가격	상한계약	풋
현물가격	공제조항	행사가격
액면가치	공동지불	행사가격
매수포지션	재무보증	만기일
매도포지션	신용위험	분산투자의 원리
선물계약	이자율 플로어	분산가능한 위험
스왑거래	이자율 캡	분산불가능한 위험
스왑거래 상대자	옵션	상관계수

예제 풀이

예제 11.1 인도일의 현물가격이 다음과 같을 때 농부와 제빵업자에게 미치는 영향은 무엇인가?

  a. 부셸당 $1.00

  b. 부셸당 $3.00

검정

농부의 거래	$1.00/부셸	$3.00/부셸
밀 매도로부터 발생한 수입	$100,000	$300,000
선물계약으로부터의 현금흐름	농부에게 $100,000 지급	농부가 $100,000 지급
총수입액	$200,000	$200,000
제빵업자의 거래	$1.00/부셸	$3.00/부셸
공급자로부터 밀의 비용	$100,000	$300,000
선물계약으로부터의 현금흐름	제빵업자가 $100,000 지급	제빵업자에게 $100,000 지급
총지출액	$200,000	$200,000

예제 11.2 3년 후 지급일의 환율이 $1.30/€라면, 스왑거래를 통해 상대자와 당신 사이에서 지급되는 금액은 얼마인가?

검정 지급일에 현물가격과 선물가격이 같기 때문에, 어떤 현금교환도 일어나지 않는다.

예제 11.3 이 문제를 밀의 가격이 상승할까 우려하는 제빵업자의 관점에서 보고, 제빵업자가 취할 수 있는 행동에 대해 생각해 보라.

검정 제빵업자는 다음 달에 밀 100,000부셸을 살 필요가 있다. 제빵업자는 밀의 가격 상승을 우려하고 있다. 제빵업자는 부셸당 $2.00로 100,000부셸에 대해 선도시장에서 매입 포지션을 취할 수 있다. 하지만 제빵업자는 이 가격에 고정되어 있다. 만일 밀 가격이 떨어지더라도 제빵업자는 전혀 혜택을 볼 수 없다. 부셸당 $2.00로 살 수 있는 옵션을 구매한다. 제빵업자는 부셸당 최대 $2.00를 지불한다. 만일 가격이 떨어지면, 제빵업자는 옵션을 행사하지 않고 시장이나 현물가격으로 구입한다. 이 옵션은 제빵업자에게 어떤 비용이 든다. 하지만 풋옵션에서 설명했던 것처럼 비용은 $20,000가 든다고 가정하자.

예제 11.4 어떤 투자자가 XYZ 주식 1,000주에 대해 $10의 공제조항과 20%의 공동지급조건을 이용하여 주가하락 위험을 관리하려고 한다. XYZ의 주식에 대한 풋옵션을 어떻게 활용해야 하는가?

검정 $10의 공제조항은 행사가격이 $90($100−$10)임을 뜻한다. 20%의 공동지급조건은 1,000주 전체가 아니라 단지 800주에 대한 풋옵션을 산다는 것을 의미한다.

예제 11.5 표준편차가 $100가 되려면 상관관계가 없는 몇 개의 신약사업에 투자해야 하는가?

검정 4,000,000개의 상관관계가 없는 신약사업

예제 11.6 개인용 컴퓨터에 소프트웨어를 공급하는 기업에 투자한다고 하자. 이 투자안의 수익률에 영향을 미치는 기업 특유의 위험에는 어떤 것이 있는가?

검정 개인용 컴퓨터 소프트웨어는 프로그래밍의 결함, 기술적인 문제, 다른 소프트웨어 제조업체로부터의 경쟁(기업소송에서의 법정 미결상태, 다른 회사에 주요 소프트웨어 개발자를 뺏기는 일) 때문에 실패를 초래할 수 있다.

예제 11.7 성공확률이 0.5이고 서로 상관이 없는 네 개의 신약개발 주식에 $25,000씩 투자된 포트폴리오를 보증하는 데 드는 비용은 얼마인가?

검정 현재 포트폴리오에서 손실의 위험 확률분포는 다르다. 단지 손실의 가능성은 모든 네 개의 약이 실패하는 것이다(만일 세 개의 약이 실패하고 네 번째가 성공한다면 포트폴리오의 가치는 $4 \times \$25,000 = \$100,000$가 될 것이다). 이러한 일이 일어날 확률은 $0.5^4 = 0.0625$이다. 그래서 보험의 비용은 손실의 기대값 $6,250(0.0625 \times $100,000)가 될 것이다.

연습문제

선도계약과 선물계약을 통한 위험 헤징

1. 당신이 오렌지 나무 과수원을 소유하고 있다고 가정하자. 수확은 아직 두 달이 남았지만 가격위험을 고려하고 있으며, 두 달 후 현물가격이 어떠한가에 관계없이 파운드당 $1를 받을 수 있도록 보장받고 싶어 한다. 당신은 250,000파운드를 팔려고 한다.

   a. 인도일에 현물가격이 파운드당 $0.75, $1.00, $1.25라면, 선도시장에서 매도거래의 경제적 효익을 보이라.

   b. 당신이 헤징을 하지 않고 각 상황이 거의 똑같다면, 어떤 일이 발생하겠는가?

   c. 적절하게 헤징이 된 후 당신의 수익에는 어떤 변동성이 있는가?

2. 6개월 후 난방용 석유의 가격은 리터당 $0.90가 아니면 $1.10가 될 것이라고 가정하자. 현재가격은 갤런당 $1이다.

    a. 수중에 많은 재고를 가지고 있는 난방용 석유 재판매업자가 직면하게 되는 위험은 무엇인가? 매우 적은 재고를 가지고 있는 난방용 석유의 대량 소비자가 직면하는 위험은 무엇인가?

    b. 두 거래당사자는 그들의 위험을 줄이고 갤런당 $1의 가격으로 고정시키기 위해 난방용 석유 선물시장을 어떻게 이용할 수 있는가?

    c. 각 거래당사자는 더 좋아진다고 말할 수 있는가? 왜 그러한가? 또는 왜 그렇지 않은가?

3. 당신은 미시건 주 지방자치단체의 재무담당자이고, 소 선물에 투자한다고 가정하자. 행사가격은 파운드당 $0.60, 만기일은 한 달 후인 소 400,000파운드의 선물계약을 구입했다.

    a. 인도일에 소의 가격이 파운드당 $0.40, $0.60, $0.80라면, 선물계약의 경제성을 나타내라.

    b. 이것은 위험을 감소시키는 거래인가?

    c. 재무담당자가 오일 선물에 투자하였다면, b번에서 당신의 대답은 달라질 것인가? 이자율 선물에 투자하였다면 어떻게 될 것인가?

4. 당신의 사촌은 돼지 사육업자이고, 그는 돼지 선물과 옵션계약에 투자한다. 그는 당신에게 돼지의 가격이 상승할 것이라고 말했다. 당신은 행사가격이 파운드당 $0.50로 돼지의 콜옵션을 구입하기로 결정했다. 돼지의 가격이 상승한다면 콜을 행사하여 돼지를 살 수 있고, 더 높은 현물가격으로 돼지를 팔 수 있다. 40,000파운드의 옵션가격이 $1,000이고 당신은 200,000파운드에 대해 $5,000로 옵션 다섯 개를 구입했다고 가정하자.

    a. 이 거래는 당신에게 위험감소거래인가 투기거래인가?

    b. 달러와 퍼센트율로 당신의 축소된 위험은 얼마인가?

    c. 파운드당 가격이 $0.55로 상승하였다면, 옵션비용을 지불하고 난 다음 당신의 순손익은 얼마인가?

5. 6개월 후 당신의 넷째 아이가 태어날 것이며, 그리고 더 큰 차가 필요하다고 가정하자. 당신은 현재 약 $10,000인 3년 된 중고 소형밴을 주시하고 있는데, 이 차의 가격과 6개월 후 유용성을 걱정하고 있다. 그러나 당신은 6개월 후 이 차를 살 수 있는 충분한 돈을 가지고 있지 않을 것이다.

    a. 당신의 위험을 제거할 상대방과 선도계약을 하기 위해 신문에 어떻게 광고할 수 있

는가?

b. 당신의 선도계약에 대해 누가 매도포지션을 취할려고 할 것인가? (누가 상대방이 될 것인가?)

6. 양키 은행은 예금자들에게 6개월 단기국채보다 25베이시스 포인트(0.25%) 더 많은 CD 이자율을 제공한다. 은행의 자산은 장기 고정이자율 대출이기 때문에, 이 은행은 10년 만기 고정이자율로 빌려 주는 것을 선호한다. 은행의 소유로 빌린다면, 은행은 연 12% 의 고정이자로 지불한다. 반면 글로벌 프로덕트 기업은 고정금리로 해외에서 차입하는 데 유리한 조건을 가지고 있다. 이 회사는 10년 동안 11%의 고정금리로 빌릴 수 있다. 하지만 이 기업은 변동금리로 빌리는 것을 선호한다. 만일 그렇게 된다면, 이 기업은 6개월 단기국채에 50베이시스 포인트를 지불해야 한다. 두 기업이 이자율 스왑을 통해 그들의 상태가 개선될 수 있음을 보이라.

스왑거래를 통한 외환거래 위험 헤징

7. 당신이 포토 프로세싱의 재무담당자라고 가정하자. 매출의 약 50%는 미국인 반면, 40%는 일본, 10%는 다른 여러 나라에서 이루어진다. 당신은 다음 5년간 일본에서의 달러가치를 걱정하고 있다. 일본에서의 매출액은 다음 5년 동안 매년 ¥2,700,000,000 이 될 것이라고 예상된다. 현재 달러/엔 환율은 ¥90이고 5년간 이 가격이 유지된다면 당신은 행복할 것이다.

a. 엔화에 대한 달러가치의 하락에 대한 위험을 제거하기 위해 어떠한 스왑계약을 이용할 수 있겠는가?

b. 매년 스왑계약의 명목금액은 얼마인가?

c. 이 스왑계약의 반대포지션을 취할 사람은 누구인가?(논리적인 상대방은 누구인가?)

8. 당신은 미국에 살고 있는 컨설턴트이며, 시장조사를 이행하기 위해 프랑스의 한 회사와 계약을 맺었다. 이 조사가 끝나기 위해서는 18개월이 걸린다. 당신은 매달 €200,000 를 지급받을 것이다. 현재 환율은 €1당 $0.92이다. 당신은 달러화에 대해 유로화가 강세를 보여 매달 적은 달러를 지급받게 될 것을 걱정하고 있다. 프랑스 회사는 당신에게 매달 달러로 지급하는 것을 원치 않으며, 그리고 유로당 $0.92로 환율 고정에 합의하지도 않을 것 같다.

a. 당신의 위험을 제거하기 위해 스왑계약과 금융기관을 어떻게 사용할 수 있는가?

b. 6개월 후 현물 환율이 $0.90라고 가정하자. 스왑계약을 하지 않았다면, 당신의 현금

수입은 달러가치로 얼마인가? 스왑계약을 했더라면, 당신의 현금수입은 달러가치로 얼마가 될 것인가?

c. 10개월 후, 유로의 현물가격이 $0.95라고 가정하자. 스왑계약을 하지 않았다면, 당신의 현금수입은 달러가치로 얼마인가? 스왑계약을 했더라면, 당신의 현금수입은 달러가치로 얼마가 될 것인가?

9. 당신은 다국적 기업인 소프트콜라의 위험관리부서 신입사원이다. 그리고 소프트콜라가 직면하는 유로/달러 환위험을 관리하는 책임을 부과받았다. 프랑스와 미국에서 소프트콜라의 영업을 고려하라.

a. 프랑스에서 매달 평균 €20,000,000의 수입과 평균 €15,000,000의 생산·운송비용이 든다. 발생하는 이익을 매달 미국에 있는 생산본부에 송금한다면, 이 생산 본부는 어떤 위험에 직면하게 되는가? 어떻게 이 위험을 헤징할 수 있는가?

b. 소프트콜라의 전 세계적 퇴직혜택본부는 미국에 위치해 있다. 그리고 매달 퇴직한 프랑스 종업원에게 €5,000,000를 지급할 의무가 있다. 이 본부가 직면한 위험은 무엇인가? 어떻게 이 위험을 헤징할 것인가?

c. 이전에 나와 있는 것처럼 생산과 퇴직본부의 거래가 주어졌을 때, 프랑스 전체에서 소프트콜라가 직면하는 환위험에 당신은 어떤 결론을 내릴 것인가? 소프트콜라는 선도계약에 참여할 필요가 있는가?

자산과 부채의 대응을 통한 위험 헤징

10. 몽고메리 신탁회사의 대부분의 부채는 고객 예치금이다. 이 예치금은 3개월 단기국채율에 연동하는 변동금리를 지급받는다. 반면에, 자산의 대부분은 고정금리 대출과 주택저당대출이다. 몽고메리 신탁회사는 고정금리 대출과 주택저당대출을 멈추고 싶어 하지 않는다. 그러나 이자율이 증가하여 그들의 수익이 감소하는 것을 걱정하고 있다. 몽고메리 신탁회사는 대출을 줄이지 않고 어떻게 이자율 위험에 대해 헤징을 할 수 있는가? 회사의 노출된 금액은 $100,000,000이고 평균 고정금리는 9%인 반면, 단기국채 +75베이시스 포인트를 지급한다고 가정하자.

11. 연방예금보험은 1933년에 소액 투자자를 보호하고 금융시스템을 보호하기 위하여 만들어졌다. 예금보험을 통해서 개인들의 예금을 보호하는 것을 통하여 정부는 은행시스템에 대한 신뢰를 높여 왔고, 이는 은행 및 금융기관들에 대한 뱅크런을 방지하였다. 은행과 저축대부조합은 연방예금보험공사(FDIC)에 보험료를 지불하고, FDIC는 보

험을 통해 이들을 보호한다. 당신은 FDIC에서 일하고 있는데, 금융기관의 포트폴리오를 평가하는 것이 주요 업무이다. 현재는 Mismatch라는 기관의 자산과 부채를 살펴보고 있다. Mismatch는 현재 단기자산으로 구성된 $100,000,000의 부채를 가지고 있다. 자산으로는 장기의 개인모기지와 고정이자율의 기업대출을 보유하고 있다.

a. Mismatch사가 직면하고 있는 위험은 무엇인가?

b. 당신은 Mismatch사의 위험을 제거 또는 줄이기 위해서 어떤 수단을 추천하겠는가?

c. 은행은 부채를 커버하기 위해서는 어떤 자산을 가지고 있어야 하는가? 만약 은행이 이러한 자산을 가지고 있다면, 예금보험이 계속해서 필요할 것인가?

d. 은행은 대출에 필요한 자금을 어떻게 조달하는가? 이런 경우 누가 채무불이행 위험을 지는가?

보험과 헤징

12. 다음의 경우들이 보험인지 헤징인지 구분하라.

   • 휴일 동안 $979.00의 요금으로 집의 경비를 의뢰한다.

   • 당신이 소유한 주식에 대해 풋옵션을 구입한다.

   • 1년 후 $200,000의 고정가격으로 주택 구입에 동의한다.

   • 3년 후 자동차를 구입할 수 있는 옵션으로 자동차를 리스한다.

   • 당신은 변동금리 자산을 가지고 있기 때문에 변동금리를 고정금리로 교환할 수 있는 스왑계약을 체결한다.

   • 밀 생산자로서 현재 고정된 가격으로 두 달 후에 밀을 매도하는 선도계약을 체결한다.

   • 건강보험의 보험료를 지불한다.

   • 회수하는 데 걱정이 되는 대출에 대해 신용보증금을 지불한다.

재무보증

13. 당신은 지역의 세탁업자이며 제공한 서비스에 대해 현금과 어음을 받아 왔다. 그러나 몇 년 동안 부도어음으로 인해 많은 손해를 입었다. 현금만을 받는 방법으로 전환하지 않고 이 신용위험에 대한 보험을 어떻게 획득할 수 있는가? 당신은 이 보험에 대해 얼마를 지불하겠는가?

14. 중서부지역에 홍수가 발생했고, 많은 농부들이 모든 작물을 손실했다고 가정하자. 정부는 개인보험을 가지고 있지 않은 농부들의 손실을 보상해 주는 홍수대책 계획을

세웠다면, 이것은 보험계획인가? 누가 이 보험 프로그램비를 지불하는가?

이자율 캡과 플로어

15. 당신은 지금 새 집을 구입하고 판매하는 계약을 체결했다고 가정하자. 부동산담보대출을 받는 데 6주가 걸린다. 이자율은 떨어지고 있으며, 그래서 고정금리 대출은 매우 매력적이다. 당신은 30년 동안 7%의 고정이자로 묶어 놓을 수 있다. 반면 금리는 하락하였고 그래서 6개월 단기국채에 연동되어 있는 현재 4.5%의 변동금리로 약 30년 동안의 변동금리 차입을 생각 중이다. 마지막 주택저당담보부 옵션은 5%에 시작해서 3% 이하로 떨어지지 않으며, 1년에 2%씩 최고 11%까지 오를 수 있는 변동금리 대출이다.

    a. 당신이 이자율 노출의 모든 위험을 헤징하고자 한다면, 어떤 재무계획을 선택하겠는가?

    b. $100,000, 30년, 고정금리 부동산담보대출에서 매달 상환금은 얼마인가?

    c. 고정금리 대출을 받았고, 이자율이 10%로 증가하였다면, 당신의 매달 상환금에 어떤 일이 발생하겠는가?

16. 문제 15번에 제시된 정보를 참조하라.

    a. 이자율이 극적으로 상승할 위험이 없다고 가정할 때, 이자율이 하락할 가능성의 이득을 취하고 싶다면 당신은 어떤 재무계획을 선택하겠는가?

    b. 이 예에서 이자율 캡은 얼마인가?

    c. 이 예에서 이자율 플로어는 얼마인가?

    d. 어떻게 해서 이자율 캡이 보험을 구입하는 것과 같은가? 당신은 이 보험에 얼마를 지불하겠는가?

보험으로서의 옵션

17. 당신은 오렌지 나무 과수원을 소유하고 있다고 가정하자. 수확은 아직 두 달이 남았지만 가격위험을 고려하고 있으며, 두 달 후 현물가격이 어떠한가에 관계없이 파운드당 $1.00를 받을 수 있도록 보장받고 싶어 한다. 당신은 250,000파운드를 팔려고 한다. 선물시장에서 매도포지션을 취하는 것 대신에, 파운드당 최소 $1.00의 가격을 보장해 주는 보험(250,000파운드에 대한 풋옵션의 형태)을 구입한다고 가정하자. 옵션비용은 $25,000이다.

    a. 인도일에 현물가격이 파운드당 $0.75, $1.00, $1.25라면, 이 거래의 경제성을 보이라. 어떤 상황하에서 당신은 옵션을 행사하겠는가?

    b. 당신의 잠재적 이득에 있어 헤징거래와 보험거래는 어떤 차이가 있는가?

18. 당신은 수출입을 하는 작은 회사를 소유하고 있다고 가정하자. 당신은 중국에서 짠 인형옷감을 주문하였다. 중국에 있는 그 회사는 당신 회사의 신용위험에 대한 문제로 선불을 요구해 왔다. 만일 이러한 약정을 유지하고 싶지 않다면, 중국에 있는 회사가 돈을 받을 수 있다는 확신을 주는 구매보험을 어떻게 체결할 것인가? 당신은 이 보험을 공짜로 얻을 수 있는가? 이 보험에 지불할 수 있는 금액은 얼마인가?

19. 당신은 다음 여름에 아프리카 케냐의 사파리를 떠나는 데 관심이 있다고 가정하자. 그러나 당신은 지난 과거 5년간 $2,500에서 $3,500의 범위를 가지고 있는 여행 가격을 걱정하고 있다. 현재 가격은 $3,000이다. 당신은 낮은 가격의 이용가능성을 유지하기 원한다고 가정하자.

    a. 당신은 가격이 떨어졌을 때도 여전히 이익을 보면서 가격이 상승할 가능성을 어떻게 제거할 수 있는가?

    b. 당신은 이 옵션에 얼마를 지불하겠는가?

20. 당신은 현재 $65로 거래되는 주식을 소유하고 있는데 이 주식은 $60에 구입했었다. 당신은 주식이 더욱 올라갈 좋은 기회가 있다고 생각하기 때문에, 팔지 않고 조금 기다리고 싶어 한다.

    a. 주식가격이 $60 또는 $55로 떨어질지라도, 당신이 그 주식을 $65에 매도할 수 있게 보장해 주는 거래를 어떻게 구성할 수 있는가?

    b. 옵션의 비용은 $5이고, 당신이 주식을 매도하는 시점에 주식가격은 $75가 되었다면, 달러가치 이득은 얼마인가? 당신은 옵션을 행사하였겠는가? 왜? 또는 왜 아닌가? 옵션을 구입한 것은 돈을 낭비한 것인가?

    c. 주식가격이 $57로 떨어졌다면, 달러가치 손익은 얼마인가?

21. 도전 과제 : 우리는 11.10.1절의 의약품의 예에서 투자를 분산하는 것이 실패할 확률을 0.5에서 0.25로 낮추는 것을 보았다. 이제 네 개의 제약회사가 있다고 가정하자. 이들은 서로 신제품 개발에 열을 올리고 있으며, 모두 FDA의 승인을 받으려 노력하고 있다. 시장에서는 앞으로 FDA의 승인을 얻는 회사는 제품을 판매하여 큰 수익을 얻을 것으로 예상하고 있는데, $20,000를 투자하였을 경우 $100,000을 벌 수 있을 것으로 기대된다. 각 회사의 성공 확률은 0.5이다. 그리고 FDA의 각 회사에 대한 승인 여부

는 독립적이라고 가정하자.

   a. 만약 25%씩 각 회사에 투자자금을 안분할 경우 기대되는 결과들의 확률은 얼마인가?

   b. 기대되는 결과들의 현금흐름은 무엇인가?

   c. 이 전략의 기대수익은 얼마인가?

   d. 아무것도 얻지 못할 확률은 얼마인가? 11.10.1절의 예와 비교하여 설명하라.

   e. 투자금액인 $20,000보다 더 많이 벌어들일 확률은 얼마인가?

   f. 25%씩 안분하는 투자전략은 어떤 유형의 위험을 감소시키려는 시도인가?

   g. 이 문제에서 각 회사들의 고유 위험은 무엇인가?

22. **도전 과제 :** 당신은 스웨덴 사람이고 미국에 있는 대학원에서 공부할 예정에 있다. 당신은 4월에 꽤 좋은 학교의 2년제 석사과정에 합격하였다. 학기당 수업료는 $5,000, 거주비용은 월 $1,000가 될 것으로 예상된다(즉 당신은 연간 $22,000의 비용이 필요한 것이다). 대학은 당신에게 생활비를 벌 수 있는 학교 내 아르바이트를 소개시켜 주겠다고 하였다. 그러므로 당신에게는 수업료만이 문제가 된다. 현재는 7월이다. 당신은 스웨덴 정부에서 제공하는 2년 동안 연간 SKr100,000를 받는 장학금에 지원하였다. 현재의 달러와 스웨덴 크론 간의 환율은 10SKr/$이다. 다행히 당신은 장학금제도의 수혜를 받아 9월에 첫해의 장학금을 받을 수 있다.

   a. 당신은 어떤 위험에 직면해 있는가? 은행에서는 9월의 선도환율은 10SKr/$이다. 당신은 첫해에 환위험을 어떻게 헤지할 것인가?

   b. 실제로 9월에 환율이 9.5SKr/$였다면 당신은 선도계약에서 이익을 보는가 아니면 손실을 보는가? 손실이 발생했다면 당신은 애초에 선도계약을 하면 안 되었던 것인가?

현재는 여전히 4월이다. 스웨덴 정부의 장학금 담당 관리자는 당신에게 장학금을 지급받는 여러 대안을 제시하였다. 오는 9월과 내년 9월에 SKr100,000을 받는 방법 또는 올해의 환위험을 피할 수 있도록 학기마다 $5,000씩 지급받고(9월과 2월) 내년 7월에 지급받는 방법을 변경할 수 있는 옵션이 포함된 방법이다. 게다가 9월의 선도환율은 10SKr/$, 달러의 무위험이자율은 5%이다.

   c. 당신은 어떤 방법을 고르겠는가? 이유는 무엇인가?

23. 22번 문제의 정보를 이용하여 풀라.

   a. 헤징을 하는 대신에 달러가치의 상승에 보험을 드는 방법을 사용할 것이라고 가정

하자. 당신은 이 보험을 어떻게 사용해야 하는가? 이 경우에 헤징하는 것과 차이점
은 무엇인가?

b. 스웨덴 정부는 다음해에 장학금 SKr100,000을 첫해의 학점과 학업성취도를 보고 지
급한다고 하였다. 스웨덴 정부는 어떤 효과를 기대하고 이러한 행동을 했겠는가?

c. 당신은 첫해에 열심히 공부하여 정보의 요건을 충족시켜 다음 해의 장학금은 지급
받기로 보장받았다. 따라서 당신은 작년과 마찬가지로 어떤 방법으로 장학금을 지
급받을지 결정해야만 한다. 현재는 7월이고 9월의 선도환율은 10.2SKr/$, 달러의 무
위험이자율은 7%로 올랐다. 9월에 SKr100,000를 받겠는가 아니면 학기마다 $5,000
를 받겠는가?

부 록

상관계수와 회귀분석

두 위험자산을 결합할 때, 두 자산 수익률 간의 **상관계수**(correlation)는 최종 포트폴리오
의 표준편차를 측정하는 데 있어 중요한 역할을 한다. 직관적으로 상관계수는 자산의 수
익률이 '같이 움직이는' 정도를 나타낸다.

다른 두 가지 자산의 수익률 간의 상관계수의 중요성과 분산을 통한 위험축소에 대한
함의는 두 주식을 포함하는 예에서 가장 잘 설명된다. 첫 번째 주식은 표 11A.1의 세 번
째 열에 나와 있는 확률분포를 가진 젠코이다. 젠코의 주식수익률은 경기와 동일한 방향
으로 움직인다. 경기가 강세일 때 주식의 성과는 좋으며, 경기가 약세일 때 성과는 나쁘
다. 두 번째 주식은 네가코이다. 이 주식은 경기와 반대로 움직인다. 경기가 강세일 때 성
과는 나쁘며, 경기가 약세일 때 성과가 좋다. 표 11A.1의 세 번째 열은 네가코 주식수익
률의 확률분포를 나타낸다.

표 11A.1 젠코와 네가코 주식의 수익률 가정

경제상태(1)	확률(2)	젠코의 수익률(3)	네가코의 수익률(4)
호황	1/3	0.385	0.225
보통	1/3	0.140	0.020
불황	1/3	0.105	0.265

표 11A.2 기대수익률과 변동성의 계산

경제 상태	젠코			네가코		
	수익률	기대수익으로부터의 편차	제곱 편차	수익률	기대수익으로부터의 편차	제곱 편차
호황	0.385	0.245	0.0600	−0.225	−0.245	0.0600
보통	0.140	0.000	0.0000	0.020	0.000	0.0000
불황	−0.105	−0.245	0.0600	0.265	0.245	0.0600
기대 수익률 $(E(r))$		$1/3 \times (0.385 + 0.14 - 0.105) = 0.14$			$1/3 \times (-0.225 + 0.02 + 0.265) = 0.02$	
분산(σ^2)		$1/3 \times (0.0600 + 0 + 0.0600) = 0.04$			$1/3 \times (0.0600 + 0 + 0.0600) = 0.04$	
표준편차(σ)		0.20			0.20	

표 11A.2는 두 주식의 기대수익률의 계산과 표준편차를 나타내고 있다. 경기의 각 상태가 똑같고, 확률분포가 체계적이기 때문에 계산은 아주 간단하다. 젠코의 기대수익률은 경기가 정상일 때의 수익률과 동일하다: 연 14%. 이와 유사하게, 네가코의 기대수익률도 경기가 정상일 때의 수익률과 동일하다: 연 0.02%. 표준편차는 두 주식 모두 0.20%이다.

이제 젠코와 네가코의 주식을 각각 50%씩으로 구성한 포트폴리오를 고려해 보자. 기

표 11A.3 완전하게 음의 상관관계를 가지는 주식으로 구성된 포트폴리오의 수익률

경제상태 (1)	젠코의 수익률 (2)	네가코의 수익률 (3)	젠코에 $50,000 투자 시 현금흐름 (4)	네가코에 $50,000 투자 시 현금흐름 (5)	총가치 $100,00인 포트폴리오로부터의 현금흐름 (6)=(4)+(5)
호황	0.385	−0.225	1.385×$50,000 =$69,250	0.775×$50,000 =$38,750	$69,250+$38,750 =$108,000
보통	0.140	0.020	1.14×$50,000 =$57,000	1.02×$50,000 =$51,000	$57,000+$51,000 =$108,000
불황	−0.105	0.265	0.895×$50,000 =$44,750	1.265×$50,000 =$63,250	$44,750+$63,250 =$108,000
기대수익률$(E(r))$	0.140	0.020			
표준편차(σ)	0.200	0.200			

대수익률과 표준편차는 얼마인가?

표 11A.3은 총 $100,000의 투자금액을 두 주식 각각에 $50,000씩 투자하였다고 가정한 것이다.

첫 번째, 경제 강세를 나타내는 첫 번째 줄을 보자. 젠코에 투자한 $50,000는 $69,250 ($50,000×1.385)가 될 것이고, 네가코에 투자한 $50,000는 $38,750로 하락할 것이다. 포트폴리오의 총가치는 $69,250+$38,750=$108,000가 된다. 그래서 경제가 강세일 때 수익률은 0.08이다.

이제 경제가 약세로 전환되었을 때 어떤 일이 발생하는지 살펴보자. 젠코에 투자한 $50,000는 $44,750($50,000×0.895)가 되고 네가코에 투자한 $50,000는 $63,250로 성장한다. 그래서 당신의 포트폴리오 총가치는 $108,000가 된다. 그래서 경제가 약세일 때 포트폴리오의 수익률은 0.08이 된다.

표11A.3의 두 번째 줄은 경제가 정상일 때 수익률이 0.08과 같음을 보여 준다. 경제의 상태에 상관없이 포트폴리오의 수익률은 0.08이다. 그래서 포트폴리오 수익률의 변동성은 0이고, 모든 위험은 사라졌다.

이 예에서 모든 위험이 사라질 수 있었던 이유는 두 가지 주식이 완전히 음의 상관관계를 가지고 있기 때문이다. 이것은 두 주식이 서로 반대방향으로 움직인다는 것을 뜻한다. 두 수익률 간의 공분산의 정도를 측정하는 데 사용되는 이 통계치는 상관계수이다. 상관계수를 이해하기 위해 우리는 먼저 공분산을 정의하겠다.

표 11A.4는 젠코와 네가코 수익률 간의 공분산을 어떻게 계산하는지 보여 준다. 각 경제의 상태에 대해, 우리는 기대값으로부터 개별 주식수익률의 편차를 구하고 표준편차의 곱을 찾기 위해 두 표준편차를 곱한다. 수익률이 경제상태와 반대로 움직이기 때문에, 우리의 경우에서 표준편차의 곱은 (−)이다. 만일 같은 방향으로 움직인다면, 곱은 (+)가 될 것이다. 공분산은 전체 경제상태에서 이러한 편차의 곱의 평균이다. 공분산은 수익률이 같은 방향 또는 다른 방향으로 변화하는지에 대한 수익의 평균경향을 우리에게 알려 준다. 두 위험자산의 수익률 간 공분산에 대한 수학적 공식은 다음과 같다.

$$\sigma_{1,2} = \sum_{i=1}^{n} P_i [r_{1i} - E(r_1)][r_{2i} - E(r_2)]$$

공분산의 측정을 표준화하기 위해 공분산을 각 주식의 표준편차로 곱하여 나눈다.

이러한 결과를 상관계수라고 부른다. 그리스 문자로 ρ(발음 '로')라고 부른다. 이것의

표 11A.4 공분산과 상관계수

경제상태	젠코		네가코		편차의 곱
	수익률	기대수익으로부터의 편차	수익률	기대수익으로부터의 편차	
호황	0.385	0.245	−0.225	−0.245	−0.0600
보통	0.140	0.000	0.020	0.000	0.0000
불황	−0.105	−0.245	0.265	0.245	−0.0600

$\sigma_{1,2}$=공분산=$\frac{1}{3}$(−0.0600+0−0.0600)=−0.04

$\rho_{1,2}$=상관계수=−0.04/0.04=−1

공식은 다음과 같다.

$$\rho_{1,2}=\sigma_{1,2}/\sigma_1\sigma_2$$

상관계수는 +1의 값(완전한 양의 상관)에서 −1의 값(완전한 음의 상관)까지의 범위를 가진다. 만일 ρ=0이라면, 두 주식은 상관이 없다고 말한다. 앞의 예에서는

$$\rho_{1,2}=공분산/(표준편차의 곱)=−0.04/0.04=−1$$

| 예제 11.8 |

포시코 주식의 수익률에 대한 가정은 다음과 같다.

경제상태(1)	확률(2)	포시코의 수익률
호황	1/3	0.46
보통	1/3	0.16
불황	1/3	−0.14

포시코와 젠코 주식의 수익률 간 상관계수를 구하라.

표 11A.5는 표 2.4B에서 발췌한 자료이다. 주요 다섯 개 자산군에 대한 1947년부터의 연율화된 초과수익이다. 초과수익은 해당 자산군의 수익에서 미국의 재무성채권의 수익률을 차감한 것이다. 요약통계는 표의 하단에 명시되어 있다. 예를 들어 만약 세계주식의 연율화된 초과수익의 기대값에는 세계주식의 산술평균인 7.87%를 사용하는 것이다. 그

표 11A.5 **1947~2003년의 초과수익**

연도	세계 포트폴리오		미국 시장		
	달러 기준 주식수익률	달러 기준 채권수익률	중소형주	대형주	장기국채
1947	−1.55	−8.72	−2.57	4.42	−1.65
1948	2.08	4.18	−7.29	4.31	2.09
1949	16.24	1.08	20.10	17.13	4.92
1950	23.23	1.25	45.60	31.47	−2.17
1951	27.21	−0.94	5.02	21.99	−3.43
1952	12.57	3.18	3.19	17.27	0.29
1953	3.59	1.86	−7.41	−3.52	2.05
1954	47.34	6.94	62.76	51.69	4.02
1955	21.38	−1.33	22.51	29.88	−2.90
1956	6.20	−6.73	2.73	4.03	−7.54
1957	−9.99	−0.10	−17.56	−14.27	6.33
1958	35.36	−1.87	6392.00	42.36	−5.13
1959	22.14	−2.38	18.44	10.13	−6.37
1960	5.13	7.91	−7.67	−2.39	11.20
1961	17.70	−0.18	26.80	25.47	−1.97
1962	−9.92	6.90	−14.00	−11.51	4.09
1963	11.20	−0.39	14.97	19.48	−3.64
1964	7.53	−0.33	15.74	13.15	0.99
1965	6.52	−1.12	35.14	8.53	−4.24
1966	−11.18	0.66	−11.64	−14.96	−1.01
1967	19.60	−7.47	99.17	19.96	−11.56
1968	14.63	−3.19	44.98	5.71	−6.49
1969	−12.80	−8.92	−37.87	−14.92	−13.11
1970	−9.32	3.41	−23.79	−2.28	6.31
1971	14.90	10.70	13.58	9.85	13.15
1972	21.34	4.01	−3.67	1525.00	1.66
1973	−21.42	−2.76	−45.14	−21.81	−5.66
1974	−32.09	−3.01	−35.25	−34.48	−2.55
1975	26.02	1.68	53.00	31.44	2.68

표 11A.5 (계속)

연도	세계 포트폴리오		미국 시장		
	달러 기준 주식수익률	달러 기준 채권수익률	중소형주	대형주	장기국채
1976	11.60	6.07	43.56	16.82	5.91
1977	1.28	11.02	22.29	−12.41	−4.25
1978	13.83	6.26	17.24	−0.81	−11.47
1979	7.33	−10.25	30.16	8.08	−1.67
1980	18.91	−8.68	28.56	20.96	1.65
1981	−19.04	−18.55	−16.37	−19.84	−11.25
1982	0.60	11.50	17.19	11.43	−4.14
1983	15.01	−7.15	25.27	13.52	−9.38
1984	−6.61	−2.42	−20.17	−3.50	5.33
1985	32.69	26.53	21.39	24.32	25.00
1986	32.52	24.60	−2.18	12.34	17.90
1987	10.81	13.37	−19.32	−0.04	−8.03
1988	15.53	−1.17	12.29	10.54	2.08
1989	10.73	−1.80	0.83	23.12	11.27
1990	−25.34	4.30	−34.89	−10.88	−0.55
1991	13.42	13.10	43.25	25.15	12.88
1992	−9.66	1.31	17.70	4.31	4.39
1993	17.61	17.32	16.18	6.97	12.58
1994	2.79	−5.56	−9.24	−2.59	−11.06
1995	14.98	21.03	28.16	32.13	26.09
1996	7.06	−1.48	11.47	17.93	−5.95
1997	10.89	1.79	18.78	28.09	10.00
1998	15.77	12.54	−12.02	23.80	8.84
1999	22.54	−10.16	35.59	16.48	−13.30
2000	−18.89	2.51	−11.62	−14.89	14.48
2001	−19.54	−4.08	25.13	−15.61	0.49
2002	−18.68	20.98	−13.27	−23.76	15.13
2003	36.75	10.42	73.56	27.68	1.37

표 11A.5 1947~2003년의 초과수익(계속)

연도	초과 수익률 통계값				
	달러 기준 주식수익률	달러 기준 채권수익률	중소형주	대형주	장기국채
평균	7.87	2.42	11.99	8.50	1.31
표준편차	16.92	8.97	28.78	17.77	8.96
최소	−32.09	−18.55	−45.14	−34.48	−13.30
최대	47.34	26.53	99.17	51.69	26.08

출처 :
인플레이션 자료 : 미국 노동통계국
1926~1995년 주식수익률 자료 : Center for Research in Secutity Prices
1996년부터 주식수익률 자료.
소형주의 경우 : Fama & French 1st quantile
대형주의 경우 : S&P 500
장기 국채 : Lehman Bros LT Treasury index
중기 국채 : Lehman Bros. Intermediate-term Treasury index
장기 국채 : Salomon Smith Barney 3-month U.S. T-bill index

러나 이 점 추정치는 16.92%라는 큰 표준편차를 가진다.

그림 11.A1은 동기간에 세계주식과 미국 대형주의 수익률의 시계열을 나타낸 것이다. 두 시계열의 유사함은 두 수익률이 높은 수준의 상관관계를 가진다는 것을 암시하고 있다. 그림 11A.2는 세계주식과 미국 대형주의 수익률을 한 조로 만들어 점을 찍은 산점도이다. 이 산표도 또한 두 자산군의 수익률이 강한 양의 관계를 가지고 있음을 보여 준다. 자료를 이용하여 계산한 상관계수는 +0.8837로 표 11A.6에 나타나 있다.

또한 이는 다섯 개 자산군 사이의 상관계수에서 가장 높은 값을 가진다. 가장 낮은 상관계수는 −0.0509로 미국 중소형주와 장기국채 사이의 값이다.

회귀분석은 가장 적합한 선형관계를 추정하게 해 준다. 만약 우리가 세계주식과 미국 대형주를 고려하고 있다면, 미국 대형주의 초과수익률을 알고 있다는 조건 아래 세계주식 초과수익률에 대한 우리의 추정치를 개선시키는 것을 원할 것이다. 우리는 두 자산 간의 상관관계가 높다는 것에서 두 자산 간의 수익률이 체계적으로 동일한 방향으로 움직인다는 것을 알 수 있는데, 이 사실을 이용하여 미국 대형주의 수익률이 어떻게 움직

---

* 가장 적합한 식이란 추정된 y값과 실제 y값의 차의 제곱이 최소화될 때를 말한다. 각 관측치는 실제값과 추정값을 가진다. 이 두 값의 차는(추정된 직선과 실제값과의 수직거리) 추정값의 잔차라고 불린다. 회귀분석은 이 잔차의 제곱을 최소화하는 직선을 찾아내는 것이다.

그림 11A.1

**1947~2003년 연율화된
초과수익률**

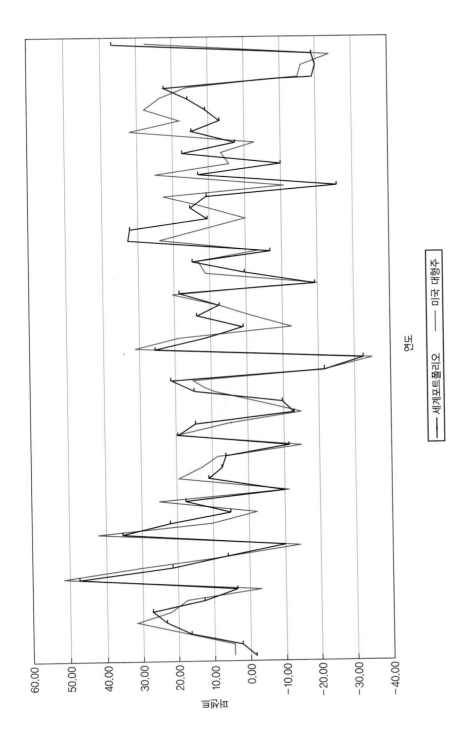

세계포트폴리어 ——— 미국 대형주

연도

60.00　50.00　40.00　30.00　20.00　10.00　0.00　-10.00　-20.00　-30.00　-40.00

퍼센트

그림 11A.2

1947~2003년 주식
초과수익률
Y = 0.711 + 0.842X

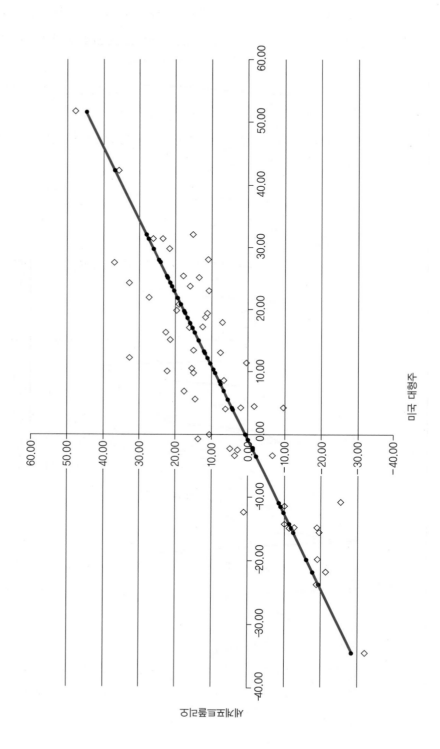

표 11A.6

상관계수	세계주식	세계채권	미국 중소형주	미국 대형주	미국 장기채권
세계주식	1.0000				
세계채권	0.2426	1.0000			
미국중소형주	0.7012	0.0093	1.0000		
미국대형주	0.8837	0.1540	0.7167	1.0000	
미국장기채권	0.0974	0.7216	−0.0509	0.1619	1

Summary output

회기분석 통계량	
Multitple R	0.8837
R Square	0.7808
Adjusted R Square	0.7769
Standard Error	7.9945
Observations	57.0000

ANOVA

	df	SS	MS	F	Significance F
Regression	1.0000	12524.4621	12524.4621	195.9653	0.0000
Residual	55.0000	3515.1390	63.9116		
Total	56.0000	16039.6011			

	Coefficents	Standard Error	t Stat	P-value
Intercept	0.7109	1.1759	0.6046	0.5479
Slope	0.8417	0.0601	13.9988	0.0000

일 것인지를 안다는 전제로 세계주식의 수익률을 예측할 수 있는 것이다.

가장 적합한 식* Y=α+βX의 절편(α)과 기울기(β)를 추정하는 식은 다음과 같다.

$$\beta = \frac{COV_{xy}}{\sigma_{X^2}} \qquad \alpha = E(y) - \beta \cdot E(x)$$

위의 예에서는 미국 대형주를 x변수로, 세계주식을 y변수로 사용하였다. 직선의 기울기(β)는 수익률 간의 분산을 독립변수의 분산으로 나눈 값이다. 여기서 독립변수의 분산은 미국 대형주의 분산이다. 절편(α)은 y변수의 기대값에서 x변수의 기대값에 β를 곱하여 차분한 값이다.

표 11A.6에서는 엑셀을 이용하여 구한 회귀분석의 결과를 보여 주고 있다. 가장 아래에 있는 표에서 나타난 절편의 회귀계수는 0.7109이고, 기울기의 회귀계수는 0.8417이다. 이 계수들은 그림 11.A.2에서 회귀직선을 그리는 데 사용되었다.

예제 11.8 포시코와 젠코 주식 간의 수익률의 상관계수를 구하라.

검정 포시코 주식의 기대수익률은 0.16이고 표준편차는 0.245이다. 반면에 젠코 주식의 수익률은 0.14이고 표준편차는 0.2이다. 또한 두 주식 간의 공분산은 0.049이다. 따라서 상관계수＝(0.049)/(0.245×0.2)＝1이다. 둘은 완전 양의 상관관계를 가지고 있다.

부록 : 상관관계

분산투자의 원리

24. 두 개의 캐나다 주식 투자정보는 다음과 같다.

경기	확률	메이플의 수익률	월러스 수익률	50:50으로 투자한 포트폴리오
좋음	1/3	25%	20%	22.5%
중립	1/3	15%	12.5%	13.75%
나쁨	1/3	0%	1.25%	0.625%

두 주식과 포트폴리오의 기대수익률과 표준편차를 구하라. 또한 두 주식 수익률 간의 공분산을 구하라.

25. 24번의 정보를 이용하여 메이플사와 월러스사의 상관계수를 구하라. 이는 메이플, 월러스, 그리고 포트폴리오의 표준편차 간의 관계를 설명할 수 있는가?

12

투자 포트폴리오 선택

이번 장에서는 사람들이 그들의 부를 어떻게 투자하는지에 대해서 알아보며 이를 '포트폴리오 선택'이라 부르기로 한다. 개인 부의 포트폴리오는 그가 가지는 모든 자산과 부채를 포함한다.

실제로 모든 사람에게 있어 최적이 될 수 있는 포트폴리오 선택 방법은 없다. 그러나 모든 위험 회피자에게 적용될 수 있는 분산투자의 원칙이라고 할 수 있는 몇몇 일반적인 원칙은 존재한다. 제11장에서 위험관리의 방법으로 분산투자에 대해 알아보았다. 이번 장에서는 이러한 논의와 분석을 위험과 기대수익 사이의 교환관계로 확장하기로 한다.

12.1절에서는 개인의 생애주기 재무계획과정에 있어서의 포트폴리오 선택이 가지는 역할과 모든 사람에게 최적이 되는 전략이 존재할 수 없는 이유에 대해 검토해 본다. 또한 투자자의 투자기간과 위험에 대한 태도(risk tolerance)가 포트폴리오의 선택에 어떻게 영향을 미치는지에 대해서도 알아보기로 한다. 12.2절에서는 하나의 위험자산과 하나의 무위험자산이 존재할 경우의 선택에 대해서, 그리고 12.3절에서는 많은 위험자산이 존재하는 경우에 최적의 포트폴리오 선택 과정에 대해서 알아보기로 한다.

12.1 개인 포트폴리오 선택의 과정

포트폴리오 선택(portfolio selection)이란 사람들이 그들의 부를 어떻게 투자하는지에 대한 연구이다. 이는 자산과 부채에 대한 최적의 포트폴리오를 찾아내기 위한 위험과 기대수익 간 교환의 과정이다. 좁은 의미의 포트폴리오 선택이란 주식, 채권 그리고 그 밖의 자산에 얼마만큼을 투자할 것인지를 결정하는 것이다. 더 넓은 의미에서는 집을 매입할 것인지 임차할 것인지, 어떤 종류의 보험에 얼마를 투자할 것인지, 부채에 대한 관리를 어떻게 할 것인지 그리고 인적 자원(예 : 전문적 교육)에 대한 투자 결정 등도 포함된다. 이 모든 결정에 있어서 기본이 되는 개념은 위험과 기대수익의 교환관계이다.

이번 장에서는 위험과 보상 간의 교환관계를 평가하고 포트폴리오를 효율적으로 관리하기 위해 필요한 개념과 기술에 대해서 알아보기로 한다. 중요한 것은 거의 모든 사람에게 적용될 수 있는 몇몇 포트폴리오 선택의 원칙이 존재한다 하더라도 모든 사람에게 있어 최적이 되는 포트폴리오나 포트폴리오 전략은 존재할 수 없다는 것이다. 그 이유가 무엇인지를 앞으로 설명한다.

12.1.1 생애주기

포트폴리오의 선택에 있어서 최적의 전략은 개인적 상황에 따라 달라진다. 어떤 사람은 특정 자산을 보유하는 것이 전체 위험 수준을 높일 수 있지만 다른 사람에게 있어서는 그 자산이 전체 위험을 줄일 수 있다. 또 생애주기의 초반부에 위험을 줄일 수 있는 자산이 생애주기의 후반부에서는 위험을 늘릴 수도 있다.

신혼부부에게는 집을 매입하고 부동산담보대출 계약을 하는 것이 최적이 될 수 있지만 은퇴를 앞두고 있는 부부에게는 집을 팔고 남아 있는 생애 동안 일정한 수익을 보장해 주는 자산에 투자하는 것이 최적이 될 수 있다.

생명보험에 가입하는 경우를 생각해 보자. 다른 모든 면에서 같은 조건에 있는 두 사람이라 해도 부양해야 할 자녀가 있는 갑의 경우 최적의 선택은 자녀가 없는 을이 생각하는 것과는 다를 것이다. 갑은 그가 죽었을 경우 가족을 보호하고 싶어 할 것이고 따라서 그의 자녀들에게 혜택이 돌아갈 수 있는 보험을 원할 것이다. 반대로 을은 그가 죽더라도 걱정해야 할 자녀가 없으므로 생명보험에 가입하는 것은 그가 가지는 위험을 별로 줄여 주지 못한다. 시간이 많이 흐른 뒤 갑의 자녀들이 스스로를 보호할 수 있게 되면 갑은 보험가입을 통해 자녀들을 보호해야 할 필요를 더 이상 느끼지 않을지도 모른다.

이제 갑과 을이 은퇴할 시점에서의 상황을 생각해 보자. 갑은 자신이 죽은 뒤에 자녀들에게 남아 있는 자산을 상속하기를 원한다. 갑은 자신이 아주 오래 살아서 자신의 자산을 다 써 버려도 자녀들이 자신을 돌봐 줄 것이라는 확신을 가지고 있다.

을은 자녀가 없기 때문에 그가 살아 있는 동안 모든 자산을 소비하려고 할 것이다. 하지만 그가 예상보다 더 오래 살게 될 경우 가지고 있는 자산을 모두 써 버리는 상황에 대해서 걱정을 하게 될 것이다. 을에게 있어서 남은 생애 동안 일정한 수익을 보장해 주는 보험에 가입하는 것이 그가 가지고 있는 위험을 줄이는 수단이 될 것이다. 그러나 갑에게는 그렇지 않을 것이다. 이러한 보험을 **생존연금**(life annuity)이라고 부른다.

이러한 예와 마찬가지로 나이와 수입 그리고 현재 가지는 부가 동일한 사람들조차도 집을 사거나 보험에 가입하는 데 있어서 각기 다른 예상을 하게 될 것이다. 이는 주식이나 채권 그리고 다른 자산의 경우에 있어서도 마찬가지이다. 따라서 모든 사람에게 있어서 최적이 되는 하나의 포트폴리오는 존재하지 않는다.

이를 살펴보기 위해, 나이와 가족사항이 동일한 두 사람의 경우를 생각해 보자. 병은 30세이고 월스트리트에서 애널리스트로 일하고 있다. 그의 현재와 미래의 수익은 주식시장의 움직임에 매우 민감하다. 정은 30세이고 영어 교사이다. 정의 현재와 미래의 수익은 주식시장의 움직임에 그리 민감하지 않다. 병이 추가로 자산의 많은 부분을 주식에 투자하는 것은 정의 경우보다 위험하다.

| 예제 12.1 |
안전한 직장을 가진 젊은 사람의 투자 포트폴리오는 유일한 수익이 투자 포트폴리오로부터의 현금흐름인 은퇴한 사람과 어떻게 다른가?

12.1.2 투자기간

포트폴리오 선택에 대한 계획은 투자목표와 투자기간에 대한 계획으로부터 시작된다. 계획기간이란 고려해야 하는 투자의 전체 기간이다.

가장 긴 투자기간은 은퇴계획의 문제로 볼 수 있으며 자신의 평생을 투자기간으로 삼고 있다.[1] 그러므로 85세까지 살 것으로 예상하는 25세 사람의 경우 계획기간은 60년이 될 것이다. 나이가 많을수록 계획기간은 짧아질 것이다(글상자 12.1 참조).

또한 자녀의 교육비와 같은 특수한 경우의 재무적 목표에 부합하는 상대적으로 짧은 계획기간도 있다. 예를 들면, 현재 3세의 자녀가 있고 18세가 될 때의 대학교육을 위해 교육비를 지출한다는 계획을 가지고 있는 경우 계획기간은 15년이 될 것이다.

의사결정기간은 포트폴리오를 수정할 때까지의 기간을 의미한다. 의사결정기간의 길이는 특정한 상황에 있는 개인에 의해서 조절된다.

예를 들면, 어떤 사람들은 한 달에 한 번, 혹은 1년에 한 번 등의 일정한 기간을 정해두고 그들의 포트폴리오를 재검토한다. 반면 자신이 가지고 있는 부의 대부분을 안정적인 방법으로 은행에 예치하고 있는 사람들은 그들의 포트폴리오를 가끔 또는 결혼이나 이혼, 아이를 갖는 혹은 유산 상속 등의 사건이 일어났을 때처럼 부정기적으로 검토할 수 있다. 자신이 가지고 있는 자산의 가격이 갑자기 오른다든지 내리는 경우도 포트폴리오를 재검토할 유인을 제공하는 사건이 될 수 있다.

주식과 채권 등의 자산에 투자한 투자자는 포트폴리오를 매일 또는 그보다 더 빈번하게 검토할 수도 있다. 투자자가 포트폴리오를 수정할 수 있는 최단 기간을 거래기간이라고 한다. 거래기간의 길이는 개인이 조절할 수 있는 것이 아니라 경제 내 시장의 구조(예를 들어, 거래소 개장시간)에 의해 결정되는 것이다.

오늘날 세계의 재무적 환경에서 많은 유가증권의 거래는 세계 각지에서 매 순간 발생하고 있다. 그러므로 유가증권의 경우에는 투자기간이 매우 짧다.

오늘의 포트폴리오 결정은 예상되는 내일의 사건에 의해 영향을 받는다. 이렇듯 미래

---

[1] 일부 사람들은 자신의 후손들의 삶도 고려한다. 이런 경우에는 기간이 매우 길어야 할 것이다.

의 결정이 현재의 결정에 고려되는 계획을 **전략**(strategy)이라고 한다.

투자자들이 얼마나 자주 유가증권을 사거나 팔아서 그들의 포트폴리오를 수정할 수 있는가는 투자 전략을 세우는 데 있어 중요한 고려사항이 된다. 만약 빈번하게 포트폴리오의 구성요소를 변화시킬 수 있다면 그렇지 못한 경우와는 다르게 투자할 것이다.

예를 들어 특정 생활수준을 유지하는 데 필요한 만큼의 부를 초과하는 부를 주식에 투

글상자 12.1　기대 수명 예측

기대 수명이란 생존 가능할 것이라 예측되는 기간(단위 : 년)을 말한다. 기대 수명은 보험료 산정과 관련된 전문 지식을 갖춘 보험 계리사들에 의해 수집·분석된 사망률에 대한 통계치를 이용하여 계산된다.

연령별 사망률을 구하기 위해, 보험 계리사들은 아래와 같은 '사망률표'를 이용한다. 사망률표는 60~95세까지 해당 연령 1,000명 중 몇 명이 사망하는지, 연령별 기대 수명은 몇 년인지 보여 주고 있으며, 성별, 흡연 유무에 따라서도 세분되어 있다.

사망률표 두 번째 열을 보자. 맨 위의 9.9라는 숫자는 60세 남성이 61세가 되기 전에 사망할 확률이 0.99%라는 것을 의미하며, 한 칸 아래의 10.9는 61세 남성이 62세가 되기 전 사망할 확률이 1.09%임을 의미한다. 세 번째 열 맨 위의 20.6은 60세 남성의 기대 수명이 20.6년임을 의미하며, 61세 남성의 기대수명은 19.8년이다. 표에 의하면 95세 남성이 96세가 되기 전에 사망할 확률은 26.92%이며, 기대 수명은 2.8년이다.

4, 5열은 여성에 해당하는 통계치를 보여 주고 있다.

60~95살의 사망률표

연령 \ 구분	남자		여자	
	1000명당 사망인구	기대여명	100명당 사망인구	기대여명
60	9.9	20.6	8.0	24.1
61	10.9	19.8	8.7	23.3
65	16.9	16.8	11.9	20.1
70	25.8	13.3	17.8	16.4
75	41.9	10.2	27.9	13.0
80	70.1	7.5	43.9	9.9
85	116.6	5.4	74.5	7.3
90	187.7	3.8	121.9	5.3
95	269.2	2.8	193.7	3.8

출처 : Commissioners Standard Ordinary (CSO) 2001 Mortality Table.
For an interesting on-line graphical presentation see the Wolfram demonstration project at:
http://demonstrations.wolfram.com/The2001CSOMortalityTables/

자하는 전략을 쓸 수 있다. 만약 주식시장이 계속해서 상승한다면 투자자는 주식에 투자된 포트폴리오의 비중을 늘릴 것이다. 그러나 만약 주식시장이 하락한다면 투자자는 주식 투자의 비중을 낮출 것이다. 만약 주식시장이 투자자가 생각하고 있는 생활수준을 위협할 정도까지 하락한다면 모든 주식을 처분하게 될 것이다. 이러한 전략을 따르는 투자자는 주식이 빈번하게 거래되지 않는 경우에는 더 높은 최저주가수준의 기준을 적용할 것이다.

| 예제 12.2 |
당신은 고정된 의사결정기간을 적용하고 있는가? 그렇다면 그 기간은 얼마나 긴가?

12.1.3 위험에 대한 태도

개인이 위험을 감수하는 정도는 포트폴리오를 선택하는 데 있어 중요한 요소가 된다. 개인의 위험에 대한 태도는 나이, 가족사항, 직업의 유형, 부 그리고 투자한 포트폴리오의 시장가치 변동이 있을 때 생활수준을 유지할 수 있는 개인의 능력에 영향을 미치는 여러 요인들에 의해 달라진다. 또한 개인의 위험에 대한 태도는 그 개인이 위험을 감수하는 정도를 결정하는 역할을 하기도 한다. 성격, 가족, 직업 등의 여러 요인들이 동일하다고 하더라도 어떤 사람들은 상대적으로 더 기꺼이 위험을 감수한다.

포트폴리오 선택의 분석에서 개인의 위험에 대한 태도를 말할 때 우리는 위험을 감수하는 능력과 위험에 대한 태도를 구분하지 않는다. 그러므로 어떤 이유로 위험에 대한 태도가 나타나는지는 고려하지 않으며 우리가 관심을 갖는 것은 어떤 사람이 다른 사람들에 비해서 더 높은 기대수익을 얻기 위해 추가적인 위험을 기꺼이 감수하는가이다.

| 예제 12.3 |
개인의 부가 늘어날수록 위험을 감수하는 정도가 커진다고 생각하는가? 그 이유는?

12.1.4 전문적 자산 운용가의 역할

대부분의 사람들은 포트폴리오를 최적화할 수 있는 지식이나 시간이 없다. 따라서 사람들은 이를 위해 상담사를 고용하거나 혹은 금융중개회사로부터 금융상품을 구입한다. 이러한 상품에는 은행이나 증권회사, 투자회사 또는 보험회사 등에서 제공하는 투자계좌와 뮤추얼 펀드 등이 있다.

금융중개회사가 어떤 자산을 선택하느냐는 식당에서 메뉴를 결정하는 것과 비슷하다. 사용할 수 있는 재료는 무수히 많으며(주식, 채권, 회사나 정부가 발행한 유가증권 등) 그것을 조합할 수 있는 경우의 수 또한 무수히 많다. 그러나 고객들에게는 몇몇 제한된 상품만이 제공된다. 이번 장에서 전개될 포트폴리오 이론은 전체 고객 수요의 범위를 포함할 수 있는 최소한의 상품을 찾는 데 있어서 길잡이 역할을 한다.

12.2 기대수익과 위험 간의 교환관계

다음 두 절에서는 위험과 기대수익 간의 교환관계를 측정하기 위해 전문적인 포트폴리오 매니저들이 사용하는 통계적 방법론을 설명할 것이다. 여기서의 목표는 투자자들에게 그들이 감수할 수 있는 모든 위험 수준에서 가장 높은 기대수익률을 제공하는 포트폴리오를 찾아내는 것이다. 이러한 분석에서는 채권, 주식, 옵션, 보험 등의 명칭을 구분하지 않고 위험자산이라 부르고자 한다. 이는 특정 자산의 위험이라는 것이 각기 다른 투자자의 상황에 따라 달라지기 때문이다.

포트폴리오의 최적화 과정은 다음 두 단계를 거친다. (1) 위험자산의 최적 조합을 찾는다. (2) 이 최적 위험자산 포트폴리오를 무위험자산과 결합한다. 설명을 간단히 하기 위해서 두 번째 단계부터 설명하려 한다. 위험자산 포트폴리오는 여러 위험자산들을 최적의 방법으로 조합한 것이다. 12.3.4절에서 이러한 위험자산 포트폴리오를 어떻게 구성하는지 설명할 것이다.

12.2.1 위험자산이란?

제4장에서 우리는 이자율에 대해서 알아보았고 가능한 모든 화폐단위(달러, 엔 등)나 만기 등에 따른 각각의 무위험자산이 존재함을 보았다. 그러므로 파산위험이 없으며 6%의 만기수익률을 제공하는 만기 10년의 달러표시 순수할인채는, 이 채권이 만기까지 보유되고 달러 기준으로 계산될 경우에 한해서만 무위험자산이 될 수 있는 것이다. 만약 채권이 만기 이전에 팔린다면 이 채권에 대한 달러 이자율은 불확실하게 된다. 왜냐하면 얼마를 받고 팔 수 있는지가 불확실하기 때문이다. 또 만기까지 보유한다 하더라도 엔화 등으로 표시된 이자율은 역시 불확실성을 갖게 된다. 미래의 환율이 불확실하기 때문이다.

포트폴리오 선택 이론에서 무위험자산은 분석에서 선택된 화폐단위와 계획기간에 대하여 정확하게 예상된 수익률을 제공하는 증권으로 정의된다.

그러므로 만약 달러가 거래 단위이고 거래기간이 일별로 이루어진다면 무위험이자율은 다음 날 만기가 되는 미 국채의 이자율이 된다.

| 예제 12.4 |
만약 거래 단위가 스위스 프랑이고 의사결정기간이 일주일이라면 무위험자산은 무엇인가?

12.2.2 무위험자산과 위험자산의 결합

$100,000를 투자한다고 가정하자. 당신은 연 6%의 수익률을 제공하는 무위험자산과 연 14%의 수익률과 20%의 표준편차를 가지는 위험자산을 투자대상으로 고려하고 있다.[2] $100,000 중 얼마만큼을 위험자산에 투자할 것인가?

표 12.1과 그림 12.1에서 나타난 위험과 수익 간의 조합을 통해 이를 알아보기로 하자. 먼저 가지고 있는 모든 돈을 무위험자산에 투자하는 경우를 생각해 보자. 이는 그림 12.1의 F와 표 12.1의 첫 번째 행에 해당된다. 표 12.1의 두 번째 열은 위험자산에 투자된 포트폴리오의 비중을 나타내고, 세 번째 열은 무위험자산에 투자된 비중을 나타낸다. 각 비중의 합은 언제나 100%가 된다. 네 번째 열과 다섯 번째 열은 포트폴리오 F에 해당하는 기대수익률과 표준편차를 나타낸다. 즉 F 포트폴리오의 $E(r)$은 0.06이고 σ는 0.00이다.

가지고 있는 돈을 모두 위험자산에 투자하는 경우는 그림 12.1의 S와 표 12.1의 마지막 행에 해당한다. 이때의 기대수익률은 0.14이고 표준편차는 0.20이다.

그림 12.1에서 포트폴리오의 기대수익률 $E(r)$은 세로축에 나타나며, 표준편차 σ는 가로축에 나타난다. 그림 12.1에서는 포트폴리오의 비중이 정확히 나타나지 않지만 이것은 표 12.1의 포트폴리오들을 그림으로 표시한 것이다.

그림 12.1은 위험과 보상의 교환관계를 그래프로 보여 준다. 그림 12.1에서 F, G, H, J 그리고 S를 연결하는 선은 위험자산과 무위험자산의 각기 다른 조합을 선택함으로써 구성할 수 있는 선택 가능한 투자집합을 의미한다. 이 선의 각 점들은 표 12.1의 두 번째와 세 번째 열에서 주어진 두 자산의 결합비중에 따라 나타나는 것이다.

점 F는 모두 무위험자산에 투자한 경우로 그림 12.1에서 세로축선상에 나타나고 0.06의 기대수익률과 0.00의 표준편차를 가진다. 이때는 무위험상태가 되고 기대수익률은 연간 0.06이다. 무위험자산으로부터 위험자산으로의 투자비중이 높아짐에 따라서 포트폴리오는 선상에서 오른쪽으로 이동하게 되어 더 높은 기대수익률과 더 큰 위험을 가지게 된

---

[2] 기대수익률과 표준편차의 정의와 식은 10.8절과 10.9절을 참조하라.

포트폴리오 (1)	위험자산에의 투자비중(2)	무위험자산에의 투자비중(3)	기대수익률 $E(r)$ (4)	표준편차 σ (5)
F	0	100%	0.06	0.00
G	25%	75%	0.08	0.05
H	50%	50%	0.10	0.10
J	75%	25%	0.12	0.15
S	100%	0	0.14	0.20

표 12.1

위험자산에 대한 투자비중에 따른 포트폴리오의 기대수익과 표준편차

다. 만약 모두 위험자산에 투자한다면 점 S에 해당하게 되며 이때의 기대수익률 $E(r)$은 0.14이고 표준편차, σ는 0.20이다.

포트폴리오 H는 무위험자산과 위험자산에 반반씩 투자한 경우이다. \$50,000를 위험자산에 투자하고 \$50,000를 무위험자산에 투자함으로써 모두 주식에 투자한 경우의 기대수익률(0.14)과 무위험이자율(0.06)의 중간에 해당하는 기대수익률을 가지게 된다. 0.10의 기대수익률이 표 12.1의 네 번째 열에 나타나 있으며 0.10의 표준편차는 다섯 번째 열에 나타나 있다.

| 예제 12.5 |
그림 12.1의 포트폴리오 J의 경우 표 12.1에 나타나 있는 기대수익률과 표준편차를 고려한다면 \$100,000 중에 얼마만큼을 위험자산에 투자해야 할 것인가?

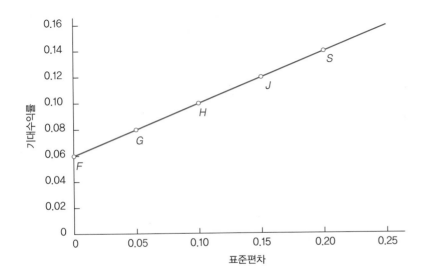

그림 12.1

위험과 보상 간의 교환관계선

이제 표 12.1에서뿐만 아니라 그림 12.1의 직선상 어느 점에서라도 포트폴리오의 구성을 알아낼 수 있는 방법에 대해 살펴보기로 한다. 예를 들어, 0.09의 기대수익률을 가지는 포트폴리오를 찾아낸다고 하자. 그림 12.1로부터 이러한 포트폴리오는 G와 H 사이에 존재한다고 말할 수 있다. 그러나 이러한 포트폴리오의 구성은 어떻게 되며 이때의 표준편차는 얼마인가? 이를 위해서 그림 12.1의 모든 점을 연결하는 선에 대한 식을 도출해야 한다.

단계 1 : 포트폴리오의 기대수익률과 위험자산에 대한 투자비중 간의 관계를 찾는다.

w를 투자금액 $100,000 중 위험자산에 투자하는 비중이라고 하자. 그러면 무위험자산에 투자하는 비중은 $1-w$가 된다. 어떠한 포트폴리오에서도 기대수익률 $E(r)$은 다음과 같다.

$$E(r) = wE(r_s) + (1-w)r_f$$
$$= r_f + w[E(r_s) - r_f] \tag{12.1}$$

식 12.1에서 $E(r_s)$는 위험자산에 대한 기대수익률, r_f는 무위험이자율이다. r_f에 0.06을 대입하고, $E(r_s)$에 0.14를 대입하면 다음과 같은 식을 얻을 수 있다.

$$E(r) = 0.06 + w(0.14 - 0.06)$$
$$= 0.06 + 0.08w$$

식 12.1은 다음과 같이 설명된다. 어떠한 포트폴리오의 경우에도 기본이 되는 수익률은 무위험수익률이다(예에서는 0.06). 이에 더해서 포트폴리오는 (1) 위험자산에 대한 위험 프리미엄, $E(r_s) - r_f$(예에서는 0.08)과 (2) w로 표시되는 위험자산에 대한 투자비중에 따른 위험 프리미엄을 얻을 수 있을 것으로 기대된다.

기대수익률이 0.09인 포트폴리오를 찾기 위해서는 식 12.1에서 기대수익률이 9%가 되는 w를 찾아야 한다.

$$0.09 = 0.06 + 0.08w$$

$$w = \frac{0.09 - 0.06}{0.08} = 0.375$$

그러므로 37.5%가 위험자산에, 62.5%가 무위험자산에 투자된 포트폴리오이다.

단계 2 : 포트폴리오의 표준편차와 위험자산에의 투자비중 간의 관계를 찾는다.

포트폴리오에 위험자산과 무위험자산을 결합할 때 이 포트폴리오의 표준편차는 위험자산의 표준편차에 그 자산이 포트폴리오에서 차지하는 비중을 곱한 값이다. σ_s를 위험자산의 표준편차라고 하면, 포트폴리오의 표준편차는 다음과 같이 쓸 수 있다.

$$\sigma = \sigma_s w = 0.2w \tag{12.2}$$

기대수익률이 0.09인 포트폴리오의 표준편차를 구하기 위해서 식 12.2의 w 대신에 0.375를 대입하고 σ의 값을 구하면

$$\sigma = \sigma_s w = 0.2 \times 0.375 = 0.075$$

그러므로 포트폴리오의 표준편차는 0.075이다.

마지막으로, 기대수익률과 표준편차 간의 직접적 관계를 나타내는 식을 유도하기 위해서 w를 소거하면 된다.

단계 3 : 포트폴리오의 기대수익률과 표준편차와의 관계를 찾는다.

그림 12.1의 직선에 대한 정확한 방정식을 유도하기 위해 식 12.2를 $w = \sigma/\sigma_s$로 정리하여서 식 12.1의 w에 대입하면 다음과 같이 정리된다.

$$E(r) = r_f + \frac{E(r_s) - r_f}{\sigma_s}\sigma = 0.06 + 0.40\sigma \tag{12.3}$$

요약하면, 표준편차의 함수로 표시된 포트폴리오의 기대수익률은 절편이 $r_f = 0.06$이고 다음과 같은 기울기를 가지는 직선이다.

$$\frac{E(r_s) - r_f}{\sigma_s} = \frac{0.08}{0.2} = 0.40$$

직선의 기울기는 투자자들이 감수하는 추가적인 위험 한 단위에 대해 시장이 제공하는 추가적인 기대수익을 의미한다.

12.2.3 목표 기대수익의 획득 1

0.11의 기대수익률을 가지는 포트폴리오를 찾아보자. 표준편차는 얼마인가?

풀이 :

기대수익률이 0.11인 포트폴리오의 구성을 찾아내기 위해서 다시 식 12.1에서 w에 관하여 풀어야 한다.

$$0.11 = 0.06 + 0.08w$$

$$w = \frac{0.11 - 0.06}{0.08} = 0.625$$

그러므로 이 포트폴리오는 62.5%가 위험자산에, 37.5%가 무위험자산에 투자된 포트폴리오이다.

기대수익률이 0.11인 포트폴리오의 표준편차를 구하기 위해 식 12.2에서 w 대신 0.625를 대입하고 식 12.2에 대해 풀면 다음과 같다.

$$\sigma = 0.2w = 0.2 \times 0.625 = 0.125$$

그러므로 포트폴리오의 표준편차는 0.125이다.

| 예제 12.6 |
만약 무위험수익률이 연 0.03, 위험자산에 대한 기대수익률이 연 0.10으로 변화한다면 그림 12.1에서의 직선의 절편과 기울기는 어떻게 달라지는가?

12.2.4 포트폴리오 효율성

효율적 포트폴리오(efficient portfolio)란 특정 위험 수준하에서 투자자들에게 가장 큰 기대수익률을 제공하는 포트폴리오로 정의된다.

포트폴리오 효율성에 대한 개념의 의의와 어떻게 그것을 구할 수 있는지는 지금까지의 예에 두 번째 위험자산을 추가시키면 알 수 있다. 두 번째 위험자산은 연 0.08의 기대수익률과 0.15의 표준편차를 가지며 그림 12.2에서는 점 R로 표시할 수 있다.

연 0.08의 기대수익률을 요구하는 투자자는 그가 가지고 있는 모든 돈을 두 번째 위험자산에 투자함으로써 목표를 달성할 수 있고 점 R로 표시된다. 그러나 점 R은 비효율적이다. 왜냐하면 투자자는 점 G에서 상대적으로 낮은 위험을 부담하면서 동일한 기대수익률 0.08을 얻을 수 있기 때문이다.

표 12.1로부터 점 G에서의 표준편차는 단지 0.05이고 이는 첫 번째 위험자산에 25%,

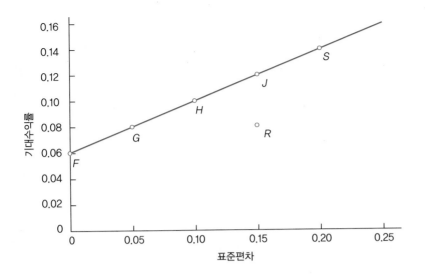

그림 12.2

포트폴리오 효율성

주 : 점 R은 0.08의 기대수익률을 제공하고 0.15의 표준편차를 가지는 두 번째 위험자산에 100% 투자된 포트폴리오이다. 투자자들은 점 G와 J를 잇는 직선상에서 보다 높은 기대수익률과 보다 낮은 위험을 달성할 수 있다.

무위험자산에 75%를 투자함으로써 얻어질 수 있다는 것을 알 수 있다. 실제로 위험회피적인 투자자는 점 G에서 S를 연결하는 직선상의 어느 점이든 점 R보다 더 선호할 것이라는 점을 알 수 있다. 직선상의 모든 점들은 첫 번째 위험자산과 무위험자산을 결합함으로써 달성할 수 있다. 예를 들면, 포트폴리오 J는 두 번째 위험자산과 동일하게 0.15의 표준편차를 가지고 있다. 그러나 이 점의 기대수익률은 0.08보다 큰 0.12이다. 표 12.1로부터 이 포트폴리오는 75%의 위험자산과 25%의 무위험자산으로 구성됨을 알 수 있다.

우리는 점 G와 J 사이에 존재하는 또 다른 포트폴리오의 구성을 알아내기 위해 식 12.1과 12.2를 이용할 수 있으며 이러한 포트폴리오들은 두 번째 위험자산에 비해 보다 높은 기대수익률과 보다 낮은 위험을 가지고 있다. 예를 들어, 첫 번째 위험자산에 62.5%, 무위험자산에 37.5%를 투자한 포트폴리오를 생각해 보자. 이 포트폴리오의 기대수익률은 연 0.11이고 표준편차는 0.125이다.

| 예제 12.7 |
첫 번째 위험자산과 무위험자산을 어떻게 결합하면 투자자들은 연 0.105의 기대수익률을 얻을 수 있는가? 이 포트폴리오의 표준편차는 얼마인가? 이를 두 번째 위험자산의 표준편차와 비교해 보라.

12.3 위험자산이 많은 경우의 효율적 분산

두 번째 위험자산 하나만을 가지고 있는 것이 비효율적이라 하더라도 두 위험자산을 결합하는 것은 어떨까? 또는 두 위험자산을 무위험자산과 결합하는 것은 어떨까?

　이제 두 단계에 걸쳐 세 자산을 효율적으로 결합하는 방법에 대하여 알아보기로 한다. 첫 번째 단계는 첫 번째 위험자산과 두 번째 위험자산을 결합했을 때 얻을 수 있는 수익과 위험의 조합들에 대해 생각해 보고, 두 번째 단계에서 무위험자산을 함께 고려한다.

12.3.1 두 위험자산의 포트폴리오

두 개의 위험자산을 결합하는 것은 12.2절에서 논의했던 위험자산과 무위험자산을 결합하는 것과 비슷하다. 두 개의 자산 중에서 하나가 위험이 없다면 그 기대수익률에 대한 표준편차와 다른 자산과의 상관계수는 모두 0이다. 두 자산 모두 위험을 가지고 있다면 위험과 수익에 대한 분석은 좀 더 복잡해진다.

　첫 번째 위험자산에 w만큼, 두 번째 위험자산에 $(1-w)$만큼 투자한 포트폴리오의 평균수익률을 구하는 식은 다음과 같다.

$$E(r)=wE(r_1)+(1-w)E(r_2) \tag{12.4}$$

　그리고 분산을 구하는 식은 다음과 같다.

$$\sigma^2=w^2\sigma_1^2+(1-w)^2\sigma_2^2+2w(1-w)\rho_{1,2}\sigma_1\sigma_2 \tag{12.5}$$

　이 두 방정식을 식 12.1과 식 12.2와 비교해 보자. 식 12.4는 무위험이자율 r_f를 두 번째 위험자산의 기대수익률 $E(r_2)$로 대체한 경우의 식 12.1이라 생각할 수 있다. 식 12.5는 식 12.2보다 일반적인 형태이다. 두 번째 자산이 무위험자산일 때, $\sigma_2=0$, 그러면 식 12.5는 식 12.2처럼 간단해진다.

　표 12.2는 첫 번째와 두 번째 위험자산 수익률의 분포에 관한 정보를 요약한 것이다. 두 자산의 수익률 간 상관계수를 −1에서 +1까지 변화시키면서 그 결과를 살펴볼 것이다.

　표 12.3과 그림 12.3은 첫 번째와 두 번째 위험자산을 각 상관계수별로 결합함으로써 얻을 수 있는 수익의 평균과 표준편차의 조합을 보여 준다. 표 12.3에서 첫 번째 행과 마

표 12.2 위험자산에 대한 수익률 배분

	첫 번째 위험자산	두 번째 위험자산
평균[$E(r)$]	0.14	0.08
표준편차(σ)	0.20	0.15

지막 행은 그림 12.3 곡선의 끝 점에 대응한다.

표 12.3의 기대수익률과 표준편차를 계산하는 데 식 12.4와 12.5가 사용되었다. 모든 포트폴리오의 기대수익률은 각 위험자산의 수익률에 투자비중을 곱하여 더한 값이다. 예를 들면, 첫 번째 위험자산과 두 번째 위험자산에 50 : 50으로 투자하는 경우의 기대수익

표 12.3 위험자산에 대한 수익률의 배분

상관관계($\rho_{1,2}$)	첫 번째 위험자산의 비중(w)	두 번째 위험자산의 비중($1-w$)	기대수익률 $E(r)$	기대수익률 (σ)
			위험자산 2	위험자산 2
1.00	0.00%	100.00%	8.00%	*15.00%
	25.00%	75.00%	9.50%	16.25%
	50.00%	50.00%	11.00%	17.50%
	75.00%	25.00%	12.50%	18.75%
0.50	23.08%	76.92%	9.38%	*14.41%
	25.00%	75.00%	9.50%	14.42%
	50.00%	50.00%	11.00%	15.21%
	75.00%	25.00%	12.50%	17.18%
0.00	25.00%	75.00%	9.50%	12.31%
	36.00%	64.00%	10.16%	*12.00%
	50.00%	50.00%	11.00%	12.50%
	75.00%	25.00%	12.50%	15.46%
−0.50	25.00%	75.00%	9.50%	9.76%
	40.54%	59.46%	10.43%	*8.54%
	50.00%	50.00%	11.00%	9.01%
	75.00%	25.00%	12.50%	13.52%
−1.00	25.00%	75.00%	9.50%	6.25%
	42.86%	57.14%	10.57%	*0.00%
	50.00%	50.00%	11.00%	2.50%
	75.00%	25.00%	12.50%	11.25%
	100.00%	0.00%	14.00%	20.00%

*주어진 상관계수에서 최소표준편차 포트폴리오이다. 분산과 표준편차를 최소화하는 첫 번째 위험자산의 비중을 구하는 공식은 다음과 같다.

$$w_{min} = \frac{\sigma_2^2 - \rho_{1,2}\sigma_1\sigma_2}{\sigma_1^2 + \sigma_2^2 - 2\rho_{1,2}\sigma_1\sigma_2}$$

그림 12.3

위험-보상 간 교환관계 곡선 : 위험자산만 존재하는 경우

주 : 표 12.3의 두 위험자산으로 구성된 포트폴리오. 상관계수는 (+1, +0.5, 0, −0.5, 1) 범위에 걸쳐 있다.

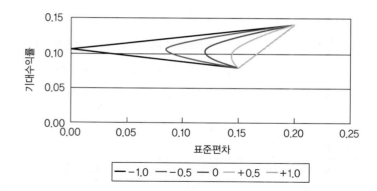

률은 11%=50%(14%)+50%(8%)이다. 위험자산 간의 상관계수가 +1인 경우에는 포트폴리오의 위험-수익 관계가 선형이다. 상관계수가 +1보다 작은 경우에는 위험-수익 관계는 비선형이다. 표 12.3에서 상관계수가 0인 경우($\rho_{1,2}$=+0.0) 포트폴리오의 기대수익률은 증가하는 반면에 표준편차는 줄어드는 것을 알 수 있다.

상관관계가 0인 경우를 고려해 보자. 두 번째 자산에 모두 투자하는 경우에서 시작하여 투자자금을 첫 번째 위험자산으로 이동시키면 기대수익률은 증가함과 동시에 표준편차는 감소한다. 두 번째 위험자산에 모두 투자하는 경우에는 기대수익률은 8%이고 표준편차는 15%이다. 그러나 25%를 첫 번째 자산에 투자하고 나머지 75%를 두 번째 자산에 투자한 경우에는 기대수익률은 9.5%인데 표준편차는 감소하여 12.31%이다. 이런 분산화의 효과는 포트폴리오가 최소분산인 12%에 도달할 때까지 계속된다. 첫 번째 자산에 36%를 투자하고 두 번째 자산에 64%를 투자한 경우 기대수익률은 10.16%이지만 분산은 최소인 12%이다. 이 점이 두 위험자산에 대한 **최소분산 포트폴리오**(minimum-variance portfolio)가 된다. 그림 12.3에서는 포트폴리오의 교환관계 곡선의 중간쯤에 위치한 왼쪽 극단에 있는 점이 최소분산 포트폴리오를 나타낸다. 첫 번째 위험자산에 대한 투자비중이 36% 이상이 되면 포트폴리오의 표준편차는 증가하게 된다. 즉 36% 이상의 투자부터는 고수익-고위험 관계가 성립하게 되는 것이다.

| 예제 12.8 |

만약 상관계수가 0.1이라면 첫 번째 위험자산에 60%를, 두 번째 위험자산에 40%를 투자할 경우 평균수익률과 표준편차는 얼마가 되는가?

글상자 12.2 거장의 작품보다 장기적으로 높은 수익을 올리는 저평가된 미술 작품

Financial Times 2003/11/3

최근 한 연구에 의하면, 경매에서 저평가된 미술품을 낙찰 받은 미술품 투자자들의 수익이 수천만 달러를 호가하는 거장의 작품을 구입한 이들의 수익을 뛰어넘은 것으로 나타났다.

1950년부터 2002년 사이에 거래된 4,000여 점의 미술품 중, 가격수준 하위 그룹에 속하는 작품들의 연간 수익률은 약 13%로 나타났다. 상위 그룹의 10.5%, 중위 그룹의 11.2%보다 높을 뿐만 아니라, 11.1%의 성장을 보인 S&P 500 지수의 수익 또한 뛰어넘었다. 그러나 미술 작품 시장의 거품이 빠진 1980년대 이후 과거 10년 동안, 가격수준 하위 그룹의 수익률은 앞서 언급한 13%에서 6%대로 하락하게 된다.

뉴욕대학교 Michael Moses 교수와 Jianping Mei 교수는 그들의 연구에 근거하여 일반적으로 알려진 예술 시장의 신화를 반박할 수 있다고 주장했다. 딜러들과 경매인들은 저위험, 고수익 투자처로서 램브란트, 모네, 피카소 등의 값비싼 작품을 선호하는, 즉 고가의 작품을 살 여유가 있는 신중한 장기 고객을 보유하고 있었다.

그러나 Moses 교수는 그들의 연구 결과가 시장은 상당히 민주적임을 보여 준다고 말한다. 저평가된 작품 역시 1980년대 후반의 미술 시장 거품 붕괴로 인해 손해를 입었으며, 지난 10년간 가격수준 하위 그룹의 경매 작품의 연 수익률은 6% 이하로 떨어졌다고 한다.

하지만 1997년 이후, 유명 작품들은 저가 미술품 가격 상승의 절반 정도에 그쳤으며, 주식 시장은 마이너스 수익률을 기록했다.

S&P 500은 낮은 표준편차, 즉 낮은 위험을 가지는 데 반해, 가격수준 하위 그룹의 미술품 가격은 고가품 가격에 비해 낮은 변동성을 보인다.

S&P 500과 미술품 가격 지수들 간의 상관관계는 매우 미미하다. 연구를 통해 Michael Moses 교수와 Jianping Mei 교수는 미술품은 훌륭한 장기 투자 대상이며, 유용한 분산투자 도구라 결론짓고 있다.

출처 : Adapted from "Low-Priced Art Beats the Masters in the Long Run," *Financial Times*, November 3, 2003.

12.3.2 위험자산의 최적 조합

이제 두 위험자산에 무위험자산을 함께 고려할 경우 얻을 수 있는 위험-보상의 조합을 생각해 보자. 그림 12.4는 가능한 모든 위험-보상 간 조합을 그래프로 나타내 주고 있으며 위험자산들 간의 최적 조합을 어떻게 무위험자산과 연결할 수 있는지를 설명해 준다.

먼저 점 F와 S를 잇는 직선을 고려해 보자. 이는 그림 12.1에서 보았던 위험-보상 간 교환관계선과 비슷하다. 이는 첫 번째 위험자산을 무위험자산과 결합했을 때 얻을 수 있는 위험-보상 간의 조합을 나타낸다.

점 R과 S를 잇는 곡선상의 어디에서든 점 F와 연결한 직선은 두 위험자산과 무위험자산의 결합을 포함하는 위험-보상 간의 교환관계를 나타낸다. 가능한 직선 중 기울기가 가장 큰 선은 점 F와 T를 연결한 선이다. 이때 점 T는 점 F에서부터 직선을 그렸을 때 점 R과 S를 잇는 곡선과의 접점이 된다. 이와 같은 특수한 경우의 포트폴리오를 **위험자산의 최적 조합**(optimal combination of risky assets)이라고 부르며 그림 12.4에서와 같이 접점

그림 12.4

위험자산들의 최적 조합

주 : 표 12.2에서 상관계수
가 0인 경우를 가정.

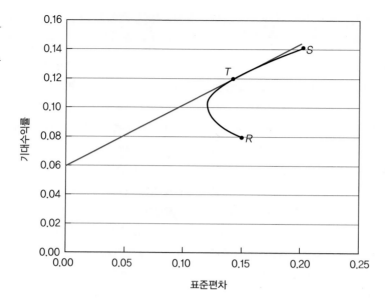

T를 지나게 된다. 이 점은 가장 효율적인 포트폴리오를 얻기 위해서 위험자산의 결합에 무위험자산까지 함께 고려한 경우의 포트폴리오이다. 점 T에 투자하는 비중을 구하기 위한 식은 다음과 같다.

$$w_1 = \frac{[E(r_1)-r_f]\sigma_2^2 - [E(r_2)-r_f]\rho_{1,2}\sigma_1\sigma_2}{[E(r_1)-r_f]\sigma_2^2 + [E(r_2)-r_f]\sigma_1^2 - [E(r_1)-r_f+E(r_2)-r_f]\rho_{1,2}\sigma_1\sigma_2} \qquad (12.6)$$

$$w_2 = 1 - w_1$$

식 12.6을 이용하면 위험자산의 최적 조합은 첫 번째 위험자산에 69.23%, 두 번째 위험자산에 30.77%를 투자한 것이 된다. 이때의 평균수익률, $E(r_T)$과 표준편차, σ_T는 다음과 같다.

$$E(r_T) = 0.122$$

$$\sigma_T = 0.146$$

그러므로 새로운 효율적 교환관계식은 다음과 같다.

$$E(r) = r_f + w[E(r_T) - r_f]$$

$$= r_f + \frac{[E(r_T) - r_f]}{\sigma_T}\sigma$$

$$= 0.06 + \frac{0.122 - 0.06}{0.146}\sigma$$

$$= 0.06 + 0.42\sigma$$

여기서 보상과 위험에 대한 비율, 즉 기울기는 0.42이다.

이를 앞서 보았던 점 *F*와 *S*를 연결하는 교환관계선과 비교해 보자.

$$E(r) = 0.06 + 0.40\sigma$$

위 식에서의 기울기는 0.40이다. 따라서 투자자는 감수하고자 하는 모든 위험 수준에서 더 많은 기대수익을 얻을 수 있기 때문에 훨씬 유리해진 것이다.

12.3.3 포트폴리오의 선택

분석을 완전히 하기 위해서 효율적 교환관계선이 구해졌을 때 투자자가 그들의 포트폴리오를 어떻게 선택하는지에 대해 생각해 보자. 앞서 12.1절에서 개인이 선호하는 포트폴리오는 각각의 상황에 따라 달라진다고 했다. 그러므로 어떤 투자자는 점 *F*와 *T*의 중간

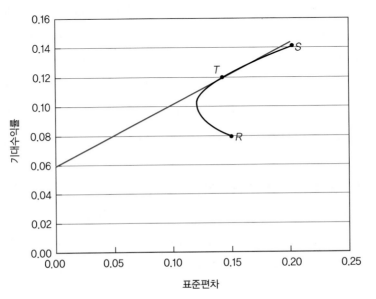

그림 12.5
포트폴리오의 선택

지점에서 포트폴리오를 선택할 수도 있을 것이다. 이 포트폴리오는 그림 12.5에서 점 E로 나타난다. 이 점에 해당하는 포트폴리오는 접점 포트폴리오에 50%를 투자하고 무위험자산에 50%를 투자한 것이다. 접점 포트폴리오를 하나의 위험자산이라고 생각하고 무위험자산과 결합한다고 생각할 수 있다. 그래서 식 12.1과 12.2를 변형해서 구한 포트폴리오 E의 기대수익률과 표준편차는 다음과 같다.

$$E(r_E) = r_f + 0.5 \times [E(r_T) - r_f]$$
$$= 0.06 + 0.5(0.122 - 0.06) = 0.091$$
$$\sigma_E = 0.5 \times \sigma_T$$
$$= 0.5 \times 0.146 = 0.073$$

접점 포트폴리오가 첫 번째 위험자산에 69.2%, 두 번째 위험자산에 30.8%를 투자한 것임을 생각하면 포트폴리오 E의 구성은 다음과 같다.

무위험자산에 투자한 비중	50.0%
첫 번째 위험자산에 투자한 비중	0.5×69.2%=34.6%
두 번째 위험자산에 투자한 비중	0.5×30.8%=15.4%
합계	100.0%

그러므로 만약 $100,000를 포트폴리오 E에 투자한다고 하면 무위험자산에 $50,000, 첫 번째 위험자산에 $34,600, 두 번째 위험자산에 $15,400를 투자하게 된다.

두 개의 위험자산과 무위험자산이 존재할 경우 효율적 포트폴리오를 찾아내는 방법을 요약해 보자. 무위험자산과 최적으로 결합할 수 있는 두 개의 위험자산으로 이루어진 포트폴리오가 존재하며 이 포트폴리오와 무위험자산을 결합한다. 이 특수한 경우의 위험포트폴리오는 위험자산의 최적 결합이라 하며 그림 12.4에서 접점 T를 지나게 된다. 그러므로 투자자가 선택하는 포트폴리오는 항상 접점 포트폴리오와 무위험자산의 결합이 된다.

12.3.4 목표 기대수익의 획득 2

$100,000를 투자하며 연 0.10의 기대수익률을 원한다고 가정하자. 점 F와 S를 연결하는 앞서의 위험-보상 간 교환관계선에서의 표준편차와 점 F와 T를 연결하는 새로운 교환관계선하에서 표준편차를 비교해 보자. 두 포트폴리오의 구성은 어떻게 되는가?

풀이 :

먼저 포트폴리오의 기대수익과 위험자산에 대한 투자비중 간의 관계를 나타내는 식에서
위험자산에의 투자비중을 구해 본다. 두 위험자산의 최적 조합을 이용한 새로운 교환관
계선의 경우에

$$E(r)=E(r_T)w+r_f(1-w)$$
$$E(r)=0.122w+0.06(1-w)$$

기대수익률을 0.10이라 하고 w에 대해 식을 풀어 보면

$$E(r)=0.06+0.062w=0.10$$
$$w=\frac{0.10-0.06}{0.062}=0.65$$

그러므로 $100,000 중 65%는 위험자산의 최적 조합에 투자하고 35%는 무위험자산에
투자하게 된다.

이러한 포트폴리오의 표준편차는

$$\sigma=w\sigma_T$$
$$=0.65\times0.146=0.095$$

위험자산의 최적 조합은 첫 번째 위험자산에 69.2%, 두 번째 위험자산에 30.8%를 투자
하는 것이기 때문에 연 0.10의 기대수익률을 가지는 포트폴리오의 구성은 다음과 같다.

무위험자산에 투자한 비중	35%
첫 번째 위험자산에 투자한 비중	0.65×69.2%=45%
두 번째 위험자산에 투자한 비중	0.65×30.8%=20%
합계	100.0%

하나의 위험자산이 있는 경우인 처음의 교환관계선의 경우 기대수익과 투자비중 w에
대한 식은

$$E(r)=E(r_s)w+r_f(1-w)$$
$$E(r)=0.14w+0.06(1-w)$$

포트폴리오의 기대수익률을 0.10으로 놓고 w에 대해 풀면

$$E(r) = 0.06 + 0.08w = 0.10$$

$$w = \frac{0.10 - 0.06}{0.08} = 0.50$$

그러므로 $100,000의 50%는 첫 번째 위험자산에 투자하고 50%는 무위험자산에 투자한다.

이러한 포트폴리오의 표준편차는

$$\sigma = w\sigma_s = 0.5 \times 0.2 = 0.10$$

| 예제 12.9 |

그림 12.5에서 투자자가 접점 포트폴리오에 75%를 투자하고 무위험자산에 25%를 투자한다고 하자. 이러한 포트폴리오의 기대수익률과 표준편차는 얼마인가? 만약 $100,000를 투자한다면 각각의 세 자산에 얼마씩 투자하게 되는가?

여기서 중요한 것은 위험자산의 최적 조합을 찾을 때 투자자의 부나 선호에 대해서는 고려하지 않는다는 것이다. 포트폴리오의 구성은 단지 첫 번째와 두 번째 위험자산의 기대수익률과 표준편차 그리고 이들 간의 상관계수에 의해 결정된다. 이는 기대수익률에 대해 동일한 기대를 하는 모든 투자자들은 위험자산의 결합으로 이루어지는 동일한 접점 포트폴리오를 보유하려고 할 것이라는 것을 의미한다.

이러한 논의는 두 개의 위험자산 이외에 또 다른 위험자산이 계속해서 추가되는 경우에도 동일하게 적용된다.

기대수익률에 대해 동일한 기대를 가지는 모든 위험회피형 투자자들이 그들의 최적 포트폴리오를 구성하는 경우에 무위험자산과 결합하는 특정의 위험자산 포트폴리오가 항상 존재한다.

12.3.5 위험자산이 많은 경우의 포트폴리오

위험자산이 많이 존재하는 경우에도 앞서 보았던 것과 유사하게 포트폴리오를 구성하는 경우 두 단계를 거치게 된다. 첫 번째 단계에서 위험자산만으로 이루어진 포트폴리오를 구성하고, 두 번째 단계에서는 무위험자산과 결합하게 될 위험자산의 **접점 포트폴리오**를

구한다. 이를 구하는 것은 매우 복잡하기 때문에 컴퓨터를 이용하게 된다.

효율적 프론티어(efficient portfolio frontier)는 모든 수준의 표준편차하에서 가장 높은 기대수익률을 제공하는 위험자산의 포트폴리오 집합이라고 정의된다.

개인이 고려하는 자산들이 효율적 프론티어 내에 존재하게 되는 이유는 일반적으로 둘 또는 그 이상의 위험자산 간의 결합이 단일의 위험자산에만 투자하는 것보다 같은 수준의 표준편차하에서 더 높은 기대수익률을 제공하기 때문이다.

위험자산의 최적 조합은 무위험자산을 나타내는 점으로부터 시작되는 직선과 위험자산에 대한 효율적 프론티어 간의 접점으로 나타내진다. 무위험자산과 위험자산의 최적 조합을 나타내는 접점을 잇는 직선이 달성가능한 최적의 위험-보상 간 교환관계선이 된다.

12.1절에서 논의했던 문제로 되돌아가 보도록 하자. 금융중개회사들은 어떻게 고객에게 제공할 자산 선택의 종류를 결정하는가? 우리는 위험자산의 최적 조합은 단지 그 위험자산들이 가지고 있는 기대수익률과 표준편차 그리고 그들 간의 상관관계에 의해서만 영향을 받는다는 것을 보았다. 이는 개인의 선호에는 영향을 받지 않는다. 그러므로 이러한 포트폴리오를 만드는 데 있어서 개인의 선호에 대해서는 알 필요가 없는 것이다.

만약 투자자들이 자산의 기대수익률과 표준편차 그리고 자산 간의 상관관계를 예상하는 일과 이러한 자산들을 최적의 비율로 결합하는 일을 금융중개회사에 맡긴다면 투자자들이 결정해야 할 유일한 사항은 위험자산에 대한 최적 포트폴리오에 얼마나 투자할 것인가이다.

그러므로 정적인 평균-분산 모형은 뮤추얼 펀드 등 금융중개의 기본적 이론을 제공한다. 1960년대 후반부터 최적 포트폴리오 선택에 대한 학문적 연구는 정적 분석을 넘어서 생애주기 소비-저축 결정과 대체투자안에 대한 저축의 배분을 통합하는 다기간 동적 최적화 모형으로 확대되었다. 이러한 모형에서는 개별 자산에 대한 수요가 앞서 본 최적 분산투자 모형 이외의 더 많은 변수들에 따라 달라진다. 또한 원래의 모형에는 포함되지 않았던 여러 가지 위험을 헤징하려는 욕구도 그것들 중의 하나이다. 포트폴리오를 결정하는 데 있어 이러한 헤징의 요구를 만들어 내는 것으로 여겨지는 위험 중에는 사망가능성 위험, 이자율과 기대수익률과 위험 간의 교환관계, 인적 자원 그리고 상대적 소비상품 가격에서의 확률 변동성이 있다. 이러한 모형들은 정적인 평균-분산 모형보다 증권과 금융중개의 역할에 대하여 더 많은 이론을 제공해 준다.[4]

---

[4] R. C. Merton, *Continuous-Time Finance*, Blackwell, 1992, 제4~6, 14, 15, 21장 참고.

글상자 12.3 기금 운용 성과

재단기금은 이를 투자한 대상의 가치 변화, 보조금 및 재단 행사 등의 기금 사용 그리고 다양한 후원자로부터의 새로운 기금 조성 등에 의해 그 가치가 변한다. 일반적으로 재단 기금은 주식 및 헤지 펀드, 사모 펀드와 같은 대체 투자 자산에 분산투자되어 운용된다.

247개에 이르는 미국의 주요 재단이 보유한 기금은 2005년 회계 연도를 기준으로 약 9.6% 성장하였으며, 총가치는 약 3,490억 달러에 이른다. 시장 수익률을 상회하는 기금 성장률은 2005년 주식 및 대체 투자 자산의 높은 수익률에 기인한다. 특히 2004년에는 6%에 그쳤으나, 2005년 15.7%의 수익을 올렸으며, 총가치 19억 달러의 기금을 보유한 메모리

얼 슬론-케터링 암 센터는 기금의 가치가 가장 크게 향상된 재단으로 기록되어 있다.

2005년 최대 기금 보유 재단은 총 291억 달러를 보유한 빌&멜린다 게이츠 재단이었고, 하버드가 258억 달러, 예일이 152억 달러로 그 뒤를 잇고 있으며, 지역재단 중에서는 17억 달러를 보유한 클리블랜드 재단이 최대 기금 보유 재단이었다.

출처 : Adapted from "How Endowments of 247 Major Nonprofit Organizations Performed," *Chronicle of Higher Education*, June 2, 2006.

투자 관리를 위한 평균-분산 접근은 여전히 자산관리 분야에서 지배적인 역할을 하고 있으나 오늘날에는 많이 변하고 있다. 포트폴리오 선택에 대한 더욱 복잡한 모형들은 투자회사가 위험자산들과 무위험자산 간의 최적 조합을 찾는 차원을 뛰어넘어 좀 더 폭넓은 뮤추얼 펀드들을 제공할 수 있는 안내 역할을 하고 있다. 그러한 추가적인 펀드들은 각기 다른 투자자들의 필요에 대한 좀 더 세련된 최적 헤징 포트폴리오들이다. 투자회사는 각기 다른 생애주기의 상황에서 고객을 위하여 적절한 비율로 펀드를 조합함으로써 통합된 상품을 만들어 낼 수 있다.

요 약

- 모든 사람에게 적용할 수 있는 최적의 포트폴리오 전략은 존재하지 않는다.
- 생애의 어느 시점에 있느냐 하는 것은 개인의 최적 포트폴리오를 구성하는 것을 결정하는 데 있어서 중요한 결정요인이 된다.
- 투자기간은 포트폴리오를 선택하는 데 있어서 중요하다. 투자기간은 다음과 같이 계획기간, 의사결정기간, 거래기간의 세 가지로 나뉜다.
- 포트폴리오 선택의 문제에 있어서 일반적으로 투자자는 더 많은 위험에 노출되는 것을 감수함으로써 더 높은 수익을 기대할 수 있다.

- 어떤 경우에는 더 낮은 수익률을 감수하지 않더라도, 효율적인 분산투자를 통해서 위
  험을 감소시킬 수 있다.
- 포트폴리오의 위험을 감소시키고자 하는 분산투자의 효과는 그 포트폴리오를 구성하
  는 자산들 간의 상관관계에 따라 달라진다. 실제로 많은 자산들이 특정의 경제적 효과
  에 의해 동일한 영향을 받기 때문에 많은 경우 양의 상관관계를 가진다. 이러한 경우 분
  산투자를 통해 위험을 감소시키려는 노력은 크게 효과를 나타내지 못한다.
- 이론적으로 사람들은 무궁무진한 자산을 선택할 수 있지만, 실제로는 금융중개기관이
  제공하는 은행예금이나 주식, 채권, 뮤추얼 펀드, 실물자산 등 제한된 선택을 하게 된
  다. 이러한 자산의 조합을 구성하고 고객들에게 제공하는 과정에서 중개기관은 최신의
  재무기법을 사용하게 된다.

핵심용어

포트폴리오 선택	효율적 포트폴리오	효율적 프론티어
생존 연금	최소분산 포트폴리오	
전략	위험자산의 최적 조합	

예제 풀이

예제 12.1 안전한 직장을 가진 젊은 사람의 투자 포트폴리오는 유일한 수익이 투자 포트
폴리오로부터의 현금흐름인 은퇴한 사람과 어떻게 다른가?

검정 안전한 직장을 가지고 있는 젊은 사람은 오랜 기간 인플레이션율과 비슷하게 증가
하는 수익을 기대할 수 있다. 젊은 사람이 주식에 투자하는 것은 남은 여생 동안 안정된
수입 원천이 필요한 나이 든 사람보다 덜 위험할 것이다. 젊은 사람은 인플레이션에 대
해 보호받을 무엇인가를 할 것이지만 나이 든 사람은 그렇지 않다. 그리고 가격 상승에
대한 보험을 찾기 위해 노력할 것이다.

예제 12.2 당신은 고정된 의사결정기간을 적용하고 있는가? 그렇다면 그 기간은 얼마나
긴가?

검정 대답은 사람에 따라 다르다.

예제 12.3 개인의 부가 늘어날수록 위험을 감수하는 정도가 커진다고 생각하는가? 그 이유는?

검정 그의 위험감수 능력은 큰 도박과 손실을 감수할 수 있기 때문에, 부가 늘어나는 개인은 더 많은 위험을 택하려고 한다. 이 이유는 손실을 입고 난 후에도 그는 여전히 상당한 부를 가지고 있기 때문이다.

예제 12.4 만약 거래 단위가 스위스 프랑이고 의사결정기간이 일주일이라면 무위험자산은 무엇인가?

검정 스위스 프랑으로 표시된 일주일 만기 순수할인채이다.

예제 12.5 그림 12.1의 포트폴리오 J의 경우 표 12.1에 나타나 있는 기대수익률과 표준편차를 고려한다면 $100,000 중에 얼마만큼을 위험자산에 투자해야 할 것인가?

검정 $75,000를 위험자산에 투자하고 $25,000를 무위험자산에 투자할 것이다.

예제 12.6 만약 무위험수익률이 연 0.03, 위험자산에 대한 기대수익률이 연 0.10으로 변화한다면 그림 12.1에서의 직선의 절편과 기울기는 어떻게 달라지는가?

검정 y절편은 0.03으로 떨어지고 직선의 기울기도 0.4에서 0.35로 떨어진다.

예제 12.7 첫 번째 위험자산과 무위험자산을 어떻게 결합하면 투자자들은 연 0.105의 기대수익률을 얻을 수 있는가? 이 포트폴리오의 표준편차는 얼마인가? 이를 두 번째 위험자산의 표준편차와 비교해 보라.

검정 56.25%는 위험자산에 그리고 나머지는 무위험자산으로 보유하면 0.105의 기대수익을 얻을 수 있다. 두 번째 위험자산의 표준편차인 0.15와 비교하여 포트폴리오의 표준편차는 0.1125이다.

예제 12.8 만약 상관계수가 0.1이라면 첫 번째 위험자산에 60%를, 두 번째 위험자산에 40%를 투자할 경우 평균수익률과 표준편차는 얼마가 되는가?

검정 $E(r) = 0.6 \times 0.14 + 0.4 \times 0.08 = 0.116$

$$\sigma^2 = (0.6)^2 \times (0.2)^2 + (0.4)^2 \times (0.15)^2 + 2(0.6)(0.4)(0.1)(0.2)(0.15) = 0.01944$$

$$\sigma^2 = 0.1394$$

예제 12.9 그림 12.5에서 투자자가 접점포트폴리오에 75%를 투자하고 무위험자산에 25%를 투자한다고 하자. 이러한 포트폴리오의 기대수익률과 표준편차는 얼마인가? 만약 $100,000를 투자한다면 각각의 세 자산에 얼마씩 투자하게 되는가?

검정 $E(r) = 0.12154 \times 0.75 + 0.06 \times 0.25 = 0.1602 = 0.75 \times 0.1495 = 0.105$

무위험자산에 25% 투자, 위험자산 1에 51.9%(0.75×69.2) 투자, 그리고 위험자산 2에 23.1%(0.75×30.8) 투자.

연습문제

개인 포트폴리오 선택의 과정

1. 다음 전문가들의 대답을 분석하라.

    a. 문제 : 나는 내 투자의 1/3을 주식에 하고 있고 나머지는 화폐시장에 하고 있다. 다른 1/3을 더 안전한 곳에 투자할 수 있는 어떤 것으로 당신은 무엇을 제안하겠는가? 나는 비상시를 대비하여 1/3을 찾기 쉬운 곳에 놔두고 싶다.

    전문가의 대답 : 글쎄, 당신은 1년 또는 2년 단기국채에 투자할 수 있다. 당신은 위험 없이 조금 더 많은 수익률을 얻을 것이다.

    b. 문제 : 당신이 오늘 시작한다면 어디에 투자하겠습니까?

    전문가의 대답 : 그것은 당신의 나이와 단기 목적에 달려 있다. 40세 이하이고 집이나 대학 등록금에 투자할 필요가 없다면, 나는 주식펀드에 넣을 것이다. 시장이 실패할지라도, 당신은 회복할 시간이 있다. 하지만 집이나 당신의 퇴직 때문에 보다 일찍 돈이 필요하다면 당신은 돈을 안전하게 투자하는 것이 필요하다.

2. 58세인 당신의 아버지는 Ruffy Stuffed Toy Company에서 일하고 있으며, 지난 15년 동안 정기적으로 그의 회사에서 마련한 저축계획에 적립하고 있다. Ruffy사는 당신의 아버지가 넣고 있는 저축계획에 그의 월급의 첫 6%까지 $1당 $0.5를 적립해 준다. 저축계획의 참여자들은 다른 네 가지 투자 선택 중 그들의 적립금을 분배할 수 있다: 채권 펀드, 대기업 · 중소기업 · 채권에 투자하는 혼합 펀드, 다른 장난감 회사에는 투자하지

않는 성장형 뮤추얼 펀드, Ruffy Stuffed Toy Company 주식에만 투자하는 펀드. 추수 감사절 휴가 동안, 아버지는 당신이 재무를 전공하고 있다는 것을 깨달았다. 그리고 그는 당신의 수업료 때문에 일부 초기 수익을 인출하기로 결정하였다. 그는 그의 저축 계획에 대한 가장 최근 분기보고서를 보았다. 그리고 Ruffy 주식에 투자하는 네 번째 선택에 현재가치의 98%가 투자되었음을 알았다.

a. 당신의 아버지는 5년 후에 퇴직을 고려하고 있는 전형적인 위험 회피형 인간이라고 가정하자. 당신은 아버지에게 왜 이 방법으로 자산분배를 결정했느냐고 묻자 지금 은 매각했지만 오랫동안 회사가 일부 부문에서 문제가 발생하여 몇 번의 하락을 제 외하고는, 주식의 수익률이 괜찮았기 때문이라고 대답했다. 게다가 많은 동료들도 이와 같이 하고 있다고 하였다. 당신은 아버지께 자산분배에 관련한 어떤 조언을 할 수 있겠는가?

b. 위와 같은 아버지의 자산배분은 아버지의 은퇴 후 생활의 리스크를 높이는가 아니 면 낮추는가? 설명하라 .

기대수익과 위험 간의 교환관계

3. 오하이오 주와 미시간 주 간의 지난 백 년 동안의 미식축구경기 결과 시계열자료를 가 지고 있다고 가정하자. 하나의 관측치는 각 경기를 나타내며, 승자에게는 1이 그리고 패자에게는 0이 할당되어 있다. 무승부가 없다고 가정하면, 자료를 통해서 계산된 기 대값은 어떻게 해석될 수 있겠는가? 시계열 자료 간의 상관관계는 무엇을 의미하는가?

4. 다음 표에서 주식 A와 B의 주가 움직임의 상관관계를 판단하라. 주식 A와 B의 표준편 차는 0.065, 0.1392이다. 계산을 하기 전에 상관관계가 1에 가까운지 −1에 가까운지를 판단하라.

경제상태	확률	주식 A의 수익률	주식 B의 수익률
극심한 불황	0.05	−0.02	−0.20
약간 불황	0.15	−0.01	−0.10
2% 성장	0.60	0.15	0.15
3% 성장	0.20	0.15	0.30

5. 아래의 표에는 각 포트폴리오의 기대수익률과 위험이 주어져 있다. 산점도를 그리라. 효율적 포트폴리오에 해당하지 않는 것은 무엇인가?

포트폴리오	기대수익률	위험
I	0.05	0.00
II	0.075	0.12
III	0.075	0.05
IV	0.075	0.04
V	0.05	0.05

6. 위험자산과 무위험자산으로 이루어진 위험-보상 간 교환관계 곡선이 음의 기울기를 가지고 있다고 가정하자. 이는 위험자산과 무위험자산이 어떤 관계에 있다고 볼 수 있는가?

7. 다음과 같은 기대수익과 위험을 가지는 두 개의 자산이 존재한다.

	Blau	Zwartz
기대수익률	0.15	0.15
표준편차	0.10	0.08

두 자산 간의 상관계수는 +0.5이다. 두 자산에 동일한 비중으로 투자한 포트폴리오의 위험과 기대수익률은 얼마인가? 최소위험을 제공하는 포트폴리오의 투자비중과 표준편차의 크기는 얼마인가?

8. 7번의 문제에서 두 자산의 상관계수가 0인 경우라 가정하고 문제를 반복하여 풀라.

9. 도전 과제 : 상관계수가 0인 두 개의 자산이 있다고 가정하자. 첫 번째 자산은 두 번째 자산보다 수익률과 위험이 모두 두 배이다. 즉 $E(r_1) = 2 \cdot E(r_2)$이고 $\sigma_1 = 2 \cdot \sigma_2$이다. 이제 $E(r_2) = 0.06$ 그리고 $\sigma_2 = 0.02$이라 가정하자. 당신은 두 번째 자산과 같은 수준의 위험을 원하고 있다. 당신은 두 번째 자산과 같은 수준의 위험을 가지면서 기대수익률은 두 번째 자산보다 높은 포트폴리오를 만들 수 있겠는가? 자산의 구성비율은 무엇인가? 두 번째 자산보다 기대수익률은 얼마나 더 큰가?

10. 상관계수가 0인 다음의 두 자산의 기대수익과 위험은 다음과 같다.

	Blanc	Rouge
기대수익률	0.075	0.125
표준편차	0.05	0.075

두 자산에 양의 비율로 투자한 포트폴리오 중에서 효율적이지 않은 것은 어느 것인가?

위험자산이 많은 경우의 효율적 분산

11. 무위험 이자율이 0.04이고, 이상적인 자산의 조합의 포트폴리오는 기대수익률은 0.13 그리고 표준편차는 0.10이다. 효율적인 교환관계 곡선이 가지는 위험-보상 비율은 얼마인가? 당신이 최적 위험 포트폴리오 위험의 3/4만 원한다고 하였을 때, 무위험자산과 최적 위험 포트폴리오에 어떻게 나누어 투자해야 하는가? 얼마의 기대수익률을 올릴 수 있는가?

12. 당신의 어머니는 11번 문제의 최적 위험 포트폴리오 위험의 두 배를 원한다고 한다. 무위험 자산과 위험 포트폴리오를 이용하여 어떻게 투자해야 하는가? 그녀의 포트폴리오가 제공하는 기대수익률은 얼마인가?

13. 표 12.1을 참조하라.

    a. 표(넷째 열)의 각 포트폴리오(F, G, H, J, S)의 기대수익률이 정확한지 계산해 보라.

    b. 표의 다섯 번째 열의 표준편차와 동일한가?

14. 13번 문제에서 당신은 $1,000,000의 자금을 투자하려 한다고 가정하자. 표 12.1의 각 포트폴리오에 제시되어 있는 대로 투자한다고 했을 때 각 포트폴리오의 기대수익을 계산하라. 가장 위험에 관대한 사람은 어떤 포트폴리오를 선택하겠는가?

    다음의 정보를 활용하여 15번에서 19번까지 답하라. 당신은 AT&T와 Microsoft에 투자할 기회를 가지고 있다.

	AT&T	Microsoft
기대수익률	0.10	0.21
표준편차	0.15	0.25

15. 두 주식 간의 상관관계가 0, 0.5, 1, −1이라면, AT&T와 Microsoft의 최소분산 포트폴리오는 무엇인가? 두 주식의 상관관계가 −1에서부터 0, 0.5, 1로 움직일 때 AT&T와 Microsoft 간 분배의 변화에 관해 당신은 무엇을 인식하는가? 왜 그렇게 하는가? 각 포트폴리오의 최소분산 포트폴리오의 분산은 얼마인가?

16. MMF 중에서 현재 4.5%를 제공하는 펀드가 존재한다고 가정하고, 각각의 상관관계에 대해 두 증권의 최적 결합은 무엇인가? 당신은 이 주식의 가중치와 최소분산 포트폴

리오의 가중치 간에 어떤 관계를 인식하는가? 각 최적 포트폴리오의 분산은 얼마인가? 각 최적 포트폴리오의 기대수익률은 얼마인가?

17. 위의 문제에서 상관관계가 0.5일 때 최적 포트폴리오에 대한 위험보상 교환선을 도출하라. 당신이 추가적 위험의 한 단위를 취한다면 당신은 얼마의 추가 기대수익을 예상하는가?

18. AT&T와 Microsoft의 주가 움직임 변화의 상관관계가 0.5일 때 두 주식의 최적 포트폴리오를 이용하여 다음을 측정하라.

    a. 현재 수익률 4.5%인 화폐시장펀드에 100%를 투자한 포트폴리오의 기대수익률과 표준편차. 위험보상 교환선에서 이 점은 어디인가?

    b. 화폐시장펀드에 90%, AT&T와 Microsoft 주식에 10% 투자하는 포트폴리오의 기대수익률과 표준편차.

    c. 화폐시장펀드에 25%, AT&T와 Microsoft 주식에 75% 투자하는 포트폴리오의 기대수익률과 표준편차.

    d. 화폐시장펀드에 0%, AT&T와 Microsoft 주식에 100% 투자하는 포트폴리오의 기대수익률과 표준편차.

19. AT&T와 Microsoft 주식의 상관관계가 0.5일 때 두 주식의 최적 포트폴리오를 이용하라. $10,000를 가지고 무위험자산, AT&T 주식과 Microsoft 주식의 할당을 측정하라.

    a. 화폐시장펀드에 75%, 그리고 AT&T와 Microsoft 포트폴리오에 25% 투자한 포트폴리오의 기대수익은 얼마인가?

    b. 화폐시장펀드에 25%, 그리고 AT&T와 Microsoft 포트폴리오에 75% 투자한 포트폴리오의 기대수익은 얼마인가?

    c. 화폐시장펀드에 전혀 투자하지 않고 AT&T와 Microsoft 포트폴리오에 100% 투자한 포트폴리오의 기대수익은 얼마인가?

20. 한 뮤추얼 펀드 회사는 현재 4.5%의 수익률의 안전한 화폐시장펀드를 제공한다. 또한 이 회사는 역사적으로 기대수익률 20%, 표준편차 0.25를 나타내고 있는 공격형 성장 목적의 지분펀드를 제공한다.

    a. 위험보상 교환관계의 등식을 도출하라.

    b. 그가 가지고 있는 각각의 단위당 추가적 위험에 대해 투자자에게 이용될 수 있는 추가적 기대수익률은 얼마인가?

    c. 만일 투자자가 15%의 기대수익률을 원한다면, 화폐시장펀드에서 어떤 분배가 이

루어져야 하는가?

21. 만약 포트폴리오를 구성하고 있는 두 개의 자산(자산 A와 B)의 상관계수가 −1.0이라면 무위험 자산을 만들 수 있다. w가 자산 A에 투자하는 비중이라고 한다면 무위험 포트폴리오를 만들기 위해서 w는 얼마가 되어야 하는가?

22. 위험자산 보상 직선에서 효율적 포트폴리오의 접점을 넘어 오른쪽에 투자하는 것에는 어떤 전략이 함축되어 있는가? 어떤 타입의 투자자들이 이 전략을 사용하겠는가? 이유를 설명하라.

23. 무위험 자산의 수익률은 0.05이고, 무위험 자산과의 조합된 가장 효율적인 위험 포트폴리오의 기대수익률은 0.12 그리고 표준편차는 0.10이다. 무위험 이자율로 $50를 차입하여 $150를 최적 위험 포트폴리오에 투자할 경우의 기대수익률과 위험은 얼마인가? 위험 한 단위당 시장가격은 얼마이겠는가?

24. 위험자산으로 구성된 위험 포트폴리오는 변화하지 않지만 무위험 이자율은 상승하고 있다고 가정하자. 위험 보상 비율이 어떻게 변화할지 그리고 최적 위험 포트폴리오의 기대수익률과 위험의 성격이 어떻게 변화할지 설명하라.

25. 도전 과제 : 동일한 수익률과 위험을 가지고 있으나 서로의 상관계수는 0인 자산에 투자하는 단순한 포트폴리오 투자전략을 가정하자. n은 포트폴리오에 속하는 자산의 수이다. 포트폴리오의 자산에는 모두 동일한 비중으로 투자되어 있다. 만약 5개의 자산이 존재한다면 각 자산에 투자금의 1/5씩 할당하는 것이고, 10개의 자산이라면 1/10씩 할당하게 된다. 포트폴리오의 전체 위험(표준편차)을 n의 함수로 나타내라. 복수의 자산을 가지는 포트폴리오의 위험에 관련된 일반식은 다음과 같다.

$$\sigma_p^2 = \sum\sum w_i w_j \sigma_{ij}$$
$$= \sum\sum w_i w_j \rho_{ij} \sigma_i \sigma_j$$

공식의 요약

포트폴리오의 기대수익률을 구하는 공식은 다음과 같다.

$$E(r) = wE(r_s) + (1-w)r_f$$
$$= r_f + u[E(r_s) - r_f]$$

여기서 w는 위험자산에 투자하는 비중, $E(r_s)$는 위험자산의 기대수익률, r_f는 무위험이자율이다. 포트폴리오의 표준편차는 다음과 같다.

$$\sigma = \sigma_s w$$

여기서 σ_s는 위험자산의 표준편차이다. 위험과 기대수익률 간의 교환관계선을 구하는 공식은 다음과 같다:

$$E(r) = r_f + w[E(r_s) - r_f]$$
$$= r_f + \frac{[E(r_s) - r_f]}{\sigma_s} \sigma$$

두 개의 자산으로 이루어진 포트폴리오의 표준편차를 구하는 식은 다음과 같다.

$$\sigma = \sqrt{w^2 \sigma_1^2 + (1-w)^2 \sigma_2^2 + 2w(1-w)\rho_{1,2}\sigma_1\sigma_2}$$

부 록

시간 분산투자의 오류

주식이 단기보다 장기에 덜 위험하다는 믿음이 팽배해 있다. 이러한 믿음을 가지고 있는 사람들은 일반적으로 보다 많이, 그리고 보다 길게 주식에 투자한다.

시간 분산투자의 효과가 유효하다는 것을 이를 의심하는 사람들에게 설득하기 위해서는 다음 두 가지 전제를 입증해야만 한다.

- 장기투자는 단기투자보다 연수익률의 표준편차가 작다.
- 장기투자는 단기투자보다 채권의 무위험 이자율보다 수익률이 낮을 확률이 작다.

그러나 이 두 전제가 사실이라고 할지라도 장기간 투자하기 때문에 보다 많이 주식에 투자해야 한다는, 즉 주식은 단기보다 장기에 덜 위험하다는 것이 정당화되는 것은 아니다. 이유는 다음과 같다.

첫째, 주식의 연수익률의 표준편차는 투자기간이 길어지면 감소하게 되는데, 이는 투자 성과를 연수익률로 표시하는 데서 발생하는 인위적인 결과에 불과하다. 당신이 보유하고 있는 주식을 처분하여 수취하는 부의 양을 생각해 보면 표준편차는 전혀 감소하지 않는다. 예를 들어 당신의 모든 돈을 1년 동안 그리고 25년 동안 주식에 투자한다고 가정해 보자. 25년 동안 투자한 경우 연수익률의 표준편차는 1년 동안 투자한 경우의 연수익률의 표준편차의 약 1/5일 것이다. 그러나 25년 후에 당신의 부의 표준편차는 1년 동안 투자하는 경우의 표준편차의 다섯 배나 된다.

둘째, 보유기간이 길어지면 같은 기간에 주식 포트폴리오의 수익률이 무위험 이자율보다 낮아지는 현상이 발생할 확률이 낮아지는 것은 사실이다. 그러나 이러한 위험은 발생의 빈도보다는 심도가 중요하다. 만약 포트폴리오의 수익률이 무위험 이자율보다 낮아지는 현상의 빈도와 심도를 고려한다면 분명 장기간 주식을 보유하는 데서 오는 위험의 감소는 없다고 할 수 있다. 예를 들어 이와 같은 상황에 대비하여 포트폴리오에 보험을 드는 비용을 위험의 척도로 간주해 보자. 분명히 보유기간이 길어질수록 비용은 증가할 것이다.[5]

---

[5] 제11장에서 살펴보았듯이 이러한 보험은 주식 포트폴리오의 최종 가치에 대한 풋옵션과 같은 것이다. 우리는 제15장에서 풋옵션의 가격은 기간이 길어질수록 증가한다는 사실을 배울 것이다.

05

자산의 가격결정

> **13**

자본시장의 균형

| **학습목표** |

- 자본자산가격결정모형(CAPM)의 이론적 이해
- 포트폴리오 투자의 성과측정을 위한 기준으로서 CAPM 활용의 이해
- 위험조정할인율을 현금흐름할인 가격결정모형에 사용하기 위한 CAPM 활용의 이해
- CAPM이 더 많은 현실성을 반영할 수 있도록 하는 다른 이론들에 의한 수정의 이해

| **주요내용** |

자본자산가격결정모형(CAPM)은 위험자산에 대한 시장에서의 균형가격에 관한 이론이다. 이는 제12장에서 설명한 포트폴리오 선택이론을 기반으로 하여 논의되며, 자산의 가격이 수요와 공급의 균형에 의해서 조정된다는 가정하에 위험자산들의 기대수익률 사이에 존재하는 계량적 관계를 도출해 낸다.

CAPM은 다음 두 가지 이유에서 중요한 이론이다. 첫째, 지수화 투자전략으로 알려진 소극적 투자에 이론적 정당성을 제공하였다. 지수화(indexing)는 분산된 포트폴리오를 소유하고 있는 것을 의미하는데 이러한 포트폴리오는 S&P 500이나 모간스탠리 지수 등에서 나타나는 개별 주식에 유사한 비율로 투자한 포트폴리오를 말한다. 오늘날 수많은 자금들은 연금, 뮤추얼 펀드 그리고 지수화에 의해 관리되는 여러 기관들을 통해 투자되고 있으며, 지수화는 투자전략의 성과를 측정하기 위한 기준을 제시한다.

둘째, CAPM은 다양한 재무활동에 사용하기 위한 기대수익률을 측정할 수 있는 방법을 제시한다. 예를 들어, 제9장에서 보여 주었듯이 위험조정 기대수익률이 주식에 대한 현금흐름할인 가치평가모형에서 투입변수로 사용된다. 제16장에서는 기업의 의사결정자들이 이런 모형들을 자본예산 결정을 위해서 어떻게 사용하는지 보여 주고 있다. CAPM은 또한 규제산업에 속한 기업이나 비용에 일정한 마진을 더해서 가격을 결정하는 기업의 적정 수익률을 계산하는 데에 활용된다.

13.1 자본자산결정모형의 요약

자본자산결정모형(capital asset pricing model, CAPM)은 제12장에서 설명한 포트폴리오 선택이론에 근거한 균형이론이다. CAPM은 1960년대 초에 개발되었다.[1] 이것은 '만약 사람들이 같은 기대수익률과 위험을 예측하고 있고 그들의 포트폴리오가 효율적인 분산투자의 원칙에 기초한다면 증권들의 위험 프리미엄은 어떻게 결정되는가?'라는 의문에서 출발하였다.

CAPM의 기본적인 아이디어는 시장이 균형 상태인 경우, 시장은 위험을 감수하는 투자자에게 보상을 한다는 것이다. 보통 사람들은 위험회피적인 행동을 보이기 때문에 모든 위험자산들에 대한 적절한 위험 프리미엄은 투자자들이 위험자산을 보유하게 하는 유인을 제공한다.

---

[1] William F. Sharpe는 1964년에 발표한 CAPM에 관한 논문으로 1990년 노벨 경제학상을 받았다. 비슷한 시기에 CAPM을 독립적으로 개발한 사람으로는 John Lintner와 Jan Mossin을 들 수 있다.

그러나 시장에서는 비효율적인 포트폴리오를 소유한 사람에 대한 보상은 이루어지지 않는다. 투자자는 적절한 분산투자의 행동으로 제거될 수 있는 위험을 스스로 제거해야만 한다. 그러므로 개별 자산의 위험 프리미엄은 자산 고유의 위험과 관계있는 것이 아니라, 개별 자산이 효율적 포트폴리오의 전체 위험에 대해 얼마만큼 영향을 미치고 있는가와 관계가 있는 것이다.

제12장에서 모든 효율적인 포트폴리오는 두 개의 특별한 자산, 즉 무위험자산과 위험자산의 최적 조합에 의해서 구성될 수 있음을 설명하였다. CAPM을 도출하기 위해서 다음 두 가지 가정이 필요하다.

- 가정 1 : 투자자들은 기대수익률, 표준편차, 위험 주식들 간의 상관관계에 대해서 동일한 예상을 하고 있으므로 동일한 비율로 위험자산을 보유하고 있다.
- 가정 2 : 투자자들은 일반적으로 합리적인 행동을 한다. 균형상태에서 투자자들이 그들의 최적 포트폴리오를 소유하고 있는 경우 주식의 가격은 각각에 대한 총수요가 공급과 일치되는 점에서 결정된다.

이런 두 가지 가정으로부터 모든 투자자들의 위험자산의 소유는 동일하기 때문에, 이러한 투자자들의 위험자산에 대한 최적 비율이 시장에서 형성된 비율과 동일할 때 자산시장은 균형상태가 된다. 시장가치의 비율에 따라 모든 위험자산에 투자한 포트폴리오를 **시장 포트폴리오**(market portfolio)라고 한다. 시장 포트폴리오의 구성은 현재 시장가격으로 가치가 평가된 기존 자산들의 공급과 일치해야 한다.

시장 포트폴리오가 무엇을 의미하는지 먼저 알아보기로 한다. 시장 포트폴리오에서 증권 i에 할당된 부분은 발행된 모든 자산들의 시장가치에 대한 i번째 자산 시장가치의 비율과 같다. 설명을 간단히 하기 위하여 시장 내에 GM 주식, 도요타 주식 그리고 무위험자산만이 존재한다고 가정하여 보자.

각각의 시장가치는 GM이 $660억, 도요타가 $220억, 무위험자산이 $120억이다. 전체 시장가치는 $1,000억이므로 시장 포트폴리오는 GM 주식 66%, 도요타 주식 22% , 무위험자산 12%로 구성되어 있다.

CAPM은 시장이 균형인 상태에서 모든 투자자는 시장 포트폴리오의 비율과 동일한 비율로 위험자산을 보유하게 된다는 것을 말해 준다. 위험회피적인 성향에 따라서 투자자들은 위험자산과 무위험자산을 각각 다른 비율로 보유하지만 위험자산 보유에 있어서의 상대적인 비율은 모든 투자자들에 대하여 동일하다. 위의 예에서 모든 투자자들이 GM과 도요타의 주식을 3:1의 비율로 보유한다고 하자. 즉 투자자의 포트폴리오 내에 존재하는 위험자산은 75%의 GM 주식과 25%의 도요타 주식으로 구성되어 있다.

동일하게 $100,000를 투자하는 두 명의 투자자를 비교해 보자. 투자자 1은 위험회피적이며 다른 투자자들과 마찬가지로 각 자산을 시장 포트폴리오의 비율로 보유한다. 즉 GM 주식에 $66,000, 도요타 주식에 $22,000 그리고 무위험자산에 $12,000를 투자한다. 투자자 2는 다른 투자자들보다 좀 더 위험회피적 성향을 가지므로 무위험자산에 $24,000를 투자하고 위험자산에 $76,000를 투자한다. 투자자 2는 GM 주식에 $57,000(0.75×$76,000)를 도요타 주식에 $19,000(0.25×$76,000)를 투자할 것이다. 그러므로 두 투자자 모두 GM 주식에 도요타 주식의 세 배에 해당하는 금액을 투자한다.

| **예제 13.1** |

투자자 3이 무위험자산에는 전혀 투자하지 않은 채 $100,000의 포트폴리오를 가지고 있다. GM과 도요타 주식에 투자한 금액은 얼마인가?

CAPM의 기본적인 개념은 그림 13.1을 통해서도 알 수 있는데 이는 각 투자자가 직면하게 되는 위험-보상 간 교환관계선을 나타내고 있다. 접점 포트폴리오 또는 위험자산의 최적 조합은 위험자산의 구성비율에 있어서 시장 포트폴리오와 동일하기 때문에, 시장 포트폴리오는 위험-보상 간 교환관계선상에 위치하게 된다. 이러한 교환관계선을 **자본시장선**(capital market line, CML)이라고 한다. 그림 13.1에서 점 M은 시장 포트폴리오를, 점 F는 무위험자산을 나타내며 자본시장선은 이 두 점을 연결하는 선을 의미한다.

CAPM은 균형상태에서 모든 투자자들이 이용할 수 있는 최적의 위험-보상 간의 조합을 나타낸다. 비록 모든 투자자들이 CML선이 나타내는 것보다 높은 수익률을 얻을 수 있기를 기대하겠지만 이러한 경우 시장의 경쟁은 가격을 CML선상으로 되돌려 놓게 된다. 자본시장선의 공식은 다음과 같다.

$$E(r) = r_f + \frac{E(r_M) - r_f}{\sigma_M} \sigma \tag{13.1}$$

그러므로 자본시장선의 기울기는 시장 포트폴리오의 위험 프리미엄을 표준편차로 나눈 것이다.

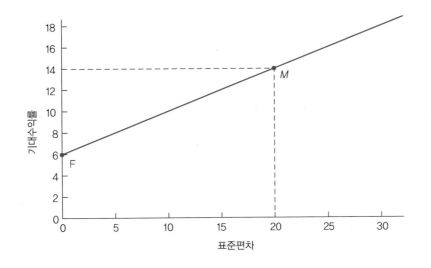

$$\text{자본시장선(CML)의 기울기} = \frac{E(r_M) - r_f}{\sigma_M}$$

CAPM은 투자자들이 수동적으로 무위험자산과 시장 포트폴리오의 구성비율과 동일하게 위험자산으로 구성된 인덱스 펀드에 나누어서 투자하는 것이 시장보다 높은 수익을 올리기 위해서 적극적으로 좋은 종목을 선정하려고 하는 투자보다 결코 낮은 수익률을 기록하지 않는다고 설명한다. 특별히 부지런하고 능력이 있는 투자자는 그들이 노력한 것에 대한 보상을 받을 수 있지만 시장에서의 경쟁이 이들 보상의 크기를 그들이 지출해야 하는 비용을 커버할 수 있는 정도로 낮춘다. 그리하여 나머지 투자자들은 수동적으로 투자해도 그들과 동일한 수익률을 올릴 수 있는 것이다.

CAPM으로부터 알 수 있는 또 다른 사실은 개별 주식에 대한 위험 프리미엄은 개별 주식이 시장 포트폴리오의 위험에 공헌하는 비율에 따른다는 것이다. 위험 프리미엄은 개별 주식의 고유 위험에 의해서 결정되지는 않는다. 그러므로 CAPM에 의하면, 균형상태에서는 투자자들이 시장위험을 감수하는 것에 대해서만 보상받게 되는 것이다. 시장위험은 투자자들이 기대하는 수익을 얻기 위해서 감수해야만 하는, 제거 불가능한 위험인 것이다.

모든 효율적 위험-보상 간 조합은 시장 포트폴리오와 무위험자산을 결합함으로써만 얻을 수 있으므로 투자자들이 효율적 포트폴리오를 얻기 위해서 감수해야 하는 위험은 단지 시장위험이 되는 것이다. 그러므로 시장위험 수준을 벗어난 추가적인 위험을 감수하는 투자자는 그 추가적인 부분에 대해서는 보상받지 못한다.

시장은 비효율적인 포트폴리오를 선택한 투자자들에 대해서는 보상을 제공하지 않는다. 이러한 CAPM의 함의가 강조하는 것은 시장과 관련된 위험만이 문제가 된다는 것이다.

| 예제 13.2 |
CAPM에 따르면 투자자들이 그들의 최적 포트폴리오를 구성하는 간단한 방법은 무엇인가?

13.2 시장 포트폴리오의 위험 프리미엄 결정요인

CAPM에 의하면 시장 포트폴리오의 위험 프리미엄의 크기는 투자자들의 종합적 위험회피 정도와 시장수익률의 변동성에 의해 결정된다. 시장 포트폴리오의 위험을 받아들임으로써 투자자들은 무위험이자율보다 큰 기대수익률을 요구한다. 위험회피적인 투자자일수록 더 높은 투자 수익률을 요구하게 된다.

CAPM에서 시장 포트폴리오의 균형위험 프리미엄은 시장 포트폴리오의 분산에 투자자의 위험회피 정도의 가중평균(A)을 곱한 것과 같다.

$$E(r_M) - r_f = A\sigma_M^2 \tag{13.2}$$

이때 A는 위험회피 정도의 지수로 볼 수 있다.

시장 포트폴리오의 표준편차가 0.20이라 하고 평균위험 회피계수가 2라고 하자. 이 경우 시장 포트폴리오의 위험 프리미엄은 0.08이 된다.

글상자 13.1 소극적 vs 적극적 투자

소극적 투자는 주식시장 지수들에 상응하는 수익을 보장하지만 시장의 비효율성에 의한 차익 거래의 기회를 잃을 수도 있다. 개별 주식의 상대 시장 자본화는 소극적 투자자의 주식 보유 비율을 결정한다. 반면에 적극적 투자자는 시장 지수보다 높은 수익률을 얻고자 한다. 적극적 투자자가 소극적 투자자보다 반드시 더 높은 수익을 얻는다고 할 수는 없으며, 실제로도 적극적으로 운용된 펀드의 반 정도가 S&P 500 지수 이상의 수익을 거두었다.

한 연구에 의하면 소극적 투자가 2000년대 초기 미국 주식시장 거래량의 대부분을 차지한다고 한다. 그러나 2005년 수동적 운용 펀드(passive funds)에 유입된 금액은 적극적 운용 펀드(active fund)에 유입된 금액의 1/5에 지나지 않았다. 이러한 모순은 적극적 운용 펀드가 높은 수익을 얻기 위해 위험을 감수하는 운용 전략이 아닌 시장 수익을 얻는 소극적 운용 전략을 택한다는 것을 암시한다. 소극적 투자가 보편화됨에 따라 실제 주가는 이론가에 비해 적은 정보를 반영하게 되고, 그 결과 적극적 투자자의 차익 거래 기회가 증가하게 된다.

출처 : Adapted from "Passive Aggression," *The Economist*, January 26, 2006.

$$E(r_M) - r_f = 2 \times (0.2)^2 = 2 \times 0.04 = 0.08$$

CAPM에 따르면 시장위험 프리미엄은 시간이 흐름에 따라 시장의 변동성이 변하거나 위험회피 정도가 변하거나 또는 이 둘 모두가 변함으로써 변동하게 된다.

CAPM에서 설명하고자 하는 것은 무위험이자율과 시장 포트폴리오의 기대수익률 간의 차이이지 그들의 절대적인 수치가 아님을 주목할 필요가 있다. 제4장에서 이미 설명했듯이 시장 포트폴리오의 균형기대수익률의 절대적인 수준은 자본의 기대생산성이나 소비에 대한 기간 간 선호의 변화 등의 요인에 의해 결정된다.

시장에서의 기대수익에 대한 특정 수준이 주어진다면, CAPM은 무위험이자율의 결정에 사용될 수 있다. 앞에서 제시한 예에서 시장 포트폴리오의 기대수익률이 0.14라고 하면 CAPM을 통하여 무위험이자율이 0.06이라는 것을 알 수 있다.

식 13.1을 통하여 이 값을 구해 보면 CML은 다음과 같다.

$$E(r) = r_f + \frac{E(r_M) - r_f}{\sigma_M} \sigma = 0.06 + 0.40\sigma$$

여기서 기울기, 즉 위험에 대한 보상비율은 0.40이다.

| 예제 13.3 |
평균위험회피 정도가 2에서 3으로 증가하는 경우 CML의 기울기는 어떻게 되는가?

13.3 개별 주식에 있어서의 베타와 위험 프리미엄

지혜로운 투자자라면 최적 포트폴리오로의 형태로 그들의 자산을 보유하므로 자산의 가격과 기대수익률은 균형을 이룰 것이다. 위험을 감수하는 것이 기대수익률의 형태로 보상을 받게 된다는 것을 생각하면, 증권의 위험이라는 것은 균형기대수익률의 크기로 측정된다. 그러므로 만약 증권 A에 대한 균형기대수익률이 증권 B에 대한 균형기대수익률을 초과한다면 증권 A의 위험이 증권 B의 위험보다 크다고 할 수 있다. 그림 13.1의 CML선에서 볼 수 있듯이 최적의(효율적인) 포트폴리오들 사이에서 수익률에 대한 표준편차가 클수록 균형기대수익률은 커지게 되며 그 결과 위험도 커지게 된다. 그러므로 효율적인 포트폴리오의 위험은 표준편차(σ)에 의해서 측정된다. 그러나 일반적으로 CAPM에서는 수익률의 표준편차로 개별 주식의 위험을 측정할 수 없다. 대신 일반적으로 개별 주식의 위험은 주식의 **베타**(beta)로 측정한다. 기술적으로, 베타(β)는 시장 포트폴리오 수익률의 표준편차에 대해 개별 주식수익률이 얼마나 기여하는지, 즉 개별 주식수익률의 한계공헌도를 나타낸다. 개별 주식 j에 대한 베타 공식은 다음과 같다.

$$\beta_j = \frac{\sigma_{jM}}{\sigma_M^2}$$

여기서 σ_{jM}은 개별 주식 j의 수익률과 시장 포트폴리오의 수익률 사이의 공분산을 의미한다.[2] CAPM에 의하면 균형상태에서 자산의 위험 프리미엄은 자산의 베타에 시장 포트폴리오의 위험 프리미엄을 곱한 것과 같다. 이를 식으로 표현해 보면 다음과 같다.

$$E(r_j) - r_f = \beta_j[E(r_M) - r_f] \tag{13.3}$$

이를 **증권시장선**(security market line, SML)이라고 부르며 그림 13.2에 나타나 있다.

그림 13.2에서 x축에는 증권의 베타를, y축에는 증권의 기대수익률을 표시하며 증권시장선의 기울기는 시장 포트폴리오의 위험 프리미엄을 나타낸다. 위의 예에서 시장위험 프리미엄이 0.08(8%)이므로 증권시장선의 관계식은 다음과 같다.

$$E(r_j) - r_f = 0.08\beta_j$$

또한 베타는 시장 포트폴리오의 실현수익률에 대한 증권의 실현수익률의 민감도를 제공한다. 그러므로 만약 시장 포트폴리오의 실현수익률이 기대했던 것보다 N%만큼 크다면(작다면) 개별 주식 j의 실현수익률은 기대했던 것보다 $\beta_j \times N$%만큼 커지게(작아지게) 된다. 높은 베타를 가지는(1보다 큰) 증권을 '공격적(aggressive)'이라고 한다. 왜냐하면 이러한 증권의 수익은 시장 포트폴리오 전체의 수익을 가속화시키는, 즉 시장수익이 상승할 때 더 큰 폭으로 상승하고 반대로 시장수익이 하락할 때 더 큰 폭으로 하락하기 때문이다. 비슷한 의미로 작은 베타를 가진(1보다 작은) 주식들은 '방어적(defensive)'이라고 말한다. 정의에 의하면 시장 포트폴리오는 베타가 1이다. 그리고 베타가 1인 주식은 '평균위험(average risk)'을 가지고 있다.

어떤 주식의 기대수익률과 베타가 증권시장선을 따르지 않는다고 한다면 이것은 CAPM에 어긋나게 된다. 그림 13.2의 J와 같은 기대수익률과 베타를 가진 주식을 생각해 보자. 이 점은 증권시장선 아래에 존재하기 때문에 균형상태에서보다 기대수익률은 낮

---

[2] 베타는 제11장의 부록에서 소개된 회귀분석모델의 기울기 추정값인 회귀계수에 대응된다. 회귀분석에서 독립변수(X)는 시장 포트폴리오의 수익률이고 종속변수(Y)는 개별 주식의 수익률이다.

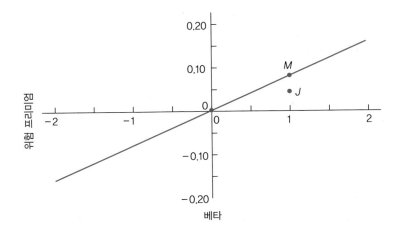

그림 13.2

증권시장선

주 : 만약 주식의 가격이 CAPM에 따라 결정된다면 모든 주식은 SML선상에 놓이게 된다.

다. (이 경우 주식의 시장가격이 너무 높다고 말할 수 있다.)

　주식이 이런 위치에 존재하는 경우 CAPM에 어긋나는 것이며 그 이유는 시장이 균형 상태에 있지 않거나 투자자들이 수익률의 분포에 동의하지 않거나 평균-분산 최적화에 따라 행동하지 않기 때문일 것이다. CAPM의 가정하에서 투자자들은 주식 J에 투자하기 보다는 다른 주식들에 투자함으로써 그들의 포트폴리오를 개선시킬 것이다. 그러므로 J 주식에 대한 초과공급과 다른 주식들에 대한 초과수요가 나타나게 된다.

　증권시장선(CML) 위의 포트폴리오(즉 시장 포트폴리오와 무위험자산으로 구성된 포트폴리오)는 시장 포트폴리오에 투자된 비율만큼의 베타를 가진다. 예를 들어, 시장 포트폴리오에 0.75만큼을 투자하고 무위험자산에 0.25만큼을 투자한 포트폴리오의 베타는 0.75가 되는 것이다.

| 예제 13.4 |

베타가 0.5인 주식을 가정해 보자. CAPM에 따르면 이것의 기대수익률은 얼마가 되겠는가? 이 주식은 자본시장선과 증권시장선의 관계에서 어디에 위치하게 될 것인가?

　CAPM은 개별 증권의 총위험(σ_J^2)을 분산가능한 위험과 분산불가능한 위험으로 분리하는 데 사용될 수 있다. 앞에서 말했듯이 위험 프리미엄은 증권의 총위험에 비례하는 것이 아니라 시장과 관련된 위험에 비례한다. 균형인 상태에서는 모든 투자자가 위험자산을 총시장 포트폴리오 내의 비중에 따라 보유하기 때문에 분산불가능한 위험은 제거되고 투자자에게 귀속되는 개별 주식의 위험은 분산불가능한 위험만이 남게 된다.

위험이 있는 어떤 증권에 대해서 분산불가능한 위험은 $\beta_j^2 \cdot \sigma_M^2$로 나타낼 수 있고, 분산가능한 위험은 총위험에서 분산불가능을 뺀 것으로 나타낼 수 있다. 즉 $\sigma_j^2 \cdot -(\beta_j^2 \cdot \beta_M^2)$. 예를 들어 베타가 1인 증권은 분산불가능한 위험이 시장 포트폴리오의 위험과 같다. 균형이라고 가정한 CAPM에서는 위험 프리미엄은 오직 분산불가능한 위험에만 관계되어 있고, 이러한 증권은 시장 포트폴리오와 동일한 위험 프리미엄을 제공할 것이다. 만약 현명하지 못한 투자자가 오직 하나의 증권에만 투자를 한다면, 그 투자자는 분산가능한 위험과 분산불가능한 위험을 모두 감내해야 하지만 보상은 분산불가능한 위험에만 이루어지게 된다.

13.4 포트폴리오 선택에 있어서 CAPM의 활용

13.3절에서 CAPM은 위험자산의 시장 포트폴리오가 효율적 포트폴리오라는 것을 보였다. 그러므로 시장을 초과하는 수익을 얻기 위해 적극적으로 종목선정을 하는 투자자는 수동적으로 시장 인덱스 펀드와 무위험자산을 결합하는 투자자보다 동일한 위험에서 더 높은 수익을 올릴 수 없다는 것을 의미한다.

실제 세계에서 자산의 가격이 CAPM을 따르는가에 관계없이 CAPM은 소극적 포트폴리오 전략에 대한 이론적인 근거를 제공한다.

- 시장 포트폴리오의 구성비율에 따라서 위험자산에 분산투자한다.
- 기대되는 위험-보상의 조합을 달성하기 위해서 무위험자산과 앞의 포트폴리오를 결합한다.

소극적 전략은 적극적 포트폴리오 선택전략의 성과를 측정할 수 있는 위험조정기준으로 이용될 수도 있다.

투자 목적으로 $1,000,000를 가지고 있다고 하자. 위험자산에는 주식과 채권 두 가지 자산이 있고, 이들 위험자산과 무위험자산에 어떻게 분산투자할 것인지를 결정하려고 한다. 경제 전체 내에서 주식의 순공급 비율이 60%, 채권의 순공급 비율이 40% 그리고 무위험자산의 순공급 비율이 0이라고 하자. 이는 곧 시장 포트폴리오의 구성비율이 되는 것이다.

위험회피 정도가 평균적인 투자자는 주식에 $600,000, 채권에 $400,000를 투자하고 무위험자산에는 투자하지 않을 것이다. 좀 더 위험회피적인 투자자는 $1,000,000의 일부를 무위험자산에 투자하고 나머지를 주식과 채권에 투자할 것이다. 이 경우 얼마의 금액이 주식과 채권에 투자되든 투자비율은 주식에 60%, 채권에 40%가 된다.

위험조정기준에서 포트폴리오 매니저들의 성과를 측정하는 데 있어서 CAPM은 자본시장선에 근거한 기준을 제시한다. 이는 매니저들에 의해 운용된 포트폴리오에서 얻어진 수익률과 단순히 시장 포트폴리오와 무위험자산을 이와 동일한 변동성을 가지게끔 결합함으로써 얻을 수 있었던 수익률과 비교함으로써 이루어질 수 있다.

이러한 방법을 이용하기 위해서는 과거에 운용된 포트폴리오의 변동성을 계산할 수 있어야 하고 또 동일한 변동성을 가지는 포트폴리오를 시장 포트폴리오와 무위험자산을 어떻게 결합해서 만들 수 있으며 이 포트폴리오의 평균수익이 얼마인지를 알아야 한다. 그리고 운용된 포트폴리오의 평균수익률과 기준 포트폴리오의 평균수익률을 비교한다.[3]

실제로 포트폴리오 매니저의 성과를 평가하는 데 사용되는 시장 포트폴리오는 모든 위험자산으로 구성된 실제 시장 포트폴리오라기보다는 주식에 적절히 분산투자된 포트폴리오이다. 성과평가를 해 보면 이러한 소극적 투자전략 수익률을 능가하는 성과를 올리는 것이 힘든 일이라는 것을 알 수 있다. 주식 뮤추얼 펀드의 성과를 평가한 연구 결과에 의하면 펀드의 2/3 정도는 소극적 투자보다 나쁜 성과를 기록하였다. 그 결과 더 많은 투자자와 연금펀드는 실제로 성과기준으로 이용되는 소극적 투자 전략을 채택하고 있다. 투자 전략의 이런 유형을 **지수화**(indexing)라고 부르는데 그 이유는 시장 포트폴리오의 대용치로 사용되는 포트폴리오는 종종 S&P 500과 같은 잘 알려진 주식 시장지수의 경우와 동일한 가중치를 가지기 때문이다.

CAPM이 명확한 이론인가 아닌가에 상관없이 지수법은 적어도 다음과 같은 두 가지 측면에서 매력적인 투자안이 된다. 첫째, 경험적으로 볼 때 이는 대부분의 적극적 투자전략을 사용하는 펀드보다 훨씬 더 좋은 성과를 나타내었다. 둘째, 저평가 혹은 고평가된 주식을 찾아내는 비용과 거래비용이 거의 발생하지 않기 때문에 적극적(active) 포트폴리오 전략에 비해 비용이 들지 않는다.

앞에서 살펴보았듯이, 자본시장선은 투자자의 모든 포트폴리오 성과를 측정하기 위한 간편한 기준을 제공한다. 그러나 투자자와 연금펀드는 시장 포트폴리오의 일부에만 투자하는 포트폴리오 매니저들을 종종 이용한다. 이런 매니저들의 성과평가를 위해서 CAPM은 증권시장선이라는 다른 기준을 제공한다.

---

[3] 위험조정수익률을 측정하는 다른 방법을 알고 싶으면 다음을 참고하라. Franco and Leah Modigliani, "Risk-Adjusted Performance: How to Measure It and Why," *Journal of Portfolio Management*(Winter 1997), pp. 45-54.

13.3절에서 CAPM에 따르면 모든 주식은 위험 프리미엄을 가지며 이는 각 주식의 베타에 시장 포트폴리오의 위험 프리미엄을 곱함으로써 계산된다는 것을 알았다. 주식 또는 포트폴리오의 평균수익률과 증권시장선과의 차이를 **알파**(alpha, α)라고 한다.

비록 운용되는 포트폴리오가 자본시장선을 능가하는 성과를 내지 못한다고 하더라도 포트폴리오 매니저가 꾸준히 양의 알파를 만들어 낸다면 매니저의 성과는 높이 평가될 것이다.

자본시장선보다 더 높은 성과를 가지는 포트폴리오를 만들기 위해 시장 포트폴리오와 무위험자산을 결합함에 있어서 양의 알파를 가지는 펀드가 투자자에 의해 어떻게 이용되는지 생각해 보기로 하자.

무위험이자율이 6%이고 시장 포트폴리오의 위험 프리미엄이 8%, 그리고 시장 포트폴리오의 표준편차가 20%라고 하자. 알파펀드는 베타가 0.5이고 표준편차가 15% 그리고 1%의 알파를 가지는 뮤추얼 펀드라고 가정하자.

그림 13.3과 그림 13.4는 각각 알파펀드와 증권시장선, 알파펀드와 자본시장선 간의 관계를 보여 주고 있다. 두 그림 모두에서 점 알파는 알파펀드를 나타내고 있다. 그림 13.3에서 알파는 증권시장선보다 위에 놓여 있다. 알파펀드의 α는 점 알파와 증권시장선 간의 직선거리로 측정된다.

그림 13.4에서 알파는 자본시장선 아래에 존재하므로 효율적이지 못하다. 어떠한 투자자도 알파펀드를 보유하려 하지 않을 것이다. 왜냐하면 시장 포트폴리오와 무위험자산을 결합함으로써 더 낮은 위험 그리고/또는 더 높은 기대수익을 달성할 수 있기 때문이다. 그러나 어떤 최적 비율로 알파펀드와 시장 포트폴리오를 결합하면 투자자는 자본시장선

그림 13.3

알파펀드와 증권시장선

주 : 증권시장선은 8%의 기울기를 가진다. 알파펀드는 베타가 0.5이고 알파가 1%인 뮤추얼 펀드이다.

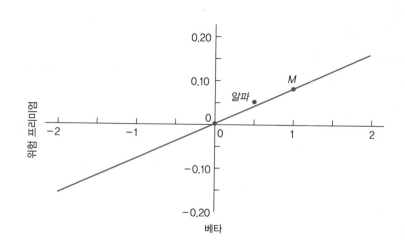

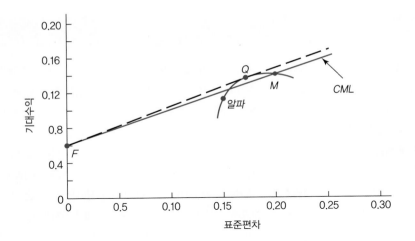

그림 13.4
알파펀드와 자본시장선

주 : 무위험이자율은 6%이
고 시장 포트폴리오의 위
험 프리미엄은 8%, 그리고
시장 포트폴리오의 표준편
차는 20%이다. 자본시장선
의 기울기는 0.4이다. 알파
펀드는 기대수익률이 11%
이고 표준편차가 15%인 뮤
추얼 펀드이다.

보다 위에 위치하는 점에 도달할 수 있게 된다.

그림 13.4에서 점 Q는 시장 포트폴리오와 알파펀드의 최적 조합을 의미한다. 이 포트폴리오와 무위험자산을 결합함으로써 투자자는 점 F와 점 Q를 잇는 선상 어디에서도 위험-보상 조합을 달성할 수 있게 된다. 그러므로 양의 알파를 가지는 포트폴리오 매니저를 찾을 수 있다면, 지수화 전략보다 우월한 성과를 기록할 수 있다.

| 예제 13.5 |
만약 CAPM이 경험상 정확하다면 모든 포트폴리오의 알파는 얼마가 되어야 하는가?

13.5 가치평가와 규제수익률

CAPM으로부터 도출된 위험 프리미엄은 포트폴리오의 선택뿐만 아니라 현금흐름할인(DCF) 평가와 기업의 자본예산 결정에도 사용될 수 있다. 또한 CAPM은 규제기업이나 원가에 적정 이익을 더해서 가격을 산정하는 사업의 투자자금에 대한 적정 수익률을 측정하는 데에 사용된다. 이제부터는 이러한 적용에 있어서의 예를 들어 보기로 한다.

13.5.1 할인현금흐름평가모형

제7장에서 미래에 기대되는 모든 배당을 시장자본화율로 할인한 현재가치로 주가를 구함으로써 기업을 평가할 수 있는 방법에 대해 알아보았다.

$$P_0 = \frac{D_1}{(1+k)} + \frac{D_2}{(1+k)^2} + \cdots = \sum_{t=1}^{\infty} \frac{D_t}{(1+k)^t}$$

여기서 D_t는 기간 t에서 기대되는 주당배당액을 의미하며, k는 위험조정할인율로서 투자자가 주식에 투자함으로써 요구하는 기대수익률이다. 이 공식을 적용하는 데 있어서 CAPM은 k를 계산하기 위해서 종종 사용된다.

예를 들어, 항상(주)의 주당 배당은 매년 10%의 비율로 계속 증가한다고 하자. 미래 배당의 기대현금흐름은 다음과 같을 것이다.

D_1	D_2	D_3	$\cdots$
$5	$5.50	$6.05	$\cdots$

제9장에 보았듯이 일정 성장률 g로 증가하는 영구배당의 현재가치는 다음과 같다.

$$P_0 = \frac{D_1}{k-g}$$

성장률 자료를 가지고 이것을 주식가격의 결정에 적용하면

$$P_0 = \frac{5}{k-0.10}$$

k를 계산하는 방법 중 하나는 항상(주)의 베타를 측정하고 증권시장선으로부터 이 기업의 위험 프리미엄을 추론하는 것이다.

$$k_{항상} = r_f + \beta_{항상}[E(r_M) - r_f]$$

그러므로 무위험이자율이 0.03이고 $\beta_{항상}=1.5$ 그리고 시장 포트폴리오의 위험 프리미엄이 0.08이라고 가정하면 $k=0.15$가 된다. 이를 항상성장모형에 대입하면 주식의 가치는 다음과 같다.

$$P_0 = \frac{5}{k-0.10} = \frac{5}{0.15-0.10} = 100$$

| 예제 13.6 |
베타가 1.5에서 2로 변경되는 경우 항상(주)의 가치는 얼마가 되는가?

13.5.2 자본비용

앞으로 제16장에서 설명하겠지만 기업재무 관리자들은 그들 기업의 투자의사결정을 하기 위해서 기업의 자본비용을 알아야 한다. 기업의 자본비용은 자기자본비용과 타인자본비용을 가중평균한 값이다. 전문가들은 자기자본비용을 계산하기 위해 종종 항상(주)에서 논의되었던 것과 비슷하게 CAPM에 근거한 모형을 이용한다.

예를 들어, ABC 기업의 재무관리자가 이 기업의 자기자본비용을 계산하기를 원한다고 하자. ABC 기업의 베타는 1.1이고 무위험이자율은 0.06 그리고 시장위험 프리미엄은 0.08이라고 한다면 SML에 따라 ABC 주식의 균형기대수익률은 다음과 같다.

$$E(r_{ABC}) = r_f + \beta_{ABC}[E(r_M) - r_f] = 0.06 + 1.1 \times 0.08 = 0.148$$

그러므로 ABC 기업의 자기자본비용은 0.148이 된다.

13.5.3 규제산업에의 활용

정부의 위원회는 가격규제를 받는 수도, 전기, 가스 산업에 투자된 자본의 '공정한' 수익률을 계산하기 위해 CAPM을 이용한다. 예를 들어, 전기회사를 규제하는 위원회에서 전기를 사용하는 고객들이 부담해야 하는 가격을 결정해야 할지도 모른다. 그 수수료는 자본비용을 포함한 전기를 생산하는 데 드는 비용을 계산함으로써 결정될 것이다.

이와 비슷하게, 생산비에 근거해 두 당사자 간에 가격이 논의되는 상황에서도 공정한 자본비용이 결정될 필요가 있다. 이런 예로는 군사시설의 개발이나 생산과 같은 정부와의 비경쟁(비밀) 계약이 있을 수 있다.

자본비용을 계산하는 데 있어서 조정된 수수료는 전기설비에 투자함으로써 자본의 공급자들이 감수하게 되는 위험에 대해서는 보상해야 한다. 투자자들은 그들의 포트폴리오를 분산투자할 수 있기 때문에 규제자가 보상할 필요가 있는 위험은 베타로 측정되는 시장위험이다.

13.6 CAPM의 수정과 대안

1970년대 초 미국에서 과거의 보통주 수익률을 이용하여 증권시장선의 경험적 타당성을 테스트하던 연구자들은 이것이 자산의 기대수익 구조를 충분히 설명하기에는 미흡한 면이 많다는 것을 발견하였다. 뒤이어 계속되는 연구는 좀 더 강화된 여러 형태의 CAPM과 전 세계적 자산시장의 자료를 이용한 대안적 모형들을 계속해서 공식화하고 테스트하고 있다. 이를 통해 원래의 CAPM 모형은 수정되어야만 한다는 데 많은 사람들이 동의하고 있다.[4]

실제로 CAPM을 새로운 차원에서 전개하고자 하는 노력에는 다음과 같이 세 가지 방향이 있다. 첫째, 설사 CAPM이 성립한다고 하더라도 CAPM에서 사용하고 있는 '시장' 포트폴리오는 실제의 시장 포트폴리오를 나타내기에는 적절하지 못하다. 둘째, 차입 또는 공매도에 있어서의 비용이나 제한, 각각의 자산에 대하여 달리 적용되는 세금정책 그리고 인적 자산과 같이 중요하지만 거래되기 힘든 자산 등 불완전 시장에 대한 여러 문제들이 CAPM에서는 반영되지 못한다. 이러한 요소들은 시간이 흐름에 따라 기술이나 제도

---

[4] F. Black, M. Jensen, and M. Scholes, "The Capital Asset Pricing Model: Some Empirical Tests," in M. Jensen, ed., *Studies in the Theory of Capital Markets*, New York: Praeger, 1972; E. Fama and J. MacBeth, "Risk, Return and Equilibrium: Some Empirical Tests," *Journal of Political Economy*, 8, 1973; E. Fama and K. French, "Multifactor Explanations of Asset Pricing Anomalies," *Journal of Finance*, 51, 1996 참고.

또는 규제 등과 함께 변화하게 된다. 셋째, 모형의 가정을 세움에 있어 CAPM의 기본적인 가정 이외에 더 많은 현실적 가정을 추가하는 것이다. 즉 이는 투자자들이 최적 포트폴리오를 선택한다는 CAPM의 기본가정을 따르거나 이러한 최적화의 행동에 따라 균형을 찾아내는 것은 좀 더 복잡하고 현실적인 요소와 함께 고려되어야 한다는 것이다. 이러한 모형 중의 하나가 다요인 ICAPM(multifactor Intertemporal Capital Asset Pricing Model)이다. 이 모형에서 주식에 대한 균형위험 프리미엄은 그들의 수익률에 대한 민감도나 시장 포트폴리오에 대한 베타뿐만이 아니라 이자율이나 자산에 대한 기대수익의 변화 또는 소비의 변화 등과 같은 시스템적 위험까지도 반영하여 나타나게 된다. 이러한 경우 여러 유가증권들은 헤징에 있어 시장 포트폴리오 내에서 가능했던 것보다 훨씬 많은 역할을 하게 된다.

CAPM에 대한 연구는 이에 대한 대안적 모형을 개발하기도 하였는데 가장 널리 알려진 이론은 차익거래가격결정이론(Arbitrage Pricing Theory, APT)이다. APT에 따르면 투자자들이 평균–분산 최적화를 따르지 않는 경우에도 증권시장선에서와 비슷한 어떠한 관계가 존재할 수 있다. 만약 시장위험을 제외한 모든 위험을 분산시킬 수 있을 만큼 많은 유가증권이 존재한다면 APT 이론은 차익거래기회가 존재하지 않기 때문에 기대수익과 베타 간의 관계가 존재함을 보여 준다. 비록 APT 모형에서 자산위험에 대한 구조는 CAPM과 다르지만 CAPM의 기본적인 개념—위험 프리미엄은 많은 시스템적 위험 요소들과 관계되어 있다—은 여전히 성립된다.

요 약

CAPM은 다음의 세 가지 주요 의미를 가진다.

- 균형상태에서 모든 투자자들의 위험자산에 대한 상대적인 보유비율은 시장 포트폴리오에서의 경우와 동일하다.
- 시장 포트폴리오의 위험 프리미엄의 크기는 투자자의 위험회피 정도와 수익률의 변동성에 의해서 결정된다.
- 자산의 위험 프리미엄은 자산의 베타에 시장 포트폴리오의 위험 프리미엄을 곱한 것과 같다.

CAPM이 정확하게 들어맞는지의 여부에 관계없이 CAPM은 단순한 소극적 포트폴리오 전략의 이론적인 근거를 제시한다.

- 시장 포트폴리오의 비율에 따라서 위험자산을 분산하여 보유하고
- 기대되는 위험−보상 조합을 달성하기 위해서 이 포트폴리오를 무위험자산과 함께 결합한다.

CAPM은 포트폴리오 관리에 있어서 주로 다음 두 가지 방법으로 사용된다.

- 자산분배와 주식선택에 있어서 논리적이고도 편리한 출발점을 세우기 위해서 사용 되며
- 위험−조정 기준에서 포트폴리오의 관리 능력을 평가하기 위한 기준을 세우기 위해 서 사용된다.

기업 재무에서 CAPM은 기업의 가치평가모델에서 적절한 위험조정할인율을 결정하거나 기업의 자본예산 결정 시 이용된다. 또 CAPM은 규제기업이나 비용에 적정 이익을 더해서 가격을 결정하는 산업에 투자된 자본에 대한 공정한 수익률을 결정하는 데도 이용된다.

오늘날 위험자산에 대한 위험 프리미엄을 완전히 설명하거나 예측하는 데 있어 CAPM 이 정확한 모형이라고 생각하는 사람은 거의 없다. 그러나 CPAM의 수정된 모형은 재무 의 이론과 실제 적용에 있어서 여전히 중요하게 다루어진다.

APT는 차익거래기회가 존재하지 않는다는 상황하에서 기대수익과 베타의 관계에 대 한 이론적 근거를 제공한다. CAPM은 투자자가 평균−분산을 따르는 최적의 포트폴리오 를 보유한다는 것을 요구한다. APT와 CAPM은 서로 비교되는 이론이라기보다는 각각을 보완하기 위한 이론이다.

핵심용어

자본자산결정모형	베타	지수화
시장 포트폴리오	증권시장선	알파
자본시장선		

예제 풀이

예제 13.1 투자자 3이 무위험자산에는 전혀 투자하지 않은 채 $100,000의 포트폴리오를 가지고 있다. GM과 도요타 주식에 투자한 금액은 얼마인가?

검정 $75,000를 GM 주식에 투자하고, $25,000를 도요타 주식에 투자

예제 13.2 CAPM에 따르면 투자자들이 그들의 최적 포트폴리오를 구성하는 간단한 방법은 무엇인가?

검정 CAPM에 따라 투자자가 최적의 포트폴리오를 형성하는 간단한 방법은 시장 포트폴리오와 무위험자산을 결합하는 것이다.

예제 13.3 평균위험회피 정도가 2에서 3으로 증가하는 경우 CML의 기울기는 어떻게 되는가?

검정 위험회피도가 2에서 3으로 증가하면, 시장 포트폴리오의 위험 프리미엄은 0.08에서 0.12로 증가하게 되며, 그리고 CML의 기울기는 0.4에서 0.6으로 증가한다.

예제 13.4 베타가 0.5인 주식을 가정해 보자. CAPM에 따르면 이것의 기대수익률은 얼마가 되겠는가? 이 주식은 자본시장선과 증권시장선의 관계에서 어디에 위치하게 될 것인가?

검정 베타가 0.5인 주식은 시장 포트폴리오 위험 프리미엄의 절반과 일치하는 기대위험 프리미엄을 가지게 된다. 시장위험 프리미엄이 0.08이라면, 주식의 기대수익률은 무위험 이자율에 0.04를 더한 것이 된다. SML선상에서 주식은 수직축과 M점의 중간에 위치한다. 이 주식은 $r_f+0.04$의 기대수익률에 따라 수평축에서 CML선상이나 아래쪽에 위치하게 된다.

예제 13.5 만약 CAPM이 경험상 정확하다면 모든 포트폴리오의 알파는 얼마가 되어야 하는가?

검정 CAPM에 따라 모든 포트포리오는 영(0)의 알파를 가져야 된다.

예제 13.6 베타가 1.5에서 2로 변경되는 경우 항상(주)의 가치는 얼마가 되는가?

검정 항상(주) 주식의 베타가 2라고 한다면, $k=0.19$, 그리고 $P_0=5/(0.19-0.10)=$주당 $55.56이다.

연습문제

자본자산결정모형의 요약

1. IAM 주식, IBM 주식, 그리고 ICM 주식만이 존재한다고 가정하자. 이는 모두 위험자산이다. 각 주식의 현재 시장가치는 IAM은 $150,000,000, IBM은 $300,000,000, 그리고 ICM은 $1,500,000,000이다. 또한 시장에는 $50,000,000의 무위험 채권이 존재한다. 시장 포트폴리오에는 무위험 자산이 포함되어야 하는가?

2. Flatland의 자본시장에는 주식 X, Y, Z와 무위험 정부공채의 총 네 개의 증권만 거래되고 있다. 미국 달러로 현재가격을 평가하면, 이 자산들의 총시장가치는 각각 $24억, $36억, $24억 그리고 $16억이다.

   a. 시장 포트폴리오에서 각 자산들의 상대 비율을 측정하라.

   b. 어떤 투자자가 시장가치의 비율에 따라 위험자산을 보유하는데, $30,000는 무위험 자산에, $70,000는 위험자산에 투자한다고 한다. X, Y, Z 주식에는 얼마씩 투자되었겠는가?

3. 무위험 이자율은 0.06, 시장프리미엄은 0.05, 그리고 자본시장선의 기울기는 0.75이다. 시장 포트폴리오의 위험은 얼마인가?

4. 현재 단기국채의 수익률이 4%이고 같은 기간 시장 포트폴리오의 기대수익률이 12%일 때, 시장에서의 위험 프리미엄을 측정하라. 시장수익률의 표준편차가 0.20이라면, 자본시장선의 공식은 무엇인가?

5. 무위험자산 수익률은 연 0.06이고 시장 포트폴리오의 기대수익률은 연 0.15이다.

   a. CAPM에 따라 투자자가 연 10%의 수익률을 획득할 수 있는 효율적인 방법은 무엇인가?

   b. 시장 포트폴리오 수익률의 표준편차는 0.20이다. 이전 문제에서 포트폴리오의 표준편차는 얼마인가?

   c. CML을 그리고, 같은 그래프에서 이전 포트폴리오의 위치를 표시하라.

   d. SML을 그리고, 같은 그래프에서 이전 포트폴리오의 위치를 표시하라.

6. 2번 문제에서 주어진 자료를 이용하라. 다음 해에 $5의 배당을 실시할 것으로 예상되는 주식의 가치를 계산하라. 배당성장률은 0.04로 영구히 이루어질 것이고, 주식의 베타는 0.8이다. 만약 시장가격이 추정한 가치보다 낮다면 기대수익률에는 어떤 영향을 미칠 것인가?

7. CAPM이 타당하다면, 다음 중 어떤 상황이 가능한지 설명하라(각 상황은 독립적이다.)

a.

포트폴리오	기대수익	베타
A	0.20	1.4
B	0.25	1.2

b.

포트폴리오	기대수익	표준편차
A	0.30	35%
B	0.40	25%

c.

포트폴리오	기대수익	표준편차
무위험수익	0.10	0
시장수익	0.18	24%
A	0.16	12%

d.

포트폴리오	기대수익	표준편차
무위험수익	0.10	0
시장수익	0.18	24%
A	0.20	22%

시장 포트폴리오의 위험 프리미엄 결정요인

8. 무위험 이자율은 0.10, 증권의 베타는 1이다. 또한 이 증권의 균형 기대수익률은 0.15 라고 한다. 시장 프리미엄은 얼마인가?

9. 시장 프리미엄은 4%이고 베타는 1.25인 증권의 균형기대수익률은 0.10이다. 만약 정부 가 만기가 1년이고 액면가가 $100,000인 무위험 할인채를 발행하려고 한다면 정부는 채권당 얼마를 수취할 수 있겠는가?

10. 무위험이자율 8%, 시장 포트폴리오 기대수익률 13%, 시장 포트폴리오 기대수익률의 표준편차가 0.25인 경제에서 기대수익률이 20%가 되는 포트폴리오를 구성하라. 이 포트폴리오는 효율적이라고 가정하고 측정하라.

a. 포트폴리오 베타

b. 포트폴리오 수익률의 표준편차

c. 시장수익률의 상관계수

개별 주식에 있어서의 베타와 위험 프리미엄

11. 시장 포트폴리오의 실현 수익률이 기대수익률보다 1% 포인트 많았다고 가정하자. 그렇다면 베타가 +2인 증권의 실현 수익률은 기대수익률에 비해서 얼마나 높겠는가?

12. 증권 i의 베타는 다음과 같이 쓸 수 있다. $\beta_j = \dfrac{\sigma_{im}}{\sigma_m^2}$, 여기서 σ_{im}은 시장 포트폴리오 m의 수익률과 증권 i의 수익률 간의 공분산이다. 또한 공분산은 상관계수에 각 표준편차를 곱한 값이다. 즉 $\sigma_{im} = \rho_{im} \cdot \sigma_i \cdot \sigma_m$. 베타가 1인 증권은 어떤 위험 특성을 가지는가? 베타가 0인 경우는 어떠한가?

13. 시장 포트폴리오의 수익률은 0.12고 무위험 이자율은 0.07이다. CAPM을 이용하여 아래 표의 주식들의 가격들이 이상한지를 평가하라.

주식	기대수익률	베타
M	0.115	0.8
M&M	0.135	1.2

14. 스즈키 모터 컴퍼니는 스푸크라는 새 스포츠카를 생산하는 투자안의 자금마련을 위해 주식발행을 고려하고 있다. 시장 포트폴리오의 연수익은 15%이며 현재 무위험이자율은 5%가 예상된다. 분석가는 스푸크 투자안은 연 20%의 기대수익을 줄 것이라고 믿는다. 주식을 발행하기 위해 스즈키에 유발되는 최고 베타값은 얼마인가?

15. St. Petersbug Associates는 러시아 금융시장에 특화된 금융 컨설팅 회사이다. 이들은 Siberian Drilling사의 주식이 오늘부터 1년 후에 주당 1,000루블 이상의 가치가 있을 것으로 예상하였다. 만약 러시아 정부 채권의 무위험이자수익률이 0.10이고 시장 포트폴리오의 기대수익률이 0.18이라고 한다면, 당신은 지금 얼마를 주고 이 주식을 매입하겠는가?

a. 베타가 3인 경우

b. 베타가 0.5인 경우

포트폴리오 선택에 있어서 CAPM의 활용

16. 새로운 생수제조업체의 주식이 수익률의 표준편차는 0.30이고 시장 포트폴리오와의

상관계수는 0.9를 가진 것으로 예상되었다. 시장수익률의 표준편차가 0.20이라면, 1.8의 베타를 가지는 포트폴리오를 구성하기 위해 시장 포트폴리오와 생수제조업체의 상대적 주식보유량을 결정하라.

17. 오스트레일리아에 있는 Down Under Clothing사 주식의 현재가격은 A$50이고 기대수익률은 1년에 0.14라고 한다. 오스트레일리아의 시장위험 수익률은 0.08이고 무위험 이자수익률은 0.06이라고 한다. 만약 비래의 배당은 일정하게 유지되는 반면에 시장 포트폴리오와의 공분산이 50% 하락한다면 주식의 가격은 어떻게 되겠는가?

18. 당신은 지금부터 1년 후 IBM 주식의 주당 가격이 GM의 주식과 Exxon의 주식을 합한 것과 일치할 것이라고 믿고 있다. 게다가 1년 후 IBM 주식의 한 주당 가격은 $100가 될 것이라 믿는 반면, 현재 GM의 가격은 $30이다. 91일물 단기국채의 수익률(당신이 사용하는 무위험 수익률)이 5%이고, 시장에서 기대수익률이 15%이며, 시장 포트폴리오의 분산은 1 그리고 IBM의 베타가 2라고 한다면, 당신은 오늘 Exxon 주식 한 주에 대해 얼마의 가격을 지불할 수 있겠는가?

19. 도전 과제 : 최근 5년 동안 Pizzaro 뮤추얼 펀드는 12%의 연평균 수익률을 얻었으며, 연간 30%의 표준편차를 가지고 있다. 평균 무위험이자율은 5%이다. 같은 기간 시장지수의 평균 수익률은 연 10%이고 표준편차는 20%이다. 위험조정에 근거하여 Pizzaro는 잘 이행되었는가?

20. 시장에는 단 두 가지의 위험자산만이 있다. 주식과 부동산 그리고 이들의 상대적 공급은 주식이 50%이고 부동산이 50%이다. 그래서 시장 포트폴리오는 주식 50%, 부동산 50%가 될 것이다. 주식과 부동산의 표준편차는 각각 0.20, 0.20이며 둘 간의 상관계수는 0이다. 시장 포트폴리오의 기대수익률은 0.14, 무위험 이자율은 연 0.08이다.

    a. CAPM에 따라 시장 포트폴리오에서 균형위험 프리미엄은 얼마가 되어야 하는가? 그리고 부동산의 균형위험 프리미엄은 얼마가 되어야 하는가?

    b. 자본시장선을 그리라. 기울기는 얼마인가? SML을 그리라. 공식은 무엇인가?

21. 도전 과제 : 다음 표의 세 개의 위험자산으로 구성된 시장을 고려해 보자.

    시장 포트폴리오는 자산 1에 4%, 자산 2에 76%, 자산 3에 20%의 비중으로 구성되어 있다. 포트폴리오의 기대수익률은 얼마인가? 각 자산의 베타는 얼마인가? 무위험 이자율은 월간 0.8%라고 가정하자. 이 증권들은 정확하게 가격이 매겨졌는가? 각 증권의 베타를 가중평균하여 구한 시장 포트폴리오의 베타는 얼마인가?

	월간 기대수익률	위험(%), σ_i	시장과의 공분산, σ_{im}
자산 1	2.03	2	1.12
자산 2	1.79	1	0.90
자산 3	1.49	1	0.62
시장 포트폴리오		0.92	

가치평가와 규제수익률

22. 어떤 회사의 현재 배당이 주당 \$1.50이고 성장률은 무한히 0.05로 일정하다고 가정하자. 자본시장에서 시장위험 프리미엄은 0.08이고 무위험이자율은 0.02이다. 만약 회사의 베타가 안정적으로 0.8이라고 한다면 주가는 얼마로 추정되겠는가?

23. 22번 문제의 결과를 고려해 보자. 만약 회사의 주식과 시장 포트폴리오 간의 공분산이 25%라고 가정한다고 한다면 회사의 시장 자본화율은 어떻게 되겠는가? 현재 주가는 어떻게 변화하겠는가?

24. Clotted Blood사는 그들의 서비스 반경을 넓혀 줄 수 있는 새로운 유통장비를 구입하려고 한다. 초기 투자비용은 \$21,250이고 다음과 같은 증분 순 세후현금흐름을 발생시킬 것으로 예상된다.

시간	세후현금흐름
1	\$5,000
2	\$6,000
3	\$7,000
4	\$6,000
5	\$5,000

자본시장에서 위험 프리미엄은 0.10이고 무위험 이자율은 0.04이다. 만약 회사의 베타가 안정적으로 1.25라고 한다면 추정되는 시장자본화율을 이용한 투자안의 순 현재가치는 얼마인가?

25. 24번 문제의 결과를 이용하라. 만약 시장 포트폴리오의 기대수익률이 0.5% 포인트 증가한다면 투자안의 순 현재가치는 어떻게 변화하겠는가?

14

선도시장과 선물시장

우리는 제11장에서 선도계약과 선물계약에 대해서 소개했고, 위험에 대한 헤징의 수단으로 이들이 어떻게 사용되는지에 대해서 알아보았다. 이번 장에서는 이들 계약의 가격이 어떻게 결정되고 이로부터 어떻게 정보를 얻어 낼 수 있는지에 대하여 설명하려고 한다.

우선 밀과 같은 상품을 예로 들어 선도 또는 선물가격이 얼마만큼의 상품을 다음 기까지 보유할 것인지를 결정하는 데 미치는 영향을 살펴볼 것이다. 다음으로 금에 대한 현물가격과 선도가격의 관계에 대하여 알아보고 다음 기까지 금을 보관하는 비용을 어떻게 추론하는지에 대해서도 살펴본다. 그리고 주식이나 채권, 외국통화 등 **금융선물**(financial futures)의 가격에 대해서 알아보도록 한다.

14.1 선도계약과 선물계약의 구분

제11장에서 보았던 것처럼 미래의 정해진 날짜에 미리 정해진 가격으로 특정 물품을 인도하기로 약속한 것을 **선도계약**(forward contract)이라고 한다. 선도계약의 특성을 살펴보면 다음과 같다.

- 계약당사자는 현재 시점에서 결정되는 인도가격으로 미래에 특정 물품을 인도하기로 동의한다.
- 선도가격은 현재 시점에서 계약의 시장가치를 0으로 만드는 인도가격으로 정의된다.
- 계약 당시에는 계약당사자 간에 현금흐름이 나타나지 않는다.
- 계약의 액면가치는 계약의 해당 물품 수량에 선도가격을 곱한 값이 된다.
- 계약에 있어서 물품을 사기로 한 계약당사자는 매입포지션을 취했다고 하고 팔기로 한 계약당사자는 매도포지션을 취했다고 말한다.

누가 누구에게 무엇을 주는가를 기억하는 방법은 다음의 규칙을 따르면 된다.

만약 만기일에 있어서의 현물가격이 선도가격보다 높다면 매입포지션을 취한 사람이 돈을 벌 수 있다. 그러나 만기일에 있어서의 현물가격이 선도가격보다 낮다면 매도포지션을 취한 사람이 돈을 벌 수 있다.

선물계약은 선도계약과 많은 부분에서 동일하지만 몇 가지 다른 면이 있다. 제11장에서 이 차이점에 대해 간단하게 알아보았다. 여기서는 좀 더 자세하게 살펴보기로 한다.

선도계약은 두 계약당사자 간에 협의되므로 양쪽의 요구에 의해 독특하고 유일한 계약을 만들 수 있다. 이러한 특징은 만약 한쪽이 만기 이전에 계약을 취소하기를 원한다

표 14.1 밀의 선물계약과 가격

			CBT, 2006년 6월 23일			
	인도가격	당일 변화	고가	저가	거래량	미결제
7월물	363.25	−2.25	369.00	362.00	9.22	39.7
9월물	381.50	−0.75	387.50	380.00	21.40	216.8
12월물	400.25	−1.50	405.00	398.00	10.60	106.1
3월물	417.00	−1.50	420.00	416.00	1.01	28.8
7월물	432.50	−1.25	436.00	432.00	3.08	54.2
총합					47.40	470.5

주 : 최소 거래 단위 5,000부셸, 1부셸은 60파운드.
출처 : *Financial Times*
http://www.ft.com/marketdata/commodities

면 계약을 비유동적으로 만들기 때문에 불이익을 가져올 수 있다.

반대로 선물계약은 거래소에서 거래되는 표준화된 계약이다. 거래소는 상품의 종류와 계약의 크기 그리고 인도가 언제 어디로 이루어질지를 확실히 한다. 그러므로 계약당사자는 정해진 인도일 이전에 자신의 포지션을 청산하기가 쉽다. 실제로 선물계약의 대다수가 인도일 이전에 청산된다.

CBT(Chicago Board of Trade)에서 거래되고 있는 밀 선물계약의 계약 단위는 5,000부셸로 지정되어 있다. 표 14.1은 *Financial Times* 웹사이트(http://www.ft.com/marketdata/commodities)에 나타나 있는 CBT에서 거래되고 있는 밀 선물의 종류와 가격을 보여 주고 있다.

표 14.1에 나타나 있는 선물계약들은 인도 월에서 차이가 난다. 두 번째 열과 세 번째 열은 당일 종가인 인도가격과 전일 종가와 금일 종가의 차이를 나타낸다. 이어서 장중 고가와 장중 저가이다. 마지막 두 열은 당일 거래량과 당일까지 미결제 약정을 나타낸다. 미결제 약정은 장 종료 이후에도 반대매매되거나 결제되지 않고 있는 계약의 총수이다.

밀에 대한 선물계약을 한 사람들은 거래상대방과 계약한 것이라기보다는 CBT와 계약한 것이 된다. 그리고 물론 거래소는 매입과 매도포지션의 수를 동일하게 유지한다. 투자자는 거래소의 회원인 브로커들을 통해서 주문을 한다.

계약당사자들이 선물계약이 지켜진다는 것을 확신할 수 있게 하기 위해서 거래소는 손실의 규모를 감당할 수 있는 증거금(margin requirement)을 요구한다. 모든 계좌들로부터 그날의 정산가격을 기준으로 매일 현금유출입이 이루어진다.

선물계약에서 표 14.1에 있는 가격들이 어떻게 이용되는지에 대해 알아보자. 2006년 6월 22일에 7월물 밀 선물계약을 매입하는 주문을 낸다고 하자. 중개인은 계좌에 증거금—$1,500—을 예치할 것을 요구한다.[1]

6월 23일에 선물가격이 부셸당 ¢2.25만큼 낮게 마감되었다. 그러므로 하루에 ¢2.25× 5,000부셸 또는 $112.50의 손실을 보게 된다. 아무런 거래를 하지 않는다 하더라도 중개인은 계좌에서 그 금액만큼을 인출하게 된다. 그 금액은 거래소로 들어가서 다시 계약의 매도포지션을 취한 투자자 계좌로 이전된다.

만약 계좌의 증거금이 적정 수준 이하로 내려가게 되면 중개인은 추가자금을 예치할 것을 요구하는 **마진콜**(margin call)을 하게 된다. 만약 마진콜을 받은 투자자가 즉시 추가자금을 예치하지 않으면 중개인은 그 시점에서의 시장가격으로 포지션을 청산하고 남은 증거금을 투자자에게 돌려준다.

일일정산(daily realization)의 과정은 계약이 파기될 가능성을 최소화한다. 선물시장에서 체결되는 모든 계약들은 액면가치가 얼마가 되는가에 관계없이 항상 거래시작 시점에는 그 시장가치가 0이 된다.

선물시장은 계약 파기의 위험을 예방하기 위해 증거금을 요구하는 제도가 있어서 신용등급을 검토하는 데 비용이 많이 드는 개인이나 기업들이 이용한다. 반면에 선도시장은 거래당사자의 신용등급이 높고 쉽게 확인할 수 있을 때 이용된다. 그러므로 선도계약은 거래당사자가 두 은행이거나 아니면 은행과 그 은행의 고객인 기업 간의 외국환시장에서 주로 이용된다.

앞으로 알아보게 될 선도가격의 결정은 약간의 수정을 거쳐 선물가격 결정에도 적용된다. 이들은 선물시장에서의 일일정산 시스템 때문에 차이가 난다. 그러나 실제로는 대부분의 자산에 대한 선물가격과 선도가격은 크게 다르지 않다.[2]

| **예제 14.1** |

밀 선물에 대한 매입포지션을 취할 경우 부셸당 7.25센트만큼 하락하는 대신에 그만큼 상승하는 경우에는 선물거래계좌에는 어떠한 변화가 일어날 것인가?

---

[1] 당신은 증거금을 국채로 대신할 수 있다. 그러나 이자는 당신이 받는다.

[2] Bradford Cornell and Marc R. Reinganum, "Forward and Futures Prices: Evidence from the Foreign Exchange Markets," *Journal of Finance* 36(December, 1981) 참고.

14.2 선물시장의 경제적 기능

상품에 대한 선물시장의 독특한 기능은 상품가격위험에 대한 노출을 시장 참가자들에게 적절히 재배분하는 것을 용이하게 해 준다는 것이다. 또한 상품선물가격은 얼마나 많은 양의 밀을 지금 판매하고 얼마만큼을 보유해야 하는지를 결정해야 하는 생산자나 판매자 그리고 소비자들에게 중요한 정보를 제공하는 역할도 한다. 상품을 보관하는 데 따르는 가격위험을 헤징할 수 있는 수단을 제공함으로써, 선물시장은 가격변동에 대한 재무적 노출에 대한 결정과 상품을 보관할지 안 할지에 대한 결정을 구분하는 것을 가능하게 한다.

예를 들면, 다음 달에 밀을 수확하고 판매자가 가지고 있는 지난해 수확의 재고는 1톤이라고 가정하자. 밀의 현물가격은 부셸당 $2이고 한 달 뒤(수확 후)에 인도되는 밀의 선물가격은 F이다. 판매자는 다음과 같은 두 가지 방법으로 가격변동에 따르는 위험을 헤징할 수 있다. (1) 현물시장에서 부셸당 $2에 밀을 판매하고 즉시 인도한다. (2) 가격 F에 밀 선물계약을 매도하고 한 달 뒤에 밀을 인도한다. 두 가지 경우 모두에서 판매자는 밀을 판매함으로써 확실한 금액을 보장받을 수 있다.

판매자가 밀을 보유하는 데 드는 비용(이는 '보유비용'이라고 하며 이자, 창고임대료, 밀의 부패에 따른 손실 비용 등을 포함한다)이 한 달에 부셸당 10센트가 든다고 하자. 판매자는 선물가격 F가 $2.10보다 클 경우에만 두 번째 대안을 선택하고 밀을 한 달간 보유할 것이다. 예를 들어, 선물가격이 부셸당 $2.12라면 판매자는 밀을 보유하려고 할 것이다.

밀을 한 달 보유하는 데 비용이 ¢15인 또 다른 판매자가 있다고 하자. 그러면 F가 $2.12일 경우 이 판매자는 밀을 보유하고 선물계약을 매도해서 헤징하기보다는 첫 번째 대안을 선택하고 밀을 현물시장에서 즉시 인도할 것이다. 그러므로 판매자는 밀의 현물가격과 선물가격의 차이보다 보관에 따르는 비용이 더 적을 경우에만 밀을 한 달간 보유할 것이다.

S를 밀의 현물가격, 판매자 j의 보유비용을 C_j라 하면 $C_j < F - S$가 성립하는 경우에만 밀을 보유할 것임을 알 수 있다. 그러므로 선물가격과 현물가격의 차이 — 이를 **스프레드**(spread)라 한다 — 는 얼마나 많은 양의 밀이 누구에 의해서 보유되는가를 결정한다.

　선도시장과 선물시장은 비용이 가장 적게 드는 판매자로 하여금 밀을 보유하도록 유인함으로써 경제적 효율성을 제공하게 된다.

　만약 다음 번의 밀 수확이 매우 많아져서 현재 보유하고 있는 밀을 모두 소비하는 것이 경제적으로 바람직하다고 가정해 보자. 선도시장은 밀을 보유하지 않고도 가격위험을 헤징할 수 있게 한다. 선도가격은 생산자와 판매자에게 현물가격으로 밀을 모두 거래하는 것이 밀을 보유하는 것보다 이익이라는 것을 알려 준다. 이러한 경우에는 극단적으로 보유비용이 전혀 들지 않는 경우라 하더라도(즉 $c=0$) 지금부터 다음 수확 때까지 그 어느 누구도 밀을 보유하려고 하지 않을 것이다.[3]

| 예제 14.2 |

옥수수의 현물가격이 부셸당 $3이고 한 달 후 인도되는 선물가격이 $3.10라고 하자. 만약 옥수수의 보유비용이 한 달간 부셸당 $0.15가 든다고 하면 어떻게 할 것인가?

14.3 투기자의 역할

밀의 생산자, 판매자, 소비자는 밀의 미래가격을 예측하는 데 있어서 가장 바람직한 상황에 놓여 있을 수도 있다.(아마도 유용한 정보를 얻는 데 있어서 적은 비용이 들기 때문일 것이다.) 위험을 줄이기 위한 방법으로 선물계약을 이용하는 사람들을 **헤져**(hedger)라고 한다. 그러나 선물계약의 대부분은 투기자에 의해 이루어지고 있는데 **투기자**(speculators)란 미래의 현물가격에 대한 그들의 예상에 근거하여 포지션을 취하는 사람이다.

투기자는 그들의 위험을 줄이려는 의도가 없기 때문에 투기자가 선물시장에 참여하게 되는 동기는 선물계약으로부터 이익을 얻는 것이다. 투기자는 가격을 예상하기 위해 정보를 수집하고 그들의 예상에 근거하여 선물계약을 매입하거나 매도하게 된다.

시장에 참여하는 사람들은 헤져도 될 수 있고 투기자도 될 수 있다. 실제로 농부나 제빵업자, 판매자가 선물시장에서 그들의 위험을 헤징하지 않기로 결정한다면 밀가격에 대하여 투기하고 있다고 말할 수 있을 것이다.

예를 들어, 당신이 밀에 대한 투기자라고 하자. 당신은 밀의 가격을 결정하는 수요와 공급 요인들에 대한 정보를 수집할 것이고 다음 달의 밀가격에 대해서 예상을 하게 될 것이다. 이 예상가격이 부셸당 $2라고 하자. 만약 현재 시점에서 한 달 뒤 인도되는 선물가격이 부셸당 $2 이하라면 당신은 거래로부터 이익을 얻을 수 있다고 생각하기 때문에 선물계약을 매입하게 될 것이다.

---

[3] 더욱이 이러한 가격구조에서는 차익거래자들이 밀을 보유하고 있는 자에게 밀을 빌려서 팔고 선도계약에서 매수를 할 유인을 제공한다. 따라서 차익거래이익을 취하고자 하는 노력은 현재 소비에 쓰일 밀 공급량을 증대시킨다.

글상자 14.1 에너지 무역업자들과 옥수수 선물시장

2006년 이후 옥수수에서 추출한 에탄올 수요가 증가함에 따라, 에너지 무역업자들의 옥수수 선물시장 참여가 증가하고 있다. 이로 인해 CBT의 계약 수가 60% 이상 증가했다. 2006년 9월부터 2007년 1월까지, 옥수수 1부셸 당 현물가격은 70% 이상 증가하였다. 멕시코의 새 대통령인 Felipe Calderón은 옥수수를 재료로 한 토틸라의 가격 인상을 막기 위해 고군분투하고 있다. 그러나 미국에서 에탄올 산업이 급성장하는 것과 옥수수 가격이 상승하는 것은 연관성이 없어 보인다.

옥수수 재배업자, 식료품 가공업자, 그리고 옥수수 선물시장에 참여하는 사람들은 가까운 미래의 수확에 초점을 맞출 것으로 보인다. 그러나 에너지 무역업자들은 가까운 미래의 수확뿐만 아니라, 더 먼 미래의 수확에도 관심을 갖는다. 이는 에너지 무역업자들이 앞으로 몇 년간 에탄올 제조에 사용될 옥수수 가격이 급격히 오를 위험을 헤지하기 위해 선물시장을 이용하기 때문이다.

출처 : Adapted from "Corn Futures Trading Volumes Reach Record," *Financial Times*, June 20, 2006.

이를 살펴보기 위해 한 달 뒤 인도되는 밀의 선물가격이 부셸당 $1.50라고 하자. 이 선물계약에서 매입포지션을 취함으로써 한 달 뒤 밀을 부셸당 $1.50에 살 수 있다. 당신은 그때 시점에서의 밀가격이 $2라고 예상하기 때문에 기대수익은 부셸당 $0.50가 된다.

반대로 현재 시점에서 한 달 뒤 인도되는 밀의 선물가격이 $2보다 크다고 하자. 이를 부셸당 $2.50라고 하면 이익을 얻기 위해서 선물계약을 매도하게 된다. 선물계약의 매도포지션을 취함으로써 한 달 후 밀을 부셸당 $2.50에 팔 수 있다. 당신은 한 달 뒤 밀을 부셸당 $2에 살 수 있다고 예상하므로 기대이익은 부셸당 $0.50가 된다.

투기자로서 기대이익을 줄 것이라고 예상되는 어떤 포지션도 취할 수 있다. 물론 한 달 뒤의 밀 가격이 얼마가 될지를 정확하게 예측하기는 어렵기 때문에 선물계약을 함으로써 손해를 볼 수도 있다. 그러나 이는 이익을 얻을 수 있다고 생각하기 때문에 이러한 위험을 감수하게 된다.

선물시장에서의 투기적 행위는 사회적으로 가치가 없다는 비판을 받기도 한다. 실제로 이는 도박의 한 형태로 묘사되기도 한다. 그러나 적어도 두 가지 측면에서 투기적 행위는 스포츠나 카지노에서의 도박과는 차별화되는 경제적 의미를 가진다.

첫 번째 투기자는 미래의 현물가격을 정확하게 예상함으로써 이익을 얻을 수 있다. 그러므로 그들의 행위는 선물가격이 현물가격의 변화 방향을 예측할 수 있는 더 적절한 수단이 되게끔 한다. 둘째로 투기자는 헤져와는 반대의 거래를 한다. 그러므로 투기자의 행위는 선물시장의 유동성을 높인다. 만약 헤져만이 선물계약을 사고 판다면 조직화된 선물 교환을 뒷받침할 만큼 충분한 거래가 존재할 수 없을 것이다. 그러므로 투기자의 존재는 선물시장이 존재하기 위한 필요조건의 하나이다.

14.4 상품의 현물가격과 선물가격의 관계

14.2절에서 보았던 것처럼 판매자는 다음과 같은 방법으로 밀 가격 변화에 따른 재고의 위험을 완전히 헤징할 수 있다. (1) 현물시장에서 부셸당 $2에 밀을 판매하고 즉시 인도한다. (2) F의 가격에 선물계약을 매도하고 밀을 보유했다가 한 달 뒤 인도한다.

현재 시점에서 밀을 사고 두 번째 방법을 이용할 경우 선물가격이 현물가격보다 많이 높다면 차익거래자는 이익을 얻을 것으로 확신할 수 있다. 이는 현물가격과 선물가격의 스프레드의 상한을 결정한다.

선물가격과 현물가격의 차이는 보유비용보다 클 수 없다.

$$F - S \leq C \tag{14.1}$$

보유비용은 시간에 따라 혹은 시장 참여자에 따라 달라지므로 스프레드의 상한은 일정하지 않다.

14.5 상품 선물가격으로부터의 정보 획득

선물가격은 투자자가 미래의 현물가격을 예상하는 데 유용한 정보를 제공한다고 한다. 그 이유는 선물가격이 투자자가 예상하는 인도일의 현물가격을 반영하기 때문이다. 밀의 선도가격으로부터 어떤 정보를 얻을 수 있는가?

밀을 보유하지 않는 경우와 보유하는 경우로 나누어 생각해 보자.

1. 만약 밀을 하나도 보유하지 않는다면 식 14.1은 부등호로만 표시되며 현물가격과 선도가격은 차익-가격 관계에 의해 명확히 연결되지 않는다. 이러한 경우 선도가격은 현재의 현물가격으로부터 알아낼 수 없는 미래의 기대 현물가격에 대한 정보를 제공할 것이다.[4]

2. 만약 밀을 보유한다면 현물가격으로부터 얻을 수 있는 정보 이외에는 기대되는 미래 현물가격에 영향을 미칠 수 있는 요인은 더 이상 존재하지 않는다. 그 이유는 차익거래 때문이며 식 14.1은 등호로 표시된다. 그러므로 선도가격은 기대되는 미래

---

[4] 그러나 이러한 경우에도 어떤 정보를 제공함에 있어서 선도가격이 반드시 미래 현물가격의 불편예상치가 되는 것은 아니다. 이는 14.9절에서 자세히 논의하기로 한다.

현물가격에 상관없이 현물가격과 보유비용을 알면 정확하게 알 수 있다. 따라서 만약 상품이나 자산, 유가증권 등이 보유된다면 선도가격은 기대되는 미래 현물가격에 대한 추가적인 정보를 제공하지 않는다. 그러나 현물가격과 연관시키면 선도가격은 보유비용을 알아내는 데 이용될 수 있다.[5]

| **예제 14.3** |
언제 선도가격이 현물가격으로부터 얻어 낼 수 있는 정보 이외에 기대되는 미래 현물가격에 대해 추가적인 정보를 제공하지 못하는가?

14.6 금에 대한 선도-현물가격 등가

밀을 보유하는 경우의 차익이 선물가격과 현물가격 간의 스프레드에 영향을 미치는 것처럼 금의 경우에도 동일한 논리가 적용된다. 선물가격과 현물가격 간의 관계를 **선도-현물가격 등가관계**(forward-spot price-parity relation)라고 한다.

만약 1온스의 금에 1년간 투자할 것을 계획하고 있다고 하자. 여기에는 두 가지 방법이 있다. 첫 번째는 현물가격 S에 금을 사서 보유했다가 1년 후에 S_1의 가격으로 파는 것이다. s는 현물가격에 대한 비율로 표시한 1년간의 금 보유비용이라고 하자. 그러면 수익률은 다음과 같다.

$$r_금 = \frac{S_1 - S}{S} - s \tag{14.2}$$

예를 들어, 금의 현물가격이 $300이고 보유비용이 연 2%라면 수익률은 다음과 같다.

$$r_금 = \frac{S_1 - 300}{300} - 0.02$$

1년간 금에 투자하는 또 다른 방법은 $300를 가지고 금에 투자하는 대신에 합성(synthetic) 금에 투자하는 것이다. 합성금은 $300를 무위험자산에 투자함과 동시에 만기가 1년 후이고 가격이 F인 금 선도계약에서 매입포지션을 취함으로써 만들어 낼 수 있다. 합성금에 투자한 경우의 수익률은

---

[5] 만약 보유가 이루어지고 선도가격과 현물가격이 음의 보수비용을 의미한다면 분석에서 고려되지 않은 상품이나 자산, 유가증권을 보유하는 것이 이익이 될 것이라고 생각할 수 있다.

$$\hat{r}_{금} = \frac{S_1 - F}{S} + r \qquad (14.3)$$

예를 들어, 무위험수익률이 8%라면 수익률은

$$\hat{r}_{금} = \frac{S_1 - F}{300} + 0.08$$

일물일가의 법칙(Law of One Price)에 의하면 위의 두 가지 투자는 동일한 수익을 제공해야 하기 때문에 식 14.2와 14.3에서

$$\frac{S_1 - F}{S} + r = \frac{S_1 - S}{S} - s$$

이를 정리하면 금에 대한 선도-현물가격 등가의 관계는

$$F = (1 + r + s)S \qquad (14.4)$$

위의 예에서 1년 후 인도되는 금의 선도가격은 $330가 되어야 한다.

$$F = (1 + r + s)S = 1.10 \times \$300 = \$330$$

만약 선도가격이 $330 이상이 되면 차익거래자는 현물가격으로 금을 사고 동시에 미래의 인도일에 선도가격으로 금을 팔 것이다. 또 반대로 선도가격이 $330 이하가 되면 차익거래자는 현물시장에서 금을 공매하고(즉 금을 빌려서 바로 판다) 이를 무위험자산에 투자하는 동시에 선도계약을 매입한다.

실제로 선도-현물가격 등가의 관계를 유지하는 사람은 금 딜러이다. 왜냐하면 이들에

표 14.2 금의 선도가격이 높을 때 차익거래기회

차익거래 포지션	현재의 현금흐름	1년 후의 현금흐름
선도계약 매도	0	$340 - S_1
$300 차입	$300	-$324
금 매입	-$300	S_1
보관비용 지불		-$6
순현금흐름	0	$340 - $330 = $10

표 14.3 선도가격이 낮을 때 차익거래기회

차익거래 포지션	현재의 현금흐름	1년 후의 현금흐름
금 공매	$300	$-S_1$
선도계약 매입	0	S_1-320$
1년 만기 순수할인채에 $300 투자	$-$300$	$324
보관비용 수입		$6
순현금흐름	0	$330-$320=10

게는 금을 저장하고 거래하는 비용이 가장 적게 소요되기 때문이다.

표 14.2는 선도가격이 $340인 경우 이용될 수 있는 차익거래기회를 보여 준다. 딜러는 $300를 차입해서 금을 사고 동시에 $340의 가격으로 선도계약을 매도한다. 1년 뒤 차입금을 상환하고 보유비용을 지불하고 나면 1년 후 시점에서의 현물가격에 상관없이 $10가 남게 된다.

선도가격이 $320인 경우를 생각해 보자. 표 14.3은 선도가격이 $330가 아니고 $320인 경우에 이용할 수 있는 차익거래기회를 보여 준다. 딜러는 현물시장에서 $300에 금을 공매하여 이를 무위험자산에 투자하고 $320의 가격으로 선도계약을 매입한다. 1년 뒤 투자금액에 대한 원금과 이자 그리고 보유비용을 고려하면 1년 뒤 현물가격에 상관없이 $10의 이익이 남게 된다.[6]

선도-현물가격의 등가관계는 선도가격이 현물가격과 보유비용에 의해 결정된다는 것을 뜻하지는 않는다. 오히려 선도가격과 현물가격은 시장에서 복합적으로 결정된다. 만약 두 가격 중에 하나를 알고 있으면 일물일가의 법칙에 의해서 나머지 가격이 얼마가 되는지를 알 수 있다.

| 예제 14.4 |
$r=0.06$, $S=$400$, $s=0.02$라고 가정하자. 금의 선도가격은 얼마가 되어야 하는가? 만약 그렇지 않을 경우에 어떤 차익거래기회가 존재하는가?

[6] 딜러가 금을 공매할 때는 보유하고 있는 사람에게 금을 빌린다. 원칙적으로는 어떤 저장된 원자재도 비슷한 방식으로 공매될 수 있다.

14.6.1 '내재적' 보유비용

선도-현물가격 등가관계의 결론은 현물가격으로부터 얻을 수 있는 선도가격으로부터 미래의 현물가격의 기대치에 대한 추가적인 정보를 찾아낼 수 없다는 것이다. 14.4절에서 보았던 밀의 경우 보관하는 데 비용이 드는 경우 선도가격은 현물가격으로부터는 알아낼 수 없는 기대되는 미래 현물가격에 대한 정보를 제공한다. 금은 쉽게 보관이 되기 때문에 선도가격으로부터 기대되는 미래 가격에 대한 정보를 찾아낼 수 없다.

관찰된 금의 현물가격과 선도가격으로부터 알아낼 수 있는 유일한 정보는 내재 보유비용이다. 이는 선물가격과 현물가격 간의 스프레드로 정의된다.

$$내재\ 보유비용 = F - S$$

이는 실제 금에 투자하는 것과 합성금에 투자하는 것이 무차별한 투자자에게 있어서의 내재 한계 보유비용을 나타낸다.

식 14.4의 선도-현물가격 등가관계로부터 현물가격의 비율로 표시한 보유비용은 무위험이자율과 보관비용의 합이 된다.

$$F = S(1 + r + s)$$

$$\frac{F - S}{S} = r + s$$

그러므로 내재 보유비용에서 무위험이자율을 차감하면 금을 보관하는 데 따르는 내재비용을 계산할 수 있다.

$$s = \frac{F - S}{S} - r$$

예를 들어, 금의 현물가격이 온스당 $300이고 1년짜리 선도가격이 $330, 그리고 무위험이자율이 8%라고 하자. 내재 보유비용과 내재 보관비용은 각각 얼마인가?

내재 보유비용 $= F - S = \$330 - \$300 = \$30/온스$

내재 보관비용 $= (F - S)/S - r = 0.10 - 0.08 =$ 연간 0.02 또는 2%

| 예제 14.5 |
금의 현물가격이 $300이고 1년짜리 선도가격이 $324라고 하자. 금의 내재 보유비용은 얼마인가? 만약 무위험이자율이 7%라면 내재적 보관비용은 얼마인가?

표 14.4 순수할인채와 주식의 선도계약을 이용한 무배당 주식의 복제

포지션	현재의 현금흐름	1년 후의 현금흐름
주식 1주 매입	−$100	S_1
복제 포트폴리오(합성 주식)		
주식에 대한 선도계약 매입	0	$S_1 - F$
액면가액 F인 순수할인채 매입	$\dfrac{-F}{1.08}$	F
복제 포트폴리오 합계	$\dfrac{-F}{1.08}$	S_1

14.7 금융선물

이제 주식이나 채권, 외국통화 등의 금융선물에 대하여 알아보기로 한다. 밀이나 금 같은 상품과는 달리 금융증권들은 본질적인 가치가 없다. 즉 이들은 소비되거나 물리적 상품에 투입되지 않고 그 자체가 목적으로서 보유되지 않는다. 단지 이들은 미래의 소득흐름에 대한 청구권을 의미한다.

유가증권들은 매우 적은 비용으로 만들어지고 보관될 수 있으며 이는 유가증권에 있어서의 현물가격과 선물가격 간의 관계에 반영된다. 실제로 단순화한다면 현물가격과 선도가격의 등가관계를 도출함에 있어서 이러한 비용들은 종종 무시되곤 한다.

S&P라고 불리는 가상의 주식을 생각해 보자. 이는 주식에 대하여 잘 분산된 포트폴리오에 투자한 뮤추얼 펀드 내의 주식이며 모든 배당은 재투자되므로 배당액은 없다. S&P 주식에 대한 선도계약은 특정 인도일에 특정 가격으로 주식을 인도할 것을 약속하는 것이다. 이러한 선도가격을 F라고 하자. 선도계약을 매입한 사람은 인도일에 선도계약을 매도한 사람에게 F만큼을 줄 것을 약속한다. 인도일의 주가를 S_1이라고 하자.

계약에서 주식을 인도하기보다는 현금으로 정산된다. 이는 주식의 인도가 이루어지지 않음을 의미한다. 계약의 만기일에는 F와 S_1의 차이만큼이 지급되는 것이다. 예를 들어, 주당 선도가격이 $108라고 하자. 만약 인도일에 주식의 가격이 $109라면 계약을 매입한 사람이 매도한 사람으로부터 $1를 받게 되는 것이다. 그러나 만약 현물가격이 $107가 된다면 계약을 매입한 사람은 매도한 사람에게 $1를 지불하게 된다.

이제 S&P 주식의 선도가격과 현물가격 간의 관계를 생각해 보자. S&P의 현물가격이 $100이고 무위험이자율이 8%, 그리고 인도일이 지금부터 1년 후라고 가정하자. 선도가격은 얼마가 되어야 하는가?

액면가액이 F인 순수할인채를 매입함과 동시에 S&P 주식에 대한 선도계약을 매입함으로써 S&P 주식을 복제할 수 있다. 선도계약의 만기일에 순수할인채로부터 액면가액 F를 받게 되고 이를 가지고 S&P 주식을 선도가격으로 사게 된다.

그러므로 선도계약과 순수할인채를 혼합하면 S&P 주식 자체와 동일한 현금흐름을 가지는 S&P의 합성 주식을 만든다. 일물일가의 법칙에 따라 위의 두 유가증권은 동일한 가격이어야 한다.

표 14.4는 순수할인채와 선도계약으로 만들어지는 복제 주식의 거래내용과 현금흐름을 보여 준다. S&P 주식과 이것의 복제 포트폴리오는 1년 뒤 현금흐름이 S_1으로 동일하다.

합성 주식의 비용과 실제 주식의 비용을 같게 하면

$$S = \frac{F}{1+r} \tag{14.5}$$

이는 현물가격이 선도가격을 무위험이자율로 할인한 현재가치와 같음을 보여 준다.

식 14.5를 변형하면 현물가격 S와 무위험이자율로 나타내지는 선도가격 F에 대한 식을 구할 수 있다.

$$F = S(1+r) = \$100 \times 1.08 = \$108$$

일반적으로 선도계약의 만기와 순수할인채의 만기가 T로 동일할 때 다음과 같은 선도-현물가격의 등가관계를 찾아낼 수 있다.

$$F = S(1+r)^T \tag{14.6}$$

이는 선도가격이 현물가격을 T기간에 무위험이자율로 복리 계산했을 때의 미래가치와 같다는 것을 보여 준다.

이러한 관계는 차익거래에 의해 유지된다. 그렇지 못할 경우를 생각해 보자. 첫 번째 주어진 무위험이자율과 현물가격의 수준에서 선도가격이 높을 경우를 가정하자. 예를 들어, $r=0.08$, $S=\$100$ 그리고 선도가격 F가 \$108 대신에 \$109인 경우에는 선도가격이 등가관계가 제시하는 것보다 \$1만큼 높게 된다.

S&P 주식과 S&P 선도계약에 대한 경쟁적 시장이 존재한다고 하면 여기에 차익거래기회가 존재한다. 차익거래자는 현물시장에서 주식을 매입하고 동시에 선도시장에서 그 주식을 매도할 것이다. 그러므로 차익거래자는 필요한 금액을 차입해서 S&P 주식을 매입하고 동시에 S&P 선도계약을 매도함으로써 헤징할 것이다. 이러한 행동의 결과 현재 시

표 14.5 주식 선물에 있어서의 차익거래

차익거래 포지션	현재의 현금흐름	1년 후의 현금흐름
선도계약 매도	0	$109-S_1$
$300 차입	$100	-108
금 매입	-$100	S_1
보관비용 지불	-0	$1

점에서는 0의 순현금흐름을, 1년 후에는 주당 $1의 순현금유입을 가져올 것이다. 만약 주식이 1,000,000주라면 차익거래의 이익은 $1,000,000가 될 것이다.

표 14.5는 이러한 차익거래의 과정을 보여 준다. 차익거래자는 매우 큰 규모로 이러한 차익거래를 하려고 할 것이다. 차익거래자의 현물시장과 선도시장에서의 매입, 매도행위는 선도가격을 하락시키거나 현물가격을 상승시켜 식 14.6의 등식이 다시 성립하는 쪽으로 영향력을 행사한다.

금의 경우에서 보았듯이, 선도-현물가격 등가의 관계는 선도가격이 현물가격과 무위험이자율에 의해 결정되는 것을 의미하는 것은 아니다. 대신에 F, S, r의 세 가지 변수가 시장 내에서 동시에 복합적으로 결정된다. 만약 이들 중 두 가지를 알고 있다면 나머지 하나도 알아낼 수 있다.

14.8 '내재' 무위험이자율

무위험자산과 선도계약을 이용하여 주식을 복제할 수 있는 것처럼 주식을 매입하고 동시에 선도계약을 매도함으로써 순수할인채를 복제할 수도 있다. F가 $108이고 S가 $100, 그리고 T는 1년이라고 가정하자. $100만큼의 주식을 매입하고 동시에 1년 후에 가격이 $108인 선도계약을 매도함으로써 액면가액이 $108인 순수할인채를 복제할 수 있는 것이다.

현재의 현금유출은 $100이고 1년 후의 현금흐름은 그때 주식의 현물가격이 어떻게 되든지에 상관없이 $108가 된다. 그러므로 만약 액면가액이 $108인 1년 만기 합성 순수할인채를 $100의 비용으로 살 수 있다면 내재 무위험이자율은 8%가 된다. 표 14.6은 이러한 과정을 보여 준다.

일반적으로 주식을 매입하고 선도계약을 매도함으로써 얻을 수 있는 내재 무위험이자율은 다음과 같다.

표 14.6 순수할인채와 주식의 선도계약을 이용한 무배당 주식의 복제

포지션	현재의 현금흐름	1년 후의 현금흐름
액면가액 $108 무위험채권 매입	$-\dfrac{\$108}{(1+r)}$	$108
복제 포트폴리오(합성 채권)		
주식 1주 매입	$-$100	S_1
선도계약 매도	0	$108-S_1$
복제 포트폴리오 합계	$-$100	$108

$$\hat{r}=\frac{F-S}{S} \tag{14.7}$$

| 예제 14.6 |

S&P의 현물가격이 $100이고 1년짜리 선도가격이 $107라고 하자. 내재 무위험이자율은 얼마인가? 만약 실제 무위험이자율이 8%라면 차익거래가 어떻게 일어나는지를 보이라.

14.9 선도가격은 미래 현물가격의 예상치가 아니다

배당이 없고 투자자에게 양의 위험 프리미엄을 주는 주식의 경우 선도가격은 기대되는 미래 현물가격의 예상치와 다르다는 것을 증명하는 것은 간단하다. 이를 증명하기 위해 S&P 주식의 위험 프리미엄이 7%이고 무위험이자율이 8%라고 가정하자. 그러면 S&P의 기대수익률은 15%이다.

만약 현물가격이 주당 $100이면 1년 후 기대되는 현물가격은 $115가 된다. 이는 배당이 없는 경우에 15%의 기대되는 수익률을 얻기 위해서는 1년 후의 현물가격이 현재의 현물가격보다 15%만큼 높아야 하기 때문이다.

$$\text{S\&P의 기대수익률}=\frac{\text{1년 후의 현물가격}}{\text{현재의 현물가격}}$$

$$\bar{r}_{sp}=\frac{\bar{S}_1-S}{S}=0.15$$

$$\bar{S}_1=1.15S=1.15\times100=115$$

그러나 선도-현물가격의 등가관계에서는 1년 후 인도되는 S&P의 선도가격이 $108가 된다고 하였다. 합성 주식(순수할인채+선도계약 매입)을 매입하는 투자자는 주식 자체

글상자 **14.2** **Exposing Expectations on Exchanges**

2006년 월드컵 기간에 국가 대표팀 주식이 온라인 거래소에서 거래되었으며, 이 거래를 통해 투자자들이 예상하는 월드컵 결과를 짐작할 수 있었다. 이러한 주식의 가격은 거래소에 따라 다양한 종류의 가상, 실제 통화 단위로 표기되어 있다. 특정 팀의 다음 단계 진출 확률이 높을수록 팀의 주식가격도 높다. 일부 주식은 미리 정해진 액수 또는 경기 결과에 따른 상금으로 환급되기도 한다. 또는 확률 변동성에 의해 배당이 결정되기도 한다.

일부 거래소는 배당을 지급하여 가격을 왜곡시키기도 하고, 또 다른 일부는 거래자들에게 적극적 거래 및 차익거래를 할 것을 요구한다. 그럼에도 불구하고 여전히 시장이 효율적이며 빠른 시간 안에 새로운 정보가 주가에 반영된다는 의견이 주장되고 있다. 이와 같은 현상을 연구하는 학자들은 새로운 정보 및 시장 참여자의 기대에 의한 시장의 움직임을 거래 시장(traded market)에서 쉽게 볼 수 있다고 한다. 그러나 실제 거래소는 자신들이 예상한 방향과 일치하도록 투자자들의 거래를 조작하기도 한다.

출처 : Adapted from "Trading World Cup Volatility," *The Economist*, June 6, 2006

를 매입하는 경우와 마찬가지로 7%의 위험 프리미엄을 얻을 것을 기대한다.

| **예제 14.7** |
S&P에 대한 위험 프리미엄이 7%가 아니라 6%이고 무위험이자율이 8%라고 가정하자. 이는 기대되는 미래 현물가격에 어떤 영향을 미칠 것인가? 또 선도가격에는 어떤 영향을 미칠 것인가?

14.10 현금흐름으로 본 선도-현물가격의 등가관계

앞서 선도계약의 기간 중에 현금배당이 없다는 가정하에 선도-현물가격의 등가관계를 살펴보았다. 현금배당이 있는 경우 식 14.6의 선도-현물가격 등가의 관계가 어떻게 변화되는지를 알아보기로 하자.

1년 후에 주당 D만큼의 배당이 있을 것으로 예상된다고 하자. 배당이 얼마인지 확실히 모르는 경우에는 주식에 대한 현금흐름을 완벽하게 복제하는 것이 불가능하다. 그러나 기대되는 배당에 대하여 선도-현물 관계를 결정하는 것은 가능하다. 이때의 복제 포트폴리오는 표 14.7에 나타난 바와 같이 액면가액이 $F+D$인 순수할인채를 매입하고 선도계약을 매입하는 것을 의미한다.

주식가격을 복제 포트폴리오의 비용과 같게 놓으면

표 14.7 순수할인채와 주식 선도계약을 이용한 배당이 있는 주식의 복제

포지션	현재의 현금흐름	1년 후의 현금흐름
주식 1주 매입	$-S$	$D+S_1$
복제 포트폴리오(합성 주식)		
주식에 대한 선물계약 매입	0	S_1-F
액면가액이 $D+F$인 순수할인채 매입	$\dfrac{-(D+F)}{(1+r)}$	$D+F$
복제 포트폴리오 합계	$\dfrac{-(D+F)}{(1+r)}$	$D+S_1$

$$S=\frac{D+F}{(1+r)}$$

$$F=S(1+r)-D \qquad\qquad (14.8)$$

$$F=S+rS-D$$

만약 D가 rS보다 작으면, 즉 주식의 배당수익률(D/S)이 무위험이자율보다 작다면 선도가격은 현물가격보다 크게 될 것이다. D는 확실히 예상되지 않기 때문에 차익거래가 선도−현물가격의 등가관계를 유지하는 데 앞서와 같은 정도의 영향을 행사하지 못한다. 이러한 경우를 준차익거래(quasi-arbitrage) 상황이라고 한다.

| 예제 14.8 |
금의 경우와 주식의 경우에 있어서 선도−현물가격 등가의 관계를 비교해 보라. 주식에 있어서 보유비용은 얼마인가?

14.11 '내재' 배당

14.8절에서 배당이 없는 주식의 경우 현물가격과 선도가격으로부터 내재 무위험이자율을 추정하였다. 배당이 있는 주식의 경우에는 **내재 배당**(implied dividend)을 알 수 있다. 식 14.8을 변형하면

$$\overline{D}=S(1+r)-F$$

그러므로 만약 $S=\$100$, $r=0.08$ 그리고 $F=\$103$라면 기대배당의 내재 가치는 $5이다.

$$\overline{D}=100\times1.08-103=5$$

14.12 외환의 등가관계

외국 통화의 선도가격과 현물가격 간의 관계에 대하여 알아보자. 이를 위해 달러와 엔화의 관계를 엔화에 대한 달러의 선도가격과 현물가격으로 표시하기로 한다.

선도-현물가격 등가의 관계는 두 무위험이자율의 관계로 표현된다.

$$\frac{F}{(1+r_\$)}=\frac{S}{(1+r_¥)} \tag{14.9}$$

여기서 F는 엔화에 대한 선도가격, S는 현물가격, $r_¥$는 엔화에 대한 이자율 그리고 $r_\$$는 달러에 대한 이자율이다. 선도계약과 이자율에 대한 만기는 1년이다.

예를 들어, 네 개의 변수 중 세 개를 알고 있다고 하자. $S=\$0.01/¥$, $r_\$=0.08/year$ 그리고 $r_¥=0.05/year$라면 F는 $\$0.0102857/¥$이 되어야 한다.

$$F=0.01\times\frac{1.08}{1.05}=0.0102857$$

그 이유는 달러표시채권과 엔에 대한 선도계약을 이용하여 엔표시채권을 복제할 수 있기 때문이다. 이는 F의 선도가격으로 1엔의 선도계약을 하고 동시에 액면가액 F인 달러표시채권을 매입함으로써 이루어 낼 수 있다. 이 합성 엔채권을 구입하기 위해 달러로 표시되는 현재의 비용은 $F/(1+r_\$)$이다. 엔표시채권이나 복제 포트폴리오나 1년 후에 1엔의 확실한 현금흐름을 가지며 이는 달러와 정확하게 그 가치가 일치할 것이다. 표 14.8은 이러한 내용을 요약하고 있다.

이들은 동일해야 하므로 엔표시채권에 대한 달러가격은 합성 엔표시채권에 대한 달러가격과 같아야 한다. 그러므로 달러와 엔에 대한 선도-현물가격 등가관계는 다음과 같다.

$$\frac{F}{(1+r_\$)}=\frac{S}{(1+r_¥)} \tag{14.10}$$

식 14.10의 우변은 엔채권(만기에 확실히 1엔의 현금흐름을 주는)에 대한 달러가격이고 좌변은 달러채권과 엔선도계약을 이용하여 엔채권의 현금흐름을 복제한 달러비용을 의미한다.

표 14.8 달러표시채권과 엔선도계약을 이용한 엔표시채권의 복제

포지션	현재의 현금흐름($)	1년 후의 현금흐름($)
엔표시채권 매입	$-S/(1+r_¥)$	S_1
복제 포트폴리오(합성 엔표시 채권)		
1엔에 대한 선도계약 매입	0	S_1-F
액면가액이 F인 달러표시 채권 매입	$\dfrac{-F}{1+r_\$}$	F
복제 포트폴리오 합계	$\dfrac{-F}{1+r_\$}$	S_1

주식이나 채권 선도-현물가격의 등가관계와 마찬가지로 외환 등가관계도 단지 네 개의 변수 중 세 개가 주어졌을 때 네 번째 변수는 일물일가의 법칙에 의해 결정된다는 것을 보여 주고 있다.

| 예제 14.9 |
$r_\$=0.06$, $r_¥=0.03$ 그리고 $S=\$0.01$라고 가정하자. 엔에 대한 선도가격은 어떻게 되어야 하는가? 만약 그렇지 않다면 차익거래가 어떻게 이루어지는지를 보이라.

14.13 환율 결정에 있어서 예상의 역할

환율을 결정하는 이론 중 가장 널리 알려진 것은 **기대가설**(expectations hypothesis)로서 이는 통화의 선도가격은 기대되는 미래 현물가격과 같다는 이론이다.

앞의 예에 적용시켜 보면, 만약 S_1이 1년 후의 엔에 대한 달러현물가격이고 $E(S_1)$이 기대되는 미래 현물가격이라면 기대가설은 다음과 같이 표현된다.

$$F=E(S_1) \tag{14.11}$$

표 14.9는 2006년 6월 23일자 *Financial Times*에 나와 있는 파운드화에 대한 현물가격과 선도가격을 보여 주고 있다. 만약 기대가설이 정확하다면 계약의 만기가 줄어듦에 따라 파운드화에 대한 선도가격이 상승하는 것으로부터 파운드의 달러가격이 미래에 상승할 것이라고 예측할 수 있다. 예를 들어 180일 만기 파운드의 선도가격 대 현물가격의 비율 1.8332/1.8193=1.00764로부터 파운드의 달러가격은 180일 동안 0.764% 상승할 것이라는 것을 예상할 수 있는 것이다.

표 14.9 환율(2006년 6월 23일)

국가	미국 달러표시 가격
영국(파운드)	1.8193
1달 만기 선도가격	1.8204
3달 만기 선도가격	1.8232
1년 만기 선도가격	1.8332

이는 은행 간에 거래되는 최소거래단위 $1,000,000의 영국 외환거래소 고시 환율이다.
출처 : *Financial Times* 웹사이트 http://www.ft.com/marketdata/spotdollar

만약 식 14.11이 성립한다면 외환의 등가관계식(식 14.10)은 동일한 정보가 다른 세 개의 변수에도 반영된다는 것을 알려 준다.

$$F = S(1+r_\$)/(1+r_£) = E(S_1) \qquad (14.12)$$

만약 파운드의 기대되는 미래 가격이 상승한다면 이는 선도가격(식 14.11의 좌변)이나 식 14.12의 좌변이 상승하기 때문이다. 달리 말하면 만약 기대가설이 사실이라면 미래 현물가격을 측정하기 위해 시장의 정보를 유용하게 이용하는 두 가지 방법이 존재하게 된다. 즉 (1) 선도가격을 관찰한다. (2) 식 14.12의 좌변을 관찰한다.

통화시장에 대한 실증적 연구는 기대가설에 대해 그다지 많은 지지를 보내 주지 않는다. 더욱이 이 이론은 특정 통화에 대해 적용했을 때 또 다른 통화에는 적용할 수 없다는 약점을 가지고 있고 결국 수학적인 문제로 남게 된다.[7] 즉 만약 식 14.11이 파운드의 달러가격에 적용된다면 이는 달러의 파운드가격에는 적용할 수 없다. 그러므로 만약 이것이 달러-파운드에 적용된다면 경험적으로 볼 때 파운드-달러의 측면에서는 틀리게 된다. 이렇듯 통화 간에 있어서의 이론적, 경험적 지지의 부족에도 불구하고 기대가설은 환율에 대한 기대의 결정에 있어서 유용한 모델로 이용되고 있다.

---

[7] $1/S$을 1년 후의 달러의 파운드 현물가격이라 하자. 그리고 $1/F$을 달러의 파운드 선도가격이라 하자. 식 14.11을 따르면 $1/F = E(1/S_1)$이다. 이것과 $F = E(S_1)$이 성립하기 위해서는 $E(1/S_1) = 1/E(S_1)$이 되어야 한다. 그러나 젠센의 부등식이라는 수학 이론에 의하면 $E(1/S_1) > 1/E(S_1)$이기 때문에 이는 성립하지 않는다.

요 약

선물계약은 가격 변화에 따른 재무위험에 노출시킬 것인가 하는 결정과 별개로 상품을 보관할 것인가의 결정을 별도로 분리하는 것을 가능하게 해 준다.

선물시장의 투기자는 선물가격에 대한 정보의 내용을 증가시키며 선물시장의 유동성을 높여 준다.

밀의 선물가격은 현물가격에 비해 보유비용의 크기 이상으로 클 수는 없다. 즉

$$F-S \leq C$$

금에 대한 선도-현물가격 등가관계는 선도가격이 현물가격에 보유비용을 곱한 것과 같다는 것을 보여 준다.

$$F=(1+r+s)S$$

F는 선도가격이고 S는 현물가격, r은 무위험이자율 그리고 s는 보관비용을 나타낸다. 이러한 관계는 차익거래에 의해 유지된다. 관찰되는 현물가격과 선도가격 그리고 무위험이자율로부터 내재보유비용과 내재보관비용을 추정할 수 있다.

주식에 대한 선도-현물가격의 등가관계는 선도가격이 현물가격에 (1+무위험이자율)을 곱하고 기대되는 현금배당을 뺀 것과 같다는 것을 보여 준다.

$$F=S(1+r)-D$$

그러므로 이 관계는 현물가격, 선도가격 그리고 무위험이자율로부터 내재 배당을 추정하는 데 이용된다.

달러-엔 환율에 대한 선도-현물가격 등가관계는 두 가지 무위험이자율을 포함한다.

$$\frac{F}{(1+r_\$)} = \frac{S}{(1+r_¥)}$$

F는 엔 선도가격, S는 현물가격, $r_¥$는 엔화의 이자율 그리고 $r_\$$는 달러의 이자율을 의미한다.

핵심용어

금융선물	스프레드	선도-현물가격 등가관계
선도계약	헤져	내재 배당
마진콜	투기자	기대가설

예제 풀이

예제 14.1 밀 선물에 대한 매입포지션을 취할 경우 부셸당 7.25센트만큼 하락하는 대신에 그만큼 상승하는 경우에는 선물거래계좌에는 어떠한 변화가 일어날 것인가?

검정 그날 당신은 7.25센트×5,000부셸＝$362.50를 얻게 된다. 그리고 중개인은 당신이 어떤 거래에 참여하지 않을지라도 당신의 계좌에 이 금액을 추가시킨다. 이 돈은 계약의 매도 측에 있던 상대방으로부터 이전되어 온 것이다.

예제 14.2 옥수수의 현물가격이 부셸당 $3이고 한 달 후 인도되는 선물가격이 $3.10라고 하자. 만약 옥수수의 보유비용이 한 달간 부셸당 $0.15가 든다고 하면 어떻게 할 것인가?

검정 한 달 후의 인도를 위해 지금 당신이 가지고 있는 모든 옥수수를 매각해야 한다. 그리고 한 달 후에 인도를 하기 위해 선물계약에서 매입포지션을 취해야 한다.

예제 14.3 언제 선도가격이 현물가격으로부터 얻어 낼 수 있는 정보 이외에 기대되는 미래 현물가격에 대해 추가적인 정보를 제공하지 못하는가?

검정 상품, 자산 또는 증권에 저장비용이 있을 때와 공식 14.1이 등호를 유지할 때이다.

예제 14.4 $r=0.06$, $S=\$400$, $s=0.02$라고 가정하자. 금의 선도가격은 얼마가 되어야 하는가? 만약 그렇지 않을 경우에 어떤 차익거래기회가 존재하는가?

검정 1년 후 금의 선도가격은 온스당 $424가 되어야 한다.

$$F=(1+r+s)S=1.08\times400=\$432$$

선도가격이 온스당 $432를 초과한다면, 현물가격으로 금을 구입하고 동시에 선도가격으로 선물계약을 매도하면 차익거래가 발생한다. 반면 선도가격이 온스당 $432보다 낮다면, 현물시장에서 금을 매도하고(금을 빌려서 동시에 매도한다), 공매도한 돈을 무위험자산에 투자하고, 선도계약에 매입포지션을 취한다.

예제 14.5 금의 현물가격이 $300이고 1년짜리 선도가격이 $324라고 하자. 금의 내재 보유비용은 얼마인가? 만약 무위험이자율이 7%라면 내재적 보관비용은 얼마인가?

검정 내재 보유비용＝$F-S$＝$324-$300＝$24/온스

내재 보관비용＝$(F-S)/S-r$＝0.08-0.07＝연간 0.01 또는 1%

예제 14.6 S&P의 현물가격이 $100이고 1년짜리 선도가격이 $107라고 하자. 내재 무위험이자율은 얼마인가? 만약 실제 무위험이자율이 8%라면 차익거래가 어떻게 일어나는지를 보이라.

검정 주식을 매입하고 선도계약에서 매도를 함으로 얻어지는 내재된 무위험이자율은 다음과 같다.

$$\hat{r} = \frac{F-S}{S} = \frac{107-100}{100} = 0.07$$

실제 무위험이자율이 8%라면, 주식을 $100에 공매도하고 그 돈을 무위험이자율에 투자하는 동시에, $107의 선도가격으로 선도계약에서 매입포지션을 취하여 차익거래이익을 얻을 수 있다. 지금부터 1년 후에 얻어지는 무위험 차익거래이익은 주당 $1이다.

예제 14.7 S&P에 대한 위험 프리미엄이 7%가 아니라 6%이고 무위험이자율이 8%라고 가정하자. 이는 기대되는 미래 현물가격에 어떤 영향을 미칠 것인가? 또 선도가격에는 어떤 영향을 미칠 것인가?

검정 S&P의 기대수익률은 연 14%이다. 현재 주당 현물가격이 $100이고, 그래서 1년 후 기대 현물가격은 $114이다. 아무런 배당도 없는 상태에서 S&P는 14%의 기대수익률을 얻어야 하기 때문에 기말 현물가격은 초기 현물가격보다 14% 높아야 한다. 그러나 선도-현물가격 등가관계에서는 1년 후 인도되는 S&P의 선도가격이 여전히 $108가 되어야 함을 말하고 있다.

예제 14.8 금의 경우와 주식의 경우에 있어서 선도-현물가격 등가의 관계를 비교해 보라. 주식에 있어서 보유비용은 얼마인가?

검정 주식 보유자는 보유기간에 배당지급을 받기 때문에, 주식에 있어 보유비용은 (−) 배당이다.

예제 14.9 $r_\$=0.06$, $r_¥=0.03$ 그리고 $S=\$0.01$라고 가정하자. 엔에 대한 선도가격은 어떻게 되어야 하는가? 만약 그렇지 않다면 차익거래가 어떻게 이루어지는지를 보이라.

검정 선도가격은 달러당 0.0102913엔이 되어야 한다.

$$F=0.01 \times \frac{1.06}{1.03} = 0.0102913$$

만일 선도가격이 너무 높으면, 달러를 6%에 차입하여, 엔을 3%에 대출하고, 그리고 미래 인도를 위해 현재 선도가격으로 인도일에 엔을 매도하면 외환 위험을 헤징하게 되어 차익거래 기회가 만들어진다. 만일 계약의 선도가격이 너무 낮으면, 3%로 엔을 차입하고, 6%로 달러를 대출하고, 그리고 미래 인도를 위해 현재 선도가격으로 인도일에 엔을 매입함으로써 외환 위험을 헤지하게 되어 차익거래이익을 만들 수 있다. 이 두 가지 경우의 차익거래이익은 식 14.10에서 두 식 차이의 절대값이 된다.

$$\frac{F}{(1+r_\$)} = \frac{S}{(1+r_¥)} \tag{14.10}$$

식 14.10의 오른쪽은 엔화 채권의 현재 달러가격이고, 왼쪽은 달러 채권과 현재 엔-선도계약으로 엔화 채권의 기대값을 대체하는 달러비용이다.

연습문제

선도계약과 선물계약의 구분

1. 왜 투자자들이 거래소의 선물계약을 이용하는 대신에 유동성이 떨어지는 선도계약을 이용하는지 설명하라.

2. "투기자가 오스트레일리아 달러 선물에 매도포지션을 취하였다."라는 문장이 무엇을

의미하는지 자세히 설명하라.

선물시장의 경제적 기능

3. 당신이 전력회사의 관리자라고 가정하자. 당신은 도매시장에서 전기를 구매하여 소비자에게 배분하고, 전기의 원가에 운영비용을 더하여 소비자들에게 청구하는 일을 하고 있다. 고정가격에 공급되는 계약이 없다고 가정한다면, 여름에 전력 부족으로 발생하는 소비자들의 가격부담을 방지할 수 있는 선물시장에서 당신이 취할 수 있는 포지션은 무엇이겠는가?

상품의 현물가격과 선물가격의 관계

4. 당신은 캐놀라 씨앗의 판매자이고, 당신은 캐놀라의 현물가격이 부셸당 $7.45임을 관찰하였다. 반면 한 달 후에 인도되는 선물가격은 $7.60라고 가정하자. 부셸당 운송비용이 $0.10라고 가정하자. 당신은 가격의 불확실성을 헤지하기 위해 무엇을 할 것인가?

5. 어떤 투기자가 돼지의 6개월 후에 인도되는 선물가격이 100kg당 $14인 것을 알았다. 그런데 이 투기자는 6개월 후에 돼지의 현물가격이 $15가 될 것이라 믿고 있다. 어떤 포지션을 취해야 하는지 설명하라. 얼마의 수익이 예상되는가? 투기자가 취하는 포지션의 기대 현금흐름은 무엇인가?

상품 선물가격으로부터의 정보 획득

6. 당신은 크립톤을 거래하는 딜러이고 선도계약에서 한 거래를 주시하고 있다. 크립톤의 온스당 현물가격은 $180.00이고 1년 후에 인도되는 크립톤의 온스당 가격은 $205.20이며, 이 금속의 연간 운반비용은 현물가격의 4%인 것을 당신은 관찰하였다.

   a. 당신은 일물일가의 법칙에 의해 무위험 순수할인채권의 연수익률을 추론할 수 있겠는가?

   b. 무위험증권의 연수익률이 5%라면, 차익거래이익을 발생할 수 있는 거래 전략을 기술하라. 크립톤 1온스당 차익거래 이익은 얼마인가?

금에 대한 선도–현물가격 등가

7. 3개월 후 인도되는 금 1온스당 가격이 $435.00이고 91일 만기 단기국채의 이자율이 1%이며, 온스당 매달 보관비용은 $0.002인 것을 당신이 관찰하였다면, 온스당 현물가

격은 얼마인가?

8. 금의 현물가격은 $425.00이고, 273일 후 인도되는 온스당 선도가격은 $460.00이며, 91물 순수할인 단기국채의 수익률이 2%이며, 이자율의 기간구조는 수평하다고 가정한다면, 금 1온스당 내재되어 있는 운반비용과 창고비용을 계산하라.

금융선물

9. 182일 후에 인도되는 주식 한 주당 선도가격이 $410.00이다. 반면 91물 단기국채의 현재 수익률은 2%이다. 이자율의 기간구조가 수평하다고 한다면, 일물일가의 법칙에 의해 내재된 주식의 현물가격은 얼마인가?

10. 베트남 선도계약에서 당신은 거래 첫날, Giap Industries의 주식가격이 현재 54,000동인 반면 1년 선도가격은 60,000동임을 관찰하였다. 1년 만기 무위험수익률이 15%라면, 이 시장에서 차익거래 이익이 가능한가? 만일 아니라면 왜 아닌지 설명하라. 만일 가능하다면, 차익거래 전략을 고안하라.

11. 1년 후 만기가 되는 무위험 할인채의 현물가격이 $100당 $94.34이다. 만약 무배당 주식이 현재 주당 $37.50에 거래되고 있다면, 1년 후에 인도되는 선도가격은 얼마이겠는가? 선도-현물가격 등가관계를 이용하라.

12. 11번 문제의 정보를 이용하라. 1년 후에 인도되는 선도계약의 실제 가격이 $40라고 한다. 어떤 차익거래 기회가 존재하는가? 이 차익거래 전략의 현금흐름을 설명하라.

13. 당신은 뉴욕 관광버스 회사이자 의류납품업체인 Kramer, Inc. 주식의 주당 선도가격은 $45이며, 주식의 현물가격은 $41.00임을 관찰하였다. 1년 만기 순수할인국채의 무위험 수익률이 5%라고 한다면

   a. 일물일가 법칙에 의해 내재된 선도가격은 얼마인가?

   b. 당신은 차익거래 이익을 발생시킬 수 있는 거래 전략을 만들어 낼 수 있겠는가? 당신은 주당 얼마를 벌 수 있겠는가?

14. 모스코바에 있는 재무 컨설팅 회사인 Schleifer and Associates의 주식가격이 현재 10,000루블인 반면 182일 후 인도되는 주식의 선도가격은 11,000루블이다. 182일 만기의 무위험 순수할인채의 수익률이 15%라고 한다면, 다음 6개월 동안 이 회사가 지불할 기대배당금을 추론하라.

내재 무위험이자율

15. Mifune and Associates의 주식 한 주당 현물가격이 4,750엔인 반면 273일 후에 인도되는 선도가격이 5,000엔이라면, 273일 만기 순수할인 일본 국채의 수익률을 추론하라.

선도가격은 미래 현물가격의 예상치가 아니다

16. 현재 가격이 주당 $45인 무배당 주식을 가정하자. 주식의 위험 프리미엄은 5%이고, 무위험 이자율은 5%이다. 그렇다면 1년 후에 기대 현물가격은 얼마겠는가? 그렇다면 선도–현물가격 등가관계가 1년 후에 인도되는 선도가격에 함의하는 것은 무엇인가?

현금흐름으로 본 선도–현물가격의 등가관계

17. 11번과 12번 문제를 참고하라. 만약 1년 후에 $1의 배당이 발생한다면 11번과 12번의 답은 어떻게 변하겠는가?

18. 국채 수익률곡선은 연 7% 이자율(반년 복리)로 수평하다고 가정하자.

   a. 이표가 반년마다 지불된다고 가정하고 만기 30년의 8%의 이표율을 가진 장기국채의 현물가격은 얼마인가?

   b. 지금부터 6개월 후에 인도되는 채권의 선도가격은 얼마인가?

19. 18번 문제에서 선도가격이 b에서보다 $1가 낮다면, 차익거래 기회가 존재함을 보이라. 차익거래의 이익을 발생시키기 위한 자세한 절차를 기술하고 이익의 크기를 계산하라.

내재배당

20. 주식의 현물가격은 $100이다. 무위험 수익률은 연 7%이고(연간복리), 주식의 기대 배당은 $3이며 지금부터 1년 후에 받게 될 것이다.

   a. 1년 만기 선물가격은 얼마여야 하는가?

   b. 선물가격이 a에서보다 $1가 높다면, 기대 배당이 내포하고 있는 것은 무엇인가?

외환의 등가관계

21. 캐나다 달러에 대한 엔의 현물환율이 현재 달러당 113엔이다 그러나 1년 선도환율은 달러당 110엔이다. 일본 국채의 현재 수익률이 2.21%라면, 1년 만기 무이표채인 캐나다 정부증권의 수익률을 측정하라.

22. 남아프리카의 화폐인 랜드가 현재 현물시장에서 $0.0995에 거래되고 있다. 그리고 1년 후의 선도가격은 $0.0997이다. 만약 달러의 무위험이자율이 5%라면 랜드의 내재된 무위험 이자율은 무엇인가?

23. 도전 과제 : 당신은 영국 여행을 계획한다고 가정하자. 여행은 지금부터 1년 후이며, 하루에 50파운드 하는 런던의 호텔을 예약하였다. 당신은 예약하는 것에 대해 미리 돈을 지불할 필요가 없으며, 현재 환율은 파운드당 $1.50이다.

    a. 이 상황에서 환위험을 완전히 헤징할 수 있는 몇 가지 가능한 방법을 설명하라.

    b. 영국 이자율은 0.12이고, 미국 이자율은 0.08이라고 가정하자. $S=\$1.50$라면, 파운드의 선물가격은 얼마가 되어야 하는가?

    c. 선도가격이 b문제에서 당신의 대답보다 $0.1가 높다면, 차익거래 기회가 존재함을 보이라.

환율 결정에 있어서 예상의 역할

24. 도전 과제 : 달러에 대한 1년 선도가격이 K49.5(슬로바키아의 통화인 크로나)라고 한다. 현재 현물시장에서는 K46.95에 거래가 되고 있다. 달러의 무위험 이자율은 2.75%이다. 만약 기대가설이 성립한다면 1년 후에 달러/크로나 현물 환율은 어떻게 되겠는가?

부 록

스왑거래의 가치평가

제11장에서 본 것과 같이, 스왑거래는 특정 기간 특정 주기에서 두 상대방이 연속된 현금흐름을 교환하는 것이다. 스왑지불은 합의한 원금(명목원금)에 기초한다. 즉각적인 돈의 지불이 없다. 따라서 스왑거래 그 자체는 양 당사자에게 어떤 새로운 자금을 공급하는 것이 아니다.

스왑거래의 가치는 이 장에서 이미 다루었던 선도계약의 가치에 대한 원론의 확장이다. 이것은 스왑이 항상 연속된 선도계약으로 분해될 수 있기 때문이다.

예로서 엔-달러 통화스왑을 고려해 보자. 이것은 100,000,000엔의 명목원금으로 2년에 걸친 계약이라고 가정하자. 2년 동안 매년 말, 두 상대방 중 한쪽은 달러와 엔간의 미리 약정된 교환비율의 차이를 지불해야 한다. 그리고 그 시점에서의 실제 현물환율에

100,000,000엔을 곱한다.

달러와 엔 간의 1년, 2년 선도교환비율은 선도시장에서 관측된다. 예로서, 엔의 1년 선도가격은 $0.01이고 2년 선도가격은 $0.0104이다. 스왑 대신에 두 상대방이 매년 100,000,000엔을 인도하는 두 개의 선도계약을 체결하였다면, 우리는 100,000,000엔에 대해 환율에서 매년 지불해야 하는 달러금액을 계산할 수 있다. 첫해에 이 금액은 $1,000,000이고 둘째 해에 금액은 $1,040,000이다.

그러나 통화 스왑을 두 해 동안에 적용하기 위해 단일 스왑 교환비율을 요구한다. 어떻게 스왑비율이 결정되겠는가?

무위험 달러이자는 연 8%이고, 1년 만기와 2년 만기에 대해 똑같다고 가정하자. F를 엔화당 달러의 스왑비율이라고 가정하자. 스왑계약은 2년 동안 미리 약정된 금액에 대해 올해와 내년 수익률에서 상대방의 한쪽이 $100,000,000F$를 지불해야 하는 의무로서 나타낼 수 있다.

보았듯이, 지불해야 되는 금액이 1년 선도가격 $0.01/엔과 2년 선도가격 $0.0104/¥과 일치하게 정해진다면, 금액은 첫해에 $1,000,000이고 둘째 해에 $1,040,000이다. 일물일가법칙에 의해, 실제 스왑계약하에서 무위험이자율로 할인한 이 지불금의 현재가치는 F의 단일 스왑을 요구한다. 그래서 F는 다음 식을 풀면 찾을 수 있다.

$$\$1,000,000/1.08 + \$1,040,000/1.08^2 = 100,000,000F(1/1.08 + 1/1.08^2)$$

$$F = \frac{\$1,000,000/1.08 + \$1,040,000/1.08^2}{100,000,000(1/1.08 + 1/1.08^2)}$$

$$F = \$0.010192307/¥$$

스왑거래의 가치평가

25. 선도시장에서 유로에 대한 1년 그리고 2년 만기의 선도계약이 $0.901 그리고 $0.903이라고 한다. 달러의 무위험이자율이 연 5%일 때 명목 원본이 €1,000,000인 2년짜리 스왑계약이 가치평가되었다. 스왑률은 얼마겠는가?

15

옵션시장과 상황조건부 증권

학습목표

■ 투자 위험을 줄이기 위해 옵션을 이용하는 방법의 이해

■ 콜옵션, 풋옵션, 주식 그리고 채권의 가격결정 관계의 이해

■ 이항옵션가격결정모형과 블랙−숄즈 모형의 이해와 회사채와 그 밖의 상황조건부 증권의 평가
를 위한 옵션평가모형의 적용

■ 옵션모형을 적용할 수 있는 재무적 의사결정의 범위에 대한 이해

주요내용

계약당사자에게 미리 정해진 행사가격으로 특정 자산을 사거나 팔 수 있는 권리를 가지게 하는 계약을 옵션이라고 한다. 거래대상이 될 수 있는 자산의 종류에 따라 매우 많은 옵션 계약이 존재하게 된다. 주식옵션, 이자율옵션, 외환옵션 그리고 상품옵션들이 거래소나 장외에서 활발히 거래되고 있다. 이 장에서는 옵션이 어떻게 위험을 관리하는 데에 사용되고 가격은 어떻게 결정되는가에 관해서 설명하려 한다.

옵션은 **상황조건부 증권**(contingent claim)이라 불리는 넓은 의미의 자산 중 하나이다. 상황조건부 증권이란 특정 상황이 발생했을 경우에만 미래의 현금흐름이 발생하게 되는 자산을 말한다. 예를 들어, 회사채도 상황조건부 증권이다. 왜냐하면 채권을 발행한 기업이 파산하게 되면 채권자들은 미리 정해진 이자와 원금을 다 받지 못할 수도 있기 때문이다. 이번 장에서는 옵션을 평가하기 위한 여러 방법들이 채권이나 다른 상황조건부 증권의 평가에 어떻게 적용될 수 있는지에 대해 알아본다.

옵션의 가격을 결정하는 모형으로 가장 널리 알려진 것은 1970년대 초반에 개발된 블랙-숄즈 모형이다. 최초의 옵션거래소인 The Chicago Board Options Exchange(CBOE)는 1973년 4월에 문을 열었고 1975년까지 CBOE의 거래자들은 옵션가격결정이나 포지션을 헤징하는 데 있어서 블랙-숄즈 모형을 이용하였다.

그 후로 옵션가격결정 방법들은 여러 상황조건부 증권의 가격결정에도 응용되어 왔고 새로운 금융상품의 개발이나 시장을 뒷받침하는 역할을 해 오고 있다. 옵션가격결정원리는 재무관리에서 점점 더 중요한 위치를 차지하게 되었다.

이번 장에서는 먼저 옵션이 어떻게 기능하는지에 대해 알아보고 이를 통해 기초자산으로부터 여러 종류의 현금흐름을 만들어 내는 방법에 대해 살펴보기로 한다. 그리고 콜옵션, 풋옵션, 주식 그리고 채권가격 간의 등가관계를 알아보기 위해 일물일가의 원칙을 적용하고 이항옵션가격결정모형과 블랙-숄즈 모형에 대해서도 논의할 것이다. 더 나아가 기업의 부채와 자기자본을 옵션의 개념을 이용하여 설명하고 어떻게 가격결정이 이루어지는지에 대해서도 알아본다. 또 마지막으로 상황조건부 증권의 가격결정 방법이 적용되는 범위에 대해서도 살펴볼 것이다.

15.1 옵션은 어떻게 기능하는가?

옵션이란 보유자에게 특정 자산을 미리 정해진 행사가격으로 사거나 팔 수 있는 권리를 주는 계약을 말한다. 이것이 계약의 매입자는 자산을 팔아야 하는 의무, 계약의 매도자는 자산을 팔아야 하는 의무를 지는 선도계약과 옵션이 다른 점이다.

옵션과 관련하여 알아 두어야 할 용어들이 있다.

- 정해진 가격으로 특정 자산을 살 수 있는 권리를 가지는 옵션을 **콜**(call)이라 하고 반대로 팔 수 있는 권리를 가지는 옵션을 **풋**(put)이라 한다.
- 옵션 계약에 있어서 미리 정해지는 가격을 **행사가격**(strike price 또는 exercise price)이라고 한다.
- 옵션의 권리가 행사되기로 약속된 날짜를 **만기일**(expiration date 또는 maturity date)이라고 한다.
- **미국형 옵션**(American-type option)은 만기일을 포함해서 만기일 이전의 어느 시점에서라도 권리의 행사가 가능하다. 반면 **유럽형 옵션**(European-type option)은 만기일에만 행사가 가능하다.

　거래소에 상장된 옵션(exchange-traded options)은 거래소가 정한 표준화된 형태를 따른다. 거래소는 매입자와 매도자를 연결시켜 주며 계약당사자 간의 거래를 보증하게 된다. 거래소에서 거래되지 않는 옵션은 **장외옵션**(over-the-counter options)이라고 한다.

　계약의 형태(콜 또는 풋)와 기초자산의 종류와 더불어, 옵션은 행사가격과 만기일에 따라서 여러 가지 형태를 가진다. 거래소에서 거래되는 옵션의 경우 이러한 사항들은 거래소의 규정에 의해서 결정된다. 즉 CBOE에서 하나의 콜옵션 계약은 보유자에게 기초자산인 주식 100주를 살 수 있는 권리를 주며, 미국형 옵션의 특성을 가진다. 또 만기는 3개월부터 3년까지 다양하며 이들은 모두 만기월의 세 번째 금요일에 권리가 소멸한다.[1] 표 15.1은 CBOE에서의 홈디포(HD) 주식에 대한 옵션가격들을 보여 주고 있다.

　표 15.1은 2006년 6월 26일 월요일에 $36.64로 마감된 HD 주식에 대한 옵션가격들이다. 표의 첫 번째 열은 행사가격이 32.5이고 만기는 7월이다. 6월 26일에는 7월물 HD사 콜옵션의 경우 만기까지의 기간이 한 달보다 조금 남아 있다. 7월물의 당일 '종가'가 4.3이라는 것은 마지막으로 계약당 $430에 거래되었다는 것을 의미한다. '미결제 약정'은 장 종료 이후에도 반대매매되거나 결제되지 않고 있는 옵션계약 총수를 의미한다.

　지금 당장 옵션이 행사되었을 경우 가지게 되는 옵션의 가치를 **내재가치**(intrinsic value 또는 tangible value)라고 한다. 만약 행사가격이 32.5, 만기가 7월인 콜옵션이 즉시 행사된

---

[1] 1년 이상의 만기를 가지는 CBOE 옵션은 LEAPS®라고 불린다. 이는 'longterm equity anticipation securities'의 약자이다.

표 15.1 HD사의 옵션가격표

콜				풋			
행사가격	만기	종가	미결제 약정	행사가격	만기	종가	미결제 약정
32.50	7월	4.30	313	32.50	7월	0.15	722
35.00		2.40	4635	35.00		0.25	4278
37.50		0.45	8953	37.50		1.45	7136
40.00		0.05	6727	40.00		3.40	842
32.50	8월	4.60	310	32.50	8월	0.25	1861
35.00		2.65	8476	35.00		0.65	8462
37.50		1.40	16612	37.50		1.65	17212
40.00		0.30	16364	40.00		3.60	30992

출처 : CBOE 웹사이트 http://www.cboe.com/DelayedQuote/
2006년 6월 26일 월요일의 종가.
홈디포(HD).
기초자산의 가격 : 36.64

다면 그 가치는 얼마가 되는가? HD 주가가 36.64이고 옵션의 행사가격이 32.5이므로 즉시 행사되는 경우 콜옵션의 가치는 주당 4.14가 된다. 그러므로 옵션가격 4.3은 내재가치보다 0.16만큼 크게 된다. 이 차이를 옵션의 **시간가치**(time value)라고 한다.

미국형 옵션은 만기가 길수록 시간가치가 크다. 예를 들어, 표 15.1에서 행사가격이 35일 때 만기가 각각 7월, 8월인 경우의 옵션을 살펴보자. 두 경우 모두 옵션은 1.64의 내재가치를 가진다. 그러나 그들의 가격은 2.40, 2.65로 각각 다르다. 행사가격이 35인 경우 풋옵션에서도 마찬가지이다.

옵션의 내재가치가 0일 때를 **외가격 상태**(out of the money)라고 한다. 예를 들어, HD 주식에 대한 옵션 중 행사가격이 32.5인 풋옵션은 외가격 상태이다. 반면에 행사가격이 32.5인 콜옵션은 **내가격 상태**(in the money)라고 한다. 콜옵션이 내가격 상태에 있을 경우에는 풋옵션은 외가격 상태에 있게 되며 반대의 경우도 성립한다. 기초자산의 가격과 동일한 행사가격을 가지는 옵션은 **등가격 상태**(at the money)라고 한다.

콜옵션가격과 행사가격 간에는 역의 관계가 존재한다. 풋옵션의 경우에는 옵션가격과 행사가격 사이에는 정의 관계가 성립한다. 표 15.1에서 7월 만기의 옵션을 보면 행사가격이 32.5에서 40으로 높아짐에 따라 콜옵션의 가격은 4.3에서 0.05로 하락하게 되고 풋옵션의 가격은 0.15에서 3.4로 상승하게 되는 것을 볼 수 있다.

| 예제 15.1 |

표 15.1을 이용하여 행사가격이 37.50이고, 만기가 8월인 옵션의 내재가치와 시간가치를 구하라. 풋옵션의 경우에는 어떻게 되는가?

15.1.1 지수옵션

개별 기업의 주식에 대한 옵션과 더불어 **지수옵션**(index options)도 존재한다. 예를 들어, CBOE에서는 S&P 500 주가지수에 대한 콜옵션과 풋옵션이 거래되고 있으며 이를 SPX로 표시한다. 즉 SPX 옵션은 S&P 500 지수를 구성하는 500개 회사의 주식을 시가비율에 따라 결합한 포트폴리오에 투자한 가상의 지수펀드에 대한 콜옵션과 풋옵션을 말한다.

표 15.2는 2006년 6월 26일 화요일의 이러한 옵션에 대한 가격과 거래내역을 나타내고 있다. SPX 옵션은 유럽형 옵션이며 따라서 만기일에만 행사가 가능하다.[2]

SPX 계약을 한 경우 만약 콜옵션이 행사된다면 옵션의 보유자는 지수 가치와 행사가격의 차이에 $100를 곱한 만큼을 받게 된다. 예를 들어 표 15.2에 나타나 있는 7월물 1260 콜옵션이 2006년 7월 24일에 만기가 되고 그때의 지수가 1,275라면 옵션 보유자는

표 15.2 S&P 500 지수옵션 가격표

콜					풋				
행사가격	만기	종가	거래량	미결제약정	행사가격	만기	종가	거래량	미결제약정
1245	6월	7.00	429	205	1245	6월	8.10	217	558
1260		1.90	765	369	1260		16.00	56	7
1275		0.60	2068	840	1275		29.90	0	16
1245	7월	19.00	530	3745	1245	7월	17.00	153	14001
1260		10.80	1535	20206	1260		24.00	117	19838
1275		5.40	1322	76551	1275		33.60	52	63534
1245	8월	29.00	3	33	1245	8월	24.10	50	59
1260		20.00	30	1613	1260		30.00	1	2025
1275		13.00	411	22403	1275		37.00	1	5178

출처 : CBOE 웹사이트 http://www.cboe.com/DelayedQuote/
2006년 6월 26일 화요일 1:45 P.M.
기초자산의 가격 : 1244.56

---

[2] 계약에 대한 상세한 정보는 CBOE의 인터넷 사이트에서 확인 가능하다. http://www.cboe.com/Products/

$1,500를 받게 된다. 즉

$$100\times(1,275-1,260)=1,500$$

이러한 **현금정산**(cash settlement)의 과정은 CBOE의 개별 주식에 있어서의 경우와 차이가 있다. 예를 들어, HD사의 주가가 $35이고 이 주식에 대하여 행사가격이 $32.5인 콜옵션 보유자가 자신의 옵션을 행사한다면 그는 $3,250를 지불하고 $3,500의 가치를 가지는 HD 주식 100주를 받게 된다. 만약 HD 주식에 대한 콜옵션이 지수옵션의 경우와 같이 현금정산된다면 옵션의 매도자는 $3,250를 받고 HD 주식을 인도하는 대신에 옵션 보유자에게 $250($3,500−$3,250)만큼만 지급하면 된다.

| **예제 15.2** |
2006년 6월 26일에 7월물 1260 SPX 콜옵션을 표 15.2에 나타난 가격으로 매입했다고 하자. 만약 2006년 7월 24일 만기일에 지수가 1,300이라면 수익률은 얼마가 될 것인가?

15.2 옵션을 이용한 투자

옵션은 투자자로 하여금 기초자산에 대하여 가지는 위험노출의 정도를 조절할 수 있도록 해 준다. 이는 옵션의 가치와 기초자산 가격 간의 관계를 나타내는 **현금흐름 그래프**(payoff diagrams)를 이용하여 표현될 수 있다. 그림 15.1은 현재가격이 100인 주식에 대한 콜옵션 만기일의 현금흐름을 나타낸다. 행사가격은 100이다.

만기일에 콜옵션의 현금흐름은 $\max(S_T-100, 0)$이다. 이때 S_T는 옵션 만기일의 주식가격을 나타낸다. 그림 15.1에서 콜옵션의 가치는 주가가 100 이상이 되는 부분에서 주가의

그림 15.1

콜옵션의 현금흐름 그래프

주 : 풋옵션의 행사가격은 100임.

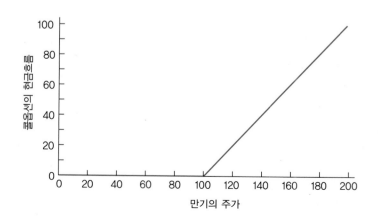

글상자 15.1 파생상품과 위험

일부 투자자들은 투기를 목적으로 파생상품에 투자하지만, 일반 기업들은 위험을 제거하기 위한 목적으로 파생상품을 활용하고 있다. 그러나 이러한 이색적 금융 상품들은 금융시장의 위험을 가중시키고 있다. 파생상품이 시장위험을 가중시키는 원인은 무엇일까? 이 의문에 답하기 위해, 파생상품 관련 기초 지식을 살펴보자.

파생상품이란 기초 자산의 가치에 근거하여 가치가 변하는 자산을 말한다. 일반적으로 이용되고 있는 파생상품들로는, 이 장에서 논의되고 있는 옵션(options), 선물(futures) 및 스왑(swaps) 등이 해당된다. 실제로 새로운 형태의 파생상품의 출현 가능성은 무한하다. 다양한 주식, 선물계약, 옵션 및 스왑 등을 혼합하는 모든 경우의 수를 생각해 보라.

파생상품들은 매우 복잡한 형태를 지니고 있으며, 파생상품 간의 조합으로 새로운 금융 상품을 만들어 내기도 한다. 여러 금융 상품 간의 조합을 통해 만들어진 파생상품 가치의 정확한 측정을 위해 많은 수학적 지식 및 컴퓨터 기술이 사용되고 있다. 일부에서는 기업의 파생상품 투자는 주주 가치 극대화라는 명목하에 도박을 하는 것이며, 큰 위험이 따르는 투자에 대해 우려를 표하고 있다. 그러나 이런 우려는 매우 역설적이다. 복잡한 구조의 파생 금융 상품의 힘은 이 상품들이 정확히 사용될 때, 기업 내의 잠재적 위험을 제거하는 것

을 가능하게 한다는 것에 있기 때문이다.

신용 파생상품은 앞서 언급한 금융 자산 중 하나이다. 신용 파생상품(credit derivatives)이란 해당 기업이 채무 불이행할 경우, 파생상품 소유자에게 완불(payoff)을 약속하는 계약을 말하며, 보험 증권과 같은 역할을 할 수 있다. 예를 들어, 특정 거래자가 Z 회사가 발행한 채권을 보유하고 있을 경우, Z 회사가 채무를 변제할 수 없다는 사실이 확정된다 하더라도 거래자는 일부 채무에 대해 보호 받을 수 있다. 과거 수년 동안, 이와 같은 형태의 파생상품이 폭발적으로 증가하였으며 현재까지 특별한 규제는 가해지지 않고 있다.

정책 관계자들은 채무 불이행 발생 시, 신용 파생상품이 시장의 안정성에 어떠한 영향을 미칠지에 대해 관심을 갖기 시작하였다. 일부 영리한 투자자들은 조세 회피를 목적으로 파생상품을 이용해 왔으며, 사기를 목적으로 활용하기도 하였다. 그러나 이런 경우는 매우 드물고, 대부분의 개인 투자자들은 단순히 투기 목적으로 파생상품에 투자하고 있는 것으로 보인다. 실제로 파생상품은 기업들이 경제적 위험에 대한 헤지 목적으로 활용하고 있으며, 이러한 목적에 적합하며 유용한 도구가 될 수 있다.

출처 : Adapted from "Financial WMD?" *The Economist*, January 22, 2004.

상승분만큼 증가하게 된다. 그러나 주가가 100 이하일 때는 옵션은 아무런 가치를 가지지 못한다.

풋옵션의 현금흐름은 $\max(100-S_T, 0)$이다. 그림 15.2는 풋옵션의 현금흐름을 나타낸다. 만약 만기의 주가가 행사가격보다 낮다면 풋옵션의 가치는 주가가 하락하는 만큼 증가하게 된다. 그러므로 풋옵션으로부터의 최대현금흐름은 100이다. 반면에 주가가 행사가격보다 높다면 풋옵션은 가치를 지니지 못한다.

이처럼 위험에 대한 노출을 조절하기 위해 옵션을 이용하는 것 이외에도 기초자산을 가지고 있지 않은 투자자가 옵션을 매입하거나 매도하는 포지션을 취할 수도 있다. 콜옵션의 가격은 기초자산인 주식가격과 비교해서 극히 작기 때문에 주식에 투자하는 만큼을

그림 15.2

풋옵션의 현금흐름 그래프

주 : 풋옵션의 행사가격은
100임.

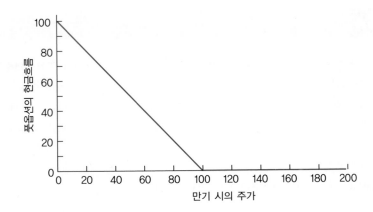

옵션에 투자하는 경우 상당한 레버리지를 이용하게 된다. 예를 들어, 주식에 대해 낙관적인 예상을 하고 $100,000를 투자한다고 가정하자. 이때 무위험이자율은 5%이고 배당은 없다. 다음과 같은 세 가지 포트폴리오에 1년간 투자할 때의 수익률을 비교해 보자.

1. 주식에 $100,000를 투자한다.
2. 콜옵션에 $100,000를 투자한다.
3. 콜옵션에 $10,000를 투자하고 $90,000를 무위험자산에 투자한다.

주가는 100이고 콜옵션가격은 10이라고 하자. 이러한 상황에서는 첫 번째 전략에서 1,000주의 주식을 살 수 있고 두 번째 전략에서 10,000단위의 옵션을 살 수 있다는 것을

그림 15.3

**강세 주식 전략하의
대안들의 현금흐름 그래프**

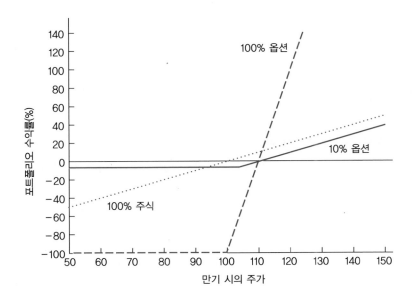

알 수 있다. 그림 15.3에 나타나 있는 현금흐름에 대해 생각해 보자.

그림 15.3은 가로축에 주가를, 세로축에 포트폴리오의 수익률을 나타낸다. 첫 번째 전략—그림에서 점선으로 표시됨—은 100을 손익분기점으로 하는 직선의 그래프로 나타나는 현금흐름이다. 지수가 100일 때 수익률은 0이 된다. 만약 주가가 100보다 크다면 주가가 1% 증가할 때마다 수익률도 1% 증가할 것이다. 만약 주가가 100보다 낮다면 주가가 1% 하락할 때마다 수익률도 1%씩 하락할 것이다.

두 번째 전략—그림에서 굵은 점선으로 표시됨—에서는 손익분기점이 110이 된다. 꺾이는 점의 오른쪽에서는 그래프의 기울기가 첫 번째 전략에서의 기울기의 10배가 된다. 이는 주가 상승 시에 콜옵션 한 단위는 주식 한 주가 주는 수익만큼을 제공하기 때문이다. 그리고 두 번째 전략에서는 첫 번째 전략에서 가졌던 주식의 수보다 10배 많은 콜옵션을 가지게 된다. 그러나 만약 주가가 100보다 낮다면 그래프에서 보는 것처럼 두 번째 전략하에서 모든 투자금액을 잃을 수도 있다. 이때의 수익률은 −100%가 된다.

세 번째 전략하에서의 현금흐름은 그림 15.3에서와 같이 꺾인 직선으로 나타난다. 주가가 행사가격 100보다 큰 경우에는 투자금액 전체를 주식에 투자한 경우와 동일한 기울기를 갖는다. 그러나 행사가격보다 작은 경우에는 수익률 −5.5%인 수준에서 평행하게 된다. 만약 주가가 하락한다면 최대 손실액은 콜옵션에 투자한 $10,000가 되고 무위험자산에 투자한 $90,000는 $94,500가 되기 때문에 포트폴리오의 수익률이 가지는 하한은 −5.5%가 되는 것이다.[3] 그러므로 세 번째 전략은 옵션이 최소수익률보증상품(minimum-return-guarantee product)을 제공하는 데 있어서 어떻게 활용되는지를 보여주고 있다.[4]

위의 세 가지 전략 모두는 앞으로 주가가 오를 것이라고 예상하는 경우 그 전략을 선택하는 데 유용하다. 그러나 어떤 것이 최적의 전략이 될 것인지를 결정할 때는 주가 변동에 대한 기대와 위험을 감수하는 정도에 대해서 좀 더 명확한 규정이 있어야 한다.

---

[3] 세 번째 전략하에서 포트폴리오 전체의 수익률에 대한 식은 다음과 같다.

$$포트폴리오\ 수익률 = \frac{1년\ 후의\ 가치 - 현재의\ 가치}{현재의\ 가치}$$

$$= \frac{\$90,000(1.05) + 1,000\max(S_T - 100,\ 0) - \$100,000}{\$100,000}$$

$$= -0.055 + 0.01\max(S_T - 100,\ 0)$$

[4] Merton과 Scholes는 1976년에 최초로 옵션 전략이 가미된 뮤추얼 펀드를 설립하였다. 투자전략은 자산의 90%를 단기 현금성 자산(money market instrument)에 투자하고 10%를 콜옵션에 투자하는 것이다.

표 15.3 강세 전략하의 수익률 확률분포

미래의 경제 상황	확률	무위험이자율	포트폴리오 수익률		
			전략 1 (100% 주식)	전략 2 (100% 콜옵션)	전략 3 (10% 콜옵션)
호황	0.2	5%	50%	400%	44.5%
보통	0.6	5%	10%	0	4.5%
불황	0.2	5%	−30%	−100%	−5.5%

예를 들면, 표 15.3에 나타난 바와 같이 미래의 경제 상황에 대해 세 가지 가능성이 존재한다고 하자. 1년 뒤 호황이 될 확률은 0.2이고 이때의 주가는 50% 상승하게 된다. 1년 뒤의 상황이 보통이 될 확률은 0.6이고 주가는 10% 상승하게 된다. 또 1년 뒤 불황이 될 확률은 0.2이고 이때 주가는 30% 하락하게 된다.

표 15.3은 각 상황에 있어서 위의 세 가지 전략으로부터 얻어지는 수익률을 보여 준다. 호황일 경우를 생각해 보자. 첫 번째 전략(100% 주식에 투자)에서 수익률은 50%가 된다. 두 번째 전략(100% 콜옵션에 투자)에서 만기에 보유하고 있는 옵션의 가치는 $500,000가 되고 수익률은 400%가 된다. 세 번째 전략(콜옵션에 10% 투자)에서는 보유하고 있는 옵션의 가치는 $50,000이고 채권의 가치는 $94,500가 되어 수익률은

$$\frac{\$50,000+\$94,500-\$100,000}{\$100,000}=0.445 \text{ 또는 } 44.5\%$$

세 가지 상황하에서 각 전략에 대한 확률분포를 비교해 보자. 표를 보면 모든 상황하에서 최적이라고 말할 수 있는 전략은 존재하지 않는다. 예를 들어, 두 번째 전략은 호황일 경우에는 최적의 선택이 되지만 그 밖의 상황에서는 최악의 선택이 된다. 첫 번째 전략은 보통의 상황에서 최적의 선택이 되지만 호황이나 불황의 상황에서는 2순위의 선택이 된다.

그러므로 어떠한 전략도 완전히 다른 전략보다 우위에 있을 수 없다. 투자자의 위험감수에 대한 태도에 따라 위의 세 가지 전략 중 하나를 선택하게 될 것이다. 실제로 위험회피 정도가 높은 투자자는 $100,000 모두를 5%의 확실한 수익을 주는 무위험자산에 투자하는 것을 선호하게 될 것이다.

글상자 15.2 대차거래 없는 공매도

공매도는 합법적이며 보편적으로 이용되는 도구이지만, 공매도자들이 자신의 약속을 이행할 준비가 되어 있지 않다면 매우 위험한 거래가 될 수 있다. 우리는 미래 주가 하락을 예상할 경우, 주식을 빌려 현재 가격으로 판매하고, 더 낮은 가격으로 차후 그 주식을 재매입하여 이익을 실현하는 것을 목표로 한다. 때때로 투자자들은 해당 주식을 미리 차입하지 않거나, 주식 차입 가능 여부에 대한 확신 없이 공매도를 시행한다. 이러한 관행을 '대차거래 없는 공매도'라 하며, 이것은 금융시장에서 문제를 야기시킬 수 있다.

투자자가 필요한 주식 확보 전에 공매도하는 경우를 생각해 보자. 이 경우, 주식을 양도해야 할 시점에 해당 주식을 차입할 출처를 찾지 못한다면? 투자자는 계약을 이행할 수 없으며, 상대방에게 양도 의무를 이행할 수 없게 되고 이는 법적 소송 및 시장 불안정으로 이어지게 된다.

미국의 규제 기관들은 이 부분에 관심을 가져 왔다. 유타주는 법으로 대차거래 없는 공매도에 대해 엄격히 규제하고 있으며, 미 연방증권거래위원회에서도 이에 대한 법률을 제정하였다. 2005년 1월, 위원회는 투자자들로 하여금 공매 전에 주식 차입의 출처를 미리 마련해 두도록 규정하고 있으며, 2006년 여름에는 상원 위원회에서 공매도 관행 감사를 위한 청문회를 개최했고, 향후 공매도와 관련한 더 많은 법령이 제정될 예정이다.

대차거래 없는 공매도에 대해 비판적 시각을 가진 사람들은 그런 관행이 자사 주식이 거래되고 있는 기업들에게 불공정하다고 말하며, 주가 하락 및 여러 근거를 제시하며 반발하고 있다. 주식 거래자가 대차거래 없는 공매도에 대해 계약 이행을 할 수 없는 경우 시장 효율성에도 부정적 영향을 미친다는 견해도 있다. 각종 소송이 법률 시스템을 마비시키고, '양도 실패'라는 손실적 결과에 대한 두려움으로 인해 투자자들이 시장에 대한 신뢰를 상실할 수 있다는 것이다.

그러나 투자자들은 일부 대차거래 없는 공매도를 사실상 환영하고 있다. 일례로, 브로커들은 때때로 제공된 주식의 수요가 공급을 초과할 때, 유동성을 보장하기 위해 공매도를 하곤 한다.

일반적으로 공매도는 주식 거래자들에게 있어서 매우 합리적인 도구로 간주되고 있다. 그러나 거래자들이 계약 이행에 대한 아무런 준비 없이 공매도를 시행한다면, 순조롭게 운영되고 있는 금융시장에 장애가 발생할 뿐만 아니라 이와 관련한 각종 심각한 소송이 초래될 수 있다.

출처 : Adapted from "Betting on Losers," *The Economist*, June 22, 2006.

| 예제 15.3 |

네 번째 전략은 $96,000를 무위험자산에 투자하고 $4,000를 옵션에 투자하는 것이다. 최소 보장수익률은 얼마인가? 현금흐름 그래프를 그렸을 때 행사가격보다 큰 경우 기울기는 얼마가 되는가?

15.3 풋-콜 패러티

앞서 일부는 무위험자산에 투자하고 일부는 콜옵션에 투자하는 전략은 최소보장가치(수익의 하한)와 주식에 전부 투자했을 경우의 기울기를 가지는 포트폴리오를 제공한다는 것을 보았다. 이러한 현금흐름의 패턴은 주식과 풋옵션을 매입하면 만들어 낼 수 있다.

표 15.4a와 그림 15.4a는 이러한 보장된 풋옵션 전략으로부터의 현금흐름들과 이것이

표 15.4a **보장된 풋옵션 전략의 현금흐름 구조**

포지션	만기에서의 가치	
	$S_T<\$100$인 경우	$S_T>\$100$인 경우
주식	S_T	S_T
풋옵션	$\$100-S_T$	0
주식+풋옵션	$\$100$	S_T

그림 15.4a

**보장된 풋옵션 전략의
현금흐름 그래프**

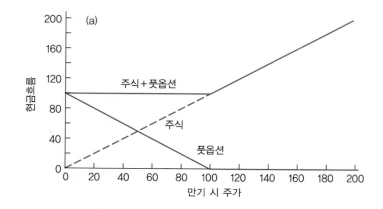

합쳐져서 어떻게 보장된 주식 포지션을 구성하는지를 보여 준다. 이 포트폴리오의 최소
가치는 행사가격 100이다. 표 15.4b와 그림 15.4b는 채권과 콜옵션을 결합한 전략이 주는
현금흐름과 이것이 합쳐져서 어떻게 보장된 주식 포지션을 만드는지를 보여 준다. 그러
므로 주식과 유럽형 풋옵션(행사가격은 E)으로 이루어진 포트폴리오는 파산위험이 없는
순수할인채(액면가액은 E)에 유럽형 콜옵션(행사가격은 E)을 합한 것과 같다.[5] 일물일가
의 원칙에 의해 이들은 같은 가격을 가져야 한다.

식 15.1은 이러한 관계를 나타낸다.

$$S+P=\frac{E}{(1+r)^T}+C \tag{15.1}$$

여기서 S는 주가이고 E는 행사가격, P는 풋옵션의 가격, r은 무위험이자율, T는 옵션
의 만기 그리고 C는 콜옵션의 가격을 나타낸다.[6]

---

[5] 이러한 등가의 관계는 미국형 옵션에서는 수정되어야 한다. 왜냐하면 만기 이전에 행사가 가능하기 때
문이다.

표 15.4b 순수할인채와 콜옵션을 결합한 경우의 현금흐름 구조

포지션	만기에서의 가치	
	$S_T<\$100$인 경우	$S_T>\$100$인 경우
액면 $100인 순수할인채	$100	$100
콜옵션	0	$S_T-\$100$
순수할인채+콜옵션	$100	S_T

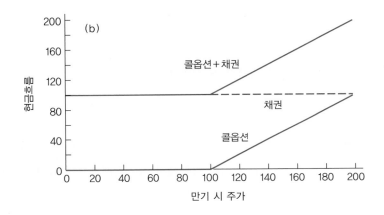

그림 15.4b

순수할인채와 콜옵션을 결합한 경우의 현금흐름 그래프

식 15.1을 **풋-콜 패러티 관계**(put-call parity relation)라고 한다. 이는 세 개의 가치가 주어졌을 때 나머지 하나의 가격을 구하는 데 이용될 뿐만 아니라 특정 자산을 나머지 세 개를 이용해서 표현하는 데도 이용된다. 예를 들어, 식 15.1을 변형하면 콜옵션은 주식을 보유하고 행사가격의 현재가치만큼을 차입해서(즉 파산위험이 없는 액면가액 E인 순수할인채를 공매한다) 풋옵션을 매입하는 것과 동일하다는 것을 알 수 있다.

$$C=S-\frac{E}{(1+r)^T}+P \tag{15.2}$$

식 15.2는 콜옵션의 특성이 다음과 같은 세 가지 구성요소로 나뉘는 것을 보여 주고 있다.

---

6 우리는 여기에서 옵션의 만기까지 배당이 없다고 가정하였다. 일반적으로 배당의 존재는 풋-콜 패러티의 관계를 복잡하게 만든다. 그러나 연간 배당률이 일정한 d라고 가정한다면 다음과 같은 식이 성립한다.

$$S(1-d)^T+P=\frac{E}{(1+r)^T}+C$$

1. 주식을 매입한다.

2. 주식매입 자금의 일부를 차입한다(레버리지).

3. 하락위험에 대비하여 보험을 매입한다(풋옵션).

식 15.2는 콜옵션을 이용해 풋옵션의 가치를 구하거나 반대로 풋옵션을 이용해 콜옵션의 가치를 구하는 식으로 이용되기도 한다. 예를 들어, 식 15.2의 우변항의 가치들이 다음과 같다고 하자.

$$S=\$100,\ E=\$100,\ T=1년,\ r=0.08\ 그리고\ P=\$10$$

그러면 콜옵션의 가격 C는 \$17.41가 될 것이다. 즉

$$C=100-100/1.08+10=17.41$$

만약 C가 \$18이고 차익거래에 있어서 아무런 제한적 요인이 없다면 콜옵션의 가격은 너무 높게 형성되어 있는 것이다. 이러한 상황에서 차익거래자는 콜옵션을 매도하고 콜옵션과 동일한 현금흐름의 복제전략 포트폴리오를 매입하면 이익을 얻을 수 있다. 주식을 매입하는 데 드는 순지출액은 주가 \$100에서 차입금 \$92.59만큼을 뺀 \$7.41가 된다. 그리고 하락위험을 방지하기 위해 풋옵션을 매입하는 비용은 \$10이므로 콜옵션 가치만큼을 만들어 내는 데 드는 총비용은 \$17.41가 될 것이다. 차익거래자는 이 비용으로 콜옵션 가치를 만들어 내고 \$18에 매도함으로써 그 차이인 \$0.59만큼을 이익으로 취하게 될 것이다. 표 15.5는 이러한 과정을 보여 준다.

표 15.5 풋-콜 차익거래

포지션	현재의 현금흐름	만기 시의 현금흐름	
		$S_T<\$100$인 경우	$S_T>\$100$인 경우
콜옵션 매도	\$18.00	0	$-(S_T-\$100)$
복제 포트폴리오 매입(복제 콜)			
주식 매입	−\$100.00	S_T	S_T
\$100의 현재가치만큼 차입	\$92.59	−\$100	−\$100
풋옵션 매입	−\$10.00	$\$100-S_T$	0
순현금흐름	\$0.59	0	0

식 15.2를 변형하면 풋옵션과 콜옵션, 주식 그리고 채권 간의 관계에 대한 좀 더 많은
정보를 얻을 수 있다.

$$C-P=S-\frac{E}{(1+r)^T}$$

이때 풋-콜 패러티는 다음과 같은 사항을 내포하고 있다.

- 만약 주가가 옵션 행사가격의 현재가치와 같다면 콜옵션의 가격은 풋옵션의 가격과 같아지게 된다.
- 만약 주가가 옵션 행가가격의 현재가치보다 크다면 콜옵션의 가격은 풋옵션의 가격 보다 커지게 된다.
- 만약 주가가 옵션 행사가격의 현재가치보다 작다면 풋옵션의 가격은 콜옵션의 가격 보다 커지게 된다.

| 예제 15.4 |
풋옵션, 콜옵션 그리고 액면가액이 E인 순수할인채를 이용하여 주식가치를 합성해 낼 수 있는 방법을 보이 라.

15.4 변동성과 옵션가격

주가의 변동성이 클수록 풋옵션이나 콜옵션의 가격은 높아진다. 이를 살펴보기 위해 1년
뒤 주가가 \$120나 \$80 둘 중 하나가 되는 경우를 생각해 보자. 각 경우가 될 확률은 0.5
이다.

낮은 변동성의 경우

현재	1년 후	
주가	주가	콜옵션의 현금흐름
\$100 ── $\begin{cases} \$120 \\ \$80 \end{cases}$	\$120	\$20
	\$80	0
기대가치 :	\$100	\$10

1년 뒤 주가의 기대가치는 0.5×\$120+0.5×\$80=\$100가 된다.

1년 뒤 만기 시에 행사가격이 $100인 콜옵션을 생각해 보자. 만기에 주가가 $120가 된다면 콜옵션은 $20의 현금흐름을 가질 것이고, 주가가 $80가 된다면 아무런 현금흐름도 가지지 않을 것이다. 그러므로 콜옵션의 기대현금흐름은 0.5×$20+0.5×0=$10가 된다.

주가의 기대가치가 $100로 변화가 없더라도 주가의 변동성이 더욱 커지는 경우를 생각해 보자. 예를 들어, 1년 뒤 주가가 $200가 되거나 0이 되는 경우를 생각해 보자. 이때 역시 각각의 확률은 0.5이다.

높은 변동성의 경우

현재	1년 후	
주가	주가	콜옵션의 현금흐름
$100 ──── $200		$100
$0		0
기대가치 :	$100	$50

주가의 1년 뒤 기대가치는 여전히 $100(0.5×$200+0.5×0)이다. 그러나 변동성은 더욱 커졌다. 콜옵션의 기대현금흐름은 $50(0.5×$100+0.5×0)가 되어 앞의 경우보다 $40만큼 증가했다. 분명히 콜옵션의 가격은 상승할 것이다. 그러므로 변동성의 증가(현재 주가는 동일하다)는 콜옵션의 기대현금흐름을 증가시킬 것이고 따라서 콜옵션의 현재 가격 또한 상승할 것이다. 풋의 경우에도 마찬가지이다.

이는 주가가 연속확률분포를 가지는 좀 더 일반적인 경우에도 적용된다. 만기 시 옵션으로부터의 현금흐름은 음(−)이 될 수 없다. 최악의 경우에 옵션은 가치를 가지지 못하며 행사되지 않을 것이다. 그러므로 옵션 현금흐름의 확률분포는 0의 지점에서 시작되는데 이는 옵션의 기대현금흐름이 기초자산인 주가의 변동성에 대한 증가함수가 되게 하는 이유가 된다.

요약하면 주가와 기대수익률이 동일할 경우 주가변동성의 증가는 풋옵션이나 콜옵션의 기대수익을 증가시키는 원인이 된다. 그러므로 주가변동성이 증가하면 풋옵션과 콜옵션의 가격은 상승하게 된다. 더욱이 풋-콜 패러티로부터 주가변동성의 증가는 콜옵션과 풋옵션의 가격을 같은 폭으로 증가시킨다는 것을 알 수 있다(이 경우의 콜옵션과 풋옵션은 만기와 행사가격이 같아야 한다).

| 예제 15.5 |
주어진 주가변동성 수준에서 $S=\$100$, $E=\$100$, $T=1$년, $r=0.08$, $C=\$17.41$ 그리고 $P=\$10$라고 하자. 주가의 변동성이 증가하여 콜옵션의 가격이 $\$20$로 상승하였다. 만약 S, E, T 그리고 r이 일정하다고 하면 풋옵션의 가격은 얼마가 되겠는가?

15.5 이항옵션가격결정모형

식 15.2에서 보았던 것처럼 풋-콜 패러티 관계는 콜옵션가격을 주식과 무위험이자율 그리고 풋옵션을 이용해서 나타낼 수 있게 해 준다. 그러나 풋옵션가격을 알지 못하는 경우에도 콜옵션가격을 계산할 수 있는 방법이 있다. 이를 위해 미래 주가의 확률분포에 대한 몇 가지 가정이 필요하다.

이 모형에서는 주가가 만기일에 가능한 두 가지 가격 중 하나가 실현된다고 가정한다. 비록 이러한 가정은 비현실적이긴 하지만 이항옵션가격결정모형이라 불리는 좀 더 현실적인 모델의 기초를 제공한다는 점에서 중요한 의미를 가진다. 또한 이에 대한 이해는 블랙-숄즈 모형을 이해하는 데에도 많은 도움을 줄 것이다.

이 방법은 풋-콜 패러티를 유도할 때 이용했던 방법과 비슷하다. 주식과 무위험이자율로의 차입으로 합성 콜을 구성한다. 일물일가의 법칙에 의해 콜옵션의 가격은 합성 콜을 구성하는 데 드는 비용과 같아야 한다. 만기가 1년이고 행사가격이 $100인 콜옵션을 생각해 보자. 현재의 주가는 $100이고 1년 뒤에는 20%만큼 상승할 수도 있고 하락할 수도 있다고 가정한다. 그러므로 1년 뒤 옵션 만기일의 주가는 $120 또는 $80가 될 것이다. 무위험이자율은 5%이다.

주식과 콜옵션의 현금흐름은 다음과 같이 나타낼 수 있다.

현재	1년 후	
주가	주가	콜옵션의 현금흐름
$100 $\Big\langle$	$120	$20
	$80	0

콜옵션으로부터의 현금흐름을 주식과 무위험이자율로 차입하여 만든 포트폴리오의 현금흐름과 비교해 보자. 차입에 대한 담보로 주식이 사용되기 때문에, 투자자가 무위험이자율로 차입할 수 있는 최대액수는 1년 후 최소주가의 현재가치가 된다. 1년 후의 최소주가는 $80이므로 현재 차입하는 액수는 $80/1.05 = $76.19가 된다. 이 포트폴리오의 현금

흐름은 다음과 같이 1년 후의 주가에 의해 결정된다.

포지션	현재의 현금흐름	만기 시의 현금흐름	
		$S_1 = \$120$인 경우	$S_1 = \$80$인 경우
주식 1주 매입	−$100.00	$120	$80
$76.19 차입	+$76.19	−$80	−$80
합계	−$23.81	$40	0

현재	1년 후	
포트폴리오 비용	주가	현금흐름
$23.81	$120	$40
	$80	0

다음에는 콜옵션과 같은 현금흐름을 복제하기 위해서 얼마만큼의 주식이 필요한지를 알아야 한다. 이때 필요한 주식의 양을 **헤지비율**(hedge ratio)이라고 한다. 일반적으로 2상황모형(two-state model)에서의 헤지비율은 옵션으로부터 가능한 두 가지 현금흐름의 차이를 주식으로부터 가능한 두 가지 가격의 차이로 나눈 값이 된다. 위의 경우에는

$$헤지비율 = \frac{옵션가격의\ 범위}{주식가격의\ 범위}$$

$$= \frac{\$20 - 0}{\$120 - \$80} = 0.5$$

그러므로 만약 주식 1/2주를 매입하고 $38.095를 차입한다면 합성 콜옵션을 구성할 수

표 15.6 복제 포트폴리오를 통한 합성 콜옵션 구성

포지션	현재의 현금흐름	만기 시의 현금흐름	
		$S_1 = \$120$인 경우	$S_1 = \$80$인 경우
콜옵션		$20	0
합성 콜옵션			
1/2주 매입	−$50.000	$60	$40
$38.095 차입	$38.095	−$40	−$40
합계	−$11.905	$20	0

있다. 차입액은 확실하게 만기일에 이자와 함께 되돌려줄 수 있는 최대금액이 된다. 위의 예에서 1/2주의 주식이 가질 수 있는 최악의 상황은 주가가 $40가 되는 경우이므로 차입 액은 $40를 무위험이자율 5%로 할인한 현재가치 $38.095가 된다.

표 15.6은 콜옵션 자체로부터의 현금흐름과 복제 포트폴리오를 이용하여 만든 합성 콜옵션으로부터의 현금흐름을 나타낸다.

일물일가의 법칙으로부터 콜옵션과 복제 포트폴리오는 같은 가격을 가져야 하므로 콜옵션의 가격은

$$C = 0.5S - \$38.095$$
$$= \$50 - \$38.095$$
$$= \$11.905$$

| 예제 15.6 |
앞의 예에서보다 주가가 더 큰 변동성을 갖는다고 가정하자. 즉 주가가 1년 동안 30% 정도로 상승하거나 하락할 수 있다. 2상황모형을 이용하여 주가를 예측해 보이라.

15.6 동적 복제와 이항옵션가격결정모형

1년 후 주가의 변화가 두 가지 상황 중 하나만 된다는 가정은 비현실적이다. 그러므로 현

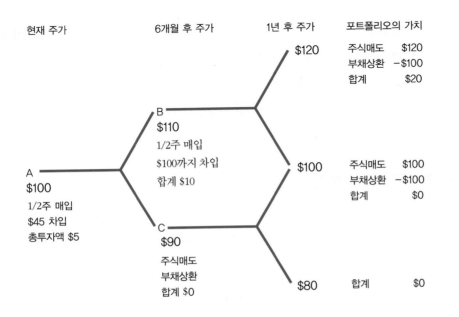

그림 15.5

콜옵션의 동적 복제를 위한 의사결정나무

실적인 접근을 위해 한 기간을 1년이 아닌 6개월로 나누고 주가가 한 기간에 $10만큼 상 승하거나 하락한다고 가정하자. 따라서 1년간 주가는 최대 $20만큼 상승하거나 하락하게 된다. 이제 1년 후 시점에서 가능한 주가는 세 가지 경우($120, $100, $80)가 되며 이에 따라 콜옵션의 현금흐름은 $20, 0, 0가 된다.

우리의 목적은 콜옵션의 현금흐름 구조를 복제할 수 있는 **자기금융 투자전략**(self-financing investment strategy)을 찾는 것이다. 즉 6개월 후의 주가에 따라 주식의 수와 차 입액을 재조정하는 동적인 전략이다. 최초의 현금지출 다음에는 펀드에의 추가투자나 회 수가 가능하지 않다.

각 시점에서 복제전략은 앞서 보았던 2상황모형에서의 경우와 마찬가지가 된다. 그림 15.5는 **의사결정나무**(decision tree)가 어떻게 이용되는지를 보여 준다.

점 A에서 주가는 $100이다. 최초로 $50에 1/2주를 매입하고 $45를 차입한다. 그러므로 순현금지출액은 $5이다. 첫 번째 6개월이 지난 후에 주가는 $110(점 B) 또는 $90(점 C) 가 된다. 만약 점 B의 상황이라면 $55를 더 차입해서 1/2주를 추가 매입하고 만약 점 C 의 상황이라면 보유하고 있는 1/2주를 매도하고 부채를 상환한다. 이러한 전략은 1년 후 에 옵션으로부터 얻어지는 것과 동일한 현금흐름을 제공한다.

이 전략에서는 최초의 현금지출 이후에는 자기금융에 의해서 이루어진다. 즉 옵션 만 기 이전에 펀드의 추가투자나 원금회수가 일어나지 않는다는 것이다. 결론은, 콜옵션의 현금흐름을 복제하는 동적 자기금융 포트폴리오 전략의 최초 비용이 $5이기 때문에 일 물일가의 법칙에 의해 콜옵션의 가격도 $5가 되어야 한다는 것이다.

지금껏 언급한 옵션가격결정모형은 2상황모형을 발전시키는데 이를 **이항옵션가격결정 모형**(binomial option-pricing model)이라고 한다.[7] 1년의 기간을 점점 작은 시간 단위로 분할함으로써 이 모형을 통해 더욱 많은 현실감과 정확성을 얻을 수 있다. 이항옵션가격 결정모형은 현실세계에서 많이 이용된다. 분할되는 기간의 수는 요구되는 정확성의 정도 에 의해서 결정된다.

15.7 블랙-숄즈 모형

옵션가격을 결정하기 위해 많이 사용되는 좀 더 현실적인 것으로는 **블랙-숄즈 모형** (Black-Scholes model)이 있다.[8] 이 모형의 유도 과정은 위에서 언급했던 것과 비슷하지

---

[7] 이항모형에 대한 자세한 사항은 Cox, Ross, & Rubinstein, "Option Pricing: A Simplified Approach," *Journal of Financial Economics*, 7(1979), 229-263 참고.

만 추가적으로 전 기간에 걸쳐 복제 포트폴리오가 연속적으로 재조정된다고 가정한다.

유럽형 콜옵션의 가격을 결정하기 위한 블랙-숄즈 모형은 다섯 개의 매개변수로 이루어지는데 이 중 네 개는 직접적으로 관찰이 가능하다. S는 주가, E는 행사가격, r은 무위험이자율(무위험자산에 대한 연속복리율) 그리고 T는 옵션만기까지의 기간을 나타낸다. 블랙-숄즈 모형식은

$$C = N(d_1)S - N(d_2)Ee^{-rT}$$

$$d_1 = \frac{\ln(S/E) + (r + \sigma^2/2)T}{\sigma\sqrt{T}}$$

$$d_2 = d_1 - \sigma\sqrt{T}$$

(15.4)

이때[9]

C = 콜옵션가격

S = 주가

E = 행사가격

r = 무위험이자율(옵션과 동일한 만기를 가지는 무위험자산에 대한 연속복리율)

T = 연 단위로 표시된 만기까지의 기간

σ = 연속복리로 표시된 주식수익률에 대한 표준편차

$\ln$ = 자연로그

e = 자연대수(약 2.71828)

$N(d)$ = 표준정규분포에서 d까지의 누적확률

풋-콜 패러티 관계식 $P = C - S + Ee^{-rT}$에서 C를 위의 식으로 대체하면 풋옵션의 가치에 대한 식을 유도할 수 있으며 다음과 같이 나타난다.

$$P = (N(d_1) - 1)S + (1 - N(d_2))Ee^{-rT}$$

식을 유도함에 있어서 블랙-숄즈 모형은 옵션 기간에 현금배당이 없는 것으로 가정한

---

[8] Fischer Black, and Myron Scholes, "The Pricing of Options and Other Corporate Liabilities," *Journal of Political Economy*, 81(May/June 1973).

[9] 연속복리수익률은 (1+수익률)에 자연로그를 취한 값과 같다.

다. 그러나 Merton에 의해 항상 연속배당수익률 d를 적용한 모형이 나오게 되었는데[10] 이는 다음과 같다.

$$C=N(d_1)Se^{-dT}-N(d_2)Ee^{-rT}$$

$$d_1=\frac{\ln(S/E)+(r-d+\sigma^2/2)T}{\sigma\sqrt{T}}$$ (15.5)

$$d_2=d_1-\sigma\sqrt{T}$$

여기에서 눈여겨볼 점은 옵션가격결정모형 내에 주식의 기대수익률이 포함되지 않는다는 것이다. 이는 기대수익률에 의한 영향은 주가에 이미 반영되었기 때문이다. 미래의 주가나 기대수익률에 대한 예상의 변화는 주가를 변화시키게 되고 이에 따라 콜옵션의 가격도 변하게 된다. 그러나 어떠한 주가수준에서도, 주식에 대한 기대수익률을 알지 못해도 옵션의 가격을 구할 수 있다. 따라서 현재의 주가가 주어진 상황에서, 주식에 대한 기대수익률에 대해 동의하지 않는 투자자도 옵션의 적정 가격에 대해서는 동의할 수 있게 되는 것이다.

실제로 변동성(σ)이나 배당률(d)은 확실하게 알려져 있지 않고 경험적 자료에 의하면 이들은 확률적으로 변화한다. 이러한 확률적 변동을 포함하는 모형들이 계속 발전되어 왔으며 실제로도 많이 이용되고 있다. 배당-조정옵션가격 공식인 식 15.5는 컴퓨터를 이용하면 쉽게 계산할 수 있다.

편의를 위해 제4장에서의 현재가치계산의 경우와 같이 표를 통해서 설명한다. 예를 들어, 기초자산인 주식의 가격이 $100이고 행사가격이 $100, 배당률은 3%, 변동성은 0.20인 6개월짜리 콜옵션의 가격을 결정한다고 하자. 무위험이자율은 8%이다. 표 15.7은 옵션가격결정 프로그램의 투입변수와 산출변수의 결과를 보여 주고 있다.

표 15.8은 여섯 개의 투입변수가 콜옵션과 풋옵션의 가격에 어떤 영향을 미치는지를 나타내고 있다. 이를 살펴보면 다음과 같다.

표 15.7 옵션가격계산표

S	E	r	T	d	σ	결과	
100	100	0.08	0.5	0.03	0.2	$C=\$6.79$	$P=\$4.35$

---

[10] Robert C. Merton, "Theory of Rational Option Pricing," *Bell Journal of Management Science*, 4(Spring 1973).

표 15.8

옵션가격의 결정

증가하는 투입변수	콜옵션	풋옵션
주가, S	상승	하락
행사가격, E	하락	상승
변동성, σ	상승	상승
만기까지의 기간, T	상승	상승
이자율, r	상승	하락
현금배당, d	하락	상승

- 주가의 상승은 콜옵션가격을 상승시키고 풋옵션가격을 하락시킨다.
- 행사가격의 상승은 콜옵션가격을 하락시키고 풋옵션가격을 상승시킨다.
- 변동성의 증가는 콜옵션과 풋옵션의 가격을 모두 상승시킨다.
- 만기까지의 기간이 길어질수록 콜옵션과 풋옵션의 가격 모두 상승하게 된다.[11]
- 이자율의 증가는 콜옵션의 가격을 상승시키고 풋옵션의 가격을 하락시킨다.
- 배당률의 증가는 콜옵션의 가격을 하락시키고 풋옵션의 가격을 상승시킨다.

주식의 가격과 행사가격의 현재가치가 동일한 경우(즉 $S = Ee^{-rT}$)에는 좀 더 편리한 근사식을 이용할 수 있다.

$$\frac{C}{S} \approx 0.4\sigma\sqrt{T}$$

이 근사식은 풋옵션의 경우에도 유효하다. 그러므로 만약 주가가 \$100, 행사가격이 \$108.33, 만기는 1년, 무위험이자율은 8%, 배당률은 0, 그리고 변동성이 0.20이라면 콜옵션과 풋옵션의 근사값은 주가의 0.08, 즉 \$8가 된다.[12]

이 경우 옵션가격을 결정하는 데 식 15.5의 완전한 식을 이용해 보면 그 결과가 근사치와 크게 다르지 않음을 알 수 있다.

S	E	r	T	d	σ	결과
100	108.33	0.08	1	0	0.2	C=\$7.97 P=\$7.97

---

[11] 이 부분은 미국형 옵션에만 해당한다.
[12] 근사식에는 이자율이 나타나지 않는다.

| 예제 15.7 |
주식의 변동성이 0.2에서 0.3으로 변했다고 가정하자. 콜옵션가격의 근사치는 얼마인가?

15.8 내재변동성

내재변동성(implied volatility)은 관찰되는 옵션의 시장가격과 옵션가격결정식을 이용했을 때의 가격을 일치시키는 σ의 가치로 정의된다. 그러므로 앞의 예에서 표의 좌측에 나타난 변수들의 가치를 알고 있다고 가정하자(콜옵션의 가격은 $7.97).

S	E	r	T	d	C	σ
100	108.33	0.08	1	0	7.97	?

이 자료들을 가지고 식 15.5를 σ에 대해 풀면 옵션가격에 내재된 변동성을 구할 수 있는데 이 경우에는 0.2가 된다.

CBOE에서는 S&P 100 주가지수에 대한 내재변동성을 계산해서 지수를 발표하고 있는데 이러한 내재변동성을 기초자산으로 하는 선물과 옵션계약도 시장에 소개되었다.[13] 이러한 내재변동성지수(VIX)는 대략 30일의 만기를 가지는 여덟 개의 S&P 100 지수옵션의 가격 정보를 이용해서 통계적 편의(bias)를 최소화하는 방법으로 계산된다.

그림 15.6은 2005년 7월부터 2006년 6월까지의 내재변동성 지수의 값을 그래프로 보여주고 있다. 그림을 보면 2005년 초기의 낮은 내재변동성 값은 2006년의 내재변동성의 높은 값의 절반에 불과하다는 것을 알 수 있다. 이는 내재변동성이 일정하지 않다는 것을 보여 준다. 그림 15.6에서 아래의 도표는 동기간에 대응하는 옵션 거래량이다.

15.9 부채와 자기자본에 대한 상황조건부 증권 분석

상황조건부 증권 분석(contingent claims analysis, CCA)이란 다른 유가증권들을 평가하기 위해 옵션가격결정에서 이용되었던 복제 방법론을 응용하는 것을 말한다. 여기서는 기업 전체의 가치가 주어졌을 때 기업의 부채와 자기자본을 평가하기 위해 상황조건부 증권분

---

[13] CBOE의 VIX 인덱스 구성에 대한 자세한 사항은 다음을 참고하라. R. E. Whaley, "Derivatives on Market Volatility: Hedging Tools Long Overdue," *Journal of Derivatives*(Fall 1993), pp. 80−82. 내재변동성 지수와 기타 변동성을 다루는 도구들은 CBOE의 웹사이트 http://www.cboe.com/TradTool/에서 찾아볼 수 있다.

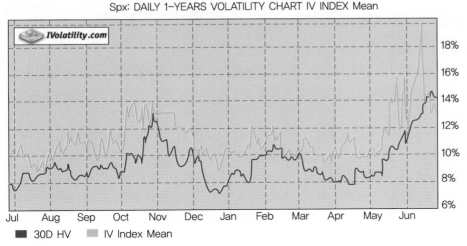

Spx: DAILY 1-YEARS VOLATILITY CHART IV INDEX Mean

■ 30D HV　▨ IV Index Mean

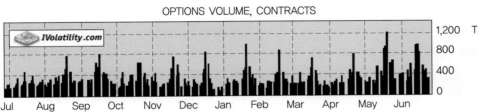

OPTIONS VOLUME, CONTRACTS

그림 15.6

**SPX의 내재변동성
(2005년 7월~2006년
6월)**

출처 : CBOE 웹사이트
http://www.cboe.com/Tra
dTool/

석이 어떻게 이용되는지를 알아보도록 한다.

　가상 기업 Debtco사는 부동산회사이며 보통주 100만 주와 액면가 총액 $80,000,000만 큼의 순수할인채(즉 액면가액 $1,000인 채권 80,000개)를 발행하고 있다. 이 채권의 만기 는 1년이다. 만약 기업의 전체 시장가치가 $100,000,000라고 알고 있다면 이 기업의 주식 가치와 채권가치는 얼마가 되는가?

V : Debtco사의 자산의 시장가치($100,000,000)

E : Debtco사의 자기자본의 시장가치

D : Debtco사의 채권의 시장가치

이 기업의 채권과 자기자본 시장가치의 합계는 $100,000,000이다. 즉,

$$V=D+E=\$100,000,000$$

우리가 알고자 하는 것은 채권과 자기자본의 시장가치, D와 E이다.

　1년 후 채권 만기 시에 이 기업의 유가증권 보유자의 가능한 현금흐름을 생각해 보자. 그림 15.7과 15.8에는 현금흐름 그래프가 나타나 있다. 만약 기업의 자산가치가 부채의

글상자 15.3 스캔들로 이어지는 옵션

옵션─제시된 가격으로 금융 자산을 매도 혹은 매입할 수 있는 권리─은 기초 자산(유동화 자산)의 가격 변화와 동시에 가치가 변한다. 예를 들어, 주식 1주를 매입할 수 있는 옵션은 주식의 가격이 옵션의 행사가격 이하일 때, 가치를 상실한다. 그러나 만약 주가가 급속히 상승하여 행사가격을 초과할 경우, 해당 옵션은 가치를 갖는다.

옵션을 통해 이익을 실현할 수 있다는 사실은 자명하다. 이 점이 최근 수년 동안 임원들에게 가장 일반적 형태의 월급 외 급여의 한 가지로서 스톡옵션이 지급되는 이유이다. 그러나 이 금융 자산 역시 쉽게 조작되고 있다. 2006년 수많은 미국 회사들이 자신들의 임원들에게 제공한 스톡옵션과 관련하여 부정행위로 고발당했다.

연이은 스캔들에 휘말린 기업들은 자사의 임원들에 대한 급여로서 지급한 옵션을 '백데이팅(backdating, 주가 바닥 시점으로 소급 적용한 문서 허위 기재)'한 혐의로 고발당했다. 혐의 내용은 경영자들이 주식 1주의 시가 이하로 행사가격을 설정했을 뿐만 아니라, 자사 주가의 급격한 상승을 통지할 때마다 이러한 주가의 급상승이 옵션 발생에 의한 것이라고 기록했다는 것이다. 백데이팅 처리된 옵션은 발행 즉시 상

당한 가치를 지니고 있었다.

옵션 관련 스캔들은 아이오와대학의 Erik Lie 교수를 수장으로 한 소수 경제학자의 스톡옵션 관련 연구를 통해 알려지게 되었다. 상당수의 옵션이 기초 주식의 가격 상승 바로 직전의 공식 발행 일자를 가지고 있었으며, 백데이팅이 가장 가능성이 높은 이유로 보였다. 이런 조사 결과가 알려진 후, 관계 당국의 관심이 쏟아졌고, 최소 20여 곳의 회사들이 즉각적으로 비리 혐의를 받았으며 그 회사들 중에는 머큐리 인터액티브(Mercury Interactive), 유나이티드 헬스 그룹(UnitedHealth Group) 및 맥아피(McAfee) 등이 포함되어 있었다.

기초 자산 가치의 변화에 걸리는 시간만큼 옵션 가치 변화에 시간이 걸린다는 사실을 상기해 보라. 우리는 주가가 아주 짧은 기간이 지난 후에 급격히 상승 혹은 하락할 수 있다는 사실을 알고 있다. 이는 투자자로 하여금 옵션을 조작하게끔 유혹하며, 조작될 가능성을 키우는 요인이라 할 수 있다.

출처 : Adapted from "Nuclear Options," *The Economist*, June 1, 2006.

액면가액보다 크다면(즉 $V_1 > \$80{,}000{,}000$) 주주들은 이 차이만큼을 받게 될 것이다(즉 $V_1 - \$80{,}000{,}000$). 그러나 자산가치가 $\$80{,}000{,}000$보다 작게 된다면 기업은 파산하게 될 것이고 주주들은 아무것도 받지 못한다. 이 경우 기업의 모든 자산은 채권자들의 몫이 된다.[14]

그림 15.7은 기업의 가치가 $\$80{,}000{,}000$보다 작게 되면 채권자들은 기업의 모든 자산을 가지게 되고, 기업의 가치가 $\$80{,}000{,}000$보다 크게 되면 채권자들은 $\$80{,}000{,}000$만큼을 받게 된다는 것을 나타낸다. 그리고 그림 15.8은 기업의 가치가 $\$80{,}000{,}000$보다 작게 되면 주주들은 아무것도 받지 못하게 되고, 기업의 가치가 $\$80{,}000{,}000$보다 크게 되면 주주들은 기업가치에서 $\$80{,}000{,}000$를 뺀 것만큼을 받게 된다는 것을 나타내고 있다.

---

[14] 그러나 이는 파산비용이 없고 청구권에 대한 우선순위가 명확해야 한다. 실제 파산에는 비용이 발생하고 협상에 따라 결과가 달라진다.

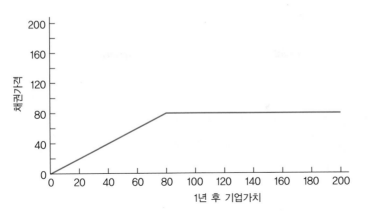

그림 15.7

Debtco사의 채권에
대한 현금흐름 그래프

주 : 기업의 가치가 $80,000,000보다 작게 되면 채권자들은 기업의 모든 자산을 가지게 되고, 기업의 가치가 $80,000,000
보다 크게 되면 채권자들은 $80,000,000만큼을 받게 된다.

기업의 자기자본(주식)에 대한 현금흐름은 기초자산이 기업 전체 자산이고 행사가격이 부채의 액면가액인 경우의 콜옵션과 동일하다는 것에 주목할 필요가 있다. 그러므로 식 15.5를 자기자본의 가치평가에 적용할 수 있으며 자기자본가치에 대한 식은 다음과 같다.

$$E = N(d_1)V - N(d_2)Be^{-rT}$$

$$d_1 = \frac{\ln(V/B) + (r + \sigma^2/2)T}{\sigma\sqrt{T}} \tag{15.6}$$

$$d_2 = d_1 - \sigma\sqrt{T}$$

이때,

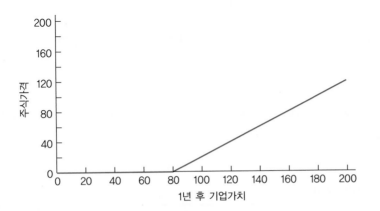

그림 15.8

Debtco사의 주식에
대한 현금흐름 그래프

주 : 기업의 가치가 $80,000,000보다 작게 되면 주주들은 아무것도 받지 못하게 되고, 기업의 가치가 $80,000,000보다 크게 되면 주주들은 기업가치에서 $80,000,000를 뺀 것만큼을 받게 된다.

> $V=$기업의 가치
>
> $E=$자기자본의 가치
>
> $B=$순수할인채의 액면가액
>
> $r=$무위험이자율
>
> $T=$연 단위로 표시된 만기까지의 기간
>
> $\sigma=$연속복리로 표시된 자산수익률에 대한 연수익률 표준편차
>
> $\ln=$자연로그
>
> $e=$자연대수(약 2.71828)
>
> $N(d)=$표준정규분포에서 d까지의 누적확률

부채의 가치 D는 $V-E$로 정의된다. 그러므로 연속복리로 표시된 부채의 약속된 이자율 R은 다음과 같다.

$$R=\frac{\ln(B/D)}{T}$$

식 15.6을 실행함에 있어서 옵션가격결정을 위해 식 15.5에 따라 이용했던 프로그램을 이용할 수 있다. 무위험이자율을 연 8%라 하고 기업자산가치의 변동성이 0.3이라고 하자. 그러면 표 15.7은 15.7a가 된다

부채의 가치는 $V-E$와 같다.

$$D=\$100{,}000{,}000-\$28{,}240{,}000=\$71{,}760{,}000$$

그러므로 연속복리로 표시된 부채의 약속된 이자율 R은 다음과 같이 계산된다.

$$R=\ln(80/71.76)=0.1087 \text{ 또는 } 10.87\%$$

따라서 Debtco사의 채권은 무위험이자율이 8%일 때 10.87%의 만기수익률을 제공할 것을 약속하고 있다.

표 15.7a 자기자본 계산표

V	B	r	T	σ	결과
100	80	0.08	1	0.3	$E=\$28.24$

이제 기업의 자산가치가 부채의 액면가액을 무위험이자율로 할인한 현재가치와 같은
특별한 경우를 생각해 보자. 즉

$$PV = 80e^{-0.08}$$

이 경우에 있어 자기자본의 근사치는

$$\frac{E}{V} \approx 0.4\sigma\sqrt{T}$$

$V=100$, $B=108.33$, $\sigma=0.3$, $T=1$이라고 할 때 위 근사식을 적용하면

$$E = \$12,000,000$$

만약 기존의 정확한 식을 적용한다면

V	B	r	T	σ	결과
100	108.33	0.08	1	0.3	$E=\$11.92$

| **예제 15.8** |
위의 특별한 경우에 있어서 Debtco사의 부채에 대한 만기수익률은 얼마가 되는가?

15.10 신용보증

신용위험에 대한 보증은 재무관리시스템 내에 널리 퍼져 있으며 또한 중요한 역할을 담
당하고 있다. 일반적으로 모회사는 자회사의 부채의무를 보증한다. 은행이나 보험회사는
전통적인 신용계약서에서부터 이자율이나 통화스왑 등에 이르기까지 광범위한 재무적
수단에 대해 수수료를 받고 그 대신에 신용을 제공한다.

　재무적 신용을 가장 많이 제공하는 주체는 정부와 정부기관이다. 심지어 개인적인 일
에 정부가 개입하는 것을 꺼리는 미국에서도 연방정부나 지방정부는 폭넓은 재무적 신용
을 제공한다. 이에 있어서 경제적으로나 정치적으로 가장 중요한 것은 예금보험(deposit
insurance)이다. 그러나 보증은 어디에서나 이용되고 있다. 기업의 경우 정부는 소규모
기업의 부채를 보증하고 있으며 때때로 대기업의 부채도 보증하곤 한다.

　그러나 보증은 위에 열거된 명시적 보증보다 훨씬 더 광범위하게 이용되고 있다. 대출

이 일어날 때마다 암시적 보증이 생겨나게 된다. 이를 살펴보기 위해 기능적, 평가적 의미를 모두 지니는 다음과 같은 기본 등식을 살펴보기로 하자.

$$위험대출 + 대출보증 = 무위험대출$$
$$위험대출 = 무위험대출 - 대출보증$$

그러므로 대출자가 달러표시 대출을 미국 정부가 아닌 다른 이에게 하는 경우 여기에는 눈에 보이지 않는 대출보증의 판매가 포함되게 된다. 따라서 대출은 기능적으로 무위험대출과 파산위험 감수의 두 가지 행위로 나뉘게 된다.

이를 좀 더 명확히 살펴보기 위해 대출행위를 다음과 같은 두 단계로 나누어 생각해 보는 것이 도움이 될 것이다. (1) 보증의 구입 (2) 대출. 보증인과 대출인이 각각 다른 사람이라고 하자. 첫 번째 단계에서 차입인은 $10에 보증을 구입한다. 두 번째 단계에서 차입인은 대출인에게 이 보증을 주고 $100를 무위험이자율 10%에 차입한다. 이 경우 차입인은 순현금흐름 $90($100-$10)를 가지게 되고 후에 $110를 지불하게 된다.

물론 때때로 은행의 경우와 같이 대출인과 보증인이 같은 경우도 있다. 이 경우 차입인은 간단하게 $90를 받고 나중에 $110를 상환하게 된다. 이 대출에 있어서 약속된 이자율은 22.22%, 즉 ($110-$90)/$90이 된다. 이 수치는 무위험이자율과 보증의 비용을 모두 반영하게 된다. 이 두 가지가 나뉠 수 있는 행위라는 것을 이해하기 위해 위험 부채를 보유하고 있는 사람이 $10에 보증을 구입할 수 있음에 주목하자. 결국 이 사람은 총투자액이 $90+$10=$100가 되고 후에 확실하게 $110를 받을 것이다.

따라서 현실에서 대출을 하는 것은 파산 위험이 없는 무위험 사채를 매입함과 동시에 이에 대한 보증을 제공하는 것과 동일하다. 결국 채권자는 무위험 사채에 대하여 비용을 지불하고 이 사채의 보증에 대한 대가를 받게 된다. 파산 위험이 없는 채권의 가치와 보증의 가치의 비율은 상황에 따라 많이 달라지게 된다. 신용등급이 높은 채권(AAA등급)의 가치는 거의 대부분이 무위험 채권의 가치이며 극히 적은 보증가치가 존재한다. 반면에 투자적격등급 이하이거나 또는 정크본드 등의 경우에는 상대적으로 보증가치가 많은 부분을 차지하게 된다.

대출 이외에도 보증은 많은 재무적 계약에서 볼 수 있다. 예를 들어, 스왑거래의 경우에도 제3자인 중개기관에 의해 계약 당사자에 대한 보증이 제공된다. 만약 이러한 보증이 구입되지 않았다면 각각의 계약 당사자는 상대편에게 계약 이행에 대한 사실상의 보증을 제공하게 된다. 비금융기관들이 이러한 계약을 점점 더 많이 이용하게 됨에 따라 경영자들이 관련되는 보증을 효과적으로 관리할 수 있는 방법에 대해서 알아야 할 필요가 더 커지고 있다.

옵션이론 역시 보증에 대한 효과적 관리를 분석하는 데 이용될 수 있다. 보증은 풋옵션과 비슷하다. 계약이 이행되지 않을 경우 보증인은 계약에 대해 약속된 금액을 지불해야 한다. 보증인의 손실은 계약에서 약속된 금액과 계약의 의무와 관련된 발행인의 자산을 처분하였을 때 얻을 수 있는 금액의 차이가 된다. 이때의 차이를 부족액이라고 한다. 일반적으로 부족액이 음(−)이 아닌 경우에 발행인은 파산한다고 가정한다.

예를 들어, 보증을 판매했을 때의 이익에 대하여 생각해 보자. 만약 관련 자산의 가치 V가 계약에서 지불하기로 약속된 금액 E보다 크다면 보증인은 프리미엄만을 받고 아무 것도 지불하지 않을 것이다. 그러나 자산의 가치가 약속된 금액보다 작다면 보증인은 $E-V$만큼을 지불해야 한다. 보증인의 최대 이익은 프리미엄에다가 손실에 대한 지급이나 보증의 만기 이전까지 이 프리미엄을 투자했을 경우 얻게 되는 이자를 합한 것이 된다. 이러한 최대 이익은 피보증인이 파산하는 경우의 손실에 의해 감소하게 된다. 또 최대 손실금액은 계약상 지급하기로 약속한 금액이다. 그러므로 보증인의 이익함수는 $P-\max[0,\ E-V]$로 주어진다. 이때 P는 프리미엄에다가 이자를 합한 값이다.

15.10.1 가상의 예

앞서 보았던 Debtco사를 생각해 보자. 은행, 보험회사 또는 정부가 이 회사의 파산에 대하여 보증을 한다고 가정하자. 이러한 보증의 적정 시장가치는 얼마인가? 이를 계산하기 위한 한 가지 방법은 이 기업의 채권과 동일한 현금흐름을 주는 무위험채권의 현재가치와 보증이 없는 경우 이 기업의 채권가치의 차이를 살펴보는 것이다.

연속복리로 표시된 무위험이자율이 0.08이고 채권이 1년 후 $80,000,000의 현금흐름을 제공하기 때문에 무위험채권의 가치는

$$PV=80,000,000e^{-0.08}=\$73,849,000$$

보증이 없을 경우의 가치는 $71,759,000이므로 보증의 가치는 이 차이와 같으며, 구해 보면 다음과 같다.

$$\text{보증가치}=\text{보증채의 가치}-\text{보증이 없는 채권의 가치}$$
$$=\$73,849,000-\$71,759,000=\$2,090,000$$

그러나 보증의 가치를 계산하는 또 다른 방법이 있다. 신용보증은 기업의 자산을 기초로 하고 부채의 액면가액을 행사가격으로 하는 풋옵션을 발행한 것과 같다. 그러므로 보증의 가치는 풋옵션가격 결정식을 이용하면 다음과 같다.

$$G=(N(d_1)-1)V+(1-N(d_2))Be^{-rT}$$

$$d_1=\frac{\ln(V/B)+(r+\sigma^2/2)T}{\sigma\sqrt{T}}$$

$$d_2=d_1-\sigma\sqrt{T}$$

V	B	r	T	σ	결과
100	80	0.08	1	0.3	G=$2.09

15.11 옵션가격결정모형의 또 다른 적용

많은 금융거래에 있어서 보이지 않는 옵션들이 존재한다.[15] 가계금융에 있어서도 이러한 옵션이 존재하는데, 가령 현금을 빌려 주면서 있을지도 모를 이자율하락에 대비해서 금리가 상승한 경우에도 과거의 낮은 이자율을 적용할 수 있는 권리가 존재하는 것 등을 예로 들 수 있다. 그리고 자동차 리스에 있어서도 리스 만기일 이후 사전에 협의한 가격으로 매입할 수 있는, 의무가 아닌 권리가 리스 이용자에게 주어져 있다는 것도 또 다른 형태의 옵션이라 할 수 있겠다.

많은 옵션가격결정모형의 적용이 반드시 재무적 자산만을 대상으로 하는 것은 아니다. 이러한 경우를 실물옵션(real options)이라 일컫는다. 이러한 실물옵션의 적용이 잘 이루어지고 있는 부문은 기업의 의사결정 부문이다. 그러나 실물옵션 분석은 또한 부동산투자나 개발결정에 있어서도 적용되고 있다. 이러한 옵션가격결정모형의 사용에 있어서 일반적인 것은 앞에서 언급한 예들과 크게 다르지 않다. 미래는 불확실하다. 만약 그렇지 않다면 우리가 미래에 무엇을 해야 할지를 알고 있기 때문에 옵션이라는 것이 존재할 필요가 없을 것이다. 이러한 불확실한 상황에서 불확실성이 어느 정도 해결된 후 무엇을 해야 할지 결정할 수 있다면 이 자체가 매우 가치 있는 것이다. 옵션가격결정모형은 이러한 가치를 평가할 수 있는 방법을 제공한다.

---

[15] R. C. Merton, "Applications of Option-Pricing Theory: Twenty-Five Years Later," *American Economic Review*(June 1998), pp. 323-349 참고.

　프로젝트와 투자안의 가치평가에 있어서 옵션의 주요 카테고리는 시작 또는 확장에 대한 옵션, 제거 또는 축소에 대한 옵션 그리고 개발을 늦추거나 촉진시키는 옵션으로 구분할 수 있다. 또한 성장옵션이라는 것이 있는데 이것은 확장을 하기 위하여 초과설비 투자를 하거나 새로운 제품을 제조할 수 있는 기회와 새로운 사업을 창출할 수 있는 연구개발비 투자를 하는 경우에 해당한다. 그러나 기업에게는 이러한 성장이 불가능한 경우에 성장옵션을 행사할 의무가 없다.

　실물옵션 기법을 적용할 수 있는 예로는 전력과 에너지 분야를 들 수 있다. 발전소를 건설하는 경우에 석유나 천연가스를 사용해서 전기를 공급하는 기술을 사용할 수 있다. 혹은 석유와 천연가스를 모두 사용할 수 있는 기술을 적용할 수도 있을 것이다. 이런 옵션의 가치는 이용 가능한 연료를 최소비용으로 시기 적절하게 선택해서 이용하는 것이라 할 수 있고, 옵션의 비용은 높은 건설비 부담과 두 연료를 모두 사용가능한 데서 발생할 수 있는 에너지전환의 비효율성이라 할 수 있다.

　오락산업에서 영화의 속편을 제작하는 것 역시 이러한 예 중의 하나이다. 속편을 제작하는 데 있어서 두 가지 선택이 있을 수 있는데 하나는 전편을 제작하는 동시에 속편을 제작하는 것이고, 다른 하나는 전편을 제작한 후 흥행성적에 따라서 속편을 제작하는 것이다. 전자의 경우 영화 제작자들이 전편과 동시에 속편을 제작할 경우, 이에 대한 비용이 매우 적게 든다는 것은 쉽게 이해할 수 있다. 하지만 이렇게 전편과 속편이 동시에 만들어질 수 있다고 할지라도 대부분의 제작자들은 전통적으로 후자의 경우를 고수한다. 비록 비용이 많이 든다고 할지라도 전편의 실패에 따라 속편을 제작하지 않을 수 있는 옵션을 갖는 것이 경제적이라고 생각한다. 만약 제작자가 속편이 제작될 것이라는 사실을 정확하게 알고 있다면 전편의 성공 여부에 대해 보다 많은 정보를 수집하기 위해 일시적으로 기다리는 옵션의 가치는 매우 작을 것이며 속편 제작에 있어서 얻을 수 있는 이익보다 비용이 더 많이 소요될 것이다. 이처럼 우리는 불확실성의 정도가 의사결정에 있어서 많은 영향을 미칠 수 있다는 것을 알 수 있고 옵션가격결정모형은 효용과 비용과의 교환관계를 계량화하는 데 있어서 또 다른 수단이 되는 것을 알 수 있다.

　어느 정도 직업훈련을 받아야 하는가라는 개인적 의사결정에 있어서도 언제 훈련을 중단하고 일을 시작할 것인가의 의사결정이 옵션평가모형에서 언제 옵션을 행사할 것인가를 고려하는 것과 유사하다. 전통적인 노동과 휴식과의 교환관계에 있어서, 어떤 사람이 노동에 투입할 수 있는 시간을 증가시키거나 감소시킬 수 있는 유연성을 갖고 있는 경우에 그런 옵션을 갖지 못한 경우보다 더 만족할 것이다. 임금, 복지, 연금제도 등 최소한의 보상을 제공하는 것들은 옵션의 특성을 보유하고 있다.

건강보험 역시 소비자가 사전에 정해진 의사와 병원만을 이용할 것인지 아니면 새로운 의사와 병원을 이용할 수 있는 권리를 보유할 것인지 중에서 선택이 가능하다. 소비자가 직면한 이러한 선택 역시 이러한 유연성에 대한 옵션가격결정문제라고 할 수 있다. 이와 같은 가치평가는 케이블 TV 서비스를 제공받음에 있어서 요금이 시청한 시간만큼 결정되는지 정액으로 결정되는지에 대해서도 적용할 수 있다.

옵션가치는 정부가 제공하는 지역개발과 오염에 대한 가치 문제에 대해서도 중요한 결정요인이 된다. 옵션가격결정 분석은 인구가 많지 않은 지역에 포장도로를 건설할지에 대한 정부의 경제적 의사결정에 있어서 매우 중요하게 작용한다.

정책과 집행에 있어서 매우 다양한 법과 세금에 대한 이슈들에도 역시 옵션가격결정모형이 적용된다. 고소인의 소송이라는 옵션의 가치평가와 유한책임조항이 있는 파산법률, 체납금을 지불함에 의한 자산의 환수와 환급에 관한 옵션과 같은 부동산이나 다른 자산에 대한 세금체납, 탈세 등이 이러한 예라 할 수 있다. 그리고 자본이득에 대한 세금의 이연 역시 한 예이다.

옵션가격결정이론은 전략적 의사결정 분석에 있어서 유용한 틀을 제공한다. 이러한 전략적 적용은 우선 에너지산업과 전력산업에서 나타났다. 이러한 산업은 장기간의 계획과 엄청난 고정비가 발생하는 생산설비를 갖추어야 하지만 미래가 불확실하기 때문에 옵션가격결정모형을 필요로 했던 것이다. 이러한 에너지와 전력산업은 모든 경제의 기초가 되는 것이기 때문에 선진국이나 개발도상국 모두에게 있어서 옵션가격결정모형은 매우 중요하게 사용된다. 옵션가격결정모형은 전략적 목적을 실행하는 데 중요한 도구로 이용될 수 있는 것이다.

요약

- 옵션은 투자자의 위험에 대한 노출을 조정하기 위해 이용될 수 있다. 무위험자산과 주가지수 콜옵션을 결합하면 투자자는 주식시장에서 최소한의 약속된 수익률에 잠재적인 추가이익을 얻을 수 있다.
- 주식과 유럽형 풋옵션을 결합한 포트폴리오는 액면가액이 옵션의 행사가격인 무위험 채권과 유럽형 콜옵션을 결합한 것과 같다. 그러므로 일물일가의 법칙에 따라 풋-콜 패

러티 관계를 유도할 수 있다.

$$S+P=\frac{E}{(1+r)^T}+C \tag{15.1}$$

이때 S는 주가, P는 풋옵션가격, r은 무위험이자율, T는 옵션의 만기 그리고 C는 콜옵션가격이다.

• 투자자는 최초의 투자 이후에 자기금융을 활용한 동적 복제 전략을 이용하여 기초자산인 주식과 무위험자산에 대한 합성 옵션을 만들 수 있다. 일물일가의 법칙에 따라 옵션의 가격은 다음과 같은 식에 의해 주어진다.

$$C=N(d_1)Se^{-dT}-N(d_2)Ee^{-rT}$$
$$d_1=\frac{\ln(S/E)+(r-d+\sigma^2/2)T}{\sigma\sqrt{T}} \tag{15.5}$$
$$d_2=d_1-\sigma\sqrt{T}$$

이때

C = 콜옵션가격

S = 주가

E = 행사가격

r = 무위험이자율(옵션과 동일한 만기를 가지는 무위험자산에 대한 연속복리율)

T = 연 단위로 표시된 만기까지의 기간

σ = 연속복리로 표시된 주식수익률에 대한 표준편차

d = 연속배당 수익률

$\ln$ = 자연로그

e = 자연대수(약 2.71828)

$N(d)$ = 표준정규분포에서 d까지의 누적확률

• 옵션가격을 결정하기 위해 이용되는 방법은 기업의 주식이나 채권, 신용보증 그리고 실물옵션 등과 같은 여러 가지 상황조건부 증권을 평가하는 데 있어서도 이용될 수 있다.

핵심용어

상황조건부 증권	장외옵션	현금흐름 그래프
콜	내재가치	풋-콜 패러티 관계
풋	내재가치	헤지비율
행사가격	시간가치	자기금융 투자전략
행사가격	외가격 상태	의사결정나무
만기일	내가격 상태	이항옵션가격결정모형
미국형 옵션	등가격 상대	블랙-숄즈 모형
유럽형 옵션	지수옵션	내재변동성
거래소에 상장된 옵션	현금정산	

예제 풀이

예제 15.1 표 15.1을 이용하여 행사가격이 37.50이고, 만기가 8월인 옵션의 내재가치와 시간가치를 구하라. 풋옵션의 경우에는 어떻게 되는가?

검정 현재 행사가격 37.50인 콜옵션이 외가격이므로 콜옵션의 내재가치는 0이다. 그리고 콜옵션의 시간가치는 지금 현재가격인 1.40이다. 8월 만기 풋옵션의 내재가치는 0.86(37.50−36.64)이다. 풋의 현재가치가 1.65이기 때문에 풋옵션의 시간가치는 0.79(1.65−0.86)이다.

예제 15.2 2006년 6월 26일에 7월물 1260 SPX 콜옵션을 표 15.2에 나타난 가격으로 매입했다고 하자. 만약 2006년 7월 24일 만기일에 지수가 1,300이라면 수익률은 얼마가 될 것인가?

검정 콜옵션의 수익률 $= \dfrac{1,300-1,260}{10.80} = 3.704 = 370.4\%$

예제 15.3 네 번째 전략은 $96,000를 무위험자산에 투자하고 $4,000를 옵션에 투자하는 것이다. 최소 보장수익률은 얼마인가? 현금흐름 그래프를 그렸을 때 행사가격보다 큰 경우 기울기는 얼마가 되는가?

검정 주당 $10의 가격으로 1년 만기 콜옵션에 $4,000를 투자하면, 당신은 옵션 400주를 살 수 있다. 옵션으로부터 현금흐름은 최대 $(S_T-100, 0)\times400$이 될 것이다. 옵션의 만기 시 가치가 없게 되면, 당신은 무위험자산의 투자로부터 $100,800를 가지게 될 것이다. 이 $100,000는 0.8%의 수익률을 가지게 된다. 현금흐름 그래프의 상향 기울기는 0.004이다. 당신의 포트폴리오에 대한 총수익률의 공식은 다음과 같다.

$$포트폴리오\ 수익률=\frac{(연말\ 가치-연초\ 가치)}{연초\ 가치}$$

$$=\frac{\$96,000(1.05)+400\max(S_T-100,\ 0)-\$100,000}{\$100,000}$$

$$=0.008+0.004\max(S_T-100,\ 0)$$

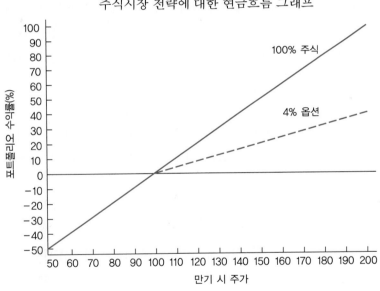

주식시장 전략에 대한 현금흐름 그래프

예제 15.4 풋옵션, 콜옵션 그리고 액면가액이 E인 순수할인채를 이용하여 주식가치를 합성해 낼 수 있는 방법을 보이라.

검정 공식 15.1을 재정리하면, 다음 식의 우변과 같이 얻을 수 있다.

$$S=\frac{E}{(1+r)^T}+C-P$$

　　이것은 한 개인이 액면가치 E의 순수할인채를 구입하고, 콜 매입, 풋 매도를 함으로써 주식의 합성증권을 만들어 낼 수 있다는 것을 의미한다.

순수할인채권＋콜옵션－풋옵션의 현금흐름 구조

포지션	만기 시 포지션의 가치	
	$S_T<E$인 경우	$S_T>E$인 경우
액면가 E인 순수할인채권	E	E
콜 매입	0	S_T-E
풋 매도	S_T-E	0
순수할인채＋콜옵션－풋옵션	S_T	S_T

예제 15.5 주어진 주가변동성 수준에서 $S=\$100$, $E=\$100$, $T=1$년, $r=0.08$, $C=\$17.41$ 그리고 $P=\$10$라고 하자. 주가의 변동성이 증가하여 콜옵션의 가격이 $20로 상승하였다. 만약 S, E, T 그리고 r이 일정하다고 하면 풋옵션의 가격은 얼마가 되겠는가?

검정 풋옵션의 가격은 콜옵션에서 $2.59 증가한 금액만큼 증가하게 된다. 그래서 풋옵션의 가격은 $12.59가 될 것이다.

예제 15.6 앞의 예에서보다 주가가 더 큰 변동성을 갖는다고 가정하자. 즉 주가가 1년 동안 30%의 정도로 상승하거나 하락할 수 있다. 2상황모형을 이용하여 주가를 예측해 보이라.

검정 $\text{헤지비율} = \dfrac{\text{옵션가격의 범위}}{\text{주식가격의 범위}} = \dfrac{\$30-0}{\$130-\$70} = 0.5$

　　차입해야 할 금액은 완전한 확실성하에서 만기일에 이자와 함께 상환될 수 있는 최대 금액이다. 우리의 예에서 주식 1/2주에 대한 최악의 결과는 $35이다. 차입할 금액은 5%의 무위험 이자율로 할인한 $35의 현재가치인 $33.33이다.

　　콜옵션의 가격은 포트폴리오를 복제하는 비용과 동일하다. 이 포트폴리오는 헤지비율을 현재주식가격에 곱하고 그다음 차입금액을 빼는 것이다. 일물일가의 법칙에 의해 콜옵션의 가격은 다음과 같다.

$$C=0.5S-\$33.33$$
$$=\$50-\$33.33=\$16.67$$

예제 15.7 주식의 변동성이 0.2에서 0.3으로 변했다고 가정하자. 콜옵션가격의 근사치는 얼마인가?

검정 $C = 0.4 \times 0.3 \times \$100 = \$12$

예제 15.8 위의 특별한 경우에 있어서 Debtco사의 부채에 대한 만기수익률은 얼마가 되는가?

검정 지분가치에 대해 \$12,000,000의 근사치를 이용하면

$$D = \$100,000,000 - \$12,000,000 = \$88,000,000$$

그러므로 연속복리로 표시된 부채의 약속된 이자율 R은 다음과 같이 계산된다.

$$R = \ln(108.33/88) = \text{연간 } 0.2078 \text{ 또는 } 20.78\%$$

연습문제

옵션은 어떻게 기능하는가?

1. 손실 위험에 제한이 없는 포지션은 콜옵션 매도인가 매수인가? 풋옵션에서는 어떠한가?

2. 콜옵션과 풋옵션의 특징에 대하여 설명하라.

3. 행사가격(E) \$50, 가격 S의 주식을 기초자산으로 하는 유럽형 풋옵션의 현금흐름을 그리라. 풋옵션의 가격은 \$5이다.
   a. 당신이 매입포지션일 때(즉 풋옵션을 매입)
   b. 당신이 매도포지션일 때(즉 풋옵션을 매도)

4. 두 옵션이 가치 S의 주식을 기초자산으로 할 때, 같은 만기와 행사가격 \$25를 가지는 유럽형 콜옵션 하나와 유럽형 풋옵션 하나로 구성된 포트폴리오의 현금흐름을 그리라. 주가가 만기일에 \$40면 손익은 어떻게 되는가? \$20면 어떠한가?

옵션을 이용한 투자

5. 만약 투자자가 행사가가 \$47인 풋옵션을 매수하기 위해 \$4.75를 지불하였다. 투자자의 손익분기점은 기초자산 가격이 얼마일 때인가? 현금흐름을 그리라.

6. 무위험이자율이 4%이고 Globalex 주가지수는 100이다. 행사가격이 Globalex 주가지수로 104인 1년 만기 유럽형 콜옵션의 가격은 현재 지수가격의 8%이다. Globalex 주가지수에서 주식의 기대배당률은 0이다. 당신은 다음 해 동안 투자할 돈 $1,000,000를 가지고 있다. 당신은 최소 원금 $1,000,000를 회수하기 위해 충분한 돈을 1년 만기 단기국채에 투자하고, 나머지 돈은 Globalex 콜옵션을 사는 데 이용할 계획이다. Globalex 지수가 지금부터 1년 후 12% 증가할 확률이 0.5, 40% 증가할 확률이 0.25, 20% 하락할 확률이 0.25라고 가정하자. 당신의 포트폴리오 수익률의 확률분포는 얼마인가?

풋-콜 패러티

7. 변수에 대한 정보는 다음과 같다. $S=\$55$, $E=\$75$, $T=1$년, $r=5\%$, $P=\$20$. 만약 콜옵션의 가격이 $10라면($C=\$10$) 어떤 차익거래가 존재하는가? 전략과 실현 손익에 관하여 간략하게 설명하라.

8. 풋-콜 패러티를 이용하라.

   a. 풋옵션, 콜옵션, 그리고 기초자산이 되는 주식을 이용하여 액면가가 $100이고 만기가 1년인 순수할인채를 합성하라.

   b. $E=\$100$, $S=\$100$, $P=\$10$, $C=\$15$이다. 1년 이자율은 얼마가 되어야 하는가?

   c. 만약 무위험 이자율이 b에서의 결과보다 낮을 경우에 차익거래가 존재함을 보이라.

9. Wimendo 기업의 주식에 대한 90일 만기 유럽형 콜옵션이 현재 20유로에 거래되고 있다. 반면 주식 자체의 현재가격은 24유로이다. 프랑스 정부에 의해 발행된 액면가 100유로의 90일 만기 무이표채권은 98.55유로에 팔리고 있다. 콜옵션과 풋옵션이 20유로의 같은 행사가격을 가지고 있다면, 이 주식에 대한 90일 만기 유럽형 풋옵션의 가격을 추론하라.

10. 고든 씨는 액면가액 $1,000이고 현재가격은 $990.10인 10개의 단기국채와 파라마운드 주식 한 주를 기초자산으로 하는 행사가격 $50인 90일 만기 유럽형 콜옵션 200주를 가지고 있다. 고든은 당신에게 현재가격이 $215인 파라마운트 주식 300주와 이 포트폴리오를 교환하자고 제의하였다. 행사가격 $50, 90일 만기 파라마운트 주식의 콜옵션가격은 현재 $25이다.

   a. 고든의 포트폴리오에서 콜옵션의 가치를 추론하라.

   b. 당신은 고든의 제안을 받아들일 것인지 결정하라.

11. Kakkonen사의 주식은 현재 주당 $50이다. 반면, 행사가격이 $20인 이 주식의 1년 만

기 유럽형 콜옵션의 가격은 $40이고 같은 만기와 행사가격을 가진 유럽형 풋옵션은 $8.457에 매매되고 있다.

  a. 오늘 매매되고 있는 1년 만기 무이표채인 미국 정부 증권의 수익률을 추론하라.

  b. 이 이자율이 실질적으로 9%라면, 차익거래의 잠재성을 이용하여 수익을 만들 수 있는 거래를 구성하라.

변동성과 옵션가격

12. 다음 중 보다 가치 있는 것은 무엇인가? (1) 열 개의 다른 주식을 기초자산으로 하는 열 개의 콜옵션들로 구성된 포트폴리오, (2) 열 개의 주식으로 구성된 포트폴리오를 기초자산으로 하는 한 개의 콜옵션. (2)에서의 행사가격은 (1)에서 콜옵션들의 행사가격의 합과 같고 모든 옵션의 만기일은 동일하다. 이유를 설명하라.

이항옵션가격결정모형

13. 뉴올리언즈의 출판사인 DGM의 주식가격은 현재 $100에 거래되고 있다. 그러나 오늘로부터 90일 후 Ezra Pound의 새로운 전기문에 대한 결과에 따라 $150로 증가하거나 $50로 하락할 것이 기대되고, 다음 90일 동안 무위험이자율은 0.01이 예상된다. 옵션의 행사가격이 $85라면, 당신은 DGM 주식을 기초자산으로 하는 유럽형 콜옵션의 가치를 알 수 있겠는가? 헤지비율은 얼마인가?

14. 도전 과제 : s를 단위 기간에서 주가 상승 또는 하락의 고정된 퍼센트 변화라고 하자. 1기간 이항옵션가격결정모형을 이용하여 풋옵션의 가격을 계산하는 식을 유도하라. 모형을 이용하여 13번 문제에서 DGM사의 풋옵션 가치를 구하라. 풋-콜 패러티를 이용하여 콜옵션과 풋옵션의 가격을 검토하라.

동적 복제와 이항옵션가격결정모형

15. 이항 콜옵션 모형을 이용하여 현재 $50에 거래되는 주식에 대한 행사가가 $40인 콜옵션의 가치를 구하라. 옵션의 만기는 2기간 후이고, 무위험 이자율은 1기간에 5%, 주가는 1기간에 ±10%로 변화한다. 또한 헤지비율은 얼마인가?

16. 도전 과제 : 15번 문제에서 특별한 경우 옵션의 행사가가 현재 주가보다 매우 낮아서 만기에 행사될 것이 확실할 것으로 여겨지는 옵션은 만기까지 상대적으로 제한적인 가격 움직임을 보여 준다. 이런 경우 콜옵션의 현재가치는 세 가지 변수에 영향을 받

는다. 기초자산의 가격(S), 행사가격(E), 그리고 이자율(r). 이러한 관점에서 15번 문제의 결과를 설명하라.

블랙-숄즈 모형

17. 블랙-숄즈 모형을 이용하여 행사가가 $35이고 기초자산인 주가의 현재가격이 $40인 콜옵션의 프리미엄을 구하라. 무위험 이자율은 연 10%이고, 옵션은 6개월 후에 행사된다. 기초자산의 위험은 0.25로 측정되었다. 프리미엄을 시간가치과 내재가치로 분해하라.

18. 무배당이며 현재 주식의 가격은 $50인 3개월 만기 유럽형 콜옵션의 가격을 구하기 위해 블랙-숄즈 공식을 이용하라. 행사가격은 $51이며, 연속복리 무위험이자율은 8%이며, σ는 0.4라고 가정하자.

  a. 이 콜옵션에 대해 초기 복제 포트폴리오의 구성은 무엇인가?

  b. 동일한 조건의 풋옵션의 가격을 산정하는 블랙-숄즈 공식을 풋-콜 패리티를 이용하여 유도하라.

19. 당신이 싱가폴의 투자자문사인 Yew and Associates의 애널리스트라고 가정하자. 한 고객은 Rattan사 주식의 콜옵션을 사야 하는지 당신에게 물어 왔다. 현재 Rattan사의 콜옵션 행사가는 $50이고 $30에 거래되고 있다. 현재 Rattan사의 주식은 $55이고, 기대되는 주식의 수익률의 변동성은 0.04이다. 만약 옵션의 만기는 25일 후이고, 무위험 이자율은 5%이다. 당신은 당신의 고객에게 어떤 조언을 하겠는가?

내재 변동성

20. 블랙-숄즈 모형을 이용하여 무배당 주식 수익률의 변동성을 추론하라. 변수들은 다음과 같다. $S=90$, $E=100$, $r=10\%$, $T=1/2$. 콜옵션의 가치가 $3.05라면 σ는 얼마인가? 콜옵션의 가치가 $5.52라면 σ는 얼마인가?

부채와 자기자본에 대한 상황조건부 증권 분석

21. 도전 과제 : 당신은 5년 전에 Zurich Insurance Corporation에서 발행한 만기가 6년이고 5% 고정이율(연 1회 지급)을 지급하는 채권을 액면가에 구입하였다. 또한 당신은 만기 1년 전부터 ZIC에 채권을 $98에 되팔 수 있는 옵션을 가지고 있다. 현재 신용등급이 비슷한 만기가 1년인 단기채의 수익률은 8%이다. 만약 당신이 옵션을 행사한다

면, 수취한 돈($98)으로 단기채에 투자할 수 있다. 옵션을 행사해야 하는지 또는 채권을 만기까지 보유해야 하는지 결정하라. 당신의 결정은 6년짜리 채권투자에 대하여 유효연이자율을 어떻게 계산하였는가? ZIC가 조달한 자금의 유효연비용은 얼마인가? 옵션이 행사되는 것을 고려한 ZIC의 현금흐름을 표로 나타내라.

22. Notaboek Tablets Company는 대차대조표에 $250,000,000의 자산을 가지고 있다. 그러나 높은 레버리지를 가지고 있는 이 회사는 액면이 $240,000,000이고 만기가 1년인 할인채를 부채로 가지고 있다. 블랙-숄즈 모형을 이용하여 기업 자본의 총가치를 구하라. 무위험 이자율은 8%, 기업 자산 수익률의 표준편차는 10%이다.

23. 22번 문제의 정보를 참고하라. 주요한 고객인 정부가 회사와의 공급계약을 취소하였다. 이는 즉시 Notaboek사 자산의 시장가치를 감소시켰고 자산 수익률의 표준편차는 증가시켰다. 회사의 자본의 총가치는 어떻게 될 것으로 예상되는가?

24. Wally's World는 작은 부동산 개발을 하는 회사로 자산의 시장가치는 $100,000이다. 자산의 일부는 상업용 어음(단기의 할인채)을 이용하여 조달되었는데, 액면가는 $50,000이고 만기는 90일이다. 90일 이내에 도시개발 계획이 승인이 나면 회사의 부동산 포트폴리오의 가치는 $170,000가 될 것이고, 만약 승인되지 못한다면 $45,000에 불과할 것으로 예상된다. 사실 회사의 주주들은 만기가 90일이고, 행사가는 부채의 액면가와 같은 콜옵션을 보유하고 있는 것과 같다. 90일 동안의 무위험 이자율은 2.5%라고 한다. 2상황모형을 이용하여 회사의 자본 가치를 평가하라.

신용보증

25. 24번의 정보를 이용하라. Wally's World의 상업용 어음 보유자들이 수취할 금액의 시장가치는 얼마인가?

기업 재무

16

자본구조

| **학습목표** |

■ 기업이 어떤 자본조달 결정을 통해 가치를 창출해 내는지에 대한 이해

■ 투자 결정을 평가함에 있어서 자본조달 의사결정을 어떻게 이용하는지에 대한 이해

| **주요내용** |

이번 장에서는 기업의 자본구조에 관한 결정, 즉 부채와 자기자본 그리고 또 다른 재무적 수단들의 결합에 대해서 알아보기로 한다. 여기서 가장 중요한 점은 주주들 부의 극대화라는 가정하에 최적의 자본구조를 어떻게 결정할 것인가이다. 자본구조 결정에 있어서 분석 단위는 기업 전체가 된다.

기업 자본구조 분석은 세금이나 거래비용 그리고 계약을 체결하거나 시행하는 데 있어서 비용이 존재하지 않는 완전시장을 가정하고 있다. 이러한 상황하에서 기업의 가치는 재무적 수단의 결합에 의해 영향을 받지 않으며 주주들의 부는 기업 자본구조의 변경, 즉 자사주 매입을 위한 차입이나 부채상환을 위한 신주발행 등에 의해 증가되지 않는다.

그러나 현실세계에서는 자본구조를 중요하게 만드는 여러 가지 상황적 요인이 존재한다. 계약법이나 세금 그리고 규제 등이 서로 다르고 또 항상 변화하기 때문에 모든 기업에 적용할 수 있는 최적의 자본구조는 존재하지 않는다. 그러므로 최적의 자본구조를 결정하는 것은 각 기업이 처한 법률이나 세제에 따라 달라지게 된다.

우선 기업이 이용할 수 있는 자본조달의 가장 일반적인 형태에 대해 알아보기로 한다. 이는 왜 완전시장하에서 기업 전체의 가치가 자산의 수익력에 의해서만 결정되고 자본구조에 의해서는 영향을 받지 않는지를 보여 준다. 그러고 나서 현실세계에 있어서의 중요한 상황적 요인들이 기업의 자본구조 결정에 어떻게 영향을 미치는지에 대해서 알아보도록 한다. 마지막으로 기업의 자본구조가 투자안 결정을 평가함에 있어서 어떻게 이용되는지도 살펴보도록 한다.

16.1 내부자본조달과 외부자본조달

자본구조 결정을 분석함에 있어서 자금의 내부원천과 외부원천을 구분하는 것이 중요하다. **내부자본조달**(internal financing)은 기업의 영업으로부터 발생한다. 여기에는 유보이익, 미지급임금, 또는 외상매입금 등이 포함된다. 예를 들어, 만약 기업이 이익을 내서 이를 다른 설비에 재투자한다면 이는 내부자본조달이다. **외부자본조달**(external financing)은 기업이 외부의 채권자나 투자자를 통해 자금을 조달할 때 발생하게 된다. 만약 기업이 새로운 설비에 투자하기 위해 채권이나 주식을 발행하게 되면 이는 외부자본조달이 된다.

기업 내에서 일어나는 의사결정 과정은 내부자본조달이냐 아니면 외부자본조달이냐에 따라 달라지게 된다. 잘 조직화되고 추가적인 대규모 자금이 필요한 사업확장을 하지 않으려는 기업의 경우에 있어서 자본조달 결정은 일상적으로 혹은 자동적으로 일어난다. 자본조달정책은 배당정책의 결정이나 은행과의 신용관계를 유지하는 것과 관련되어 이루어진다. 이러한 내부자본조달 결정을 하기 위한 노력과 시간은 외부자본조달의 경우에 비해 적게 든다.

만약 기업이 사업 확장을 위하여 외부원천으로부터 자금을 조달한다면 이때의 과정은 더 복잡하고 더 많은 시간을 소비해야 한다. 일반적으로 자금의 외부제공자는 자금의 사용에 대해 상세한 계획을 알기 원하고 투자로 인해 미래에 충분한 현금흐름이 발생할 것이라는 확신을 갖고 싶어 한다. 그들은 계획을 정밀하게 조사할 것이고, 기업 경영자보다 성공에 대한 전망을 더 비관적으로 하는 경향이 있다. 그러므로 외부자본조달은 내부자본조달의 경우에 비해서 기업의 계획을 좀 더 직접적으로 자본시장의 규율에 노출시킨다.

> **| 예제 16.1 |**
> 외부자본조달의 필요는 기업으로 하여금 시장규율을 어떻게 받아들이게 하는가?

16.2 자기자본에 의한 자본조달

자기자본에 의한 자본조달에 있어서 가장 큰 특징은 자기자본은 모든 부채가 상환된 후 남는 부분에 대한 청구권이라는 것이다. 제2장에서 언급했듯이 자기자본에 대한 청구권은 크게 **보통주**, **스톡옵션**(stock option) 그리고 우선주의 세 가지 종류가 있다. 보통주는 흔히 주식이라고 불리며 기업의 주주들을 말할 때는 대개 보통주의 소유자를 일컫는다. 보통주 보유자는 기업 자산에 대한 **잔여 청구권**(residual claim)을 가지게 된다. 달리 말하면 다른 종류의 청구권에 대한 모든 지불이 이루어지고 난 후에 남게 되는 부분이 보통주 보유자의 몫이 된다는 것이다.

기업의 경영자들은 기본적으로 주주들에 대한 의무를 충실히 다해야 한다. 실제로 많은 경영자들과 이사회가 주주에 대한 그들의 의무를 성실히 이행하지 못한 책임으로 법정에 서기도 한다.

보통주에도 여러 종류가 있는데 이는 의결권과 다른 이에게 매도할 수 있는지의 여부에 따라 달라진다. 예를 들어, 어떤 기업은 의결권을 가지는 보통주 A와 의결권을 가지지 못하는 보통주 B를 발행한다. 때때로 제한적 주식이 기업의 설립자나 기부자에게 발행되기도 하는데 이는 보통 정해진 몇 년 동안 다른 사람에게 양도할 수 없게 한다. 스톡옵션은 보유자에게 미래에 보통주를 정해진 행사가격으로 매입할 수 있는 권리를 준다. 전체 자산의 가치가 $100,000,000이고 두 가지 종류의 청구권을 발행한, 즉 10,000,000주의 보통주와 행사가격이 주당 $10이고 1년 후 만기가 되는 스톡옵션 10,000,000개를 발행한 기업을 가정해 보자. 옵션의 보유자는 주당 $10의 비용을 지불하고 옵션을 보통주로 전환할 수 있기 때문에 보통주 보유자들과 더불어 기업의 경영권을 나누어 가질 수 있다. 종종 기업의 경영자나 종업원들은 보상의 일부를 스톡옵션의 형태로 받기도 한다. 이는 특히 사업의 초기단계에 많이 관찰된다.

우선주는 기업이 보통주를 보유하고 있는 주주에게 배당을 하기 이전에 특정의 배당을 받게 된다는 점에서 보통주와 차이가 난다. 그러나 우선주는 미리 정해진 배당만을 받게 되고 보통 주주가 기업자산의 잔여가치에 대하여 배분하는 데는 참여할 수 없다. 그러나 우선주에 대해 배당을 지급하지 못하는 것은 파산의 경우에 해당하지는 않는다.

| 예제 16.2 |
우선주는 어떤 면에서 부채와 비슷하며, 또 어떤 면에서 자기자본과 비슷한가?

16.3 부채에 의한 자본조달

기업의 부채는 제공된 자금의 대가로 미래에 정해진 금액을 지불하기로 하는 계약상의 의무이다. 넓은 의미에서 부채에 의한 자본조달은 채권이나 부동산담보대출 등의 대출, 부채성 유가증권은 물론 유동부채, 리스, 연금 등 기업에 의해 미래에 특정 금액을 지불하기로 약속한 모든 것을 포함한다. 많은 기업의 경우 장기리스와 연금채무에 대한 부채의 크기는 대출, 채권 그리고 부동산담보대출에 의한 것보다 크다.

기업의 부채성 유가증권이 가지는 특징은 제8장에서 논의한 바 있다. 앞으로는 보증채, 장기리스, 연금채무 등에 대해 알아보기로 한다.

16.3.1 보증채

기업이 돈을 차입할 때는 일련의 현금흐름을 지불할 것을 약속한다. 어떤 경우에 기업은 약속을 위해 특정 자산을 담보로 제공하기도 한다. 이처럼 담보로 제공된 자산을 **담보물**(collateral)이라고 하며 이러한 부채를 보증채라고 한다.

기업이 담보를 제공하여 차입을 하는 것은 개인이 주택을 매입하기 위해 부동산담보

글상자 16.1 차입(레버리지) 금융

높은 차입 거래는 면밀히 검토되는 제재 및 계약 조항의 매우 흔한 대상이 되었다. 융자 기관들은 위험에 비례하는 이자율뿐만 아니라 해당 회사를 감시하고 관련 위험들을 통제할 수 있는 역량을 갖추기를 원하고 있다. 보호 계약 조항은 흔히 두 가지 형태를 띠고 있다. 한 가지는 어떤 회사가 배당금 혹은 주식 인수를 통해 임의적으로 대차 대조표를 약화시키는 것을 제한하는 형태였다. 다른 한 가지는 해당 회사를 주의 깊게 감시하고, 붕괴 조짐이 보일 때는 언제라도 융자기관들이 그 스위치를 뽑을 수 있도록 하는 형태였다.

최근 들어 차입 매수(leverage buy-out)의 경우가 증가하는 추세이며, 계약 조항들은 전에 비해 감소하고 있다. 이러한 현상은 위험 회피 측면에서의 변화라기보다는 융자금-부

채 구조상의 변화에 기인하는 것으로 보인다. 은행 융자가 채권과 마찬가지로 유통 시장(secondary market)에서 거래되면서 위험이 지속적으로 전가·생성·재분배되고 있으며, 이러한 과정을 거치며 융자 기관들이 부담해야 할 위험은 상대적으로 줄어들게 된다. 채무담보부증권(CDOs)과 기타 구조화 금융 상품(SFPs)의 출현으로 융자 기관들로부터 기타 구매자들로의 위험 분산이 가능해졌다. 이에 따른 결과로 대출 기관들은 자체 장부상에 부채로 기록될 때 외에는 감시 업무 비중을 축소하고 있다.

출처 : Adapted from "Going Naked," *The Economist*, April 20, 2006.

대출을 하는 것과 비슷하다. 이 경우 주택은 대출에 있어서 담보 역할을 하게 된다. 만약 주택소유자가 파산하게 되면 대여자는 주택 매도 과정에서 돈을 회수하게 된다. 그리고도 남는 돈이 있다면 이는 주택소유자의 몫이 된다. 그러나 만약 주택을 매도하고 나서도 대출금을 다 갚지 못한다면 대여자는 주택소유자의 나머지 자산으로부터 모자란 부분을 추가로 회수할 수 있다.

기업이 특정 자산을 담보로 하여 대출을 보증한 경우 대여자는 그 자산에 대하여 일차적인 우선권을 가지게 된다. 예를 들어, 항공사는 비행기를 구입하기 위해 자금을 차입하고 그 비행기를 대출에 대한 담보로 제공할 수 있다. 만약 대출에 대한 상환이 완전히 이루어지기 이전에 항공사가 파산하게 된다면, 대여자는 그 비행기를 매도함으로써 자금을 회수할 수 있다. 항공사로부터 대출에 대한 보증을 받지 못한 대여자는 이러한 경우에 자금을 회수할 수 없게 된다.

| 예제 16.3 |

담보가 제공되는 대출이 담보가 없는 대출에 대한 이자율보다 더 높을 것인가? 아니면 낮을 것인가? 그 이유는 무엇인가?

표 16.1 채권항공사와 리스항공사의 시장가격 대차대조표

a. 채권항공사

자산		부채와 자기자본	
비행기	$750,000,000	30년 만기 채권	$750,000,000
기타 자산	$250,000,000	자기자본	$250,000,000
합계	$1,000,000,000	합계	$1,000,000,000

b. 리스항공사

자산		부채와 자기자본	
비행기	$750,000,000	30년 만기 채권	$750,000,000
기타 자산	$250,000,000	자기자본	$250,000,000
합계	$1,000,000,000	합계	$1,000,000,000

16.3.2 장기리스

특정 자산을 그 내용연수의 대부분의 기간에 걸쳐 리스하는 것은 그 리스된 자산을 담보로 하여 보증된 부채로 자금을 조달하여 그 자산을 매입하는 것과 유사하다.

예를 들어, 항공사가 비행기를 30년 동안 리스하는 계약을 체결했다고 가정하자. 항공사는 매년 정해진 리스료를 지불하는 대신에 그 비행기에 대한 독점적 사용권을 가지게 된다. 리스의 대안으로 항공사는 비행기를 매입하고 이에 필요한 자금을 조달하기 위해 그 비행기를 담보로 하여 30년 만기 채권을 발행할 수 있다.

표 16.1은 채권항공사와 리스항공사라는 두 가상의 항공사에 대한 시장가치 대차대조표를 보여 주고 있다. 두 항공사 모두의 주요자산은 $750,000,000의 가치를 가지는 비행기이며 양사는 동일하게 $250,000,000의 자기자본과 $750,000,000의 부채를 가지고 있다. 두 항공사에 있어서의 차이점은 채권항공사의 경우에는 부채가 30년 만기 보증채이고, 리스항공사의 경우에는 부채가 30년짜리 리스의 형태라는 것이다.

부채를 이용한 자본조달 형태로서 보증채와 리스가 가지는 가장 큰 차이점은 리스 기간 종료 시에 리스된 자산의 잔여시장가치와 관련된 위험을 누가 감수하느냐 하는 데 있다.[1] 채권항공사의 경우에는 비행기를 매입하였기 때문에 이러한 위험을 감수하게 된다. 반면에 리스항공사의 경우에는 비행기를 리스해 준 리스회사가 이러한 위험을 감수하게 된다.

---

[1] 그러나 리스의 형태와 기간에 따라서 세제와 회계규칙이 다를 수 있다.

16.3.3 연금채무

연금에 대해서는 이미 제2장에서 간단히 살펴본 바 있다. 연금계획은 **확정갹출형**(defined-contribution)과 **확정급부형**(defined-benefit)의 두 가지로 분류된다. 확정갹출형의 경우 개별 고용자는 계정을 갖게 되는데, 고용주와 일반적인 고용자는 일정 납입금을 여기에 각각 불입하게 된다. 은퇴를 하게 되면 고용자는 연금수당을 받게 되는데, 이 금액은 본인이 소유한 계좌에 누적된 불입금의 가치에 따라 달라지게 된다.

확정급부형의 경우 고용자의 연금수당이 고용자가 고용주에게 제공한 노동시간의 연수를 고려하여 결정이 되는데, 대부분의 경우 임금이나 봉급에 의해 결정된다. 전형적인 연금수당은 매년의 노동에 대하여 퇴직 전 평균급여의 1%가 된다. 약정 연금수당을 시행하는 기업의 경우 종업원에게 지급하기로 한 미래의 연금은 기업의 중요한 장기부채가 된다. 그리고 나라마다 차이를 보이는 약정 연금수당의 지급 방식은 기업 자본구조의 차이를 발생시킨다. 예를 들어, 미국과 영국의 법률은 기업으로 하여금 미래의 연금지급에 대비해 자산의 풀을 구성하여 별도의 충분한 연금신탁을 보유할 것을 요구한다. 그러므로 연금채무는 연금자산(pension assets)에 의해 담보되는 보증채의 형태를 가지는 기업의 부채가 되는 것이다.

그러나 많은 나라에서는 연금채무가 이런 식으로 운용되지는 않는다. 예를 들어, 독일에서는 연금채무의 지급을 위한 별도의 신탁을 하지 않는다. 따라서 이러한 경우 약정 연금수당은 기업이 지급을 보증하지 않는다.[2]

표 16.2에 나타나 있는 두 기업, 미국 연금과 독일 연금의 대차대조표를 살펴보기로 하자.

연금자산의 시장가치($400,000,000)가 연금채무의 현재가치와 동일하다. 여기에서 연금자산은 다른 기업이나 정부 또는 개인이 발행한 주식, 채권 등의 유가증권으로 구성된다. 미국 연금은 또한 시장가치 $400,000,000만큼의 채권을 발행한다. 주주들의 자기자본 가치는 $600,000,000이다.

미국 연금과 마찬가지로 독일 연금의 경우에서도 영업자산은 $1,000,000,000, 연금채

---

[2] 독일의 기업회계규칙은 미래의 연금지급의 현가를 대차대조표에 부채로 기재하는 것을 요구한다.

표 16.2 **미국 연금과 독일 연금의 대차대조표**

a. 미국 연금의 대차대조표

자산		부채와 자기자본	
영업자산(설비, 땅 등)	$1,000,000,000	채권	$400,000,000
연금자산(주식, 채권 등)	$400,000,000	연금채무	$400,000,000
		자기자본가치	$600,000,000
합계	$1,400,000,000	합계	$1,400,000,000

b. 독일 연금의 대차대조표

자산		부채와 자기자본	
영업자산	$1,000,000,000	연금채무	$400,000,000
		자기자본가치	$600,000,000
합계	$1,000,000,000	합계	$1,000,000,000

무는 $400,000,000, 그리고 주주들의 자기자본가치는 $600,000,000만큼의 가치를 가진다. 그러나 독일 연금은 연금채무의 보증을 위한 별도의 자산을 가지고 있지 않다. 그러므로 이러한 경우의 연금은 보증되지 않는다.

| 예제 16.5 |
미국 연금의 자산가치가 $3억이라고 가정하자. 만약 연금채무가 그대로 $4억이라면 주주들의 자기자본가치는 얼마인가?

16.4 완전시장에서 자본구조의 무관련성

기업이 가질 수 있는 자본구조의 형태는 무수히 많다. 이 중에서 기업이 하나의 자본구조를 선택하게 하는 요인들에 대해 알아보기로 한다.

　기업이 자본구조의 결정을 통해 주주들의 부를 어떻게 극대화시킬 수 있는지를 알아보기 위해서는 어떤 것이 문제가 되지 않는지를 찾아보는 것이 좋은 방법이 될 수 있다. Modigliani와 Miller(M&M)는 완전시장하에서 기업에 의해 발행된 모든 유가증권의 시장가치는 그 수익력과 기초실물자산의 위험에 의해 결정되는 것이고 이러한 유가증권들을 어떻게 결합하느냐와는 관계가 없다고 주장하였다.[3]

　Merton Miller는 이러한 M&M 자본구조의 내용을 파이를 이용하여 설명하였다. "기업을 거대한 피자라고 하자. 피자는 지금 4등분되어 있다. 만약 당신이 각 조각들을 둘로 나누어서 여덟 개의 피자조각을 가지게 되었다면, 당신은 더 많은 조각을 가지게 되었지만 더 많은 피자를 가지게 된 것은 아니다."

M&M에서의 완전시장은 다음과 같은 상황을 가정한다.

1. 소득세가 존재하지 않는다.
2. 부채나 주식을 발행하는 데 있어 거래비용이 존재하지 않는다.
3. 개인은 기업과 동일한 조건으로 차입을 할 수 있다.
4. 이해관계자들 간 이해의 상충은 비용 없이 해결될 수 있다.

이러한 완전시장의 상황에서 기업의 총시장가치는 자본구조와는 무관하다. 왜 그런지를 살펴보기 위해 자본구조를 제외한 모든 면에서 동일한 두 개의 기업을 비교해 보도록 하자. 무부채사는 주식만을 발행하고 있고 유부채사는 주식과 채권을 발행하고 있다. 다른 조건에 있어서 두 기업은 동일하다.

무부채사는 매년 $10,000,000의 이익을 얻고 있으며 이를 이자와 세금지급 전 이익(earnings before interest and taxes, *EBIT*)이라고 한다. 무부채사는 $10,000,000의 *EBIT* 전부를 보통주식 1,000,000주에 대한 배당으로 지급한다.

무부채사의 기대배당에 대한 시장자본화율이 연간 10%라고 가정하자. 그러면 기업의 총가치는 영구적으로 발행하는 $10,000,000를 발생시키는 현금흐름의 현재가치가 될 것이다.

$$\frac{\$100,000,000}{0.1} = \$100,000,000$$

그리고 주가는 $100가 된다.

유부채사는 투자나 영업정책에 있어 무부채사와 동일하다. 그러므로 유부채사의 *EBIT* 크기나 위험은 무부채사와 동일하게 된다. 단지 유부채사는 부채를 사용하므로 자본구조에서 무부채사와 차이를 가진다. 유부채사는 액면가액이 $40,000,000이고 연간 8%의 이자율을 지급하는 채권을 발행하였다. 그러므로 이 기업은 매년 $3,200,000의 이자를 지급해야 한다. 이 채권을 영구채라고 가정하자.[4]

---

[3] 이들 이전의 재무 학자들은 자본구조가 문제가 된다고 가정하였다. 그러나 적절하지 않았다. Franco Modigliani and Merton Miller, "The Cost of Capital, Corporation Finance, and the Theory of Investment," *American Economic Review*(June 1958), pp. 261-297 참조.

[4] 이는 채권이 만기에 연속적으로 새 채권으로 '롤오버'된다고 가정해도 가능하다.

유부채사의 채권은 파산위험이 없으며 무위험이자율은 8%라고 가정하자. 연간 이자지급액은 $EBIT$의 수준과는 상관없이 $3,200,000으로 일정하다. 유부채사의 이자지급 후 주주들에게 돌아갈 이익은

$$유부채사의 순이익 = EBIT - \$3,200,000$$

유부채사가 채권자와 주주들에게 지급할 총현금지출은

$$유부채사의 총현금지출 = 유부채사의 순이익 + 이자지급액$$
$$유부채사의 총현금지출 = EBIT - \$3,200,000 + \$3,200,000 = EBIT$$

M&M의 주장에 따르면, 유부채사는 무부채사와 동일한 미래 현금흐름을 가지기 때문에 유부채사의 시장가치는 무부채사와 같은 $100,000,000가 되어야 한다. 또 유부채사의 채권에 대한 이자지급에는 위험이 없다고 가정했으므로 이 기업 채권의 시장가치는 액면가액인 $40,000,000가 될 것이다. 그러므로 유부채사의 자기자본가치는 $60,000,000가 되어야 한다(기업가치 $100,000,000에서 부채의 가치 $40,000,000를 차감한 금액). 유부채사의 발행주식 수가 600,000주(무부채사 주식 수의 60%)라고 가정하면 주가는 $100가 될 것이다. 이를 차익거래를 통해 증명해 보기로 한다.

유부채사의 주가가 무부채사의 주가보다 낮다고 가정하자. 예를 들어, 유부채사의 주가가 $90라고 하면, 이는 일물일가의 법칙에 위배될 것이다. 이를 살펴보기 위해 유부채사의 주식과 채권을 특정 비율만큼 매입함으로써 무부채사의 주식을 복제할 수 있다는 것에 주목하도록 하자. 예를 들어, 무부채사의 주식 1%(10,000주)를 보유하는 것은 유부채사의 주식 1%(6,000주)와 채권 1%를 보유하는 경우와 동일한 현금흐름을 가져다준다. 그러므로 차익거래자는 무부채사의 주식 1%를 $1,000,000에 공매하고 동시에 유부채사의 주식 1%와 채권 1%를 $940,000에 매입함으로써 추가적인 투자 없이 $60,000의 차익을 얻게 된다. 표 16.3a는 이러한 경우의 현금흐름을 요약하고 있다.

반대로 유부채사의 주가가 무부채사의 주가보다 높은 경우를 가정해 보자. 예를 들어, 유부채사의 주가가 $110라고 한다면 이 역시도 일물일가의 법칙에 위배될 것이다. 그러면 위의 경우와 반대로 무부채사의 주식을 특정 비율만큼 매입하고 동시에 유부채사의 부채−자기자본 비율과 동일하게 되도록 하는 수준만큼 차입을 해서 이를 주식 매입에 사용함으로써 유부채사의 주식을 복제할 수 있음에 주목하자. 예를 들어, 총필요자금의 40%($400,000)만큼을 차입해서 무부채사의 주식 1%(10,000주, $1,000,000)를 매입하면 이

표 16.3a 유부채사의 주가가 $90일 경우의 차익거래

포지션	현재의 현금흐름	미래의 현금흐름
주당 $100의 가격으로 무부채사의 주식 1% 매도	$1,000,000	$EBIT$의 -1%
복제 포트폴리오 매입(합성 무부채사)		
주당 $90의 가격으로 유부채사 주식 1% 매입	$-$540,000	$(EBIT-\$3,200,000)$의 1%
유부채사의 채권 1% 매입	$-$400,000	$3,200,000의 1%
합계	$-$940,000	$EBIT$의 1%
순현금흐름	$60,000	0

표 16.3b 유부채사의 주가가 $110일 경우의 차익거래

포지션	현재의 현금흐름	미래의 현금흐름
주당 $110의 가격으로 유부채사의 주식 1% 매도	$660,000	$(EBIT-\$3,200,000)$의 -1%
복제 포트폴리오 매입(합성 유부채사)		
주당 $100의 가격으로 무부채사 주식 1% 매입	$-$1,000,000	$EBIT$의 1%
$400,000를 영구 차입	$400,000	$-$32,000
합계	$-$600,000	$(EBIT-\$3,200,000)$의 1%
순현금흐름	$60,000	0

는 유부채사의 주식 1%(6,000주, $660,000)를 보유하는 경우와 동일한 현금흐름을 제공한다. 표 16.3b는 이러한 경우의 현금흐름을 요약하고 있다.

비록 두 개 기업의 주가가 동일할지라도 주주들에 대한 기대수익률과 주식투자에 대한 위험은 다르다. 이러한 차이를 살펴보기 위해 예를 들어 보기로 하자. 미래의 $EBIT$에 대한 확률분포가 표 16.4에 나타난 바와 같다고 가정하자.

EPS로 표시된 열은 각각의 $EBIT$로 계산한 주당 이익을 나타낸다(앞서 이익은 재투자된다는 가정을 하지 않았으므로 이는 곧 주당 배당액이 된다). 무부채사의 EPS를 구하기 위한 공식은

$$EPS_{무부채사} = \frac{EBIT}{1,000,000주}$$

$EBIT$의 수준에 관계없이 매년 이자지급액은 $3,200,000(0.08×$40,000,000)로 일정하기 때문에 유부채사의 EPS를 구하는 공식은

$$EPS_{유부채사} = \frac{순이익}{600,000주} = \frac{EBIT-\$3,200,000}{600,000주}$$

표 16.4에 나타나 있는 무부채사와 유부채사의 EPS를 비교해 보면 재무 레버리지(자산자체는 변화가 없고 자본조달의 원천에 대한 비율만이 변화)가 높아질수록 EPS의 평균과 위험이 모두 증가하는 것을 볼 수 있다. 호황일 경우 $EBIT$는 $15,000,000이며 이때 유부채사의 EPS는 더 높아지고, 불황일 경우 $EBIT$는 $5,000,000이며 이때 유부채사의 EPS는 더 낮아진다.

무부채사의 경우에는 불확실한 $EBIT$에 대한 위험이 1,000,000주에 대하여 분산되어 있다. 유부채사의 경우에는 채권자들이 청구권을 가지고 있고 채권에는 위험이 존재하지 않는다고 했으므로 $EBIT$에 대한 위험이 600,000주에 대해서만 분산되어 있게 된다. 그러므로 두 기업의 가치가 동일하다 해도 유부채사의 주식은 무부채사의 주식에 비해 더 높은 기대수익과 더 높은 위험을 가지게 된다.

M&M의 주장에 따르면 완전시장에서 자본구조는 아무런 문제가 되지 않는다. 주주들의 부는 기업의 부채비율에 의해서 증가하거나 감소하지 않는다.

만약 무부채사가 $40,000,000의 부채를 발행하여 이를 가지고 주식을 재매입하여 소각하기로 했다면 주가는 어떻게 될 것인가? 또 자사주 매입 후에는 몇 주의 주식이 남게 되는가?

표 16.4 유부채사와 무부채사의 $EBIT$, EPS에 대한 확률분포

경제상황	EBIT	무부채사	유부채사	
		EPS(백만 주)	순이익	EPS(60만 주)
불황	$5,000,000	$5	$1,800,000	$3.00
보통	$10,000,000	10	$6,800,000	11.33
호황	$15,000,0000	15	$11,800,000	19.67
평균	$10,000,000	10	$6,800,000	11.33
표준편차		4.08		6.80
베타	1.0	1.0		1.67

주 : 각 경제상황의 발생 확률은 동일하다.

결론을 이야기하자면 주가는 $100로 유지될 것이다. 부채에 의해 조달된 $40,000,000는 주식을 재매입하는 데 이용되고 이에 따라 400,000주가 소각될 것이다. 그 결과 600,000주가 남게 되고 이의 시장가치는 $60,000,000가 된다.

> **| 예제 16.6 |**
>
> 과부채사는 유부채사나 무부채사와 모든 면에서 동일하지만 $50,000,000의 무위험부채와 500,000주의 주식을 발행하고 있다는 점에서만 차이가 있다(이자율은 8%이다). 과부채사의 *EPS*에 대한 확률분포는 어떻게 되는가? 또 이 기업의 주가는 얼마인가? 만약 무부채사가 $50,000,000의 부채를 발행해서 주식을 재매입하고 소각하기로 했다면 주가는 어떻게 변할 것인가? 자사주 매입 후 몇 주가 남게 되는가?

16.5 자본조달 결정을 통한 가치창출

지금까지 완전시장하에서는 자본구조가 주가에 영향을 미치지 않는다는 것을 보았다. 하지만 실제로는 그렇지 않은 경우가 많다. 투자자나 기업 모두에게 있어서 이자소득에 대한 세금수준이나 부채 또는 자기자본 사용에 따른 비용은 각각 다르다. 그리고 여러 종류의 유가증권을 보유하고 있는 이들에게 기업의 현금흐름을 배분하기 위한 계약을 체결하는 데에도 비용이 들게 된다. 더욱이 관련 법규나 규제 역시 장소와 시간에 따라 변화하게 된다. 기업에 있어서 최적의 자본구조를 찾아내는 것은 기업이 처한 법률적 혹은 세제상의 환경에 따라 달라지는 교환관계를 이해하는 것을 의미하게 된다.

이렇듯 현실적 제약요건이 존재하는 상황에서 기업이 자본구조결정을 통해 어떻게 기업의 가치를 증가시킬 수 있는지에 대해 생각해 보자. 이는 다음과 같은 세 가지로 구분된다.

- 자본구조의 결정에 의해 기업은 비용이나 부담스러운 규제 등을 줄일 수 있다. 이러한 비용의 예로는 세금이나 파산비용 등을 들 수 있다.
- 자본구조의 결정에 의해 기업은 여러 이해관계자들 사이에 존재하는 이해상충관계를 줄일 수 있다. 예를 들어, 경영자와 주주 간 또는 주주와 채권자 간의 상충관계.
- 자본구조의 결정에 의해 기업은 주주들에게 자체적으로는 만들 수 없는 금융자산을 제공할 수 있다. 그러므로 기업은 이용 가능한 재무적 수단의 범위를 확대시킬 수 있고, 이렇게 함으로써 프리미엄을 얻을 수 있다. 기업이 이러한 활동을 점점 확대해 가면 금융중개자로서의 기능을 할 수 있다.

16.6 비용 절감

기업은 자본구조 결정을 통해 세금이나 보조금 또는 재무적 곤경비용 등을 줄일 수 있다. 이에 대해 알아보기로 하자.

16.6.1 세금과 보조금

주주나 채권자 이외에 기업의 *EBIT*에 대한 또 다른 청구권자로는 정부가 있다. 어떤 세금은 기업에게 과세(법인세)되며 또 어떤 세금은 주주 개인에게 과세(개인소득세)된다.

  기업의 입장에서 이자비용은 과세표준을 감소시키지만 배당은 그렇지 않기 때문에 자본구조결정은 법인세가 존재할 경우 중요한 문제로 부각된다. 기업이 부채를 사용하게 되면 정부에 납부해야 하는 세금의 크기를 줄일 수 있다.

  예를 들어, 16.4절의 무부채사와 유부채사를 생각해 보자. 유부채사의 경우 *EBIT*는 우선순위에 따라 다음과 같은 세 부류의 청구권자에게 배분된다.

- 채권자(이자)
- 정부(세금)
- 주주(잔여청구권)

  세금효과를 알아보기 위해 법인세율이 34%이고 개인소득세는 없는 경우를 가정해 보자. 유부채사의 경우 세금을 납부하고 난 후 주주와 채권자들에게 돌아갈 현금흐름은 다음과 같다.

$$\text{현금흐름}_{(유부채사)} = \text{순이익} + \text{이자}$$
$$= 0.66(EBIT - \text{이자}) + \text{이자}$$
$$= 0.66EBIT + 0.34\text{이자}$$
$$= \text{현금흐름}_{(무부채사)} + 0.34\text{이자}$$

표 16.5 무부채사와 유부채사의 세후 현금흐름에 대한 확률분포

*EBIT*의 수준	무부채사	유부채사	
	세후 현금흐름	순이익	세후 현금흐름
$5,000,000	$3,300,000	$1,188,000	$4,388,000
$10,000,000	$6,600,000	$4,488,000	$7,688,000
$15,000,000	$9,900,000	$7,788,000	$10,988,000

부채를 많이 사용할수록 유부채사의 시장가치는 커지게 된다. 표 16.5는 세후 주주와 채권자들에게 돌아갈 현금흐름을 나타내고 있다. 표에서 보면 모든 상황에서 유부채사의 세후 현금흐름은 무부채사보다 $1,088,000만큼 크다.

그러므로 유부채사의 시장가치는 무부채사보다 이자비용을 지급함으로써 발생하는 세금절감액의 현재가치만큼 커진다.

$$\text{유부채사의 시장가치} = \text{무부채사의 시장가치} + \text{세금절감액의 현가}$$

유부채사의 부채가 파산위험이 없다는 가정하에서, 세금절감액의 현재가치는 세율 34%에 부채의 가치를 곱한 금액이 된다.

$$\text{유부채사의 세금절감액의 현가} = 0.34 \times \$40,000,000 = \$13,600,000$$

표 16.6은 부채를 통한 자본조달의 경우 유부채사와 무부채사의 주주와 채권자 그리고 정부 각각에 기업의 가치가 어떻게 배분되는지를 보여 주고 있다.

두 기업 모두 각각의 청구권이 가지는 가치의 합계는 동일하게 $100,000,000이다. 무부채사의 경우 자기자본가치는 $66,000,000이고 정부가 가지는 세금 청구권의 가치는 $34,000,000이다. 유부채사의 경우에는 자기자본의 가치는 $39,600,000이고 부채가치는 $40,000,000 그리고 세금에 대한 청구권의 가치는 $20,400,000이다.

만약 무부채사가 $40,000,000의 부채를 발행하여 주식을 재매입하여 소각하기로 했다면 주가는 어떻게 되겠는가? 자사주 매입 후 얼마의 주식이 남게 되는가?

자기자본으로만 구성된 무부채사의 주가는 $66가 될 것이다. 만약 $40,000,000의 부채를 발행하여 주식을 소각하기로 한다면 주가는 세금절감액 $13,600,000를 반영한 만큼 증가하게 될 것이다. 따라서 자기자본가치는 $79,600,000로 증가할 것이고 주가는 $79.6가 될 것이다. 이때 재매입되어 소각되는 주식은 502,513주가 된다($40,000,000/$79.6). 그러므로 497,487주가 남게 된다. 따라서 기존의 주주들은 주당 $13.6의 이익을 얻게 된

표 16.6 무부채사와 유부채사의 기업가치 배분

청구권자	무부채사	유부채사
채권자	0	$40,000,000
주주	$66,000,000	$39,600,000
정부	$34,000,000	$20,400,000
합계	$100,000,000	$100,000,000

글상자 16.2   무관련 이론과 자본구조

다년간의 고민 끝에, 경제학자들은 보편적으로 알려진 무관련 이론이 실제적으로는 자본구조 연구와 연관성이 없다는 결론에 도달하게 되었다. 자본구조의 주된 이론은 노벨상 수상자인 Franco Modigliani와 Merton Miller에 의해 최초로 개발되었으며, 기업자본구조의 조정과 주주 가치 향상 간의 상관관계가 미미하다는 이론이다.

이론의 배경이 되는 가설 중 하나는 기업의 목표는 주주 가치 극대화이며, '파이의 크기'는 이미 가능한 한 크게 만들어져 있다는 것이다. 자본구조의 변경은 오로지 그 회사의 가치를 다른 방식으로 분산시키는 것에만 기여하게 된다. 하지만 이 가설은 너무 강해서 몇몇 드문 상황을 제외한 나머지 경우에는 이론이 성립할 수 없다.

회사들이 진실로 가능한 한 파이를 크게 만들고 있는 것일까? 이 의문은 대리인 비용에서 유래되는 것으로 보인다. 대부분의 경우, 기업 내부자들에게 자유재량이 주어지게 지면 기업의 궁극적 목표인 주주 가치 극대화를 그들의 목표로 삼지 않게 된다. 이런 책략의 일부에는 과소 경영 노력, 낭비적 투자, 기득권 유지 및 독소조항(Poison-Pill) 기법 및 자기 거래(self-dealing) 등이 포함된다. 일부 책략은 다른 책략들에 비해 입증되기 어려울지도 모르겠다. 하지만 이와 같은 책략들 모두가 주주에게 많은 비용을 초래하게 된다.

대리인 비용을 감소시킬 수 있는 한 가지 방법은 주주에게는 결여되었을 수 있는 시장 기반의 강제 절차로서, 채권자들에게 수익을 지급하는 의무를 가짐으로써 부채를 증가시키는 것이다. 물론, 이러한 관점에서 문제를 바라본다면 부채 사용 감세 효과 및 부채 대비 자기 자본 비용을 다시 고려해야겠지만, 이번에는 대리인 비용과 성과 교환(performance tradeoffs)을 고려해 보기로 한다. 대리인 비용을 줄이기 위한 방안으로는 스톡옵션 지급을 통해 대리인 비용과 경영진 인센티브를 연계하거나, 성과 측정을 통해 경영진을 더 효율적으로 감시하는 방법을 들 수 있다. 회사를 운영하는 경영진 또한 인간이기 때문에, 무관련 이론의 평형 상태를 어지럽히는, 또는 재무 구조가 파이에 더 많은 가치를 부가할 수 있는 잠재적 실행 가능 방안으로 만드는 대리인 비용이 항상 존재할 수밖에 없다.

출처 : Adapted from "Beyond Irrelevance," *The Economist*, February 9, 2006.

다. 자사주 매입에 응한 주주들은 이익을 현금의 형태로 받게 되고, 주식을 그대로 보유하고 있는 주주들은 이익을 자본이득의 형태로 받게 된다. 이러한 가정하에서는 모든 경영자가 자본구조 내에 차지하는 부채비율을 극대화하려고 할 것이다.

| 예제 16.7 |
과부채사는 무부채사나 유부채사와 동일한 자산을 가지는데 $50,000,000의 무위험부채를 발행하고 있다. 세율이 34%라고 가정하면 과부채사의 가치는 얼마가 되는가? 그리고 이 기업가치는 주주와 채권자 그리고 정부에게 어떻게 배분되는가? 만약 무부채사가 $50,000,000의 부채를 발행하여 주식을 재매입하기로 한다면 주가는 얼마가 되는가? 자사주 매입 후 남게 되는 주식은 얼마인가?

보조금

때때로 **보조금**(subsidies)은 자본구조에 있어서 특별한 형태로 이용되기도 한다. 그러므로 기업은 자본구조에 있어서 유리한 방향으로 이를 이용해야 한다. 경제상황이 부진한 지역에 투자하는 기업에 대한 부채를 정부가 보증해 주는 것이 하나의 예가 될 수 있을 것이다. 예를 들어, 어떤 기업이 $100,000,000를 투자한다고 하자. 은행은 별도의 비용 없이 이 기업의 부채에 대해 보증을 해 줄 것이다. 이 경우 부채에 의한 자본조달을 이용할 경우에만 이러한 보증을 받을 수 있으므로 이 기업의 주주의 부는 부채에 의한 자본조달에 의해서 증가된다. 그러므로 이 기업은 자기자본에 의한 자본조달보다는 부채에 의한 자본조달을 선호할 것이라고 예상할 수 있다.

> **| 예제 16.8 |**
> 정부에 의한 보증 이외에 부채에 의한 자본조달을 위한 보조금의 형태에는 어떠한 것이 있겠는가?

16.6.2 재무적 곤경 비용

자본구조에서 부채의 비율이 높아짐에 따라 기업이 파산할 위험 또한 커지게 되고 이에 따라 미래의 기대 현금흐름이 예상보다 작아질 수 있다. 이처럼 채무를 이행하지 못할 위험을 가지는 기업을 재무적 곤경에 처해 있다고 한다. 이러한 상황에서 기업은 더 많은 비용을 감수해야 하며 이로 인해 부채를 사용하지 않을 경우에 비해 기업가치가 더 작아지게 된다. 이 같은 비용에는 파산을 피하기 위한 경영자의 노력이나 시간에 대한 비용 그리고 파산 절차에 따른 변호사 비용 등이 포함된다. 더욱 중요한 것은 기업의 파산 가능성에 의해 고객이나 공급자 그리고 종업원들의 사기가 떨어져 사업에 실패하게 될 수도 있다는 것이다.

　높은 수준의 부채를 사용함에 따른 세금절감효과와 더불어 재무적 파산비용을 고려하게 되면 교환관계가 발생하게 된다. 무부채사의 경우를 예로 들어 보자.

　16.3.1절에서 부채 발행에 따른 세금절감효과는 경영자로 하여금 새로운 부채를 발행하여 주식을 재매입하게 하는 유인을 제공한다는 것을 보았다. 만약 $40,000,000의 부채를 발행한다면 주가는 $66에서 $79.6로 증가할 것이고 $50,000,000의 부채를 발행한다면 주가는 $83로 증가할 것이다. 이제 더 높은 수준의 부채를 발행한다고 해 보자. 이렇게 되면 기업은 파산할 가능성을 가지게 되고 상당히 높은 수준의 파산비용을 감수하게 될지도 모른다. 이러한 상황에서 만약 기업이 $60,000,000의 부채를 발행하여 자사주를 매입한다고 하면 주가는 증가하기보다 오히려 하락할 것이다.

　그림 16.1은 부채비율이 높아짐에 따라 나타날 수 있는 효과들을 나타내고 있다. 최적

그림 16.1

주가에 대한 부채비율의
효과

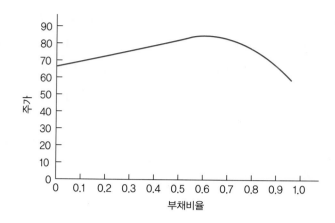

그림 16.1

주가에 대한 부채비율의
효과

부채비율은 주가가 최대화되는 수준이 된다.

여기서 기업은 주식을 재매입하기 위해 여러 종류의 부채를 발행할 것이라 발표하고 이것이 주가에 미치는 영향을 관찰하여 주가를 최대화시킬 수 있는 부채수준을 선택할 것이라 예상할 수 있다. 그러나 현실에서는 불가능하다. 실제로 기업의 가치를 최대화시키는 부채와 자기자본의 결합을 찾아내는 것은 상당히 어렵다. 그럼에도 불구하고 이를 통해 부채를 너무 쓰지 않거나 아니면 너무 많이 쓰고 있는 기업이 나아가야 할 방향에 대해서는 예측할 수 있다.

| 예제 16.9 |
재무적 곤경 비용의 감소는 기업의 자본구조에 어떠한 영향을 미치는가?

16.7 이해의 상충에 대한 조정

자본구조 결정을 통해 주주의 부를 증가시킬 수 있는 두 번째 방법은 기업 내의 여러 이해관계자들 간 이해의 상충을 조정하는 것이다. 여기에는 경영자와 주주 간 또는 주주와 채권자 간의 관계를 그 예로 들 수 있다. 이러한 비용을 **대리인 비용**(agency costs)라고 한다.[5]

16.7.1 인센티브 문제 : 잉여 현금흐름

제1장에서 경영자와 주주 간 이해의 상충에 대해 이미 논의한 바 있다. 경영자가 기업의 현금흐름을 배분하는 데 있어 지나치게 많은 권한을 가지고 있다면 주주들의 부를 만들

---

[5] 이 용어는 제2장에서 논의된 주인–대리인 문제에서 유래되었다.

글상자 16.3 파산

오늘날 파산은 많은 미국 기업들이 연금 지급 의무 및 노조 계약 부담을 줄이기 위한 방안으로서 사용한다. 실로 허점이 많은 미국의 파산 제도는 어려움을 겪는 기업으로 하여금 기업을 지속시키는 것을 포기하게끔 만든다.

일본이 이미 경험한 바와 같이, 이러한 현상으로 인해 초래될 결과는 매우 처절하다. 일본은 '잃어버린 10년' 동안 부실기업에 융자금을 지원하였으며, 상대적으로 낮은 이자율을 적용하였다. 이와 같은 기업을 '좀비' 기업이라 부른다. 좀비 기업은 상대적으로 나은 성과를 보여 준 기업들에 비해 많은 지원 혜택을 누릴 수 있었기 때문에 1990년대에 가장 낮은 실업률을 기록할 수 있었다. 비생산적 기업들은 간신히 버티고 생산적인 기업들의 등장은 점점 줄어 해당 산업군의 생산성이 하락했다. 좀비 기업들이 자원을 낭비하고 시장을 포화시키고 있었기 때문에, 건전한 기업들조차도 고통을 받게 되었다.

미국이 왜곡된 대출 시스템을 가지고 있지 않았다고 할지라도, 파산 제도는 일부분 유사한 효과를 미칠 수 있다. 이와 관련한 한 가지 사례가 항공 산업이다. 건전하고 수익성 높은 운송업체였던 사우스 웨스트 항공사의 경우, 항공 산업 분야가 좀비 항공사들로 넘쳐나지 않았다면 시장 점유율은 더 높았을 것이다.

파산 제도가 개선되고 있는 것으로 보이나, 기업들은 여전히 구조 조정을 회피하고 시장의 힘을 교란시키는 도구로 파산을 악용하고 있다. 역동적인 경제 체제하에서, 혁신은 창조적 파괴에 달려 있으므로, 파괴를 완화하는 것은 혁신에 대한 인센티브를 감소시킨다.

출처 : Adapted from "Don't Feed the Zombies," *The Economist*, April 6, 2006.

어 내는 것과는 무관한 투자안에 현금을 사용할 가능성이 존재하게 된다. 즉 경영자는 음의 *NPV*를 가지더라도 경영자의 힘이나 권위 또는 특권을 증가시킬 수 있는 투자안을 선택하게 될지도 모른다. 이러한 인센티브 문제를 줄이기 위해 적절한 규모의 부채 사용은 좋은 방법이 될 수 있다.

부채는 경영자로 하여금 채권자에게 미리 정해진 이자와 원금을 우선 지급하도록 한다. 그러므로 주식을 재매입하기 위해 부채를 발행하는 것은 경영자가 마음대로 사용할 수 있는 잉여 현금의 크기를 줄임으로써 주주들의 부를 창출해 낼 수 있는 방법이 된다.

| 예제 16.10 |
인센티브 문제란 무엇인가? 또 부채발행을 통해 이 문제를 어떻게 조정할 수 있는가?

16.7.2 주주와 채권자 간의 이해 상충

앞서 재무적 곤경비용이 무엇이며 이것이 자본구조에 있어서 최적의 부채 크기를 어떻게 제한하는지에 대하여 알아보았다. 그러나 이와 더불어 기업 내의 주주와 채권자 사이의 이해가 상충되는 문제도 존재한다. 이러한 문제는 기업이 파산할 경우 주주들은 그 손실

글상자 16.4　주식 환매

2005년의 주식 환매 수준은 가히 기록적이었다. 2004년, 이윤과 수익이 투자를 초과하면서, S&P 500 지수에 포함된 많은 회사들이 무엇을 해야 할지 모를 정도로 많은 여유 현금을 보유하게 되었고, 그들 중 많은 회사들이 자사 소유 주식을 단순히 환매하게 되었다. 하지만 주주들이 이런 조치에 대해 회사들에게 감사하게 생각할까? 한 마디로, 그렇다.

　자사의 자기자본을 환매한다는 것은 세 가지 의미를 지닐 수 있다. 자사 주식이 저평가되고 있다고 생각한다. 그런 회사는 직원들이 스톡옵션을 행사하거나 주식을 매입하는 것을 허용할 만큼 충분한 주식을 보유하기를 원한다. 혹은 그런 회사는 단순히 수익성 있는 투자 기회만을 추구하지 않고, 외부적으로 가치를 부가할 수 있는 기회를 주주들에게 제공하기를 원한다. 환매를 하게 되면 시장에서 발행 주식의 총수를 감소시키기 때문에, 나머지 주주들을 위한 수익 분배를 증가시킨다. 주당순이익(EPS)이 증가하면서, 그 결과 주가가 상승하게 된다. 환매는 일종의 신호로 받아들여진다. 예를 들어, 한 기업이 자사 주식을 환매하는 경우, 기업은 주주에게 새로운 정보를 제공하게 되는 것이 된다. 기업이 자사주를 매입하면 시장에서는 기업이 자사주가 저평가되어 있다고 생각하여 환매하는 것으로 여기게 된다. 따라서 환매 발표는 단순한 발표에 비해 더 많이 주가를 끌어올리는 효과가 있다.

　환매는 대부분 주가 상승으로 이어지기 때문에, 해당 기업이 현재 자기자본을 환매하고 추후 더 높은 가격으로 자사 주식을 매각하여, 낮은 비용으로 자본을 증액하는 방식이 될 수 있다. 결론적으로 기업이 미사용 현금을 보유하여 자사 주식을 환매하는 것은 이는 최적의 가치 창출 경로가 될 수 있다.

출처 : Adapted from "A Valuable Alternative to Empire Building," *The Economist*, April 19, 2005.

액의 크기가 얼마가 되든 관심을 가지지 않기 때문에 발생하게 된다. 그러므로 주주의 부 증가에 충실한 경영자는 채권자 몫의 희생을 통해 주주들의 부를 증가시킬 수 있는 좀 더 변동성이 큰 투자안을 선택할 것이다.

　예를 들어, 기업의 자산가치가 $100,000,000라고 하자. 이 기업은 만기가 1년 남은 액면가액 $104,000,000의 부채를 발행하고 있다. 경영자는 $100,000,000를 1년간 4%의 이자율을 제공하는 무위험자산인 미 국채에 투자하거나 아니면 앞으로 1년 후에 $200,000,000의 현금흐름을 주거나 영(0)의 현금흐름 중의 하나를 제공하는 벤처사업에 투자할 수 있다.

　새로운 벤처사업의 성공확률이 아주 낮다고 하더라도 주주 부 극대화에 충실한 경영자는 위험한 벤처사업에 투자할 것이다. 왜냐하면 미 국채에 투자할 경우 이 기업 주식의 가치는 0이 될 것이기 때문이다. 만약 1년 후에 이 기업의 가치가 $104,000,000보다 크게 된다면 이 기업의 주식 역시 가치를 가질 것이다. 이러한 경우에 있어서 채권자들은 벤처산업에 투자하는 데 따른 가치하락 위험을 감수해야 하고, 반면에 주주들은 잠재적인 추가이익을 향유하게 된다.

　그러므로 기업에 돈을 빌려 준 채권자들은 도덕적 해이의 문제에 직면하게 된다. 높은 수준의 부채를 사용하고 있는 기업에서 경영자들은 주가를 높이기 위해서 기업 전체의 가치(파이 전체의 크기)를 감소시키는 방향으로 기업의 자산을 배치시킬 유인을 가지게 될지도 모른다. 채권자들은 경영자가 자신이 불리한 상황에서는 이와 같은 행동을 하게 될 것이라는 것을 알고 있기 때문에 기업에 제공하는 대출규모를 제한하기도 한다.

| **예제 16.11** |
채권자 몫의 희생을 통해 주주의 부를 증가시킬 수 있는 투자안에는 어떠한 것들이 있는가?

16.8 이해관계자를 위한 새로운 기회의 제공

자본구조의 결정을 통해 가치를 만들어 낼 수 있는 세 번째 방법은 기업의 이해관계자들에게 종전에는 더욱 높은 비용으로 이용할 수 있었던 또는 전혀 이용할 수 없었던 새로운 기회를 제공하는 것이다. 이는 기업이 이해관계자들에게 발행된 여러 청구권들을 변경함으로써 영업자산의 크기나 구성을 바꾸지 않고서도 가치를 창출할 수 있다는 생각에 기초하고 있다.

이해관계자들에 대한 새로운 기회 제공의 예로는 기업 재무의 수단으로 연금을 이용하는 것을 들 수 있다. 즉 이전에는 가능하지 않았던 은퇴 후의 이익을 제공함으로써 연금을 실시하는 기업의 종업원에게 가치를 제공할 수 있다. 연금을 제공하면 주주들은 더 낮은 비용으로 노동력을 확보할 수 있으므로 이익을 얻을 수도 있다. 그러나 투자자들을 위한 새로운 재무적 수단을 만드는 것은 각각의 기업에서보다 전문화된 금융서비스 회사의 경우에 더욱 효율적으로 행해진다.

| **예제 16.12** |
종업원들에게 연금을 지급하는 것은 어떤 식으로 주주의 부를 증가시킬 수 있는가?

16.9 실무에서의 자본조달 결정

재무의사결정은 항상 기업이 처한 특수한 상황에 따른 교환관계를 포함하게 된다. 예를 들어, 손실로 인해 법인세를 내지 않는 기업은 세금에서의 이익과 재무적 곤경비용 간의 교환관계를 평가하게 될 것이다. 자본조달의 주요 방식에 대한 고려는 기업의 소유주나 경영자에게 중요한 문제가 된다.

각기 다른 상황에 처해 있는 다섯 개의 기업과 다섯 가지 자본조달 방법에 대해 살펴 보자. 각 상황에 가장 적절하게 사용될 수 있는 자본조달의 방법은 무엇인지 생각해 보 자. 그 답은 표 16.7에 요약되어 있다.

16.9.1 다섯 개의 기업

Orr Oil Company

이 회사는 뉴기니에 있는 한 지역에서 석유가 있는지를 테스트하기 위해 $10,000,000의 자금이 필요하다. 만약 이 테스트가 성공한다면 그 지역을 개발하기 위해서 $10,000,000 의 추가 자금이 소요된다. 이 기업의 주식은 현재 주당 $10에 거래되고 있으며 주당 이익 은 $2이다. 석유산업에 속해 있는 다른 기업의 주식은 보통 이익의 10배에서 12배 사이 에서 거래된다. 부채비율의 산업평균은 40%인 데 반해 Orr사의 부채비율은 25%이고 최 근 대차대조표상의 자산총액은 $105,000,000이다.

Gormeh Foods, Inc.

이 기업은 미국 남동부에서 식당 체인점을 운영하고 있다. 이 기업은 5명의 자매에 의해 소유되어 있으며 각각은 5분의 1씩의 주식을 보유하고 있다. 이 기업은 수익성을 가지고 있으나 급속도의 성장으로 인해 심각한 자본조달의 압박에 처해 있다. 모든 부동산은 담 보대출로 저당 잡혀 있고 재고는 은행에 대한 보증 수단으로 이용되어 있으며 받을 어음 은 팩토링되어 있다. 현재 $15,000,000의 자산을 보유하고 있는데 수송부서에 새로운 설

표 16.7 기업 상황에 따른 자본조달방법

기업	자본조달 방법	이유
Orr Oil Company	신주 인수권부 사채에 의한 조달	만약 석유가 발견된다면 이 기업의 주가는 상승할 것이고, 추가 적인 자금조달을 위해 자기자본에 의한 자본조달을 수행할 것임.
Gormeh Food, Inc.	리스를 통한 조달	더 이상의 부채조달능력이 없음. 리스는 설비에 의해 보증되는 부채를 통한 자본조달을 가능하게 함.
Bombay Textile Company	팩토링을 통한 조달	자금을 회수하고 모니터하는 데 비용이 드는 외상매출금을 계속 해서 보유하고 있는 것보다 이를 전문적으로 회수하는 회사에 매 각하는 것이 더 효율적임.
Holey's Burger Queen	가까운 사람으로부터의 대출을 통한 조달	더 많은 자기자본을 가지기 전에는 부채를 사용할 수 없음. 그를 알고 믿는 사람들만 그에게 자금을 제공할 것임.
Lee Productions	보통주를 통한 조달	부채 발행의 경우 대리인 비용이 매우 높음.

비를 도입하기 위해 $2,000,000의 추가자금이 필요하다.

Bombay Textile Company

이 기업은 인도에서 의류를 생산하고 있으며, 이 중 절반 정도는 싱가포르의 소규모 의류회사로 수출되고 있다. 설비에 대해 부분적으로 정부로부터 대출을 받고 있으며 이는 이 기업의 유일한 장기부채항목이다. 이를 투입물에 대한 지불에 사용하며 싱가포르의 고객에 대해서는 60일간 외상을 제공한다. 연간 $5,000,000의 매출 증가에 따라 추가적인 $500,000의 자금을 필요로 한다.

Holey's Burger Queen

Jarvis Holey는 필라델피아에서 5년간 택시를 운전하였으며 BQC사 프랜차이즈를 매입하기 위해 $50,000를 저축하고 있다. BQC는 각 프랜차이즈마다 최소 $100,000의 자기자본을 요구하고 있으며 나머지는 부채로 조달 가능하다. Holey는 현재의 BQC 소유주가 프랜차이즈를 $250,000에 팔려고 내놓은 것을 매입하려고 한다.

Lee Productions

이 기업은 뜻밖의 영화 성공으로 인해 최근 각광받고 있는 작은 영화사이다. 현재 10명의 소유주가 있으며 제작하고 있는 영화의 수를 두 배로 늘리기를 원하고 있다. 이 기업은 최근에 주식회사로 전환하였으며 외부 투자자로부터 $10,000,000의 자금을 조달하려고 한다.

16.9.2 다섯 가지 자본조달 방법

가까운 사람으로부터의 대출

이러한 방식의 자본조달은 사업의 규모가 매우 작고 시작 단계이며 미래에 대한 예측이 불확실한 경우에 적절하다. 사업의 성공 여부는 기업가의 의지와 성향에 따라 크게 좌우된다. 소유주를 개인적으로 잘 알고 믿는 사람들만이 돈을 빌려 줄 것이다.

리스

리스회사는 계약에 의해 정해진 기간에 확정된 리스료를 지불하는 고객에게 사무실이나 집 또는 설비 등의 실물자산을 제공하게 된다. 리스는 리스자산에 의해 보증되는 부채에 의한 자본조달의 기능을 가진다.

보통주

보통주를 발행하는 것은 기업이 주식회사의 형태를 가지는 경우 이용되는 자본조달방법이다. 이는 기업이 처음으로 주식을 일반에게 공개하거나 또는 사업에 있어서 중대한 확장의 경우에 이용된다.

신주 인수권부 사채

신주 인수권은 보유자에게 확정된 금액으로 발행 기업의 주식을 살 수 있는 권리를 주는 콜옵션이다. 신주 인수권은 기업이 부채의 상환 이전에 새로운 자기자본을 조달할 필요가 있을 경우에 부채 발행에 포함된다. 이러한 경우 부채는 신주 인수권이 없는 경우에 비해 더 낮은 이자율을 가지게 된다.

팩토링

기업이 어음 등을 팩토링할 때는 어음 투자를 전문으로 하는 팩토링 회사에 어음을 할인하게 된다. **팩토링**(factoring)은 차입이나 자기자본의 발행을 통한 자본조달이라기보다는 기업의 자산을 매도함으로써 자금을 조달하는 방법이다.

16.10 부채를 활용한 투자안의 평가

제6장에서 기업의 투자결정을 분석하기 위해 현금흐름 할인의 개념을 어떻게 이용하는지에 대하여 알아보았다.[6] 그 결과 기업은 양(+)의 NPV를 가지는 투자안을 선택해야 한다는 것을 알았다. 이제 기업의 투자안을 평가하는 데 있어서 어떻게 자본구조를 고려하는지에 대해 살펴보기로 한다.

여기에는 다음과 같은 세 가지 방법이 있다.

* 조정현가법(APV)
* 자기자본에 대한 현금흐름(FTE)
* 가중평균자본비용($WACC$)

---

[6] 먼저 제6장을 복습할 것을 권장한다.

원칙적으로 앞의 세 가지 방법은 투자안에 대하여 동일한 *NPV*를 가지게 된다. 다음의 예를 통하여 이를 보기로 하자.

16.10.1 세 가지 방법의 비교

세 가지 방법을 설명하기 위해 다음의 투자안을 생각해 보자. 세계적으로 위성통신서비스를 제공하는 Global Connections Corporation(GCC)은 사업확장을 위해 새로운 위성에 투자하는 것을 고려하고 있다. 현재 GCC사의 시장가치는 $1,000,000,000이다. 새로운 투자안은 투자 시점에서 $100,000,000의 자금을 필요로 하며 이를 통해 연간 수익이 $20,000,000 증가할 것으로 예상된다. 그리고 위성을 유지하는 데 드는 비용은 연간 $5,000,000이고 위성은 영구적으로 사용 가능하다고 하자. GCC사의 이익에 대한 세율은 30%이다. 이 기업의 자본구조는 시장가치에 근거하여 80%의 자기자본과 20%의 부채로 구성되어 있다. 새로운 투자안을 실행하는 경우에도 이 비율은 유지될 것으로 보이며 GCC사의 부채는 8%의 이자율을 지급하는 무위험부채이다. 만약 위성통신사업에 있어서 무부채투자의 요구수익률이 10%라고 한다면 이 프로젝트의 *NPV*는 얼마가 되겠는가?

제일 먼저 해야 할 것은 100% 자기자본으로 구성된 경우의 *NPV*를 구하는 것이다. 그 다음에 앞의 세 가지 방법이 부채조달에 의한 효과를 어떻게 설명하는지에 대해 비교할 것이다.

프로젝트로부터 기대되는 세후증분 현금흐름은 기대수익 $20,000,000에서 유지비용 $5,000,000를 뺀 후 여기에 (1−세율)을 곱한 만큼이 된다.

$$\begin{aligned}
\text{무부채인 상태에서의 기대현금흐름} \\
&= (1-0.3) \times (\$20,000,000 - \$5,000,000) \\
&= 0.7 \times \$15,000,000 \\
&= \$10,500,000
\end{aligned}$$

시장이자율을 10%라고 하면 프로젝트의 현재가치는 다음과 같다.

$$\text{무부채투자의 현재가치} = \frac{\$10,500,000}{0.1} = \$105,000,000$$

최초의 투자비용 $100,000,000를 빼면 프로젝트의 *NPV*는

$$\text{무부채인 경우의 } NPV = \$105,000,000 - \$100,000,000 = \$5,000,000$$

이제 부채조달의 효과에 대하여 알아보기 위해 위의 세 가지 방법을 살펴보기로 하자.

조정현가법

조정현가(adjusted present value, APV)법은 16.6.1절에서 보았던 세금절감액 방법에 직접적으로 근거하고 있다. 프로젝트의 *APV*는 무부채 경우의 *PV*에 추가적인 부채 사용에 따른 세금절감액의 현재가치만큼을 더한 값이다. GCC사의 자본구조 정책에 따르면 프로젝트를 수행함에 따라 새로이 발생되는 부채는 기업 시장가치 증가분의 20% 또는 프로젝트의 *APV*에 0.2를 곱한 만큼이 된다. 부채는 영구적이라고 했기 때문에 추가적인 세금절감액의 현재가치는 세율에 새로운 부채상당액을 곱한 값, $0.3 \times 0.2 \times APV = 0.06 \times APV$이다. 따라서 프로젝트의 *APV*는

$$
\begin{aligned}
APV &= \text{무부채 기업의 현재가치} + \text{세금절감액의 현재가치} \\
&= \$105,000,000 + (0.06 \times APV) \\
&= \frac{\$105,000,000}{0.94} \\
&= \$111,700,000
\end{aligned}
$$

*APV*에 0.06을 곱하면 추가적인 세금절감액의 현재가치는 $6,700,000임을 알 수 있다. 프로젝트의 조정순현가(Adjusted Net Present Value, ANPV)를 통해서 주주들에게 돌아가는 가치의 증가분은[7]

$$
\begin{aligned}
ANPV &= \text{무부채 경우의 현재가치} + \text{세금절감액의 현재가치} \\
&= \$5,000,000 + \$6,700,000 \\
&= \$11,700,000
\end{aligned}
$$

자기자본에 대한 현금흐름법

자기자본에 대한 현금흐름법에서는 기업의 주주들에게 돌아가는 세후증분 현금흐름을 계산하고 자기자본비용(k_e)을 이용하여 할인함으로써 *NPV*를 구한다. 자기자본비용을 구하는 식은 다음과 같다.[8]

---

[7] 여기에서는 부채의 크기가 결정되어 있기 때문에 절세효과의 현가를 *APV*를 계산하지 않고 *ANPV*를 구할 수 있다. 일반적으로 *ANPV*는 *APV*로 줄여 불린다. 그러나 *ANPV*와 *APV*를 혼동해서는 안 된다.

$$k_e = k + (1-t)(k-r)d \tag{16.1}$$

이때

　　k=부채가 없는 경우의 자본비용

　　t=세율

　　r=부채에 대한 이자율(파산위험이 없는 것으로 가정)

　　d=시장 부채-자기자본비율

GCC사의 자본구조는 부채-자기자본비율(d=0.2/0.8=0.25)이 일정하기 때문에 이 경우에서의 자기자본비용은

$$k_e = 0.10 + (1-0.30) \times (0.10-0.08) \times 0.25 = 0.1035$$

GCC사의 프로젝트로부터 기대되는 주주에게 돌아갈 세후증분현금흐름(CFS)은

$$CFS = 무부채 \ 기업의 \ 기대현금흐름 - 세후이자비용$$
$$= \$10{,}500{,}000 - (1-t) \times r \times D$$
$$= \$10{,}500{,}000 - 0.7 \times 0.08 \times D$$
$$= \$10{,}500{,}000 - 0.056D$$

이때 D는 프로젝트가 수행되고 난 후 GCC사의 부채증가액을 나타낸다. 또 자기자본의 현재가치 증가분, E는

$$E = \frac{CFS}{k_e} = \$101{,}450{,}000 - 0.5411D$$
$$= \$101{,}450{,}000 - (0.5411 \times 0.25 \times E)$$
$$= \$101{,}450{,}000 - 0.1353E$$
$$= \frac{\$101{,}450{,}000}{1.1353}$$
$$= \$89{,}360{,}000$$

그리고 GCC사의 자본구조 정책에서 $D=0.25E$이므로 $D=\$22.34$이다. 프로젝트를 위해 새로 발행되는 추가적인 자기자본의 크기는 $\$100{,}000{,}000-\$22.34=\$77{,}660{,}000$이다.

---

[8] 이 식은 부채가 파산위험이 없는 경우에만 적용 가능하다. 부채의 파산위험을 고려한 가치평가는 이 책의 범위를 넘어선다.

그러므로 프로젝트를 수행함으로써 주주들에게 돌아가는 NPV는 $89,360,000 - $77,660,000 = $11,700,000이며 이는 조정현가법에서의 금액과 큰 차이가 없다.

가중평균자본비용법

이 방법에서는 무부채 경우의 기대세후현금흐름을 **가중평균자본비용**(weighted average cost of capital, WACC)으로 할인하여 프로젝트의 현재가치를 구한 다음 투자자금 $100,000,000를 차감한다.

가중평균자본비용을 구하는 식은

$$WACC = k_e \frac{1}{1+d} + (1-t)r\frac{d}{1+d} \tag{16.2}$$

즉 가중평균자본비용이란 자기자본비용과 세후타인자본비용을 가중평균한 것이다. 이때의 가중치는 프로젝트의 현재가치에서 자기자본과 부채가 차지하는 각각의 비중을 이용한다. 그러므로 위의 예에서 $WACC$는

$$WACC = 0.1035 \times 0.80 + 0.7 \times 0.08 \times 0.20 = 0.094$$

프로젝트의 NPV는 무부채 경우의 기대세후현금흐름을 $WACC$를 이용하여 할인하고 최초 투자자금 $100,000,000를 차감한 값이 된다.

$$\begin{aligned} NPV &= \frac{\$10,500,000}{0.094} - \$100,000,000 \\ &= \$111,700,000 - \$100,000,000 \\ &= \$11,700,000 \end{aligned}$$

| **예제 16.13** |

GCC사의 부채-기업가치 비율이 20%가 아니라 30%라고 가정해 보자. 이는 위성사업에도 동일하게 적용되며 다른 조건들은 본문에서와 같다. 조정현가법(APV)을 이용하여 위성사업의 NPV를 구하라. 그리고 APV를 이용했을 경우와 동일한 NPV를 얻는다는 것을 확인하기 위해 FTE와 WACC를 이용해 보라.

요 약

- 외부자본조달의 경우 내부자본조달의 경우에 비해서 기업의 투자계획은 자본시장의 규칙에 좀 더 직접적으로 영향을 받게 된다.
- 넓은 의미에서의 부채에 의한 자본조달은 리스, 연금 등과 같이 기업이 미래에 지급하기로 약속한 것들 이외에도 채권, 담보대출 등과 같은 대출이나 부채성 유가증권 등을 포함한다.
- 세금이나 거래비용이 없고 계약이 아무런 제약 없이 체결될 수 있는 완전자본시장에서는 기업의 자본구조와는 상관없이 주주의 부가 동일하게 된다.
- 현실에서는 자본구조가 주주의 부에 영향을 미칠 수 있는 여러 가지 요인이 존재하는데 세금, 규제 또는 이해관계자 간의 상충관계 등을 예로 들 수 있다. 그러므로 기업의 경영자는 다음과 같은 방법을 통해 자본조달결정을 함으로써 주주의 부를 만들어 낼 수 있다. (1) 세금이나 규제에 관련된 비용을 줄임, (2) 기업의 이해관계자들 간의 상충관계에 따른 비용을 줄임, (3) 자본구조결정을 통해 이해관계자들에게 자신들이 만들어 내지 못하는 금융상품을 제공함.
- 자기자본과 부채에 의해 조달되는 투자안의 순현재가치를 구하기 위해 다음과 같은 세 가지 방법이 이용된다. 즉 조정현가법, 자기자본에 대한 현금흐름법, 가중평균자본비용법.

핵심용어

내부자본조달	담보물	조정현가
외부자본조달	대리인 비용	가중평균자본비용
잔여 청구권	팩토링	

예제 풀이

예제 16.1 외부자본조달의 필요는 기업으로 하여금 시장규율을 어떻게 받아들이게 하는가?
검정 금의 외부제공자는 자금의 사용에 대해 상세한 계획을 알기 원하고 투자로 인해 미래에 충분한 현금흐름이 발생할 것이라는 확신을 갖고 싶어 한다.

예제 16.2 우선주는 어떤 면에서 부채와 비슷하며, 또 어떤 면에서 자기자본과 비슷한가?
검정 우선주는 보통주 주주에게 어떤 돈을 지불하기 전에 계약적으로 특정 고정 지불금을 지불해야 한다는 점에서 부채와 유사하다. 우선주에 약속된 배당을 지불하지 않는다고 해서 부도를 일으키지 않는다는 점에서는 자기자본과 유사하다.

예제 16.3 담보가 제공되는 대출이 담보가 없는 대출에 대한 이자율보다 더 높을 것인가? 아니면 낮을 것인가? 그 이유는 무엇인가?
검정 낮다. 채무불이행의 경우 대출의 손실위험이 낮다.

예제 16.4 장기리스는 부채에 의한 자본조달로 생각되는가? 아니면 자기자본에 의한 자본조달로 생각되는가?
검정 장기리스는 두 가지 요소를 다 가지고 있다. 고정지불은 부채와 같다. 그러나 자산의 잔여가치는 임차인에게 남기 때문에, 리스는 자기자본조달의 형식으로 고려될 수 있다.

예제 16.5 미국 연금의 자산가치가 $3억이라고 가정하자. 만약 연금채무가 그대로 $4억이라면 주주들의 자기자본가치는 얼마인가?
검정 주주의 자기자본가치는 단지 $5억이다. 총자산은 $13억이고 총부채는 $8억이다.

예제 16.6 과부채사는 유부채사나 무부채사와 모든 면에서 동일하지만 $50,000,000의 무위험부채와 500,000주의 주식을 발행하고 있다는 점에서만 차이가 있다(이자율은 8%이다). 과부채사의 *EPS*에 대한 확률분포는 어떻게 되는가? 또 이 기업의 주가는 얼마인가? 만약 무부채사가 $50,000,000의 부채를 발행해서 주식을 재매입하고 소각하기로 했다면 주가는 어떻게 변할 것인가? 자사주매입 후 몇 주가 남게 되는가?
검정 과부채사의 기대 *EPS*는 $12이고, 표준편차는 $8.165, 그리고 베타는 2.0이다. 과부채기업의 주당 가격은 $100이다. 무부채 기업의 EPS보다 높지만, 위험도 크다. 위험의 증가는 기대 EPS의 증가를 상쇄시킨다. 무부채 기업이 $50,000,000의 부채를 발행하여 자사주매입을 한다면, 주식가격에는 변화가 없을 것이다. $50,000,000를 이용하여 500,000주의 자사주매입에 사용하면 500,000주의 주식이 남게 된다.

예제 16.7 과부채사는 무부채사나 유부채사와 동일한 자산을 가지는데 $50,000,000의 무위험부채를 발행하고 있다. 세율이 34%라고 가정하면 과부채사의 가치는 얼마가 되는가? 그리고 이 기업가치는 주주와 채권자 그리고 정부에 어떻게 배분되는가? 만약 무부채사가 $50,000,000의 부채를 발행하여 주식을 재매입하기로 한다면 주가는 얼마가 되는가? 자사주매입 후 남게 되는 주식은 얼마인가?

검정 과부채사의 부채 $50,000,000는 현재가치로 $17,000,000의 세금 절감을 창출한다. 과부채사의 부채가치에 지분의 가치를 더한 총시장가치는 $83,000,000($66,000,000 + $17,000,000)가 될 것이다. 과부채사의 부채는 $50,000,000의 가치를, 지분은 $33,000,000 그리고 정부는 $17,000,000를 가지게 된다. $50,000,000의 부채를 발행함으로써 무부채사의 경영진은 주주의 부를 $17,000,000만큼 증가시킬 수 있다. 주당 가격은 $66에서 $83로 증가할 것이다. 자사주 매입의 수는 602,410($50,000,000/$83)주가 될 것이고, 397,590주의 주식이 남게 된다.

과부채사의 EBIT와 EPS의 확률분포

경기상황	EBIT의 수준	무부채사	유부채사	
		EPS(백만 주)	순이익	EPS(5만 주)
불경기	$5,000,000	$5,000,000	$1,000,000	$2.0
보통	$10,000,000	$10,000,000	$6,000,000	$12.00
호경기	$15,000,000	$15,000,000	$11,000,000	$22.00
평균	$10,000,000	$10,000,000	$6,000,000	$12.00
표준편차		$4,000,000		$8.165
베타	1.0	1.0		2.0

예제 16.8 정부에 의한 보증 이외에 부채에 의한 자본조달을 위한 보조금의 형태에는 어떠한 것이 있겠는가?

검정 정부는 부채에 대한 이자의 일부를 지불하거나 원금의 일부 상환에 대한 면제를 제공한다.

예제 16.9 재무적 곤경 비용의 감소는 기업의 자본구조에 어떠한 영향을 미치는가?

검정 기업은 부채의 사용을 더욱 증가시킨다.

예제 16-10 인센티브 문제란 무엇인가? 또 부채 발행을 통해 이 문제를 어떻게 조정할 수 있는가?

검정 경영자가 기업의 현금흐름을 배분하는 데 있어 지나치게 많은 권한을 가지고 있다면, 주주들의 부를 만들어 내는 것과는 무관한 투자안에 현금을 사용할 가능성이 존재하게 된다. 부채는 경영자로 하여금 채권자에게 미리 정해진 이자와 원금을 우선 지급하도록 한다.

예제 16.11 채권자 몫의 희생을 통해 주주의 부를 증가시킬 수 있는 투자안에는 어떠한 것들이 있는가?

검정 위험투자안. 채권자는 이러한 투자안의 많은 작은 위험들을 감수하고, 반면 대부분의 잠재적인 이익들은 주주에게 돌아간다.

예제 16.12 종업원들에게 연금을 지급하는 것은 어떤 식으로 주주의 부를 증가시킬 수 있는가?

검정 종업원들의 욕구를 만족시킴으로써 기업은 노동비의 현재가치를 감소시킬 수 있다.

예제 16.13 GCC사의 부채-기업가치 비율이 20%가 아니라 30%라고 가정해 보자. 이는 위성사업에도 동일하게 적용되며 다른 조건들은 본문에서와 같다. 조정현가법(*APV*)을 이용하여 위성사업의 *NPV*를 구하라. 그리고 *APV*를 이용했을 경우와 동일한 *NPV*를 얻는다는 것을 확인하기 위해 *FTE*와 *WACC*를 이용해 보라.

검정 조정현가법을 이용하여 무부채 *NPV*에 부채조달을 통해 창출되는 가치를 추가시킨다. 투자한 *APV*의 30%가 새로운 부채가 되기 때문에 새로운 부채금액에 세율 0.3을 곱하면 0.09와 동일한 추가적인 세금절감의 가치가 생겨난다. 그래서 투자안의 *APV*와 *ANPV*는

$$APV = \$105,000,000 / 0.91 = \$115,400,000$$

$$ANPV = 무부채\ NPV + 세금절감의\ 증분\ 현가$$
$$= \$5,000,000 + \$10,400,000 = \$15,400,000$$

FTE 방식으로 $d = 0.30/0.70 = 0.429$, k_e를 계산하면, $k_e = 0.1060$.

$$CFS = 무부채\ 기대현금흐름 - 세후\ 이자비용$$
$$= \$10,500,000 - 0.056D$$

자기자본의 현재가치분 증가는 주주에게 돌아가는 기대현금흐름을 자기자본비용으로 할인하여 계산한다.

$$EC = \frac{FS}{k_e} = \$99,060,000 - 0.5283D$$
$$= \$99,060,000 - 0.5283 \times 0.429E$$
$$= \$99,060,000 - 0.2264E$$
$$= \$80,770,000$$

그리고 $D = 0.429E = \$34,630,000$

주주에 의해 새 투자안에 투자되었던 추가적인 $65,370,000의 자기자본을 제하면, 당신은 NPV가 APV 방법을 사용하여 계산했던 $15,400,000와 동일하게 되는 것을 구할 수 있다.

$$WACC = 0.106 \times 0.70 + 0.70 \times 0.08 \times 0.30 = 0.0910$$

투자안의 NPV는 세후 기대 무부채현금흐름을 $WACC$로 할인하고 초기투자지출 $100,000,000를 제하여 계산한다.

$$NPV = \frac{\$10.5}{0.0910} - \$100,000,000 = \$115,400,000 - \$100,000,000 = \$15,400,000$$

연습문제

내부자본조달과 외부자본조달

1. 당신은 지난 학기에 기초 기업재무 수업에서 F를 받았다. 따라서 당신은 해당 과목의

학점을 만회하기 위해서 여름학기를 수강하려 계획하고 있다. 자금 조달은 당신의 가족을 경계조건으로 한다. 외부자본조달과 내부자본조달의 예를 들라.

부채에 의한 자본조달

2. Plentilease와 Nolease는 이론상 같은 기업이다. 단지 두 기업의 차이는 Plentilease는 공장과 장비의 대부분을 리스하는 반면, Nolease는 차입에 의해 공장과 장비를 구입한다는 것이다. 두 기업의 시장가치 대차대조표를 비교, 대조하라.

3. Hanna-Charles 기업은 판매력을 강화시키기 위해 새로운 운송차량선단을 추가할 필요가 있다. 구매부서 관리자는 가장 좋은 가격을 제시받기 위해 지역의 자동차 판매업자와 상의하고 있다. 지역 판매업자는 두 가지 선택을 제시했다. (1) 3년 동안의 리스 또는 (2) 즉각적인 구입에 대한 15%의 할인. (2)번의 선택은 리스 선택과 비교해 5% 정도 비용이 적게 들 것이다.

   a. 리스의 장점과 단점은 무엇인가?

   b. 구매관리자가 추구해야 하는 선택은 어떤 것인가? 왜 그러한가?

4. Europens과 Asiapens는 실질적으로 동일한 기업이다. 단지 두 기업의 차이는 Europens는 연금자산으로 전혀 운용되지 않으며, Asiapens는 완전히 연금으로 운영된다는 것이다. 이 두 기업의 시장가치 대차대조표를 비교, 대조하라. 연금계획의 구성상태가 이 두 기업의 주주를 다르게 만드는 것은 무엇인가?

완전시장에서 자본구조의 무관련성

5. Davido사는 주식으로만 자본조달을 하였으며, 총시장가치는 $100,000,000이다. 회사의 자산은 $10,000,000의 현금과 $90,000,000의 기타 자산으로 이루어져 있다. 주식은 보통주로 1,000,000주가 발행되었으며, 주당 시장가격은 $100이다. Davido사는 $20,000,000의 채권을 발행하여 $20,000,000어치의 자사주를 매입할 계획에 있다.

   a. 주가와 주주의 부에 미치는 영향은 무엇인가?

   b. Davido사의 *EBIT*는 동일한 확률로 $20,000,000, $12,000,000, 또는 $4,000,000가 될 것으로 예상되고 있다. 세금은 없다고 가정하고 위의 재무구조 변경이 이익에 미치는 영향을 설명하라. 자본의 위험이 증가한다는 사실은 왜 주주 부에 아무런 영향을 미치지 않는가?

자본조달 결정을 통한 가치창출

6. 최근에 입법부는 기업이 정크본드를 발행하여 기업인수를 하는 경우는 이자지급분에 대하여 세액공제를 해 주지 않는 것을 발의하였다. 발의의 목적은 무엇이겠는가? 어느 기업의 이해관계자가 위와 같은 법이 통과되면 이익 또는 손실을 보겠는가?

비용 절감

7. Tiberius사는 영구히 $100,000의 *EBIT*가 발생할 것으로 기대하고 있다. Tiberius사는 10%로 차입을 할 수 있다. Tiberius사는 현재 부채가 없으며, 자본비용은 14%다. 만약 세율이 34%라면 회사의 가치는 얼마인가? 만약 Tiberius사가 $200,000를 차입하여 자사주를 매입한다면 회사의 가치는 얼마가 되겠는가?

8. 영국의 Comfort 신발회사는 미국에서 기업을 분리한 것과 같이 Tango Dance 신발부서를 분리설립하기로 결정했다. Tango Dance 신발부서는 Comfort와 같은 영업위험을 가지고 있다. Comfort의 자본구조는 시장가치로 부채 40%, 자본 60%로 구성되어 있으며, 경영에 의해 최적화될 것이 고려된다. Comfort 자산의 요구수익률은 연 16%이고 기업의 부채에 대해 지불해야 하는 이자는 연 10%이다.

   a. 무부채 상태에서 Tango 신발부서의 가치는 얼마인가?

   b. Tango 신발부서가 부채 $5,000,000를 ·가지고 분리설립하였다면, 이 기업의 가치는 얼마인가?

   c. Tango 신발부서의 주주들이 요구하는 수익률은 얼마인가?

   d. 주주에게 돌아가는 수익률로 결정되는 새로운 기업의 주주지분 시장가치를 나타내라.

9. 위의 문제에 근거하여 Foxtrot Dance 신발회사는 Tango Dance 신발의 경쟁사이고, 대중화된 신발을 만들었다. Foxtrot는 부채를 전혀 사용하지 않는다는 것을 제외하고, Tango와 동일한 위험과 특성을 지니고 있다. Tango는 틈새시장을 조절하기 위해 Foxtrot 기업을 인수하려고 한다. Foxtrot는 자사주매입을 위해 부채 사용을 결정했다.

   a. 현재 발행주식 수가 500,000주라면 Foxtrot 주식의 가격은 얼마인가?

   b. Foxtrot가 기업가치의 30%를 차입하려고 한다면, Foxtrot는 자사주를 얼마의 가격에 몇 주나 살 수 있는가?

10. 기업가치의 40%를 차입한다면 9의 b번 문제의 답은 어떻게 되겠는가? Foxtrot는 더 많은 차입을 해야 되는가?

11. Havem과 Needem 기업은 자본구조만 제외하고 동일한 기업이다. Havem은 단지 주식만 발행하는 무부채 기업인 반면, Needem은 주식과 채권을 발행한다. 두 기업 모두 세금이 없다. Havem은 연수익의 전부를 배당의 형태로 지불하고 발행주식 수는 1,000,000주이다. 이 기업의 시장자본율은 11%이고 현재 기업의 가치는 $180,000,000이다. Needem은 기업가치의 40%가 부채이고 500,000주식을 가진 것을 제외하면 Havem과 동일하다. Needem의 채권은 무위험이고 연 9%의 이표를 지급하며, 그리고 채권은 매년 재연장(roll over)시킨다.

a. Needem의 주식가격은 얼마인가?

b. 다음 해에 대한 투자자 예상으로, 당신은 확률이 똑같은 세 가지의 가능한 경기상태(보통, 불황, 호황)를 이용하여 Needem과 Havem을 조사한다. 이익은 올해와 같거나 올해의 0.5배, 올해의 1.5배가 될 것이라 가정하고, Havem과 Needem의 이익과 주당순이익을 나타내는 표를 그리라.

12. 11번 문제에서 이어서 풀라. 이번에는 Havem과 Needem이 매년 40%의 세금을 내야 한다고 가정하자. 결과의 발생확률은 11번과 동일하다.

a. Havem과 Needem의 가능한 세후 현금흐름은 무엇인가?

b. 주식의 가치는 얼마인가?

c. 만약 당신이 위험 회피적이라면, 어떤 기업에 투자하겠는가?

13. Rambo사는 부채가 없으며 총시장가는 $10,000이다. 경기가 보통일 때는 $1,000의 *EBIT*가 발생할 것으로 기대되며, 호황기에는 20% 높아지고 불황기에는 40% 낮아질 것으로 기대된다. Rambo사는 9%의 이자율로 $5,000의 부채를 발생시켜 자사주를 매입하였다. 자사주를 매입하기 이전에 주식은 100주가 발행되었으며, 세율은 50%이다.

a. 각 경기상태에 예상되는 무부채 상태의 주당순이익을 계산하라. 그리고 호황기에서 불황기로 진입하였을 때 *EPS*의 퍼센트 변화를 계산하라.

b. a문제를 Rambo사가 부채를 보유하고 있는 상태라 가정하고 계산하라.

이해 상충에 대한 조정

14. Griffey-Lang 식료품회사는 어려운 문제에 직면하였다. 기업을 성장시키기 위한 경영진의 노력으로 $150,000,000의 부채를 발생시켰지만, 기업의 가치는 단 $125,000,000이다. 경영자는 1년 후에 이 상태를 완화시킬 방안을 제시하든지 아니면 확실한 부도

를 맞아야 한다. 또한 내년에는 노동자의 편익과 연금을 상의하기 위해 노동조합과 협상을 할 것이다.

지금 Griffey-Lang은 추구할 수 있는 세 가지 선택이 있다. (1) 비교적 실험하지 않는 새로운 제품을 출시하여 성공하게 되면 기업가치를 $200,000,000로 증가시키는 방법, (2) 부채의 일부분과 기업의 가치를 줄이기 위한 노력으로 두 개의 식품생산 공장을 매각하는 것. 그래서 기업의 가치를 동일하게 만들기(성공확률 45%), (3) 아무것도 하지 않기(실패확률 1.0).

a. 채권자로서 당신은 Griffey-Lang가 어떤 것을 하기를 바라는가? 그 이유는?

b. 주주로서는 어떠한가?

c. 노동자로서는 어떠한가?

이해관계자를 위한 새로운 기회의 제공

15. DL Corporation(DLC)은 최근에 배당 재투자 계획을 발표하였다. 계획은 투자자들이 지급된 현금 배당액을 자동적으로 DLC사의 신주와 교환해 주는 것이다. 그동안 DLC 의 투자자들은 지급된 현금배당으로 추가적으로 회사의 주식을 구입해 왔었다.

많은 회사들이 배당 재투자 계획을 실시하고 있다. 배당 재투자 계획을 실시하는 대부분의 회사들은 수수료를 청구하지 않는다. 사실, 계획은 DLC의 주식을 시장가격 에서 10% 할인된 가격에 구매할 수 있게 해 준다. DLC의 컨설턴트는 75%의 DLC 주 주들이 이 계획에 동참할 것이라 예상하였다. 이것은 업계 평균보다는 약간 높은 수준이다.

DLC사의 배당 재투자 계획을 평가하라. 이는 주주의 부를 증가시키는가? 찬성과 반대 입장 모두를 설명하라.

16. 도전 과제 : Obieland Corporation은 무이표채를 발행하였다. 만기는 1년 뒤이고 액면 가치는 $1,000이며 다른 부채는 존재하지 않는다. 이 회사의 자산가치는 현재 $1,200 이다. 회사의 CEO인 Nancy Stern은 1년 뒤에 회사의 자산가치는 동일한 확률로 $800 또는 $1,600가 될 것이라 생각하고 있다. 단기국채의 1년 만기 수익률은 6%이다.

a. 회사 자본의 가치는 얼마인가? 부채의 가치는 얼마인가?

b. Obieland사는 1년 뒤에 자산가치가 $400 또는 $2,000로 변화할 것으로 재인식하 였다. 현재의 자산가치는 변하지 않는다고 가정한다면, 주주들은 이러한 변화를 선호하겠는가? 이유는 무엇인가?

실무에서의 자본조달 결정

17. 다음은 2000년 12월 19일 *Financial Times*에 실린 기사이다.

부이그스사는 3G에 $53억을 원하고 있다.

작성자 : Raphael Minder, 파리

프랑스의 건설 및 통신 그룹인 부이그스는 자회사인 부이그스 텔레콤의 3세대 이동통신망에 대한 투자를 위해 €60억($53억)를 차입해야 할 것으로 보인다.

부이그스는 몇몇 은행과 협상 중에 있다고 발표하였으나, 추가투자를 위해 텔레콤 이탈리아와의 협상을 재기할 것인지에 대해서는 언급하지 않았다. 텔레콤 이탈리아는 현재 보유하고 있는 부이그스 텔레콤의 지분 10.8%에서 지분을 보다 늘리기를 원하고 있다.

이러한 움직임은 1월 31일로 예정된 프랑스 시장에서의 3세대 이동통신 입찰 때문이다. 텔레콤 이탈리아의 이동통신 자회사인 텔레콤 이탈리아 모바일은 입찰 이전까지 지분율을 끌어올려서 부이그스 텔레콤에 대한 영향력을 키우기를 원하고 있다.

부이그스는 2주 전에 텔레콤 이탈리아와의 협상은 더 이상 없을 것이라 강조하였는데, 세부적인 이유는 밝히지 않았다. 한 프랑스 회사는 부이그스의 지분을 원하는 텔레콤 이탈리아를 포함한 몇몇 기업들이 이미 협상 중에 있다고 밝혔다.

여전히 부이그스는 이동통신 사업부서를 지배하길 원하고 있다. 그들은 8~10년의 장기간의 차입을 고려하고 있다. €60억 중에서 €23억은 현존하고 있는 대출을 리파이낸싱할 계획에 있다고 하였다. 회사는 부이그스 텔레콤의 투자자들은 이미 새로운 네트워크를 구축하는 데 쓰일 €51억을 투자했다고 말하였다.

올해 초에 부이그스는 일본의 통신회사인 NTT DoCoMo와의 합작을 논의하였다. 더치 텔레콤 역시 입찰에 관심을 보이고 있으며, 단독 입찰은 원하지 않는다고 얘기한 바 있다.

이 기사에 제시된 부이그스의 3G 이동통신망을 위한 자본조달방법이 기업의 자본구조에 미칠 영향에 대해서 설명하라.

18. 다음은 2000년 12월 18일자 *Financial Times*에 실린 기사이다.

Icahn이 릴라이언스를 방해하고 있다.

작성자 : Adrian Michaels, 뉴욕

미국의 기업사냥꾼인 Carl Icahn은 릴라이언스사에 대한 영향력을 증대시키고 있다. 릴라이언스사는 다른 기업사냥꾼인 Saul Steinberg가 소유하고 있는 보험회사이다.

Icahn이 보유하고 있는 하이리버라는 기업은 월요일에 릴라이언스사의 이후 계획들을 방해할 목적으로 릴라이언스사가 발행한 $6,100만 상당의 채권을 매입할 것이라고 하였다.

하이리버는 $1당 17센트를 주고 릴라이언스사가 발행한 선순위 채권 9%를 매입할 계획에 있다고 하였다. 12월에 시장에서 거래되던 가격은 ¢6~8였다.

Icahn은 만약 회사가 파산보호절차를 밟게 되면 채권자들이 아무것도 건지지 못하게 될 것을 우려하고 있다.

　　Icahn은 이미 지난 11월에 릴라이언스사의 부채를 매입하기 시작하였다. Steinberg는 이미 릴라이언스사가 붕괴하는 동안 그의 개인 자산의 상당 부분을 유동화하였다.

　　이미 사업의 75%를 매각한 릴라이언스사는 사업을 그만두는 것을 모색하고 있다.

　　부실기업에 관심이 있는 투자자는 왜 그들의 영향력을 높이려 하는지 설명하라. 왜 보통주 대신에 부채를 매입하려 하는가?

부채를 활용한 투자안의 평가

19. Fitzroy's Flamethrowers Inc.(FFI)는 부채의 시장가치가 자기자본의 시장가치의 두 배와 동일하다. FFI의 자기자본비용은 12%($k_e=12\%$) 그리고 부채의 이자율은 8%($r=8\%$)이다. 만약 회사의 세율이 40%라면 가중평균자본비용(WACC)은 얼마인가? 부채의 이자율 1% 포인트 증가는 WACC에 어떤 영향을 미치는가? 자기자본비용의 1% 포인트 증가는 어떠한가? 둘 다 1% 포인트 증가하는 경우는 어떠한가?

20. Financial Technology Corporation(FTC)는 $20억의 현재의 시장가치로 8%의 이자를 지급하는 $10억의 무이자부채와 $10억의 자본으로 이루어져 있다. 금융기술 사업은 자기자본비용이 10%이고 유효세율은 40%이다. FTC는 확장 데이터 전송망 사업에 투자하는 것을 고려하고 있는데, 이는 증분 세전 이익은 영구히 연간 $24,000,000이고 비용은 초기에 $150,000,000가 발생한다. 만약 프로젝트의 자원이 모두 자기자본으로만 조달된다면 NPV는 얼마가 되겠는가? 만약 현재의 자본구조를 유지한다면 ANPV(조정 순 현가)는 얼마인가?

21. 이전 문제에서 자본조달이 FTC사의 자본구조(부채 : 자본=50 : 50)를 유지하면서 이루어질 경우에 FTC사의 WACC를 계산하라.

22. $1,000,000(이 수치는 현금투자에서 감가상각이 발생시키는 절세효과의 현재가치를 차감한 값이다)의 투자는 1년 후에 다음과 같은 결과의 확률분포를 가진다고 한다.

$$\overline{EBIT} = \begin{cases} 2,960,000 & \frac{1}{2} \\ 2,740,000 & \frac{1}{2} \end{cases}$$

즉 투자계획은 동일한 확률로 $2,960,000 또는 $2,740,000를 발생시킬 것이다. 수익에 적용되는 세금은 50%다. 그리고 채권에 대한 이자지급은 과세대상에서 제외된다. 투자계획은 10% 수익률의 1년 만기의 채권으로 자본조달이 되고, 모든 투자자는 위험중립적이다(이는 투자자들이 기대값에만 고려한다). 만약 투자계획 시 실시될 경우 자기자본의 현재 시장가치는 얼마나 증가하겠는가?

23. 도전 과제 : Gargantua Ltd.의 채권과 주식 소유자들은 모두 위험 중립적이고 기대수익률로 10%를 요구한다. 주식 보유자들은 지금으로부터 1기간 후에 Gargantua의 자산은 다음과 같은 확률 분포를 가질 것으로 믿고 있다.

$$\overline{V} = \begin{cases} 24,000,000 & \frac{1}{3} \\ 22,000,000 & \frac{1}{3} \\ 20,000,000 & \frac{1}{3} \end{cases}$$

즉 동일한 확률로 자산의 시장가치가 $24,000,000, $22,000,000 또는 $20,000,000가 된다는 것이다. Gargantua의 회장인 E. G. Pantagruel은 가능한 많이 차입하는 것을 좋아하는데, 이 방법이 주주와의 갈등을 최소화한다고 생각하기 때문이다. 그러나 채권자들은 Gargantua에 대한 전망은 다음이 더 정확하다고 생각한다.

$$\overline{W} = \begin{cases} 19,800,000 & \frac{1}{2} \\ 17,600,000 & \frac{1}{2} \end{cases}$$

회사는 1년 뒤에 청산될 것이고, 이자는 과세대상에서 제외된다. 만약 법인세율이 40%라면 Pantagruel이 목표로 해야 하는 부채-자기자본 비율은 얼마인가?

힌트 : 어떤 부채-자기자본 비율이 가중평균자본비용을 최소화하는가?

24. 도전 과제 : Foreseeable Future Company(FFC)는 법인세율이 40%로 고정되어 있는 세상에서 운영되고 있다. 현재 회사의 소유주는 하나의 자산만을 가지고 있다. 회사가 새로운 기술을 개발하였는데, 이는 물에서 와인을 추출하는 것이다. 이 새로운 기술은 초기투자 $150를 필요로 하고, 1년 후에 단 한 번 $450의 *EBIT*를 발생시킬 것으로 예상된다. FFC는 $100를 차입할 수 있고, 나머지는 자기자본으로 조달해야 한다. 새로운 자기자본은 우선주의 형태를 가질 것인데, 이는 부채와 같이 위험이 없다. 부채와 우선주에는 10%의 무이자 이자율을 지급해야 한다. 그러나 부채에 대한 이자지급은 과세대상에서 공제가 되지만, 배당지급은 공제가 되지 않는다(힌트 : 다음 표의 좌측 열을 $100의 채권과 $50의 우선주가 발행되었다고 가정하고 채우라. 이 숫자는 1기간 후에 해당되는 값이다).

$450	EBIT	$450
−$10	이자	−$15
$440	EBT	$435
−$	세금(40%)	−$
$	세후 순이익	$
−$100	채권의 상환	−$150
$	자기자본을 위한 잔여	$
−$55	우선주에 대한 지급	$0
$	보통주에 대한 지급	$

기존의 자기자본 소유주에게 귀속되는 순 현재가치를 결정하라. $100의 채권과 $50의 부채를 발행한 경우 가중평균자본비용(WACC)은 얼마인가? 만약 회사가 프로젝트의 자본조달을 위해 $150의 채권을 발행하여 부채−자기자본 비율을 증가시켰다면 누가 이득을 보겠는가? 만약 그렇다면 그 이익의 크기는 얼마인가? 이유를 설명하라.

17

실물옵션

학습목표

■ 시간, 규모, 그리고 순차적인 투자기회들이 포함된 복합적인 전략적 의사결정을 평가하는 데
사용되는 자본예산 분석 모델과 옵션 가치평가 모델에 대한 이해

주요내용

17.1 실물옵션에의 투자

17.2 연기옵션 : 불확실성과 불가역성의 사례

17.3 블랙-숄즈 공식을 이용한 실물옵션의 가치평가

이번 장에서는 기업이 전략적 의사결정을 하기 위해서 재무이론을 어떻게 적용하는지에 대해 알아보기로 한다. 제1장에서 이론에서나 실무에서나 경영자가 전략적 의사결정을 평가함에 있어서의 기준은 기업 소유주 부의 극대화여야 한다는 것을 알았다. 그리고 제6장과 제16장에서 투자안이 기업 소유주의 부에 얼마나 공헌하는지를 측정하기 위해 현금흐름할인(DCF) 분석을 어떻게 적용하는지에 대해서도 알아보았다. 이번 장에서는 기업 전략에 있어서의 기본적인 측면을 분석하는 데까지 논의를 확대할 것이다. 투자안의 시작 시점과 투자안의 확대 또는 투자안의 중단 등에 있어서 경영자의 의사결정능력을 평가하기 위해 옵션이론이 어떻게 적용되는지 살펴보기로 한다.

17.1 실물옵션에의 투자

지금까지의 논의에서 우리는 기업의 투자 기회에 있어서 중요한 사항을 고려하지 않았는데, 이는 경영자가 프로젝트 착수를 연기하거나 진행 중인 프로젝트에 대하여 이를 확장하거나 중단할 수 있다는 점이다. 이러한 실물옵션의 개념을 고려하지 않고 분석을 하게 되면 프로젝트의 *NPV*를 저평가하게 되는 위험에 노출된다.

영화산업은 투자안을 평가하는 데 있어서 실물옵션 가치의 중요성에 대한 좋은 예를 보여 준다. 영화사들은 종종 영화 대본을 사고 난 뒤 이를 제작할 것인지 아닌지, 또 제작한다면 언제 제작할 것인지를 결정하기 위해 시간을 필요로 한다. 그러므로 영화사는 제작을 연기할 수 있는 옵션을 가지는 것이다. 제작이 시작된다면 제작의 모든 과정에서 영화사는 과다한 비용 지출이나 소비자들의 선호 변화에 대한 정보에 대응하여 제작을 중단할 수 있는 옵션을 가진다.

영화사업에서 또 다른 중요한 옵션은 영화사가 속편을 만들 수 있다는 것이다. 만약 원래의 영화가 성공을 거두면 영화사는 동일한 제목과 출연진으로 추가적인 영화를 만들 수 있는 배타적인 권리를 가지게 된다. 이와 같이 속편을 만들 수 있는 옵션은 영화 투자에의 전체 가치를 계산함에 있어서 중요한 부분을 차지하게 된다.

투자안에 대한 옵션과 주식에 대한 콜옵션은 근본적으로 비슷한 점이 있다. 두 경우 모두 의사결정자는 권리를 가질 뿐이지 미래에 반드시 구입해야 하는 의무는 지지 않는다는 것이다.

콜옵션과 경영상의 옵션이 가지는 유사성을 찾아내는 것은 다음과 같은 세 가지 이유에서 매우 중요하다.

- 연속적인 경영상의 의사결정에 따라 투자안 분석을 체계화하는 데 도움을 준다.
- 투자안 평가에 있어 불확실성의 역할을 명확히 한다.
- 주식에 대한 콜옵션을 평가하는 계량적 모형을 적용해서 투자안의 옵션가치를 평가할 수 있는 방법을 제시한다.

17.1.1 실물옵션의 종류

실물옵션은 실제 투자기회의 조건을 변화시킬 수 있는 융통성에 따라 몇 개의 일반적인 형태로 나뉠 수 있다. 그리고 유사성에 따라 이전에 소개되었던 여러 금융옵션에 대한 평가 방법을 적용하여 가치를 산정할 수 있다. 예를 들면 투자계획의 시작을 연기할 수 있는 옵션은 **연기옵션**(deferral option)이라 하는데, 이것의 가치평가는 미국형 콜옵션의 평가방법에 대응될 수 있다. 여기서 옵션의 행사가격은 계획의 초기 투자비용이고, 옵션의 만기일은 의사결정이 연기될 수 없는 최종 의사결정 순간에 대응된다.

투자계획을 중간에 포기할 수 있는 **포기옵션**(option to abandon)은 미국형 풋옵션에 대응된다. 옵션의 행사가격은 계획이 종료될 때 수취하는 금액이다. 이는 계약된 금액이거나 또는 단순히 투자계획이 청산될 때의 시장가치일 것이다. 연기옵션과 포기옵션 이외에도 정해진 가격으로 계획을 확장 또는 축소시킬 수 있는 **재설계옵션**(option to rescale)이 부여될 수도 있다.

보다 복잡한 형태의 실물옵션은 고정된 금액을 지불하여 경영 또는 생산 방법을 변화시킬 수 있는 기회가 부여된 스위칭옵션(switching option)이다. 전력회사가 생산 원료를 석유에서 석탄이나 천연가스로 변경하는 것을 예로 들 수 있다. 생산 정지 후 생산 라인을 재시작하거나 탈출 후 시장에 재진입하는 옵션 역시 스위칭옵션이고, 이들은 미국형 콜옵션과 풋옵션으로 이루어진 포트폴리오로 모형화될 수 있다.

중요 의사결정이 각 단계의 마지막에서 이루어지는 여러 단계의 집합으로 이루어진 복잡한 투자 계획은 **복합옵션**(compound option)으로 평가될 수 있다. 복합옵션에는 옵션에 옵션이 연속하여 존재하는 것이다. 예를 들어 어떤 제약회사 제품의 라이프 사이클이 여러 화합물이 테스트되는 연구단계에서부터, 최종 제품을 시장에 마케팅하는 단계로 이루어졌다고 가정하자. 각 단계에서 이루어지는 새로운 투자는 이전 단계에 연속하여 옵션이 행사된다는 조건으로 하는 것이다.

글상자 17.1   무형의 투자 평가

수년 동안, 국민 계정 통계는 미국의 거시경제적 약점을 시사해 왔다. 우리가 현 경제체제하에서 무형 자산 투자를 정확하게 계산하는 것이 통계치 변화에 어떠한 변화를 가져올 수 있을지에 대한 의문 때문이다. 한 회사가 시설 설비 또는 기계에 투자할 수 있는 만큼, 그 회사는 또한 브랜드 명과 같은 무형 자산에 투자할 수도 있다. 현재 사용되는 국민 소득 측정 기법은 전자와 같은 유형의 투자만 계산 가능하며, 무형 자산 투자들은 모두 간과하고 있다.

무형 자산 투자의 속도는 일반적으로 자본 투자에 비해 훨씬 더 빠르게 성장하고 있다. 미국의 투자율이 과거 수년 동안 일정 수준을 유지해 왔으나, 만약 우리가 무형 자산 투자에 대해서도 고려했다면 전반적인 투자율은 꾸준한 상승세를 보였을 것이다.

하지만 무형 자산 투자가 우리의 경제 상황에 대한 시각을 변화시킬 수 있을까? 비록 무형 자산 투자가 1995년 이후의 생산성 가속화 경향을 설명할 수는 없을지라도, 무형 자산에 더 많은 투자를 했다면 생산성 향상 속도에 긍정적 영향을 미쳤을 것이다. 무형 자산 투자에 의해 총투자가 증가한다면, 총저축 역시 증가하게 된다. 그러나 총저축과 투자 간의 차이로 정의되는 이러한 투자는 국가의 대외 경상 수지 적자 해결에 아무런 도움이 되지 못한다.

일부 낙관론자들은 무형 자산 투자 기록이 기술적 지식 및 관리 노하우와 같이 현재 수출되고 있는 방대한 양의 무형 자산에 대한 자료를 제시하는 관계로, 무형 자산 투자의 역할에 대해 고려하는 것이 우리에게 직접적인 영향을 미치게 될 것이라고 말한다. 반면 다른 일부 학자들은 차입이 소비 지출을 보조하지는 않지만, 연구/개발 분야의 인력에 대한 지출을 통해 무형 자산을 개발하는 것이 투자가 될 것이라고 주장하고 있다. 그러나 결론적으로 양측 주장은 호소력이 없으며, 현재 우리가 직면한 총체적 거시경제 적자와 관련된 문제를 완화시키기에는 아직도 무형 자산 투자가 부족한 실정이다.

출처 : Adapted from "Getting a Grip on Prosperity," *The Economist*, March 2, 2006.

17.1.2 예제

예를 들어, 콜옵션과 경영상 옵션 간의 유사성이 투자안의 분석을 어떻게 용이하게 만드는지를 이해하는 데 도움을 줄 것이다. 현재 베스트셀러 작가에 의해 쓰이고 있는 책을 영화로 만들 수 있는 권리를 살 것인지를 고려하는 있는 영화사가 있다고 하자.

이 작가는 앞으로 1년 뒤에 완성될 자신의 소설을 영화화할 수 있는 권리에 대해 $1,000,000를 요구한다고 가정하자. 만약 이 소설이 책으로 출판되어 성공한다면 영화사는 이를 영화로 만들 것이다. 그러나 만약 책이 실패한다면 영화사는 자신들이 가지고 있는 영화로 만들 수 있는 권리를 행사하지 않을 것이다. 그림 17.1은 이 투자안에 대한 의사결정나무를 보여 주고 있다.

현재 영화사가 결정해야 할 것은 작가의 요구액인 $1,000,000를 지불할 것인가이다. 이는 그림 17.1의 맨 왼쪽 의사결정박스에 표시된다. 이 박스에서 오른쪽으로 나가는 화살표는 권리를 사기 위해 $1,000,000를 지불하기로 결정한 경우를 나타내고, 밑으로 나가

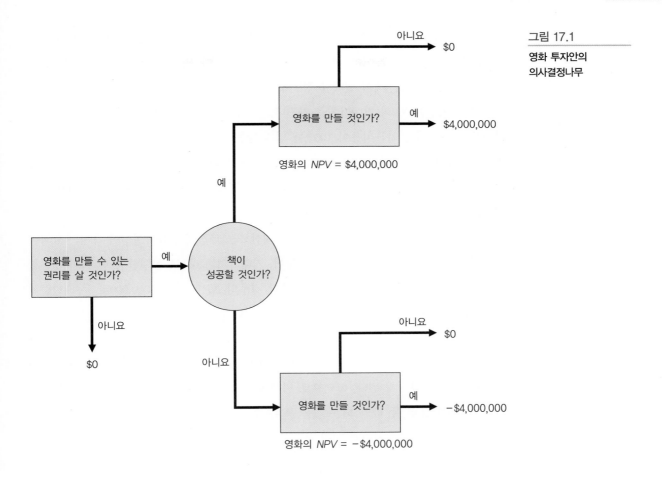

그림 17.1
영화 투자안의
의사결정나무

는 화살표는 지불하지 않기로 결정한 경우를 나타낸다.

  그림에서 원으로 표시된 부분은 소설이 책으로 출판되어 성공할 것인가를 나타내는데 이는 경영상 통제할 수 없는 사건을 의미한다. 이 원으로부터 두 개의 화살표가 생기게 되는데 위쪽으로 나가는 화살표는 책이 성공할 경우를, 아래쪽으로 나가는 화살표는 책이 실패할 경우를 나타내며 각각의 확률은 0.5이다. 분석가들은 책이 성공할 경우 1년 뒤 영화로부터의 NPV는 $4,000,000가 되고, 반대로 책이 실패할 경우 1년 뒤 영화로부터의 NPV는 −$4,000,000가 될 것으로 평가하고 있다.

  오른쪽에 있는 두 개의 네모 박스는 실제로 영화를 만들 것인가를 결정하는 것을 나타낸다. 만약 1년 뒤 중단할 수 있는 경영상의 권리를 고려하지 않고 투자안을 분석한다면 이 투자안은 채택되지 않을 것이다. 왜냐하면 자본비용이 아무리 낮다 하더라도 투자안의 기대현가는 0이 되기 때문이다. 이러한 경우 당연히 기대현가가 0인 투자안을 수행하기 위해 $1,000,000의 비용을 지불하지는 않을 것이다.

그러나 이는 투자기회를 잘못 분석한 것이다. 왜냐하면 영화사는 권리만을 가지고 있는 것이지 영화를 만들어야 하는 의무는 없기 때문에 1년 뒤 책이 성공할 경우에는 $4,000,000의 *NPV*를, 책이 실패할 경우에는 0의 *NPV*를 가지게 된다. 이 경우 현금흐름의 분포는 $2,000,000의 기대가치를 가진다. 이 기대 *NPV* $2,000,000를 현가화하기 위해 할인율로 사용되는 자본비용이 100%를 넘지 않는 한, 투자안으로부터의 기대현가는 권리를 사는 데 드는 비용 $1,000,000보다는 커지게 된다. 그러므로 투자안을 분석하는 데 있어서, 투자안 수행 중 이를 중단할 수 있는 선택을 할 수 있는 경영능력을 고려하는 것이 매우 중요함을 알 수 있다.

또한 옵션을 고려하면 투자안의 *NPV*를 계산하는 과정에서 불확실성이 가지는 효과에 대하여 배울 수 있는 것이 있다. 예를 들어, 기대가치는 0으로 동일한 반면 책이 성공할 경우의 *NPV*는 $8,000,000이고, 책이 실패할 경우의 *NPV*는 −$8,000,000로 두 배만큼씩 변화하였다고 하자. 만약 책이 실패할 경우에 영화사는 영화를 만들지 않을 것이므로 최악의 경우는 여전히 −$8,000,000가 아니라 0이 된다. 또 책이 실패하게 될 경우 경영자는 수행 중에 있던 투자안을 중단할 것이므로 1년 뒤의 기대 *NPV*는 $2,000,000에서 $4,000,000로 증가하게 된다. 그러므로 미래의 가능한 결과가 두 배가 됨에 따라 투자안의 기대 *NPV* 또한 두 배가 되는 것을 볼 수 있다. 이런 의미에서 투자안의 미래 현금흐름에 대한 불확실성이 커지게 되면 가치 또한 커지게 된다.

투자안 전체 가치의 구성요소로서 경영상의 옵션 가치는 얼마나 중요한가? 이는 투자안의 종류에 따라 달라진다. 그러나 일단 투자안이 수행되면 중간에 그 계획을 변경할 수 있는 권리가 주어지지 않는 투자안은 생각하기 힘들다. 특히 연구개발(R&D)에 대한 투자를 결정할 때는 옵션가치를 고려하는 것은 더욱 중요하다. 자본예산에 옵션에 대한 재무이론을 이용하는 것은 많은 기업의 예에서 찾아볼 수 있다. 일반적으로 투자안의 미래 결과에 대한 불확실성이 커질수록 옵션에 대해 명확히 설명할 필요도 커지게 된다.

17.2 연기옵션 : 불확실성과 불가역성의 사례

우리는 여기서 불확실성의 조건 아래서 연기옵션의 예를 통하여 실물옵션의 분석에 대한 세부사항을 보여 줄 것이다. Dixit와 Pindyck는 투자의사결정이 불가역적인 예를 제시하고 있다.[1] 연기옵션은 투자를 즉시 실시하거나 또는 가치평가를 위한 미래의 수익에 대한 정보를 획득할 수 있을 때까지 투자 의사결정을 연기하는 것이다.

어떤 기업이 공장에 투자를 해야 하는지 고민하고 있는 상황을 고려해 보자. 투자는 비가역적이다. 즉 한 번 지어진 생산설비는 다른 제품을 생산하는 데 사용될 수 없고, 엄청나게 비싼 비용을 지불하지 않고서는 다른 제품을 생산하도록 생산설비를 조정할 수 없다. 그러므로 공장에 대한 초기투자를 실시하면 대안은 쓸모가 없어지게 된다. 잔존가치는 없다고 가정하자. 즉 투자비용은 집행되면 매몰되고 회복될 수 없다. 공장은 비용 I 에 즉시 지어질 수 있고 한계생산비용에 도달할 때까지 하나의 단위 제품만을 생산하는 것으로 가정하자. 현재 제품의 단위당 가격은 P_0이다. 다음 기간의 초기 가격인 P_1은 q의 확률로 u만큼 상승하거나 $(1-q)$의 확률로 d만큼 하락할 것이다. 그리고 가격은 1기간 이후에는 이 수준으로 유지될 것이다. 이는 다음과 같이 나타낼 수 있다.

$$P_1 = \begin{pmatrix} (1+u)P_0 & q\text{의 확률로} \\ (1-d)P_0 & (1-q)\text{의 확률로} \end{pmatrix} = P_2 = P_3 = \cdots = P_\infty$$

r을 기간의 이자율이라 하자. 만약 투자가 지금 시행된다고 하면 투자계획의 기대값에 근거한 NPV는

$$NPV_0(I, P_0, q, u, d, r) = -I + P_0 + q \cdot \left[\sum_{t=1}^{\infty} \frac{(1+u) \cdot P_0}{(1+r)^t} \right] + (1-q) \cdot \left[\sum_{t=1}^{\infty} \frac{(1-d) \cdot P_0}{(1+r)^t} \right]$$

위 식의 괄호는 영구연금의 현재가치를 표현한 것이다. 위의 식을 간단히 하면 NPV는

$$NPV_0(I, P_0, q, u, d, r) = -I + P_0 + P_0 \cdot \left[\frac{q \cdot (1+u)}{r} + \frac{(1+q) \cdot (1-d)}{r} \right]$$

예를 들어서 기간당 이자율이 10%, 공장에 들어가는 비용이 \$1,600, 최초 제품 가격은 \$200, 그리고 50%의 확률로 제품가격은 50% 상승하거나 하락한다고 가정하면 NPV는 \$600가 된다. 이와 같은 경우에는 가격의 불확실성이 다음 기에 해결된다. 가격은 동일한 확률로 \$300로 오르거나, \$100로 하락한다. 그러나 기대값은 현재의 가격과 동일한 \$200 이다. 만약 다음 기에 가격이 하락하면 영구 현금흐름은 낮은 가격으로 계속될 것이고, 이의 현재가치는 $\$500 = \frac{1}{2} \frac{\$100}{10\%}$이다. 반면에 다음 기에 가격이 상승한다면 현재가치

[1] A. K. Dixit and R. S. Pindyck, *Investment under Uncertainty*, "Developing the Concepts Through Simple Examples," chapter 2, pp. 26-55(Princeton, N.J: Princeton University Press, 1994).

는 $1,500 = \dfrac{1}{2} \dfrac{\$300}{10\%}$가 된다. 따라서 $NPV_0 = \$2,000 + \$200 - \$1,600 = \$600$가 된다.

이제 투자결정을 연기할 수 있는 옵션이 있는 경우를 살펴보자. 만약 다음 기에 가격의 불확실성이 해결될 때까지 투자를 연기한다고 가정하자. 결정이 이루어지는 순간의 NPV를 계산하여 1기간 할인해 주면 현재의 NPV_1을 구할 수 있다.

만약 가격이 상승한다면, 결정이 이루어지는 순간의 NPV는 다음과 같다.

$$V_u(I,\ u,\ r,\ P_0) = \max\left(0,\ \left(1 + \frac{1}{r}\right)(1+u)P_0 - I\right)$$

위 식에서 우리는 가격의 불확실성이 해소된 이후에 부여된 옵션이 투자를 가치 있게 만든다는 것을 알 수 있다. 만약 투자안의 NPV가 결정 시점에서 음(−)이 된다면, 투자안은 시행되지 않을 것이다. 가격이 하락하는 경우의 계산은 위 식과 대칭적이다.

$$V_d(I,\ \mathrm{d},\ r,\ P_0) = \max\left(0,\ \left(1 + \frac{1}{r}\right)(1-d)P_0 - I\right)$$

따라서 투자안의 연기가 가능할 경우의 투자계획의 기대값에 근거한 NPV는

$$NPV_1(I,\ P_0,\ q,\ u,\ d,\ r) = \frac{1}{1+r} \cdot \left[q \cdot V_u(I,\ u,\ r,\ P_0) + (1-q) \cdot V_d(I,\ d,\ r,\ P_0)\right]$$

위에서 사용한 수치를 사용하여 연기옵션이 부여된 상황에서 가격이 하락하는 경우를 생각해 보면, 기간당 $100의 영구 현금흐름을 받을 수 있는 안에 $1,600를 투자하는 것은 합당하지 않을 것이다.

$$\left(1 + \frac{1}{r}\right)(1-d)P_0 - I = \$100 + \frac{\$100}{10\%} - \$1,600 = \$1,100 - \$1,600 = -\$500$$

그러나 만약 가격이 상승한다면, 옵션은 행사될 것이다.

$$\left(1 + \frac{1}{r}\right)(1-d)P_0 - I = \$300 + \frac{\$300}{10\%} - \$1,600 = \$3,300 - \$1,600 = -\$1,700$$

따라서 여기서 기대값에 근거한 NPV는

$$NPV_1 = \frac{1}{1.1}[0.5(\$1,700) + 0.5(\$0)] = \$772.73$$

위 예는 미래의 기대가격이 현재와 동일하거나 또는 미래의 가격이 평균유지적 분산확대(mean-preserving spread)가 될지라도 투자 계획을 연기할 수 있는 옵션이 부여된 경우가 보다 가치가 있음을 보여 주고 있다.

17.2.1 민감도 분석

그림 17.2는 투자를 즉시 시작하는 안과 투자에 연기옵션이 부여된 경우의 할인율에 따른 NPV 추이를 나타낸 것이다.

미래 가격 변동성이 커짐에 따라 연기옵션의 가치도 커지게 된다. 예를 들어 만약 가격의 변화가 75%로 상승하고 −75%로 하락한다면 NPV는 다음과 같은 가치를 가질 것이다.

$$NPV_0 = \frac{1}{2}\frac{\$50}{10\%} + \frac{1}{2}\frac{\$350}{10\%} + \$200 - \$1,600 = \$2,000 - \$1,400 = \$600$$

$$NPV_1 = \frac{1}{1.1}[0.5(\$2,250) + 0.5(\$0)] = \$1,022.73$$

우리는 초기 가격의 다른 값 근처의 평균유지적 분산확대를 통해서 NPV의 민감도 분석을 수행할 수 있다. 다른 초기가격(P_0)에서 가격이 50%로 상승하고 −50%로 하락할 경우의 NPV는 그림 17.3에 나타나 있다.

이 분석의 결과는 우리에게 최적의 투자 전략은 초기 가격이 $96.97 이하라는 것을 알려 주고 있다. 만약 초기가격이 $96.97에서 $249.35 사이에 있다면 오직 가격이 상승할 때만 투자 결정을 연기하는 것이 가치가 있다. 만약 초기가격이 $249.35를 초과하면, 투자를 연기하는 것보다는 바로 시작하는 것이 낫다.

| 예제 17-1 |
콜옵션과 경영상의 옵션의 유사점을 아는 것은 세 가지 이유에서 중요하다. 이 세 가지 이유는 무엇인가?

초기가격이 $200이고, 이후 가격이 50%로 상승하고 −50%로 하락하는 경우를 가정하자. 초기투자비용-(I)에 따른 NPV 민감도 분석의 결과는 그림 17.4에 나타나 있다.

만약 초기투자비용이 $1,288.33 이하로 하락하게 되면, 투자를 연기하는 것보다는 즉시 실행하는 것이 나을 것이다. 초기투자비용이 $1,288.33에서 $3,300인 경우에는 연기 옵션을 실행하여 가격의 불확실성이 해소될 때 투자를 실행하는 것이 낫다. 마지막으로

그림 17.2

투자안을 연기하는 경우와 즉시 실행하는 경우의 NPV 추이

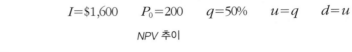

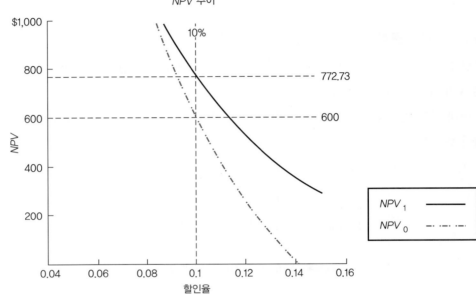

그림 17.3

초기가격(P_0)에 따른 NPV 민감도

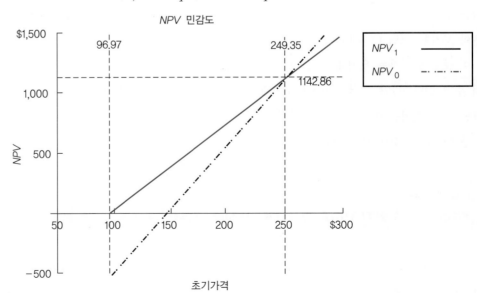

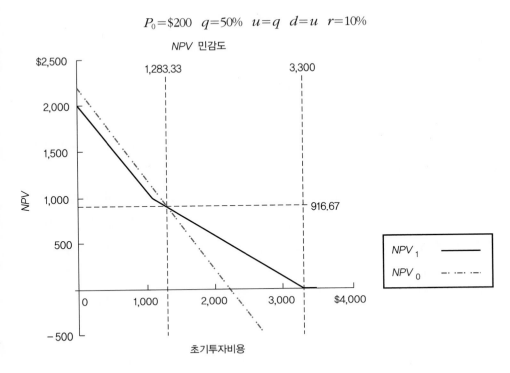

그림 17.4
초기투자비용(I)에 따른
NPV 민감도

초기투자비용이 $3,300 이상인 경우, 공장에 대한 투자는 연기옵션이 부여된 상황에서 어떠한 경우에도 수익을 낼 수 없다.

17.2.2 이항옵션가격결정모형을 이용한 연기옵션의 가치평가

만약 공장에서 생산된 제품에 대한 선물시장이 존재한다면, 우리는 기초자산의 가격이 완전히 헤지된 투자 계획으로 구성된 무위험 포트폴리오를 구성하는 것을 생각할 수 있다. 지금부터는 연기옵션을 1기간을 옵션의 만기로 하는, 공장에서 생산하는 산출물에 대한 콜옵션이라고 가정하자. 옵션의 행사가격은 초기투자비용(I)이다. 만기에 콜옵션의 가치는 다음과 같다.

$$C_1(P_1) = \left(\begin{array}{ll} P_1 + \dfrac{P_1}{r} - I & P_1 + \dfrac{P_1}{r} > I \text{인 경우} \\ 0 & \text{otherwise} \end{array} \right)$$

우리는 이미 초기 조건에서 조건부 가격을 구한 바 있다. $C_1(\$100) = 0$ 그리고 $C_1(\$300) = \$1,700$. 이것을 단순히 얘기하면 낮은 실현 가격에서는 투자가 실행되지 않을 것이기 때문에 옵션에서 발생하는 현금흐름의 현재가치는 0이고, 반면에 높은 가격에서는 투자안이 실행되어 양의 NPV인 $1,700를 가진다는 것이다.

헤지된 포트폴리오를 구축하기 위한 헤지비율 b는 다음과 같다.

$$\frac{\Delta C_1(P_1)}{\Delta P_1} = b = \frac{C_1(\$300) - C_1(\$100)}{\$300 - \$100} = \frac{\$1,700 - 0}{\$200} = 8.5$$

헤지된 포트폴리오는 하나의 콜옵션을 매도하고 선물시장을 이용하여 공장의 산출물에 b단위만큼 매수 포지션을 취하는 것으로 구성된다. 매수 포지션의 현금흐름은 지금 bP_0를 지급하고, 1기간 후에 $bP_1 + rbP_0$를 수취하는 것이다. bP_1은 일반적으로 매수 포지션에서 발생하는 자본 이득 또는 손실이고, rbP_0은 배당주에 포지션을 가지는 것과 비슷하다고 볼 수 있다. 만약 기초자산의 가격의 다음 기간 기대값이 현재 가격과 같다면, 투자에 대해서 합당한 수익률이 보상되지 않고서는 어떠한 투자자도 매수 포지션을 유지하려고 하지 않을 것이다. 따라서 헤지된 포트폴리오와 관련된 현재 그리고 1기간 후의 현금흐름은

$$CF_0 = C_0 - 8.5(\$200) \qquad CF_1 = 8.5P_1 + (0.10)8.5(\$200) - C_1(P_1)$$

다음 기의 현금흐름을 살펴보면 기초자산의 가격에 상관없이 헤지된 포트폴리오의 현금흐름은 동일한 것을 알 수 있다. 만약 가격이 하락한다면 현금흐름은

$$8.5(\$100) + \$170 - C_1(\$100) = \$850 + \$170 - 0 = \$1,020$$

가격이 상승하는 경우 현금흐름은

$$8.5(\$300) + \$170 - C_1(\$300) = \$2,550 + \$170 - \$1,700 = \$1,020$$

이와 같이 헤지된 포트폴리오에 요구되는 초기의 현금흐름 CF_0에 귀속되는 1기간 후의 현금흐름은 $1,020로 고정된다. 할인율을 10%라고 하면 초기의 현금흐름과 할인된 미래의 현금흐름 간의 방정식을 만들 수 있다.

$$CF_0 = -C_0 + 8.5(\$200) = \frac{\$1,020}{1 + 10\%} = \$927.27$$

위 방정식을 풀어 연기옵션의 가치를 구하면

$$C_0 = 8.5(\$200) - \$927.27 = \$1,700 - 927.27 = \$772.73$$

투자를 다음 기간까지 연기할 수 있는 옵션의 가치는 $772.73이고 옵션을 현재 행사하는 것이 적절하지 않다는 것을 알 수 있다. 만약 현재 옵션을 행사하면 $NPV_0 = \$600 = \$2,200 - \$1,600$이지만 연기옵션을 포기하는 것에서 발생하는 기회비용을 차감해 주어야 한다. 현재 투자를 실행하는 것의 총비용을 고려하면 초기 투자비용인 $1,600와 옵션의 가치인 $772.73를 더한 값인 $2,372.73가 될 것이다. 이는 미래의 기대 현금흐름의 현재 가치인 $2,200보다 높은 값이다. 따라서 옵션은 현재 행사되어서는 안 되고 불확실성이 해소되는 다음 기간까지 살아 있어야 하는 것이다.

| 예제 17-2 |
만약 초기가격이 $200가 아니라 $150라 가정하고 NPV_0와 NPV_1을 계산하라.

17.3 블랙-숄즈 공식을 이용한 실물옵션의 가치평가

투자기회에 있어서 옵션가치를 고려하는 것이 매우 중요한 요소임을 알았다. 이러한 가치를 어떻게 측정할 것인가? 한 가지 방법은 블랙-숄즈 모형을 이용하는 것이다.

예를 들어, Rader사가 Target사를 인수하려고 한다고 하자. 두 기업 모두 100% 자기자본으로 구성되어 있고 따라서 현재 발행된 부채는 하나도 없다. 각각의 기업은 1,000,000주의 보통주를 발행하고 있으며 경쟁 시장에서 자유로이 거래된다. Target사 자산의 시장가치는 $100,000,000이고 가치 변화에 대한 표준편차는 0.2이다. Target사의 경영자가 Rader사에 1년 후 $106,000,000의 가격으로 Target사 주식 100%를 살 수 있는 옵션을 제안했다고 하자. 무위험이자율은 6%이다.

만약 옵션 비용이 $6,000,000라면 이 투자는 가치가 있는가?

Rader사의 입장에서 보면 이는 자본예산결정의 문제가 된다. 최초의 투자금액은 1년 뒤 Target사의 자산을 살 수 있는 옵션을 구입하기 위한 $6,000,000이다. 이러한 옵션의 가치를 결정하기 위해서 제15장에서 유럽형 콜옵션의 가격결정에 사용되었던 모형을 이용할 수 있다. 블랙-숄즈 모형을 적용해 보면[2]

$$C = N(d_1)S - N(d_2)Ee^{-rT}$$

$$d_1 = \frac{\ln(S/E) + (r + \sigma^2/2)T}{\sigma\sqrt{T}}$$

$$d_2 = d_1 - \sigma\sqrt{T}$$

몇 년 전에 *Harvard Business Review*의 편집자들과의 인터뷰에서, Merck 제약회사의 대표이사인 Judy Lewent 여사는 자본 예산편성 과정에서 자사의 광범위한 옵션 분석 활용을 설명하였다. 단지 한 가지 사례로서, Merck사는 종종 초기 단계의 연구 프로젝트에 접근하기 위해 대학들과 사업

결연을 체결하고 있다. 계약서가 종종 체결되어, Merck사는 해당 대학 측에 선수금을 지급하고, 연구조사의 결과물을 근거로 발생하는 일련의 진척도 대비 지급을 한다. Merck사는 옵션가격 결정이론의 도구들을 활용하여 이런 계약들을 분석하고 있다.

이때

C = 옵션가격

S = 주가

E = 행사가격

T = 연 단위로 표시된 만기까지의 기간

σ = 연속복리로 표시된 주식수익률에 대한 표준편차

옵션가격 계산표

S	E	r	T	σ	결과
100	106	0.06	1	0.2	C = \$8,000,000

옵션의 가치는 대략 $8,000,000가 된다. 투자기회의 *NPV*는 Rader사의 옵션가치에서 비용 $6,000,000를 차감한 $2,000,000이다. 따라서 이 투자기회는 가치가 있는 것이다.

이제 옵션이론이 경영상의 옵션을 포함하는 투자기회를 평가하기 위해 어떻게 이용되는지에 대해 생각해 보기로 한다. Electro Utility사는 동력발전기계를 생산하는 투자안을 가지고 있다고 하자. 첫 번째 단계에서 공장설비를 짓기 위해 투자비용이 $6,000,000만큼 필요하고, 1년 뒤 두 번째 단계에서 설비비용 $106,000,000가 추가로 소요된다. 현재의 예상에 따르면 1년 후 완성된 동력발전기계의 가치는 평균적으로 $112,000,000이고 표준편차는 0.2이다.

---

[2] 여기서 옵션의 행사가격은 무이자 이자율로 복리 계산된 기초 회사의 미래가치와 같기 때문에, 우리는 여기서 블랙-숄즈 공식의 선형 가정을 사용한다.

$$\frac{C}{S} \approx 0.4\sigma\sqrt{T}.$$

이 투자기회를 평가하기 위해 할인현금흐름분석(DCF)을 이용해 보자. 할인율이 k라고 하면 완성된 기계의 현재가치는 $\$112,000,000/(1+k)$이다. 설비를 위해 투자되는 $\$106,000,000$의 비용은 현재 확실히 알 수 있는 것이기 때문에 이것의 현재가치를 구하기 위해서는 무위험이자율을 할인율로 이용해야 한다. 만약 무위험이자율이 6%라면 이 비용의 현재가치는 $\$100,000,000$가 된다. 또 최초 투자비용 $\$6,000,000$도 고려해야 한다. 그러므로 이 투자안의 NPV는 다음과 같다.

$$NPV=\$112,000,000/(1+k)-\$100,000,000-\$6,000,000$$
$$=\$112,000,000/(1+k)-\$106,000,000$$

비록 5.66%는 무위험이자율보다 작지만 할인율 k가 5.66%보다 크다면 이 투자안의 NPV는 음(−)의 값을 가질 것이다. 예를 들어, k가 12%라고 하면 기계의 현재가치는 $\$100,000,000$이고 투자안의 NPV는 −$\$6,000,000$가 된다.

그러나 이는 1년 뒤에 투자안을 중단할 수 있다는 사실을 고려하지 않은 것이다. 달리 말하면 경영자는 기계의 가치가 $\$106,000,000$보다 커지는 경우에만 두 번째 단계에서 추가적으로 $\$106,000,000$를 투자할 것이다.[3]

이 같은 경영상의 유동성을 고려하는 경우 투자안을 어떻게 평가할 것인가? 이를 위해 Target사의 자산을 매입하는 경우 Rader사가 가지는 옵션의 가치를 평가했던 것과 동일한 방법을 적용할 수 있다. 비록 각각의 상황이 조금 다를지라도, 두 경우는 동일한 구조를 가진다. 현금흐름 또한 같은 것으로 볼 수 있다.

이를 살펴보기 위해, 투자안의 첫 번째 단계에서 Electro Utility사가 1년 뒤 만기가 되는 옵션을 사기 위해 $\$6,000,000$를 지불할 것이라고 하자. 투자안의 두 번째 단계를 수행하기로 한다면 옵션의 행사가격은 $\$106,000,000$가 된다. 완성된 투자안의 현재가치는 $\$100,000,000$이다.

블랙-숄즈 모형은 이 옵션의 가치가 대략 $\$8,000,000$가 됨을 보여 준다. 그러므로 이 투자안은 $\$2,000,000$의 NPV를 가진다. 만약 경영자가 1년 뒤 투자안을 중단할 수 없는 경우라면 이 투자안은 음(−)의 NPV를 가지게 된다.

결론적으로 경영상의 유연성을 고려하는 것은 투자안의 NPV를 증가시킨다. 더욱이 옵션가격결정이론으로부터 유연성의 가치는 투자안의 변동성을 증가시킨다.

---

[3] 가정을 단순화하기 위해서 최초 투자비용 $\$6,000,000$는 설비투자가 실패하게 되면 모두 잃는 것으로 하였다. 즉 잔존가치가 0이다.

Electro Utility사의 경우를 다시 생각해 보자. 동력발전기계의 가치가 앞서 생각했던 것 보다 더 변동적이라고 하자. 즉 표준편차가 0.2가 아니라 0.4라고 한다면 이는 투자안을 좀 더 매력적으로 만든다. 블랙−숄즈 모형을 적용해 보면 옵션의 가치는 $16,000,000임을 알 수 있다. 그러므로 투자안의 *NPV*는 $10,000,000가 된다.

기업은 최초 투자에 앞서 충분한 시간을 가질 수 있고 또 그 투자안을 계속 진행하지 않을 것을 결정할 수 있기 때문에 미래의 모든 투자기회는 콜옵션으로 설명될 수 있다. 이때 기업이 가질 수 있는 시간은 옵션에 있어서 만기까지의 기간과 동일하며 최초 투자 액은 옵션의 행사가격과 같다. 그리고 투자안에 있어서의 미래 기대 현금흐름의 현재가 치는 기초자산인 주식의 가격과 동일하다. 그러므로 전통적으로 계산된 투자안의 *NPV* 는 옵션의 내재가치, 즉 옵션이 지금 즉시 행사되었을 경우의 가치와 동일하게 된다. 전 통적인 계산 방법에서의 *NPV*는 옵션의 시간가치를 고려하지 않기 때문에 투자안의 가 치를 실제보다 작게 평가한다.

| 예제 17-3 |
만약 동력발전기계에 대한 변동성이 0.30이 된다면 Electro Utility사 투자안의 옵션가치는 얼마가 되는가?

요 약

- 투자안 평가에 있어 고려해야 할 점은 경영자가 투자안의 착수를 연기하거나 일단 착 수된 투자안에 대해 이를 확장 또는 중단할 수 있는 능력이다. 이러한 경영상의 옵션을 고려하지 못한다면 투자안의 *NPV*를 저평가할 수도 있다.
- 금융수단으로서의 옵션과 경영상의 옵션 간의 유사성을 파악하는 것은 다음과 같은 세 가지 이유에서 중요하다. (1) 연속적인 경영상의 의사결정에 따라 투자안 분석을 체계 화하는 데 도움을 준다. (2) 투자안 평가에 있어 불확실성의 역할을 명확히 한다. (3) 주 식에 대한 콜옵션을 평가하는 계량적 모형을 적용해서 투자안의 옵션가치를 평가할 수 있는 방법을 제시한다.

핵심용어

연기옵션	포기옵션	재설계 옵션	불가역성

예제 풀이

예제 17-1 콜옵션과 경영상의 옵션의 유사점을 아는 것은 세 가지 이유에서 중요하다. 이 세 가지 이유는 무엇인가?

검정 • 연속적인 경영상의 의사결정에 따라 투자안 분석을 체계화하는 데 도움을 준다.

• 투자안 평가에 있어 불확실성의 역할을 명확히 한다.

• 주식에 대한 콜옵션을 평가하는 계량적 모형을 적용함으로써 투자안의 옵션가치를 평가할 수 있는 방법을 제시한다.

예제 17-2 만약 초기가격이 $200가 아니라 $150라 가정하고 NPV_0와 NPV_1을 계산하라.

검정 초기가격이 $150라면 기대 미래 가격 역시 $150다. 따라서 기대 NPV는 다음과 같다. $NPV_0 = \$150 + \dfrac{\$150}{0.10} - \$1{,}600 = \$50$. 투자를 가격의 불확실성이 해소될 때까지 연기하는 옵션이 부여된 경우의 NPV는

$$NPV_1 = \frac{1}{2}[0] + \frac{\frac{1}{2}[\$225 + \frac{\$225}{0.1} - \$1{,}600]}{1 + 0.10} = \frac{\frac{1}{2}[\$2{,}475 - \$1{,}600]}{1.1} = \frac{\frac{1}{2}\$875}{1.1} = \$397.73$$

예제 17-3 만약 동력발전기계에 대한 변동성이 0.3이 된다면 Electro Utility사 투자안의 옵션가치는 얼마가 되는가?

검정 $\dfrac{C}{S} \approx 0.4\sigma\sqrt{T}$

모형에 변수를 넣으면

$$S = \$100{,}000{,}000, \; T = 1년, \; \sigma = 0.3$$

그래서 옵션의 가치는 거의 $12,000,000이다. 이 투자안의 NPV는 $6,000,000(Rader사의 옵션가격은 $6,000,000가 되지 않는다)이고 이 투자안은 가치가 있다.

연습문제

1. 토니는 향후 5년 내 언제든 그가 소유하고 있는 생산설비의 절반을 폐쇄하고, 부동산 및 장비를 총 $10,000,000에 유동화할 수 있다. 그러나 남아 있는 사업은 반대로 영향을 받아 가치가 40% 하락할 것이다. 이에 포함된 옵션을 기초위험자산, 행사가격, 만기, 그리고 변동성의 견지에서 설명하라.

2. 과거 역사의 오랜 기간 많은 사법부는 과도한 이자를 요구하는 고리대금을 금지하였다. 금지를 우회하는 다음 계획을 고려해 보자. 당신은 소매상인이고 창고를 짓기 위해 자금을 조달해야 하지만, 양의 이자율로 대출을 받는 것은 불법이라고 가정하자. 당신은 투자자로부터 현금을 수취하고, 창고에 대한 증서를 제공하였다. 당신은 2년 이내에 특정한 가격 P에 창고를 재구매할 것을 약속하였고, 투자자 또한 동일한 시점에 당신에게 창고를 P에 팔 것을 약속하였다. 만약 당신이 지금 창고를 소유하기 위해서는 $500,000가 필요하고, 투자자는 투자에 20%의 연 수익률을 원하고 있다고 한다면 P는 얼마가 되어야 하는가? 어떤 옵션이 이 계획에 포함되어 있는가? 그리고 투자자가 감내해야 할 위험은 무엇인가?

3. 상업은행은 수수료 수입의 대부분은 기존의 크레딧라인에서 발생한다. 정해진 고정 또는 변동 이율로 대출을 해 주고 수수료를 받는 것이다. 돈을 빌리는 사람들의 입장에서 어떠한 옵션을 가지고 있는 것인가? 어떠한 불확실성이 존재하는가? 행사가격은 얼마인가?

4. 9회초 원아웃에 주자는 3루에 있다. 공격팀은 스퀴즈 플레이를 고려하고 있다. 감독의 관점에서 스퀴즈 플레이는 위험한 승부인가 아니면 어떤 옵션인가? 안전스퀴즈의 경우는 어떠한가? 또는 자살스퀴즈의 경우는 어떠한가?

5. 본문 17.3절의 Electro Utility의 예를 참고하라. 프로젝트의 손익분기점이 되는 무위험 이자율은 얼마인가? 동력발전기계의 손익분기점이 되는 위험 수준은 무엇인가?

6. Nadir 영화사는 『Planetary Wars』란 책을 영화로 제작할 수 있는 권리를 획득할 것인지 결정해야 한다. 영화제작 전문가들은 영화 촬영비용이 $30,000,000가 될 것이라고 예측한다. 그리고 1년 후에 받게 되는 세금과 배급비를 제외한 현금흐름은 0.5의 확률로 $60,000,000, 그리고 0.5의 확률로 $10,000,000이다. 영화사는 이 투자를 받아들일 것인지를 결정하는 데 20%의 할인율을 사용한다.

    a. 투자안의 NPV는 얼마인가? 투자는 받아들여져야 하는가? CFO 부서의 신입 MBA는

영화의 속편을 제작할 수 있는 옵션을 계산에 넣지 않았다는 의견을 제시했다. 영화가 성공했다면 확실하게 그들은 다음 해에 〈Planetary Wars II〉의 제작을 원할 것이다.

b. 이 투자안의 의사결정나무를 그리라.

c. 후속편의 비용과 미래 현금흐름이 원편과 같다고 가정하면, 투자안에 영향을 미치는 후속편 제작 옵션을 어떻게 계산할 것인가?

d. Nadir의 경영자는 세 편의 후속작을 제작하면 모두 성공할 것이라 믿고 있다고 가정하자. 이 경우 *NPV*는 얼마인가?

7. Caribou Construction Company는 캐나다 북부에 토지를 소유하고 있다. 그러나 토지에 석유가 매장되어 있는지는 확실하지 않다. 토지는 다른 상업적 가치는 없는 상태다. 시험광구는 오늘 C\$10,000,000의 비용으로 시추 가능하다. 회사의 지질학자는 예측하기를 시험광구로 석유를 시추하지 못할 확률이 80%라고 예측하였다. 만약 시험광구에서 석유가 시추되지 않는다면 토지에 석유가 매장되어 있을 확률이 매우 낮다. 반면에 시추가 성공적으로 이루어진다면 생산설비가 C\$100,000,000의 비용으로 다음 해까지 설치될 것이다. 투자안의 할인율은 10%이다. 생산설비가 설치되면, 동일한 금액의 세후 현금흐름이 영구히 발생될 것으로 기대된다. 그러나 이 금액은 생산설비가 설치될 때까지 알 수 없다. 시험광구의 시추 결과에 따르는 현금흐름의 분포는 아래 표와 같다. 아래의 현금흐름은 지금부터 2년 후에 발생된다.

시추가 성공적일 경우		시추가 성공적이지 않을 경우	
현금흐름	확률	현금흐름	확률
C\$10,000,000	25%	C\$0	60%
C\$30,000,000	50%	C\$15,000,000	30%
C\$50,000,000	25%	C\$30,000,000	10%

투자안의 의사결정나무를 그리라. 회사는 시추하는 데 투자를 해야 하는가? 시추의 결과에 근거하여 수행되어야만 하는 것은 무엇인가?

8. 7번 문제에서 시추가 완료되는 1년 후에 토지를 C\$5,000,000에 되팔 수 있다고 가정하자. 분석은 어떻게 달라지겠는가? 개발하는 대신에 토지를 팔 수 있는 옵션의 가치는 얼마인가?

9. 마이크로소프트사는 인터넷을 TV에 연결시켜 사용하는 새로운 컴퓨터 기술에 투자할

기회를 가지고 있다. 첫 번째 단계에서 $100,000,000의 초기지출이 필요하다. 지금부터 1년 후인 두 번째 단계에서는, $1,000,000,000의 추가적 투자가 요구될 것이다. 지금의 전망에서 보면, 1년 후 투자안의 가치는 평균 $1,100,000,000, 표준편차 0.2를 가지는 임의의 변수이다. 투자자들의 요구수익률은 연 10%이다. 이것이 가치 있는 투자안인지 결정하기 위해 블랙-숄즈 옵션가격결정모형을 사용하라.

10. 9번 문제에서 무위험 이자율에 해당되는 손익분기 가치는 얼마인가? 투자안의 위험에 해당하는 손익분기 가치는 얼마인가?

11. 본문의 연기옵션의 가치를 평가하는 예에서 1기간 이항옵션가격결정모형을 사용하여 공장에 대한 투자를 연기하는 옵션의 현재 가치를 평가하라. I는 $2,000, 초기가격 ($P_0$)은 $250, 가격은 다음 기간에 50% 상승 또는 50% 하락하여 영구히 유지된다고 가정하자. 할인율은 10%이다. 투자를 연기하는 옵션의 가치를 보았을 때, 지금 당장 투자하는 것이 타당한가?

12. 11번 문제를 할인율이 5%라고 가정하고 풀라.

 추천도서

제1장

Crane, D., K. Froot, S. Mason, R. C. Merton, A. Perold, Z. Bodie, E. Sirri, and P. Tufano. *The Global Financial System: A Functional Perspective.* Boston: Harvard Business School Press, 1995.

Kohn, M. *Financial Institutions and Markets.* 2nd Ed. Oxford University Press, 2004.

Merton, R. C., and Z. Bodie. "Design of Financial Systems: Toward a Synthesis of Function and Structure." *Journal of Investment Management* 3, 1st Quarter 2005.

Miller, M. *Financial Innovations & Market Volatility.* Cambridge: Blackwell, 1991.

제3장

Fraser, L., and A. Ormiston. *Understanding Financial Statements,* 8th ed. Upper Saddle River, NJ: Pearson Prentice Hall, 2007.

Hutton, A., "Beyond Financial Reporting: An Integrated Approach to Corporate Disclosure." *Journal of Applied Corporate Finance* 16, Fall 2004.

Penman. S. *Financial Statement Analysis and Security Valuation,* 3rd ed. New York, NY: McGraw-Hill Irwin, 2007.

Wild, J., K. R. Subramanyam, and R. Halsey. *Financial Statement Analysis,* 9th ed. New York: McGraw-Hill Irwin, 2007.

제4장

Fisher, I. *The Theory of Interest: As Determined by Impatience to Spend Income and Opportunity to Invest It.* 1930. New York: Augustus M. Kelley, 1965.

제5장

Bodie, Z. "Thoughts on the Future: Life-Cycle Investing in Theory and Practice." *Financial Analysts Journal* 59, January–February 2003.

제6장

———. D. McLeavey, and L. Siegel, ed. *The Future of Life-Cycle Saving and Investing.* Charlottesville, VA: Research Foundation of CFA Institute, 2007.

Merton, R. C. "Thoughts on the Future: Theory and Practice in Investment Management." *Financial Analysts Journal* 59, January–February 2003.

Modigliani, F., and R. Brumberg. "Utility Analysis and the Consumption Function: An Interpretation of Cross-Section Data." *Post Keynesian Economics.* Ed. K. Kurihara. New Brunswick, N. J.: Rutgers University Press, 1954.

Berk, J., and P. DeMarzo. *Corporate Finance.* Boston, MA: Pearson Addison Wesley, 2007.

Brealey, R., S. Myers, and F. Allen. *Principles of Corporate Finance,* 8th ed. New York: McGraw-Hill Irwin, 2006.

Hishleifer, J. "On the Theory of Optimal Investment Decision." *Journal of Political Economy* 66, August 1958.

Ross, S., R. Westerfield, and J. Jaffe. *Corporate Finance,* 8th ed. New York: McGraw-Hill Irwin, 2008.

제7장

Campbell, J., M. Lettau, B. Malkiel, and Y. Xu. "Have Individual Stocks Become More Volatile? An Empirical Exploration of Idiosyncratic Risk." *Journal of Finance* 56, February 2001.

Fama, E. F. "Efficient Capital Markets: A Review of Theory and Empirical Work." *Journal of Finance* 25, May 1970.

———. "Efficient Capital Markets II." *Journal of Finance* 46, December 1991.

Samuelson, P. A. "Proof That Properly Anticipated Prices Fluctuate Randomly." *Industrial Management Review* 6, Spring 1965.

제8장

Bodie, Z., A. Kane, and A. Marcus. *Investments.* 7th Ed. Boston: Irwin/McGraw-Hill, 2008.

Fabozzi, F. J., and T. D. Fabozzi, eds. *The Handbook of Fixed Income Securities.* 4th Ed. Burr Ridge, Ill.: Irwin, 1995.

제9장

Bodie, Z., A. Kane, and A. Marcus. *Investments.* 7th Ed. Boston: Irwin/McGraw-Hill, 2008.

Cornell, B., "Dividends, Stock Repurchases, and Valuation." *Journal of Applied Finance* 15, Fall/Winter 2005.

Foerster, S., and S. Sapp. "The Dividend Discount Model in the Long-Run: A Clinical Study." *Journal of Applied Finance* 15, Fall/Winter 2005.

Graham, J., and A. Kumar. "Do Dividend Clienteles Exist? Evidence on Dividend Preferences of Retail Investors." *Journal of Finance* 61, June 2006.

Miller, M., and F. Modigliani. "Dividend Policy, Growth, and the Valuation of Shares." *Journal of Business* 34, October 1961.

———— and M. S. Scholes. "Dividends and Taxes." *Journal of Financial Economics* 6, December 1978.

제10장

Arrow, K. J. "The Role of Securities in the Optimal Allocation of Risk Bearing." *Review of Economic Studies* 31, April 1964. Trans. of 1953 article in French.

Crouhy, M., D. Galai, and R. Mark. *The Essentials of Risk Management.* New York: McGraw-Hill Irwin, 2006.

Doherty, N. *Integrated Risk Management: Techniques and Strategies for Managing Corporate Risk.* New York: McGraw-Hill Irwin, 2000.

Merton, R. C., and Z. Bodie. "On the Management of Financial Guarantees." *Financial Management* 21, Winter 1992.

Smithson, C., and B. Simkins. "Does Risk Management Add Value? A Survey of the Evidence." *Journal of Applied Corporate Finance* 17, Summer 2005.

제11장

Bodie, Z., A. Kane, and A. Marcus. *Investments.* 7th Ed. Boston: Irwin/McGraw-Hill, 2008.

제12장

Bodie, Z. "On the Risk of Stocks in the Long Run." *Financial Analysts Journal,* May–June 1995.

————, R. C. Merton, and W. Samuelson. "Labor Supply Flexibility and Portfolio Choice in a Life-Cycle Model." *Journal of Economic Dynamics and Control* 15, 1992.

Markowitz, H. "Portfolio Selection." *Journal of Finance* 7, March 1952.

———— *Portfolio Selection: Efficient Diversification of Investments.* New York: John Wiley & Sons, 1959.

McDonald, R. *Derivatives Markets,* 2nd ed. Boston, MA: Pearson Addison Wesley, 2006.

Merton, R. C. "An Analytical Derivation of the Efficient Portfolio Frontier." *Journal of Financial and Quantitative Analysis* 10, September 1972.

———— *Continuous-Time Finance.* Rev. ed. London: Basil Blackwell, 1992.

Tobin, J. "Liquidity Preference as Behavior Towards Risk." *Review of Economic Studies* 25, February 1958.

제13장

Bodie, Z., A. Kane, and A. Marcus. *Investments.* 7th Ed. Boston: Irwin/McGraw-Hill, 2008.

Lintner, J. "The Valuation of Risk Assets and the Selection of Risky Investments in Stock Portfolios and Capital Budgets." *Review of Economics and Statistics* 47, February 1965.

Merton, R. C. "An Intertemporal Capital Asset Pricing Model." *Econometrica* 41, September 1973.

———— "A Reexamination of the Capital Asset Pricing Model." *Studies in Risk and Return.* Eds. J. Bicksler and I. Friend. Cambridge: Ballinger, 1977.

Mossin, J. "Equilibrium in a Capital Asset Market." *Econometrica* 35, October 1966.

Ross, S. A. "Arbitrage Theory of Capital Asset Pricing." *Journal of Economic Theory* 13, December 1976.

Sharpe, W. "Capital Asset Prices: A Theory of Market Equilibrium." *Journal of Finance* 19, September 1964.

제14장

Brown, K. C., and D. J. Smith. *Interest Rate and Currency Swaps: A Tutorial.* Charlottesville, Va.: Institute of Chartered Financial Analysts, 1995.

Hull, J. C. *Options, Futures, and Other Derivatives.* 6th Ed. Upper Saddle River, N.J.: Pearson Prentice-Hall, 2005.

McDonald, R. *Derivatives Markets,* 2nd ed. Boston, MA: Pearson Addison Wesley, 2006.

Pritamani, M., D. Shome, and V. Singal. "Exchange Rate Exposure of Exporting and Importing Firms." *Journal of Applied Corporate Finance* 17, Summer 2005.

제15장

Black, F., and M. S. Scholes. "The Pricing of Options and Corporate Liabilities." *Journal of Political Economy* 81, May–June 1973.

Finnerty, J. "Extending the Black-Scholes-Merton Model to Value Employee Stock Options." *Journal of Applied Finance* 15, Fall/Winter 2005.

Merton, R. C. "Theory of Rational Option Pricing." *Bell Journal of Economics and Management Science* 4, Spring 1973.

———— "An Analytic Derivation of the Cost of Loan Guarantees and Deposit Insurance: An Application of Modern Option Pricing Theory." *Journal of Banking and Finance* 1, June 1977.

———— "On the Pricing of Contingent Claims and the Modigliani-Miller Theorem." *Journal of Financial Economics* 5, November 1977.

———— "Applications of Option-Pricing Theory: Twenty-Five Years Later." *Les Prix Nobel 1997*. Stockholm: Nobel Foundation. Rpt. in *American Economic Review,* June 1998.

Scholes, M. S. "Derivatives in a Dynamic Environment." *Les Prix Nobel 1997*. Stockholm: Nobel Foundation. Rpt. in *American Economic Review,* June 1998.

제16장

Barclay, M., and C. Smith. "The Capital Structure Puzzle: The Evidence Revisited." *Journal of Applied Corporate Finance* 17, Winter 2005.

Berk, J. and P. DeMarzo. *Corporate Finance. Boston,* MA: Pearson Addison Wesley, 2007.

Brealey, R., S. Myers, and F. *Allen. Principles of Corporate Finance,* 8th ed. New York: McGraw-Hill Irwin, 2006.

Harris, M., and A. Raviv. "The Theory of Capital Structure." *Journal of Finance* 46, March 1991.

Merton, R. C. "On the Pricing of Corporate Debt: The Risk Structure of Interest Rates." *Journal of Finance* 29, May 1974.

Miles, J., and R. Ezzel. "The Weighted Average Cost of Capital, Perfect Capital Markets and Project Life: A Clarification." *Journal of Financial and Quantitative Analysis* 15, September 1980.

Modigliani, F., and M. Miller. "The Cost of Capital, Corporation Finance, and the Theory of Investment." *American Economic Review* 48, June 1958.

Myers, S. C. "Interactions of Corporate Finance and Investment Decisions: Implications for Capital Budgeting." *Journal of Finance* 29, March 1974.

Ross, S. "Capital Structure and the Cost of Capital." *Journal of Applied Finance* 15, Spring/Summer 2005.

Ross, S., R. Westerfield, and J. Jaffe, *Corporate Finance,* 8th ed. New York: McGraw-Hill Irwin, 2008.

제17장

Amram, M., F. Li, and C. Perkins. "How Kimberly-Clark Uses Real Options." *Journal of Applied Corporate Finance* 18, Spring 2006.

Borison, A. "Real Options Analysis: Where Are the Emperor's Clothes?" *Journal of Applied Corporate Finance* 17, Spring 2005.

Coase, R. H. "The Nature of the Firm." *Economica* 4, 1937.

———— *The Firm, the Market, and the Law.* Chicago: University of Chicago Press, 1988.

Copeland, T., and V. Antikarov. *Real Options: A Practitioner's Guide.* Thomson/TEXERE, 2003.

————. "Real Options: Meeting the Georgetown Challenge." *Journal of Applied Corporate Finance* 17, Spring 2005.

Copeland, T., and P. Tufano. " A Real-World Way to Manage Real Options." *Harvard Business Review,* March 2004.

Dixit, A., and R. Pindyck. *Investment under Uncertainty.* Princeton: Princeton University Press, 1994.

Jensen, M. "Agency Costs of Free Cash Flow, Corporate Finance and Takeovers." *American Economic Review* 76, May 1986.

———— and W. H. Meckling. "Theory of the Firm: Managerial Behavior, Agency Costs, and Ownership Structure." *Journal of Financial Economics* 3, October 1976.

McDonald, R. "The Role of Real Options in Capital Budgeting: Theory and Practice." *Journal of Applied Corporate Finance* 18, Spring 2006.

Merton, R. C., and S. C. Mason. "The Role of Contingent Claims Analysis in Corporate Finance." *Recent Advances in Corporate Finance.* Ed. E. I. Altman and M. G. Subrahmanyam. Homewood, Ill.: Richard D. Irwin, 1985.

용어 해설

가중 평균 자본 비용(weight average cost of capital) : 세후 채권 발행을 통한 자금조달 비용과 주식 발행을 통한 자금조달의 가중 평균 비용을 이용하여 프로젝트의 순 현재 가치를 산출하는 방법. 가중치들은 자금 조달을 위해 발행한 주식과 채권들의 시장 가치.

거래 비용(transaction costs) : 판매와 관련된 비용으로, 운송비, 보험료, 설치비, 그리고 중개 수수료를 포함한다.

거래 상대방(counterparty, counterpart) : 계약의 반대편 당사자

공제금액(deductible) : 보험자로부터 어떠한 보상을 받기 전에 피보험자가 자신의 자원으로 지불해야만 하는 금액.

구매력평가설(purchasing-power parity) : 통화가 다른 지역들에서의 인플레이션 조정된 대표적인 재화와 용역의 장바구니 가격이 동일하게 유지되도록 환율을 조율한다는 이론.

금리차익거래(interest rate arbitrage) : 부도위험이 일정할 때 낮은 금리에 빌려서 높은 금리로 빌려 주는 것.

금융선물(financial futures) : 기초자산이 주식, 채권 혹은 그 외의 금융자산인 선물계약.

금융시스템(financial system) : 금융계약과 자산과 위험의 거래를 위해 사용되는 시장과 기관들의 집합.

기대가설(expectations hypothesis) : 자산의 선도가격이 미래의 예상되는 현가와 같다는 이론.

기대수익률(expected rate of return) : 각각의 가능한 수익률에 그것의 확률을 곱한 것의 모든 가능한 결과들의 합.

내가격(in-the-money) : 즉시 만기가 되는 경우 이득을 보는 옵션의 상태.

내부금융(internal financing) : 유보이익, 미지급 임금과 외상매입금을 포함한 회사 내부로부터 자금을 모으는 것.

내재가치(intrinsic value, tangible value) : 즉시 행사될 때 옵션의 가상의 가치.

내재배당(implied dividend) : 주식인덱스의 선물가격으로부터 추정될 수 있는 배당금.

내재변동성(implied volatility) : 옵션가격결정공식에서 도출된 값과 옵션의 측정된 시장가격이 같게 하는 변동성의 가치.

다기간예산제약(intertemporal budget constraints) : 한 사람의 평생 소비지출의 현재가치가 평생의 자산의 현재가치를 넘을 수 없다는 제한.

단순 이자(simple interest) : 원금에 이자율을 곱한 것으로, 이자에 대한 이자는 포함하지 않는다.

담보(collateral) : 부채에 대한 보증으로 저당 잡힌 자산.

담보대출금리(mortgage rate) : 주택 구매자가 그들의 집을 위한 자금을 조달하려고 받은 대출에 지급하는 이자율.

담보화(collateralization) : 채권자에게 채무 불이행 시 특정 사업 자산을 소유할 권리를 주는 것. 빌려주는 것과 관련하여 인센티브 문제를 줄이기 위해 널리 사용된다.

당기수익률(current yield) : 채권의 연간 이자를 채권의 가격으로 나눈 것

도덕적 해이(moral hazard) : 어떠한 위험에 대한 보험을 드는 것이 피보험자가 더 큰 위험을 취하게 하거나 손실이 오는 상황을 예방하는 데 주의를 덜 기울이게 되는 상황.

등가격(at the money) : 옵션의 행사가격이 해당 옵션의 기초가 되는 증권의 현재가격과 일치하는 경우.

마진콜(margin call) : 브로커 혹은 거래 상대방이 투자자에게 보증금을 추가할 것을 요구하는 것.

만기(maturity) : 채무증권에서 전체 채무금액을 상환할 때까지의 기간.

만기수익률(yield-to-maturity) : 한 채권의 약속된 현금 흐름의 현재 가치를 그 채권의 가격과 동일하게 만드는 할인율. 채권의 내재 이자율.

만기일(expiration date) : 옵션이 행사될 수 있는 마지막 날.

매도포지션(short position) : 금융 계약에서 판매자의 위치를 설명하는 단어.

매입포지션(long position) : 금융거래에 있어서 구매자의 포지션을 표현하는 용어.

매출액백분법(percent-of-sales method) : 한 기업의 손익계산서와 대차대조표의 항목들이 다음 회기에도 지난 회기와 동일하다는 가정하에 예상치를 만드는 것.

면책(exclusions) : 보험계약에 적용되는 상황으로 보일 수 있으나 명확히는 제외되는 손해.

명목가격(nominal prices) : 인플레이션이 반영되지 않은 특정 통화로 나타낸 가격.

명목미래가치(nominal future value) : 인플레이션이 반영되지 않은 미래 가치의 합.

명목이자율(nominal interest rate) : 인플레이션이 반영되지 않은 이자율(실질이자율과 대조되는 개념).

무형자산(intangible asset) : 물리적 구현이 그들의 가치와 무관한 자산.

뮤츄얼 펀드(mutual fund) : 주식, 채권 혹은 다른 자산으로 구성된 포트폴리오를 투자자 집단의 명의로 구매하고 전문투자회사나 금융기관에서 관리하는 펀드.

미래가치(future value) : 복리계산에 의해 미래의 한 시점에 증가할 투자의 금액.

민감도 분석(sensitivity analysis) : 몇 가지 기초 변수

들이 원래 가정했던 것과 다르게 변하는 것에 따른 프로젝트의 가치를 평가하는 방법.

배당수익률(dividend yield) : 한 주에 대한 연간 현금배당을 주가로 나눈 값으로 비율로 표현된다.

배당정책(dividend policy) : 주주들에게 현금을 지급하는 것에 관한 기업의 정책.

배당할인모형(discounted dividend model) : 예상되는 미래 현금배당의 현재가치로 주식의 가치를 계산하는 모형.

법인회사(corporation) : 소유주와 구별되는 법적 주체가 되는 회사.

베타(beta) : 증권의 시장 관련 위험을 나타내는 척도로서 시장포트폴리오의 수익률이 변함에 따라 증권의 수익률이 변화하는 정도를 나타낸다. 위험은 CAPM으로 측정한다.

변동성(Volatility) : 한 자산의 위험성을 측정하는 데 일반적으로 사용되는 것으로, 예상 수익률의 범위와 발생할 확률과 관련된다. 옵션 거래에서는 표준편차와 동일하게 사용된다.

보통연금(ordinary annuity) : 현금 흐름이 일정 기간의 끝에 시작하는 연금.

보험 계리사(actuaries) : 수학과 통계학에 자격을 갖추고 자료를 수집 분석하고 질병, 사고, 그 외의 위험들의 확률을 추정하는 전문가.

보험(insuring) : 더 큰 손실이 발생할 가능성을 피하기 위한 보증으로 일정 금액을 지불하는 것.

복리계산(copounding) : 현재가치가 미래가치로 나아가는 과정.

복리이자(compound interest) : 지난 기간 발생한 이자에 지급되는 이자.

본질가치(fundamental value) : 자유경쟁시장에서 정통한 투자자가 자산에 지불하려는 가격.

부도위험(default risk) : 고정소득증권의 이자나 원금의 일부를 다 지급하지 못할 가능성.

부채(liability) : 자기자본을 제외한 주체의 자산에 대한 청구권.

분산가능위험(diversifiable risk) : 다른 위험자산들과 조합하여 제거될 수 있는 증권의 위험.

분산불능위험(nondiversifiable risk) : 분산함으로써 제거가 불가능한 포트폴리오의 위험.

분산투자(diversifying) : 하나 혹은 몇 개의 위험자산에 집중 투자하는 대신에 많은 위험자산들을 조금씩 지님으로써 위험을 줄이는 방법.

분산투자원리(diversification principle) : 기대수익률의 감소 없이 위험자산들에 분산투자함으로써 투자자가 전체 노출된 위험을 줄일 수 있다는 이론.

분할상환(amortization) : 대출금의 원금을 일정 기간 상환하는 과정.

분할상환표(amortization schedule) : 대출금의 원금과 이자를 대출 상환 기간에 상환하는 비율을 보여주는 표.

블랙-숄즈 공식(Black-Scholes formula) : 가장 널리 사용되는 옵션가격결정모형으로 개발자인 Fischer Black과 Myron Scholes의 이름을 땄다. 이 공식은 반복되는 포트폴리오의 연속적인 조정과 로그정규분포를 가정한다.

삼각차익거래(triangular arbitrage) : 세 가지 통화들을 포함하고 있는 무위험 거래.

상관관계(correlation) : 두 임의의 변수들이 함께 움직이는 경향의 정도를 나타내는 통계적 도구.

상업대출금리(commercial loan rate) : 사업을 하기 위한 대출금에 은행이 부과하는 금리.

상업은행(commercial banks) : 예금을 받고 대출을 하는 두 가지 기능을 수행하는 금융기관.

상한(caps) : 보험계약에서 지정해 둔 보상의 상한.

선도가격(forward price) : 계약의 가치가 제로가 되게 하는 시점에 상품의 인도가격.

선도계약(forward price) : 미래의 한 시점에서 미리 정해진 가격에 두 계약자 간에 상품이 거래되는 계약.

선물계약(futures contract) : 조직화된 거래소에서 거래되는 표준화된 선도계약.

성장연금(growth annuity) : 투자로부터의 현금흐름이 일정한 비율로 증가하는 연금.

성장주(growth stocks) : 미래 투자가 시장 자본수익률을 초과하는 수익률이 기대되어 상대적으로 높은 P/E ratio를 갖는 주식.

세전 이자율(before-tax interest rate) : 소득세를 고려하지 않았을 때의 이자율.

세후 이자율(after-tax interest rate) : 소득세를 낸 후의 이자율.

손익구조다이어그램(Payoff diagram) : 만기에 파생상품의 가치와 기초 자산 가격의 관계를 보여 주는 차트.

손익분기점(break-even point) : 프로젝트의 순이익 혹은 순현가가 제로가 되는 매출량

수익률 스프레드(Yield spread) : 두 금융 상품들 간의 만기 수익률 차이.

수익률곡선(yield curve) : 주어진 위험에 대한 고정수익 금융 상품에 약속된 이자율과 그 금융 상품의 만기일의 관계를 나타내는 곡선.

수정현가(adjusted present value) : 부채조달에 의해 발생되는 가치를 고려하여 프로젝트의 순현가를 계산하는 방법

순수할인채(pure discount bonds) : 무이자 채권. 만기일에 한 번의 현금 지급만을 약속하는 채권.

순현가(net present value) : 프로젝트가 회사의 현재 주주들의 부를 증가시키는 데 예상되는 금액.

스왑 계약(swap contract) : 일정 시간을 넘는 정해진 기간에 현금 흐름들을 두 집단 간에 교환하기로 한 동의.

스프레드(spread) : 두 자산 가격들 혹은 두 자산 수익률들의 차이.

시간가치(time value(of an option)) : 한 옵션의 현재 가격과 현재가 만기일이라 가정할 때 그 옵션 가치의 차이.

시장가중주가지수(market-weighted stock indexes) : 각 주식을 해당 주식의 시가총액 비율만큼 가지는 포트폴리오의 주가 움직임을 나타내는 지수.

시장자본환원율(market capitalization rate, risk-adjusted discount rate) : 익명의 투자자가 지정된 위험자산에 기꺼이 투자하기 위해 요구하는 기대 수익률.

시장포트폴리오(market portfolio) : 시가총액비율만큼 자산 전 종목을 갖는 포트폴리오.

신뢰구간(confidence interval) : 지정된 발생확률을 지닌 임의 변수의 특정 구간.

신용위험(credit risk) : 거래 상대방이 채무를 불이행할 위험.

실질가격(real prices) : 인플레이션 조정된 가격.

실질미래가치(real future value) : 인플레이션 조정된 현재 가치.

실질이자율(real interest rate) : 인플레이션 조정된 이자율.

실질이자율평가(real interest-rate parity) : 무위험 대출에 대한 실질 기대 이자율은 전 세계적으로 모두 동일하다는 이론.

실행가능한 소비 계획(feasible consumption plan) : 가족의 일생 동안의 자원의 현재가치와 같거나 더 적은 현재가치를 갖는 일생 주기의 지출계획.

알파(alpha) : 하나의 증권 혹은 증권 포트폴리오의 평균 수익률과 자본자산 가격결정모형(CAPM)에 의해 예측된 수익률의 차이.

액면가(face value) : 채권의 만기일에 약속된 현금 지급액.

액면채권(par bonds) : 채권의 액면가가 시장가격과 동일한 이자 지급 채권.

역선택(adverse selection) : 일종의 인센티브 문제로서 일반 사람들보다 더 위험에 처하기 쉬운 사람들이 위험에 대비해 보험을 구매하게 되는 경우.

연간실효이자율(effective annual rate) : 연 단위 복리 계산된 대출 혹은 정기예금의 이자율.

연간이자율(annual percentage rate, APR) : 일정한 기간에 반복되는 복리가 적용되는 대출이나 보통예금의 연간 이자율(연간실효이자율과 대조되는 개념).

연간자본비용(annualized capital cost) : 초기지출과 동등한 현가를 지닌 연간 현금 지급액.

연속확률분포(continuous probability distribution) : 자신의 범주 안에서 어떤 숫자도 취할 수 있을 때 갖게 되는 분포.

영구연금(perpetuity) : 영원히 지속되는 현금 흐름.

예비적 저축(precautionary saving) : 미래의 예상치 못한 비용에 대비하기 위한 저축.

옵션(option) : 어떤 것을 미래의 정해진 가격에 사거나 팔 수 있는 권리.

외가격(out of money) : 만일 지금이 옵션의 만기일이라면 옵션의 가치가 없는 상태.

외부금융(external financing) : 보통 대출업자나 투자자 등의 회사 밖으로부터 자금을 모으는 것.

운전 자금(working capital) : 한 기업의 단기 자산들과 단기 부채들의 차이.

위험 관리 절차(Risk-management process) : 위험을 관리하고 분석하는 조직적인 시도.

위험관리(risk management) : 진행할 행동에 대한 과정에 대해 결정하고 위험을 감소시키는 데 따른 이익과 비용의 관계를 공식화하는 과정.

위험노출(risk exposure) : 한 개인의 부가 위험 원천에 의해 영향을 받는 정도.

위험자산의 최적조합(optimal combination of risky assets) : 가장 효율적인 포트폴리오를 구성하기 위해 위험자산과 무위험자산이 혼합된 포트폴리오.

위험조정할인율(risk-adjusted discount rate) : 시장 자본 비율, 투자자들이 한 프로젝트에 투자하기 위해 요구하는 기대 수익률.

위험회피성향(risk aversion) : 한 개인이 위험에 대한 노출을 감소하기 위해 지불할 의사에 대한 기준.

유동성(liquidity) : 자산을 현금화하는 데 상대적인 용이성과 속도.

유한책임(limited liability) : 회사가 청산되고 판매 후

수입금이 회사의 모든 부채를 지급하기에 불충분할 때 채권자는 부족한 금액을 채우기 위해 보통주주들에게 돈을 청구할 수 없다는 보통주의 특성.

의사결정나무(decision tree) : 전략 결정을 할 때 관련된 일련의 결정들과 가능한 결과들을 나타내는 도표.

이자율 플로어(interest-rate floor) : 대출의 최소 이자율 보장.

이자율캡(interest-rate cap) : 이자율 상한선이 보장된 이자율 보호 정책.

이표채(coupon bond) : 채권의 만기까지 채권자에게 발행자가 주기적으로 이자를 지급해야 하는 채권.

이항옵션가격결정모형(binomial option pricing model) : 기초자산인 증권이 각 기간에 가능한 두 개의 가격 중 하나만을 취할 수 있다고 가정했을 때 옵션의 가격을 결정하는 널리 사용되는 모델.

인수(acquisition) : 한 회사가 다른 기업의 기업지배권을 획득하는 것.

인적 자본(human capital) : 한 사람의 미래 노동수익의 현재 가치.

일물일가의 법칙(law of one price) : 경쟁적인 시장에서 두 자산이 동일하다면 그들은 같은 시장가격을 갖는다는 법칙.

자금순환표(flow of funds) : 일정 기간 여러 다른 경제 부문 사이의 저축, 투자, 외부금융의 흐름.

자기 자금조달 투자 전략(self-financing investment strategy) : 추가적인 자본 조달 없이, 오직 초기 투자 자금만 요구하는 투자 전략.

자기부담금(copayments) : 피보험자가 자신의 자원으로 부담해야만 하는 손실의 일부분.

자기자본(net worth) : 자산에 부채를 뺀 값.

자본비용(cost of capital) : 순현가를 계산할 때 프로젝트의 현금흐름을 할인하는 데 사용되는 자본환원율.

자본손실(capital loss) : 보유 기간에 자산의 시장가격에서의 손실.

자본수익률(rate of return on capital) : 자본의 생산성을 연간 백분율로 나타낸 것.

자본시장(capital market) : 장기 부채와 지분 증권 시장.

자본시장선(capital market line) : 자본자산가격결정모형에서 모든 투자자들에게 용이한 최상의 위험과 보상의 조합을 나타내는 기대수익과 위험 간의 선형관계를 나타내는 선.

자본의 기회비용(opportunity cost of capital) : 같은 위험수준의 다른 자산에 투자되었다면 얻을 수 있는 자본의 수익률.

자본이득(capital gain) : 보유 기간에 자산의 시장가격에서의 이득.

자본자산가격결정모형(capital asset pricing model) : 포트폴리오 선택의 평균분산 이론을 기초로 한 균형이론.

자사주 매입(share repurchase) : 기업에 의해 현금이 주주들에게 현금이 분배되는 방법으로, 기업은 주식 시장에서 주식을 구매하고 현금을 지불하고, 그 결과로 발행된 주식의 수가 감소한다.

자산(asset) : 경제적 가치를 갖는 것.

자산배분(asset allocation) : 주식, 채권, 현금 등의 주된 자산집단에 투자자금을 배분하는 것.

자영업(sole proprietorship) : 기업의 자산과 부채가 사업자 개인의 자산과 부채인 기업.

장부가치(book value) : 회사의 공식적인 재무제표에 기록된 자산의 가격.

장외거래시장(over-the-counter markets) : 중앙 거래소가 없는 자산들을 거래하기 위한 네트워크.

재무학(finance) : 불확실한 환경하에서 사람들이 어떻게 자원을 배분하는지에 대한 연구.

재정적 보증(financial guarantees) : 신용위험에 대비한 보험.

재투자수익률(reinvestment rate) : 장기간 투자된 자금이 재투자될 수 있는 이자율.

전략(strategy) : 현재의 결정을 내리는 데 미래의 결정을 고려하는 계획.

정규분포(normal distribution) : 가장 널리 사용되는 연속확률분포로 종모양의 곡선으로 특정지어진다.

종신연금(life annuities) : 피보험자가 살아 있는 한 연금이 계속 나오는 계약.

주가이익배수(price/earnings multiple) : 한 기업의 주당 이익에 대한 주가의 비율.

주인—대리인문제(principal-agent problem) : 대리인들이 주주들과 다른 의사 결정을 함으로써 발생하는 상황.

즉시연금(immediate annuity) : 저축이나 리스에서처럼 계약 즉시 연금이 지급되는 것.

증권시장선(Security Market Line) : CAPM 모델에서 자산에 대한 위험 프리미엄이 그 자산의 베타값에 시장 포트폴리오의 위험 프리미엄을 곱한 값과 같다는 관계를 보여 주는 것.

지분권행사(residual claim) : 기업의 다른 재무적 책임을 모두 제하고 남겨진 기업의 자산에 대한 일반 주주들의 권리.

지속가능 성장률(Sustainable growth rate) : 기업 소유주의 자본 성장률. 한 기업은 그 기업의 지속가능 성장률보다 빠르게 성장할 수 없다.

지수연계채권(index linked bonds) : 특정 국가의 물가를 결정하는 상품이나 서비스에 의하여 명명된 이자나 원금을 갖는 채권.

지수옵션(index options) : 주가지수 혹은 다른 경제 지수에서의 콜과 풋옵션.

지수화(indexing) : 특정 지수의 움직임에 맞추어 투자하는 전략.

차익거래(arbitrage) : 가격 차이로 인한 무위험 이익을 얻기 위해 동등한 자산의 매입 후 즉각적인 매각을 하는 거래.

채무증권(fixed income instruments, debt instruments) : 미래 시점에 고정된 현금을 지불하도록 한 상품.

최소분산 포트폴리오(minimum variance portfolio) : 가능한 최소의 분산을 갖는 위험자산으로 구성된 포트폴리오.

콜옵션(call option) : 만기일이나 만기일 전에 특정 가격에 어떤 자산을 살 수 있는 권리를 부여하는 증서.

타임라인(time line) : 현금 흐름들의 시점을 분석하기 위해 사용되는 표.

투기자(speculators) : 부를 증가시킬 목적으로 위험에 대한 노출을 증가시키는 포지션을 선택하는 투자자들.

투자은행(investments banks) : 기업, 정부 그리고 다

른 주체들이 그들의 활동을 위해 자금을 조성하는 것을 도와주는 것이 주된 기능인 회사.

파생상품(derivatives) : 수익이 다른 자산의 가격에 의해 결정되는 금융상품.

평균(mean) : 확률분포에서 각각의 가능한 수익률과 그것의 가능한 확률을 곱한 값의 총합.

포트폴리오 선정(portfolio selection) : 한 개인의 부를 어떻게 투자할 것인가에 대해 결정하는 과정.

포트폴리오 이론(portfolio theory) : 위험 관리를 위한 개량적 분석.

표시채권(unit of account) : 지불금액들을 나누는 매체로 일반적으로 통화(미화, 프랑스화, 일본화)이고, 때때로 금, 은 또는 재화나 서비스의 표준 장바구니 등과 같은 자원이기도 함.

표준편차(Standard deviation) : 한 주식의 수익에 대한 확률분포의 변화치를 측정하는 데 가장 널리 사용되는 통계치. 표준편차가 클수록 주가의 변화량도 커짐.

풋(put) : 약속된 가격에 약속된 자산을 팔기로 한 옵션.

풋옵션(put option) : 이 옵션의 소유자에게 만기일 혹은 그 이전에 자산을 약속된 가격에 팔 수 있는 권리를 주는 금융 상품.

풋-콜 패리티 관계(put-call parity relation) : 풋의 가격, 콜의 가격, 기초 증권의 가격, 그리고 행사 가격의 현재 가치의 가격 연관성.

할증채(premium bond) : 채권의 시장 가격이 액면가보다 높은 채권.

합명회사(partnership) : 사업상 자산을 공유하는 두 명 이상의 소유주가 있는 무한책임 회사.

합병(merger) : 두 개의 회사가 하나의 회사로 합치는 것.

항상소득(permanent income) : 한 개인의 인적 자원과 동일한 현재 가치를 가지고 있는 일정 수준의 소비.

행사가격(exercise price) : 옵션 계약에서 기초자산에 반드시 지불되어야 하는 가격.

행사가격(strike price) : 옵션 계약에 있어서 구체적으로 약속된 가격. exercise price와 동의어.

헤저(hedger) : 잠재이익의 일부를 포기함으로써 자신의 위험에 대한 노출을 줄이는 사람.

헤지비율(hedge ratio) : 콜옵션 같은 해당 자산의 파생상품에 대해 수익을 유지하기 위해 필요한 포트폴리오의 자산의 단위

헤징(hedging) : 동시에 잠재된 이익도 포기하면서 손실의 노출 정도를 줄여 위험을 교환하는 방법.

현금 사이클(cash cycle time) : 회사가 공급자에게 현금 지불을 시작해야만 하는 날짜와 고객으로부터 현금을 받기 시작한 날짜 사이의 일수.

현금결제(cash settlement) : 기초 상품이나 증권의 거래 없이 현금으로 선도 혹은 옵션 계약을 결제.

현금배당(cash dividend) : 기업의 주주들에게 현금을 분배하는 것.

현금예산(cash budget) : 현금의 유입과 유출을 예측하기 위한 단기 계획.

현금흐름할인분석(discounted cash flow analysis) : 미래현금흐름의 순현가를 계산하는 것을 기초로 의사결정을 하는 것.

현물가격(spot price) : 선물 계약에서 한 종목의 즉각적인 배달 시에 부여된 가격.

현물−선물 가격 패리티(spot-futures price-parity relation) : 선물 가격, 스팟 가격, 그리고 무위험 이자율 사이의 관계.

현재가치(present value) : 몇몇 특정한 미래 비용의 가치와 동일하게 될 현재의 가치들의 총계.

화폐시장(money market) : 1년 미만의 단기부채 시장.

확률분포(probability distribution) : 한 확률 변수의 예상값들과 그와 관련된 확률들의 조합에 대한 통계적 용어.

확정급여형연금제도(defined-benefit pension plan) : 근무기간, 대부분은 급여를 고려한 공식에 의해 고용인의 연금 급여액이 결정된 형태의 연금제도.

확정기여형연금제도(defined contribution plan) : 고용주 그리고 보통은 고용인과 함께 일정한 부담금을 정하고 수혜자는 자산과 축적된 수익을 합하여 받게 되는 형태의 연금.

환율(exchange rate) : 한 국가의 통화를 다른 통화로 나타낸 가격.

효율적 시장가설(efficient market hypothesis) : 자산의 현재 가격이 자산의 가치에 영향을 미치는 미래 경제 근본에 관해 모든 공개적으로 이용 가능한 정보가 완전히 반영되어 있다는 제안.

효율적 포트폴리오(efficient portfolio) : 정해진 수준의 위험에서 가능한 가장 높은 기대수익률을 투자자에게 제공하는 포트폴리오.

효율적 프론티어(efficient portfolio frontier) : 투자자가 분산투자를 통해 얻을 수 있는 포트폴리오의 위험과 수익 간의 최적 조합을 보여 주는 그래프. 자본시장선에서도 볼 수 있다.

CAPM : 자본자산가격결정모형.

 찾아보기

| 지은이 |

Robert C. Merton은 하버드대학교 경영대학의 교수이다. 1970년 매사추세츠 공과대학에서 경제학 박사학위를 받은 후, 1988년 하버드대학교로 가기 전까지 MIT의 Sloan School에서 재무 교수로 일했었다. 또한 American Finance Association의 회장을 역임하였으며 National academy of Sciences의 회원이다. 1997년에는 노벨 경제학상을 수상하였다.

Zvi Bodie는 보스턴대학교 경영대학의 교수이다. 그는 매사추세츠 공과대학에서 박사학위를 받았으며, MIT의 Sloan School과 하버드대학교 경영대학의 재무 교수를 역임하였다. 또한 Retirement Income Industry Association에서 수여하는 The Lifetime Achievement in Applied Retirement Research 상의 첫 수상자이기도 하다.

David L. Cleeton은 오벌린대학의 교수이다. 워싱턴대학교(세인트루이스)에서 박사학위를 받았으며 여러 대학에서 방문 교수를 역임하였다. 2002년에는 벨기에의 the College of Europe in Bruges에서 Fulbright Professor를 역임하였다.

| 옮긴이 |

박영석

서울대학교 경영대학을 졸업하고 미국의 Wharton School, University of Pennsylvania에서 재무관리로 석사와 박사 학위를 받았다. 그 후 일본의 International University of Japan과 Rikkyo대학에서 강의를 했으며 동국대학교 부교수를 거쳐서 현재는 서강대학교 경영대학의 교수로 재직 중이면서 한국재무학회 부회장, 한국금융학회가 발행하는 ≪금융연구≫의 공동편집위원장을 맡고 있고 한국금융투자협회의 공익이사로 활동하고 있다. Journal of Banking and Finance, Journal of Corporate Finance, International Journal of Forecasting, Japan and the World Economy 등 국내외 저널에 다수의 논문을 발표하였다.